闡發燕趙文物之精髓
弘揚中華文明之光輝

賀

邯鄲市文物保護研究所
四十五周年

徐苹芳敬題
二〇〇七年九月

著名考古学家、中国考古学会理事长、中国社会科学院考古研究所研究员
徐苹芳先生题词

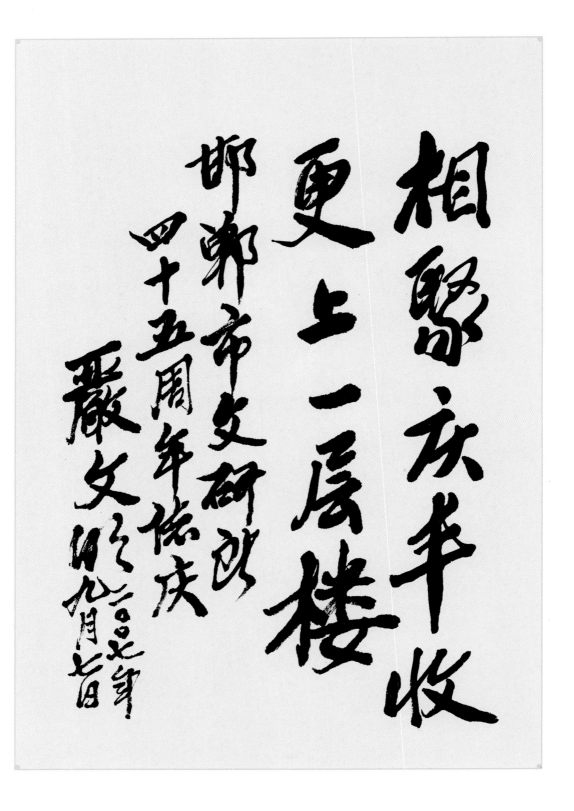

相聚庆丰年收
更上一层楼
邯郸市文研所
四十五周年志庆
严文明
二〇二九月
七日

著名考古学家、北京大学考古文博学院教授严文明先生题词

探寻人类文明足迹，守望邯郸功史故园。

张柏

二〇〇七年九月

国家文物局张柏副局长题词

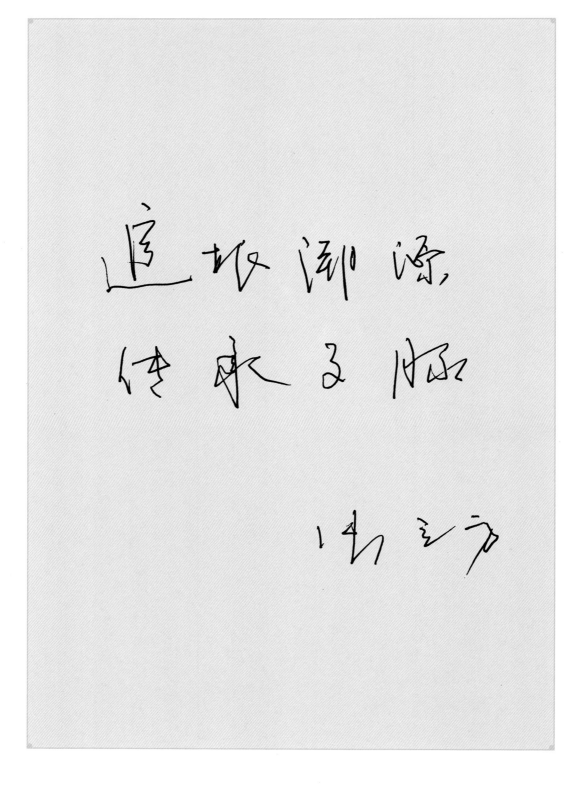

追根溯源，
传承之脉

河北省文物局张立方局长题词

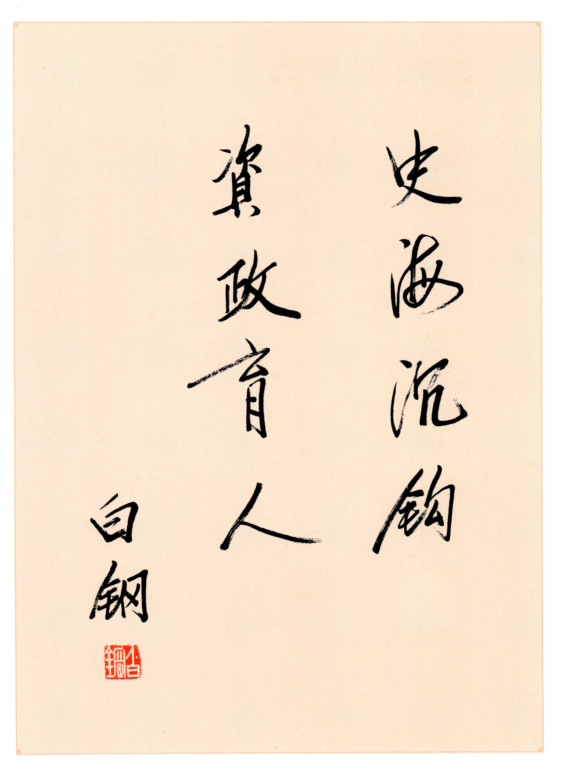

史海沉钩

资政育人

白钢

邯郸市文化局白钢局长题词

贺 文研所 四十周年

保护 文化遗产

传承 历史 文脉

王兴

二〇〇七年 九月

邯郸市文物局王兴局长题词

赵王陵二号陵全景

赵王陵二号陵 5 号陪葬车马坑

邯郸赵王陵二号陵

峰峰北响堂石窟大佛洞

涉县娲皇宫石窟外景

邯郸古代石窟（一）

武安法华洞石窟千手观音

涉县千佛洞石窟内景

邯郸古代石窟（二）

东魏白石释迦佛三尊像

东魏武定四年白石观音菩萨五尊像

东魏兴和二年砂石释迦佛三尊像

东魏武定元年青石坛座释迦佛三尊像

邯郸北朝时期单体佛教造像（一）

北齐树冠屏观音菩萨五尊像

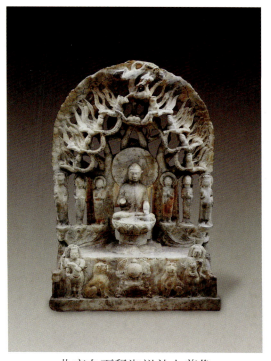

北齐白石释迦说法七尊像

北齐白石树冠屏弥勒佛坐像

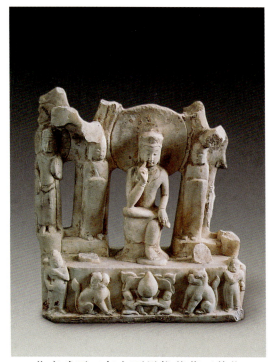

北齐武平二年白石思维菩萨五尊像

邯郸北朝时期单体佛教造像（二）

观台窑第一期出土白釉绿彩炉

观台窑第一期出土白釉绿彩盏托

观台窑第一期出土白釉绿彩罐

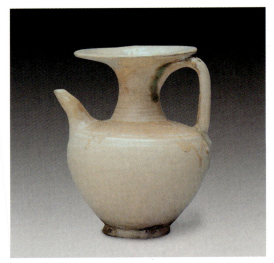

观台窑第二期出土白釉绿彩注壶

河南古陶瓷标本博物馆藏
相州窑北齐白釉绿彩四系罐

磁州窑的白釉绿彩装饰及其源流（一）

河南省登封市曲河窑出土白釉绿彩注壶

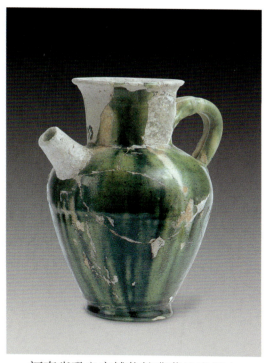

河南省巩义市博物馆藏黄冶窑出土
白釉绿彩注壶

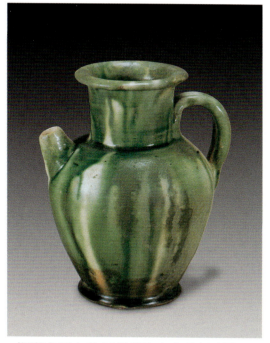

邯郸市五七砖厂墓葬出土白釉绿彩注壶

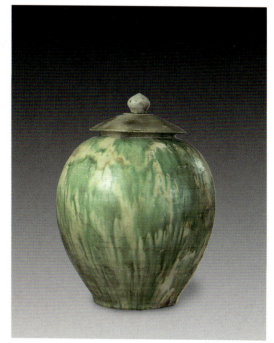

黑石号沉船出水白釉绿彩罐

磁州窑的白釉绿彩装饰及其源流（二）

上：黄绿釉雕花划荷枕
下：白釉黑绘睡美人枕

素胎高足支架

素胎菩萨头像

红绿彩普贤菩萨像

磁州窑雕塑艺术品（一）

红绿彩卧童像

红绿彩骑鼓童子像

素胎武士脊饰

黄绿釉迦陵频伽脊饰

磁州窑雕塑艺术品（二）

民国彭城五彩攒盘

清末剪纸图案瓷枕

民国福禄寿瓷塑烛台

民国六棱模印杂宝粉彩掸瓶

清末青花六棱形掸瓶

民国王凌云绘五彩掸瓶

近代磁州窑瓷器

追溯与探索

——纪念邯郸市文物保护研究所成立四十五周年学术研讨会文集

邯郸市文物保护研究所　编

乔登云　主编

科 学 出 版 社

北 京

内 容 简 介

本文集是一部追溯邯郸文物考古工作历程、展示邯郸文物考古研究新成果的著作。文集共收录回顾和探索性文章40篇，分为八个专题，为邯郸市文物保护研究所与邯郸各文博考古单位以及曾经工作在邯郸文物考古第一线的各级文物考古界同仁，根据自己的亲身经历、亲手接触或个人熟知的材料所撰写，具有较高的史料价值和学术研究价值。

本文集可供从事考古、历史、文博等方面研究的专业人员及相关院校师生阅读、参考。

图书在版编目（CIP）数据

追溯与探索：纪念邯郸市文物保护研究所成立四十五周年学术研讨会文集 / 邯郸市文物保护研究所编，乔登云主编 . —北京：科学出版社，2007
ISBN 978-7-03-020256-7

Ⅰ. 追… Ⅱ.①邯…②乔… Ⅲ. 文物保护 – 邯郸市 – 学术会议 – 文集
Ⅳ. K872. 223-53

中国版本图书馆 CIP 数据核字（2007）第 149286 号

责任编辑：孙　莉　郝莎莎／责任校对：刘小梅
责任印制：赵德静／封面设计：王　浩

科 学 出 版 社 出版
北京东黄城根北街16号
邮政编码：100717
http://www.sciencep.com
中国科学院印刷厂 印刷
科学出版社发行　各地新华书店经销

*

2007 年 10 月第 一 版　　　开本：787×1092　1/16
2007 年 10 月第一次印刷　　印张：29 3/4　插页：8
印数：0—1 600　　　　　字数：690 000

定价：148. 00 元
（如有印装质量问题，我社负责调换〈科印〉）

序　　一

　　今年是邯郸市文物保护研究所成立四十五周年。研究所的前身是原邯郸市赵王城文物保管所，成立于 1962 年，到今年正好四十五年了。它是我国最早成立的市级文物保护机构之一。为庆祝这一有纪念意义的日子，特编辑出版这本《追溯与探索》论文集。文集的内容包括磁山文化、商周文化、赵邯郸故城与赵王陵、邺城及其陵墓区、响堂山石窟与佛教考古、磁州窑陶瓷研究、古代建筑等方面，基本涵盖了邯郸地区考古学研究的主要课题，此外还包括往事追忆和怀念老专家的文章。论文和文章的作者不但有邯郸地区文物考古界的同仁，还有北京、石家庄市文物考古界的同仁，他们都是正在或曾经在邯郸地区从事田野考古和文物保护工作的考古工作者，对邯郸地区的文物考古事业怀有深厚的感情。这部论文集可以说是反映了目前邯郸地区考古学研究的学术水平。

　　从 1962 年起，机构几经调整，由于行政隶属的变动，1993 年，邯郸地区文物保管所和邯郸市文物管理处合并为邯郸市文物保护研究所。几十年来，研究所在文物保护、田野调查和发掘、整理研究、修复与藏品保管、资料档案建设、陈列与宣传、征集与拣选等方面，做了大量地卓有成效的工作，取得了巨大成绩。尤其是在田野考古工作方面，于 20 世纪 70 年代，最先对磁山遗址进行调查和试掘，并与省所合作，确立了早于仰韶文化的磁山文化，实现了我国新石器考古学的重大突破；在仰韶文化遗址中发现了大司空村类型和后冈类型的叠压地层关系；发掘先商文化的遗址，推进了对先商文化的研究；克服重重困难，对压在今邯郸市区之下的赵邯郸故城"大北城"做了大量的调查和研究工作；配合省所对赵王陵区进行了全面的调查测绘；发掘了北响堂石窟附属建筑常乐寺遗址；与北京大学合作对磁州窑遗址进行了发掘；在基本建设中发掘墓葬数以千计……同时进行了大量整理研究，出版发掘报告，发表多篇发掘报告简报和有关论文，为中国考古学研究作出了贡献。

　　目前，南水北调工程文物保护工作处于紧张阶段，邯郸市是渠线经过的重要文物分布区；全国第三次文物普查工作正在全面启动，相信邯郸市文物保护研究所在这两项工作中会继续发挥重要作用。邯郸地区属于全国重点保护单位的大遗址较多，以整体保护的理念，做好总体保护规划，也是一项刻不容缓的工作；赵邯郸故城的考古资料尚需系统整理，并出版阶段性的发掘报告；在基本建设中发掘的数以千计的古墓葬，也需要及时公布、出版相关资料……期望邯郸市文物保护研究所将这些工作做得更好，不断出研究成果，使文物考古工作更上一层楼。

徐光冀

2007 年 8 月 30 日

序 二

　　《追溯与探索》是邯郸市文物保护研究所为纪念建所四十五周年学术研讨会的召开而专门编辑的，其主编乔登云所长托我为文集写篇序言，在此我首先向他及其全体同仁喜迎研究所四十五周年华诞表示祝贺。

　　邯郸市文物保护研究所是 1993 年由原邯郸地区文物保管所和邯郸市文物管理处合并而成的，其前身是成立于 1962 年的邯郸市赵王城文物保管所，其后相继更名为邯郸市文物保管所、邯郸市文物管理处等，至今已整整四十五年了。据我所知，邯郸市文物保护研究所不仅是河北省建所历史最早的基层文保科研机构，也是河北省业务力量较强、成绩较突出的市级文保科研单位之一。

　　四十五年来，无论是邯郸地、市分设时期，还是两所合并之后，该所在文物保护与管理、田野考古与研究、文物陈列与宣传等方面均做了大量工作，所取得的成绩及为邯郸文物考古事业的发展所做的贡献也是非常显著的。概括起来可分为以下几项：

　　一是积极参与邯郸市文物法制建设与保护管理，受文物（文化）行政管理委托长期从事文物管理及行政执法工作，并采取各种有效措施，建立群防群治的文物保护网络，使赵邯郸故城及邯郸市区各级文物保护单位得到了较好保护。

　　二是积极开展田野考古工作，组织和参与了邯郸境内两次较大的文物普查，使全区不可移动文物达到 1500 余处；组织开展了武安洺河流域古遗址、磁州窑遗址、战国两汉古城址、明长城遗址及峰峰南北响堂石窟、水浴寺石窟、涉县中皇山摩崖刻经等专题调查或测绘，并先后参加了赵邯郸故城、赵王陵等大遗址，陵墓和京深高速公路、邯济铁路、青兰高速公路、南水北调等大型建设工程以及邯郸城区内外等数百处基建工程的文物调查、勘探工作，发现了赵邯郸故城"大北城"及大量古代文化遗存；参加了武安磁山、赵窑，永年石北口、何庄，磁县下七垣、观台窑，临漳邺城，峰峰北羊台、义西、盐店窑及赵邯郸故城等遗址的发掘工作，为磁山文化、后冈一期文化、先商文化、赵都文化、北朝文化、磁州窑文化的确立或文化内涵、年代分期及相关问题的研究提供了重要依据；并组织实施或参加了赵王陵、邯郸城区周围及所辖各县（市、区）数以千计古墓葬的发掘，为邯郸古代丧葬制度、文物考古及相关历史诸问题的研究积累了大量资料。

三是注重文物拣选及流散文物征集，使下七垣商代青铜器、武安固镇战国青铜器、邯郸县周窑战国刀布币、魏县新莽货泉、邯郸西晋"关中侯"金印、大名唐何弘敬墓志及各地出土的磁州窑瓷器等大量珍贵文物得到了妥善收藏和保护。

四是先后参与了黄粱梦吕仙祠、罗城头水闸、回车巷、邯郸碑林等古建筑和文物遗存的保护维修，并对数以万计的文物藏品实施修复整理、妥善收藏和安全保管。

五是适时建立文物保护单位、文物藏品、田野考古资料档案及编录文物考古大事记等，并不断予以补充和完善，注重文物资料的信息化建设。

六是举办过长期而固定的"邯郸出土文物展览"，为邯郸市博物馆的建立及文物展览的举办奠定了基础；并参与举办过下七垣、赵窑、磁山出土文物及市博物馆"启新"工程、河北省文物普查成果和日本大阪美术馆磁州窑陶瓷"白与黑的竞演"等一系列展览；筹建了内部文物陈列室，为充分发挥文物的社会教育功能和学术交流做出了努力。

七是采取多种形式，充分利用广播、电视、报刊、网络等新闻传播媒介，多渠道广泛开展文物宣传，普及科学文化知识；近年来，又坚持长期编辑印发《邯郸文物简讯》内部资料 50 余期，起到了较好的宣传效果。

八是注重文物考古资料的整理及研究工作，独立或合作出版《观台磁州窑》、《邯郸考古文集》、《邯郸文物精华》、《邯郸古代雕塑精粹》和《文物春秋》邯郸"考古专号"等专集，专业人员出版《邯郸历史与考古》、《磁山文化》等专著，集体和个人累计发表学术报告和论文 100 余篇，为邯郸文物考古及历史研究做出了较大贡献。

《追溯与探索》是一部以回顾邯郸文物考古工作历程、探索邯郸文物考古学术课题为主的文集，共收录回顾和探索性文章 40 篇。其中文物工作与综合研究 5 篇，主要对该所四十五年来的工作、基建工程文物保护、邯郸历史文化遗存及相关遗迹等作了全面回顾与总结；磁山文化与商周考古研究 3 篇，分别对磁山遗址有关问题、峰峰义西和北羊台遗址先商文化、东周青铜兵器"距"进行了分析研究；邯郸古城与赵文化研究 7 篇，重点对赵都邯郸城的地望，赵王城的选址位置、平面布局、构筑工艺、排水系统，邯郸城的淤积变迁及赵王陵的特点、墓主、族属等问题进行了广泛的探讨，提出很多新的观点和看法；邺城与北朝文化研究 6 篇，重点对邺城的平面布局、皇家园林特点、三台的属性及东魏北齐墓葬中的陶俑作了分析解读或复原研究；佛教史迹与石刻研究 5 篇，主要对北朝时期邯郸佛教史迹作了系统梳理和考证，并对邯郸现存石窟寺特别是北朝单体佛教造像作了深入研究和探索，为佛教造像的分期断代提供了参考；磁州窑陶瓷研究与赏析 6 篇，重点对磁州窑白釉绿彩装饰及其源流、雕塑艺术品及近代磁州窑瓷器作了深入探讨，并对部分瓷器的装饰内容、风格特点及年代作了考证；古遗址与古建筑 4 篇，主要对隋唐洺州遗址、黄粱梦吕仙祠、武安郭家庄园及山寨等材料作了报道，特别是首次对隋唐洺州遗址的历史地理及年代等问题进行了探索；追忆与怀念文章 4 篇，既有相关专家对在邯郸工作期间曲折经历、美好回忆的记录，又有对部分已故前辈专家的工作、生活情况及所做贡献的追忆与怀念。因此，《追忆与探索》实属一部涉及内容非常广泛且具有较高学术水平和史料价值的文集。

　　此外值得称道的是，一个人员并不太多而工作又十分繁忙的基层文博单位，在较短的时间内能够汇集如此众多的研究成果并举办大型学术研讨会，在河北省文物考古的历史上还是首次。除显示了编者的气魄和胆识外，也反映了该所对文物考古工作的敬业态度和深厚感情，反映了该所为振兴邯郸文物考古事业、促进学术繁荣的责任意识和不懈追求，值得借鉴和推广。最后，希望该所在今后的工作中能够取得更大的成绩，并预祝此次学术研讨会圆满成功。

谢飞

2007 年 9 月 8 日

目　　录

佛教史迹与石刻研究

磁州窑陶瓷研究与赏析

古遗址与古建筑

追忆与怀念

文物工作与综合研究

邯郸市文物保护研究所文物考古工作四十五年

乔登云*

邯郸市文物保护研究所（以下简称为"我所"）是 1993 年底由邯郸地区文物保管所和邯郸市文物管理处合并而成的。其中邯郸地区文物保管所成立于 1979 年 2 月；邯郸市文物管理处创建于 1962 年 3 月，原名邯郸市赵王城文物保管所，1973 年更名为邯郸市文物保管所，1990 年又更名为邯郸市文物管理处。如果从最早创建的邯郸市赵王城文物保管所开始算起，至今已整整四十五年了。几十年来，尽管机构设置几经变化，专业人员几度更替，但所有曾经或仍然战斗在第一线的文物考古工作者，均为邯郸文物保护与管理、田野考古与研究、文物陈列与宣传等工作的开展以及邯郸市文博事业的发展，付出了自己艰辛的努力甚至毕生的精力。时值文研所成立四十五周年之际，笔者拟对我所几十年来在文物考古方面所做的工作和取得的成果予以简单的回顾和总结，以期百尺竿头，更进一步，达到促进本所及邯郸文博事业蓬勃发展之目的。因笔者学识水平、资料及篇幅所限，挂一漏万，在所难免，请识者见谅。

一、文物保护与管理

文物保护与管理是基层文博单位的首要任务，也是我所几十年来所从事的主要工作之一。1961 年 3 月，赵王城（1982 年更名为"赵邯郸故城"）由国务院公布为第一批全国重点文物保护单位。为适应文物保护与管理的需要，1961 年秋，原邯郸市文教局便开始启动"赵王城文物保管所"的筹建工作，并于 1962 年 3 月正式成立"邯郸市赵王城文物保管所"，全市文物保护与管理工作也由此步入了正规化管理轨道。

就常规来说，文物保护管理的对象主要包括可移动文物和不可移动文物两类。但就其工作内容而言则是多方面的，其中包括制定文物保护管理规范、确立文物保护单位与范围、建全科学记录档案、设立保护标志、组建保护组织、制定保护措施，并依法实施文物保护与管理、文物建筑修缮、文物藏品修复与保管、流散文物征集与拣选，制止破坏文物行为、确保文物安全等。几十年来，我所根据自身的职责范围，直接或间接参与

---

* 乔登云，男，河北武安人。邯郸市文物保护研究所所长，研究馆员。自 1980 年以来，长期在邯郸从事田野考古及研究工作，发表学术报告、论文等 20 余篇，主编有《邯郸考古文集》、《邯郸文物精华》、《邯郸古代雕塑精粹》，合作出版有《磁山文化》等专著。

了上述所有工作项目，并取得了显著成绩。

（一）文物法治建设与行政管理

我所虽然并非立法机关或行政执法部门，但作为政府及行政主管部门的参谋，始终参与了邯郸市文物保护管理规范的制定工作，并受行政主管部门的委托，还担负了很多文物行政管理及行政执法任务。

早在 1962 年初，赵王城文物保管所筹备阶段，筹备人员即会同文化行政管理部门核定了本市的文物保护项目。以此为基础，邯郸市人民委员会于该年 1 月 29 日正式发布了"（62）文崔字"《关于我市文物古迹第一批重点保护名单公布通知》，首次以政府规范性文件形式确定了我市的文物保护项目，同时也明确了我所实施文物保护管理的基本任务和具体内容。

1980 年 5 月，邯郸市文化局又在原邯郸市文物保管所（以下简称"原市所"）重新实地调查的基础上，向市革命委员会提交了《关于公布我市文物保护单位名单的报告》，"市革委（1980）78 号"文以通知形式予以转发执行。1989 年 11 月，随着经济建设的发展，城市改造及基本建设活动中地下文物屡遭破坏，为此，在原市所的不懈努力及行政主管部门的大力支持下，邯郸市人民政府又以政府令（第 4 号）形式，发布了《邯郸市城乡建设中加强文物保护的办法》，初步明确了建设工程中实施文物保护的措施和方法。1991 年 4 月 17 日，根据城乡基本建设和生产建设中出现的类似状况，又在原邯郸地区文物保管所（以下简称"原地区所"）的积极参与下，邯郸地区行政公署也颁发了"［1991］第 2 号"《关于在城乡建设中加强文物保护的暂行规定》的通告[1]。

1994 年，邯郸地、市合并后不久，为了文物保护政策的连贯和统一，我所又参与了邯郸市文物局组织的《邯郸市文物保护管理办法》的制定工作，经广泛征求意见及反复讨论修改，新的政府规章于 1995 年 4 月 18 日由邯郸市人民政府令第 42 号颁布施行。1996 年，在《邯郸市文物保护管理办法》运行一年后，我所在市文物局组织下，又开始着手《邯郸市文物保护管理规定》地方性法规的起草工作，经过近一年时间的反复论证与修改，最终于 1997 年 5 月 29 日获得市第十届人大常委会第二十六次会议通过，并于 1997 年 9 月 3 日获得河北省第八届人大常委会第二十八次会议批准。

与此同时，我所还担负有很多文物行政管理及行政执法工作。文化大革命之前，由于法制不建全及社会文物保护意识较差，所以文物行政管理力度很弱；1976 年"文革"结束、特别是 1978 年实行改革开放政策以来，原市所也几经合分之后正式独立为"邯郸市文物保管所"，并代市文化局从事市内文物行政管理工作。1993 年地市合并后，我所还受市文物局委托，负责市内三区的文物行政管理及文物行政执法工作。

早在 1963 年 4 月，原赵王城文保所就曾根据在赵王城保护中所遇到的实际问题，争取邯郸专署文教局、邯郸市人民委员会联合召开了"关于保护赵王城遗址会议"，会议决定将龙台、夯土台、古城墙及周围 2~3 米范围内的 150 亩土地，不再作为耕地，免征公粮及农业税，以利文物保护。国家文化部也于同年下发了"（63）文物字第 841 号"《请考虑在赵王城试行绿化》的意见，以"减少水土流失，也可防止开荒种地及利于生产"，并建议"是否在赵王城建筑遗迹上也可适当试行"，为进一步解决赵王城遗址的人为与自然破坏问题及文物保护与群众利益之间的矛盾提供了依据。

1974 年，鉴于"文化大革命"以来，在赵王城遗址内出现的挖坑取土等现象，原市所还代市文化局向市革命委员会起草了《关于禁止在赵王城遗址内动土的请示报告》，"市革委（74）第 21 号"文件，以"通知"的形式予以批转执行。

1980 年 7 月 18 日，根据赵王城遗址内屡禁不止的挖沙、取土、修路、建房等现象，经原市所反复呼吁和多方努力，市革命委员会又颁布了"（80）第 3 号"《禁止在赵王城遗址内挖沙、修路、开荒的布告》，从而使赵王城文物保护形势和局面得到好转。

1993 年底，邯郸地、市两所（处）合并以后，我所又加大了文物保护管理力度，在政府及相关部门的大力支持和配合下，先后促使市"引岳济邯"工程管道及南环路避赵王城而过、市电力局输电线路由赵王城内迁出，促使大北城西北区赵苑景区建设、王朗城周围绿化和建设、丛台景区改造、邯钢扩建工程、人民路西延及城市改造工程等涉及文物保护单位的项目依法履行了报批手续，并制止了无数起违规项目的实施和破坏文物的行为。

2001 年 5 月以来，受邯郸市文物局委托，我所还作为行政许可审批单位之一进驻市行政审批大厅，就主城区范围内建设项目实施文物保护，依法予以把关和审批。几年来，经审批的各类建设项目达 500 余项，使大批文物得到了切实有效的保护。

（二）田野文物保护与管理

对各级文物保护单位划定保护范围、建全记录档案、竖立保护标志、建立保护组织，即达到"四有"标准，既是对文物实施有效保护的基本要求，也是几十年来我所在文物保护工作中坚持的一贯做法。

早在 1965 年 5 月至 1966 年 6 月间，原赵王城文物保管所便配合河北省文化局文物工作队，在全面调查、勘探的基础上，初步划定了赵王城遗址的保护范围，竖立了铁质保护标志牌，充实完善了科学记录档案，并建立群众性的业余文物保护小组 32 个，初步达到了文物保护"四有"要求。1966 年 8 月，"文化大革命"开始后，受政治运动和极左思潮的干扰与冲击，原赵王城文物保管所几经合并调整，文物保护管理工作也几近瘫痪，文物巡查保护仅限于赵王城等几处，且收效甚微，大量文物遭到严重破坏。如赵王城遗址内曾先后开挖水渠 9 条，打井 48 眼，其中除 1966 年上半年开挖的 3 条渠外，均未履行过相关报批手续，至于挖沙取土现象，更是屡禁不止。1972 年以后，随着政治形势的逐步好转，正常工作秩序的逐步恢复，文物保护管理也逐步走向正轨。原市所除加大专业人员定期巡查的力度外，还聘用多名专职巡查人员，每日轮流对各级文物保护单位实施巡查，并重新组建群众性的业余"文物保护小组"，随时发现和制止一切破坏文物的行为。并于1972～1973年间，对邯郸城区内所探明的"大北城"地下城墙埋设了水泥界桩标志等。

1976年以后，根据河北省及邯郸地区行署文化局统一部署，原市所又对所管辖的各级文物保护单位及文物点，重新核定保护范围、调整保护组织、充实和完善记录档案，并于1982年重新竖立了混凝土保护标志，也为1982年河北省重新公布省级文物保护单位提供了依据。1980年，汉代"温明殿"基址因幸福街修建而被夷平，原市所于遗址旁专门立碑为记并修建了碑亭。1990年9月，经市编制委员会批准，原市所又成立了赵王城文物管理站，专门负责赵王城遗址及市区内各级文物保护单位的巡查与保护工作。

1993年地、市合并后，我所首先促使位于赵王城西侧的邯钢化肥厂成立了文物保护小组，并出资为赵王城遗址更换混凝土标志牌52块，增设界桩150个。1995年初，又组织力量对市内三区市级文物保护单位的保护范围、建设控制地带进行复查和划定，并由市政府统一公布为新的市级文物保护单位。此后，还在赵王城南、北设立两处文物保护站点，派驻专人负责赵王城及周围文物保护单位的巡视检查，与各业余文物保护小组相结合，初步形成了较为严密的文物保护网络。2002年，随着社会主义市场经济的发展，原义务性质的业余文物保护员队伍，已远远不能适应市场经济的需求，因此我所又重新调整充实组成了30人的文物保护员队伍，于12月底召开了市内三区文物保护员会议、核发了证件、确定了劳务报酬及奖励制度、建起了群防群治的文物保护网络。对各级文物保护单位，坚持做到文保员随时监控、我所专职人员经常性巡回检查，发现问题及时处理；且每季度召开一次文物保护员碰头会，每半月电话沟通一次情况，每年召开一次全市文物安全工作总结表彰大会，总结上一年度文物安全保护工作成绩，表彰先进，安排布置下一年度工作，从而保证了各级文物保护单位的安全。

（三）流散文物征集与拣选

建国以来至改革开放初期的30余年间，由于全民文物保护意识较差、文物保护力量较薄弱及法制不健全等原因，随着城乡基本建设及工农业生产的大规模开展，致使大量地下文物遭到挖掘、砸毁或哄抢等破坏。近年来，施工造成文物散失等现象也时有发生。因此，到施工现场、民间或银行、废品站、冶炼厂等地采集、征收、拣选流散文物，既是对文物实施保护的一种补救措施和行之有效的方法，也是我所乃至全国各文保部门不得已而为之的一项重要工作。我所征集拣选文物的渠道，一是到各砖厂等动土点采集或收缴；二是到各废品收购站、信托公司、冶炼厂等拣选回收；三是根据群众举报线索，赴各地访问征缴和收集；四是通过广泛宣传，随时随地接收群众捐交；五是委托原邯郸地区文物商店代为征集、收购等。其中较重要的有：

1966 年 12 月，在磁县下七垣兴修水利、开挖"民有渠"南干渠时，发现商代青铜器 17 件，部分被卖给废品站。原赵王城文保所几经周折追回青铜鼎、瓿、爵及弓形器等文物 6 件，有的带有族徽等铭文。

1973 年，大名县万堤农场将 1963 年打井时发现的唐代魏博节度使何弘敬墓志挖出，原市所受邯郸地区文化局委托前往调查，并将墓志征集运回。墓志边长近 2 米，铭文达 3300 余字，是迄今为止所见全国最大的墓志。

1973 ~ 1974 年间，原市所自废品站等地拣选铜镜百余面、各类青铜带钩数十件，多数已移交邯郸市博物馆展出。

1976 年，某民工在邯郸市三堤村北施工时，挖出西晋时期金质"关中侯印"1 枚，后携金印连夜返回衡水老家。原市所通过公安部门几经周折将印追回。

1978 年，原地区所筹备期间于武安固镇古城征集战国古墓出土青铜器、玛瑙及玉器等 37 件。

1979 年，原地区所在武安固镇古城发掘期间，采集和收缴错金银带钩、铜戈、陶器等 18 件。

1980 年 5 月，原地区所征集永年县娄山村西晋古墓出土的铜鎏金玄武砚滴、铜鎏金银刻弩机、青瓷辟邪水注、玉石器等珍贵文物 17 件；同年 10 月，原市所在清理明刑部尚书赠太子太保张国彦夫妇合葬墓时，了解到其妻蔚氏墓志于"文革"中挖出并流失，后经多方查询而收回。

1981 年，原地区所于市药械厂炼炉旁拣选抢救魏县出土新莽时期货泉等钱币 100 余斤。

1982 年夏，原地区所在涉县北关凤凰台一号墓发掘时，追回烧砖取土已挖出的青铜器等文物 40 余件，并征集邯郸县寺西窑窑厂西晋墓出土文物 31 件及广平县西张孟村出土磁州窑双凤纹罐、"秋露白"罐、鱼藻盆等元代窖藏瓷器 6 件。

1978 ~ 1982 年间，原地区文物商店代原地区所征集、收购战国、两汉至明清时期刀布币、铜镜、熨斗、海兽衔鱼枕、"玉壶春"瓶、青花瓷器、古旧图书及各地零散出土文物 400 余件。

1983 年 9 月，原地区所于邯郸县周窑村征集赵王陵三号陵附近出土的战国刀布币 300 余斤。

1985 年 5 月，原地区所于磁县孟庄发掘时，追回散落民间的北齐元始宗墓出土陶俑 50 余件，并征集曲周县北辛庄村出土的磁州窑黑釉瓦棱瓶、黑釉斗笠碗、白釉碗等窖藏瓷器 40 余件。

1997 年夏，我所于成安县南街征集寺庙遗址出土的北朝至唐代石造像、碑刻残块等 20 件。

2006 年，我所于市区内征集较罕见的民国年间大型官砖 1 件。

2007 年，我所于邯郸县陈岩嵛村采集青兰高速公路施工中出土的大型唐代墓志两方。

据不完全统计，几十年来我所共征集、拣选、收缴各类文物数千件，其中不少为独一无二、非常难得的文物珍品。

（四）文物修缮与藏品管护

对文物保护单位实施修缮或加固，对文物藏品或实物遗存予以修复整理、科学收藏、安全保管，是所有文物保护机构和文博收藏单位的基本任务。几十年来，我所曾多次直接或间接参与所管辖文物保护单位的修缮和加固工作，尤其对所发掘、收集的数万件文物，除予以详细记录、技术修复外，在安全保管上也付出了大量心血。

文物单位修缮方面，"文革"结束之前的 10 余年间，由于政治、经济等多种原因，文保单位不仅得不到修缮，反而遭到很大破坏。改革开放以来，随着人们文物保护意识的增强及旅游事业的发展，文物修缮保护也越来越引起政府部门及全社会的重视，同时也为我所从事文物修缮等工作创造了条件。

如 1978 年 "文革" 结束后不久，邯郸地区行署即下发文件将 "文革" 期间卖给煤炭建筑企业的黄粱梦吕仙祠古建筑群收归国有，并由原地区文化局交筹建中的地区文保所作为所址予以维修和使用。地区所除经过长达数年的催迁、接收工作外，还陆续对残破不堪、濒临坍毁的卢生殿、碑廊、莲池、慈禧行宫等建筑进行了落架重修或局部修缮。自 1984 年 6 月黄粱梦吕仙祠移交邯郸市，直至专门成立黄粱梦文物保管所之前，修缮工作转由原市所负责进行。此后，该建筑群得到了全部整修并对外开放，现已成为邯郸市保存最完好、客流量最大的文物景点之一。

1980 年，因建设大街拓宽，为避免 "大北城" 西垣 "王朗城" 段自然坍塌及人为毁坏，根据原市所的要求，市政建设单位沿城墙底部进行了加固，并修筑了护墙，使古城墙得到了较好的保护。

1981 年，市级文保单位明代 "蔺相如回车巷" 纪念碑，由于在 "文革" 期间遭到严重破坏，原市所经报批后予以重新整修。2001 年，城中街改造，我所又对碑亭予以详细测绘记录，由建设单位进行原样恢复。

1989 年，鉴于市区内零散碑刻较多、保存条件较差等状况，原市所专门向邯郸市政府提出申请，并由市园林处负责实施，于省级文物保护单位 "武灵丛台" 北侧专门修建了 "邯郸碑林"，将零散碑刻及部分馆藏墓志予以集中保护和收藏。1993 年底，又于碑林内专门修建了唐魏博节度使何弘敬墓志亭。

2004 年，因滏阳河泄洪需要，水利部门拟对市级文物保护单位 "罗成头闸" 予以加固维修，我所本着 "修旧如旧" 的文物修缮原则，事先对水闸进行了详细测绘，并对每块石料都进行了编号，翻建时按原号重新恢复，既使水闸得到了加固保护，又保持了建筑的原有风貌。

文物藏品管护方面，20 世纪中后期数十年间，由于我所曾几经分合和搬迁，并受经费、工作场地及技术力量等条件限制，文物管护主要侧重于文物藏品建账登记和安全防护，而文物整修则仅限于整理报告所需的简单拼对和修复。如原市所曾对文物藏品进行过多次统一编号登记，原地区所还于1989年创建了适合自身藏品特点的文物分类编号体系等。文物安全则主要靠职工和少数临时人员死看硬守，技防、物防设备较薄弱。

2000年以后，面对因文物修复不及时，致使大量文物积压的现状，我所首先改造并开辟修复场地、培养修复人员，于2002年建成了较为固定的文物修复室。几年来，除对原积压文物予以清点登记并对陶瓷器等文物全部予以修复外，基本实现了一般文物随时出土、随时修复。对青铜器等技术含量较高的修复任务，我所还积极争取资金，并与有关部门签订协议，正在给予科学修复和保护。

2002～2003年，我所还多方争取和自筹资金25万元，于原地、市所两处文物库房，安装了较为先进的多功能电视监控报警设备，并不断更新改造，以保证技术防范效果，增强文物安全系数。与此同时，在人防、物防及管理方面，不惜代价，保证了文物藏品的科学、妥善、安全保管。

（五）文物资料档案建设与完善

文物保护及田野考古是一项系统工程，及时建立科学规范的资料档案，是加强文物保护和学术研究的基础工作之一。文物资料档案主要包括文物单位资料、文物藏品资料和田野考古资料三类，所涉及的内容包括各类文字记录、测绘图纸、影像图片、文物登记表、研究报告、鉴定结论、法律文书、大事记等。我所历来十分重视文物资料档案建设，经过几十年来的辛勤努力及长期积累，如今已由1962年赵王城文保所成立时接收来的几十页文物古迹登记表格，发展成为具有专设资料室机构，并已形成了门类齐全、内容详备、不断完善的文物资料档案体系。

文物单位资料档案方面，早在1965～1966年间，原赵王城文保所便配合省文物工作队，在全面调查、勘探的基础上，建全了赵王城及插箭岭等文物遗迹的科学记录档案。1976～1977年间，原市所又在全区文物普查的基础上，对原有资料档案予以补充和完善，对新发现的文物也全部建立了档案。1980～1983年间，根据省、地文化局关于文物"四有"工作部署，原地、市所均对原有文物资料档案作了系统整理，根据文物类别的不同，从资料内容、建档体例到编号序列、档案装帧等，都进行了深入的探索和大胆的尝试。其中原市所对赵邯郸故城、原地区所对黄粱梦吕仙祠古建筑群均创立了较完善的档案建设体系。1984年以来经全国第二次文物普查，全区文物数量增至1500余处，文物资料档案也全部由原地、市所直接或指导各县区完成。此后，除根据各文物单位的变化情况及时补充资料外，于1995年初及2005年先后两次对市区范围内文物单位的保存现状及图像资料作了全面补充；按照省文物局要求，1996年对5处省级文物保护单位、1998年对24处市级文保单位、1999年对全国重点文物保护单位赵邯郸故城等重新建立了科学规范化资料档案；2002年，又对我所保存的全市16个县（市）1000

余份档案进行了系统整理；2005 年，还按照国家统一部署制作完成了赵邯郸故城"大北城"电子档案。

文物藏品资料档案方面，在实施改革开放政策之前，由于对文物藏品科学规范化管理尚缺乏足够的认识，基层文博单位除建有简单的文物登记表外，多数并无完整的藏品资料档案。进入 20 世纪 80 年代以后，随着藏品保管的逐步规范，原地区所于 1989～1990 年间，将收藏的 1500 余件文物填写了入库凭证、建立了藏品信息卡；原市所也于 1990 年建立了反映文物藏品信息的卡片。1994～1996 年间，随着文物藏品级别的鉴定，我所又根据上级要求依次建立了珍贵文物藏品档案，并于 2006 年统一建立了珍贵文物藏品信息电子文本，藏品的图像资料信息也将于近期采集完成，真正实现文物藏品的信息化管理。

田野考古资料档案方面，自"文革"后期恢复田野考古工作以来，我所非常重视档案资料的建设，但由于缺乏严格的管理机制，致使很多资料未能及时归档保存，甚至造成遗失。1993 年地市合并以来，随着田野考古任务的不断加重，又出现了档案资料建设严重滞后的现象。因此，自 1998 年开始，我所即对积压资料进行集中整理并限期完成。2003 年开始，又对田野考古资料档案建设及管理进行了全面整改，除将建全并及时提交档案资料作为田野考古工作结束的主要标志和起码要求外，还将采集数字影像资料并制作电子文档作为健全资料档案的重要内容。据不完全统计，仅近 4 年间，我所新建包括工作日记、文字记录、登记表格、测绘图纸、现场图片、活动影像、工作报告等内容的考古勘探资料档案 240 余份、考古发掘资料档案 1700 余份，为学术研究工作的开展提供了依据。

二、田野考古与研究

田野考古与研究是文物考古机构最基本的业务，也是我所几十年来所从事的最主要的工作之一。邯郸地区的田野考古与研究工作起步较早，自 20 世纪 30 年代开始，前中央研究院历史语言研究所考古组、前北平研究院考古组、中国营造学社及日本京都帝国大学、东京大学与北京大学等，即对武安、涉县境内的龙山文化遗址、南北响堂石窟及其附近石刻、临漳邺城遗址、赵邯郸故城及其附近古迹进行过考古调查或发掘。1946年邯郸解放后，晋冀鲁豫边区文化部门也于邯郸城郊王朗村附近发掘清理了一座大型汉墓。新中国成立之后的 1951～1961 年的十余年间，除首次全面开展文物普查外，国家和省直文博机构及北京大学等院校，还对邯郸附近的赵王城遗址、涧沟遗址、龟台寺遗址和齐村、百家村、王朗村一带的战国、两汉时期的墓葬，峰峰矿区境内的古遗址及南北响堂石窟，武安境内的午汲古城、赵窑等遗址及墓葬，永年境内的台口和石北口遗址，磁县境内的下潘汪、英烈村、界段营遗址、讲武城古城址、"曹操七十二疑冢"（北朝墓群）、观台磁州窑遗址和临漳的邺城遗址等，进行过规模不等的考古调查、勘探或发掘工作，并取得一批较重要的研究成果。我所自 1962 年成立以来所从事的田野考古与研究工作，就是以此为基础逐步展开的。根据机构设置、社会环境、工作范围的变化，大体上可以分为三个阶段。

第一阶段，1962～1976 年，约 15 年，为起步奠基阶段。其主要标志及特点有以下几方面：一是 1962 年机构初设，且几经分合，专业人员较少；二是受 1966～1976 年"文革"期间政治环境影响，工作难于正常开展；三是工作面较窄，多局限于赵王城及市区范围内，外围工作以配合省文物部门为主，所取得的研究成果也相对较少。

考古调查与勘探方面，一是 1965 年 5～11 月，原赵王城文物保管所首次配合省文化局文物工作队，在 1958 年调查勘探基础上再次对赵王城及插箭岭一带进行复查、普探和测量等工作，进一步确认赵王城东侧向北有长达数千米的城墙，其东应有更大的城址；二是 1970 年以来，原市所为配合市"人防工程"建设，对市区内 188 个动土点进行了调查，于现地表以下 6～9 米深处普遍发现战国、两汉时期及其以后的文化层堆积，并发现古墓葬 6 座、炼铁遗址及陶圈井等多处，采集大量碗、豆、罐、青瓷盉、注壶等陶瓷器及成捆带铤青铜箭镞等，证明现邯郸城区之下确有战国、两汉时期古城存在；三是 1972 年秋至 1973 年间，原市所配合省文物管理处，对 1958 年以来逐步确认的"大北城"进行了全面钻探调查，探出地下墙址 8700 米，基本搞清了城址的大致轮廓、城垣走向、城址范围和地上地下遗迹的分布状况；四是 1973 年 7～8 月，原市所曾先后两次对武安磁山遗址进行调查，并征集部分石磨盘、石磨棒等文物。

考古发掘方面，1970 年因市煤建公司取土破坏，原市所对张庄桥 1 号墓予以抢救发掘，1972 年因修建地方铁路（小铁道），又与省文管处联合发掘了 2 号墓。两墓均为汉魏时期大型多室砖墓，墓室通长 25 米左右，其中一号墓残存文物包括战国青铜鉴、东汉"建武廿三年"铜鎏金大爵尊、永元年造铜鉴、双鱼纹铜洗、带架铜熨斗、铜雁足灯、铜鎏金熏炉、金带钩、白石七星枕、玉衣片、陶器等 160 余件，"五铢"钱 5 万余枚，2 号墓也发现有铜镂玉衣片等。1973 年，为配合"建设大街"工程建设，对俗称为"王郎城"的一处地面城墙址进行了解剖发掘，并发现"新莽"时期小型墓葬 8 座，出土部分陶罐、铜镜及"货泉"等钱币；同年 12 月，原市所还对武安磁山遗址进行了调查性试掘，揭露面积 18 平方米，出土文物 30 余件。1974 年间，原市所于百家村西清理战国墓 2 座；同年 7 月至次年 4 月，又配合省文管处对磁县下七垣遗址进行发掘，发现先商、商代早、中、晚四期遗存，并清理商代墓葬 23 座，其中第四期遗存已被学术界作为先商文化的典型代表而命名为"下七垣文化"。1975 年春开始，原市所历时 9 个月，于市郊马头镇车骑关抢救清理汉墓两座（1、3 号），其中 1 号墓为大型"积石积砂"、石拱券墓室及"黄肠题凑"椁室等多重结构，残存文物除多达 20 余件的成组陶鼎、带有朱书"御酒一石"的陶壶等陶器及 200 余枚五铢钱外，盗洞中还发现有龙首长柄量、鼎盖、小壶、马腿、雁足等铜器残件及玉璧、玉片等；同年，原地市文物部门还配合省文管处对武安赵窑遗址进行了第二次发掘，发现仰韶、先商及商周等多期遗存，清理商代等墓葬 53 座。1976 年 6 月，原市所于百家村西清理战国墓 1 座；9 月，又配合省文管处对峰峰矿区黑龙洞西周遗址进行了发掘，发现并出土了一批较重要的实物资料。

学术研究方面，除对峰峰矿区北留旺村出土的窖藏钱币做过简短报道外[2]，主要反映在其后发表的几篇学术报告中。一是在参与完成的《磁县下七垣遗址发掘报告》中，对遗址及墓葬发掘材料做了详尽的报道和介绍，首次将邯郸夏、商时期遗存划分为四期，并对各期文化遗存的特点作了概括和总结；而尤为重要的是商代早期之前的"二里头文化"，已被学术界公认属于商文化系统，并单独命名为"下七垣文化"，年代约当历史上的夏代[3]。二是在原市所发表的《河北邯郸市区古遗址调查简报》中，通过对 1970 年以来邯郸城区调查、勘探收获的介绍，正式提出了"大北城遗址"的命名，以区别于赵王城遗址，并初步认为"大北城遗址是春秋战国以至汉代邯郸城的主要组成部分，而俗称的赵王城，仅是战国赵都宫殿区而已"，否定了过去"邯郸城的演变，是由西南向东北发展的"看法[4]。在与省文管处联合发表的《赵都邯郸故城调查报告》中，再次对大北城城垣的位置、走向、城墙结构、地上地下遗迹分布、地层关系、出土遗物以及插箭岭小城、温明殿西侧与贸易街地下夯土墙址等进行了全面报道，进一步明确了"王城是赵都王宫所在地，而'大北城'是邯郸的古城，也是赵都的居民城和手工业区"的认识，并认为"'插箭岭'及其东侧小城，均应属战国时代的建筑遗址，汉代全部或部分继续延用"，而温明殿西侧墙址，"疑为汉代墙址"，贸易街地下墙址，"是否为战国以后，邯郸城缩小而筑的邯郸城南垣残段"。另据地层关系及相关遗存的发现指出，"'大北城'在东汉时期开始衰落、缩小，西晋、南北朝时期益盛"[5]。

第二阶段：1976～1993 年，约 17 年，为初步发展阶段。其主要标志和特点，一是自"文革"结束后，特别是实行改革开放政策以来，文物考古工作逐步得到社会重视；二是自 1978 年开始邯郸市文保所恢复独立建制，地区文保所也已筹备就绪，并于 1979 年初宣告正式成立；三是以全面文物普查及磁山遗址发掘为发端，工作范围扩大至邯郸全境，研究工作也逐步深化。

考古调查与勘探方面，一是全面开展文物普查，自"文革"即将结束的 1976 年 3 月开始至 1977 年 9 月间，根据省、地要求和部署，原市所与地、县联合对邯郸全区 16 个县（市）进行了全面的文物普查，使全区文物总数达到 553 处；后于 1978 年原地区文保所筹备期间，将所取得的普查成果整理编辑成《邯郸地区文物普查资料汇编》（内部资料），予以刊印公布。1984～1986 年间，原地、市所还分别参加了全国第二次文物大普查，1988～1989 年间，又进行了"查漏补缺"工作，除派员赴各县带队普查外，原地区所还专门组队对磁县漳河、牤牛河流域进行补漏调查，新发现古代遗址、墓葬、建筑等 33 处[6]，并参加了全省于涉县组织的古建筑补漏复查，使全区文物总数增加至 1500 余处；1987～1989 年间，还以此为基础完成了《文物地图集》、《文物概况一览表》的资料采集和编制工作，为文物保护单位的科学管理奠定了基础。二是开展专题考古调查，其中 1979～1982 年冬季，省、地、市文物部门联合对武安洺河流域进行过三次考古调查，共发现古文化遗址 158 处，带封土古墓、摩崖佛龛、经幢等 7 处。1981 年夏，原地、市所联合对磁县、峰峰矿区境内的北贾壁、临水青瓷窑址及观台、彭城等 13 处瓷窑址进行调查，对各窑址的范围、内涵及保存现状有了进一步的了解，并采集了大量实物标本。1982 年 3～10 月，原市所与矿区所联合对南北响堂石窟进行全面调查及测绘，期间市所又对位于寺后坡的水浴寺石窟（俗称小响堂）进行调查测绘。此外，还有大名县万堤农场唐代魏博节度使何弘敬墓、涉县中皇山北齐佛教摩崖刻经专题调查等。三是配合基建工程进行调查勘探，其中除原市所继续配合"人防"工程对邯郸城区地下遗存进行调查外，1989～1993 年间，原地、市所还配合城乡建设工程，对市公交公司、新华市场（日月城）、贸易街、彭家寨新村、滏阳化工厂铁路专线及磁县制锹厂、永年北东街、邱县棉织厂、峰峰大淑村煤矿、梧桐庄煤矿等数十个建设项目实施了文物勘探调查，发现了古城墙、古遗址、古墓葬等大量遗迹。1992 年以来，还配合河北省文物研究所（以下简称"省文研所"）对京深高速公路永年至临漳段进行过数次调查与复查，并进行了大规模的文物勘探，为进一步实施考古发掘提供了依据。

考古发掘方面，自 1976 年 10 月宣告"文革"结束以来，原市所首先对武安磁山遗址进行了为期半年的试掘工作，所属遗存引起考古界的关注。1977 年 7 月至 1978 年 12 月，又配合河北省文管处（以下简称"省文管处"）对该遗址进行了 1 年多的考古发掘，累计揭露面积 2500 多平方米，发现房基、灰坑、窖穴等遗迹 470 余处、"组合物" 45 组，出土文物近 2000 件。1977 年间，又于武安牛洼堡遗址试掘 20 平方米，发现磁山文化灰坑、窖穴等 7 处，出土文物 42 件。1978 年 5 月，省地市文物部门联合对位于邯郸县周窑村的赵王陵 3 号陵 1 号陪葬墓及两座小墓进行了发掘清理，其中 1 号墓为"中"字形结构，长达 70 余米，属战国时期。1978～1983 年间，原市所还于赵王城遗址内调查清理墙体排水槽道 2 处、铺瓦 3 处。1979 年 3～9 月，原地区所对武安固镇古城附近冶铁遗址进行发掘，出土铁器等文物标本 370 余件；于王场地和棋盘地清理战国、两汉时期墓葬 4 座，出土铜器、玉器、陶器等 78 件；于邯郸县大隐豹村清理汉墓 2 座，出土文物 17 件；同年 4～8 月，原市所与矿区所合作对北响堂石窟附属建筑基址常乐寺遗址进行发掘，清理 1040 平方米，出土石造像等文物 140 余件；配合市区联纺路铁路立交桥建设，对"大北城"西北区"灵山"段城墙进行解剖发掘；同年冬，省地市联合进行武安洺河流域考古调查期间，还对西万年、东万年、城二庄等 3 处石器时代遗址进行了试掘。1980 年 10 月，原市所于市区西部清理了明刑部尚书张国彦夫妻合葬墓，发现了灰浆浇铸的墓室及大型墓志铭等。1981 年 4 月，原地区所于鸡泽县北关清理唐代墓葬 5 座，出土陶瓷器、石墓志等 75 件；原市所于地区农林局清理宋墓 1 座，出土有白釉剔花盘口瓶、绿釉线刻人物枕等重要文物。1982 年 5～7 月，原地区所于涉县北关抢救清理战国时期大型"积石积炭"木椁墓和西汉小型土洞墓各 1 座，前者出土成组青铜礼乐器、车马器及石编磬、玉饰等 140 余件。1983 年，原地区所于永年娄山清理晋墓 2 座；原市所对皇姑庙发现的铸炉址进行了抢救性发掘，并对市宾馆地下餐厅地槽进行了解剖清理，出土大量战国、两汉时期遗物。1984 年，原市所对市郊百家村砖厂遭破坏的仰韶时期大司空村文化遗址予以抢救性发掘，并清理战国及汉魏墓 8 座；于百家村钢渣水泥厂清理汉墓 18 座。1985 年 5 月，原地区所对磁县孟庄北齐外兵参军元始宗墓进行了抢救清理，出土石墓志及陶俑、青瓷器等文物 140 余件。同年 7 月，又与省文管处联合对武安磁山遗址进行了长达 4 年的第二次发掘，直至 1988 年 10 月结束，累计发掘面积 2700 多平方米，发现房基、窖穴、灰坑、灰沟等遗迹 330 余座、"组合物" 60 余组，出土文物 2000 余件。1985 年底至次年初，原市所还对邯郸县西店子、康河遗址进行了小型试掘，发现了后冈一期文化早期及庙底沟文化遗存。1986 年，原市所对邯郸县南吕固村传称为 "吕祖坟" 的唐代石室墓进行了抢救清理，发现有墓志残块及陶俑等文物。1987 年 3～6 月，原地区所与省文研所联合，在 1986 年发掘的基础上继续对石北口遗址进行发掘，累计揭露面积 2000 平方米，发现房基 1 座、窖穴和灰坑 96 个、墓葬 8 座，出土各类器物 1000 余件，解决了后冈一期文化不同遗存间的年代及演变发展关系。同年 3～7 月，原地区所还与北京大学考古学系等联合对磁县观台磁州窑遗址进行了发掘，发现窑炉 9 座、加工原料大碾槽 1 座，出土各类瓷器 2000 余件，解决了北宋至金元时期磁州窑瓷器的分期和年代。1988 年，原地区所对鸡泽尹村唐墓进行清理，并与县文物部门联合对永年何庄遗址和墓葬进行了抢救发掘，发现了先商文化等重要遗存；原市所于市区彭家寨村东清理战国、两汉时期墓葬 22 座。1990 年，原市所于市区王朗村北市公交公司基建工地发掘战国遗址 130 平方米；原地区所于涉县东达清理双室宋墓 1 座，于磁县制锨厂工地清理北朝双室陶窑 1 座，于永年县临洺关北东街清理宋墓 4 座。1991 年 4～5 月，原地区所对永年李沟先商文化遗址进行发掘，揭露面积 300 平方米；6 月，于邱县棉织厂清理元代墓 1 座；8～9 月间，对临洺关北东街隋唐遗址进行发掘；同年 4 月，原市所对新华市场（日月城）地下遗址进行发掘清理，发现有夯土墙、排水道及灰坑 15 座，出土战国至唐宋时期的文物百余件，并首次于城区内发掘出土北朝时期文化遗存；同年 5 月份，又对贸易街市第二医院南侧地下城墙进行清理，墙体残高约 4 米，外侧发现有较厚的汉代文化层及打破文化层的东汉晚期墓葬等。1992 年，地、市所联合于武安大淑村煤矿发掘古墓 21 座；原地区所于邱县郭庄、陈村、霍庄清理唐宋墓 4 座；原市所于市区东门里清理战国、两汉时期至明清遗址 36 平方米，发现战国、两汉时期灰坑、水井及陶窑等 13 处、墓葬 14 座，出土文物 140 余件，并对彭家寨新村探明的 20 余座战国、两汉时期墓葬及市医院的 1 座宋代墓进行了发掘清理。1993 年，原地区所于涉县索堡村调查清理汉墓 4 座；原市所于市区内的裴庄发掘战国、两汉时期遗址 50 平方米，于铁路大院清理古墓 4 座。

学术研究方面，一是先后由我所独立或与有关部门合作发表学术报告 20 余篇，出版《观台磁州窑》专集 1 部。前者分别对武安境内的磁山遗址[7]及牛洼堡、西万年、城二庄、东万年等新石器时代遗址[8]；邯郸县西店子、康河[9]、东陶庄、户村、北羊井等 21 处新石器至商周遗址[10]及赵王陵[11]、南吕固唐墓[12]；永年县石北口新石器遗址[13]及何庄先商遗址等[14]，磁县牤牛河两岸 5 处龙山至战国、两汉时期遗址[15]，观台磁州窑址[16]；邯郸城区市宾馆、皇姑庙（台地）、王朗村、裴庄、东门里、人民路立交桥等地的邯郸故城遗址[17]及宋代与明代墓葬[18]；涉县北关、索堡汉墓[19]及中皇山北齐摩崖刻经[20]；峰峰矿区北响堂常乐寺遗址、水浴寺石窟[21]出土红绿彩瓷器[22]，大名唐魏博节度使何弘敬墓志[23]及成安县出土窖藏钱币[24]等相关调查和发掘材料进行了研究报道。并重点对磁山文化、石北口后冈一期文化、何庄先商文化、赵邯郸故城战国、两汉时期遗存及观台磁州窑遗存的文化内涵与特点、分期与年代，对赵王陵及汉代以来的墓葬形制、随葬品特点及丧葬习俗，对涉县北齐摩崖刻经、水浴寺石窟及常乐寺佛教造像的内容、风格特点及年代等，均进行了深入的分析和探讨。后者主要以 1987 年磁县观台窑址发掘材料为基础，除对观台窑的地理环境与考古工作、窑址及地层情况、主要遗迹及出土遗物作了全面而系统的介绍外，还重点对观台磁州窑遗存的分期与年代、各期段的特征、观台窑的兴衰历史等进行了广泛而深入的讨论[25]。二是专业人员先后发表学术论文 20 余篇，出版《邯郸历史与考古》专著 1 部。前者主要对磁山文化的社会经济、房屋建筑、灰坑性质、丧葬遗迹及其与裴李岗文化的关系[26]，磁县下潘汪遗址仰韶时期文化遗存间的关系与年代[27]，赵邯郸故城的基本布局与兴衰变化[28]，东魏北齐皇陵分布区域、北齐兰陵王高肃墓碑及东魏墓葬壁画艺术[29]，响堂寺石窟造像题材、特点[30]及北齐佛教刻经内容与书法[31]，观台磁州窑发掘收获及其意义[32]等问题予以深入探讨与研究，并提出很多新的观点和见解；后者主要以历史史料及考古资料为依据，对邯郸是中华民族古代文化发祥地、商周时期邯郸的崛起、战国两汉时期繁荣鼎盛的邯郸城、邯郸周围战国两汉文化遗存、魏晋以后邯郸的衰落及近现代邯郸的变革等，均进行了系统的介绍[33]。此外，有关人员还陆续发表《赵邯郸故城》、《响堂寺石窟》、《邯郸矿区古地道》等介绍性文章 10 余篇，以促进人们对邯郸悠久历史文化遗产的认识和了解。

第三阶段：1993 年 7 月至今，约 14 年，为全面发展阶段。主要标志及特点有以下几方面：一是自 1993 年 7 月 1 日开始地、市合并，新成立了邯郸市文物局，地、市两所也于同年年底合并，专业力量得到统一整合；二是本市文物保护规章及法规相继颁布施行，建设项目文物保护逐步成为必备的审批条件之一，田野文物考古得到全社会进一步的认可和重视；三是基本建设及生产建设规模日益扩大，为田野考古与研究既增加了压力，也创造了机遇。

考古调查与勘探方面，一是开展专题文物调查，其中 1996 年冬，因编写《河北省长城志》的需要，由我所组成两队分别对武安、涉县境内的明代长城遗迹进行了实地调查，并向省提交了《邯郸长城调查报告》；2000 ~ 2001 年间，与省文研所配合对邯郸赵王陵进行了全面调查测绘，并对二号陵进行了全面勘探，勘探面积 30 多万平方米；2003 年以来，我所还对邯郸境内战国、两汉时期古城进行了专题调查，对古城的范围、保存现状、文化内涵、功能性质及建筑年代有了进一步的了解。二是配合基本建设进行调查和勘探，据不完全统计，自 1993 年 7 月～2007 年 6 月底的 14 年间，我所单独或与省、县文物部门合作承担考古调查及勘探项目达 400 余项。其中较重要的有：1993 年秋对京深高速公路永年至临漳段勘探；1995 年对邯钢西区 850 亩扩建工程勘探；1996 年对邯郸铁西水厂及峰峰矿区邯峰电厂调查勘探；1998 年对邯济铁路邯郸至磁县段调查与勘探；1999 年对邯长铁路武安段勘探；2000 年对邯郸西环路勘探，2002 年对安邯天然气管道沿线调查勘探；2003 对邯长公路涉县城关段及邯钢西区约 1500 亩扩建工程勘探；2004 年对涉县龙山电厂调查与勘探，2004～2005 年对青兰高速公路邯郸至管陶段全长 45 公里调查与勘探，对南水北调工程磁县至永年段的调查和磁县北朝墓群中段的勘探；2006 年对人民路西延工程勘探及京广铁路客用专线调查；2007 年对邯钢西区 4000 亩扩建工程勘探及青兰高速公路邯郸至涉县段的调查等，均发现或探明大量较重要的古代文化遗存。

　　考古发掘方面，1994 年，与省文研所等对京深高速公路临漳邺城遗址附近地下遗存进行全面发掘，我所共清理战国及汉魏墓葬 51 座、北朝遗址 672 平方米、北齐至明清时期道路、路沟等 6 条；并配合省文研所于永年县榆林遗址发掘 2000 平方米，发现龙山时代、西周及汉代多期遗存；于涉县新桥清理发现了距今 20 多万年前的旧石器时代遗址及石制品。自同年 4 月开始，还与省文研所联合对武安磁山遗址进行了 4 个年度的发掘工作，截至 1998 年，累计发掘 1860 多平方米，发现房址等 6 座、灰坑及窖穴 240 余座，出土文物 1000 余件。1995 年 4 月，于邯郸医专附属医院门诊楼前丛台路地下管线槽壁解剖清理"大北城"东城墙断面 1 处；同年 5～9 月，于邯钢西区扩建工地发掘古墓葬 366 座，以战国、两汉时期为主，出土文物 1500 余件。1996 年，于市区复兴区经计委、区检察院、铁西水厂、铁路医院等处清理战国至唐宋墓葬 120 余座；与省文研所合作于峰峰邯峰电厂发掘义西、北羊台遗址 2 处，揭露面积 4000 平方米，除均发现有先商文化遗存外，还于义西遗址内首次发现了大司空文化与后冈一期文化间的直接层位关系。1997 年，于市区人民路人民银行、望岭路商业网点解剖古城墙 2 处；于新世纪商业广场清理"大北城"遗址 47 平方米，发现战国、两汉时期陶窑 1 座、井 3 眼、隋唐路面 1 条；于复兴区土地局、劳动局和彭家寨乡政府、前百家村、铁路大院及邯钢化肥厂等处清理战国、两汉时期以来古墓 70 余座；5～7 月，在成安南街 8 米以下抢救清理北朝到晚唐时期的寺庙遗址 1 处，揭露面积 500 平方米，发现中晚唐殿基、佛坛及部分附属建筑基址，出土被毁石造像 200 余件；于涉县城关李家巷清理春秋战国墓 9 座。1998 年，于市区康德超市、赵苑南门外、军分区家属楼、第十八中学、复兴区防疫站及南郊邯济铁路起土场等地清理古墓 20 余座；与省文研所合作对邯济铁路北张庄附近勘探发现的 15 座宋金古墓进行了抢救发掘。1999 年，于市农机公司、安装公司、五七铁厂、水利工程处、供电局（南、北院）、昌源小区及南环路渚河桥、邯峰电厂家属院、赵王安养园等 10 余处工地，清理战国、两汉、曹魏、唐宋及明清时期墓葬 80 余座；对峰峰彭城盐店磁州窑遗址进行抢救发掘，揭露面积 220 平方米，发现元代至清代窑炉 4 座，出土瓷片标本 30 余万片。2000 年，于邯郸西环路沿线的下庄、酒务楼、齐村及市区纺织水厂住宅楼、四季青小区、劳动路、邯郸市博物馆等地清理战国及明清墓葬 70 余座、车马坑 3 座；于齐村发掘后冈一期文化遗址 500 平方米。2001 年，对邯郸城区及周围 15 处基建工地内探明的地下遗存进行了发掘，其中包括医专综合楼"大北城"东墙、春场农贸市场汉代卵石路面及排水管道、浴新街变电站战国、两汉遗址及王朗公寓、通达集装箱转运中心、岭南路污水管道、百花小区等地的战国、两汉以来古墓近百座。2002 年，对市内 16 个建设项目内探明的遗存予以清理发掘，其中包括赵苑南侧"大北城"西墙、市中心医院、金正广场等 6 处战国至汉唐遗址及龙城小区、锦花小区、百花小学等 10 余处地下墓群计 167 座墓葬，发现古墙址、房基、水井、灰坑等一批重要遗迹，出土各类文物及标本数千件；与峰峰矿区文保所合作，对矿区临水镇顺田商贸城瓷窑址进行了抢救性发掘，清理面积 80 平方米，发现灰坑 26 座、料池 12 座、窑址 1 座，出土瓷片 30 余万片；与省文研所合作，于安阳至邯郸天然气输气线路邺城段发掘清理古墓 40 余座、窑址 8 座；于赵王陵 2 号陵清理大型车马坑 2 座，我所单独清理建筑基址面积 800 平方米。2003 年，共完成主城区 17 个工程项目的抢救性发掘清理工作，其中赵苑、朝阳路口、华信大厦等 4 处遗址，揭露面积计 426 平方米，发现有古城墙、建筑基址等重要遗迹；邯钢西区、复兴区地税厅、安庄小区、南湖小区等古墓区 13 处，清理战国、两汉至明清时期墓葬 664 座，出土各类文物计 2580 余件（套），其中仅邯钢扩建工程即清理古墓 404 座，出土文物 1700 余件。此外，省文研所合作，对邯长高速公路涉县城关段所涉寨上遗址进行了发掘，出土了商代青铜钺等重要文物；与涉县文物部门于北关凤凰台取土区抢救清理古墓 5 座。2004 年，完成市区金丰小区、铁西大街、超美购物广场等 14 个项目的抢救性发掘，其中遗址发掘面积计 150 平方米，清理古墓葬 147 座，出土各类文物 550 余件（套）、标本 4500 余件（片）；于磁县北城村抢救发掘商代墓葬 71 座，出土青铜觚、爵、陶鬲等文物 141 件；于邯郸飞机场扩建工地发现先商文化遗址 1 处，揭露面积 637 平方米，清理古墓葬 70 座，出土文物 360 余件；配合省文研所于涉县龙山电厂发掘先商遗址 300 平方米，清理灰坑 11 座、宋金及清墓 58 座，出土文物 300 余件。2005 年，于市区第十一中学、康德商场二期工程、大乘寺饭店发掘古遗址 3 处，揭露面积 171 平方米；于百岭小区、鹏利达工贸公司、第十中学、后郝村住宅区、建筑安装公司、针织轻纺城、邯钢中板厂、华冶住宅楼等 15 处墓地清理古墓葬 420 座，出土文物 1500 余件。其中后郝村住宅区的 9 号战国墓，为带前后墓道的"中"字型大墓，全长达 55 米；第十中学内发掘战国、两汉时期墓葬 250 座，出土文物 917 件，并含有很多价值极高的玉器珍品。同年，还历时近 8 个月，配合省文研所对南水北调工程所涉"西小屯 3 号墓"进行了发掘，揭露面积达 4300 平方米，除对封土高大、上有建筑基址、排水设施及长达 50 余米的战国"中"字形主墓予以清理外，还发现车马坑 1 座、陪葬墓 4 座及部分汉代以后的墓葬，出土石编磬、铜盆、银器座、玉饰、料饰及陶器等精美文物 100 余件；并与省文研所分别组队，在青兰高速公路邯郸县段考古发掘中，我所于高峒遗址发掘 900 多平方米，发现龙山及魏晋时期房址 1 座、陶窑址 2 座、灰坑 23 座，出土了大量生活器具、农具、工具、窑具等文物或标本，于中三陵、寺西窑、高峒等地清理战国及魏晋古墓等 14 座、陶窑 1 座，出土文物 120 余件。2006 年，仅邯郸主城区考古发掘项目即达 18 个，其中招贤大厦、百家村东、实达世贸广场等 3 处遗址，发掘面积计 650 平方米，出土文物及标本 1300 余件；第十中学二期工程、人民路百家村东、百家村中段、兴隆公寓、糖酒公司、丛台路铁路立交桥等 15 处工地，清理古墓 200 余座，出土各类文物 660 余件。尤其人民路南侧招贤大厦地下遗址，在 200 平方米、厚达 7 米的文化堆积中，除发现有房基、灰坑、水井、沟壕、道路和墓葬等大量遗迹外，还出土文物标本 1000 余件，瓷片 5 万多片，时代跨越战国、两汉及唐、宋、元、明各代，不仅对研究邯郸古城兴衰演变具有重要价值，而且其出土瓷器数量之大、品种之多，堪称宋金元明时期邯郸城民居生活用瓷大全。同年，还于南水北调工程磁县北朝墓群中段发掘槐树屯龙山时代遗址、滏阳营先商文化遗址、湾漳营北朝遗址 3 处、陶窑遗址 3 处，揭露面积 800 多平方米，清理唐宋以来墓葬 30 余座；并受河北省文物局委托，对南水北调天津干渠段的保定容城县北张遗址进行发掘，揭露面积 1025 平方米，发现先商时期灰坑 7 座、汉唐至明清道路 2 条、沟渠 4 条、土井 1 眼、灰坑 6 座、墓葬 11 座；另与中国社会科学院考古所配合，对磁县北朝墓群 63 号墓进行了发掘；与省文研所配合于南水北调工程林村墓群段发掘遗址 3 处，面积 1000 平方米，清理古墓葬 68 座。2007 年 6 月底前，在邯郸主城区已完成或正在实施的考古发掘项目 8 处，其中稽山新天地、四季花城 2 处遗址，已发掘面积 150 平方米；邯钢新区、百花佳园、鑫港开发区、金鑫小区等 7 处工地，已清理古墓 260 余座，出土文物近千件。尤其邯钢新区内所发掘的 112 座墓，很多为战国及汉魏时期的大墓，虽多数已被盗掘，但仍残存有青铜鼎、铜鉴、铜洗、金带钩等部分精美文物；稽山新天地工地为一处较大的宋代墓地，墓葬总数达 106 座，出土瓷器等文物 100 余件。此外，于南水北调工程磁县北朝墓群段发掘清理古墓 70 余座，其中 3 座西晋时期的土洞砖墓，墓道中所设的"天井"设施，是国内所见年代最早的实例；并配合省文研所对邯钢新区内 1 座汉魏时期带封土的大型多室砖墓（"西小屯 1 号墓"）及 31 座小型战国、两汉时期墓作了抢救性发掘，获得一批较重要的实物资料。

　　学术研究方面，一是先后由我所独立或与有关单位联合发表学术报告等近 20 篇，分别对峰峰矿区义西仰韶及先商遗址、北羊台先商遗址[34]，永年榆林龙山及西周遗址[35]，涉县台村先商遗址及宋金清代墓群[36]、李家巷东周墓群[37]，邯郸市区东庄战国、两汉时期遗址[38]及市第十八中学、农机公司、安装公司、五七铁厂[39]、龙城小区[40]、供电局南北院、康德超市、市中心医院[41]、连城别苑[42]、渚河桥[43]战国、两汉至唐宋时期墓葬，邯郸县户村及北羊井汉魏墓[44]、北张庄宋金墓[45]、鸡泽北关及尹村唐墓[46]等发掘材料作了全面报道，并对各文化遗存的性质、特点、分期及年代等有关问题作了初步分析和探讨，为邯郸古代政治、经济、文化、地理及考古研究提供了重要依据。二是专业人员先后发表学术论文 20 余篇，出版《磁山文化》专著 1 部。前者主要对豫北冀中南及邯郸石器时代考古及其相关问题[47]，磁山文化遗址本身性质、生存环境、建筑形式、窖穴用途与寿命、"组合物"性质[48]，新石器时代农业经济状况及发展水平[49]，先商文化的发源地及文化面貌、分布特点[50]，赵都邯郸故城的地理位置与范围、城市兴衰与变迁、城区布局与功能、建筑设施与特点、人口数量与经济及战国、两汉时期陵墓的分布区域[51]，邯郸周围先秦赵国城址的分布、用途及历史沿革[52]，"邯郸"地名由来、"寿陵"地望及"温明殿"性质[53]，北朝摩崖刻经年代[54]及大名五礼记碑与藩镇割据势力[55]，磁州窑陶瓷及其装饰艺术[56]，20 世纪邯郸考古工作历程、考古发现与研究及新世纪面临的任务[57]等问题，均进行了专题研究和论述，以期促进相关问题的解决；后者除对磁山文化遗址的意外发现、发掘纪略、主要发现、百家争鸣、学术盛会、文物展览、文化节日等史实作了全面而系统的叙述和介绍外，还重点对磁山文化的学术价值、文化堆积、房屋建筑、生活用具、粟作农业、粮食储藏、采集经济、渔猎生活、家禽家畜饲养、原始手工业、文化艺术、宗教信仰、文化源流等问题进行了广泛而深入的探讨，最后并以幻觉形式对磁山先民的生活场景作了形象地描绘[58]。三是编辑出版《邯郸考古文集》及大型文物图录《邯郸文物精华》、《邯郸古代雕塑精粹》等 3 部大型资料汇编。前者主要汇集了建国以来至 2003 年以前发表的邯郸境内较重要的文物考古调查、发掘等学术报告及相关资料 80 篇、未收录文物考古资料目录一篇，为检索查寻资料、加强邯郸历史及考古研究提供了方便[59]；后者分别以我所收藏及参与发掘的出土文物为主，并辅以各兄弟单位的旧藏，共精选不同质地和类别的文物精品和雕塑艺术珍品 380 余件。文中除对我市新石器时代乃至金元明清时期的主要考古发现及雕塑艺术发展水平予以全面总结和论述外，还分别配以详细的图版说明，以集中展示邯郸古代文物的风貌，弘扬邯郸悠久历史文化，并为历史考古研究人员及文物爱好者研究欣赏古代文物提供参考[60]。

三、文物陈列与宣传

充分利用文物资源，举办各种形式的文物陈列展览，多渠道广泛开展文物宣传、普及科学文化知识，既是对广大群众进行历史唯物主义和爱国主义教育的有效方法，也是增强全民文物保护意识、弘扬优秀历史文化的客观需要。几十年来，我所在文物陈列与宣传方面做了大量工作，并取得了较好的宣传效果。

（一）文物陈列展览

几十年来，我所以考古发掘工地或展馆为阵地，先后举办和参与过十余次临时性或相对较固定的文物陈列展览。

　　早在 1956 年我所成立之前，邯郸市文化部门即曾利用"疏通支漳河"工程中所出文物，在邯郸市文化馆举办过声势浩大的"邯郸出土文物展览"，并到邯北"物资交流大会"及峰峰矿区等地巡回展出。

　　1962 年赵王城文物保管所成立后，第一件大事就是在"武灵丛台"上的"武灵馆"内举办文物陈列，展出文物 100 余件，直至"文化大革命"初草草结束，这里始终是邯郸市民观赏文物、了解邯郸历史、接受科学知识的最佳场所。

　　1974 年，在磁县下七垣发掘商代遗址期间，配合河北省文物管理处（以下简称"省文管处"）于发掘现场开辟展室，举办了为期一个多月的出土文物展览，除接待当地群众及新兵参观外，市革命委员会、军分区领导还分别陪同省总工会及第二炮兵部队首长等参观过展览。

　　1975 年，原市所在马头镇车骑关发掘汉代"黄肠题凑"大墓时，也曾于发掘现场举办过短期文物陈列。

　　同年，与省文管处合作在武安赵窑遗址发掘时，又共同举办了赵窑遗址出土文物展览，展出史前彩陶及商代青铜器、玉器等 200 余件。发掘结束后，该陈列还于 1976 年春整体迁至武安县城继续展出半年多时间，尤其庙会期间，观众人潮涌动，川流不息。

　　1976 年 11 月开始的武安磁山遗址发掘，因距今 8000 多年前新石器时代中早期文化的首次发现而引起学术界的高度关注，为适应考古界同仁及广大群众参观考察、学习交流之需，原市所与省文管处于 1977 年 5 月初又在磁山村联合举办了近 5 个月的磁山遗址出土文物展览，除接待附近村民、学生及机关厂矿企业职工参观外，省市领导及有关学术团体的专业技术人员等也曾多次前来参观展览，同年 7 月，国家文物局领导及中国科学院考古研究所夏鼐、苏秉琦、安志敏先生等人考察磁山遗址发掘工作时，也参观了展览。

　　1977 年秋，随着磁山遗址大面积的发掘、大量遗迹遗物的出土及学术影响的日益扩大，原市所在征得有关部门批准后，又开始于邯郸市区筹办较为全面而系统的"邯郸出土文物展览"。这个展览是继 1956 年市文化馆举办"根治海河、疏通支漳河出土文物展览"之后，邯郸市举办的一次展出文物最多、规模空前的大型文物展览。展览于 1977 年 10 月 1 日国庆佳节正式对外开放，地点选定在原展览馆北副馆北厅，面积约 400 多平方米，展品包括新石器时代至金元等各个时期的文物 600 余件。展出 2 个多月后，因展厅另作他用，本展览又经压缩、调整而迁至市工人文化宫讲座室，继续接待观众。1979 年初，邯郸市文化大楼落成，原市所迁入新址，"邯郸市出土文物展览"也经重新设计、更新设备、充实展品、布展陈列而迁入大楼内，并于 5 月 1 日国际劳动节正式揭幕。展览设在二楼南、北两个展厅内，室内面积约 360 平方米。展出内容分为原始社会、奴隶社会、封建社会及磁州窑陶瓷四个部分，展出文物近 600 件，并一直延续至 1984 年 9 月全部迁入新成立的邯郸市博物馆才宣告结束。可以说，本展览自 1977 年创办以来，虽几经搬迁、居无定所，陈列形式和内容也很不成熟，但在"文革"刚刚结束不久，能够举办如此规模的一个展览还是非常难得的。因当时正值改革开放初期，邯郸作为对外开放城市之一，在尚未建立博物馆之前，本展览始终是宣传邯郸、推介邯郸的一个重要窗口。除广大市民、学生、普通游客前来参观学习外，凡来邯郸视察工作的各级领导、考察交流的学术团体或国际友人等，参观邯郸出土文物展览已成为日程安排中必不可少的一项活动内容。据有关部门统计，自 1977 年以来十余年间，本展览每天接待观众上千人，总计达百余万人次[61]。

1980 年，原地区所在鸡泽县北关发掘唐代墓葬时，应当地文化部门之请，也于县文化馆展厅内举办了短期文物展览，并取得了较好的宣传效果。

1987 年 3 月，原地、市两所分别以地、市为单位，在省会石家庄河北省博物馆参加了"河北省文物普查成果展览"，对我区赴展文物进行陈列设计、版面制作及布展陈列，展期 6 个多月，集中展示了我市 1984 年全省文物普查以来所取得的成果。10 月 1 日国庆前夕，原市所还投入大部分人员，协助邯郸市博物馆对由原市所迁入的文物陈列予以重新调整、充实和改陈，使展览面貌焕然一新。

1994 年邯郸地、市合并后不久，市委、市政府即决定对邯郸市博物馆进行全面"启新"改造，我所作为主要协作单位，直接负责由"邯郸通史"、"北朝壁画墓"、"磁州窑陶瓷"等三部分组成的"邯郸古代精品展"的陈列设计、版面制作及布展工作。历时数月，于"五一"期间正式剪彩开馆，当时该展览在全省曾引起较大轰动，并得到了原省市领导和广大市民的高度评价。

2002 年 10 月 1 日，为庆祝中日邦交正常化 30 周年，经文化部及国家文物局批准，由日本大阪市立美术馆和日本经济新闻社主办、以我所为主协办的磁州窑文物专题展览，在日本大阪市立美术馆正式展出，展期 61 天，共展出我市磁州窑出土的北宋至明清时期的各类瓷片标本 170 件。这是我市首次举办文物出国展览，对加强我市对外文化交流、提高邯郸知名度、吸引外宾来邯投资或观光旅游等都起到了积极的促进作用。

2003 年，应各级领导、大专院校、学术团体及兄弟单位参观考察、交流学习之需，我所还筹建了固定的内部文物陈列室，展品分文物精品集萃、考古新发现两部分，展出文物 100 余件，并随着新的文物出土，及时更新展品。截至目前，我所已接待美、英、德、法、意、日、韩、澳大利亚、新加坡及国内有关单位的专家、学者和各级领导 1000 多人次。该陈列也已成为我市新的对外文化宣传、学术交流的阵地和窗口。

（二）文物宣传活动

几十年来，我所除通过文物陈列展览进行宣传教育外，还以张贴布告、下乡宣讲、发送资料等传统形式，以及借助广播、电视、报刊、网络等新闻传播媒介，广泛开展文物宣传活动。

1980 年邯郸市革命委员会颁布《禁止在赵王城遗址内挖沙、修路、开荒的布告》，1982 年《中华人民共和国文物保护法》颁布实施，1989 年邯郸市政府 4 号令《邯郸市城乡建设中加强文物保护的办法》的颁行等，我所除组织人员在城区及重点文物保护区附近乡村发放、张贴布告外，还多次组织宣传彩车深入街头闹市、社区乡村开展宣传，张贴标语、播放录音或口头宣讲文物保护法规及知识，扩大影响。1993 年底地市合并以来，我们在行政执法过程中，几乎跑遍了所有建筑工地，不厌其烦的向建设单位及施工人员宣讲文物保护政策及保护文物的重要意义。此外，我们还以各考古发掘现场为阵地，采取张贴布告、悬挂条幅、插立彩旗及向群众解说等形式开展宣传，以提高人们依法保护文物的意识。

自 2001 年 10 月开始，我所还编印了内部资料《邯郸文物简讯》，刊发文物工作信息、考古新发现和新成果，向省市县有关部门和领导定期发送。截至目前，已刊发稿件 104 篇，编发 53 期，每期 120 余份，累计发送 6000 余份，省市有关领导曾多次签字批示，给予高度评价。此外，我们还经常向市文化局主办的内部刊物《邯郸文化》发送稿件，均引起了较大反响。

自改革开放以来，随着信息传播媒介的日渐普及，所产生影响的日渐扩大，以广播、电视、报刊、网络等传播媒介为平台进行文物宣传，也成为我所最常用的宣传形式。

早在 1978 年 2 月，我所人员即在我市当时唯一的《邯郸日报》发表过《磁山古遗址》等文物介绍文章。1980～1985 年间，又在《邯郸日报》或开辟专栏、或零散刊载《邯郸的由来》、《赵迁都邯郸》、《迁都后的赵国》（上、中、下）、《话邯郸》（1～7）、《赵都由盛到衰》、《古磁县》、《赵都周围古文化》、《赵都古今市场变迁》（1～2）、《娲皇宫崖壁上的地震记录》、《最早的古水井最初在我市涧沟发现》、《磁山之最》、《邯郸之最》、《涉县发现古墓出土 130 件文物》等宣传文章 20 余篇。1993 年地市合并以来，我所又于 1995 年开始在《邯郸日报》开辟"邯郸文物博览"专栏，连续刊发《二十万年前邯郸先民的足迹》、《八千年前的原始村落》、《原始彩陶艺术》、《四千多年前文明社会的前奏》、《漳河流域先商部族的崛起》、《殷商时期的氏族墓地》、《午汲古城史话》、《赵邯郸古城览胜》、《最早的武安城》、《战国赵王陵寻踪》、《战汉时期的贵族墓地》、《漫谈车骑关西汉王侯陵寝》、《张庄桥东汉王侯地宫》等文章近 30 篇，并在《中国文物报》、《河北日报》、《燕赵都市报》、《邯郸日报》、《邯郸晚报》零散刊发文物信息、考古新发现等新闻报道稿件数十篇。此外，近年来我所还通过邯郸广播电台、邯郸市及各县区电视台，录制考古发现新闻稿或新闻片十余次，并通过市文化局网站发布文物资讯数十条，均起到了较好的宣传效果。

斗转星移，时光荏苒。纵观邯郸市文研所成立 45 年来所走过的风雨历程，不仅使我们清楚地看到了邯郸文物考古前进道路之艰难和崎岖，看到了邯郸文物保护、田野考古、文物陈列宣传任务之繁难和艰巨，看到了邯郸文物考古、学术研究成就之斐然和显著；同时，也使我们深刻地感受到了一代又一代文物考古工作者对邯郸文博事业的满腔热忱和不懈追求，感受到了文物考古工作者为探寻人类文明足迹、守望邯郸历史故园而沐风栉雨、出没荒野、殚精竭虑、默默耕耘的敬业态度和奋斗精神，感受到了文物考古者为实现探求人类历史真谛、还原邯郸历史真实之梦而义无反顾、无怨无悔的奉献精神和不为鲜花光环所动、不为金钱名利所惑的心路历程。长江后浪推前浪，事业代有才人出。我们深信在各级政府及全社会的大力支持下，通过所有文物考古工作者及后辈贤才的共同努力，邯郸市文博考古事业及我所文物保护、田野考古、学术研究等工作一定会再上新的台阶，铸就新的辉煌。

注　释

［1］　《邯郸日报》，1991 年 4 月 17 日第 3 版。

［2］　邯郸市响堂、赵王城文物保管所：《邯郸地区发现一批古钱》，《考古》1965 年 11 期。

［3］　河北省文物管理处：《磁县下七垣遗址发掘报告》，《考古学报》1979 年 2 期。

［4］　邯郸市文物保管所：《河北邯郸市区古遗址调查简报》，《考古》1980 年 2 期。

［5］　河北省文物管理处、邯郸市文物保管所：《赵都邯郸故城调查报告》，《考古学集刊》，1984 年 4 期。

［6］　邯郸地区文物保管所：《河北省磁县境内牛河两岸考古调查》，《华夏考古》1993 年 2 期。

［7］　邯郸市文物保管所等：《河北磁山新石器遗址试掘》，《考古》1977 年 6 期；河北省文物管理处等：《河北武安磁山遗址》，《考古学报》1981 年 3 期。

［8］　河北省文物管理处等：《河北武安洺河流域几处遗址的试掘》，《考古》1984 年 1 期。

［9］　邯郸市文物管理处：《邯郸县两处新石器时代遗址的调查和试掘》，《文物春秋》1990 年 2 期。

［10］　邯郸市文物管理处：《邯郸县商周遗址的调查》，《文物春秋》1992 年 2 期。

［11］　河北省文管处等：《河北邯郸赵王陵》，《考古》1982 年 6 期。

［12］　邯郸市文物管理处：《河北邯郸南吕固唐代墓葬发掘简报》，《文物春秋》1998 年 1 期。

［13］　河北省文物研究所、邯郸地区文物管理所：《河北永年石北口遗址发掘简报》，《文物春秋》1989 年 3 期；河北省文物研究所、邯郸地区文物管理所：《永年县石北口遗址发掘报告》，《河北省考古文集》，东方出版社，1998 年。

［14］　邯郸地区文物保管所等：《河北省永年县何庄遗址发掘报告》，《华夏考古》1992 年 4 期。

［15］　邯郸地区文物保管所：《河北省磁县境内牤牛河两岸考古调查》，《华夏考古》1993 年 2 期。

［16］　北京大学考古系等：《河北省磁县观台磁州窑遗址发掘简报》，《文物》1990 年 4 期。

［17］　邯郸市文物管理处：《邯郸市宾馆地下古遗址的调查》，《文物春秋》1990 年 4 期；邯郸市文物管理处：《邯郸市台地遗址发现铸炉址》，《文物春秋》1992 年 2 期；邯郸市文物管理处：《王郎村古遗址试掘简报》，《文物春秋》1992 年 1 期；邯郸市文物管理处：《邯郸市东门里遗址试掘简报》，《文物春秋》1996 年 10 期；邯郸市文物管理处：《裴庄遗址清理报告》，《文物春秋》1998 年 1 期；邯郸市文物管理处：《邯郸古城区出土汉半两钱范》，《文物春秋》1997 年 2 期。

［18］　李忠义：《邯郸市区发现宋代墓葬》，《文物春秋》1994 年 3 期；邯郸市文物保管所：《河北邯郸出土明刑部尚书张国彦夫妇合葬墓志》，《文物》1986 年 9 期。

［19］　邯郸地区文保所：《涉县北关发现一座西汉墓葬》，《文物春秋》1992 年 1 期；邯郸市文物管理处等：《河北涉县索堡汉墓》，《文物春秋》1996 年 1 期。

[20] 马忠理等:《涉县中皇山北齐佛教摩崖刻经调查》,《文物》1995 年 5 期。

[21] 邯郸市文物保管所等:《河北邯郸鼓山常乐寺遗址清理简报》,《文物》1982 年 10 期;邯郸市文物保管所:《邯郸鼓山水浴寺石窟调查报告》,《文物》1987 年 4 期。

[22] 秦大树、李喜仁、马忠理:《邯郸市峰峰矿区出土的两批红绿彩瓷器》,《文物》1997 年 10 期。

[23] 邯郸市文管处:《河北大名县发现何弘敬墓志》,《考古》1984 年 8 期。

[24] 邯郸地区文保所:《河北省成安县出土窖藏钱币》,《文物春秋》1992 年 1 期。

[25] 北京大学考古学系等:《观台磁州窑址》,文物出版社,1997 年。

[26] 佟伟华、刘勇:《磁山、裴李岗两种遗存的比较和探讨》,《史前研究》1987 年 3 期;罗平:《磁山遗址农业生产初探》,陈光唐:《略谈和磁山文化有关的几个问题》,乐庆森:《略谈磁山与裴李岗文化的关系和发展》,乔登云、刘勇:《磁山文化丧葬遗迹初探》,均见《磁山文化论集》,河北人民出版社,1989 年;乐庆森:《邯郸原始农业的初步分析》,《古今农业》1991 年 2 期;乐庆森:《磁山遗址灰坑性质辨析》,《古今农业》1992 年 2 期;陈光唐:《磁山文化的原始农业》,《麦黍文化论文集》,人民出版社,1993 年;陈光唐:《试谈磁山文化的农业与建筑》,《环渤海考古国际学术讨论会论文集》,知识出版社,1996 年。

[27] 乔登云:《磁县下潘汪遗址仰韶文化遗存的分析》,《中原文物》1989 年 1 期。

[28] 陈光唐:《试谈赵都邯郸故城形成、布局和兴衰变化》,《赵国历史文化论丛》,河北人民出版社,1989 年。

[29] 马忠理:《磁县北朝墓群——东魏北齐皇陵兆域考》,《邯郸新论》,1988 年 1 期;马忠理:《北齐兰陵王高肃及其墓碑文略述》,《中原文物》1988 年 2 期;薛玉川:《浅谈东魏墓壁画艺术》,《文物春秋》1993 年 1 期。

[30] 刘东光:《响堂山石窟造像题材》《文物春秋》1997 年 2 期;刘东光:《响堂山拾遗》,《文物春秋》1999 年 3 期。

[31] 马忠理:《邺都近邑北齐佛教刻经初探》,《北朝摩崖刻经研究》,齐鲁书社,1991 年;赖非、张凤英:《南北响堂寺石窟摩崖刻经的现状与书法》,《北朝摩崖刻经研究》,齐鲁书社,1991 年。

[32] 马忠理:《观台窑考古发掘的新收获及其意义》,《文物春秋》1989 年 4 期。

[33] 陈光唐、王昌兰:《邯郸历史与考古》,文津出版社,1991 年。

[34] 河北省文物研究所、邯郸市文物保护研究所等:《邯郸市峰峰电厂义西遗址发掘报告》,《文物春秋》2001 年 1 期;河北省文物研究所、邯郸市文物管理处等:《河北邯郸市峰峰矿区北羊台遗址发掘简报》,《文物春秋》2001 年 2 期。

[35] 河北省文物研究所、邯郸市文物管理处等:《永年县榆林遗址发掘简报》,《河北省考古文集》,东方出版社,1998 年。

[36] 河北省文物研究所、邯郸市文物保护研究所等:《河北涉县台村遗址发掘简报》,《河北省考古文集》,科学出版社,2007 年;河北省文物研究所、邯郸市文物保护研究所等:《河北涉县台村宋金及清代墓葬发掘简报》,《河北省考古文集（三）》,科学出版社,2007 年。

[37] 邯郸市文物保护研究所等:《河北涉县李家巷春秋战国墓发掘报告》,《考古》,2005 年 6 期。

[38] 邯郸市文物保护研究所:《邯郸市东庄遗址试掘简报》,《文物春秋》,2006 年 6 期。

［39］　邯郸市文物保护研究所等：《邯郸市建设大街战国、两汉时期墓葬发掘报告》，《文物春秋》，2004年6期。

［40］　邯郸市文物保护研究所：《邯郸市龙城小区墓葬发掘简报》，《文物春秋》，2004年6期。

［41］　邯郸市文物保护研究所：《邯郸城区唐代墓群发掘简报》，《文物春秋》，2004年6期。

［42］　邯郸市文物保护研究所：《邯郸市连城别苑古墓发掘简报》，《文物春秋》，2004年6期。

［43］　邯郸市文物保护研究所：《邯郸渚河桥汉墓发掘报告》，《文物春秋》，2004年6期。

［44］　邯郸市文物保护研究所：《邯郸市发现的两处魏晋时期墓葬》，《文物春秋》，2004年6期。

［45］　河北省文物研究所、邯郸市文物管理处：《河北邯郸北张庄金墓发掘简报》，《文物春秋》2001年1期。

［46］　邯郸市文物保护研究所：《河北鸡泽县唐代墓葬发掘简报》，《文物春秋》，2004年6期。

［47］　乔登云：《豫北冀中南地区新石器时代考古回顾与展望》，《文物春秋》，2001年5期；薛玉川：《邯郸石器时代考古及其相关问题》，《文物春秋》，2004年6期。

［48］　乔登云：《关于磁山文化研究中的几个问题》，薛玉川：《新石器时代磁山文化的生态环境窥探》，乐庆森：《磁山遗址中长方形灰坑的用途及遗址性质》，均见《中华文明源》，新华出版社，2005年；罗平：《磁山人住的房子》，《文物春秋》2006年1期。

［49］　张凤英：《邯郸史前农业考古概述》，《文物春秋》，2004年6期。

［50］　乔登云、张沅：《邯郸境内的先商文化及其相关问题》，《三代文明研究》，科学出版社，1999年。

［51］　乔登云、乐庆森：《赵都邯郸故城考古发现与研究》，《邯郸学院学报》2005年1期。

［52］　乔登云：《邯郸境内先秦赵国城址考察与探索》，《赵文化论丛》，河北人民出版社，2006年。

［53］　乐庆森、尹建兵：《浅释"邯郸"》，《邯郸职业技术学院学报》2004年4期；乐庆森、赵洪斌：《赵国的寿陵》，《邯郸学院学报》2005年4期；乐庆森：《温明殿所在辨析》，《邯郸职业技术学院学报》2004年4期。

［54］　马忠理：《邯郸鼓山、滏山石窟北齐佛教刻经》，《北朝摩崖刻经研究（续）》，齐鲁书社，2003年；马忠理：《邯郸北朝摩崖佛经时代考》，《北朝摩崖刻经研究（三）》，内蒙古人民出版社，2006年。

［55］　钟维：《大名五礼记碑刍议》，《文物春秋》2004年6期。

［56］　马忠理：《论红绿彩瓷器》，《文物》1997年10期；马忠理：《磁州窑独特装饰艺术研究》，《邯郸师专学报》2000年4期、2001年1期；马忠理：《磁州窑概述》，《磁州窑古瓷》，陕西人民美术出版社，2004年；马忠理：《磁州窑考古发掘及分期概述》，《中国古陶瓷研究》第十一辑，2005年。

［57］　乔登云：《邯郸考古世纪回眸与前瞻》，《文物春秋》，2004年6期。

［58］　乔登云、刘勇：《磁山文化》，花山文艺出版社，2006年。

［59］　邯郸市文物保护研究所：《邯郸考古文集》，新华出版社，2004年。

［60］　邯郸市文物研究所：《邯郸文物精华》，文物出版社，2005年；邯郸市文物研究所：《邯郸古代雕塑精粹》，文物出版社，2007年。

［61］　邯郸市文化志编委会：《邯郸市文化志》，黄山书社，1994年。

邯郸基建工程文物考古成果综述

——《邯郸市文物保护管理规定》颁行前后的文物保护工作

王永军*

邯郸地处河北平原南部，历史源远流长，文物遗存丰富。现有全国重点文物保护单位 18 处，省级文物保护单位 97 处，市级文物保护单位 251 处，县级或未定级的文物保护项目 1000 余处。自改革开放以来，随着经济建设的发展，城乡基本建设规模的扩大，文物保护与城乡建设之间的矛盾也越来越突出。因此，自邯郸地、市分设时期的 1989 年开始，邯郸市文物保护研究所（以下简称"我所"）即根据《中华人民共和国文物保护法》、《河北省文物保护管理条例》及有关规定，对基本建设工程依法进行文物调查、勘探及抢救性考古发掘工作。截至 2006 年底，共独立承担文物勘探项目 600 余项，抢救性考古发掘项目 100 余项，不仅使大量地下文化遗存得到了有效保护，为邯郸历史考古研究提供了丰富的实物资料，增强了全民保护文物的意识，促进了邯郸市文物事业的发展，同时也保障了基本建设工程的顺利进行。回顾近 20 年来的工作，大体上可以分为三个阶段，现将各阶段的发展情况及所取得的主要成果简述如下。

一、起步阶段（1989～1993 年）

早在 1989 年 11 月，为了解决城乡基本建设与文物保护之间的矛盾，原邯郸市人民政府即以政府令（第 4 号）形式，发布了《邯郸市城乡建设中加强文物保护的办法》，初步明确了建设工程中实施文物保护的措施和方法，依法对邯郸市辖区内的建设工程实施文物调查、勘探和发掘，也由此正式起步。1991 年 4 月，原邯郸地区行政公署也颁发了《关于在城乡建设中加强文物保护的暂行规定》的通告（"［1991］第 2 号"），基建工程文物调查、勘探及抢救性考古发掘工作，也开始逐步向全区范围内扩大。不过，由于人们对文物保护尚缺乏足够的理解，所以最初阶段的文物调查、勘探及发掘工作并不很顺利，所取得的考古成果也是非常有限的。据不完全统计，自 1989 年底至 1993 年底地市两所合并前的 4 年间，两所共实施文物调查、勘探 60 余项，抢救性考古发掘 20

---

* 王永军，男，山西临汾人。邯郸市文物保护研究所保护科副科长，馆员。主要从事田野考古和文物保护工作。

余项。其中较重要的有：

（1）邯郸市公共汽车公司基建工地

1990 年 4 月，原邯郸市文物保管所（以下简称"原市所"）对市区王郎村北市公共汽车公司基建工地探明的古遗址进行了抢救性发掘，年代均属战国晚期，发掘面积 130 平方米，出土遗物以建筑构件为主，其次为生活用具[1]。

（2）磁县制锨厂工地

1990 年原邯郸地区文物保管所（以下简称"原地区所"）对磁县制锨厂工地进行文物勘探，并发掘清理北朝时期双室陶窑 1 座。

（3）永年县临洺关北东街村民住宅工地

1990 年 10 ~ 11 月，原地区所于永年县临洺关北东街村民住宅工地发掘清理宋代墓葬 4 座，出土文物 20 余件。

（4）永年李沟先商文化遗址

1991 年 4 ~ 5 月，原地区所对永年李沟先商文化遗址进行发掘，揭露面积 300 平方米。

（5）永年县临洺关北东街

1991 年 7 ~ 8 月，对永年县临洺关北东街村民住宅工地进行了文物勘探，发掘清理隋唐时代文化遗址 1 处，发现有建筑基址等遗迹，出土大量建筑构件、陶瓷器等文物标本。

（6）新华市场（日月城）工地

1991 年 4 月，原市所对新华市场（日月城）地下遗址进行发掘清理，发现有夯土墙、排水道及灰坑 15 处，出土战国至唐宋时期的文物百余件，并首次于城区内清理发现北朝时期的文化遗存。

（7）邯郸市房屋开发公司商住楼工地

1991 年 5 月，原市所对贸易街市第二医院南侧邯郸市房屋开发公司商住楼工地进行文物勘探，并对探明的地下城墙进行了清理，外侧发现有较厚的汉代文化层，清理唐代墓葬 3 座，出土文物 20 余件。

（8）武安大淑村煤矿工地

1992 年，地、市所联合对武安大淑村煤矿工地进行了文物勘探，面积 45000 平方米，发掘清理古墓 21 座，出土文物近百件。

（9）邯郸行署家属院改造基建工地

1992 年 2 ~ 4 月，原市所于市区东门里邯郸行署家属院基建工地清理战国、两汉至明清时期的遗址 36 平方米，发现战国、两汉时期灰坑、水井及陶窑等 13 处，墓葬 14 座，出土文物 140 余件[2]。

（10）2672 部队招待所基建工地

1993 年 5 月，原市所对 2672 部队招待所基建工地进行了文物勘探，并发掘遗址面积 50 平方米，发现灰坑 7 座，遗物除大量板瓦、筒瓦外，还出土瓦当及豆、碗、钵、盂、盆、罐、瓮、缸等陶器近 200 件，年代为战国、两汉时期[3]。

（11）邯郸市第一医院工地

1993 年 12 月，原市所对邯郸市第一医院建设工地探明的古墓进行了抢救性发掘，发现宋代墓葬 2 座，出土文物 20 件[4]。

二、初步发展阶段（1994～2001 年）

自 1994 年初开始，我所已正式完成地、市两所合并，文物保护工作力度得到进一步加强。1995 年 4 月，邯郸市政府又颁发了地市合并后新的《邯郸市文物保护管理办法》（"第 42 号"政府令），运行两年后又修订为地方性法规《邯郸市文物保护管理规定》，并于 1997 年 5 月 29 日获得市第十届人大常委会第二十六会议通过，于 1997 年 9 月 3 日获得河北省第八届人大常委会第二十八次会议批准。至此，我市基建工程文物保护工作又得到了进一步的发展，我所配合基建工程开展的文物调查、勘探及考古发掘工作也逐步增多，所取得的考古成果也明显增大。据初步统计，自 1994～2001 年 4 月底这 8 年多时间，我所共完成文物调查、勘探 219 项，考古发掘 30 余项。本阶段的主要项目及成果有：

（1）邯郸市日用化工厂工地

1994 年 12 月至 1995 年 1 月，对邯郸市日用化工厂内发现的 2 座明代墓葬进行了发掘清理，出土文物 12 件。

（2）邯钢第三轧钢厂工地

1995 年，对邯钢第三轧钢厂工地进行文物勘探，发掘清理以战国、两汉时期为主的墓葬 366 座，出土文物 1500 余件。

（3）邯郸市人民路人民银行办公大厦工地

1995 年 5 月，对人民路人民银行办公大厦工地进行文物勘探，发现赵邯郸故城"大北城"东城墙遗迹。

（4）复兴区经计委办公楼工地

1996 年 3～5 月，对复兴区经计委办公楼工地进行文物勘探，发掘清理战国、两汉时期的墓葬 10 座，出土文物 33 件。

（5）复兴区检察院办公楼工地

1996 年 3～5 月，对复兴区检察院办公楼工地进行文物勘探，发掘清理战国、两汉时期的墓葬 10 座，出土文物 14 件。

（6）铁西水厂工地

1996 年 6～8 月，对铁西水厂工地进行文物勘探，发掘清理战国、两汉时期的墓葬 85 座，出土文物近千件。

（7）复兴区土地局办公楼工地

1997 年 3 月，对复兴区土地局办公楼工地进行文物勘探，发掘清理战国、两汉时期的墓葬 15 座，出土文物 33 件。

（8）复兴区劳动局综合楼工地

1997 年 5 ~ 6 月，对复兴区劳动局综合楼工地进行文物勘探，发掘清理战国、两汉时期的墓葬 26 座，出土文物 37 件。

（9）复兴区彭家寨乡政府住宅楼工地

1997 年 5 ~ 6 月，对复兴区彭家寨乡政府住宅楼工地进行文物勘探，发掘清理战国、两汉时期的墓葬 7 座，出土文物 20 余件。

（10）成安南环路工地

1997 年 5 ~ 7 月，在成安南街 8 米以下抢救清理了 1 处北朝到晚唐时期的寺庙遗址，揭露面积 500 平方米，发现中晚唐殿基、佛坛及部分附属建筑基址，出土被毁石造像 300 余件。

（11）复兴区前百家村村民住宅楼工地

1997 年 7 ~ 9 月，对复兴区前百家村村民住宅楼工地进行文物勘探，发掘清理战国墓葬 20 座，出土文物 96 件。

（12）新世纪商业广场工地

1997 年 12 月，对位于中华大街与人民路交叉口东北角的新世纪商业广场进行了文物勘探和发掘，揭露遗址面积 47 平方米，发现战国、两汉时期的路面 1 条、水井 3 眼、陶窑 1 座、灰坑 3 个，出土陶量、碗、盘、豆、盆、罐、壶及铁刀、钱币等文物 40 余件[5]。

（13）康德商场工地

1998 年 3 月，为配合邯郸康德商场建设，对该工地进行了文物勘探，勘探面积 4500 平方米，清理战国以来陶圈井及砖井数座，唐代墓葬 3 座，出土文物 83 件[6]。

（14）邯郸军分区住宅楼工地

1998 年 4 月，对邯郸军分区住宅楼建设工地进行勘探，勘探面积 365 平方米，对探明的 1 座宋金时期墓葬进行了抢救性发掘，出土文物 2 件。

（15）邯济铁路取土场工地

1998 年 9 ~ 10 月，对邯济铁路取土场工地进行文物勘探，发掘清理曹魏及元代墓葬 7 座，出土文物 20 件。

（16）邯郸市第十八中学住宅楼工地

1998 年 11 月，对邯郸市第十八中学住宅楼工地进行了文物勘探，勘探面积 1028 平方米，发掘战国、两汉时期墓葬 5 座；出土文物有陶器、铜器、铁器、玉器等共计 18 件[7]。

（17）邯郸电业局丛台路住宅小区工地

1999 年 3 月，配合邯郸电业局丛台路住宅小区建设，进行了文物勘探和发掘，勘探面积 3948 平方米，清理唐代墓葬 9 座，出土文物 81 件[8]。

（18）南环路马庄渚河桥建设工地

1999 年 3～4 月，配合城南马庄渚河桥建设工地对该工地墓葬进行了抢救性发掘，发掘两汉时期墓葬 8 座，出土随葬品 59 件[9]。

（19）邯郸市农机公司西仓库住宅工地

1999 年 3～4 月，对邯郸市农机公司西仓库住宅楼工地进行了文物勘探和发掘。发掘清理墓葬 15 座，除一座明代墓外其余均属战国、两汉时期墓葬，出土文物 201 件[10]。

（20）市五七铁厂住宅楼工地

1999 年 4～5 月，对市五七铁厂建设大街住宅楼工地进行文物勘探，面积 2300 平方米，探明和清理两汉时期的墓葬 15 座，出土文物 598 件[11]。

（21）安装公司住宅工地

1999 年 5 月，对市安装公司住宅楼工地进行文物勘探和发掘，勘探面积 1200 平方米，共发掘两汉时期墓葬 4 座，出土文物 130 余件[12]。

（22）邯郸电业局综合办公楼工地

1999 年 7～8 月，对邯郸电业局中华大街南综合办公楼工地进行文物勘探和发掘，勘探面积 2032 平方米，清理唐代墓葬 8 座，出土文物 59 件[13]。

（23）四季青新村住宅楼工地

2000 年 4～5 月，对四季青新村住宅楼工地进行文物勘探和发掘，勘探面积 10000 平方米，清理战国、两汉时期的墓葬 26 座，出土文物近百件。

（24）邯郸市纺织水厂住宅楼工地

2000 年 5 月，对邯郸市纺织水厂新兴大街住宅楼工地进行文物勘探和发掘，勘探面积 1000 平方米，发掘清理宋元时期墓葬 3 座，出土文物 10 余件。

（25）劳动路商住楼工地

2000 年 10 月，对劳动路商住楼工地进行文物勘探和发掘，勘探面积 1875 平方米，发掘清理元代墓葬 5 座，出土文物 10 余件。

三、快速发展阶段（2001～2007 年）

自 2001 年 5 月开始，我所受市文物局委托，作为行政许可审批单位之一，正式进驻市行政审批大厅，依法对主城区范围内建设项目实施文物保护予以把关和审批。对建设占地范围进行文物调查、勘探，并对探明的文化遗存实施抢救性发掘，已成为基建项目审批的必备条件之一。文物保护工作得到社会各界领导及广大群众的普遍支持和关注，随着建设项目的逐年增多及文物保护工作力度的加强，我所担负的田野文物调查、勘探及发掘任务也日益繁重，所取得的考古成果也越来越大。据统计，截至 2006 年底的近 6 年时间，我所共完成大小建设项目占地范围内文物调查、勘探 371 项，考古发掘

70 余项。其中较重要的有：

（1）通达国际集装箱转运中心工地

2001 年 7 ~ 8 月，对通达国际集装箱转运中心建设工地占地范围内进行了文物勘探和发掘。共清理两汉时期的墓葬 29 座，出土文物 120 余件。

（2）邯郸市丛台区春厂农贸市场工地

2001 年 9 ~ 10 月，对丛台区春厂农贸市场工地进行了文物勘探和发掘。勘探面积 1710 平方米，对探明的战国、两汉时期遗址重点区域进行了发掘，揭露面积 100 平方米。出土建筑构件有板瓦、筒瓦、瓦当、钉稳、砖及排水套管等，生活器物有盆、壶、罐、碗、豆、甑等，并有大量的石块、红烧土等遗物。更为重要的，一是发现了汉代长 10 余米，宽约 3 米，由河卵石及方石铺砌的双层路面；二是发现了汉代上下两层陶制排水管道及两条排水沟漕；三是发现了汉代大量砖瓦、生活器皿残片及少量钱币堆积的建筑废墟。

（3）铁西钢材销售中心办公楼工地

2001 年 10 月，对铁西钢材销售中心办公楼工地进行勘探，勘探面积 560 平方米，发掘清理汉代墓葬 9 座，出土文物 40 余件。

（4）利川房地产开发公司住宅楼工地

2001 年 10 月，对柳林桥村口利川房地产开发公司住宅楼工地进行勘探，勘探面积 1224 平方米，发现清理金元时期的墓葬 1 座，出土文物 2 件。

（5）华冶大学生公寓工地

2001 年 11 月，对光华街与岭南路交汇处的华冶大学生公寓工地进行文物勘探，勘探面积 1870 平方米，发掘两汉时期墓葬 9 座，出土文物 80 余件。

（6）邯郸中心医院综合楼工地

2002 年 1 月，对该工地进行了文物勘探和发掘，勘探面积 2508 平方米；发掘战国、两汉时期的遗址 50 余平方米；清理唐代的墓葬 2 座，出土随葬品 7 件[14]。

（7）岭南路污水管线工地

2002 年 3 月，配合市政工程建设，对岭南路污水管线建设工程进行了文物勘探和发掘，共清理战国、两汉时期墓葬 32 座，出土的文物共计 111 件。

（8）铁西龙城住宅小区工地

2002 年 3 ~ 4 月，对人民路与建设大街西北角龙城小区工地建设进行勘探和发掘，清理战、汉、宋金时期墓葬 15 座，出土文物 47 件[15]。

（9）河北省丛台电子股份有限公司电子大楼工地

2002 年 4 月，于人民路与土山街交叉口西南角电子大楼南侧附加楼地槽内抢救性清理汉代墓葬 5 座，分为两种形制：一种为陶棺葬，另一种为瓮棺葬。

（10）锦花小区一期住宅楼工地

2002 年 4 ~ 5 月，对赵苑以西的锦花住宅小区进行了文物勘探和发掘，清理战国早期至东汉晚期墓葬 50 座，出土文物近 450 件（套）。

（11）人民路变电站工地

2002 年 7～8 月，对人民路变电站工地进行了文物勘探和发掘，勘探面积 9614 平方米，发掘遗址面积 42 平方米。发现古代土井 2 眼、灰坑 4 个、红烧土灶坑 1 个，古道路 1 条、上下叠压的排水沟槽三层、陶棺葬 1 座、瓮棺葬 10 余座以及夯土基址 1 处，为研究赵邯郸故城"大北城"的演变提供了依据。

（12）市东风路腾达小区工程工地

2002 年 7 月，对腾达小区工程建设中探明的 3 座宋代砖墓进行了发掘，出土文物 9 件。

（13）百花小学基建工地

2002 年 6～9 月，对百花小学建设工程进行文物勘探和发掘，勘探面积 21000 平方米，发掘战国陶圈井 1 眼，建筑基址 1 处，清理汉、宋、元、明、清时期的墓葬 20 座，出土文物 45 件。

（14）邯郸市三建公司仓库工地

2002 年 9～10 月，对市建设大街东侧三建公司仓库工地进行了文物勘探和发掘，勘探面积 2370 平方米，发掘清理了战国、两汉时期的墓葬 32 座，出土器物 137 件。

（15）信华大厦工地

2002 年 11 月至 2003 年 2 月，对市区人民路南侧信华大厦工地进行了文物勘探和发掘，勘探面积 5669 平方米，发掘面积 75 平方米。发现古道路 1 条，灰坑 1 处，水井 1 眼，幼儿墓葬 14 座，出土有盆、罐、瓮、碗等器物，其所属年代为两汉时期。

（16）复兴区安庄新村工地

2002 年 12 月至 2003 年 1 月，在对复兴区安庄新村工地进行了文物勘探，勘探面积 16000 平方米。发掘清理战国、两汉时期的墓葬 80 余座，出土文物 200 余件。

（17）土产公司及中煤四十九处新建住宅楼工地

2003 年 1 月，对位于建设大街西侧、箭岭路以南的邯郸市土产公司及中煤四十九处新建住宅楼基建工地上进行文物勘探和发掘。勘探面积 5400 平方米，发掘清理战国、两汉时期墓葬 26 座，出土文物 90 余件。

（18）明珠花园住宅小区工地

2003 年 2～3 月，对明珠花园住宅小区工地进行文物勘探和发掘。发掘清代墓葬 6 座，出土文物 150 余件。

（19）贺庄超美购物广场工地

2003 年 3 月，对光明大街与渚河路交叉口西北角贺庄超美购物广场基建工地探明的古墓葬进行抢救性发掘，共清理元、明时期墓葬 7 座，出土有瓷碗、陶纺轮、铜镜、铜钱等文物。

（20）邯郸职业技术学院扩建工地

2003 年 3～4 月，对邯郸市职业技术学院扩建工地进行文物勘探和发掘，勘探面积

136 735 平方米，发掘清理明清时期墓葬 51 座，出土文物 130 余件。

（21）复兴区地税局征收大厅建设工地

2003 年 4 月，对位于人民路西段北侧复兴区地税局征收大厅建设工地进行文物勘探和抢救性发掘。勘探面积 1200 平方米，共清理战国、两汉时期的墓葬 39 座，出土文物 120 余件。

（22）高新开发区联通通讯综合楼工地

2003 年 6~8 月，对高新开发区内联通通讯综合楼工地进行文物勘探和发掘，勘探面积 17 555 平方米，发掘清理宋元时期的遗址 1 处，出土生活器具以白釉瓷器为主、黑釉次之，器形有碗、盘、盆、罐、枕、器盖等，清理元代墓葬 1 座，出土文物 9 件。

（23）连城别苑住宅小区工地

2002 年 11 月至 2003 年 8 月对位于滏东大街与丛台路交叉口东北侧的连城别苑住宅小区工地进行文物勘探和发掘。勘探面积 326 711 平方米，发掘宋金、清代墓葬 9 座，出土文物 120 余件[16]。

（24）南湖花园小区工地

2003 年 7~11 月，对位于中华大街南端西侧南湖住宅小区范围内进行文物勘探，勘探面积 56 025 平方米。发掘清理了宋至明代墓葬 11 座，出土文物 16 件。

（25）邯钢冷轧薄板厂建设工地

2003 年 5~12 月，对邯钢冷轧薄板厂建设工地范围内进行了文物勘探，对探明的地下古墓葬进行了抢救性发掘，勘探面积 600 708 平方米，发掘清理战国、两汉时期的墓葬 404 座，出土文物 1700 余件（套）。

（26）河北省邯郸监狱建设工地

2003 年 9~12 月，对新建的邯郸监狱用地范围进行文物勘探和发掘，勘探面积 210 752平方米，发掘清理清代墓葬 30 座，出土文物 115 件（套）。

（27）磁县南城乡北城砖厂工地

2004 年 3~5 月，对磁县南城乡北城村西南砖厂古墓进行了抢救性发掘，共清理殷商晚期墓葬 71 座，出土文物包括鼎、爵、觚、戈、矛、铃等青铜器和鬲、簋等陶质生活用具 141 件。

（28）邯郸飞机场扩建工地

2004 年 4~7 月，对邯郸飞机场扩建工程范围内进行文物勘探和发掘，勘探面积 6 万平方米，发掘清理东汉至明清时期的墓葬 70 座，出土文物 366 件（套）。此外，还发现宋金时期直径 2.7~4.7、深 5.6~6 米的圆形坑穴 6 座，用途尚待研究确定。

（29）金丰小区工地

2004 年 4~5 月，对赵苑南侧金丰小区 12 座建筑基槽进行了文物勘探和发掘。勘探面积 9206 平方米，发掘清理战国、两汉、明清时期的墓葬 68 座，出土文物 298 件（套）。

（30）河北鹏利达工贸有限公司一期建设工地

2004 年 12 月至 2005 年 3 月对河北鹏利达工贸有限公司一期建设工地进行文物勘探和发掘，勘探面积 3 万平方米，发掘清理两汉时期的墓葬 22 座，出土文物 102 件。

（31）百岭小区工地

2004 年 12 月至 2005 年 1 月，对赵苑西侧百岭住宅小区占地范围内进行文物勘探，勘探面积 5915 平方米，清理两汉时期的墓葬 83 座，出土文物 80 余件。

（32）青红公路鲁冀界至邯郸段高速公路工程

2004 年 10 月至 2005 年 4 月，对青红公路鲁冀界至邯郸段高速公路进行了全面重点勘探和发掘，勘探面积 123.88 万平方米，共探明文物遗存点 58 处（座），包括遗址 6 处、墓葬 45 座、窑址 2 处、井 4 眼、古路 2 条。我所于 2005 年 3 ~ 7 月对以下项目进行了发掘清理。

① 中三陵墓群

2005 年 4 ~ 6 月，于中三陵村西北清理战国时期的墓葬 9 座，出土随葬品 79 件。

② 寺西窑墓葬

2005 年 4 ~ 7 月，于寺西窑村附近清理墓葬 3 座，出土随葬品 42 件，除 1 座为清代墓，其余为汉魏时期。

③ 高峒遗址

2005 年 3 ~ 7 月，对高峒遗址进行重点发掘，揭露面积 907.84 平方米，发现灰坑 23 个、灰沟 1 条、古窑址 2 座、房址 1 座、墓葬 3 座，出土了大量古代遗物，时代为石器时期、战国及魏晋时期。

（33）邯郸市第十中学基建工地

2005 年 3 ~ 5 月，对市第十中学基建工地实施文物勘探，对所探明的墓葬进行了抢救性发掘，清理战国、两汉时期及魏晋时期的墓葬 249 座，灶址 2 座，出土文物 915 件。

（34）市建工集团安装公司工地

2005 年 6 ~ 7 月，对安装公司办公住宅楼工地进行了文物勘探和抢救性发掘，清理了元、明时期墓葬 10 座，镇墓坑穴 1 处，出土文物 20 余件。

（35）华冶二十三号院基建工地

2005 年 8 ~ 9 月，对位于复兴区八一路西段北侧华冶二十三号院住宅楼范围内进行文物勘探，勘探面积 7500 平方米，并对探明的 42 座两汉时期墓葬进行了抢救性发掘，出土文物 190 余件（套）。

（36）复兴区后郝村村民住宅楼工地

2004 年 10 ~ 11 月，对位于铁西建北路西段北侧后郝村住宅区工地进行文物勘探，勘探面积 24 187 平方米，发掘清理战国、两汉时期墓葬 10 座，出土文物 80 余件。

（37）锦华小区二期住宅楼工地

2006 年 3 月，对锦华小区商住楼工地进行了文物勘探和发掘，发掘清理战国、两汉时期墓葬 6 座，出土文物 37 件（套）。

（38）招贤大厦工地

2006 年 1～3 月，对市区人民路中段路南招贤大厦建筑工地范围内进行了文物勘探和发掘，勘探面积 3930 平方米，发掘面积 200 平方米。发现有房基、灰坑、水井、沟壕、道路和墓葬等文化遗迹，出土文物 1000 余件，其时代包括战国、两汉、唐、宋、元、明各朝代。

（39）人民路西延工程建设工地

2006 年 3～9 月，对人民路西延工程后百家村路段范围内探明的地下古墓葬进行了抢救性发掘，清理东汉墓葬 4 座，出土文物 86 件（套）。

（40）复兴区国税局办公楼建设工程

2006 年 3～7 月，对复兴区国税局办公楼建设工程所涉百家村东遗址进行发掘，揭露面积 300 余平方米，发现不同形状的灰坑 56 个，出土文物标本 184 件，并清理战国、两汉时期墓葬 50 座，出土文物 269 件。

（41）赵苑二期建设工地

2006 年 5～6 月，对赵苑二期建设工地一处人工湖内探明的 9 座古墓葬进行了抢救性发掘，出土文物计 41 件（套），其中 5 座属于隋唐时期，4 座属于清代。

（42）兴隆商务公寓工地

2006 年 5～7 月，对位于人民路和前进大街交叉口东北角的兴隆商务公寓基建工地进行了文物勘探，勘探面积 8620 平方米，并对所探明的 11 座两汉时期的墓葬进行了抢救性发掘，出土文物 70 余件。

（43）邯郸世贸广场工地

2006 年 6～9 月，对世贸广场工地进行文物勘探，勘探面积 11800 多平方米，并发掘清理遗址 200 平方米，发现房基 1 座，井 3 眼，沟渠两条及灰坑 47 个，其年代为战国、两汉时期。另发掘清理宋代墓葬 4 座。

（44）丛台路西延工程

2006 年 9 月，对丛台路西延工程地道口东坡道处发现的古墓葬进行了抢救性发掘，包括西晋及唐代墓葬各 1 座，出土文物 60 余件（套）。

（45）邯郸市糖酒公司住宅楼工地

2006 年 8 月，对市糖酒公司住宅楼建筑工地进行文物勘探和发掘，勘探面积 5333 平方米，清理明清时期的墓葬 24 座，出土文物 113 件。

综上所述可以看出，近 20 年来我所在配合基本建设文物工作中所取得的成果还是比较大的。这一方面得益于《中华人民共和国文物保护法》、《河北省文物保护管理条例》及《邯郸市文物保护管理规定》等法律法规的贯彻和执行，另一方面与我所全体干部职工忠于职守、爱岗敬业、不辞劳苦、无私奉献的精神也是分不开的。通过上述简要回顾和总结，意在使我所的文物保护和考古研究工作，在原有基础上再迈上一个新的台阶。

注　释

［1］　　邯郸市文物管理处：《王郎村古遗址试掘简报》，《文物春秋》1992 年 1 期。

［2］　　邯郸市文物管理处：《邯郸市东门里遗址试掘简报》，《文物春秋》1996 年 2 期。

［3］　　邯郸市文物管理处：《裴庄遗址清理报告》，《文物春秋》1996 年 4 期。

［4］　　李忠义：《邯郸市区发现宋代墓葬》，《文物春秋》1994 年 3 期。

［5］　　邯郸市文物保护研究所：《邯郸市东庄遗址试掘简报》，《文物春秋》2006 年 6 期。

［6］［8］［13］［14］　　邯郸市文物保护研究所：《邯郸城区唐代墓群发掘简报》，《文物春秋》2004 年 6 期。

［7］［10］［11］［12］　　邯郸市文物保护研究所等：《邯郸市建设大街战汉墓葬发掘报告》，《文物春秋》2004 年 6 期。

［9］　　邯郸市文物保护研究所：《邯郸渚河桥汉墓发掘报告》，《文物春秋》2004 年 6 期。

［15］　　邯郸市文物保护研究所：《邯郸市龙城小区墓葬发掘简报》，《文物春秋》2004 年 6 期。

［16］　　邯郸市文物保护研究所：《邯郸市连城别苑古墓发掘简报》，《文物春秋》2004 年 6 期。

邯郸历史文化遗存综述

薛玉川　申慧玲　薛东亮[*]

邯郸西依太行山，东靠卫河，北临邢地，南跨漳水，下辖 19 个县（市、区）。早在 20 万年前，我们的祖先就在漳河岸边栖居、繁衍生息，于涉县新桥村外留下了足迹及生活用具、工具等；在 8000 年前，这里孕育了我国新石器早期的"磁山文化"；到商代，邯郸之名初载于史册。按照唐代张守节《史记正义》所引《括地志》中记载："《竹书纪年》：自盘庚迁殷至纣之灭二百五十三年，更不徙都。纣时稍大其邑，南距朝歌，北据邯郸及沙丘，皆为离宫别馆。"[1] 由此可知，邯郸自殷商后期兴起以后，到现在已经走过了 3000 多年的风雨历程。东周时期是"战国七雄"之一赵国的都城及政治、经济、文化的中心。秦代为邯郸郡治所。据《汉书》卷二十四《食货志》等古代文献的确切记载，在西汉时除国都长安之外，还有洛阳、邯郸、临淄、宛、成都等五大经济都会，史称"五都"，邯郸为"五都"序列之二。东汉以后，邺城是曹魏政权的中心，也是后赵、冉魏、前燕、东魏、北齐的国都，亦称"六朝故都"。到隋唐后期，大名兴起，并成为唐代后期藩镇割据势力魏博镇的统治中心。此后，在五代后唐的"东京"，后晋、后汉的"旧都"及北宋的"北京"（京都开封的陪都），也是金朝所立伪齐刘豫政权的都城，还是金元时期的大名城。明清时期以永年广平府较为突出，辖一州九县，至民国初年，广平府的建置仍延续达半个世纪之久。

邯郸境内所发现的历史文化遗存，是 20 万年来生活在邯郸大地上的人民共同创造的多民族文化的结晶。尤其邯郸城、邺城、大名城、广平府等古城，既是邯郸历史文化的载体，也是孕育邯郸文化的摇篮。丰富的历史文化是这个区域独具特色的宝贵资源，留存于现世的各个历史时期的文物古迹，展示了超越时空的魅力与内涵，更展示了邯郸人民对地域优秀文化的保护、研究、探索、提炼之成果。现将邯郸历史文化遗存作一简略概述，不当之处，敬请读者批评指正。

一、石器时期文化遗存

邯郸地处黄河中下游的漳河、洺河、滏阳河阶地上，是我国石器文化较为集中和发达的

---

* 薛玉川，男，河北磁县人。邯郸市文物保护研究所副所长，副研究员。主要从事田野考古和历史文化遗存的研究。
　　申慧玲，女，山西黎城县人。邯郸市文物保护研究所资料室副主任馆员。主要从事文物保护的研究及资料整理工作。
　　薛东亮，男，河北磁县人。邯郸市文物保护研究所工作人员。主要从事田野考古发掘、测绘及文物修复、绘图工作。

地区之一。新桥旧石器文化遗存，磁山、下潘汪、涧沟、东万年等新石器文化遗存，均生动地揭示了邯郸早期文化的发展状况，并表明早在5000～20万年前，邯郸已是古代先民繁衍生息、经济生活和文化都相对发达的原始部落区域，并有着丰富多彩的历史文化。

　　旧石器文化遗存主要集中在西部山区，1990年秋季全国文物大普查，在涉县石门乡新桥村发现了新桥遗址，1994年在涉县又发现了北原古坟脑、河南店清漳砖厂、西戍村南等遗址，这几处遗址时代均属于中更新世。通过1994～1995年对新桥遗址的发掘可知，石制品多见于棕红色黏土中。出有石器制品896件，原料为采自清漳河的卵石，多为红、棕、灰、白的石英砂岩及白色石英石。经整理统计，除锤击石核、石片和砸击石核、石片、石锤及残片外，还有石器14件，其中刮削器7件，砍砸器3件，球形石3件，似雕刻器1件，占石制品总数的1.44%[2]（图一）。从石制品及地层分析，其地质年代应是中更新世晚期，文化时代为旧石器时代早期偏晚阶段，距今大约20万年。新桥遗址在石料选择、打片方法、工具的毛坯和粗大程度、主要器类、修理方法等方面，与周口店第13地点有很多相似之处，似乎显示出这两个地点的石制品在文化上有某种联系，其石核厚重、石片较大、大中型砾石工具占优势以及器类主要以砾石和大石片加工的刮削器、砍砸器及石球等特点，表明其文化内涵有着对华北、华南两大区域旧石器早期文

图一　涉县新桥遗址出土部分石器

化的兼容性，可能是我国南北过渡地带诸文化交流的结果。新桥等四处遗址，其地理位置处于冀、晋、豫三省交界地带和太行山向华北平原的过渡区域，特殊的地理位置对新桥等四处旧石器文化的形成有着不可忽视的影响。新桥旧石器遗址是邯郸区域内发现的最早有人类活动的地点之一，它改变了邯郸历史起源于新石器时代之说，把时间从距今8000年（磁山文化）向前推到了距今20万年。

邯郸新石器时代文化遗存最丰富的地区，主要集中在京深高速公路以西、太行山以东海拔相对较高的地带，目前已发现200余处。其中比较典型的在林茂土厚的河流两岸发现较多，例如在漳河两岸发现的下潘汪、上潘汪、界段营、讲武城、鹿头、西太平等遗址；滏阳河两岸发现的香山、义井、槐树屯等遗址；牤牛河两岸发现的袁家坟、贺兰东南园、洛子村东等遗址；沁河两岸发现的百家村、西小屯、洞沟、龟台、户村等遗址；输元河两岸发现的高峒遗址；在洺河两岸发现的牛洼堡、磁山、东通乐、西万年、东万年、城二庄、杨屯、马家脑、西阳城、韩二庄、南峭河、北峭河、赵窑、申庄、北石北口、小油村、娄里、辛庄、台口、榆林等遗址。根据这些遗址中采集或发现的各种遗迹遗物来分析，可将邯郸境内新石器时代文化遗存分为早期、中期、晚期三个阶段[3]，每个阶段分别为磁山文化、仰韶文化和龙山文化三个时期。有的学者按照新石器时代文化阶段的划分，将该区域文化遗存划分为中、晚两期，其年代序列为：磁山文化→后冈一期文化→庙底沟文化→大司空村文化→东万年类型遗存→后冈二期文化，其中磁山文化属新石器时代中期，后冈一期、庙底沟和大司空村属晚期前段（仰韶时期），东万年和后冈二期属晚期后段（龙山时代）[4]。

磁山文化是因1976年由武安磁山遗址最先发现而得名的[5]（图二），邯郸境内除磁山遗址之外，洺河流域牛洼堡、西万年、北安乐及磁县漳河流域也有少量线索。磁山文化距今8100~7600年，从磁山、牛洼堡遗址的发掘出土物分析，陶器以夹砂陶为主，泥质陶较少；代表器物有直壁筒形盂、鸟头形支脚、深腹罐、小口壶、三足钵、圈足罐、碗、盘、漏斗形器等；器表多为素面，纹饰主要有绳纹、条形附加堆纹、压印编织纹、压印蓖纹、刺剔纹等。石器以带足石磨盘、磨棒、斧、铲、凿等为主。遗迹以长方形竖井式窖穴和陶、石器"组合物"最具特点（图三），大多数窖穴内有数量不等的炭化粟堆积，并发现有炭化胡桃和家鸡、家猪等动物骨骸，从1976~1978年出土的动物标本分析，有兽、鸟、龟鳖、鱼、蚌五大类，至少代表23种动物。磁山文化的发现"是20世纪70年代我国新石器时代重要的考古发现之一，它不仅在文化面貌和年代上突破了已知仰韶文化的界限，拉开了探索新石器时代早期文化的序幕，而且在粟作农业和家鸡的起源、原始宗教信仰的研究等方面也取得一定的发展"[6]。

邯郸区域内发现的仰韶文化遗址有磁县下潘汪、界段营，武安市赵窑、西万年、东大河、安二庄、陈二庄，峰峰义西，涉县寨上，邯郸县西店子、齐村、百家村，永年县石北口、台口、西阳城、临洺关，临漳县西太平等。该时期文化面貌总的特点是：陶器

图二　武安磁山遗址 1986～1987 年发掘现场

（采自乔登云、刘勇：《磁山文化》，图版 2-1，花山文艺出版社，2006 年）

图三　磁山遗址器物组合

（采自乔登云、刘勇：《磁山文化》，图版 4-1，花山文艺出版社，2006 年）

以细泥红陶为主，到后期以泥质灰陶和夹砂灰陶为主，器物表面以大量"红顶"为装饰，彩陶早期不发达，到中、后期彩陶逐渐增多；器物表面除素面外，以绳纹、麻线纹和彩绘较为常见，到后期增加篮纹、弦纹、划纹、附加堆纹。器物有釜、灶、鼎、罐、长颈瓶、小口壶、钵、碗、盆，到后期出现豆、甑、斝等（图四）。仰韶文化的年代为距今 6700 ~ 5000 年。多数学者认为仰韶文化应由磁山文化发展而来[7]，也有研究者根据河北邯郸百家村遗址提出了百家村类型[8]。从永年县石北口遗址三期后段遗存中发现有庙底沟文化常见的釜形鼎和大量"铁轨式"口沿绳纹罐这一事实可知，庙底沟文化自后冈一期文化末期便开始向本区渗透，最终将当地土著文化全部取代[9]。通过永年县石北口和峰峰义西遗址的发掘证实，大司空村文化不仅明显晚于后冈一期文化，而且其间还存在着较长时间的距离。

　　龙山文化遗址在邯郸区域内发现约 60 余处，大部分为调查发现，如磁县贺兰、袁家坟、洛子，武安市马小河、近古等遗址均未进行正式发掘。通过正式发掘、比较有代表性、影响较大的有邯郸县涧沟、龟台，永年县台口、榆林，磁县下潘汪、槐树屯，武安市东万年等遗址。该时期文化面貌，陶器以泥质和夹砂灰陶为主，其次为泥质和夹砂红陶，并有较多的泥质磨光灰黑陶，到后期出现褐陶。纹饰以篮纹、绳纹为主体，间有轮弦纹、压印方格纹、划纹、附加堆纹，到后期出现压印雷纹、朱绘或朱、黑、白、黄多色彩绘；器类有高领罐、豆、甑、钵、杯、盆，后期增加鼎、鬶、鬲、甗、斝、盘等。龙山文化年代在距今 5000 ~ 4100 年之间。永年县洺关遗址、台口遗址第一期，武安市东万年遗址均具有仰韶文化向龙山文化发展的过渡性。同时发现仰韶、龙山两种文化的遗迹有：下潘汪遗址、西太平遗址等。

　　4000 多年以前的一些传说，不少是与邯郸有关的，如黄帝部落、炎帝部落和蚩尤部落互相兼并，文化习俗逐渐同化，从河北向河南发展，在黄河流域定居下来。从历史传说中看，黄帝后裔的活动区域以邯郸为中心，向四周扩展，包括有河北大部和河南、山东一带。据有关史料记载，"黄帝与蚩尤战于涿鹿之野"，蚩尤被黄帝擒杀之后，"蚩尤冢在成安县界"。据 1957 年邯郸县户村镇涧沟遗址发掘资料介绍，该遗址中发现了古水井三口，其中完整的有两口，深约 7 米，水井内径由上往下逐渐变窄，下部为黄沙堆积，其内多螺壳，从井底清理出瓶、罐、鬲、斝、壶等陶器 50 余件。还在井附近发现有陶窑，井旁还有沟渠遗迹。在另一口废弃的水井遗址中，还发现埋有五层人骨架，男女老幼都有，有的身首分离，有的作挣扎状，应是被杀或活埋所致。在同一遗址中心两座半地穴式房址中央，各发现有 3 个人的头盖骨，均为 2 整 1 残，可能是有意识安放的，6 个头盖骨都是从眉弓经颞骨到枕后砍下来的，从头骨特征分析，可能有 3 个为中青年男性，3 个为青年女性，有专家认为，这是我国曾有头骨杯和剥头皮风俗的证据[10]。井的发现，和《世本》、《周书》等文献载有"黄帝穿井"或"伯益作井"相吻合。井内有五层挣扎状的人骨架，房中有可能是头骨杯和剥头皮砍下来的头盖骨等遗迹的发现，反映了当时贫富分化、阶级分化、发生掠夺财富的战争等现象；结合有关史料记载，也有可能透视出黄帝、炎帝、蚩尤大战的某种信息；同时也为研究我国原始社会末期社会及经济状况、奴隶或战俘死后的处理等提供了极为珍贵的资料。

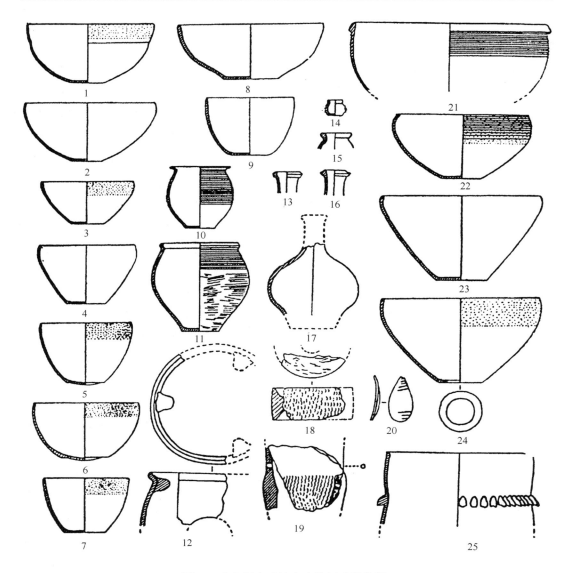

图四　武安赵窑遗址出土仰韶晚期陶器

1～6. 钵（T13③:6、H4:5、T13③:3、T23③:1、H19:7、H20:38）　　7～9. 碗（T7③:2、H4:1、H17:6）
10. I式罐（T13③:11）　11. II式罐（H20:32）12. 炉（H20:34）　13、16、17. 小口长颈瓶（H20:31、H20:30、
H20:33）　14. III式罐（T22③:14）　15. III式小口瓶（H17:81）　18、19. 支足（H13:13、H13:12）　20. 勺（T18③:4）
21. I式盆（H19:13）　22. II式盆（T22③:5）　23. III式盆（T13③:13）　24. 甑（T18③:13）　25. 尖底器（H17:7）

（采自河北省文物研究所等：《武安赵窑遗址发掘报告》，《考古学报》1992 年 3 期）

　　龙山时期遗址中陶窑。2005 年夏季，考古工作者为配合青兰高速公路邯郸段征地
范围内的工程建设项目，对洺元河上游邯郸县南高峒和北高峒两村之间发现的龙山时期
遗存进行了发掘，其中清理的一座陶窑（图五）由窑膛、窑床、火道和火膛四部分组
成，未发现烟道，应已毁坏始尽，窑膛平面呈圆形，仅残存底部高约 0.14 米的部分，

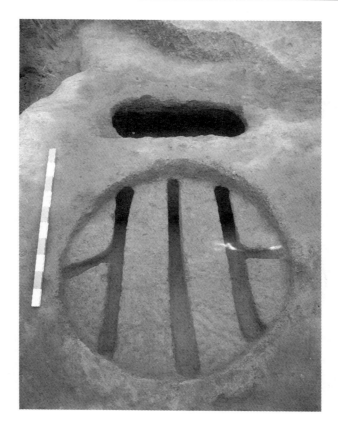

图五　邯郸县高峒遗址陶窑平面图

窑膛壁修整得较平滑。火膛位于其南侧，平面呈东西向椭圆形，膛壁倾斜成袋状，底部平整。窑床上并列三条纵向长槽形火道，底部均呈斜坡状，均与火膛以喇叭口形状的进火孔连接，另有两条短小的横向火道分接于东、西火道的中部外侧。窑内主要出篮纹和细绳纹的灰陶罐残片，另有部分素面灰陶片。对这座烧造陶器的窑址，河北省文物专家组在检查该发掘工地时认为该窑的窑床、火道和火膛保存较好，其形制结构较少见，为河北省近几年来在原始社会龙山时期重要考古发现之一。在龙山时期遗存之上依次叠压有先商时期、汉魏时期、唐宋时期文化层。该遗址位于赵邯郸故城之西、赵王陵之南，这次发掘再次说明，邯郸自龙山文化时代到先商、汉魏、唐宋及以后始终是人类聚居的密集区域，龙山文化时代的积累为邯郸发展成为战国、两汉时期赵国的国都奠定了丰厚的物质基础，也为汉魏以后赵国都城附近的经济发展提供了依据。

　　龙山文化在邯郸分布范围极广，文化类型较多，各类型都有自己的特征。该时期出现的房址规模、布局，农业、手工业发展水平，社会宗教活动，丛葬坑、水井、陶窑及陶器制作等都标志着龙山时期社会有了新的变化发展，到后期已经进入奴隶社会了。夏代的奴隶制便是在龙山文化基础之上得到进一步发展的。

二、夏商西周时期文化遗存

夏、商、西周三代是我国早期文明时代，而漳河流域又是商部族的起源之地，所以，在邯郸境内夏（先商）、商、西周文化遗址星罗棋布，内涵十分丰富。

根据有关资料记载，继黄帝之后我国黄河流域杰出的部落联盟首领还有尧、舜、禹。到禹时，社会生产得到更大发展，约公元前 2070 年，禹建立夏朝，我国原始社会结束，奴隶社会开始。

夏，财产公有的大同社会已经结束，财产私有的阶级社会已经形成，并有了村寨、城堡。《史记·夏本纪》载：自启至桀凡 17 帝，13 代，约 400 年。根据推算，夏代在历史上存在的时间为公元前 22 世纪~前 17 世纪。夏代时部族很多，邦国林立，商部族就是与夏部族大体同时的一个兴旺小国，这个叫商的夷人方国，起源于邯郸境内漳河流域，其畜牧业、农业、手工业、贸易交换、交通都比夏进步，在汤灭夏建立商朝前商部族所创造出的物质文化，学术界多将其称之为先商文化或下七垣文化。而所谓先商文化或下七垣文化，就是以邯郸涧沟、磁县下七垣遗址所属遗存而命名的。

我们所说的先商文化，就是由基本上与夏部族同时并存的先商部族所创造的物质文化遗存。先商文化的大致范围，北由河北中部，南至豫东商丘地区和安徽地区西北部，西起太行山，东至泰山。据文献记载，在成汤建国以前，商族曾经在黄河中下游地区八迁其居[11]，其中就有河北省南部。据不完全统计，在邯郸境内共发现先商文化遗址近百处，经科学发掘的遗址有十余处。主要是在漳河、滏阳河、牤牛河、涧河、渚河、沁河、输元河、洺河等流域。其中在 1957 年秋，北京大学和河北省文化局联合组队，发掘了邯郸涧沟、龟台遗址。1959 年河北省文化局文物工作队为配合岳城水库建设工程，对水库淹没区和取土区的下潘汪和界段营遗址进行了发掘。1960 年秋，河北省文化学院和河北省文化局文物工作队联合组队，对洺河北岸武安赵窑遗址进行了发掘。1974 年河北省文物管理处、邯郸地区文物保管所和市文物保管所、磁县文化馆联合组队对岳城水库东侧的下七垣遗址进行了发掘。1988 年邯郸地区和永年县文物保管所，对在文物普查中发现的因烧砖取土破坏非常严重的永年何庄遗址进行了抢救性发掘。1996 年秋，由省、市文物研究所和峰峰矿区文物保管所联合组队，为配合峰峰电厂建设，对义西、北羊台遗址进行了抢救性发掘。2003 年以后为配合青兰高速公路建设的涉县寨上遗址，邯郸飞机场扩建的河北村北遗址，河北国电涉县龙山电厂的台村遗址，以及南水北调工程的磁县滏阳营、邯郸县薛庄等遗址进行了发掘。

先商时期遗址中发现的遗迹多为灰坑、灰沟、陶窑、房址等，其中在北羊台遗址发现房址一座（图六），为半地穴式，平面呈圆形，直径 2.5 米，周围有柱洞，房内有土坑灶、红烧土块及陶器等，还发现窖穴一个；在涧沟、滏阳营遗址发现有陶窑 3 座；下七垣遗址发现有卜骨 3 块。在出土遗物中，陶器以灰陶或灰褐陶为主，磨光黑陶也占有

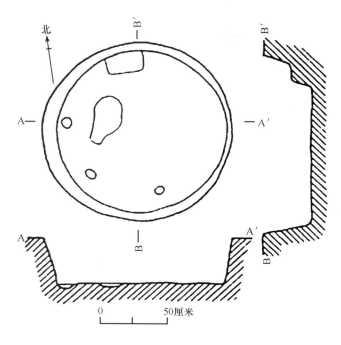

图六　峰峰北羊台遗址房址平面图

（采自河北省文物研究所等：《河北邯郸市峰峰矿区北羊台遗址发掘简报》，图一四，《考古》2001 年 2 期）

一定比例。器类以鬲、甗、鼎、斝、罐、瓮、盆、豆较常见，并以薄胎卷沿细绳纹鬲、三角足鼎、绳切纹花边罐、平口折唇卵形瓮、觚形豆最具特点。纹饰以绳纹为主，还有部分弦纹、楔形点纹、附加堆纹、涡纹、篮纹等。生产工具除斧、铲、镰、刀等石器外，还发现有少量的铜刀、镞等。

　　在冀南的漳河流域向北至洺河流域发现的先商时期的生活遗迹主要有房址、窖穴、陶窑及生活用火痕迹等；遗物有炊具、盛储器、饮食器、酒器和生产工具等，充分反映了先商时期人们的社会状况和生活习俗。先商文化遗存，以邯郸涧沟和磁县下七垣两处遗址发现的最早而且最为典型，特别是下七垣遗址（图七），出土器物丰富、类型较多，"虽具有龙山文化某些特点，但不是龙山文化"，"也不是我们通常所见的商文化"，这些遗存"第一次在河北省南端发现，它填补了地域上的空白"[12]，经考古专家研究，以邯郸涧沟、磁县下七垣遗址所属遗存命名为先商文化或下七垣文化。

　　近年来配合基本建设工程的考古发掘中发现先商时期遗址多处，如 2004 年在邯郸飞机场的扩建工程中，对磁县河北村北、飞机场西侧发现的先商至商代早期遗址进行了勘探、发掘工作，清理灰坑及类似房基多处（该资料正在整理之中）。该遗址位于涧水河西岸的台地上，地势较高，基座为含卵石、砂石、礓石、绵沙的山前冲积扇。文化层在耕土之下，土色为灰褐色，厚 0.7 ~ 1.2 米，多处文化遗迹成坑穴状，最厚者可达 2 米左右。大部分灰坑呈锅底形，圆形、直壁的较少，灰坑内以草木灰为主，呈黑灰土

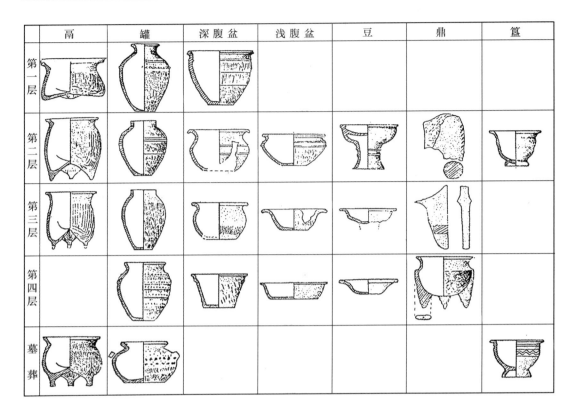

	鬲	罐	深腹盆	浅腹盆	豆	鼎	簋
第一层							
第二层							
第三层							
第四层							
墓葬							

图七 磁县下七垣遗址文化层及墓葬出土陶器

（采自河北省文物管理处等：《磁县下七垣遗址发掘报告》，表三，《考古学报》1979 年 2 期）

色，含有红烧土块，草泥烧块，还有猪、狗、鸡等动物骨骼。器物有石斧、石镰、石铲、钻孔石刀、钻孔有段石锛等石质生产工具；鬲、甗等炊具；盆、罐、缸、卵形瓮等盛储器；钵、杯、豆等饮食器。陶质分夹砂、泥质两类，夹砂陶所占比例最大。陶器的外表除素面和磨光之外，纹饰主要有绳纹、弦纹、楔形点纹、指甲纹、压印纹、锥刺纹、刻划纹、附加堆纹等，另外还采集到一件篮纹罐。陶器主要采用模制、轮制和手制三种制法。各种器物的做工之美也使我们惊叹。2006 年冬，在配合南水北调中线工程中发掘的滏阳营遗址面积达 400 平方米（图八），清理先商时期灰坑 11 个、陶窑 2 座、陶器残片达 8000 余片。为研究河北省南部先商时期的分布、陶器类型及烧造方法等方面提供了新的实物资料。

总之，以磁山遗址为代表的磁山文化和以涧沟及下七垣遗址为代表的下七垣文化，既有冀南豫北地区同期文化特色，又表现出独特的文化类型（内涵），而这种文化的包容性和创新性正是邯郸文化得以形成和发展的源头。

“商”这一名词包含族、王朝、地域和文化等不同概念，应对这些不同的概念加以区别。商文化的涵义与“商族”、“商王朝”（或地域）的概念有所不同。考古学上的

图八　磁县滏阳营遗址发掘区全景

商文化包括它的发生、发展和变化的全过程。"商代文化"的范围则比商文化要窄一些，涉及的时空概念都是特定的，它是指成汤至帝辛（纣）时期的约600年的文化遗存。在地域上，主要是指商王朝的活动范围内。商文化存在的时间与商王朝存在的时间也是不同的，商文化在商王朝之前就已存在，考古界将其称为先商文化。商王朝时期（商代），研究者根据考古发掘资料及研究成果，将整个商代文化分为早、中、晚三期。商文化还有其延续性，也就是说，在商王朝覆灭后，商文化也不会立即消失。

　　商承夏制，是我国历史上第二个统一的奴隶制王国，自汤至纣前后延续约496年。商代，许多部落和部落联盟逐渐演变成地区性组织，随后又转化为方国，河北境内见诸史籍的部落有六个之多，其中包括活动在今磁县附近的有启氏部落及磁县境内的受氏部落。

　　经考古专家论证，邯郸不仅南与盘庚殷都接壤、北与祖乙邢都为邻，而且是商部族的重要发祥地。在邯郸境内商代遗存总数达200余处，现已通过科学发掘的有涧沟、龟台、下潘汪、界段营、下七垣、赵窑、北羊台、飞机场、北城、陈岩嶂等遗址。在这些遗址中，有相当一部分遗址出现龙山时期、先商时期和商代时期叠压，证实了漳河流域是商的发祥地之说，另外，在商代遗存中较为典型的有下七垣遗址和赵窑遗址。

　　下七垣遗址除先商遗存之外，还将商代遗存分为早、中、晚三期，发现的遗迹共有77个灰坑、4座陶窑，蚌壳窖藏、制陶场所、洞穴式建筑和房址等等。出土遗物类别有陶器、玉石器、骨器、蚌器、铜器和卜骨、卜甲。出土遗物中农业生产工具279件，手工业生产工具341件。墓葬23座，出土遗物有鬲、簋、爵、瓿、罍、罐、鼎、卣、尊、贝等，其中铜器瓿、鼎、爵、簋、卣、尊等器物不仅器物造型古朴厚重、花纹繁缛、工艺精湛，而且有的还有"启"、"受"、"矢"等族徽或铭文[13]（图九，图一〇）。这些铭文的出现，与"启"、"受"部落相吻合。

图九　磁县下七垣遗址出土"启"饕餮纹铜爵　　　图一〇　磁县下七垣"屮启"夔龙蝉纹铜鼎

　　赵窑遗址除发现灰坑、石器制造场所、陶窑外，还发现商代晚期墓葬 19 座，墓葬规模及随葬品数量差别较大，大中型墓葬底部多有腰坑，并以狗、羊殉葬，随葬器物数量也较多，除陶器、铜器之外，还有漆器和玉石器（图一一，图一二）。例如 M20，随葬品共 14件。其中铜器 7 件，有戈 4 件，瓿、爵、刀各 1 件；玉器 4 件，有戈、斧、环、璜；陶鬲、石斧、圆漆盒各 1 件。M17 随葬品 17 件。头前方二层台上有陶鬲 1 件，足下二层台上有陶盆1 件，其上方填土中陶甗 1 件。棺内有铜瓿、铜戈、铜爵、玉饰、玉斧、玉柄状器各 1 件，骨镞 6 件。腰坑内有玉铲、贝各 1 件。以上这些器物不仅数量多、工艺先进，且有的铜器器形大方，纹饰精美，反映了当时邯郸一带相当高的手工业水平和文化水平。

　　2004 年，对磁县北城村因烧砖取土发现的商代晚期墓群进行了抢救性发掘，共清理墓葬 71 座，出土文物 140 余件。该墓群密集分布在约 700 平方米范围内，排列有序，均为竖穴土坑墓，从平面形状看，可以分为弧角长方形、哑铃形及介于两者之间的腰鼓形三种形式，是一处商代的"氏族墓地"。其中 M49 使用单棺单椁双重葬具，随葬品为一套鼎、爵、瓿组合的青铜礼器；戈一件和矛两件的青铜兵器；另外还有两件铜铃。在墓室西侧二层台上放有一具殉人。多数墓内使用单棺，单棺墓内随葬有陶鬲、陶盆、海贝等，大部分有殉狗。这批墓葬为"聚族而葬"，为我们了解商文化在冀南地区的分布和发展有着重要意义。哑铃形竖穴土坑墓这种形制在以往的报告中很少见到，包括腰鼓形墓亦应是哑铃形的变体，这种墓葬形制所反映出的葬俗观念值得我们进一步深入研究[14]。

图一一　武安赵窑"矢"四棱饕餮纹铜觚　　　　图一二　武安赵窑玉钺

周人原偏居西北一隅，是商王朝的一个属国。自周武王灭商始，至周幽王宫涅，西周王朝前后共历 12 王，约 257 年。周武王为了牢固地控制广大的征服地区、建立并巩固周王朝的统治，采取了分封诸侯的制度。当时重要的封国有卫、鲁、齐、宋、晋、燕等。邯郸属卫，是卫国北部的重要门户。周武王初为了消除殷商贵族叛周残余势力隐患，迁徙大批殷商贵族及部分顽民于东部洛邑，致使商部族的势力明显减弱，并导致邯郸经济急速衰落。邯郸区域虽然处于周王朝的控制之下，但是当地居民基本上仍以殷商遗民为主体，延续着殷商时期的风俗习惯，直到后期才显现出周文化的特点。

邯郸境内经过调查发现西周时期聚落遗址数十处，其中一处比较集中的是在赵邯郸故城西侧，外围呈扇形状，有姜三陵、南高峒、薛庄东南、薛庄西北、葛岩峃、西陶庄、大河坡、北李庄、乔沟、蔺家河、北羊井、大隐豹等遗址，这些遗址的发现对研究赵邯郸故城的形成和发展都有极其宝贵的价值。

邯郸境内经过试掘和正式发掘的西周遗址有邯郸龟台、武安赵窑、磁县下潘汪、界段营、岳城水库英烈村、永年榆林、陈岩峃等遗址。

1957 年秋在邯郸涧沟村西北的龟台遗址发掘时，将西周遗存划分为两期，第二期出土陶器多为平底，泥质陶有灰色与砖红色两种，器形有宽缘折颈较急的圆足鬲、折颈甑、折颈折缘盆、红陶平底瓮、红陶浅盘豆、平底罐等；第一期陶器未见平底和砖红色的胎质，器形有宽缘折颈较缓的鬲、直口圜底瓮、圆颈盆、深盘豆等。第一期的陶器和晚殷时期的陶器相差不多，特别是直口圜底瓮与晚殷的几乎相同，这说明龟台的西周第一期文化遗存具有显著的殷文化性质；在第一期遗物中还有圜底陶罍，与洛阳中州路西周墓 M816 所出相同，联系周成王初商贵族叛周而被西迁洛邑一事，洛阳出土的圜底罍有可能就是西周时期被迁洛邑的邯郸人所作；第二期遗物所见柄上有节的浅盘豆、圈足瓿等，都在西周遗址或墓葬中出现过，这说明龟台的西周第二期文化遗存除遗留有殷商文化特点之外，同时又带有鲜明的西周文化的色彩。

1994 年，为配合京深高速公路建设对永年县榆林村西遗址进行了发掘，西周时期遗存中的陶器以夹砂灰陶和泥质黑陶为主。夹砂陶的陶器主要是鬲和瓮，泥质陶的陶器以簋为主。由此可以看出榆林遗址西周遗存属西周早期阶段，其中分档鬲和瓮都是上承商文化的同类器形发展而来。

1959 年冬，为配合岳城水库的建设工程，对下潘汪遗址进行了发掘。在该遗址内西周遗迹最多，分布最广，计有灰坑 242 个，房址 5 座，灶坑 2 个，墓葬 2 座，烧土面 1 处。遗存年代确定为西周末期。从住房的资料看，当时的居住条件应较为进步；石器和蚌器的大量发现，说明当时的农业生产和手工业劳动工具仍以非金属器为主，但仍可推测出农耕面积和收获是非常可观的；在灰坑（H237）内发现三具被砍死或被倒缚双臂并经焚烧的人骨，是奴隶社会普遍存在的现象；从出土陶、石、骨、蚌及铜器等遗物来看，其文化面貌既有着显著的商文化特点，又带有浓厚的周文化色彩，这种文化的交汇与融合，和当时社会状况是完全一致的。

2005 年夏季，为配合青兰高速公路邯郸段征地范围内的工程建设项目，对邯郸县陈岩嵛遗址进行了发掘，其文化层堆积的第三层是灰褐色土层，为西周文化层；第四层是深灰褐色土层，为商代文化层。该遗址发掘出土陶器、石器、骨器、卜甲骨、蚌器、铜器等文物 400 余件及大量陶器残片。其中还出土卜甲 9 片、卜骨 1 件[15]。卜甲、卜骨是古代人占卜用的龟甲和兽骨。前者称卜甲，多用龟的腹甲；后者称卜骨，多用牛、羊、猪的肩胛骨。占卜时在其上钻出圆窝，并在圆窝旁凿成菱形的凹槽，再用火灼烧，根据甲骨反面裂出的兆纹判断吉凶、是否。在占卜的时候刻在龟甲、兽骨上的文字称为"甲骨文"。"占卜"起源于原始社会晚期的龙山文化时期，盛行于商代，西周以后就逐渐减少。就目前所知，卜甲、卜骨在邯郸地区已发现 6 处，分别是磁县下七垣、下潘汪、武安赵窑、永年台口、何庄、峰峰北羊台。其时代从龙山时期至西周均有，但以商代为主，属于西周时期的只有武安赵窑的"卜甲一片，留有钻、凿、灼痕"。这次在陈岩嵛遗址出土西周卜甲、卜骨共 10 片。河北省文物专家组认为刻辞卜甲是邯郸考古工作的重要发现之一，为商周文化研究提供了重要考古学资料。

三、春秋战国秦汉时期文化遗存

公元前 770 年，周平王东迁洛邑，史称"东周"。东周分为春秋和战国两个时期。

自秦与赵长平之战以后，东方各国再也无力抵挡秦军的强大攻势，从公元前 230 年～前 221 年，秦王嬴政陆续灭掉六国，秦朝建立。公元前 202 年刘邦建立汉朝。由于外戚王莽夺取政权，使西汉灭亡。公元 25 年刘秀在洛阳称帝，史称东汉。

春秋是我国历史上经历深刻变革的时期，自公元前 770～前 476 年，周王室衰微，礼崩乐坏，诸侯争霸，战争连年，卿大夫专权，新兴势力崛起。

邯郸在春秋初期属卫，何时开始属晋尚无确切的文字记载。公元前 662 年，北方狄人向邢进攻的同时分兵攻卫，卫也节节败退，以致国都被占而亡国。公元前 659 年，齐桓公联合宋、曹，打败南犯的狄人，帮助邢、卫复了国。自公元前 635 年之后，晋、齐、燕等大的侯国强盛起来，而卫却逐渐衰退，其大部分国土先后归于晋。《国语·鲁语下》有"邯郸胜击齐之左"的记述。邯郸胜是晋赵氏的一支。鲁襄公二十三年（公元前 551 年）栾氏之乱，邯郸胜率兵击齐军，可知在公元前 551～前 635 年之间邯郸已属晋了。邯郸到春秋中期已是有名的城邑了，《春秋·谷梁传》中有宁喜伙同公子鱄逃奔邯郸，"织绚邯郸终身不言卫"的记载。《史记·赵世家》载：晋定公十五年，简子谓邯郸大夫午曰"归我卫士五百家，吾将置之晋阳"。大夫是春秋末年晋国县长官的官职名称，故证明邯郸在公元前 497 年之前已是赵氏控制下的晋国之县，亦是现今河北县名中最古老者之一。到春秋晚期，赵襄子问臣子应迁都何处，从者言"邯郸之仓库实"，可以为都。由此可知，在当时邯郸是物产最富足的重要城邑，又是各军事集团争夺的战略要地。

春秋时期文化遗存在邯郸发掘最早的地点是 1956 年发掘的武安午汲古城。该城址呈不规则长方形，城垣大部分保存尚好，且四壁保留有 10 米以上的门阙豁口，城区总面积约 68.8 万平方米。调查发现有窑址、水井、窖穴、灰坑等 146 处，并对 1 座陶窑、10 座墓葬进行了发掘。葬具大都有棺椁，墓葬随葬品以鬲、盆或鼎、盆、豆的组合较常见。通过考古发掘可知，午汲古城早在春秋时期已经出现，且很可能就是文献中经常出现的邯郸午的封邑"五氏城"或"寒氏城"，春秋末期赵氏集团长达十余年的邯郸争夺战就是由此而开始，所谓"午汲"或许就是邯郸大夫赵午、赵稷父子二名的合称，甚至还与早期邯郸城存有某种瓜葛[16]。

在 20 世纪 50 年代，对邯郸涧沟遗址、磁县下潘汪遗址进行了发掘。涧沟遗址有龙山时期、商时期和春秋至汉代等文化层，春秋时期的文化层覆盖于龙山文化层之上，并发现了 5 条灰沟，文化遗物有陶豆、盂、盆等类。下潘汪遗址内春秋遗存较丰富，仅 4 个灰坑、1 条沟内就出土了很多陶器，有鬲、豆、釜、瓮、盆、罐等，还有骨笄、蚌刀、石斧和石镰等，由此可言，确实可以说"邯郸之仓库实"。

在邯郸西部的涉县，不断发现春秋时期到战国时期的墓葬。其中，1982 年笔者参加发掘的涉县北关因烧砖瓦取土发现的一座大型"积石积炭"墓葬，棺外有大型木椁，出土铜器、石器、玉器、骨器等 130 余件器物，其中铜器鼎、编钟（图一三）、车马器和石编磬都是成套出土，而且造型优美、花纹精细，应是祭祀、宴享或其他仪式时所用

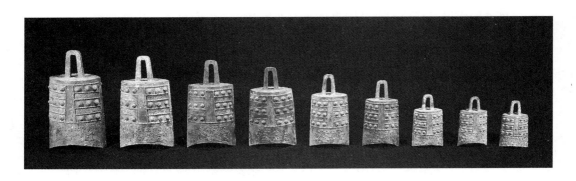

图一三　涉县北关墓出土兽枚蟠螭纹铜纽钟

的表示贵族身份等级的礼器。有专家学者将其定为战国墓，笔者认为应是春秋时期或战国初期墓。该墓器物一部分已由邯郸市博物馆陈列对外展览，另有一部分还在修复过程中。从该墓的形制、出土遗物分析，墓主人应是"王、侯"一级。有学者查阅《文献通考》卷三一六《舆地》载："潞州涉县条最先著录，称：涉，春秋涉侯国。"[17]涉县在春秋战国时期曾先后属晋、魏、赵，而晋、魏、赵的国都距涉县又很远，"王、侯"一级的人物葬涉县的可能性很小，况且在 2007 年春季调查时在同一区域又发现"积石积炭"墓葬，有可能和这一墓葬相类似。由此可以推测，这一类墓葬很可能就是春秋到战国初期涉国某一代王侯陵墓。

另外，1997 年以来涉县城东李家巷、寨上等处发掘了春秋战国时期遗址及墓地，其中李家巷墓地发掘 11 座，春秋墓 6 座，战国墓 3 座，春秋战国之间的 2 座。墓葬均为长方形土坑竖穴，葬具分为单棺单椁、单棺棺下铺木板和单棺三种。铜器有鼎、豆、舟、罐、带钩等，陶器有鼎、鬲、豆、罐、钵、碗等，其他还有玛瑙、玉石、骨、蚌、漆器等。墓葬的时代在春秋战国之际。涉县在春秋时属晋，战国韩、魏、赵分晋后，先属魏，后属赵。因此，该墓群当属晋人墓。"单棺，棺下铺木板"这一"棺下横向铺设木板的方法较为少见"。另有两座墓葬，从平面看，自墓室开口至墓底"都是头端较宽，足端较窄，平面呈梯形（图一四），由于四壁建造规整，应不是偶然现象，这在周边地区比较少见，可能是当地的一种风俗"[18]。

关于春秋战国时期的城邑及名人墓。管仲《管子》载：齐桓公"筑五鹿、中牟、邺、盖、牧丘，以卫诸夏之地，所以示劝中国也。"齐桓公筑五城之"邺"，据文献记载，邺城始建于春秋齐桓公时期。我们在邺北城及其附近考古调查中曾采集到春秋时期的陶器遗物。说明了该区域在春秋时期有人类居住过，同时结合文献记载此地可能有过城邑。类似的城邑筑在某某地的文献记载较多，但考古工作中还没有发现过它的相关遗迹，有些名人墓也出现类似的情况。如清代光绪版《永年县志》载，"周冉子墓，城（广平府）西四十五里瓜井村，明成化中知府秦民悦建祠撰碑文。"冉子，春秋鲁国人，名耕，字伯牛，孔子的弟子，《大明一统志》也有"冉子墓在永年刘营社（今瓜井村一

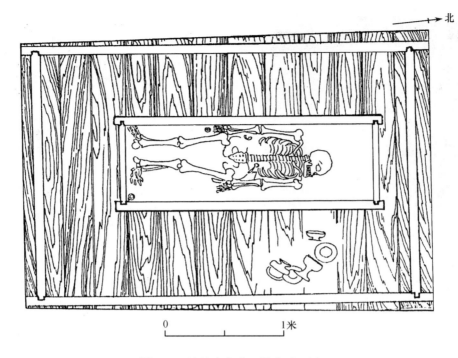

图一四　涉县李家巷 9 号墓平面图
（采自邯郸市文物保护研究所等：《河北涉县李家巷春秋战国墓发掘简报》，《文物》2005 年 6 期）

带），岁久湮灭，不知所在"。这类情况的结论有待文物工作进一步考证。

　　战国时邯郸属赵，在公元前 386 年赵敬侯由中牟迁都于邯郸，直至秦灭赵止，经八代国君，历 158 年。这个时期的邯郸，不但是赵国政治、经济、军事的中心，也是华北冶炼业与商业的重地。战国时期邯郸东南部的大名、魏县、广平地域属魏，临漳和涉县地域先属魏，后归于赵，其中临漳在魏国始于此置邺县，魏文侯时西门豹曾出任邺地县令，因廉政恤民，政绩卓著而名垂史册。

　　战国时期文化遗存，长期以来除史志和地方志有零星记载之外，就是文人墨客游山玩景似的留下部分诗词或碑文游记之类。例如，清《一统志》载"邯郸故城在今邯郸县西南，春秋时卫邑，后属晋，战国属赵，赵敬侯元年自晋阳徙都于此"，显然有错误之处。另有金末文学家、诗人、史学家元好问七绝丛台诗："富贵荣华一叹嗟，依然梦里说苕花。千年几度山河改，空指遗台是赵家。"真正的考古探索与研究，除日本侵华时期日中联合对赵都邯郸故城及其相关遗存的局部地点进行过短期调查和发掘[19]，并出版了《邯郸——战国时代赵都城址的发掘》一书之外，可以说较为全面的考古调查、勘探、发掘与研究工作，基本上是从新中国建立以后开始的。

　　建国以后，文物部门主动或配合基建工程全面开展了田野考古或专题调查和发掘，并向社会陆续报道考古资料和研究成果。粗略统计，重要的考古调查和发掘地段，有邯郸市区、邯郸县、磁县、永年、武安、涉县、肥乡等，地点近 60 处。其中除地表现存

图一五　邯郸钢铁公司北门墓葬出土铜鼎

十余座城垣之外，还有保留封土的墓葬。在邯郸县西北三陵乡及永年县温窑一带当属战国赵王陵区，在赵邯郸故城西北百家村至齐村、户村一带为战国贵族墓地，一般墓葬在赵邯郸故城西郊发现较多（图一五），其他方位发现较少。另外，有迹可寻的名人墓也很多，例如，相传在磁县羌村有蔺相如墓，大隐豹村南有大冢曰廉颇墓，肥乡县西屯庄村西北一里有平原君赵胜墓，墓前至今仍有明代所立的墓碑，永年县广府城西南有毛遂墓，邯郸县大乐堡有乐毅墓等等。

　　战国时期生活遗址在邯郸区域的漳河、滏阳河、牤牛河、渚河、沁河、洺河等河流冲积扇地带均有发现，特别是在城邑或城堡附近发现较多，其遗迹主要是烧陶、冶炼、建筑台基、水井、道路等。经过发掘的地点主要有邯郸县涧沟、磁县界段营、讲武城，武安市午汲，永年阳城，市内三区的市宾馆、赵苑、王郎村、东门里、裴庄、新世纪商业广场、人民路变电站、市博物馆、中心医院、金正广场、百花小学、金丰小区、工人剧院南侧的商务中心、第 11 中学、康德商场、大乘玉佛寺南侧、招贤商务大厦、百家村东遗址、实达世贸广场、复兴区税务大楼等多处。

　　战国时期生活遗址发现最多的地点是赵邯郸故城之内。1973～2006 年的 30 多年来，省、市文物部门在配合城市建设中，于现代城区东至曙光街、西至建设大街、南至渚河路以南、北至联纺路以北范围之内，在勘探的数十个地点地表下 1～10 米，普遍发现有古代生活遗存。其中清理发掘 10 余处，多数战国时期遗存与汉代及更晚的遗存叠压在一起，并有少量战国时期墓葬发现。如市博物馆地下发现有密集的水井及铜炼渣，另有 3 座战国墓葬（图一六）；市中心医院地下存在较多较厚的铁炼渣及红烧土堆积；结合工程建设还在赵苑、工人剧院、市体育场南等 20 余处发现有冶炼的炼炉、铜铁残渣、炭灰、烧土等。这些均说明该地及其周围应存有大量铸铜或冶铁遗址。还发现有陶器遗存近 10 处，石器作坊和制骨器遗存各 1 处等，都为确定城区内工商业区及居民生活区的分布提供了线索。

　　战国时期的城址（城市或城堡）发现主要有赵王

图一六　邯郸市博物馆战国墓
出土龙虎纹彩绘陶壶

城的北小城、赵都邯郸故城（大北城），峰峰界城，武安固镇、店子、邑城、继城、北安乐、曹子港、刘庄、小店，永年阳城，磁县讲武城、九龙口、西清流，涉县寨上等10余处。

在这些古城中，阳城古城多被认为是赵国的陪都信宫所在地，该城址位于永年县西部的西阳城村东，城基轮廓夯土清晰可见，西城墙北端残存4～5米之高。北城墙西段残长15、宽5、高2米。城墙和城内发现有丰富的战国和汉代陶豆、瓮口沿和铸有"安阳"、"平阳"面文的战国布币等。古城周长4.5公里，面积约1.3平方公里，现古城址内有南阳城、北阳城、东阳城和代庄四个村庄。此外。城内仍保留有南校场、北校场、王法台等名称。在阳城遗址西南隅，有南北长500、东西宽300、高2米多的台地，传为"紫禁城"，是"九连王"居住的地方。《太平寰宇记》邢州龙冈县条引东魏北齐人李公绪《赵记》称："赵孝成王造檀台，有宫，为赵别都，以朝诸侯，故曰信都"。《史记·赵世家》武灵王元年，"梁襄王与太子嗣，韩宣王与太子仓来朝信宫"。《正义》说，信宫在洺州临洺县。临洺关附近的洺水北岸发现的战国时期古城只有阳城，由此可见，阳城遗址很可能就是赵信都遗址。西清流古城为伯阳城址。固镇古城为早期的武安城址，苏秦、白起、李牧都先后被封为武安君，在固镇古城内考古发现有春秋战国时期的遗物。在讲武城中调查发现素面半瓦当，泥条盘筑的灰色绳纹瓦，陶盆、尊、碗、盘、豆，铜镞及"平周"、"商城"尖足布等战国遗物，讲武城由此确定为战国期间的城，否定了此地是传说中三国曹操"习文"、"讲武"之地或曹魏时期的城的说法。例如，明代张应登《游滏水鼓山记》中就有"爰以仲秋十一日，戒车渡漳、过曹操讲武城，照已落矣"。但最重要的收获还是赵王城的北小城和赵王城以北郭城的发现。

1957～1959年，河北省文物工作队对赵王城进行了调查勘探，并发现了大北城西垣地下墙址及其北垣西部。

1961年3月4日，国务院公布我国第一批国家重点文物保护单位，赵邯郸故城列为其中之一。此后省、市文物工作队对赵王城进行了全面调查勘探。这次调查除勘测地面土台及城墙外，还发现了地下夯土基址、道路、夯土墙址和门阙等。尤为重要的是弄清了东西城以北的"小北城"范围，从而明确了赵都宫城由三个小城组成（图一七）。

1970年文物工作者配合市内动土工程，在地表下5～9米深处发现了战国及汉代的文化遗存。

1973年以来在赵王城的小北城附近，以向东延伸的一段地下墙址为起点，进行了钻探，探出地下墙址长约8700米，并探明了东垣自南端贺庄开始，向北从和平路口、经曙光街一线的第三中学、朝阳路口、人民银行办公楼、市档案局办公楼、曙光路小学门前、邯郸医学高等专科学校门诊楼东侧、穿过学校院内到达纺织医院。北垣在联纺路以北。现已基本查明，在今邯郸城区6～10米的地下、南北长约4800米、东西宽约

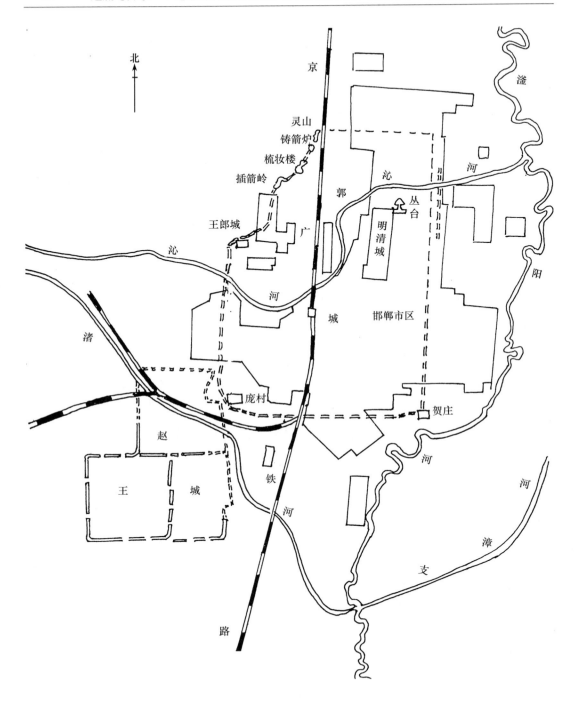

图一七　赵邯郸故城位置示意图

3200 米、占地面积达 1380 万平方米的古城，是战国时期商业活动及市民居住的郭城，并对其工商业区的分布也取得了重大突破。现地表遗存有丛台、插箭岭、铸箭炉、梳妆台与照眉池等遗迹。其中丛台位于市中心丛台公园内，相传始建于赵国武灵王时期，故称武灵丛台，占地 1100 多平方米。现丛台之上的建筑多属明清时期。1963 年 8 月邯郸大雨成灾，丛台东南部部分坍塌，从断面可看出丛台中间分为两层，里层是夯土，夯层厚 8~12 厘米，小圆夯窝，与战国时期城墙的筑法相同，在夯土中夹杂有战国时期的绳纹陶片，因此，该台基应是战国时代的建筑物。史书也多有记载丛台为战国时期修筑。从"台上弦歌醉美人，台下扬鞭耀武士"的诗句，可看出赵武灵王修筑丛台的目的是观看歌舞和军事操演。1982 年，丛台公园的武灵丛台被列为河北省文物保护单位。

战国时期的墓葬发掘，主要有赵王陵 3 号陵陪葬墓，邯郸百家村与齐村战国贵族墓和市内东门里、裴庄、树脂厂家属院，永年何庄，武安午汲，磁县讲武城等处一般墓葬的发掘。另外，仅 1995 年后半年至 2006 年期间，市内三区墓葬的发掘就近 70 处，墓葬 600 多座。在这些有战国墓葬发现的地点中，墓葬最多的当属 1995 年邯钢新厂区工地，墓葬多成片套叠，相互打破，仅探明部分即达千余处，实际数量至少可达数千座。墓向除东西向之外，也有较多的南北向。墓室大部为竖穴土坑墓，极少为竖穴石室及洞室墓，葬具大部分都有木质棺椁，平面呈长方形或近似方形，多有二层台及壁龛发现；较大型墓葬有墓道，平面为"中"字形或"甲"字形，有的还有积石积炭等防盗防潮设施或车马坑、人殉等陪葬现象。

邯郸地区战国墓葬中目前发现最大的墓当属赵王陵 3 号陵大型陪葬墓——周窑 1 号墓，该墓长达 77 米，东西墓道，墓道内分别筑有殉葬坑及车马坑。墓室呈"中"字形，墓室口长 14.5、宽 12.5 米；底长 12.6、宽 9.2、深 7.5 米。外石内木双层椁室。出土有铁器、铜器、骨器等众多文物。邯郸县、永年县两县交界处的赵王陵，有五座陵台以及陵台上 6~15 米的高大封土堆，每座陵墓均有坐西朝东、近万平方米的陵园，并有长 70 米左右的斜坡阶梯式神道直达陵台，陵台周围均发现有陪葬墓。这五座陵墓均依山就势，背靠紫山，蜿蜒数十里，气势宏伟。记载这五座陵台是赵王陵的文献资料有《畿辅通志》和《邯郸县志》，当地群众也均称呼其五座陵台为赵王陵，在邯郸县三组陵周围有陈三陵、张三陵、薛三陵、姜三陵、李三陵和中三陵六个以陵为名的村庄。通过对赵王陵 3 号陵 1 号陪葬墓的发掘，证明传称和地方志记载的"赵王陵"确属战国时期赵国的陵区。

战国墓葬中发现车马陪葬坑最多的地点是齐村与百家村之间，其中在 2000 年配合邯郸市西环路建设工程中，于齐村村东南的墓群中发现一座车马坑和两座马坑，前者为曲尺形，是由长方形的车坑和长方形的马坑垂直交会而成，马坑内殉马 24 匹，马头向西，马骨粗壮，自北向南依次排放。狗 1 条，放于马队南部的中间。车坑内车 8 辆，从东往西一排摆放，这些车主要部件为木质，部分车厢用藤条编制而成；后者各殉马 10 匹、狗 1 条。凡是有车马坑的墓葬多为较大型的，这些大型的墓葬有的有"积石、积炭"等防盗、防潮设施或人殉等陪葬现象。随葬品以鼎、豆、壶等铜器或仿铜陶礼器及兵器、车马器为主，并有较多的玛瑙、玉饰等，多者可达 150 余件。在贵族墓区内也有较多的小墓，随葬品多者 10 余件，少者仅数件，也有只随葬一个罐或一个带钩的，显然是一般平民墓。

秦王政十九年（公元前 228 年），秦兵攻占邯郸，6 年之后赵国灭亡。秦统一全国后，邯郸城是全国 36 郡之一的邯郸郡的首府。秦末农民起义军占领邯郸，秦将章邯引兵夷邯郸城郭，邯郸城从此遭到严重破坏。在现代的考古调查中，发现赵王城城墙的两侧、尤其是内侧，堆填的夯土块厚 1～2 米，夯块最大的达百余斤，该现象说明，城墙的上部不是长期风化消减而是在短时期内遭人为破坏的。另外发现龙台两侧的夯土基址上有面积较大的灰烬层，应是火焚的痕迹。这些都应是记载之中公元前 208 年章邯引兵攻邯郸，"皆徙其民河内，夷其城郭"，赵王城遭到"夷平"破坏的实证。在章邯毁城过程中，大北城也应遭到严重的冲击。根据插箭岭南侧岭南路污水管线埋设过程中考古解剖的城墙及配合丛台路地下管线埋设工程考古解剖的城墙都有修筑的现象，另外在现存的"王郎城"墙体外侧也有维修并加高的现象来分析，大北城没有遭到"夷平"，可能遭到了大面积破坏。

由于秦代在中国历史上是一个很短暂的时期，赵国的国民在延用赵人丧葬风俗的同时，还没有真正启用秦葬俗就已经进入汉代了，现所发现的战国、两汉时期的墓葬，墓葬的形制、随葬器物都未能显现出真正秦的遗风。到目前为止，所发掘的战国、两汉时期之交的墓葬，不好分出哪些是秦代墓葬，只能将有少量生活用具和饰品随葬的墓葬认为可能为秦墓。2006 年，在配合南水北调中线工程磁县北朝墓群南段墓葬发掘过程中，于孟庄发现四座长方形土坑墓，单人葬，仰身屈肢，头向西，随葬有半两钱。有人认为半两钱是秦半两，根据死者头向西和随葬有半两钱这一情况，有学者分析可能是秦攻赵时的秦兵墓葬，此发现对研究秦始皇东征路线，及秦国灭赵后在赵国的活动提供了重要的线索[20]。该墓葬资料正在整理之中。

公元前 202 年，刘邦击败项羽，赵、燕、梁等地正式建置赵国、燕国、梁国，邯郸从此成为西汉诸侯王的国都。至汉武帝初年，"邯郸漳河之间一都会也"（《史记》卷一二九《货殖列传》）。至汉昭帝初期，被当时人称为"天下名都"[21]。至西汉后期，邯郸又进而跻身于除京师长安之外的全国五大都市之列。五都的排列顺序为洛阳、邯郸、临淄、宛、成都，于此可见邯郸在全国经济地位中位居第三。西汉末年，王郎在邯郸称帝，刘秀打败王郎，在鄗南即皇帝位，称光武帝，不久定都洛阳，史号东汉。刘秀封其叔刘良为赵王，都邯郸，自此以后共传八代。至建安 18 年之后，由于连年混战，邯郸遭到过重的创伤，到东汉中期，邯郸的经济开始走下坡路。到东汉后期，土地兼并极其严重，政治腐化，宦官、外戚反复争斗，竞相压榨农民，农民无法生存，加上连年旱涝灾害和黄巾起义的爆发，邯郸与华北各地一样完全衰落。

两汉时期的文化遗存在邯郸境内有着很广泛的分布，据发掘资料统计有邯郸县涧沟、磁县下潘汪、讲武城、永年榆林、何庄，武安午汲，涉县北关、索堡等 10 余处。邯郸市内三区发掘的遗址有人民路立交桥、丛台路、邯郸医学高等专科学校综合楼、郝庄村北华信大厦、浴新大街冀南批发市场、岭南路、市中心医院、金正广场、曙光街与朝阳路交叉口西南角、日月城、邯钢化肥厂住宅楼、西环路、市博物馆、百花小学、王郎村、梅林大厦、新世纪商业广场、人民路变电站、春厂农贸市场等 20 余处。邯郸市内三区发掘的墓葬有邯钢厂区、铁西水厂、人民路西段两侧、南环路渚河桥、农机公司及建设大街一线两侧、四季青住宅区、王郎公寓楼、百花小区及百花街两侧、岭南路、联纺路西段两侧及其他地域 50 余处。在邯郸区域的考古发掘地点总计 80 余处。

20 世纪 70 年代以来，通过调查发现的遗址及墓葬主要有永年县阳城、东阳城、西洺阳、临洺关、北卷子、方头固村、小龙马、西洞头、双陵、张湾、曲陌、西召庄、二妹冢、琵琶冢、南正列根，武安市固镇及周围的棋盘地、王场地、邑城附近的紫罗墓群、孟家脑、店子、北田村、矿山村，峰峰矿区崔庄、临漳县回漳、肥乡县西张庄、东刘家寨、东营，广平县西王封，大名县的王莽金堤，邱县斥丘侯墓，馆陶县南马固，涉县索堡，磁县严村、贺兰、林峰，邯郸县百家村、北张庄、隐豹、林村、户村、薛庄及沁河两岸、青兰高速邯郸县段，邯郸市内三区的常谢庄、赵苑、西大屯、王郎、张庄桥、彭家寨、马头镇、车骑关、赵邯郸故城及其四周等 60 余处[22]。

汉代的城邑聚落多数仍然继续沿用着春秋战国时期的，比如武安固镇的武安城、永年阳城的易阳城等都发展成了县邑。汉代数百年相对稳定、百姓安居乐业的社会状况，从城址周围发现了大批墓葬、部分墓葬封土高大、随葬品丰富等情况都可反映出来。如赵邯郸故城的西及南有插箭岭、林村、西小屯、西大屯、王郎、彭家寨、北张庄、张庄桥、车骑关、林峰等墓群，孟洼"五冢岗"等，易阳城周围有东阳城、西洺阳、临洺关、西召庄墓群等，故城村附近的北卷子、小龙马、曲陌墓群等，武安故城附近的棋盘地和王场地，邑城附近的紫罗墓群。考古发掘中在武安午汲古城发现"古路以北墓葬密集"，其中部分地带有墓葬 40 余座密集分布。在汉代城邑四周，又从春秋战国时期的墓葬之后发现大量的汉代墓葬，证明了汉代仍然继续沿用着春秋战国时期的城邑，有的仍然在发展。

城址的考古发现方面，赵都邯郸城收获最大。现已确认两汉时期的赵都是在战国时期赵邯郸故城大北城的基础上发展起来的，并已初步查明，今邯郸市城区之下，存在有两座相互交错套叠的地下城址，其一是战国时期初建、汉代整修沿用的旧城（即大北城），另一座可能即后期另筑的新城[23]，大体上搞清了汉代城区范围、宫殿区位置、主要遗迹分布、"旧城"与"新城"的演变关系及兴衰过程。

汉代平民墓和贵族墓除"聚族而葬"特点相同、规格有别之外，在墓葬形制上也是有区别的。平民墓或一般较富裕家庭的墓葬，从形制上看，可分为竖穴土坑墓、竖穴砖木结构墓、竖穴砖室墓和带墓道多室墓四种类型。竖穴土坑墓平面有梯形、长方形，葬具有棺椁、单棺和棺上置木板等多种；竖穴砖木结构墓为在墓底铺砖，靠土圹四周用砖顺向或横向砌起，其高度超过木棺之后，在两砖墙之上架设木板，木板平铺合缝后回填土；竖穴砖室墓为长条形，墓壁为砖砌筑，其顶部用 5～7 块梯形砖筑成拱券顶；带墓道多室墓为斜坡土墓道，砖砌墓室，为东汉晚期才出现，数量较少，一般此类墓到曹魏时期较盛行。贵族墓多建于丘陵和平地交界处，分为竖穴木椁、有墓道石质拱券和砖室结构等三种，已经不见战国时期的车马等陪葬坑或殉人现象，也没有"积石积炭"的防盗防潮设施。殉葬品主要以模型明器"偶车马"代替，且全部置于墓室内，葬具中出现"黄肠题凑"椁室，并多以玉衣敛尸。后期出现多室，建筑构件砖的尺寸加大，用材讲究、布局严谨，规模宏大。

图一八　车骑关汉墓出土铜量

汉代赵郡国王公贵族墓葬的分布范围，经过调查和发掘，确定多数位于现在邯郸城区西部附近、西南郊区丘陵边缘及其东侧，有的还保留有规模较大的封土。由于多数未经发掘，所以西汉与东汉墓区分界及各自特点还不太清楚。据已经发掘或被盗墓葬可知，两汉时期的墓葬在墓葬形制结构方面有单室墓和多室墓的差别。其中发掘的车骑关一号墓（其北为二号墓，呈南北并列），封土高大，单墓道，平面呈"甲"字形，墓室为石砌拱券式，长约16米，宽和高均在10米左右，墓室外填积沙石；椁室为"黄肠题凑"结构，平面呈"回"字形。早期曾被盗扰，随葬品仅剩成套鼎、壶等大型陶器40余件和残碎铜器、鎏金饰品、玉石饰件等近百件（图一八）。墓葬年代约当西汉末年，墓主应属赵国某王之一。在张庄桥村北发掘的两座大墓，均为单墓道多室墓，墓室总长20余米。其中第一号墓仅盗余文物就达数百件，其中铜器有铜鉴、建元鎏金大爵樽、永元铜洗、长颈投壶、带架熨斗（图一九）、鎏金三足熏炉等大型铜器，五铢钱五万余枚，另外还有成组陶器、玉衣片、各类铜铁骨角饰品等。两墓年代为东汉晚期，墓主人可能在汉赵末三位侯王之中。

现在的大乘玉佛寺西侧插箭岭墓群第四号墓，于建国初期进行了发掘，为砖拱结构，随葬有较多穿孔玉衣片，通过孔中有残留铜锈，推测为"铜缕玉衣"，有人推测为西汉赵敬肃王之孙象氏思侯刘安意墓。

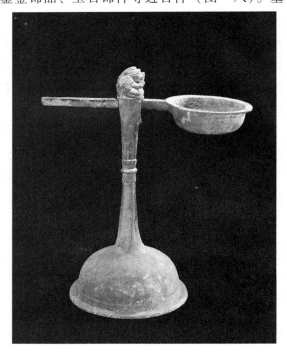

图一九　张庄桥汉墓出土铜熨斗

　　两汉时期的平民墓葬多分布于现在邯郸城区的西部和南部。西汉、东汉和战国时期的墓葬在地层上相互叠压或打破、年代上相互交叉；贵族墓和平民墓除有局部差异或规律之外，亦交错存在，没有发现明显的区域界限，反映了古代聚族而葬的文化传统和特点。有人做过粗略统计，仅邯郸市文物研究所 1995 年 9 月至 2003 年 3 月共七年半的时间，就发掘两汉时期墓葬 700 余座[24]，其中 1995 年期间，邯钢工地部分地段勘探出墓葬 1000 余处（墓葬多成片套叠、相互打破，统计时将每一片计为一处），发掘西汉时期墓 180 座、新莽时期墓 30 座、东汉时期墓 23 座。通过这些众多墓葬的发掘以及大批文物的出土，可以看出墓葬是一种常见的文化现象，同时也间接地反映了当时社会生产力与社会生产关系、经济基础与人口增减等情况，也为两汉时期的丧葬习俗、手工业水平、经济与人口发展状况的研究提供了实物资料。

　　两汉时期的遗址及墓葬中，除发现大批五铢及新莽钱币之外，在邯郸市曙光路、浴新大街西侧、朝阳路、第二中学等地也发现了半两钱。还在人民路立交桥施工中，于地表下 7.5 米处的汉代文化层出土了汉半两钱范，灰色滑石质、大小 50 余块，最大的残钱模两块，其中一块长 27、残宽 9、厚 2.2 厘米，钱模规整，刻工精细。同时出土有坩埚残片、带铜锈的炼渣块和陶器残片。附近可能有西汉郡国铸钱或造范的场所[25]。

　　冶铁工业的产生，铁制生产工具的出现，是决定社会发展变更的主要因素之一。邯郸周边有丰富的矿产资源，在战国时期就以冶铁业著称。《史记·货殖列传》载"邯郸郭纵以铁冶成业，与王者埒富"。《汉书·张汤传》载，西汉时"赵国以冶铸为业，王数讼铸官事，汤常排赵王"。《后汉书·郡国志》载，汉武帝时在全国设铁官四十九处，武安即为一处。武安冶铁自汉至宋元都有生产。汉代的冶铁业继承了战国时期的产业，在南洺河沿岸有大量战国、汉代以及宋元时代炼炉残迹与大面积的炼渣、碎木炭、铁工具等遗物，其中武安矿山村、磁山东、固镇城内外十多处有比较完整的炼炉遗迹，炼炉规模也相当可观，在邯郸市内赵邯郸故城配合城建动土先后发现炼铁炉址达 20 余处，在众多的汉代墓葬中出土铁制工具、用具很多。其中在车骑关、张庄桥汉墓中出土了铁量（斗）、大刀、大灯、大锤等各种铁器。在调查和发掘的固镇古城东侧遗址中，发现三座炼铁炉，并出土了大量铁矿石、炼渣、铁块、炉具及数百件铁器、铁范、陶范和生活用具，铁器以农业用具为主，有犁、铧、铲、镢、耑、锛、镰、刀，还有剪、顶针等 20 多个品种，这些都说明两汉时期邯郸的冶铁业规模相当之大，是北方冶铁中心城市之一。

　　另外还有永年县永合会镇吴庄北约千米处朱山顶上"朱山石刻"。该刻石为西汉后元六年（公元前 158 年）汉赵国诸臣为赵王祝福、祈祷所镌刻，是一块天然石面，与山体相连，石质为细红砂岩，长条状摩崖石刻，长 1.5、宽 0.52 米，竖行小篆体，阴刻一行十五字"赵廿二年八月，丙寅群臣上醻此石北"。刻石书体处于篆书向隶书过渡时期，由秦篆之长形演为方形，是现存汉篆中最早的刻石。对于其时代，有学者分析该刻石为后赵石虎建武六年（304 年），也有推测是战国赵武灵王廿二年（公元前 304年）时期的作品。

四、魏晋北朝时期文化遗存

东汉末，袁绍军事集团占据冀、青、并三州，邺城为袁绍统治北方的军事中心。曹操镇压黄巾起义后打败袁绍。建安九年（204 年）四月，曹操大军先攻下袁氏大据点邯郸城，八月攻取邺城。曹操入邺后，开始对邺城大规模建设，而后邺城成为曹魏的陪都。邺城相继是十六国时期后赵、冉魏、前燕和北朝时期的东魏、北齐六个王朝的都城。

西晋后期，"八王之乱"战祸连年，匈奴、羯、氐、羌、鲜卑各少数民族迁往内地，而北方的人民又大量南迁，当时的邯郸城随着北方经济区的破坏而衰败，由于邯郸原是大城，物资较为丰富，遭到战争的破坏更为严重。邺城替代邯郸城而成为本区域乃至北方地区的政治、经济、军事、文化中心。

东晋建武二年（318 年），羯人石勒在襄国（今河北邢台市）建立政权，称赵王，于公元 329 年灭前赵，迁都邺城，称后赵，控制着河北广大地区。此时的邯郸城北比不上邢台，南比不上邺城，已沦为一般的县城。

公元 531 年，高欢取代尔朱氏统揽北魏政权。后孝武帝西弃长安，高欢另立孝静帝，自洛阳迁邺，是为东魏。东魏时期高欢动用劳力 27 万众营建邺南城，加上原有的邺北城，其整体布局严谨合理。但由于连年战乱，民生得不到安定，灾难劳苦众多，人口达到历史最低限度。据《魏书·地形志》载，到东魏武定年间，广平郡辖邯郸等六县，总人口只有 103 403 人，比之汉代相差很大。公元 550 年，高欢之子高洋建立北齐，仍在邺城定都。到公元 557 年，邺城被北周武帝攻破，自此之后，邺城再无复起。

魏晋北朝时期文化遗存基本上以邺城及其附近的磁县最丰富，而邯郸县、峰峰、涉县、武安、永年、成安等地虽都有发现，但数量相对较少。

邺城遗址地处现临漳县治西南 20 公里的邺镇，据文献记载，邺城始建于春秋齐桓公时期，后经战国西门豹、史起治邺而显名，到魏晋南北朝时期成为六朝名都。由于漳河改道，城址屡遭河水冲击，现存地表的主要遗迹，除北邺城的铜雀台、金凤台和部分古墙残址外，其他均淤埋于地表以下。

邺城三台是金凤台、铜雀台、冰井台，位于邺城三台村，为东汉建安年间所建，是"建安文学"的发祥地。金凤台原名金虎台，是三台最南边的一座。现存夯土遗址比较完整，南北长 122、东西宽 70、高 12 米。铜雀台在金凤台北边，为三台之主台，为曹操与文人骚客宴饮赋诗的主要场所，也是兵家战略要地。原台高十丈，有房屋百余间，现残存部分痕迹。冰井台位于三台最北端，因有藏冰的井而得名，原高八丈，有房屋140 间，现地面已无迹可循。

　　新中国建立后，考古工作者对邺城遗址进行了调查、钻探与发掘，并取得了很大收获，目前仍在工作之中。邺城分为南、北两城，南城依北城的南墙而建。邺北城自建安九年（204 年）曹操平袁绍后开始营建，其后曹魏、后赵、冉魏、前燕均建都于此；邺南城系东魏、北齐时期新建，而北城仍然续建沿用，直到大象二年（508 年）相继被毁，前后延续达 370 余年。通过对邺城考古勘探后的资料分析，明确了邺北城的周边城墙、7 座城门、4 条大道及 10 余处夯土建筑基址的位置，确定了宫殿、苑囿、戚里、衙署、居民区的分布范围；铜雀台、金凤台和冰井台位于西墙北部，是全城的制高点；明确了邺南城东、南、西三面城墙，11 座城门，城平面为龟形，城垣外侧出现有马面，主城区中轴对称，城内南北向 3 条街道，大街平行，十字相交，棋盘状布局，在城中央偏北部有东西长约 620 米、南北长约 970 米的宫城；在宫城内及其附近探明了 15 处建筑基址，城外有护城河。在西南城郊还清理出数十座烧陶窑炉。在邺北城、南城及其周边采集或出土了大量曹魏至北朝时期的陶瓷器等生活用具还有石螭首、石柱础、筒板瓦、"大赵万岁"、"富贵万岁"瓦当等建筑构件以及陶人面饰、铁甲胄等文物珍品。在建筑构件中有数量极多的素面黑瓦，质地厚重而细密坚致，背面印布纹，表面光滑莹润，发黝黑色光泽。《河朔访古记》引《邺中记》曰："北齐起邺南城，其瓦皆以胡桃油油之"，当指这种黑瓦而言。在筒瓦的瓦嘴上和板瓦的背面，往往压一长方形或椭圆形文字戳记。印有类似戳记的瓦片，曾在渤海上京故址及隋唐长安遗址中也发现过不少。据《河朔访古记》卷中所说："（邺城古砖）其纪年非天保即兴和，盖东魏、北齐之年号也。又有筒瓦者，其花纹、年号与砖无异"。可知过去还出过带东魏、北齐年号的，它们的时代属东魏、北齐无疑，到隋唐时期瓦上印有文字戳记的作风，实为承袭东魏、北齐旧制[26]。

　　在临漳县西太平村西南约 300 米处，发现北齐时期遗址，位于古邺南城西，应是宫苑区，面积 2000 余平方米，文化层厚 1 ~ 2 米，黑灰土，有大量北齐黑瓦，"常平五铢"铜钱、筒板瓦等。为研究当时的社会生活状况及生产力水平提供了重要依据。

　　邺城的城市布局格式奠定了中国城市建设的基础，对后来长安、洛阳以至北京的城市建筑均产生了深远的影响。从曹魏到北朝，邺城长时期作为黄河以北的政治、经济、军事、文化的中心，同时也是具有北方特色的政治、经济、军事、文化中心，对于后世产生了极为重大极为深远的影响。

　　2006 年冬季，配合南水北调中线工程在磁县湾漳营村西发掘北朝时期遗址，出土遗物中有一件陶器器座上阴刻有"武定八年四月"造，在同一层出土有戳记的筒瓦、青釉瓷碗和红陶碗等文物和邺城周边出土的北朝器物相类似。该文化层有上下叠压关系，从该层之上文化层中出土有支钉支烧痕的磁州窑宋代白瓷器物和唐代青瓷碗片，推定上层为唐宋时期形成；而下一层出土器物较早，为魏晋时期。唐宋、东魏北齐和魏晋三层文化层叠压关系清楚，为该区域考古提供了新的线索。结合同期发掘的魏晋至北齐时期两座陶窑来分析，附近有居住时间较长的村落。

　　通过对赵邯郸故城的调查得知，邯郸"大北城"汉代文化层以上淤土层较厚，遗物极少，在淤土层之上，于市图书馆向南至中心医院曾发现东晋至南北朝时期墓葬4座及较多的唐宋元时期墓葬，其中一座砖室墓中还发现有刻字砖质"魏郡邯郸李进玄孙"墓志铭。东汉、东晋时期邯郸属魏郡，据墓志铭和墓葬形制确定该墓应属东晋[27]。在今邯郸市体育场一带也发现过晋代墓群。战国、两汉时期文化层以上，除"城里"即明朝时代的邯郸城及其他一部分地点有汉代以后的南北朝、隋、唐至明清时期的文化层外，其他大部分地点都没有这种叠压现象，连汉代以后的遗物也较少见。上述墓葬及地层关系的有关资料，都说明了邯郸"大北城"在东汉时期以后已经衰落、缩小，西晋、南北朝以后更甚。这与史书记载是相呼应的。邺城在曹操建都以后，其政治、经济地位逐渐代替了曾经繁荣的邯郸城的史实，与邯郸城区和邺城遗址调查的具体情况是相符合的。

　　北朝时期的佛教遗存非常丰富。齐文宣帝高洋时期，曾下令灭道教，全部道士变为沙门，极力宣扬发展佛教，他虽建都于邺，但仍致力于晋阳（山西太原附近），因此，邺与晋阳是北齐王朝两大政治、军事中心，王朝统治者来往其间，在沿途建立了许多行宫与拜佛传教据点，在邯郸境内发现的石窟寺院遗迹主要有峰峰南、北响堂寺石窟（图二〇）及水浴寺石窟，涉县娲皇宫石窟、艾叶峧石窟、清泉寺，武安定晋岩禅果寺等。其中以南、北响堂寺石窟和涉县娲皇宫石窟最具有代表性。南、北响堂寺石窟相距15公里，始建于北齐，隋唐以后各代相继凿刻。现存石窟17座，摩崖造像450余龛，在1986～1987年对南响堂寺晚期遗存拆除时，新发现了北齐仿木建筑窟檐遗迹和7座佛龛。响堂寺大小造像5000余尊，还有大量刻经、题记等。它是河北省发现的最大石

图二〇　南响堂寺石窟群局部

（采自《冀南名胜响堂山》，中国建筑工业出版社，1992年）

窟。娲皇宫俗称"奶奶顶"，位于涉县县城西北14.5公里处唐王山上，是我国最大、最早的奉祀上古天神女娲氏的古建筑，也是北齐文宣帝高洋往返邺城至晋阳所建的又一离宫，现存年代最早的遗存是北齐高洋时期开凿的石窟和刻经。石窟存有两个，内置四尊石佛像，其他建筑为以后历代重修。其中北齐摩崖刻经包括佛经6部、共计13.1万字，堪称"中华之最"，被誉为"天下第一壁经群"，是国内现存石刻中面积最大、文字最多、保存最好的早期佛教经籍。北朝时期的佛像、力士、供养人、花卉等雕刻，美观大方、雕艺承前启后，是我国石窟艺术发展史上从大同云冈到洛阳龙门过渡阶段的一个重要标志，也是研究我国佛教、建筑、雕刻、绘画及书法艺术的重要宝库之一。

2002年，中国社会科学院考古研究所和河北省文物研究所，对临漳县习文乡赵彭城村西约200余米处邺城佛寺塔基遗址（传说为曹奂墓）进行了发掘，这座佛寺塔基是我国发现的唯一一处东魏北齐佛寺方形木塔遗址，塔基地下基槽为正方形，边长约45米。出土了大量建筑构件及佛教有关的彩绘佛像。塔基中刹柱础石、塔基砖函等发现填补了汉唐考古学的一项空白。这一发掘成果为今后邺南城平面布局和外郭城的寻找与研究提供了重要的依据，并成为2002年度全国十大考古发现之一。

据有关资料记载，北齐全国人口2000余万，僧尼就有200万以上，占人口总数约10%，佛教泛滥程度的确惊人。邺城附近近年来在农田基建中，陆续有北朝造像出土，其中几十件石造像有东魏武定，北齐天保、河清、天统等纪年文字，在好多地点也伴有北齐铜币"常平五铢"和东魏北齐的莲花瓦当出土，1985年4月还发现一批北魏时期带刻铭通体鎏金铜佛像。在武安北丛井村原有隆兴寺，已坍毁，现存有东魏孝静帝武定七年造像碑，三面刻字，一面刻有飞天、坐佛、菩萨、力士等。峰峰响堂寺石窟下边的常乐寺遗址，面积7000余平方米，其布局，由南到北为山门、天王殿、三世佛殿、大雄佛殿和地藏菩萨殿，形成一条南北中轴线，之外有东西廊房、钟楼、禅房、自来佛殿等。据碑文及史料记载始建于北齐，到金代被焚毁，之后有多次维修。经1979年清理面积1040平方米，出土有莲花瓦当、黑筒瓦、板瓦，与邺城出土的规格相仿，另有碑碣、石造像、石供桌、石塔、经幢、石香亭、莲纹柱础、莲纹铺地石板等遗物，反映了常乐寺始建不晚于北齐，以后经过多次修建、改建等情况。在涉县木井村北原有宝云寺，寺早已坍毁，现存有北齐武平二年和武平四年的刻经碑，等等。北朝时期佛教的文化遗存数不胜数，时常都有发现，这些都反映了北朝佛教盛况的某些现象。通过考古调查、发掘所得的实物资料可和史书记载的东魏、北齐佛教流行的情况互为参证，为南北朝历史和佛教史的研究提供了更为丰富的实物资料。

魏晋北朝时期的墓葬以临漳县西部及磁县南部分布最密集，其他区域也时有发现。曹魏时期墓葬形制以砖室墓最为常见，大中型墓多为长墓道、前堂后室或多室墓，墓葬的多室、高大封土继承了东汉晚期的形式。随葬器物多为生活用具或明器，战国、两汉时期以来反映等级身份的鼎壶类器物明显衰退。晋墓在邯郸县、永年县、临漳县、武安市等地均有发现，都比较零散，墓葬形制可分为土洞墓、土穴墓、砖室墓、土洞墓与砖室墓相结合等形式，多为单室、部分带有耳室，逐渐改变了曹魏时期多室墓的做法，个别的装设有石门，此时期出现"天井"，随葬品以日常生活用具和明器为主。东魏、北齐墓葬均以砖砌、土洞单室墓为主，彩绘壁画比较盛行。

2007年夏季，配合南水北调中线工程，在磁县槐树屯村西南通过勘探发现3座西晋洞室墓。斜坡墓道，砖砌墓室，墓道和墓室之间均有"过洞"和"天井"。在本稿写作期间一座墓已发掘完，该墓总长21米，"过洞"北有"天井"一个，长方形，四壁垂直。墓室为正方形，墓顶为"四面坡"形式。墓室内出土有陶器、铜器、铁器、石器等文物40余件，由出土文物分析墓葬年代为西晋时期。"天井"是墓主人身份的象征，出现于南北朝时期，盛行于唐代，槐树屯西晋墓"天井"的出现，从目前考古发掘资料来看，应是国内最早的带有"天井"的墓葬之一。

东魏、北齐王陵及贵族墓葬集中分布在古邺城以西及磁县城南一带，并形成了有规律的排列方式。解放以来，主要的发掘成果有东魏北齐的元良、元始宗、元祐、茹茹公主、湾漳大墓、高润、尧赵氏胡仁、尧峻、李尼墓等。这一时期的墓葬全部为单室，完全改变了曹魏时期多室墓的做法，只保留一个近方形墓室结构，多设砖石棺床和多重封门，墓道有的出现"天井"，墓室有砖砌和土穴、土洞等类型。墓壁和墓道多饰彩绘壁画，随葬有陶俑、镇墓兽、陶瓷器（图二一，图二二）、金银器及墓志等，为研究当时的社会生活、服饰装束、堆塑艺术提供了重要资料。据统计，零散出土和解放后考古发掘出土的56合墓志中，高氏墓志仅次于元氏墓志数，但考古发掘出土的高氏墓志，特

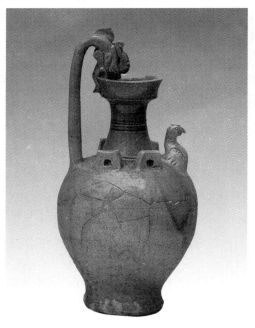

图二一　磁县高润墓出土青黄釉龙柄鸡首盘口壶　　　图二二　磁县尧赵氏墓出土酱釉四系罐

别是高氏墓碑均比元氏墓志碑多。发掘尧氏2座墓，出土4合墓志，其他司马、张、王、徐、连、皇甫等姓氏墓志，均有零散出土[28]，这些翔实的墓志资料，不仅为判定墓葬年代提供了直接证据，而且对证史之误、补史之缺也极具参考价值。从而也确定了磁县北朝墓群（磁县城西南），是以魏孝靖帝西陵（现存磁县前港村南俗称的"天子冢"）为中心的元氏陵墓的挑域；磁县北朝墓群的北部和东南部（现磁县城西部和南部），是以北齐神武帝义平陵（现存磁县大冢营村俗称的"大冢"）为中心的高氏陵墓挑域。

1978～1979年对磁县大冢营村北的东魏茹茹公主墓进行了发掘。此墓为"甲"字形砖砌单室墓，坐北朝南，由墓道、甬道和墓室三部分组成，总长34.89、宽5.58、深6.7米。墓道呈斜坡状，砖砌甬道，墓室平面略呈方形，四壁微向外凸、用三层砖砌成，厚度达1米，墓顶为穹隆状。出土有陶俑1046件、陶镇墓兽4件、陶牲畜31件、陶模型器33件、其他陶器23件、石器4件、金器52件、铜饰3件、铁器23件、珠类550颗及墓志一合。墓道、甬道和墓室全部有彩绘壁画。该墓出土的千余件陶俑，被学者称为"小兵马俑"。东汉以后至南北朝时期，邺城和洛阳都是华北平原政治经济的中心，邺城与西域各地甚至与朝鲜、日本、中亚、欧洲各国都有商业往来。在该墓中出土的2件意大利古代拜占庭金币，反映了北朝时期的中西交通贸易的史实。该墓中150平方米的彩色壁画，为东魏画迹的首次巨大发现，填补了中国绘画史上的一页空白，给研究汉唐墓室壁画的发展与演变，提供了重要环节[29]。

1987～1989年对磁县湾漳村东的北齐壁画墓进行了发掘。此墓平面略呈"甲"字形，由墓道、甬道、墓室三部分组成，总长52米，墓底距现地表10米。墓道底呈斜坡状，甬道为直壁券顶砖砌结构，墓室平面近方形，四边略有弧度，和东魏墓室结构基本相同。出土有陶俑1805件（图二三），陶镇墓兽（图二四）、畜禽、模型，瓷器，铁器，铜器，木器和瓦等410余件，墓道、甬道和墓室全部有彩绘壁画。根据墓葬所在位置、形制和出土遗物推测墓主人可能是北齐王朝开国之君高洋的武宁陵。墓葬中随葬的陶俑，在雕塑艺术和数量上是所发现的北朝时期墓葬之最。陶俑式样、服饰的种类繁多，反映了北朝时期的仪卫制度、生活实况、纺织与服饰类型等诸多现象，同时也体现了陶俑在彩绘、雕塑工艺和技法上已经有了很高的造诣。此墓壁画规格宏大，是统一悉心筹划，经起稿、定稿、成色、勒线等步骤，由一流画家完成的，应是出自宫廷画家之手。人物形象生动、特征鲜明、细节表现非常成功，达到了很高的艺术境界，从而展示了北朝晚期绘画艺术的高超水平和巨大成就，反映出当时中国绘画艺术已接近成熟，预示着隋唐绘画艺术的辉煌[30]。

在磁县北贾壁村和峰峰临水村均发现有青瓷窑址及大量的青瓷器物和窑具，北贾壁村还发现烧瓷窑炉。其中临水发现的青瓷，器形有碗、钵形器、盂、高足盘、高足杯等。1975年磁县东槐树村发掘的北齐武平七年文昭王高润墓出土的2件青瓷碗，从其胎釉、器型、特征等来看，均与我们在贾壁村旧窑址调查采集到的碗相似，也与冯先铭

图二三　磁县湾漳壁画墓出土陶俑
（采自中国社会科学院考古研究所等：《磁县湾漳
北朝壁画墓》，科学出版社，2003 年）

图二四　磁县湾漳壁画墓出土陶镇墓兽
（采自中国社会科学院考古研究所等：《磁县湾漳
北朝壁画墓》，科学出版社，2003 年）

先生在贾壁村采集的碗（见《考古》1956 年 10 期）相吻合。由于此墓有明确的纪年，因此，可以确认磁县贾壁村青瓷窑在北齐武平七年以前就开始烧造青瓷了。

五、隋唐宋金元时期文化遗存

经历了两晋南北朝的大混战大破坏时期，隋代统一了全国，而邯郸地区的社会秩序直到唐代才渐渐稳定下来，但到宋金元时期，邯郸又成了北方少数民族和宋王朝的作战主战场。隋代之后，邺城被毁，代之而起的是邯郸东南、大运河岸边的大名城。

隋末农民起义四起，占据邯郸一带的窦建德农民军声势浩大，在乐寿（河北献县）建立政权，而后迁都于洺州（永年城）。窦建德多次击败隋王朝的军队，打了许多漂亮仗。其中一次与隋刺史窦宗官兵大战于滏口陉一带，农民军利用有利地形，全歼隋兵。《磁县县志》载："（窦宗）愤而解甲立逝于此"，该地在今鼓山之巅，故其地名曰脱甲岭。唐代武德元年（618 年），隋炀帝被宇文化及所杀，宇文化及由江都北上，于魏郡（河北大名县西南）称帝。唐代武德四年（621 年）窦建德被唐军杀死后，他的部将刘黑闼召集建德旧部起兵反唐，并自立汉东王，两次定都洺州，直到唐代武德六年，刘黑闵才被唐军打败，被杀害于洺州。

隋代的文化继承了北朝时期的特点，又是唐代文化的先声。由于隋代统治只有 36 年多的时间，没有形成其独特的风格。在邯郸境内的北朝至唐代文化遗存，如果没有纪年文字，很难判断它的确切时代，大部分都归入北朝或唐代文化遗存（图二五）。

唐代是我国封建社会的盛世，安史之乱以前，全国政治安定，经济、文化的发展都是空前的，邯郸周边的永年（洺州）、大名（魏州）、武安、磁县（磁州）、邢台（邢州）都有较大的发展。安史之乱，叛军进兵河洛、关中，邢州、洺州、磁州、相州首当其冲，兵祸甚于其他地区。叛军退出河洛以后，邯郸地区成了唐军同安史

图二五　峰峰矿区出土青釉四系罐

叛军相互攻伐的战场。唐天宝十四年（755 年）叛军攻占洺州。唐乾元元年（758 年），唐九节度使率军围邺城。唐乾元二年，安史叛军与唐军在邺城大战，唐军溃败。同年，魏博节度使田承嗣叛，遣军袭击磁州、洺州，后被唐李承昭军在临水（今峰峰矿区临水村）击败。在这样的战乱环境中，邯郸地区遭受的破坏是可以想见的。

唐代遗存在邯郸境内各个地方均有发现和出土，例如冶铁、墓葬、佛教、城址、石刻等。

唐代冶铁遗址多发现于西部山区，以武安最为突出。其中武安中营井冶铁遗址位于营井村的河北岸，在沿河 1 公里范围内共发现炉址近 20 座，炉址后侧有堆放木炭或原料的灰坑，地面上散布有铁块、炼渣、陶瓷器等遗物，具有很高的研究价值。

唐代的墓葬，在邯郸县、武安、磁县、临漳、永年、鸡泽、邱县、肥乡、大名等地均有发现，墓葬形制多为近似方形和圆形，长方形较少。均为墓室（墓室内有棺床）和墓道两部分组成，多数在墓室和墓道之间还有甬道。随葬器物多为生活用品，以陶器、瓷器、铜器、三彩器为主（图二六），有的还随葬有陶俑、家畜及其他动物，有身份、地位者还有墓志。在邯郸境内，发现历代墓志最多的当属唐代，据不完全统计约有百余方（合），是一批珍贵财富。对研究唐代邯郸的经济、社会状况、山水名称和方位、地名村名的演化、道路的修筑、田地的制度、军事、文化、书法等提供了实物资料。有人利用《隋唐五代墓志汇编·河北卷》内收入的《张修义墓志》、《王友玉墓志》和《李公妻张氏墓志》研究了邯郸县及市区在唐五代的紫山、葛据、鼓岳、牛首

图二六　邯郸市供电公司唐墓出土三彩钵

水、洪波台、郝村、尚家庄、罗城等名称、方位、演化及其他情况[31]。2007 年在修青兰高速公路时，于邯郸县陈岩崺村西发现唐代开元八年宋宾墓志一合，"唐故朝请大夫行广州都督府司马岭南五府按察使判官上柱国宋君墓志铭"，志为正方形，边长 0.9～1.1、厚约 0.2 米。志文有"以开元八年岁次庚申十一月廿三日（同妻）合葬于邯郸县西北廿五里紫山东南原在兄工部尚书茔内"，由此可见该处是宋氏家族墓地。大名万堤墓群是魏博节度使何弘敬的家族墓。大名康堤口墓群为魏博节度使罗宏信的宗族茔地，其中地表有罗宏信父亲罗让墓的神道碑。鸡泽县东柳营村东南有毛藻墓，等等。

在 1973 年大名万堤农场打井时，发现魏博节度使何弘敬墓，墓室平面呈圆形，直径约 6 米，墓壁已毁，墓底分为三层，下部为深约 3 米的砖砌圆形基础，中铺松香灌注的双层木板，上为厚 20 厘米的石板地面，墓室内发现有 4 根八棱形石柱和石雕残块，并出土一合方形墓志。志面边长 1.95、厚 0.53 米，志文 59 行，3800 余字。内容以歌颂何弘敬的功德为主，且叙述历史较深，涉及面广，为研究晚唐藩镇割据及唐王朝与藩镇、边境的关系提供了重要的参考资料，同时反映了唐晚期藩镇割据的节度使实际成了不受朝廷管辖的土皇帝的事实。该墓志雕刻有"四灵"、人物、花卉、波浪纹图案等装饰，线条流畅，刻工精致，装饰华丽，规模之大，文字之众多，为唐代墓志所罕见，堪称是全国之最，现为国家一级文物。

唐代佛教为北朝佛教的延续，在南北响堂寺石窟及众多的北朝佛教圣地都有隋唐及以后继凿的窟龛。特别是唐代的造像，面目丰润、衣纹洗练、线条清晰，继承和发展了南北朝石窟石刻造像艺术风格。在峰峰、武安、涉县、磁县等地均发现有很多唐代佛教窟龛，北响堂常乐寺遗址和成安南街寺庙遗址内出土有大量被毁的砂石质造像等文物。在武安郭二庄村南山洼有古嶂山寺，又名长寿寺，唐代天授二年（691 年），该寺有重修寺院立《古嶂山寺重起为铭记碑》，青石质，碑文为行楷，唐代风格，起首有"……武安县古嶂山寺大魏兴和二年置"，由此可知嶂山寺始建于东魏兴和二年（540 年）。在武安城西南约 7 公里的沿平村西南，残留有方形四层、高 3.2 米的密檐式塔，塔座、塔身及塔心室有精美的佛教题材雕饰和造像，其中有浮雕蟠龙、力士、一佛两菩萨，飞天、人物、覆莲等。塔刹已失。该石塔造型结构、雕刻内容和艺术风格均具有典型的唐代特征，当属唐代佛教鼎盛时期的作品，为研究佛教艺术提供了宝贵的实物资料。

大名府城[32]始建于前燕建熙元年（360 年）。隋唐时期，府城借毗邻运河之优势迅速崛起，成为"畿辅八府之首"、"河北重镇"。唐代为河朔藩镇割据的首府和中心。五代时期为后唐、后晋、后周的陪都。北宋时期，升大名府为北京，为北宋陪都，是全国仅次于京都汴梁的第二大城市。金元之际，大名一直是扼控河朔的重镇。明代为京师大名府。明代建文三年（1401年），漳河、卫河漫溢，大名府城被淹没于地下而废，共经历了九个朝代，历时1042年。在这漫长的岁月里，相当于省级的行政机构曾有八次设于此城，相当于地区级的行政机构曾有10次设于此城；这里作过藩镇，当过国都或陪都；总管府、大都督府、节度使、安抚使等重要军事机构都先后驻扎此城；这里辖过今北京市、辽宁省大部分及河南、山东两省的古黄河以北广大地区。唐朝的田承嗣、何进滔、狄仁杰、乐彦桢、罗弘信，五代的杨师厚，北宋的王钦若、寇准、吕夷简、韩琦、欧阳修等历史名人都曾在此地为官留居，或留下诗篇、或创立了丰功伟业。五代后唐的李存勖在此城登上皇帝位，北宋时期，更成为太宗、真宗等帝王巡行、处理国家政务的重要场所。古典名著《水浒传》中卢俊义即祖居大名府，《水浒传》中许多历史故事皆出自大名府故城，在这里留下无数脍炙人口的传说和佳话。

根据《宋史》卷85《地理志》记载，我们可以推算出北宋大名府故城全城周长达48里，位于现今大名县城东北6公里处的大街乡一带。现在的大街乡大街村即是大名府故城的中心，东门口、南门口、铁窗口、北门口四个村庄是大名府故城的东、南、西、北四大门。大名府故城城址面积36平方公里，因系一次性水毁，被埋于地下1～5米，保存完好。现在，故城址上城郭明确，无大型企业，村庄稀疏，只有少数取土地点使地层遭到破坏，在取土坑内时常发现井、灰坑、建筑构件及排水设施。

大名县现存百余通石刻，除魏博节度使何弘敬墓志外，还有目前已知国内最大的古碑五礼记碑（图二七）。五礼记碑通高12.34、宽3.04、厚1.08米，重140.47吨。它原是著名书法家柳公权奉唐文宗之命为魏博节度使何进滔撰写的德政碑，立于唐开成五年（840年），字体刚劲秀丽，行文潇洒流畅。北宋时期，时任大名府尹的梁子美，派人磨掉柳公权的字迹，将宋徽宗撰写的《五礼新仪》刻写于碑石之上，由此又称为五礼记碑。还有唐昭宗龙纪元年的罗让神道碑，唐宪宗元年的狄仁杰祠堂碑，五代后晋天福六年五月的马文操神道碑，宋代的朱熹写经碑，元代著名书法家赵孟頫书《金刚经》石刻等，再现了大名府的悠久历史。

图二七　大名县五礼记碑

（采自李亚：《大名府》，中国文史出版社，2005年）

宋初，邯郸的社会秩序随着全国的统一和生产的恢复而有所恢复，宋末，辽、金等游牧民族南侵，邯郸又是他们南往北还的必经之地，因此，宋朝廷对此地也很重视。主战派代表寇准曾驻守大名府（大名县）。著名的抗战将领杨延昭也曾在大名西南和辽兵激战。抗金名将宗泽曾驻守磁州（磁县），金兵不敢犯城，绕道而去。直到元代的大统一以后，邯郸才稳定下来。宋、辽、金、元时期邯郸境内民族战争频繁，致使当时的邯郸文化具有特殊性、多元性，成为农耕文化与游牧文化兼收并蓄的多民族文化融合的结晶。

唐宋及其以后的佛教遗存甚多，其中较典型的石窟除响堂山在早期基础上的续凿之外，邯郸西部山区还有苍龙山石窟，位于峰峰西佐村苍崀山上，在面阔、进深均为4米无梁殿庙宇北边的岩壁上有佛龛5个，造像37尊。再向北侧有小石窟，窟内造像3尊。庙周围还有依山而凿的无字碑两通和墓葬。窟、碑、墓均为唐、宋时期。宋代佛岩垴石佛龛，位于涉县木井村东佛脑上，凿龛处向下距河滩高6米，共有9个佛龛，其中大龛5个，小龛4个。大部分佛龛内部是一佛两菩萨两力士的五尊造像。少部分佛龛内为一佛两菩萨的三尊造像。有个别龛内刻有纪年铭文。宋代桃园山千佛洞，位于武安县城北桃园山半腰处，是利用岩洞修建的，从洞口往里15米，两壁面共有佛龛112个，大小佛像共164尊，雕工精细，该洞建于北宋大观二年（1108年）。宋代法华洞，位于武安西青烟寺村的华山峧，共有石窟三座，现仅中洞有造像，洞进深7、宽5米，三壁均雕千佛，共刻罗汉五百尊，南壁一铺千手观世音，雕刻面宽2.7、高1.2米，造型、刻工极好，建于太平兴国七年（982年）。元代大德元年老爷山摩崖造像，位于南响堂南侧，隔河相对的老爷山山顶原有老爷庙，西侧岩壁造像94尊，占地东西18米，刻工极精，保存很好。北宋皇祐四年重修的龙泉寺，位于峰峰南台村南，坐北朝南，有大殿及碑刻，占地面积200平方米，始建于金代。明清重修的玉泉寺大殿（亦称罗汉殿）进深三间，面阔五间，歇山琉璃瓦顶，两侧还有其他对称建筑，始建于金代。明清重修的涉县井店村成汤庙，始建于元代，现保存有成汤庙的山门和戏楼，其中戏楼为悬山琉璃瓦剪边顶，木质结构，面宽、进深各三间，高7.5米，占地面积53.1平方米；其中保存较好的元代建筑成汤庙山门为国家重点保护单位。明重修的固新洞阳观，位于涉县固新村，建筑排比形式采取宋辽金代的建筑布局特点，整个建筑群形成了以中轴线为中心，左右对称的长方形四合院，南北长69.8、东西宽30.5米，占地面积2153.51平方米。主体建筑有前殿、中殿（老君殿）、后殿（三清殿）。这三殿排列在南北中轴线上，其余各殿对称地建筑在中轴线的左右两侧。元代至正十年五月重修义井龙王庙，位于峰峰矿区义井村，曾称府君庙，大殿坐北朝南，殿西侧有奶奶殿，东侧有马王殿和窑神庙，占地面积1000平方米。

凡是大型寺院、石窟都有石柱、经幢、塔等，如涉县东达村就有刻有莲花和文字的八棱形石柱，据说，早年这里就叫"石柱寺"。武安西营井、峰峰响堂寺、邯郸前百家村、涉县、永年等地均发现经幢。在曲周发现有宋代方形石塔，南北响堂寺有两座砖塔和一座石塔，磁县塔子村曾有高大砖塔。

邯郸地区最高大的砖塔是武安舍利塔，它是现武安市的标志，该塔高 40 米，十三层，平面呈正八角形，塔分内外两层，塔心为一八角形的塔柱，内外层之间留有通道，可环绕登至第九层。

邯郸地区最著名的塔是成安县东二祖村北的二祖塔，塔高 27 米，砖结构，七层，唐天复二年（902 年）建，宋嘉祐二年（1057 年）重修。塔上部早塌，下部在 1966 年地震时出现裂缝被拆除，塔基内出石碑、石棺。碑文记载了重修二祖塔僧人、功德人、村名及有关方面人员的姓氏。石棺为长方形，四面及盖有线雕刻图案及"大宋重建二祖禅师灵感塔记"，棺内放镀银小匣及骨灰。这些珍贵文物都已经交省文物保管部门保管。二祖塔位于成安县二祖村的元符寺内。唐贞观十六年，唐太宗李世民钦命在禅宗二祖慧可埋葬地建造寺院。该寺院明清多次重修，寺之规模为三进院落，第二进院落内有二祖塔一座。据史料记载，历史上的元符寺规模宏大，气势非凡，是佛教朝拜圣地，当时曾与河南嵩山少林寺齐名。后几经毁坏，到民国时期已破烂不堪，现仅存唐宋时期碑刻。在元符寺东南方向，还有二祖慧可说法处，为匡教寺内隋开皇十三年筑的高台，名曰"说法台"（即今南台）。

宋、辽、金时期，虽然佛教还很盛行，但由于战乱的灾难，百姓叫天不应，求佛不灵，只好起来反抗、自救或逃生。挖地道避难就是当时民族战争的一个实例。峰峰矿区宋代地道，北起峰峰村，南至第四医院，东从石桥村，西至彭城镇，分布于方圆 8 公里的范围之内。地道主要由竖井、巷道、洞龛、通气孔等组成，纵横交错，规模宏大，结构复杂。通过考察及清理，出土有陶瓷生活用具、瓷雷、铁兵器及金银饰品、钱币、谷物、石器等，从这些出土遗物，结合有关文献记载分析，古地道开挖时间应在北宋靖康元年（1126 年），沿用至金天兴三年（1134 年），属于军事防御设施，为研究宋、金民族战争和我国地道建筑及地道战术提供了新的重要历史资料。

邯郸宋金元时期的遗存影响最大、且最具特色的当属磁州窑窑址。磁州窑位于磁县西部和峰峰矿区南部，主要分布于古磁州境内的漳河和滏阳河两岸，从调查中发现主要有东艾口、观台、冶子、申家庄、观兵台、南莲花、荣华寨、白土、青碗窑、青碗河、彭城、临水、富田、张家楼等十余处瓷窑址。这些窑址以今磁县观台窑址和峰峰彭城窑址为中心，构成两大窑群。

观台窑址规模最大，瓷器品种最多，制瓷和装饰技艺水平最高，是属于漳河流域的瓷窑场。观台窑址早在 20 世纪 50 年代初期，著名古陶瓷学家陈万里先生已经做过调查，1958 年以后，文物部门开始注重考古发掘和研究。其中 1987 年 3～7 月，北京大学考古系与河北省文物研究所联合对观台窑址进行了面积 480 平方米的发掘。发现窑炉 9 座，出土瓷器 2000 多件、瓷片数十万件，装饰技法达 50 余种，瓷器产品亦达数十个品种。这次发掘对漳河畔的一组磁州窑窑场的发生、发展、繁荣和衰落过程有了初步了解。并根据出土的纪年器物、年号铜钱和典型器物的排比，大致将遗址推定出四期七段。其中最早的应为北宋早期，即太祖、太宗两朝，有可能早到五代后期，最晚的时代应为元代后期，大约始于元武宗以后，这个阶段也就接近观台瓷窑停烧的时代了。由于在观台窑没有发现带明代风格的器物，推测其下限不会晚于明初[33]。1999 年和 2002 年，邯郸市文研所和峰峰矿区文保所在滏阳河流域发掘的彭城盐店遗址和临水镇三工区遗址发现有三座窑炉，两个作坊，出土瓷器标本等数十万片，年代属金、元、明、清时期，其中有绘画生动的白地黑绘罐、芦雁纹枕、墨书"惜花春起早，爱月夜眠迟"枕、"朝元馆"碗、"风乐馆"和"贞元馆"瓶等；还发现有早期的青瓷以及仿定印花器的出现。此外，峰峰新市区在历年来配合基建于文化层中出土和金代墓及窖藏中出土的红绿彩人物俑、佛教造像，也是磁州陶瓷器中极为罕见的文物珍品。磁县南开河木船遗址于 1976 年进行了发掘，面积 300 平方米，清理木船 6 只，出土了 486 件文物，其中瓷器 383 件，对研究元代磁州窑产品的产销、木船结构及漕运等情况具有重要价值。

图二八　邯郸市龙城小区墓葬出土瓷枕

磁州窑是我国北方民间瓷窑的杰出代表，在国内外享有崇高的声誉，在瓷器发展史上占有重要地位。磁州窑瓷器在装饰上具有独特的风格，主要是在骨胎上施白化妆土，然后再罩一层透明釉料。在绘画装饰上富于含情，写实自然豪放，生动地把花卉、虫鱼、风景、人物绘制在器物上，开创了我国瓷器彩绘装饰的新纪元，为以后青花与五彩瓷的出现奠定了基础，并对日本、朝鲜等国都产生了极大的影响。装饰技法和使用材料的种类很多，其中白釉黑花最为突出，还有白釉、黑釉、酱釉、白釉刻花、白釉剔花、白釉绿斑、釉下彩、珍珠地划花、白釉红绿彩和低温铅釉三彩等几十个品种（图二八～图三〇）。磁州窑的技艺、品种和产量直到明代还特别昌盛。明代万历十五年《游滏水鼓山记》碑刻中载："彭城陶冶之利甲天下，由滏可达于京师。而居人万家，皆败瓮为墙壁。……岁输御用者若干器，不其甲天下哉！"据《大明会典》记载，仅明弘治十一年，彭城进贡皇家的瓶坛就达 11 936 个，说明明代彭城一带的瓷器生产量还是相当之大的。

宋金元时期冶铁遗址主要发现于武安境内的固镇、矿山、经济、崔炉和峰峰炉上村等地。其中以矿山村残存的元代炼炉规模较大，保存较好，炉膛呈鼓形，底径约 3 米，残高 6 米。据铁矿地质勘探人员的勘探《报告》称，"在勘探线上揭露

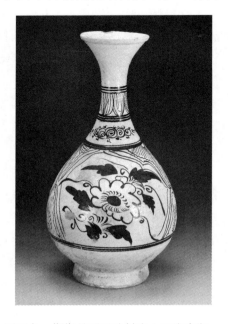

图二九　邯郸县西天池村出土玉壶春瓶

的矿体情况推知，前人在地表与地下，皆进行
开采，矿山地表全部均经采掘，……地下开采
有矿洞遗迹，洞口还保存得很好"。两座圆筒形
炼炉和"地下开采有矿洞遗迹"是研究宋元冶
炼技术的实物资料。峰峰市区、临水、彭城一
带出土大量铁器和磁县南开河元代木船遗址出
土铁器达 82 件，也证实了邯郸冶铁业自战国、
两汉时期兴起，而后闻名于黄河以北，到宋金
元时期，邯郸仍然兴旺发达。

图三〇　峰峰彭城出土白釉黑绘龙凤纹罐

　　在邯郸区域发现宋金元时期生活遗址较
多，其中在 2003 年 7 ~ 8 月邯郸市东北部高
新开发区建设中于联通通信综合楼工地发现了宋元时期的村落遗址及其附近的元代墓
葬。在基建工地 1 万平方米的范围内有一些 1 米左右深的土坑、水沟，在断面及地表发
现生活器具残片很多，以白釉瓷器为主，黑釉次之，极少量绿釉。器形有碗、盘、盆、
罐、枕、器盖等，其中一件白釉盆内底墨书有王勃《滕王阁》中"滕王高阁临江渚，
佩玉鸣鸾罢歌舞"的诗句；陶器有泥质灰陶盆、罐等。通过对该工地的试掘，确定其
文化层在现地表以下 0.5 ~ 0.9 米处，发现有直径 0.6 米椭圆形的灶坑，在其内和周围
均有煤渣坑、草木灰，还有烧红的砖坯块、灰砖、红砂石板等建筑材料，另有一件完整
的胎质为内灰外红的双系陶罐。陶器和瓷器年代为宋、金至元代，由此推测，该遗址为
宋晚期到元这一时期的村落。由于没有发现明清时期遗物，说明该村落在元代后期已经
废弃。在遗址的南边不远处还发现一座平面呈八角形的砖室墓，墓室内木棺两具，西男
东女，随葬有黑釉瓷碗及铜钱等，棺前有朱砂符板瓦两块，时代为元代。在该遗址西
部，邯郸市光明大街以西至京广铁路以东的地段，所见宋元时期文化层均在现地表以下
2.5 ~ 4.5 米之间，而高新开发区宋元时期文化层在地表以下 0.5 ~ 0.9 米处，说明此处
高于市内 3 米左右，也为研究邯郸地理环境的变迁提供了新的依据。

　　宋金元时期的墓葬，各地均有发现，墓室为圆形、方形、六角形或八角形等仿木建
筑结构的砖室墓，长方形土坑墓、土洞墓较少。圆形和方形墓葬是承袭了唐代方形墓和
五代近圆形墓的特点，此类结构大多属于宋代早期，到宋代中期以后至金元时期的墓葬
逐渐转化为仿木建筑结构的六边形和八边形墓葬。墓顶券砖叠涩成攒尖状，墓壁角线分
明，多设有仿木铺作结构，斗拱、檐板、瓦作一应俱全，并在墓壁雕凿直棂窗、假木
门、桌椅、灯檠等构件。还出现有竖穴土坑墓和竖穴土洞墓。前期还保留了唐代砌有棺
床的风俗。墓壁涂有白粉，喜用红、白、黑等色彩绘出花卉、山水、人物故事等壁画。
随葬品主要是碗、钵、盏、罐、枕等陶瓷器及钱币、铜镜等生活用品，镇墓兽和陶俑还
有北朝和隋唐时期的遗风。其中 2003 年临漳县十里后村村东的元代墓葬中就发现了一
批陶俑和陶灶、桥等明器，其中陶俑有男女立俑和骑马俑，骑马俑身着元人服装，为仪

仗、鼓乐队，马队整齐，人物形象逼真[34]。宋金元时期的长方形竖穴土洞墓在邯郸西部山区及丘陵地区时有发现，其中2004年涉县台村西南的龙山电厂工地，一次就发现17座宋金时期的竖穴土洞墓，有单人葬和夫妻合葬之别，随葬品较少，多为瓷器和钱币。墓门用石块垒封，分布较集中，且多有打破关系，半数以上是迁葬，这些长方形竖穴土洞墓的形制和迁葬形制应是当地当时丧葬习俗的一个重要特征，或者是由于战乱原因，造成多次移居而形成的迁葬结果。

在宋金元战乱时期，竖穴土坑墓多为贫民穷苦人的墓葬。由于灾疫饥饿死亡者甚多，官府为了安定民心，维护其封建统治，将无人认领的尸体或家贫无力葬者由官家设丛葬地。1989年秋，在磁县观台就发现了北宋专门埋藏孤寡灾民的官设"漏泽园"丛葬地，面积很大，南北长约1000米，东西宽50米，总面积约5万平方米，在其中一小部分内就清理墓葬15座，墓葬长约2、宽0.5~0.7、深1.2米，每座墓内均有墓志，志文中有顺序编号[35]。这批墓葬为研究宋代社会下层贫民的生活状况及国家救助制度提供了难得的实物资料。

一处家族墓地延续使用几个朝代是常有的事，2004年在贺庄村与罗城头村之间的滏阳河北岸一建筑工地，就发现了一处历经元、明两个朝代的家族墓地。该墓群共7座墓，坐北朝南，均为砖室墓。从平面布局看，自北向南可划分为三排，最北边一排为第一代人，一座墓，墓形为八角形，每角都砌有仿木圆形柱，时代为元代晚期；中间为第二代人，四座墓，墓形有八角形、正方形、长方形三种，墓室有的是有斗、栱、柱的仿木结构，有的无仿木结构，其时代应是元代晚期到明代早期丧葬风俗转折时期；南边为第三代人，两座墓，墓形全是长方形，八角形已经消失，其时代应是明代。从这一家族墓地墓葬形制的演变，可以看出朝代的更替和风俗习惯的变化对于墓葬形式的影响。在辽、金、元时期，墓葬结构继承了宋代木质结构的形式和北方少数民族某些建筑风格。到了元末至明代初期，汉民族纷纷起义，反抗阶级压迫和民族歧视的情绪很强烈，在墓葬形制上出现了从八角形建筑结构演化为长方形建筑结构，反映了当时人们的思想意识在建筑形式上发生了变革。该墓区的发现对研究元明两朝的丧葬遗风提供了实物资料。

另外，在肥乡县城西村村西有窦默墓。窦默官至元代大学士，死后被追赠为太师，封为魏国公。默有女三人，长女嫁刘执中，刘执中为元代大名城总管府的总管，墓地在大名县总管坟村，墓封土原来高大，现封土已平。二女儿嫁刘秉忠，是皇帝主婚，诏："以翰林侍读学士，窦默之女妻之。"三女儿嫁给刘珪。元初刘秉忠官至光禄大夫、太保、参予中书事，是著名科学家郭守敬的老师。刘秉忠有弟刘秉恕，也是元初的大官，秉恕墓于1956年在邢台市西发现。像窦默、刘秉忠这样等级较高的人物，在地方县志中记载得很多，其墓葬有的记有确切的地点或大致方位，但现地表已无迹可寻，有的是后人堆的封土或树立的墓碑，但没有经过科学发掘，单凭传说，不敢妄下结论。

六、明清时期文化遗存

明代历时 276 年，是汉民族统治的最后一个封建专制王朝，明太祖朱元璋在南京称帝之后，为巩固基业，承袭中国封建制的传统治国思想，将礼制、礼教、礼仪作为教化天下的有利手段。邯郸境内的府、州、县城多进行了重修、增建，其礼制性建筑的规模和数量达到了高峰，而且城墙、街区的规划也形成了一定的规制，讲究有中心轴线、前后左右对称，城内有文庙（孔庙、文昌庙、文昌阁），武庙（关帝庙），崇尚宗祖的家庙、祠堂，供祭祀的城隍庙、府君庙，还有寺院、学堂等。明代邯郸境内在京做官者甚多，其中尚书就有十余名，府、州、县官不计其数。此时商业作坊在原有基础上有所发展。修路、架桥、开渠灌溉等活动也日益增多。

有清一代，其文化除沿袭了明代遗风之外，又接纳了满族的习惯。1704 年，清圣祖康熙南巡途径邯郸还住在私人家中；到 1751 年时，乾隆皇帝路过邯郸，"城内丛台、城北吕翁祠俱恭建行宫"（《邯郸县志·大事记》），且多次南巡往来，均在吕翁祠留住。现丛台还留有乾隆登丛台赋诗的碑刻，如七律《登丛台》、七古《邯郸行》，诗中结合古赵邯郸的盛况，同时也反映了当时邯郸人民安居乐业的情景。在乾隆年间以后，邯郸连年遭受"大水"、"大疫"、"大旱"、"兵祸"等灾害，直到清末民国初年，由于受新的思潮、新兴工商业及铁路交通等影响，邯郸的经济才稍有起色。

明朝初年，因大名府旧城遭漳河、卫河洪水泛滥被淹没，邯郸地域的政治、经济、文化的中心转向广平府（亦称广府、广府城）。明洪武元年将广平路改为广平府，至民国初年，废府留县。在明清时期广平府辖一州九县，此地作为明清时期的府治达半个世纪之久。

明清时期的建筑，由于时代距今较近，保存得较多，其中有庙宇、塔、桥梁、水闸、坛台等。邯郸因西部为丘陵、山区，东部相对低洼，所以西部保存得较多，有一部分是在早期建筑的基础上进行维修的，在维修期间尚留存原有的构件。明清时期的建筑形式逐渐失去了宋代大方、厚重的特点，向灵巧、细致方向发展，显得层次繁丽、赏心悦目。

邯郸市内丛台上的据胜亭，峰峰玉皇阁，涉县崇庆寺、固新洞阳观、昭福寺、娲皇宫的大部分楼阁殿房、清泉寺的五大殿，磁县城隍庙大殿、崔府君庙，永年大城殿、清晖书院、观音阁，武安九江圣母庙、净明寺、贺进十字阁、禅房寺、寺沟村定晋岩禅果寺的石塔，邯郸县黄粱梦吕仙祠、圣井岗及邯郸西部的众多砖木结构建筑都具有相当的规模，成为当时当地一道美丽的风景，对古代建筑科学和艺术方面的研究具有很高的价值。如丛台，现存台高 26 米，相传是战国赵武灵王为检阅军队与观赏歌舞所建，到汉代为赵王宫建筑之一，历代帝王及文人墨客多有登台赋诗遗留后世。丛台最上一层，门额上题有"武灵丛台"四个大字；顶台呈圆形，直径 19 米，距地表 13.5 米，原为平台，其台上的"据胜亭"，为明嘉靖十三年始建（图三一），据胜亭圆拱门楣上书"夫妻南北，兄妹沾襟"八个朱红大字，流传久长的"二度梅"故事就发生在这里。1963 年特大洪灾后丛台又再次进行了重修。丛台在 2300 多年的漫长岁月中，经过历代维修和改建，仍然保持着古代亭榭的独特风格，直到现在，一直是邯郸的象征。娲皇宫的奶奶阁，面宽五间，进深三间，为四层楼阁式建筑结构，歇山式琉璃瓦顶，高 23、宽 16.8、进深 13.6 米，依山就势，背靠山崖处有 8 根铁索，凿崖而系，故有"活楼"、"吊庙"之美称，堪称中国建筑之一绝。临洺关南街的观音阁占地面积千余平方米，高 30 米，共有四层，最上层有十二个檐角，仰天跃起，形成飞檐，木拱结构，琉璃瓦盖顶，金碧辉煌，宏伟壮观，在第一层有横书匾额"燕赵第一境"，传为王琴堂所书。峰峰纸坊村的玉皇阁，为砖结构无梁拱顶建筑，始建于明代隆庆年间，清代维修。阁建于石拱券平台上，平面呈方形，重檐歇山顶，卷沿雕四龙二凤和花卉。阁内无一梁柱，阁顶部支撑在层层出跳的二十四层砖垒斗拱之上，造成强烈的上升气氛。顶部正中藻井饰以飞龙。额坊间镶嵌形象各异木雕龙头。玉皇阁是目前国内唯一的明代无梁拱顶砖结构古建筑（图三二）。

图三一　民国年间拍摄的丛台

图三二　峰峰纸坊村玉皇阁

　　灌溉设施方面，自明代嘉靖年间开始，邯郸沿漳河、滏阳河、沁河等河流两岸大规模兴修水利工程，形成纵横网织的灌溉系统。到清代又增建了很多水利设施，所以说大兴水利和发展农业的明清时期是邯郸地区的辉煌时期。如滏阳河上修建水闸很多，据地方志记载有磁县西槐树村闸、琉璃村闸、马头镇闸、邯郸罗城头闸、柳林闸、苏里闸，永年西八闸等。其中西八闸是一组以灌溉为主的水利设施，其建筑面积、灌溉面积的规模最大。西八闸为分水闸，位于永年县境内的滏阳河上，由西大慈村起，到田堡村止，流程近十公里，从明嘉靖九年（1530 年）开建闸之首，至明崇祯十四年（1641 年）期间，先后共建惠民闸、济民闸、普惠闸、阜民闸、便民闸、润民闸、广仁闸、广济闸八座灌溉闸。因均匀分布在广平府城的西面，故称西八闸。西八闸的建筑材料以石头为主，结构坚固，引滏阳河水灌溉面积达 4 万 ~ 9 万亩。清光绪《永年县志》载："闸旁稻畦沟洫四注，每当谷纹绉风，蛙鼓喧夕，景候类江南水乡，旧志列为八景之一"。"西八闸"是我国古代劳动人民的杰出创造，目前除广仁闸、普惠闸和广济闸废弃之外，其他水闸迄今仍在发挥着很大作用，不失为邯郸水利建设史上光辉的篇章。

　　邯郸自古交通便利，司马迁称邯郸"北通燕、涿，南有郑、卫"[36]。邯郸交通发达，地理位置重要，往西穿越太行山天堑峡谷滏口陉，到达今山西境内，向东的"午道"可达齐鲁。邯郸境内的大运河、漳河、滏阳河在北朝以后各个时期水路运输皆很发达。到明清时期，为了水路与陆路交叉之处两便，建桥很多，据《邯郸县志》载，滏阳河上仅邯郸县境内就建有十座桥梁。现存的桥沁河上的学步桥，小隐豹村的渚河桥，滏阳河上有峰峰炉上村的张飞桥（单拱石桥），磁县石桥村桥、南关大石桥，邯郸县通济桥、柳林桥、苏曹桥、苏里桥、永年弘济桥等。

　　弘济桥，位于永年广府镇东桥村，东西横跨滏阳河上，外形设计上继承了赵州大石桥的做法。弘济桥为单孔双敞肩石拱桥，用青石砌筑，主拱券似长虹飞架，其两端各肩负两个小券，造型宏伟壮观。桥长 48.9、宽 6.82 米，主券跨度为 31.88 米，矢高 6.02 米，由 18 道单券纵向排列组成，券石之间用铁束腰相连接。饰以龙首、龙凤、飞马、怪兽、缠枝花卉等。桥两侧有方形望柱、栏板，雕有动物、果实、花卉和民间故事等图案。据桥南原立清道光十四年碑记载，"永邑城东五里有石桥一座，名'弘济'，创于何时无可考，明万历间重修"。由此可知，该桥在明代以前就已存在，只是到明代进行了重修。

　　通济桥，位于邯郸市张庄桥村，东西横跨滏阳河上，形制仿弘济桥。桥长 26.5、宽 7.5 米，占地面积 198.75 平方米，栏板上雕有花卉、鸟兽、奔马，形象逼真，艺术精美，桥面北侧中心栏板内侧镌刻"通济桥"三个楷书大字。桥体有两种料石，一种是带紫斑的砂岩石，为整个桥体和部分桥面，另一种是为石灰岩石，只限于桥面的一部分。根据该桥清代道光十七年重修碑记分析，通济桥应始建于明代或清代早期（图三三）。

图三三　邯郸市通济桥

学步桥，是用赵邯郸典故"邯郸学步"而命名的，为明代万历年间所修。位于邯郸市北关，南北横跨沁河之上，为大券三孔小券四孔的石拱桥，大的跨度 6.2、高 2.4 米；小的跨度 1.5、高 2.8 米；桥南北长 32、宽 9 米，两边各立望柱 19 根，柱顶雕饰有狮等动物，柱间栏板刻人物故事等。

明清时期的雕凿石刻内容有佛教、道教、历史事件、名人轶事、建筑的始建和维修经过、自然的风光写照、地点铭记、天灾地祸等，记录了当时的真实情况，均具有重要的书法价值、艺术价值和研究价值。现列举部分[37]如下：

涉县曲里村的铁马峧山腰石岩下有石窟，俗称千佛洞。据《涉县县志》载，始凿于明代，清顺治十七年（1660 年）续凿。石窟坐西北面东南，进深 3.77、宽 9.74、高 4.1 米，窟内雕有两个圆柱，门两侧及窟壁满雕佛像，最大的为窟正中坐佛，高 3 米。佛像计有 3000 余个。残留有"顺治十七年，石匠杨春"字样。

涉县桃城村西 6 里有朝阳洞石窟，系自然洞，洞内雕凿石像 27 尊，正面有一浮雕，前有石桌，刻"崇祯十三年正月十五建立"。洞外有清代重修碑 2 通。

峰峰义井村东山顶有名叫苍龙丘的正方形无梁殿，四角攒尖琉璃瓦顶，其东、西有石洞和佛龛，造像计有 34 尊。

峰峰黑龙洞村有黑龙洞古建重修碑，高 2.6、宽 0.73 米，额雕饰双盘龙，篆"□黑龙洞明月阁并建官厅记"，碑文记载了滏阳二源之一的神麇山下黑龙洞泉水为历代名胜，黑龙洞建筑几番增修的项目等。

大名石刻博物馆内有朱熹写经碑，朱熹系南宋哲学家，写经碑碑文由朱熹撰文书丹，蔡元定刻，行书擘窠字体，立于常州府，元仁宗延祐已未废毁。明成化年间大名府督学畿南按照南宋传下的"原碑"拓片重新翻刻"朱熹写经碑"。碑砂石质，高 1.8、宽 2.9、厚 0.3 米，重 4.2 吨，座为丰槽角基。该碑有重要的书法价值和艺术价值。

大名刘军庄村有赵孟頫手书《金刚经》石刻六块，青石质，每块均为长 0.95、宽 0.31、厚 0.11 米，正反两面共刻三十二章金刚经文，共 5300 余字，原为元武宗至大四年二月二十七日，赵孟頫为超度他早亡的儿子赵由亮而书。该《金刚经》石刻为明代翻刻。

永年清晖书画院存东汉著名书法家蔡邕于建宁三年（170 年）所书的"汉北海淳于长夏承碑"明代重刻碑。宋赵明诚《金石录》跋云："碑在洺州，元祐间，因治河堤得于土壤中"。毁于明嘉靖二十二年。明嘉靖二十四年，广平知府唐曜乃于漳川书院取旧拓片重刻一碑，重刻碑高 2.59、宽 1.24 米，文 13 行，行 35 字。

邯郸市串城街有明代"蔺相如回车巷"六个大字的石碣，后被毁，原石碣相传为赵国上卿蔺相如给大将军廉颇回车让路的巷口，一曲将相和的故事传为佳话。

永年广平府城存有"清直隶总督方观承书莲亭诗碑"，诗句是对广府城下十里荷香美丽自然风光的真实写照。

地震碑碣资料是研究地震的宝贵科学资料。1976 年 3 月至 1977 年 9 月，在邯郸第二次文物普查时发现了有关地震的碑记共 28 条，发现地点涉及磁县、涉县、武安、峰峰矿区、临漳等县，记录地震的时间有明代嘉靖三十四年十二月，清代康熙七年，清代康熙十八年七月、八月、十月，清道光十年闰四月等。其中以记录清道光十年闰四月的碑刻最多，这次地震的中心是磁县，据磁县县志记载，"道光十年闰四月二十二日地震。是日戌刻有声轰然，自西北来，陡觉平地如小舟在大风浪中倾侧波荡。维时，土崩瓦解声，人之喊声，哭声，一齐并作。至对面不闻人语。移时少息，间又大作，如是者达夜。是后，虽然常动，而声渐次较轻。当其震时，中衢地裂而缝，长数十丈，宽五、六寸，涌出黄黑沙。土井水皆漫溢横流，漳、滏两河，涸皆见底，祠庙、衙署、民居坍塌十之七八。大小男女压毙者甚众。奇灾也。是年磁之邻近成安、邯郸、安阳、临漳、武安皆地震，而磁境特甚"。记载地震涉及地面最广的是涉县更乐的明嘉靖年间的《地震记》碑刻，碑中记载了明嘉靖三十四年十二月十二日及后数日，在陕西、山西、河南之间发生的一次强烈地震。这次地震"震声如万雷，摇塌房屋，山、岸、平地崩裂，涌出黑水沙泥，压死人口数多"，具体区域"有西安府咸、长并华州，乾、耀、三原十余州县"，"临潼、渭南、泾阳等县"，"平阳府夏县"，"安邑县"，"荣河县"，"代州定襄"，"徐沟、汾州"，"二保德州"，"岢岚州并兴县"，"平陆县"等涉及地点重多。还有涉及具体人员的，如"蒲州两王宗室、城墙、官民房屋尽行倒塌，又兼数处火起。分守河东道参议并家人口压死，至（只）存七岁幼男一口。本州同知判官损伤，压死各官男妇人口，军民烧、压死无数。连震四日，火烟未灭，随至随动"。这次地震震中在陕西省华县，位置是北纬 34°5′，东经 109°7′；震级为八级，震中烈度是十一度，波及的地区很广，造成的破坏和损失也极其严重。陕西 53 个府州县，山西 58 个府州县都不同程度地遭受到地震灾害。然而明史对这次地震的记载却很少，而且很简单。从州县志中来看，有的县尚未看到记载。《地震记》是对《明史》和地方志记载不足之处的一个很好的补充，同时也弥补了 1956 年科学出版社出版的《中国地震资料年表》资料的不足[38]。

　　明清时期的城址，现存的府、州、县城址均有迹可寻，保存较好的是大名府和广平府城。

　　大名府旧城因明代建文三年（1401 年），漳河、卫河洪水泛滥被淹没，而后在艾家口镇北建立起新的大名府城。新府城修建其始，城墙为土垣，周长 9 里，高 3.5、宽 2.5 丈。城为正方形，设四门，城外有护城河，宽 9、深 4.5 丈，连通着支漳河和引河，护城河水长流不断，四个瓮城外均修大石桥。到明嘉靖四十四年（1565 年），大名府城重修，以石为基，基上用长方形砖垒砌到顶，始成为坚固的城围，并将原来的城门楼、敌台、戌铺、女墙进行了维修加固，直到 1945 年城墙的大部分才被拆除。在城内建有书院、儒学、府学、县学、关帝庙、普照寺、临济寺、金佛寺、吕祖庙、文庙等庵观寺庙多处，现已先后废毁。1960 年以后，大名府四城门进行了简单的维修。

　　永年广平府城[39]坐落在 16 平方公里的湿地中央，"稻引千畦苇岸通，行来襟袖满荷风，曲梁城下香如海，初日楼边水近东"。该城始建于隋唐以前，春秋时期称曲梁，自古以来就有"北国小江南"之美称。广平府（亦称广府）称府于明代，废于民国初年。元朝至元十五年（1278 年）以后称广平路，辖一司、五县、二州，明洪武元年（1368 年），将广平路改为广平府，这是永年改称广平府之始。在明清时期辖一州九县，即永年、曲周、肥乡、鸡泽、广平、邯郸、成安、威县、清河和磁州。至民国初，废府留县，属大名道。此地作为明清时期的府治达 545 年之久。

　　广平府地域海拔 40.3 米，为永年县境内海拔最低处，洼地面积 21.5 平方公里，常年积水区 4.5 平方公里，水深 1.5～2 米，广平府城建于该洼地之中央。据《广平府志》记载，"广郡故城（指广府城）创自李唐以前，元时始扩而大之，明自成化后迭加增修，规模益具"。可知该城始建于唐以前。据有关文献载，旧为城，无水，周长六里二百四十步。元朝侍郎王伟做郡守时，将土城周长增为九里十三步（周长 4522 米，即今规模），城为方形，高三丈五尺，广二丈五尺，有四门。明嘉靖二十一年（1542 年），知府调集永年、肥乡、曲周、广平、鸡泽、清河、威县、邯郸、成安九县民工，历时十三年，将土城修为砖城，并增高城垣，建城楼四座，角楼四座，铺舍二十六座，垛口一千七百五十二处，内置二十九条甬道。现今西城门洞下有"大明嘉靖二十一年知府陈俎修砌此城"碑刻。明嘉靖四十三年，增修四瓮城。据清光绪本《永年县志》载，"金代正隆中（1156～1161 年）盗起，洺州防御使伯德特离补引水注城壕"。这是目前所知文献中关于引水注城壕的最早记载。现存古城墙高 10、厚 8 米，墙体及护城河基本保存完好。城内外有毛遂墓、黑龙潭、弘济桥、杨氏太极拳和武氏太极拳创始人杨露禅、武禹襄的故居等名胜古迹三十余处（图三四）。有专家学者评价，广府古城集古城、水城、太极城于一体，既有平遥城之"城"，又有白洋淀之"水"，更有杨氏、武氏太极拳之风骨，是我国北方一带少见的历史名城。

图三四　永年县杨露禅故居

（采自张士忠、李亚:《广平府》，中国文史出版社，2005 年）

明清时期墓葬由于距今时间短，所以发现较多，墓葬形制有竖穴土坑墓、竖穴土洞墓、带墓道砖室墓，石室墓，白灰或白灰掺沙灌注墓室。墓室有单室、并排多室。墓室内有单人一室葬、多人一室葬。级别较高的墓葬，封土高大，墓前有石象生、石牌坊、华表、墓碑及墓志等。砖室墓多为拱券顶，并有甬道、墓门（有封门砖，墓门面有砖砌门面或砖雕装饰）及墓道等。在清代墓区还发现有砖砌龟形建筑，应属于祭祀或镇阴宅之用的附属设施。

据不完全统计，墓前有石象生、石牌坊、华表、墓碑的形式，明代较多，清代较少，时代不明的也有一部分。如明代刑部尚书张国彦和其子张我续为一门父子两尚书，邯郸市西郊张国彦墓前有石牌坊、石人、石马、石碑等。大名县黄庄村东有明代吏部尚书黄立极墓，发现有墓志。武安县西马庄村西北有明代户部尚书、北平左布政使郭资墓，墓前有石人、石马、石碑等。永年县西张固村西北有明代南京工部尚书胡瓒墓（正二品），墓前有石牌坊、石人、石羊、石狮、石碑等。临漳县南岗村北有明代兵部尚书石峰墓，墓前残存有石人等。大名县陈坟村南有明代陈志墓，墓前有石牌坊、石虎、石羊、石马、石翁仲和汉白玉石碑四通。鸡泽县南三里庄，有明代王炜、王梦蛟、王梦月墓，据说墓前有石牌坊、石人、石马、石羊、石碑等。广平县东胡家堡村东南有明代墓，据说是王世扬墓，墓前有石牌坊、石人、石马等，1966 年被挖，未到底，墓志丢失。涉县白芟村有涂家坟，为清代顺治年间涂氏家族墓地，墓前有石牌坊、石人、石狮、石马、石羊、石碑及华表等。魏县沙疙瘩村东南有崔维雅家族墓，墓前有石人、石马、石碑及华表等，部分墓室在 1959 年被挖，曾出石椁、石棺和墓志等。曲周县付庄村西北有一墓地，墓前原有石人、石马、石碑及华表等。永年前朱庄村南发现有石棺墓，墓前有石人、石马、石猴等（有人曾认为是元代墓）。馆陶县陈范庄村西有一墓地（县志载为张弼墓），墓前原有石人、石马、石碑及华表等。

　　白灰或白灰掺沙灌注墓室仅见于邯郸市内三区，其中有劳动路西段、农林路西段、渚河路西段及市郊等地所发现的明代墓葬。1980 年在邯郸市西郊莲花岗发现了明代刑部尚书张国彦夫妇墓，墓地前有石碑、石牌坊、石人、石马等，墓室上有封土，一墓三室东西向并列。每个墓室平面呈长方形，长 3.22、宽 1.3～1.5、高 1.2 米。墓室构筑时都在墓坑底部用白灰掺沙夯筑厚约 40 厘米的基础，用方木柱及木板围出墓室轮廓，其外灌注厚 40 厘米白灰掺沙的墙。各墓室之间灰沙隔墙厚 15 厘米，使墓室的前后、两侧及顶灌注成型，完成一个白灰掺沙的灰沙墓室。三个墓室中，其中两个墓室内棺椁均被基建施工毁坏。发现张国彦和妻子蔚氏墓志共二合，其中有"明资德大夫正治上卿太子少保刑部尚书赠太子太保张暨配夫人蔚氏合葬墓志铭。"志盖与志石均长 94、厚 17 厘米。其墓志阴刻楷书 56 行，共 2700 余字，记述了张国彦的生平及其家族世系，并涉及明隆庆、万历年间的一些政治、经济、军事方面的情况，纠正了地方志书的某些舛误，也为明代边务、矿政研究增添了资料。

　　拱券砖室墓在明清时期的墓葬中较普遍。1966 年在大名县黄庄村东河西大堤的内外两侧，在卫河工程建设中发现并挖开三座墓，均为拱券砖室墓葬，为明代吏部尚书、中极殿大学士黄立极墓及其父黄卫涟墓、祖父黄维藩墓。有墓志二合，青石质，其中一合志盖、志石面均长 1.35、宽 1.25、厚 0.34 米，志盖上篆刻"明光禄大夫左柱国少师兼太子太师吏部尚书中极殿大学士中五黄公暨配赠一品夫人周氏杜氏合葬墓志铭"，志文共 64 行，满行 100 字，详细记载了黄立极家世、生平、政要及其家族成员的册封情况。明末，黄立极为扶持崇祯登皇帝位，平阉乱，做内应，做出了不可磨灭的贡献。有的学者称该墓志是河北省目前发现的第三大墓志。

　　竖穴土坑墓和砖室墓同一墓地的，多数是长者为砖室墓，晚辈为竖穴土坑墓，这种葬俗可能以长期保持的传统观念有关。2003 年春季，在邯郸市滏东大街与渚河路交叉口西北侧一基建工地，发掘了清代早期家族墓地，墓地坐北朝南，共 6 座墓，其中北有 4 座砖室墓，南有 2 座竖穴土坑墓。出土有瓷器和"顺治通宝"、"康熙通宝"钱币等。从该墓地北为上，南为下，结合北边砖室墓出土有顺治年号钱币，南边土坑墓出土有康熙年号及其他器物分析，北边为长辈，南边为晚辈。在一座砖室墓的东南角处还发现一个 1.4 米见方、深 1.2 米的小坑，坑西壁靠放有一件铁犁铧。坑内用砖砌筑一座头、尾、四肢齐全并有腹腔的龟形建筑，上面摆放了大量铜钱，龟背上还摆放有瓷瓶、砚、铁人像、铜铃等器物，四足各扣置一件黑釉瓷碗，口部放置一件黑瓷油灯，腹内置鸡蛋两个，黑瓷小罐、铜镜各一件。仅此坑就出土文物 11 种、计 62 件。从相互位置看该坑应是属于这座砖室墓或这一墓地的附属设施，但其性质和作用不明，初步推断其作用有二：一是祭祀用；二是镇阴宅。这种遗迹现象在邯郸地区尚属首次发现，为本地文物考古及丧葬习俗研究增添了新材料[40]。

七、结 语

　　邯郸历史文化遗存是历代邯郸人民生产、生活的印记，有着丰厚的文化底蕴。早在20 万年前的旧石器时代，涉县清漳河流域的新桥村一带就有了人类活动，遗留有以砾石和大石片加工的刮削器、砍砸器及石球等；到 8000 年前的新石器时代，磁山文化遗留的代表性器物有直壁筒形盂、鸟头形支脚、深腹罐及石磨盘、石磨棒等，均说明在新、旧石器时期这一地区形成的文化就有鲜明的地域特色，而这种文化的独特性也正是邯郸文化得以创新发展的动力之源，开辟了邯郸历史的纪元。到殷商后期，邯郸作为城市在漳河北岸悄然兴起。战国两汉时期，邯郸成为战国七雄之一赵国和汉诸侯赵国的国都，"胡服骑射"集中地反映了赵文化作为一种开放文化的开拓进取精神，促进了中原华夏文化与草原游牧文化的交流与融合。在魏晋南北朝时期，邺城作为北方"六朝故都"，也同样形成了特点鲜明的邺都文化，其中"建安文学"翻开了中国文学史新的一页。唐宋元时期的大名城，为北方地区的重镇，具有显赫的地位；宋代以后的磁州窑黑与白的艺术创造了一个辉煌时代，铭记着邯郸人的务实创业精神。到明清时期，广平府的兴起，也起到了承上启下的作用。在历史发展的长河中，邯郸城、邺城、大名府城和广平府城既是邯郸文化遗存的重要组成部分，也是邯郸文化遗存的载体。邯郸文化既传承着中原文化古朴庄重的主流文化成分，又勇于吸收和融合北方各民族外来文化的精髓，进而使邯郸地域文化古赵悲歌慷慨、俗杂粗犷、重义尚气、直爽坦荡等迸发出多元性、包容性、开放性及时代性的特点。

　　清朝末年，由于交通条件的改善和国内兴办实业大势所趋，邯郸地方民族工业有了长足发展，近代工商业开始萌芽。从 1906 年起，即京汉铁路的开通，是邯郸从古代进入到近代城市的一个重要标志，打破了史学界沿用传统观点对邯郸古代与近代的分期[41]。邯郸西部的煤炭、铁矿开采业的兴盛，邯郸东部粮、棉业加工的发展，成为邯郸在经济上的一个支撑点，也是邯郸重新走向振兴的基础。抗日战争与解放战争时期，邯郸文化遗存众多，如响堂铺伏击战纪念地（碑）、晋冀鲁豫抗日殉国公墓、晋冀鲁豫军区旧址、晋冀鲁豫烈士陵园、八路军一二九师政治部旧址、八路军一二九师司令部旧址等，铭刻着近代民主革命的艰苦卓绝、丰功伟绩。1949 年新中国的成立，是邯郸历史上经济、文化发展的一个新的起点。

　　现代的邯郸，经过半个世纪的社会主义建设和改革开放的发展，成为晋冀鲁豫接壤区域中规模最大的城市，实现了历史性的伟大复兴。邯郸历史文化遗存，具有多元性、传承性和特殊性的地域文化特点，体现着各历史时期民族文化交相辉映、异彩纷呈的文化特色，它是邯郸文化的主体和主流，是中华民族优秀传统文化的重要组成部分，也是邯郸现代化建设的精神动力和文化基础。邯郸文化遗存所表现出的邯郸精神，正是邯郸人民的精神财富，是邯郸大地最富魅力的非物质文化遗产。我们整理邯郸历史文化遗存，就是要弘扬邯郸人文精神，进而使邯郸的未来更加辉煌。

注　释

［1］　《史记·殷本纪》；范祥雍：《古本竹书纪年辑校订补》，第21页，上海人民出版社，1962年。

［2］　梅惠杰、程新民、陈全家、郭禄堂：《涉县新桥旧石器遗址发掘报告》，《人类学学报》2001年1期。

［3］　薛玉川：《邯郸石器时代考古及其相关问题》，《文物春秋》2004年6期。

［4］　［6］　［9］　［16］　乔登云：《邯郸考古世纪回眸与前瞻》，《文物春秋》2004年6期。

［5］　河北省文物管理处、邯郸市文物保管所：《河北武安磁山遗址》，《考古学报》1981年3期。

［7］　杨锡璋：《仰韶文化后冈类型和大司空村类型的相对年代》，《考古》1977年4期；严文明：《黄河流域新石器时代早期文化的新发现》，《考古》1979年1期。

［8］　罗平：《河北邯郸百家村新石器时代遗址》，《考古》1965年4期；李友谋：《试论豫北冀南地区的仰韶文化》，《中原文物》1998年2期。

［10］　严文明：《涧沟的头盖杯和剥头皮风俗》，《考古与文物》1982年2期。

［11］　王国维：《说自契至汤八迁》，见《观堂集林》卷十二。"契居蕃，一迁；昭明居砥石，二迁；昭明又迁商，三迁；相土东迁泰山下，四迁；相土复归商丘，五迁；殷侯（上甲微）迁于殷，六迁；殷侯复归商丘，七迁；汤始居亳，八迁。以上八迁所至地望，大体在今河南、河北南部和山东等地区"。

［12］　河北省文物管理处：《磁县下七垣遗址发掘报告》，《考古学报》1979年2期。

［13］　罗平：《河北磁县下七垣出土殷代青铜器》，《文物》1974年11期。

［14］　王晖：《磁县南城乡北城村发现商代墓群》，《邯郸文物简讯》第24期（内部资料）。

［15］　河北省文物研究所、邯郸市文物保护研究所：《青兰高速公路邯郸东段考古发掘工作报告》（内部资料）。

［17］　孙继民、郝良真等：《先秦两汉赵文化研究》（方志出版社，2003年）第57页："春秋时期，河北地区曾经存在过一个以涉国为名的方国。不过，涉国一名在唐宋以前的文献不见于记载。马端临《文献通考》卷三一六《舆地》潞州涉县条最先著录，称：涉，春秋涉侯国。"

［18］　邯郸市文物保护研究所、涉县文物保管所：《河北涉县李家巷春秋战国墓发掘报告》，《文物》2005年6期。

［19］　日本东京大学原田淑人、驹井和爱等与北京大学姚鉴、贾惠定，于1940年对赵邯郸故城及其附近古迹进行了为期1个月的考古调查和发掘。

［20］　王丽：《燕赵大地首次发现秦人墓》，《燕赵都市报》2007年6月9日第5版。

［21］　《盐铁论·通有》载："燕之涿、蓟，赵之邯郸，魏之温、轵，韩之荥阳，齐之临淄，楚之宛、陈，郑之阳翟，三川之二周，富冠海内，皆为天下名都"。

［22］　邯郸地区文化局1978年11月《邯郸地区文物普查资料汇编》（内部资料）以及近年来笔者调查资料。

［23］　［24］　乔登云、乐庆森：《赵邯郸故城考古发现与研究》，《先秦两汉赵文化研究》，方志出版社，2003年。

［25］　邯郸市文物管理处：《邯郸古城区出土汉半两钱范》，《文物春秋》1997年2期。

［26］　俞伟超：《邺城调查记》，《考古》1963年1期。

［27］ 河北省文物管理处、邯郸市文物保管所：《赵邯郸故城调查报告》，《考古学集刊》1984 年 4 期。

［28］ 马忠理：《磁县北朝墓群—东魏北齐陵墓兆域考》，《邺城暨北朝史研究》，河北人民出版社，1991 年。

［29］ 汤池：《东魏茹茹公主墓壁画试探》，《文物》1984 年 4 期。

［30］ 中国社会科学院考古研究所、河北省文物研究所：《磁县湾漳北朝壁画墓》，科学出版社，2003 年。

［31］ 孙继民：《唐代瀚海军文书研究》，甘肃文化出版社，2002 年。

［32］ "大名府城"的有关方面资料，参考了李亚：《大名府》，中国文史出版社，2005 年。

［33］ 北京大学考古系、河北省文物研究所：《河北省磁县观台磁州窑遗址发掘简报》，《文物》1990 年 4 期。

［34］ 王福生：《邺苑聚珍》，218～220 页，内部资料。

［35］ 磁县文物保管所：《磁县发现北宋漏泽园丛葬地》，《文物春秋》1992 年 2 期。

［36］ 《史记》卷八十九《货殖列传》。

［37］ 明清时期的雕凿石刻资料，大部分参考邯郸地区文化局：《邯郸地区文物普查资料汇编》（内部资料）。

［38］ 李晓东：《明嘉靖地震碑》，《考古与文物》1980 年 4 期。

［39］ 永年广平府城资料，大部分参考张士忠、李亚：《广平府》，中国文史出版社，2005 年。

［40］ 王晖：《明珠花园住宅小区发现清代早期家族墓地》，《邯郸文物简讯》第 14 期（内部资料）。

［41］ 郝良真、孙继民：《邯郸历史文化论丛·近代邯郸研究》，中国文史出版社，2004 年。

附表一　邯郸地区文化遗存统计表

（一）石器时期文化遗存

序号	名称	发现地点	发掘时间	发掘面积	时代	出土情况	备注
1	新桥遗址	涉县石门乡新桥村南	1994年、1995年	50～80平方米	旧石器时期	锤击石核、石片，砸击石核、石片，石锤等；石器有刮削器、砍砸器、球形石和似雕刻器。还有一些残片和砾石	
2	磁山遗址	武安市西南磁山村东偏南	1976年11月13日至1977年4月13日	约1000余平方米	磁山文化	石器：磨盘、磨棒、斧、铲、凿、锤、敲砸器等；陶器：盂、支架、侈口深腹罐、小口双耳罐、碗、钵、豆、三足器、四足鼎、盘、簋、杯、纺轮、小型陶饰；骨器：凿、锥、镞、鱼镖、匕、铲、针和笄	1978至1998年又做过多次发掘
			1977～1978年	2579平方米		石器：铲、斧、敲砸器、刮削器、凿、锤、锛、球、磨盘、磨棒等；骨角牙蚌器：铲、凿、镞、鱼镖、针、笄等；陶器：以盂和支架为主，还有深腹罐、直沿罐、杯、盘等；还有大量动物遗骸和植物果实	
3	牛洼堡遗址	武安市牛洼堡村南	1977年	2米×5米探沟2条	磁山文化	石器：斧、锤、锛、加工石球、磨棒等；陶器：盂、支架、碗；还有骨器等	
4	西万年遗址	武安市西万年村南高岗上	1979年	38平方米	磁山、仰韶文化	石器：斧、球、铲、研磨器、磨盘等；陶器：盂、罐、钵、杯、盘、灶、支架、小口瓶等；骨器包括管状器和锥等	
5	城二庄遗址	武安市城二庄西南	1979年	24平方米	仰韶文化	石器：刮削器、斧、柄状器、石环等；陶器：盆、高领罐、钵等；还有骨刀等	
6	东万年遗址	武安市东万年村南	1979年	20平方米	龙山文化	陶器：高领罐、钵、甑、豆、杯等；还有石杵	
7	康河遗址	邯郸县户村乡康河村及村北	1985年	探方3个	仰韶文化	石器：斧、刮削器；陶器：罐、盆、钵、瓶、环等，还有彩陶器	
8	西店子遗址	邯郸县西店子村北侧	1985年	约10平方米	仰韶文化	残石器和碎陶片	

续表

序号	名称	发现地点	发掘时间	发掘面积	时代	出土情况	备注
9	涧沟遗址	邯郸县涧沟村正北	1957年秋	1420平方米	龙山文化	陶器：鬲、甗、甑、鼎、鬶、斝、罐、碗、敛口钵、盆、尊、豆、盘、杯、壶、瓶、瓮、纺轮、打磨器、环等；石器：斧、锛、刀、环状器、环、凿、镞、纺轮、细石器等还有骨、角、牙器	
			1957年4~8月	1200平方米		陶器：鬲、鼎、甗、甑、罐、碗、钵、盆、尊、壶、豆、杯等；石器：斧、凿、镞、纺轮等；蚌器：刀、锯、锥、蚌饰等；还有骨器，角器等	
10	龟台遗址	邯郸县涧沟村西北	1957年秋	674平方米	龙山文化	陶器：鬲、甑、鬶、斝、鼎、豆、盘、碗、杯、盆、罐、纺轮、网坠等；还有石斧，石凿，骨器，蚌器等	

（二）夏商西周时期文化遗存

序号	名称	发现地点	发掘时间	发掘面积	时代	出土情况	备注
1	涧沟遗址	邯郸县涧沟村正北	1957年秋	1420平方米	商	陶器：鬲、甗、鼎、细柄豆、假腹豆、爵、盆、罐、纺轮等；石器：斧、铲、镰、刀、凿、弹丸、纺轮、绿松石饰物，另有蚌器、骨器和卜骨、卜甲等	
2	龟台遗址	邯郸县涧沟村西北	1957年秋	3000余平方米	早殷	石器非常丰富，有铲、镰等生产工具；陶器多为日用器皿，有鬲、甗、鼎、斝、爵、盆、瓮、缸等	
3	峰峰义西遗址	邯郸市峰峰矿区义井镇义西村	1996年8~10月	1600平方米	先商	陶器为主，另有少量石、骨、蚌器和动物骨骼；陶器中鬲、盆、罐、瓮所占比例较大，还有豆、甗、纺轮等	配合基建
4	武安赵窑遗址	武安赵窑村南	1960年7月15日至8月22日	600余平方米	商周	陶器以夹砂灰陶为多，有鬲、甗、鼎、盆、豆、簋、尊等；石器：斧、镰、刀、犁、纺轮、锤、球、镞、环、珠等，还有一些蚌和骨器	

续表

序号	名称	发现地点	发掘时间	发掘面积	时代	出土情况	备注
5	下潘汪遗址	磁县下潘汪村南	1959 年 10 月 23 日至 12 月 9 日	3384 平方米	商	陶器以灰陶为主,有鼎、鬲、罐、盆、豆等;石器:铲、锛等;另有卜骨	
					西周	陶器残片较多,器形中以鬲、豆为多,次为盆、罐、瓮,另有少量甗、盂、碗等	
6	界段营遗址	磁县界段营村西	1960 年 2 ~ 5 月	1226 平方米	商	陶器:鼎、鬲、罐、盆、豆、簋、罍、缸、杯、盘、甑等;石器:镰、环;另有骨器和蚌器	
					西周	陶器:豆、罐、纺轮等	
7	榆林遗址	永年县榆林村西	1994 年 4 ~ 7 月	2000 平方米	西周	陶器:鬲、簋、瓮为多,另有豆、罐、盆	配合基建
8	峰峰北羊台遗址	峰峰矿区义井镇北羊台村	1996 年 8 月 14 日至 9 月 30 日	2478 平方米	先商	陶器:鬲、鼎、甗、罐、盆、瓮、豆、杯、钵、器盖等;石器:铲、镰、刀、锛、斧、球、镞、环、弹丸等。角骨器:锥、针、匕、镞、凿、簪等。另有卜骨、蚌镰和青铜小刀	配合基建
9	下七垣遗址	磁县下七垣村西南	1974 年 7 月至 1975 年 4 月	960 平方米	商	陶器:鬲、鼎、甗、罐、盆、豆、斝、爵、器耳、壶、盂、碗、簋、盘、钵、纺轮、网坠、坩埚制陶工具等;石器:铲、镰、斧、刀、锛、凿、纺轮;还出有一些骨器、蚌器、卜骨、卜甲及铜镞等	
10	何庄遗址	永年县何庄村北	1988 年 8 月 9 日至 9 月 12 日	325 平方米	先商	陶器:鬲、鼎、斝、甗、爵、罐、盆、瓮、尊、壶、杯、盅、豆、器盖、拍、纺轮等。石器:铲、镰、刀为多,还有少量的斧、锛、凿、镞等;还有骨器和卜骨	

(三)春秋战国秦汉时期文化遗存

序号	名称	发现地点	发掘时间	发掘面积	时代	出土情况	备注
1	下潘汪遗址	磁县下潘汪村南	1959 年 10 月 23 日至 12 月 9 日	3384 平方米	春秋	以陶片为主,可辨器形有鬲、豆、釜、瓮、盆、罐等,还有骨簪、蚌刀、石斧、石锛等	
					战国	铁铤铜镞	
					汉	以陶片和砖瓦为主,铁器有铲、削、镰、车辖、锛、镞和齿轮等	

续表

序号	名称	发现地点	发掘时间	发掘面积	时代	出土情况	备注
2	榆林遗址	永年县榆林村西	1994年4～7月	2000平方米	汉	陶器：瓮、盆、罐、瓦、瓦当等；铁器：铧、镢、铲、凿	
3	何庄遗址	永年县何庄村北	1988年8月9日至9月12日	325平方米	战国	陶器：鼎、盖豆、小壶、盂、盘、匜等；铜带钩，铁带钩，骨簪，玉石装饰品	
					汉	陶器：以瓦残片为多，还有盆、罐、瓮、豆、甗、纺轮、瓦当、砖及筒形器模具等；还有半两钱，铁刀，铁箭等	
4	王郎村遗址	邯郸市王郎村北	1990年4月	130平方米	战国	以建筑材料为主，有空心砖、板瓦、筒瓦、瓦当、建筑模型、石柱础等；陶器还有：钵、碗、豆、罐、瓮、壶、盆、纺轮等	
5	东门里遗址	邯郸市东门里路中段北侧	1992年2～4月	36平方米	战国、西汉	板瓦、筒瓦残片占多数，还有陶盆、钵、碗、豆、缸等较少	配合基建
6	裴庄遗址	邯郸市裴庄村南复兴路与铁西大街交叉口东北角	1993年5月	50平方米	战国、两汉时期	以建筑材料为主，板瓦、筒瓦残片为多，陶器还有：豆、碗、钵、盂、盆、罐、瓮、缸等	配合基建
7	午汲古城及窑址	武安县午汲村北	1956年5月	墓葬25座，探方50余处	战国、两汉时期	陶器：甗、纺轮、豆、筒瓦、瓦当、板瓦、罐、盆、碗；铁器：犁、镰、刀、锄、齿轮；还有石斧，蚌刀，铁铤铜镞，铜钱等	
8	赵王陵周窑一号墓	邯郸县周窑村东	1956年11月	墓葬21座	春秋战国	陶器：鬲、豆、甗、素面瓦当、直绳纹板瓦；铁削等	
					战国、西汉	陶器：瓦、罐、碗、盆、甗、豆、带印记陶片、镂孔器、窑具支子；半两钱等	
					西汉晚期至东汉	陶器：豆、砖、瓦片，窑具；五铢钱和货泉	
9	百家村战国墓	邯郸县周窑村东山岗上	1978年		战国	铜器：方足布、镞、小铺首、镜、印、带钩、车马器；铁器：镞、镢、残削；还有蚌壳、陶弹丸、骨管等	

序号	名称	发现地点	发掘时间	发掘面积	时代	出土情况	备注
10	王郎村汉墓	邯郸市西王郎村西窑厂附近	1958 年	墓葬 52 座	汉	陶器：壶、缸、尊、罐、俑、圈；铜器：镜、镞、铃、带钩、印、钱币；还有铁器和玉石器等	
11	午汲古城周、汉墓葬	武安县午汲古城内	1956 年 7 月	墓葬 25 座	春秋至战国	陶器：鼎、盆、盖豆、矮足豆、细把豆、罐、三足盘、壶、盘、匜；还有硅、铜带钩、骨簪、骨棒等	
					汉	陶器：釜、甑、碗、小壶等	
12	涉县索堡汉墓	涉县索堡镇村东	1993 年 4 月	墓葬 4 座	汉	陶器：罐、壶、瓮、甊、瓶；铜器：铃、车马饰件、五铢钱；还有铁带钩，骨饰件，漆器等	
13	讲武城古墓	磁县讲武城北垣外	1957 年 4 月 29 日至 8 月 6 日	墓葬 49 座	汉	陶器：鼎、壶、盒、尊、罐、井、灶、碗、勺、奁、瓢、方案、耳杯、长柄灯、绿釉陶器等；铜器：钱币、镜、带钩、环、小刀；还有铁顶针、铜和铅质车马器，漆器残片等	
14	龙城小区战国、两汉时期墓葬	邯郸市建设大街与人民路交叉口西北角	2002 年 3 ~ 4 月	墓葬 1 座	战国	陶罐	配合基建
				墓葬 13 座	汉	陶器：罐、壶、灶、杯、钵等；铜器：镜、铃、钱币等	
15	邯郸市渚河桥汉墓	邯郸市马庄村西南	1999 年 3 月 12 日至 4 月 8 日	墓葬 8 座	汉	陶器：罐、壶、俑；铜器：镜、带扣、钱币、小车马器等；还有铁带钩，铅车马器明器等	配合基建
16	建设大街墓葬	邯郸市建设大街两侧	1998 年 11 月至 1999 年 5 月	墓葬 4 座	战国	陶器：鼎、豆、壶、盘、匜、豆柄壶、碗、杯、圈底罐等；铜器：剑、戈、带钩、布币等；还有铁带钩，石璧，骨簪等	配合基建发掘
				墓葬 34 座	汉	陶器：罐、壶、盆、仓、井、灶、盆、博山炉、俑、车轮、釉陶灯等；铜器：壶、钫、洗、勺、灯、镜、带钩、刷子、铃、矛形器、车马器等；铁器：环首刀、燕足灯等；还有铅器和玉环等	

（四）魏晋、北朝时期文化遗存

序号	名称	发现地点	发掘时间	发掘面积	时代	出土情况	备注
1	邺北城遗址	临漳县西南20公里	1983～1984年	2400×1700平方米	东汉晚至北齐	板瓦，筒瓦，瓦当，文字石刻，陶人面纹模制，螭首，方础石等	
2	邺南城遗址	临漳县西南20公里	1985年	3460×2800平方米	东魏、北齐	大板瓦，板瓦，筒瓦，莲花瓦当，"富贵万岁"瓦当，印纹砖	
3	讲武城北齐墓	讲武城北垣外	1957年4～8月	墓葬2座	北齐	绿釉四耳罐，青釉粗瓷碗片，瓷盘，矮圈足瓷碗，灰陶罐，青石长柄灯，石墓志等	
4	茹茹公主墓	磁县大冢营村北	1978年9月至1979年6月	墓葬1座	东魏	陶器：俑、镇墓兽、牲畜、模型器、盘、盆、插座、罐、长颈壶、钵、碗、杯、勺；青釉瓷罐，石灯，金币，金饰，铜饰，铁器，玛瑙珠，料珠，石墓志等	壁画墓
5	尧赵氏墓	磁县东陈村西北	1974年7月24日至9月4日	墓葬1座	东魏	陶器：俑、禽畜模型、镇墓兽、模型器、碗、罐；瓷器：瓶、四系罐、双耳瓶、壶、双系瓶；还有石灯、石墓志等	壁画墓
6	湾漳北朝墓	磁县湾漳村村东	1987年4～6月，1989年3～5月	墓葬1座	北朝	陶器：俑、镇墓兽、牲畜、模型、罐、鼎、壶、盘；还有瓷罐，石灯，玉器，珍珠等	疑为高洋墓
7	北齐高润墓	磁县东槐树村西北	1975年9月23日至10月20日	墓葬1座	北齐	陶器：俑、禽畜模型、镇墓兽、仓、灶、井、碓、壶、盘；瓷器：鸡首壶、盖罐、罐、烛台、碗、绿釉扁壶；铜器：鎏金铜壶、盒、簪；还有铁盆，铁帐具，玛瑙珠，料珠，石墓志等	壁画墓
8	尧峻墓	磁县东陈村西北	1975年4～6月	墓葬1座	北齐	陶器：俑、镇墓兽、牲畜模型、灶；青瓷器：高足盘、三耳壶、罐；还有铜钱、铜镜、铜盏，石墓志等	
9	元良墓	磁县讲武城乡孟庄村村南	1978年6月	墓葬1座	北齐	陶器：俑、镇墓兽、禽畜模型、仓、灶、井、碓；青瓷器：碗、大盘、高足盘、罐、虎子；青石墓志	
10	户村砖场墓	邯郸县户村镇西北砖场		墓葬3座	魏晋	陶器：楼、壶、罐、双耳扁壶、井、耳杯、案、碗、盘、钵、奁、果盒、牲畜模型；铜甗等	
11	北羊井砖场墓	邯郸县北羊井村西		墓葬2座	魏晋	陶器：仓、灶、圈厕、果盒、马车、牛车等；铜带钩，黑釉四系罐	

（五）隋唐宋金元时期文化遗存

序号	名称	发现地点	发掘时间	发掘面积	时代	出土情况	备注
1	东门里遗址	邯郸市旧城内东门里路中段北侧	1992 年 2 ~ 4 月	36 平方米	唐	陶器：双耳罐、盆、瓮、碗、板瓦、筒瓦、瓦当；瓷器：钵、碗、杯、三彩盘	配合基建
					宋金	黑白釉瓷碗残片等	
2	讲武城墓葬	磁县讲武城北垣外	1957 年 4 ~ 8 月	墓葬 2 座	唐	陶器：坛、盘、罐、仓；瓷器：盘、碗、杯、钵、黑釉壶、灯盏；铜器：镜、腰带、发钗；还有铁镜、玛瑙带环，泥俑，钱币，漆器等	
				墓葬 3 座	北宋	青釉粗瓷：碗、盘、灯盏；铜发钗，铜耳环，铜钱等	
3	南吕固唐墓	邯郸县南吕固村东北	1986 年 6 月	墓葬 1 座	唐	陶器：俑、禽畜模型、灶、车、碓、碗，花纹石刻等	
4	鸡泽唐墓	鸡泽县东北角	1981 年 4 月	墓葬 5 座	唐	泥质红陶器：双系罐、深腹罐、浅腹罐、壶、盘、高足灯等；瓷器：罐、盂、盆、碗、盏、三足炉等；铁器：镳斗、剪、匕等；铜器：镜、带具、发钗、铜钱；还有石釜、蚌壳、漆盘，墓志等	
		鸡泽县尹村东北角	1988 年 5 月	墓葬 1 座			
5	邯郸城区唐墓	邯郸市丛台路南侧电业局北院	1996 年 1 月 12 ~ 14 日	墓葬 23 座	唐	陶器：双耳罐、深腹罐、仓罐、小口壶、盆、盂、盏等；瓷器：双耳罐、圆腹罐、三足炉、双系钵、盂、碗、高足灯；铜器：洗、勺、镜、钗、簪、带具、泡钉、钱币；铁器：镳斗、剪、带具、条形器；骨蚌器：骨钗、蚌壳；还有漆碗，漆盘，石墓志，砖墓志等	配合基建发掘
		邯郸市中华路电力局12号楼北综合楼	1999 年 3 月 26 日至 4 月 5 日				
		邯郸市中华大街东侧电业局南院	1999 年 7 月 23 日至 8 月 5 日				
		邯郸市和平路北侧康德商场	1998 年 3 月				
		邯郸市陵园路北侧中心医院住院楼	2002 年 1 月 10 ~ 20 日				

序号	名称	发现地点	发掘时间	发掘面积	时代	出土情况	备注
6	观台磁州窑遗址	磁县观台镇	1987年3月24日至7月25日	480平方米	宋金元	釉色主要有：白釉、黑釉、芝麻酱釉、饴釉等；器形主要有：碗、盘、注壶、香炉、瓶、枕、罐等；装饰有：珍珠地划花、黑白剔刻花、白釉酱斑、黑灰等；还出土一些窑具	
7	邯郸市区宋墓	邯郸市第一医院	1992年12月	墓葬2座	宋	瓷器：碗、碟、小口瓶、钵等；铜钱	
8	漏泽园丛葬地	磁县观台镇二街村漏泽园	1989年秋	墓葬15座	北宋	方砖墓志，白釉鼓腹缸，白釉仿定碗，黑釉长颈瓶，铜钱等	
9	北张庄金墓	邯郸市北张庄村西	1998年9~10月	墓葬5座	金	瓷器：钵、盘、碟、枕等；还有银钗，铁钱币	
10	磁县元墓	磁县城西南	1989年秋	墓葬1座	元	长方形白地黑花文字枕，黑釉双耳罐，白釉鼓腹罐，铜钱	
11	连城别苑墓葬	邯郸市滏东大街与丛台路交叉口东北角	2003年1月、8月	墓葬4座	宋金	白瓷：灯盏、碗、瓜棱罐等	配合基建
12	龙城小区宋金墓	邯郸市建设大街与人民路交叉口西北角	2002年3~4月	墓葬1座	宋金	瓷器：钵、盘、枕；铜钱等	配合基建

（六）明清时期文化遗存

序号	名称	发现地点	发掘时间	发掘面积	时代	出土情况	备注
1	东门里遗址	邯郸市旧城内东门里路中段	1992年2~4月	36平方米	明清	黑釉碗，豆绿釉青花碗，黑釉杯，陶埙	配合基本建设发掘

续表

序号	名称	发现地点	发掘时间	发掘面积	时代	出土情况	备注
2	连城别苑墓葬	邯郸市滏东大街与丛台路交叉口东北角	2003 年 1 月、8 月	墓葬 5 座	清	黑釉瓷碗，银耳坠，板瓦，铜钱	配合基本建设发掘
3	明珠花园小区	邯郸市滏东大街与渚河路交叉口西北角	2003 年春	墓葬 6 座	清	瓷器：黑釉碗、黑釉罐、黑釉灯、黑釉瓶；铜器：镜、铃、钱币；铁人像；石砚及鸡蛋等	
4	鸿运园小区	邯郸市农林路西段北侧	2003 年 4 ~ 5 月	墓葬 2 座	明	黑釉瓷碗，金首饰，金币，铜钱	

附表二　邯郸文化遗存国保单位统计表

时代＼地区	石器时代	夏商周	战国	汉代	魏晋	北朝	隋	唐、五代十国	宋	金	元	明	清	近现代	合计
邯郸市			赵邯郸故城												1
峰峰矿区								响堂山石窟	磁州窑遗址			纸坊玉皇阁			3
武安市	磁山遗址													中共晋冀鲁豫中央局和军区旧址	2
临漳县						邺城遗址									1
磁县				讲武城遗址	磁县北朝墓群				磁州窑遗址						3
涉县						娲皇宫及石刻				成汤庙山门		娲皇宫及石刻 成汤庙山门		八路军129师司令部旧址	3
邯郸县			赵王陵												1
永年县	石北口遗址											弘济桥 永年城			4
大名县								五礼记碑	大名府故城						2

附表三 邯郸文化遗存省保单位统计表

时代 / 地区	石器时代	夏商周	战国	汉代	魏晋	北朝	隋	唐、五代十国	宋	金	元	明	清	近现代	合计
邯郸市			武灵丛台	王郎城址 插箭岭遗址 插箭岭墓群 马头古墓								武灵丛台		左权墓 邯郸起义指挥部旧址 邯郸展览馆建筑群 王顺庄园	9
峰峰矿区						寺后坡石窟			古地道			峰峰玉皇阁			5
邯郸县	涧沟遗址 龟台遗址		三陵墓群 林村墓群	北张庄墓群 涧沟遗址 龟台遗址				苍龙山石窟	老爷山石佛龛			黄粱梦吕仙祠 圣井岗龙神庙			7
武安	牛洼堡遗址 赵窑遗址 西万年遗址		牛洼古城 固镇古城 西店子古城			北丛井造像碑		古瓯山寺重起为铭记碑 沿平寺石塔	古炼铁炉 武安舍利塔 千佛洞石窟		九江圣母庙	天青寺大殿 净明寺	南河底南阁	晋冀鲁豫军区旧址	35

续表

时代＼地区	石器时代	夏商周	战国	汉代	魏晋	北朝	隋	唐、五代十国	宋	金	元	明	清	近现代	合计
武安	念头遗址 北田村遗址 徘徊遗址 安二庄遗址	东大河遗址 东万年遗址	念头遗址 邑城古城	固镇冶铁遗址 紫罗古墓群 邑城古城					西营井经幢 武安城隍庙 法华洞石窟 南岗塔 白家庄摩崖造像	定晋岩禅果寺碑刻（金—元）		贺进十字阁 禅房寺	郭家庄园		35
涉县						艾叶峧石窟	林旺石窟	堂沟石窟	佛岩脑石佛龛	玉泉寺大殿 成汤庙山门戏楼		清泉寺 千佛洞石窟 崇庆寺 成汤庙山门戏楼 西戍昭福寺 固新洞阳观	涂氏先茔	晋冀鲁豫抗日殉国烈士公墓旧址 晋冀鲁豫军区西达兵工厂旧址	14
磁县		下七垣遗址	讲武城遗址				赵王庙石刻					城隍庙大殿 磁县崔府君庙			5

续表

时代＼地区	石器时代	夏商周	战国	汉代	魏晋	北朝	隋	唐、五代十国	宋	金	元	明	清	近现代	合计
永年县	石北口遗址		易阳城址	方头固寨、温窑陵台				朱山石刻、昭惠王祠遗址				文庙大殿（遗址）、广平府故城、弘济桥、滏阳河西八闸	杨露禅故居、吴禹襄故居		11
大名县								万堤古墓、狄仁杰祠堂碑、罗让碑、马文操神道碑	朱熹写经碑、五礼记碑、大名府城址					大名天主教堂	8
肥乡县			平原君赵胜墓								窦默墓碑				2

附表四　邯郸文化遗存市保单位统计表

地区	石器时代	夏商周	战国	汉代	魏晋	北朝	隋	唐、五代十国	宋	金	元	明	清	近现代	合计
邯郸市	百家村西遗址　彭家寨遗址	百家村西北遗址	百家村东遗址　百家村墓群　西小屯墓群	郝村墓群　王郎墓群　张庄桥墓群　车骑关墓群　温明殿遗址				百家村经幢			邯郸碑林	通济桥　罗城头水闸　学步桥　柳林桥　北苏曹桥　柳林桥水闸　蔺相如回车巷纪念碑	邯郸行宫　邯山书院　王琴堂故居	百家村惨案旧址　晋冀鲁豫边区参议会旧址　蔺相如回车巷纪念碑	26
峰峰矿区	香山遗址	富田遗址	界候城遗址	崔庄汉墓				皇姑庙石刻				苍龙庙遗址　李㠪堂墓　风月关　又井龙王庙　皇姑庙石刻	龙泉寺　和村崔府君庙	抗日地道　和村万人坑烈士公墓	13

续表

地区	石器时代	夏商周	战国	汉代	魏晋	北朝	隋	唐五代十国	宋	金	元	明	清	近现代	合计
邯郸县		户村遗址	薛庄遗址					南昌固吕翁祠				西望庄十字阁	程三光家族墓群	小隐豹烈士公墓	15
			乐毅墓									西望庄老爷庙	南吕固吕翁祠		
			马服君赵奢墓									苏里闸			
												隆庆寺石造像		圣井岗	
													黄粱梦广济宫		
													重华寺		
													玉皇庙功岑纪念馆		
武安	徘徊遗址		固镇棋盘地墓群						南冈塔	柏林桥创建碑记	宗祖茔元之志碑	郭资墓	南河底南阁	百官烈士祠堂	77
		东泉桑树地遗址		紫罗塞群					白家庄摩崖造像		千佛龛	峻极关	沙洛戏楼	李何林烈士碑	
	儒教遗址	龙泉陈家地遗址	贺进古城址						崔炉冶铁遗址			龙岩寺		梁沟兵工厂旧址	

续表

时代 地区	石器时代	夏商周	战国	汉代	魏晋	北朝	隋	唐、五代十国	宋	金	元	明	清	近现代	合计
武安	城二庄遗址	罗峪遗址	小店古城址						野河塔			冶陶南阁	贺进十字阁	淑村朱家庄园	77
	高坡遗址	伯延塔桂沟遗址	北掌地、西掌地遗址	下流泉遗址					玉峰塔			禅房寺	麒麟阁		
	南文章遗址	茶口遗址	小寺地遗址	南田村古墓					黄土岩碑刻及遗址			李靖文墓碑		伯延房家、许家庄园	
	大温村东坡顶遗址		北田村古城遗址						惠果寺石刻			滴翠岩碑刻			
	郝家脑遗址		清化大寨									北安庄塔	西土山九龙庙		
		洞上遗址		西阳苑古墓								郭宝珠塔	东土山碧霞宫		
												后白山长城	碧霞元君庙		
	下流泉遗址		相岗地古墓群									沙洛十字阁	西土山关帝庙		
	清化东台遗址		火堆地古墓群									武安市外城东门及内城北门			
		大洛远遗址		邑城古墓群								大军脑玉皇庙			
												大智寺			
												尖山云霄观			
												后土行宫			

续表

时代\地区	石器时代	夏商周	战国	汉代	魏晋	北朝	隋	唐、五代十国	宋	金	元	明	清	近现代	合计
武安												黄土岩碑刻及遗址 罗汉洞 瑞云庵石塔及石刻 惠果寺石刻 碧霄山黄天后土庙碑刻 老爷山碑刻 井峪村莲花洞碑刻 九龙山碑刻 下店庙石刻 永宁寺碑刻			77
涉县	新桥遗址 寨上古城地遗址						堂洧石窟	祥符寺石碑			常乐龙王庙	完定寺 长生寺 大庙 固安寺	涂氏先茔	晋冀鲁豫边区政府办公室旧址 太行行署礼堂旧址 响堂铺伏击战纪念碑 东庵头烈士陵园 偏城县殉国烈士纪念阁	25

续表

时代\地区	石器时代	夏商周	战国	汉代	魏晋	北朝	隋	唐、五代十国	宋	金	元	明	清	近现代	合计
涉县												奉仙寺	南岗文昌阁		25
												寿圣寺天王殿	净因庵		
												普同塔			
												涉县城隍庙戏楼			
												莲花寺石佛像			
												塔庄千佛塔			
												兴龙寺			
												柏台寺			
磁县						东艾口石窟				唐帝庙碑刻	云龛寨	磁县崔府君庙场	北寨遗址	二十八烈士公墓	24
											北寨遗址	高庙	奶奶庙戏楼	贞节牌坊	
												西闸	白土无梁殿	中共磁县特别支部旧址	
												流泉寺遗址		南关大石桥	
												南皎寺		金得三烈士墓	
												黑龙庙		观台六河沟煤矿烈士纪念碑	

续表

时代\地区	石器时代	夏商周	战国	汉代	魏晋	北朝	隋	唐、五代十国	宋	金	元	明	清	近现代	合计
磁县	西阳城遗址		毛遂墓（传说）	东阳城墓								石拱桥 炉峰山无梁殿及五龙宫遗址 磁县鼓楼 天宝寨石刻 聚龙山石刻 兴龙山倒挂寨石刻			24
永年县	台口遗址 西辛庄遗址 邓底遗址	大石山遗址 永合会张嘴地遗址 永合会东北沟遗址		西洺阳墓 临洺关墓 西召庄墓群 西洞头墓群 小龙马墓群 北卷子墓群 曲陌墓群 后当头墓群 前当头墓群					西召庄遗址		西召庄遗址	观音阁 玄元庙遗址 临洺关驿站 胡瓒墓	莲亭诗碑 武禹襄故居		27

续表

时代\地区	石器时代	夏商周	战国	汉代	魏晋	北朝	隋	唐、五代十国	宋	金	元	明	清	近现代	合计
永年县				代庄墓群 西阳城墓群											27
曲周县						段荣、段绍墓								郭企之烈士纪念亭	2
邱县				古城营城址 邱城汉墓 庄户顶遗址				康堤口罗氏墓群	古城营城址 庄户顶遗址			孙维城家族墓群 蒋冏家族墓群 邢伦家族墓群 陈村清真寺 刘嘉遇家族墓群 崔允猷家族墓群		邱城修案纪念碑	10
大名县									大名县城遗址		郭彬墓	大名城 金北清真寺 陈氏墓石刻	泰山行宫九莲阁碑	郭隆真纪念碑 三世名医碑 宣圣会医院旧址 第七师范学校校长谢台臣纪念碑	11

续表

时代\地区	石器时代	夏商周	战国	汉代	魏晋	北朝	隋	唐、五代十国	宋	金	元	明	清	近现代	合计
肥乡县				刘家寨墓								魏琳墓		肥乡县烈士陵园	5
成安县			高母营遗址	西张庄墓群				秦家营墓	吕家庄墓群		重修灵惠齐圣广佑王庙之碑	张氏古墓群	匡教寺	毛泽东主席视察纪念馆	7
临漳县	西太平遗址			靳彭城遗址		靳彭城遗址		元符寺遗址					任氏祠堂		4
魏县								张公瑾墓				魏县故城墙遗址　鬼谷祠遗址　秦师石塔	崔东壁墓	裴香斋祠堂	5
广平县					西王封墓										1
馆陶县														王占元祠堂	1

邯郸地区古代墓葬形制述略

李永山[*]

自从人类产生了灵魂观念，便开始出现了对逝者遗体进行埋葬的行为。在我国古代社会，更是由宗教、礼法和社会风俗而逐渐形成了一套严格的丧葬制度。墓葬形制是丧葬制度中的重要组成部分，通常具有鲜明的时代性和地域性特征，对古墓葬的断代具有重要价值。本文对邯郸地区近些年来在考古发掘中见到的古代墓葬形制作了初步的归纳，并于文末对其时代属性和演变过程略作论述。

一、竖穴土坑墓

竖穴土坑墓是考古发掘中最常见到的、同时也是迄今为止流行时间最长的一种墓葬形制。在邯郸地区，至少从原始社会即开始出现并一直延续至今。

在相当于新石器时代中期的永年县石北口遗址中，发现了8座竖穴土坑墓，墓口一般为圆角长方形，墓边似乎都不大规整，长不足2米，宽约0.7米，深不到1米，坑穴小而浅，仅能容身而已。

商代墓葬目前已发掘了160余座，都属中小型墓葬。墓口平面呈长方形、圆角长方形或哑铃形。墓壁较直，四周一般有生土或活土二层台，墓底多有长方形腰坑。较大的墓用椁，椁前后方的二层台上置陶鬲或陶盆，两侧二层台上和腰坑内多置殉狗，棺外或棺椁间常置玉器、青铜器，其他饰件和应为随身物品者则置于墓主人的周身上下。

战国时期的墓葬发现较多，数量上仅次于汉墓。邯郸地区发现的战国墓几乎都是土坑竖穴墓，依其形式可分为带墓道的和不带墓道的两大类。带墓道者又可分为两种，一种是带两条墓道的中字形竖穴土坑木椁墓，另一种是带一条墓道的所谓"甲"字形竖穴土坑木椁墓。

"中"字形竖穴土坑木椁墓，目前共发掘了4座，分别是1978年发掘的周窑1号墓、2005年的小屯M3和郝村M9以及2007年邯钢新区M21。邯钢新区M21有东、西两条长方形斜坡墓道，通长约40米，墓室呈斗形，东西长14.3米，南北宽11.2米，四周有生土台面，台面宽2.1~4.4米。墓室与西墓道之间有一道生土埂，似是门的象

* 李永山，男，1974年生，本科学历。邯郸市文物保护研究所助理馆员。主要从事田野考古及研究工作。

征。墓室中间为椁室，长3.9米，宽2.4米，椁底南北两边各有一道小沟，沟中有朽木灰痕，应是垫在椁底的枋木。南北两侧台面对称分布三条长方形浅坑与椁室相通，推测为卸置葬具和随葬品的遗迹。带墓道的竖穴土坑木椁墓都是大型或较大型的墓葬，墓主人的身份属于王侯或高级贵族。

不带墓道的竖穴土坑墓其规模也相差悬殊，大者长宽可达10余米，深10余米，墓内或有积石积炭，小的仅二三米见方，深也不过二三米。战国时期的竖穴土坑墓墓口多近方形，长宽比例较小，墓室一般作口大底小的斗形，墓室四周多有活土或生土二层台，早、中期墓壁常有壁龛，壁龛多位于墓壁的一侧，少数在头向的一端，二层台上和壁龛内置陶器或漆器。相邻墓壁的角落有一组或多组供筑墓者上下攀爬的脚窝。

汉代的土坑竖穴墓较之战国时期长度增长，宽度变窄，即长宽的比例变大了。墓壁则由倾斜变得陡直甚至垂直，即墓口由战国时期的口大于底逐渐变成汉代的口与底几近相等。墓室内的二层台也发生了变化，从战国墓的四周有二层台到汉墓的一般为两侧有二层台，二层台上常置木盖板。有些没有二层台的汉墓则在墓壁的两侧挖对称的沟槽，横置木板于其中封闭墓室。少量汉代早中期的土坑墓在头向的一端挖小龛，龛内置陶器。汉代土坑墓中的脚窝常位于两侧相对的墓壁。

汉代之后的土坑墓除明清时期的较多发现外，余皆为偶有所见，大体来讲，墓葬变的浅了许多，长宽仅容棺，墓室也不再有二层台、壁龛等结构设置。

二、砖 室 墓

大约从西汉中期开始出现砖圹墓，其形制为在长方形竖穴土坑底部的两侧、三面或四周砌筑砖圹，墓底一般有铺地砖，多铺作"人"字形或斜"一"字形，砖圹的上面有的用木板封盖，有很少的是在砖圹上盖石板封闭墓室的。西汉后期，还有一种带曲尺形墓道的多室砖墓，有前、后、侧室或前室和双后室，这类墓有的墓室较宽，墓顶不是砌券，而是在砖圹上置木板封闭墓室。这类墓葬的墓室中已开始出现条石圹。

最迟自新莽时期开始砖圹上出现了用梯形砖砌筑的券顶，一行券一般为5～6块砖，梯形券砖都很厚重。砌券顶的砖圹墓有时在墓主人头向的一端底部还掏挖小龛放置陶器。值得注意的是，还发现了并列砌筑在一起的双墓室券顶砖圹墓，两墓室共用中间的隔墙起券，显然，此时夫妻同穴合葬已开始流行了。有些大型的券顶砖圹墓还带有长方形斜坡式墓道，如2006年发掘的百家村东M31，墓道为长斜坡式，砖圹长10.4、宽1.5米，砖圹上起券顶，6块梯形砖砌一行券，砖圹的北壁与东、西壁不咬合，而成为了封门砖。这种带墓道的券顶砖圹墓应该是真正意义上最早的砖室墓。

东汉后期开始出现大型的多室砖墓。如1970～1972年发掘的市南郊张庄桥村北的M1和M2。M1由墓道、甬道、墓门和前、中、后室以及前室东西两侧的三个耳室组成，墓室南北通长24.5、东西宽12、高4.16米，前室、中室均两层券，墙厚1米，券厚 1.1 米，后室三壁三层拱，墙厚 1.5 米，券厚 1.65 米，各室用长方砖或大方砖铺地，上下五层共厚 0.75 米。全墓用材讲究，建筑技术水平高，布局合理，虽经两次盗扰破坏，仍保持完整壮观。

曹魏时期多见带前后室的砖室墓，有的为双后室或带一个小耳室，墓室多为方形，后室一般为券顶，前室、耳室墓顶多为四角攒尖式。与东汉晚期一样，大型的多室砖墓也时有发现，墓室中常可发现条石圹、石门等石质构件。

西晋时期砖室墓都带有墓道，有单室或前后室，以单室者为多，墓壁均略外弧，墓顶为四角攒尖式。

北朝时期墓葬基本上都发现于磁县和临漳县。此时期墓葬的特点是全部为单室墓，墓室为方形，壁略向外弧，墓顶为穹隆顶或四角攒尖，墓室中多石质构件，大型墓有壁画，等级较高的墓葬开始出现石质棺床。封门墙的层数和厚度、有无棺床、石门以及壁画的分布范围常具有等级差别。北朝时期墓葬出现了仿木构的砖雕，地面开始出现石象生或石碑。

隋代墓葬很少发现。唐代墓葬于市区及东部县区多有发现。唐墓都是带墓道的单室墓，分方形和长条形（梯形或称棺形）。方形墓室四壁外弧，四角攒尖顶，或有棺床。长条形墓的墓壁向上逐渐内收起顶或用石板封盖。墓室中仿木构和其他什物的砖雕在此时期已较为流行。

宋、金、元时期的砖室墓基本都是带墓道的单室墓，个别的有很小的侧室。墓室平面有方形、圆形、六角形、八角形等多种，墓室中都有棺床。墓门墙和墓室内仿木结构的砖雕是此时期墓葬的普遍风格，这些砖雕包括墓门上的门簪，墓室内的角柱、斗拱、门、窗以及桌椅、箱柜、屏风、灯擎、提篮、镜、剪等，有的墓中还有灵位和龟趺，凡此种种，不一而足。有些墓室内刷粉或漆，有的还绘有壁画，粉作为底色，漆则涂于砖雕上或绘画，内容主要是人物。还发现一些带墓道的长梯形小砖墓，墓室窄小，无砖雕。宋代砖室墓开始使用白灰膏作为砖之间的黏合材料。

明清时期的单室墓多为长方形，券顶，前有墓门墙和墓道，很少有砖雕，无棺床，后壁中间常砌方形小龛，此类墓葬皆为合葬。有的是两个或多个同穴并筑（为一次性筑成）的长方形券顶墓，相邻墓室的隔墙中间都有一个方孔相联通，头前的墓壁中间亦有方形小龛，这种同穴并筑的墓室数量有时能达到五六个，显然是多妻制在墓葬形制上的一种反映，此种墓葬类型有带墓道和不带墓道的区分。

三、洞　室　墓

以往研究一般认为洞室墓是由壁龛发展而来的。邯郸地区从战国时期即开始有洞室墓出现，至汉代已在部分地区流行起来。邯郸地区发现的洞室墓包括石室洞室墓、土洞墓和洞室砖墓。

石室洞室墓，目前只发现一座，即赵王陵 2 号陵。2 号陵曾于 1997 年被盗，目前还没有整体发掘。从现在了解到的情况可知，此墓以山为陵，山中开凿巨大的洞室，洞室平面近似方形，边长约 10.5、高 17 米，穹隆顶，洞室东西两面有长斜坡墓道，墓道两侧还有陪葬坑。

土洞墓约自战国、两汉之际出现，其形制为先挖掘长方形竖穴土坑作为墓道，然后在墓道底部的一端或一侧掏挖洞室，即所谓竖穴式和横穴式土洞墓。土洞墓的洞口用砖、木板、石板、卵石等封堵，也有很多土洞墓的洞口不加封闭。

2007 年在稽山新天地工地发现了一处宋代墓群，共发掘了 100 座墓葬，其中有 90 座是土洞墓，这些墓葬分布密集，排列有序，相互间打破关系较少，即便发生打破关系，也仅是较晚墓的洞室打破较早墓的少许墓道，这个宋代墓群应是一处大型的家族墓地。一个引人注意的地方是，在这个家族墓地中即使是一些夭折的幼儿也同样采用土洞墓的形式来安葬。

洞室砖墓大致在晋代开始出现，如 2007 年发掘的南水北调磁县段 M16，墓葬由长方形斜坡墓道、过道、天井、甬道、墓室组成，此墓也是我国目前发现的带天井结构的最早的墓葬。邯郸地区发现的洞室砖墓多属北朝时期，都是方形单室，墓道和墓室中常有壁画。

四、其他形制

除上述三种墓葬形制类型外，在考古工作中，还发现少量的瓮棺葬、石室拱券墓和白灰灌浆墓。

瓮棺葬一般为幼儿葬，其墓穴为土坑，葬具有多种：有两个对口相接的陶瓮或深腹盆，有陶棺，有的铺盖陶片、瓦片。邯郸地区的瓮棺葬至少在战国时期就已出现，在早期的成人墓地里是看不到瓮棺葬的，考古发掘中经常于古代道路下面发现。直到宋代不再使用瓮棺，在宋代，即使是几周岁的幼儿也使用土坑墓或土洞墓，葬具为木棺。

石室拱券墓现只在马头镇车骑关村发现 2 座，分别是 CQGM1 和 CQGM3，二墓形制相同，M3 较小。M1 坐西朝东，带长斜坡墓道，长方形单石室，墓门高 4.76、宽 3.81 米，门道长 0.95 米，条石封门，厚 0.92 米，室内东西长 14.6、南北宽 9.9、高 8.3 米，底铺石板，厚 0.45 米，墓顶为双层石拱券，厚 0.92 米，墓室四周及墓顶之上填 2~3 米厚的沙石以防盗，沙石层上再夯筑高大的封土。此墓虽被盗掘，但出土文物仍很可观，墓室内还发现有黄肠题凑。从墓葬的规模和采用的筑墓材料、葬具、随葬品等情况推测墓主人可能是西汉时期的一位赵王。

白灰灌浆墓都属明代，为长方形，筑法为先用白灰拌沙在墓底夯筑基础，再用木柱、木板围成墓室轮廓，其外灌筑灰沙墙，顶部铺木板，上面再用白灰拌沙筑墓顶。白灰灌浆墓筑成后非常坚实，非人为盗扰，一般不易损坏。1980 年，邯郸市西郊莲花岗发掘的明代刑部尚书张国彦夫妇的合葬墓即是此种墓葬类型，由此看来，白灰灌浆墓应该是一种等级较高的墓葬形制。

五、结　语

人类从起初的将同类尸体弃之不顾到后来有意识的埋葬，应该同灵魂观念和原始宗教的产生有关。古时的人们相信，死去的人会在另一个世界继续生活，并且具备某种神秘的力量能对生者产生影响。出于对亲人的怀念和对其魂灵的敬畏，"事死如生"成为人们丧葬风俗中的基本准则，到周代更是形成了一整套完备的丧葬制度，后世历朝历代也都通过法令的形式规定了不同等级的丧葬礼仪。

墓葬的形制同样也受到上述观念和制度的影响。以邯郸地区而言，早期的土坑墓小而浅，仅可容身。到了战国时期，墓葬变成了斗形，墓口近方形，长宽的比例小，墓葬多较深，填土多为夯土，这应是此时期流行的覆斗形夯土台基式建筑在墓葬——这个逝者的居所上的模拟，而带墓道者似乎是大型院落甚或是帝王宫城的象征。战国时期均为夫妻并穴合葬。汉代墓葬的特点是窄长而深，长宽比例较大，墓壁几近垂直，而且时代愈晚长度愈长，长宽比例有时可达到 6∶1。汉代墓葬同样受高大的夯土台基建筑的影响，主要表现在墓葬的深度上，即使是一些小型墓葬其深度往往亦可达四五米，由于墓葬窄而深，墓葬已不可能筑成斗形，故皆为直壁。随着厚葬之风日盛，随葬品的数量和种类不断增加，导致墓葬的长度愈加变长。

汉代墓葬从西汉早中期的生土二层台发展为中期的砖圹，又从砖圹发展为西汉末东汉初的砖圹券顶和带墓道的砖圹券顶，以后随着建筑技术的提高又发展为东汉后期和曹魏时期的前后室和多室砖墓。约自西汉中晚期开始出现了夫妻同穴合葬，但并穴合葬仍为主流。魏晋以降，墓葬规模变小，墓室减少，多作单室或前后室，盖缘于魏晋时倡导薄葬及经济的凋敝。北朝墓葬中已开始有仿木构的砖雕出现，隋唐时期渐趋流行，至宋代已蔚成风气，此风大约一直流行至元代，明清时期就很罕见了，流行趋势则是由纷繁复杂到简单粗率。宋代早中期墓室以方形较多，圆形较少，晚期出现六角形、八角形等多边形。宋代已有用白灰作为黏合材料，至明清时则为砖室墓所普遍采用。

洞室墓尽管并非墓葬形制中的主流，但其自产生以来，似乎于各个历史时期都有流行，发现较多的时代有汉、北朝、宋元、明清等。土洞墓一般都为竖井式墓道，而洞室砖墓则为斜坡式墓道。早中期的洞室墓都是单人葬，约从明代开始出现合葬洞室墓。

从上述墓葬形制的种类和变化我们可以看出，由"事死如生"的观念而导致的人们在构筑墓室时对现实居所的模仿是墓葬形制变化的内在主导因素，这种模仿有时从其大略，有时具体而微，无论怎样，都是客观世界在某种程度上的一个缩影。墓葬形制的变化还受到建筑技术的影响，从土坑墓到砖圹墓，单室墓到多室墓，从木板盖顶到券顶，券顶又到四角攒尖和穹隆顶等等变化无一不是建筑技术发展的体现。除此之外，区域风俗、不同族属、各朝法令等因素也都对墓葬形制产生了影响。

邯郸先秦两汉农业考古概述

张凤英[*]

邯郸地处河北省南端，西为太行山麓，东为平原地带，土地肥沃，河流密布，环境优越，资源丰富。历史上，这里曾是商民族的发祥地，商代并成为邢都和殷都的京畿要地，战国、两汉时期为赵国的国都所在地，这与邯郸优越的自然地理条件、社会经济，特别是农业经济的发展是分不开的。因此，本文将主要对邯郸境内夏、商、周及秦汉时期的农业考古资料作一综合性的概述，并对此所反映的问题谈些粗浅的认识。

一、先商时期（夏代）

夏代，邯郸是商民族的故地，年代上约当商汤灭夏之前，所以学术界多将其称为先商时期，所属文化则称之为先商文化或"下七垣文化"，盖因最早发现于邯郸涧沟遗址和磁县下七垣遗址而得名。在邯郸境内经过调查共发现先商文化遗存近百处。其主要分布于邯郸地区西半部的武安、涉县、磁县、峰峰矿区、永年及邯郸县境内，即漳河、滏阳河及洺河中上游一带。经过科学发掘或试掘的遗址包括邯郸涧沟[1]、磁县下潘汪[2]、下七垣[3]、武安赵窑[4]、峰峰矿区义西[5]、北羊台[6]、永年何庄[7]等10余处，现将其中主要几处遗址中与农业相关的资料简述如下：

从生产工具来看，所占比例最大的当为农业生产工具。如1957年北京大学发掘的邯郸涧沟遗址虽未统计数字，但石器首推铲、斧、镰、刀，蚌器极少，却以镰为主。在峰峰电厂义西遗址的先商文化层中出土石器14件，全部为斧、铲、镰等农业生产工具。在武安赵窑遗址的先商层中，出土石器88件，其中镰、斧、铲、刀等均与农业生产有关。在矿区北羊台先商文化遗存中，出土石器54件，仅斧、铲、镰即达41件，占石器总数的76%。在下七垣遗址的三、四层先商文代遗存（原称二里头文化、商代早期）中，出土石器132件，其中斧、铲、镰、刀等农具87件，占石器总数的66%，此外，还有骨铲、骨刀、蚌镰各1件。在永年何庄先商文化遗存中，出土石器87件，其中刀、镰、铲、斧及坯料76件，占总数的87%，另有骨铲1件。

---

* 张凤英，女，河北磁县人。邯郸市文物保护研究所副研究员。长期从事文物藏品管理与文物资料整理等工作。

石斧，数量较多。器形以长方扁柱状圆弧刃为主，其次有梯形、条状和个别舌状等。大部分均经琢磨加工或通体磨光，有少量打制，打制者器表粗糙，刃部磨光。如赵窑遗址出土的26件石斧，多为梯形扁柱状体；磁县下七垣遗址三、四两层出土石斧15件，为长方形柱状；北羊台遗址先商文化出土石斧2件，呈条形，两面直刃，刃部圆钝，器表有琢制痕；峰峰义西第三期先商文化出土石斧1件，呈舌状，通体光滑，刃部有使用痕迹。石斧是一种可以装柄使用的复合式工具，既可砍伐又可挖掘。但其用途最广泛的可能还应属于清除林木野藤，从事农业开垦。

石铲和骨铲，其中石铲是农业工具中数量最多的，骨铲较少。石铲形制以扁平长方形为主，其次为顶部较窄、刃部扁宽的梯形，另有亚腰形和有肩石铲，个别为舌形。刃部有单面和双面刃两种，通体打磨光滑，少量器身打制，刃部磨光，器形规整、厚薄均匀、棱角分明。如峰峰义西遗址出土的8件石铲，包括梯形6件，长方形2件；武安赵窑出土的12件石铲，多作扁平梯形；北羊台遗址中出土的26件石铲，扁平长方形12件、亚腰形10件、有肩石铲3件、舌形1件；磁县下七垣商代早期出土石铲29件，以扁平长方形为主，有肩石铲较少；永年何庄遗址出土石铲42件，长方形石铲达33件。石铲多为复合式工具，可以装柄使用，是公认的用于中耕松土和铲除杂草的一种农耕生产工具。骨铲数量较少，仅永年何庄、磁县下七垣遗址中有少量发现。以兽骨制成，一面呈弧状，刃部磨制，有使用痕迹。用途可能与石铲相同。

石镰，是数量仅次于石铲的农业生产工具之一。多为弧背直刃半月形和弧背弧刃月牙形，前端窄尖，后端宽直，与现代镰刀相似。通体磨制精细，也有先打制后磨刃的，器形较小，制作精细。如据龟台遗存几座灰坑出土石器统计，铲和镰占65%；赵窑遗址下层出土石镰36件；下七垣先商时期出土石镰25件；何庄先商文化出土石镰12件，有的近背部有一对钻的圆孔等。镰是我国古代乃至现在仍在继续使用的一种复合式农具，主要是用来收割的。

蚌镰，数量较少。涧沟和下七垣遗址中均有发现，后者用厚蚌壳制成。用途当与石镰相同。

石刀，数量少于石镰，器形主要以长方形弧背直刃为主，其次为半月形弧背弧刃、平背凹刃和双面刃等。以磨制为主，也有打磨兼制的，部分有对钻穿孔。如武安赵窑商代下层出土石刀8件，呈长方形和半月形，平背凹刃，磨制，有的有对钻孔；北羊台先商文化遗存出土石刀5件，单穿孔，器体磨制光滑；磁县下七垣遗址出土石刀12件，均长方形，穿孔；永年何庄先商遗存出土石刀20件，大部分为坯料等。石刀也是一种常见的农业收割工具，与镰的区别在于以手直接攥握使用。

骨刀，仅下七垣遗址出土1件，形同犁铧，外侧有刃。从形制来看，用途可能与石刀相同。

另外在部分坑壁还留有似斧和耒耜之类工具的印痕。如北羊台H1壁面局部留有深0.01米浅槽状痕迹，可能是一种木质工具所留。因为在当时的条件下，木料取材容易，但又容易腐朽，因此木质工具尚未发现。

此外，在武赵窑遗址中还发现有牛、羊、猪、狗等家畜残骸，下七垣和何庄遗址中发现有卜骨，多数用牛、羊、猪的肩胛骨制成，说明当时的家畜饲养业已得到一定的发展。另外，在龟台和下七垣遗址中还发现有少量爵、斝等酒器，说明当时的酿酒业也已出现。

综上所述，先商时期邯郸农业经济及发展水平还是比较高的。在生产工具中数量最多的为农业生产工具，平均约占 75% 左右，说明农业经济在当时的社会经济中占据主导地位。农业工具数量最多的为石器，另有少量骨蚌器，青铜铸造技术虽已出现，但尚未用于农业生产。在斧、铲、镰、刀等几种基本农具中，石斧相对较少，而铲与镰、刀等相对较多。这说明尽管先商时期的农业是在原始农业的基础上发展起来的，但最初以石斧砍伐树木、开垦土地的拓荒阶段已远去，以石铲等工具精耕细作已成为农业生产的主流，而且当时的农业收获量可能也是比较可观的，所以才会出现镰、刀相对较多等现象。此外，与农业经济的发展是相联系的家畜饲养业的发展，以及以农业产品为物质基础的酿酒业的出现，也进一步证明当时的农业经济发展水平较高，先商民族也正是以邯郸农业经济的不断发展为基础，才逐步向外拓展，最终建立了强大的商王朝。

二、殷 商 时 期

商是继夏代之后建立的又一个奴隶制王朝。自商汤建国，到纣灭亡，先后经历了约 500 余年。邯郸是商民族的发祥地，商代中后期又是商王邢都（今邢台）和殷都（今安阳）的京畿要地，所以保留下来遗存非常丰富。经调查发现，这一时期的遗址近 200 处，主要分布在邯郸西部即太行山东麓附近的邯郸县、永年、武安、涉县、峰峰和磁县境内。经过发掘和试掘的遗址有邯郸涧沟[8]、龟台[9]、武安赵窑、磁县下七垣、下潘汪、界段营[10]、峰峰矿区北羊台等多处。其中以涧沟、龟台、赵窑、下七垣遗址等所见材料较丰富，其他遗址均为零星发现。现将其中与农业相关的材料简述如下：

生产工具方面，各遗址中农业生产工具所占比例仍占绝对优势。如，1957 年河北省文物工作队在涧沟遗址商代层中发掘出土石器 87 件，其中斧、铲（锄）、刀等农具 78 件，占总数的 90%。在龟台遗址发现的 38 个早商灰坑中，仅 H66、H67、H81 三个灰坑内就出土了石器 115 件，其中农业工具铲和镰就占 65% 以上。在武安赵窑商代遗存中、上两层出土石器 52 件，含有斧、铲、镰、刀、犁等农具 39 件，占总数的 75%；此外，还有骨刀、蚌铲、蚌镰各 1 件。在磁县下七垣遗址商代层中出土的 154 件石器中，斧、铲、镰、刀等农业工具 129 件，占总数的 84%；所出 49 件蚌质工具，全部为铲和镰（或称锯）等农具；另有骨铲、骨刀 20 余件。在下潘汪、界段营遗址商代遗存中，也有石铲、石镰和单孔蚌刀等农业工具发现。

石斧，数量略少。主要形制有扁平梯形、柱形或方棱体，另有少量舌状。以磨制为主，兼少量打制，刃部磨光，器形规整，做工精细。如，赵窑遗址出土的 16 件石斧，多为圆弧舌形刃，横断面呈椭圆形，少数为扁平梯形，窄弧顶，宽弧刃；下七垣遗址出土的 11 件石斧，分长方、柱形和扁平体三种，后者有穿孔。用途与先商时期相同。

石铲，数量较多。形制仍以扁平长方形为主，另有部分有肩石铲，有的称为锄。大部分通体磨制光滑，器形较薄，一般厚在 0.8～1.4 厘米左右，有的有穿孔。例如，磁县下七垣遗址出土的 26 件石铲，多为扁平长方形，有肩铲仅 3 件；邯郸涧沟遗址出土的 41 件石铲，称之为锄，有的中腰外突，上有穿孔；龟台遗址"铲以长方形为多，也有不少有肩石铲，其中一部分可能为锄"。铲为最早出现的中耕锄草工具，锄为铲的发展形式，而且在现代农业中仍发挥着重要作用。

骨铲和蚌铲，数量相对较少。前者多由兽下颌骨或肩胛骨制成，后者以厚河蚌磨制，一端有刃，有的有穿孔。用途与可能与石铲相同。

石镰，数量最多。形制与先商时期相同，与现代镰刀接近。以磨制为主，局部打制，刃部磨光。如，磁县下七垣遗址出土 63 件，约占石质农具的一半；武安赵窑遗址出土 15 件，占石质农具的 38%。

蚌镰，少于石镰。多用大蚌壳制成，很多刃部有锯齿，而被定为蚌锯。如下七垣遗址出土蚌镰 48 件，其中 19 件刃部有锯齿，应属一种改进形式，主要是为了消除因蚌器刃部光滑不易切割的缺陷。与石镰相同，均为装柄使用的复合式切割工具。

石刀，数量较多。以长方形为主，次为半月形两种，有的两面对钻孔。如 1957 年省文物工作队在涧沟遗址发现 30 件，占石质农具的 38%；下七垣遗址出土 29 件，绝大部分为长方形；赵窑遗址出土 4 件，分属长方形和半月形，有的有穿孔。用于直接攥握切割。

骨刀，数量较少。下七垣遗址出土 11 件，分别用兽肋骨肩胛骨或下颌骨磨成的；另外赵窑遗址出土骨刀 1 件，用牛下颚骨磨制而成。其用途可能与石刀相同。

石犁，仅在赵窑商中期文化层出土残犁 1 件。呈扁平三角形，断面呈菱形，两边有刃，可能是用来深翻土地的。

此外，还有鹿角刀、小铜刀等，可能不属农业生产工具。另在赵窑遗址商代中期 H22 壁面上留有明显的工具痕迹，最长者长 30 厘米，最短者长 6 厘米、宽 2～3、深 2 厘米，似单齿工具痕迹，可能是一种木耒或木耜工具，说明当时应有木质农具存在。

家畜饲养方面，尽管多数未作详细报道，但仍可从有限的材料中找到某些证据。如 1957 年北京大学于涧沟遗址先商及晚商地层中发现有马、牛、羊、猪、狗等动物遗骸，赵窑遗址也有同样现象，有的遗址还发现有较多卜骨，不排除含有家畜骨骸。另在龟台遗址发现商代前期的牛葬坑一座，在下七垣商代遗址晚期也发现分别葬有完整牛骨和猪骨的牛坑、猪坑各 1 座，显然均属以家畜为牺牲的祭祀遗迹。此外，在武安赵窑遗址发掘的 19 座商代墓葬中，9 座以狗殉葬，其中一座有殉狗 2 只，两座另有羊头骨 1 具。说明当时的家畜饲养业是比较发达的。

酿酒方面，主要表现在酒器的使用和数量上。如赵窑遗址 19 座商代墓葬中出土铜器 36 件，其中铜觚 8 件，铜爵 6 件；下七垣遗址发现商墓 23 座，其中一座出有陶觚和陶爵；1966 年于下七垣村南挖渠发现的一座商墓中，也发现青铜瓠、爵等酒器 7 件。说明当时的酿酒业是比较兴旺发达的。

综上所述，殷商时期邯郸的生产力水平较先商时期又有了很大进步，农业经济也有了较大的发展。这不仅表现在不同农业工具的数量变化及性能改进方面，其中用于田间管理的石铲及用于收割的镰、刀较先商时期显著增多，而且有的石铲很可能已演变为石锄，并出现了较多带锯齿的蚌镰和石犁等，生产工具的性能及其效率都有了显著提高。同时，也表现在家畜饲养业及酿酒业的发展方面，将大量与农业经济相联系的家畜用以祭祀和随葬，以及将大批粮食用来酿酒，说明当时农业经济的发展已具备了为奴隶主贵族杀牲祭祀和酿酒享用的物质基础，而奢侈糜烂、酗酒成风也是导致商王朝覆灭的原因之一。

三、西周春秋时期

西周是周民族建立的奴隶制国家，自武王灭商至幽王失国，前后近 300 年，史称西周；自公元前 770 年平王东迁，至公元前 475 年，史称春秋。西周初年，由于商贵族发动叛乱而被西迁洛邑，从而导致邯郸经济急遽衰落，直至春秋末年才逐步得到恢复。目前，邯郸境内仅发现西周至春秋时期的居落遗址数 10 处，经过发掘的有邯郸龟台、磁县下潘汪、界段营、永年榆林遗址[11]、武安赵窑及午汲古城[12]等。就所见材料来看，除下潘汪遗址及午汲古城发现有少量春秋时期的灰坑、陶窑、墓葬和部分遗物外，其余主要为西周时期，但材料均比较少。现仅将其中与农业相关的遗存介绍如下：

生产工具方面，西周时期以磁县下潘汪遗址出土数量及品种最多，其中 73 件石器中，斧、铲、镰、刀等农具 61 件，占石器总数的 83.6%；保存较好的 132 件蚌器中，铲、镰、刀等农具 117 件，占蚌器总数的 88.6%；另发现骨铲、骨刀各 2 件。龟台遗址生产工具中最具特色的是数 10 件蚌镰，赵窑遗址仅发现石斧、石铲各 1 件，界段营遗址出土石镰 1 件，榆林遗址中仅发现灰坑 2 个，未发现工具。春秋时期仅下潘汪遗址发现少量石斧和蚌镰，午汉古城发现铁锄 1 件。

石斧，形制与商代相近，主要分梯形和扁平长方形两种，刃部有弧形刃、直刃、斜刃等。多通体磨光，个别器身打制，刃部磨光。如下潘汪遗址出土的 17 件石斧中，8 件为上窄下宽的梯形，7 件为横断面扁平、椭圆或近方的长方形，扁平斧有的器身上部有穿孔。

石铲，是数量最多的石质工具。一种为扁平长方形，器表及刃部磨光，边棱打痕明显；另一种为扁平束腰形，上部两侧打出缺口或形成束肩，下部宽平，弧形双面刃。显然边棱不经打磨，或打制出缺口或形成束肩，主要是为了装柄时易于固定，使用时不易脱落，当属进步的表现。

骨铲和蚌铲，数量较少。前者在骨片一端磨出偏刃而成；后者均利用厚蚌壳所制，大都保存原状，仅刃和两侧边缘稍做加工。

石镰，数量少于斧、铲。下潘汪遗址所出 12 件，均作拱背凹刃。

蚌镰，是数量最多的农具。仅下潘汪遗址即出土 76 件，占蚌器总数的 57.6%；多数为拱背凹刃，形似现代铁镰，少数作直刃，刃部 90% 以上作锯齿状；龟台遗址生产工具中最具特色的也是蚌镰，总数达数 10 件，均"以淡水厚壳蚌的唇部为背，咬合处为安柄的地方，从反面开刃，刻整齐的齿"。蚌镰不仅比石镰制作容易，而且加锯齿后还可大大提高切割效率。

石刀，数量相对较少。以长方形为主，通体磨光，多有穿孔，刃部分正侧双刃和单边直刃两种，少数为半月形，拱背直刃。双刃刀也是一种较先进的形式，既可根据锋利度选择刃部，起到双刀一体作用，又可根据不同需要随时选择和调整使用适宜的刃部。

蚌刀，数量多于石刀。有直刃和弧刃，有孔和无孔两种。用途与石刀相同，均为切割工具。

铁锄，仅 1 件，呈长方形，带銎，可装木柄，銎孔内还存有腐朽的木屑痕，属春秋时期。

家畜饲养方面，保存下来的材料很少，仅见马骨、狗骨等。如下潘汪遗址 H161、H278 内分别发现一具无头的马骨架，H269 内埋狗骨架一具。家猪等骨骼虽未发现，但肯定是存在的。

综上所述，西周是邯郸社会经济发展的低潮时期，农业经济也处于非常缓慢的发展状态。农业生产工具及其所反映的生产力水平较商代并无多少进步，青铜器等金属工具还未用于农业生产，仍全部为石器和蚌器。但从生产工具的数量和品种来看，生产工具中数量最多的仍然是农业工具，所占比例可达 85% 左右，而农业工具中又以石铲、石镰和蚌镰等最多，其中蚌镰的刃部普遍带有锯齿，并出现了双刃石刀，显然是一种进步的表现。家畜饲养是与农业经济的发展相关联的，马、狗等家畜骨骼的发现说明饲养的存在，而家畜品种及数量相对较少，又说明农业经济较落后，缺乏大批饲养家畜的物质基础。约至春秋末期，金属农具铁锄的首次发现，标志着当时的生产力状况已得到彻底改善和提高。因此，可以认为西周时期因政治斗争和民族斗争等原因，大大抑制或减缓了邯郸农业经济的发展速度和进程，农业生产处在一个较为缓慢的发展阶段。直到春秋时期农业经济才逐步复苏，尤其春秋末期随着生产工具的改进，特别是铁质农具的出现，农业经济才得以迅速恢复，并出现了"邯郸仓库实"的富足局面。

四、战国秦汉时期

自公元前 475 年至公元前 221 年秦灭六国，史称战国时期。社会形态由奴隶制时代进入封建制时代，社会经济得到高速发展，从而为当时连年不断的兼并战争奠定了丰厚的物质基础。自秦一统天下，特别是两汉时期，社会相对较稳定，为农业经济的发展提供了保障和条件。邯郸境内战国秦汉时期的遗址较多、范围较大，仅保存下来的古城址即达 10 数座，但由于开展工作较少，因此所发现的遗存相对较少，经发掘的遗址除赵邯郸故城、武安固镇冶铁遗址材料较多外，武安午汲古城、磁县下潘汪、界段营、永年何庄、榆林等遗址多为零星发现，此外，在邯郸西、南部的百家村、齐村、郝村、邯钢厂区、张庄桥、西小屯、车骑关及邯郸、峰峰、武安、涉县、磁县、临漳、永年等县市清理发现数以千计的战国两汉墓葬等。现将其中与农业相关的材料简述如下：

农业生产工具方面，除磁县界段营、午汲古城等遗址仍有少量石铲、蚌刀等农具发现外，数量最多和最常见的为铁质农具。如在赵邯郸故城调查中曾采集有战国时期的铁镢 4 件[13]，在百家村砖厂采集有保存较完整的铁犁铧、锄、舌等[14]，赵王陵周窑 1 号墓内出土有铁铲、铁镢等 6 件[15]，齐村 M24 出土有战国早期带銎铁锄，西小屯、车骑关西汉墓及张庄桥东汉墓内分别出土有铁铲[16]，下潘汪遗址附近采集有战国时期的合模铁镢范、汉代层中出土有铁铲、铁镰等，永年榆林汉代层出土有铁镢、铲和犁铧，武安午汲古城战国、两汉时期窑址内出土铁犁铧、锄、镰、刀等 17 件[17]。此外，在赵邯郸故城及武安固镇古城附近还发现众多战国两汉时期的炼炉址，周围散布有大量铁渣、炭渣、红烧土，个别地点尚有木炭与矿石凝结在一起。尤其固镇古城东侧的冶铁遗址，占地面积达 37000 平方米，经调查共发现三处炼炉址，其中经发掘的一处为西汉时期，除出土有大量铁矿石、炼渣、炉具外，还出土有数百件铁器、铁范、陶范和生活用具，并有较多犁铧、铲、镢、舌等农具及模范[18]。

铁犁铧，较常见。以窄沿 "V" 字形为主，内沿通身有凹槽，少数为宽沿三角形，中有凹口銎孔，分别镶嵌在木质犁头上使用。

铁镢，数量较多。形似锛，呈窄条长梯形，上端较厚，带銎，可装钩状木柄，属翻土工具。

铁铲，有的称作锄，数量较多。如赵王陵周窑 1 号墓出土 5 件，均作空首布状，长銎，上有长方形銎孔，圆肩，器身作扁平方形，平刃。属翻土和铲草工具。

铁舌，固镇冶铁遗址出土较多。多呈 "一" 字形窄条状，平刃，上端有銎孔。亦属翻土和中耕工具。

铁镰，发现较少。与现代镰刀相近。属收割工具。

此外，在赵邯郸故城 "大北城" 内还发现有战国时期的石器作坊，出土石碌 12 个，长 98 ~ 131、直径 50 ~ 54 厘米，两端有方孔或圆孔，并发现有大小石磨、石臼等，显属粮食加工工具[19]。

粮食储藏方面，虽然当时的粮食遗存未能保存下来，也未发现粮仓遗迹，但在很多战国、两汉时期遗址中却发现很多较大型的陶瓮残片，小者直径数十厘米，大者腹径近 1 米。自战国晚期开始墓葬中也常有以大陶瓮随葬现象，因陶器一般不适宜储存水等液体，所以很可能就是用来储藏粮食的。而且，自西汉中后期开始，墓葬中还普遍流行以陶仓模型随葬，有的并多达十余件，不仅明确标明了当时的粮食储藏方式及粮仓形式，也说明了当时的农业收获量是非常大的。

畜牧业或家禽家畜饲养方面，抛开各遗址零散出土的家禽家畜遗骸，仅用于为死者随葬方面的材料即比比皆是，不胜枚举。如战国时期赵王陵、百家村[20]、齐村、西小屯等地均发现有殉葬车马坑，有的多达 20 余匹，赵王陵 2 号陵还发现有圆雕铜马等，两汉墓葬中也普遍发现有以家禽随葬现象，东汉以后并出现有家禽家畜、陶猪圈等模型明器，反映了战国、两汉时期牛羊遍地、鸡鸭成群的繁荣景象。

综上所述，战国秦汉时期邯郸的生产力水平已得到彻底革新，农业经济也进入到迅猛发展、空前繁荣阶段。这不仅表现在原始的石、骨、蚌器等农具已基本上被先进的铁质农具所淘汰，以及落后的耒耜偶耕方式已逐渐被牛耕技术的普遍运用和推广所取代等方面，而且还可从用于储藏粮食的器具和模型明器陶仓的大批出现，以及与之相关的畜牧饲养经济的发展等方面得到说明。与此相应，农业及畜牧饲养经济的发展，也为邯郸手工业生产、商品贸易及都市经济的发展奠定了坚实的物质基础，战国时期邯郸已发展成为漳、河之间一大都会，西汉时期发展成为全国著名的五大都会之一。

注　释

[1]　北京大学等：《1957 年邯郸发掘简报》，《考古》1959 年 10 期。

[2]　河北省文物管理处：《磁县下潘汪遗址发掘报告》，《考古学报》1975 年 1 期。

[3]　河北省文物管理处：《磁县下七垣遗址发掘报告》，《考古学报》1979 年 2 期。

[4]　河北省文物研究所等：《武安赵窑遗址发掘报告》，《考古学报》1992 年 3 期。

[5]　河北省文物研究所等：《邯郸市峰峰电厂义西遗址发掘报告》，《文物春秋》2001 年 1 期。

[6]　河北省文物研究所等：《河北邯郸市峰峰矿区北羊台遗址发掘简报》，《考古》2001 年 2 期。

[7]　邯郸地区文物保管所等：《河北省永年县何庄遗址发掘报告》，《华夏考古》1992 年 4 期。

[8]　河北省文化局文物工作队：《河北邯郸涧沟村古遗址发掘简报》，《考古》1961 年 4 期。

[9]　北京大学等：《1957 年邯郸发掘简报》，《考古》1959 年 10 期。

[10]　河北省文物管理处：《磁县界段营发掘简报》，《考古》1974 年 6 期。

[11]　河北省文物研究所等：《永年县榆村遗址发掘简报》，《河北省考古文集》，东方出版社，1998 年。

[12]　河北省文物管理委员会：《河北武安县午汲古城中的窑址》，《考古》1959 年 7 期。

[13]　河北省文物管理处等：《赵都邯郸故城调查报告》，《考古学集刊》1984 年 4 期。

[14]　邯郸市文物研究所内部资料。

[15]　河北省文管处等：《河北邯郸赵王陵》，《考古》1982 年 6 期。

[16]　邯郸市文物研究所内部资料。

[17]　孟浩等：《河北武安午汲古城发掘记》，《考古通讯》1957 年 4 期；河北省文物管理委员会：《河北武安县午汲古城中的窑址》，《考古》1959 年 7 期。

[18]　1979 年武安固镇冶铁遗址发掘材料，邯郸市文物研究所藏。

[19]　邯郸市文物保管所：《河北邯郸市区古遗址调查简报》，《考古》1980 年 2 期。

[20]　河北省文化局文物工作队：《河北邯郸百家村战国墓》，《考古》1962 年 12 期。

磁山文化与商周考古研究

关于磁山遗址的几个问题

高建强[*]

一、发现、发掘过程

磁山文化闻名世界，其发现地——磁山遗址位于邯郸市武安西南 16 公里的磁山二街村东约 1 公里的洺河北岸台地上。

1972 年秋末冬初，在农业学大寨的热潮中，磁山二街组织了一个 80 多人的青年突击队开沟挖渠，计划把机修厂的废水引到东岗地，变旱田为水田。有一天挖到深约 1 米左右，发现了一块石板，长约 45 厘米、宽约 20 厘米，呈鞋底状，背后有四足，每个高约 2 厘米，接着又挖出几块类似的石板，另外还有几个类似石棒槌的石棍。当时的村支书霍守岚怀疑其是文物，就去请教当时的包村干部、公社武装部长王小四。王小四是转业军人，在北京当兵时在中国历史博物馆站过岗，见过历史博物馆的文物，所以一见这些东西就觉得很可能是文物，要求大家不要损坏，并把挖出的东西如数上交，不得私自拿回家，于是这些石板、石棒槌被送到了大队部妥善保管，并上报武安县（今武安市）文化馆。这些石板、石棒槌就是磁山文化著名的粮食加工工具石磨盘、石磨棒。

1973 年，河北省文物研究所（当时的河北省文物管理处）和邯郸市文物保管所联合进行了调查，并征集了在磁山二街挖出的石磨盘、石磨棒和陶器标本。1974 年对磁山遗址进行了试掘，发现了粮食窖穴、石器、骨器、陶器等。以后经过 1976～1978、1985～1988、1994～1998 年三次正式发掘，发掘总面积 7400 平方米。

1977 年元月，主持发掘的河北省文物研究所孙德海先生等人携带磁山遗址首批出土文物前往北京请中国科学院考古研究所专家进行鉴定，中国考古界的二位前辈苏秉琦、安志敏先生一致认为这批东西早于著名的仰韶文化，很可能是我国半个世纪以来新石器时代考古的突破口，并指示要大面积发掘，搞清它的文化面貌，同时沿着磁山遗址所在的洺河流域进行专题调查，搞清还有多少同类遗址。同年 7 月份，中科院考古研究所所长夏鼐先生、苏秉琦先生和安志敏先生到磁山遗址发掘工地考察指导工作，之后有

---

* 高建强，男，1964 年生，河北任丘人。1985 年北京大学考古系毕业，河北省文物研究所研究员。一直从事田野考古发掘及研究工作，主持磁山遗址等多项大型遗址、墓葬考古发掘，撰写多篇发掘报告和论文，并多次参加河北省考古勘探、发掘培训教学工作。

很多专家学者到工地考察工作。后经反复论证，将以磁山遗址为代表的考古学文化遗存命名为磁山文化。

二、发 掘 收 获

磁山遗址经过多次发掘，获取了大批古文化遗迹、遗物。

遗迹主要有窖穴、组合物坑、房址、灰坑等。

遗物有石器（石磨盘、石磨棒、石斧、石铲、石镰等）、骨器（刀、凿、锥、鱼鳔、镞、梭、针、笄等）、陶器（大口、直壁、平底盂、支架、深腹罐、三足钵、钵、碗等），其中组成炊器的大口直壁平底盂和支架及鞋底状石磨盘、石磨棒是磁山文化的代表性器物。另外获取了大批植物种子和动物骨骼，植物种子有粟、榛子、胡桃、小叶朴等，动物骨骼有家鸡、家猪、家犬、野猪、花面狸、金钱豹、梅花鹿、四不像、鹿、鳖类、鱼类、河蚌等 23 种。

三、几 个 问 题

石器时代考古的划分：石器时代考古分为旧石器时代考古和新时期时代考古，其主要区别是旧石器时代为打制石器，没有陶器，其代表有众所周知的北京猿人、元谋猿人；新石器时代为磨制石器，有陶器，分为早、中、晚三期，中、晚期的代表分别为大家熟知的仰韶文化和龙山文化，而磁山文化即为华北地区新石器时代早期晚段的代表之一。

磁山文化是新石器时代考古中唯——处以我省地名命名的考古学文化，是华北地区首次确认的新石器时代早期文化，^{14}C 测定年代为距今 7400 年左右。

（一）磁山文化的发现对研究陶器发展有重要意义

磁山文化是陶器从起源走向成熟的一个重要发展阶段。陶器的发明，改变了人类的饮食结构，使人类体质的发展产生了飞跃性进步。磁山遗址发现的陶器已经比较成熟，器形比较规范，但其陶器均为手制，器类较少，器型较为简单，陶色不纯，这些都是早期陶器的特征。故磁山文化定为新石器时代早期晚段较为合适。

（二）磁山文化的发现为农业起源研究提供了重要资料

磁山遗址的一个重要发现就是粟——谷子。遗址中发现大量储存粟的粮食窖穴和粮食生产工具石斧、石铲、石镰及粮食加工工具石磨盘、石磨棒等，说明当时农业已经有了相当程度的发展。粮食窖穴中的粟是迄今为止全世界发现最早的粟，它把粟类作物起源的时间提前了 1000 多年，粟的种植，使人们的食物来源除了原始的采集、渔猎之外又多了一种重要途径，改变了人类的食物结构，并且给人们的基本生活需求提供了稳定的保障，这是人类发展史的一件大事。对农业起源的研究具有重要意义。

太行山东麓是我国传统的重要粟类作物产地，磁山遗址正是处在这一区域，它的大量粟类作物的发现，引起了世人极大关注，我国著名的粟类作物专家、河北省谷子研究所所长李东辉先生生前在磁山遗址所在地做了大量粟类作物种植试验，去世后将其骨灰葬在了磁山遗址。

（三）关于磁山遗址组合物坑

磁山遗址的组合物坑（因为目前性质不明，暂时没有合适的称呼）也是磁山文化的重要特征之一。组合物坑主要由生活用具和生产工具组成，有陶盂、支架（炊器）、深腹罐、三足钵（盛储器）、石磨盘、石磨棒（粮食加工工具）、石铲、石刀、石镰（生产工具）等，以上器类在每个组合物坑中比较齐全，只是数量多寡不一。这些器物有一个特点，即很多没有使用痕迹，如石磨盘、石磨棒、石刀、石铲等，陶器有的器形较小或烧制火候很低，如部分盂、支架、三足钵等，这些很明显不是实用器，应该是专门为组合物坑烧制的。这就涉及组合物坑的性质问题，目前有几种说法：

1. 粮食加工场所

这是磁山遗址发据报告提出的，目前经过论证已基本被排除。

2. 墓葬

类似衣冠冢，人体已经天葬、水葬、火葬等。

3. 祭祀遗迹

目前因为各种说法直接证据不足，故均为推测，尚无定论，个人倾向于后两种观点。每组组合物坑的器类都较为齐全，生产工具及加工工具都少见使用痕迹，部分陶器器形较小、火候很低，这些不是实用器的特点，而是和墓葬、祭祀等意识形态关系密切，故认为和墓葬、祭祀有关，有待于发现证据做进一步推断。

（四）关于磁山遗址家畜养殖问题

磁山文化的发现为家畜养殖业的发展提供了大量实物资料。

磁山遗址发现的大量动物骨骼，除了大量的野生动物外，还有家猪、家犬、家鸡等家畜，其中家鸡的发现意义重大。以前世界上发现家鸡最早的是印度，为公元前2000年左右（距今4000年左右），而磁山遗址年代为距今7400年左右，把家鸡养殖历史提前了3000多年，为家畜养殖业发展史提供了重要资料。

（五）关于磁山遗址经济类型问题

磁山遗址窖穴中大量粟类作物和粮食生产及加工工具的发现，说明当时农业已经有了一定程度的发展。家猪、家狗、家犬的发现说明当时家畜养殖业已经产生并有了一定程度的发展，而种类繁多的大量野生动物骨骼及鱼骨和植物种子的存在，说明渔猎、采集在当时生活中仍占重要地位。磁山遗址发现的动物骨骼，包括兽类（以鹿类为主）、鱼类（个体相当大）、龟鳖类、蚌类和鸟类。鱼鳔和网梭的发现，说明捕捞活动也很重要。总之，狩猎的动物既有大型的，也有中、小型的，既有随季节迁移的雁类和鹿类，也有常年栖息当地的动物，可以说包括各种各样的飞禽走兽。这说明狩猎活动是全年进行的、广谱狩猎的性质，而不是闲暇时的活动。这说明当时人们尚需从多种渠道获取食物来维持生活。

总之，农业、家畜养殖业有了相当的发展，而广谱狩猎——采集经济仍然占有相当大的比重的综合经济，是磁山遗址的经济类型。

邯郸市峰峰矿区北羊台、义西遗址夏时期文化遗存浅析

徐海峰*

1996 年，为配合邯峰电厂建设工程，河北省文物研究所、邯郸市文物研究所及峰峰矿区文物保管所共同组成考古队，对厂区占地范围内的北羊台、义西遗址进行了抢救性考古发掘，揭露了一批重要的夏时期文化遗存[1]。本文拟就其文化分期、特征、文化因素等作一分析，以就教于方家。

一、遗存概况

北羊台遗址夏时期文化遗存较为丰富，遗迹包括灰坑、窖穴、房址、窑址、灰沟 5 类，以不规则形斜壁圜底状灰坑为主，坑口直径 1.1～8 米，深 0.3～2.5 米，坑壁、坑底多凹凸不平，一般填充黑灰色软质土，夹杂炭粒及草木灰；另有少量筒状坑和袋状坑，此类坑壁、底略经修整，较平，灰坑内皆出土大量陶片、骨器、石器等遗物。窖穴发现一例，平面呈瓢形，斜壁圜底，北部发现有不规则台阶，坑壁、坑底皆较平整，坑底有掺杂草木灰烧土粒的硬面，并散布碎石块，虽未发现柱洞、居住面、灶迹等，但有出口、用火迹象，应具有半地穴房址的某些功能，所以可将其归入房址类。房址发现 1 座，半地穴式，平面近圆形，斜壁，略经修整，北壁发现一土坎，呈台阶状，疑似门道，居住面为黄土硬面，较平整，中部偏西处发现一瓢形土坑灶残迹，南壁处发现 3 个残柱洞。窑址 1 座，为升焰式竖穴窑，窑顶已遭毁毁，未发现烟道，由窑腔、窑箅、火膛、火门组成，窑腔分布有四角形状箅孔，火膛壁面有高温烧烤形成的青灰色烧结面，窑内填充大量红烧土块，掺杂有细绳纹、弦纹陶片等遗物。灰沟发现 1 段，环绕遗址南部，呈东北—西南走向。

北羊台遗址夏时期遗物以灰砂灰陶和泥质灰陶器为主，多为残片，可辨器形有鬲、鼎、甗、罐、盆、瓮、豆、杯、钵、盖纽等，纹饰以细绳纹为主，其中一类细绳纹细密绵长，几成线纹，还有楔形点纹、指甲纹、圆点纹、锁链状附加堆纹等；除陶器外，石

* 徐海峰，男，毕业于吉林大学考古学系考古专业，现为河北省文物研究所第一研究室主任，副研究员。先后参与和主持鹿泉市高庄汉墓、峰峰矿区北羊台遗址、重庆市三峡库区丰都县麻柳嘴遗址、涿州市元代壁画墓、香港西贡区沙下遗址、唐县北放水遗址及磁县北朝墓群考古项目等。发表《峰峰矿区北羊台遗址发掘简报》、《涿州市元代壁画墓》、《河北商周考古历程》、《赵国青铜文化简论》等著述。

器也是一大类，其中扁平石铲极富特征，有长方形、亚腰形、有肩形等，另有弯月形石镰、穿孔石刀等；骨器有锥、匕、镞、针、凿、笄等；还出土有灼烧痕无钻凿的卜骨；尤为珍贵的是出土了 3 件青铜小刀，是此类文化中所不多见的。

义西遗址与北羊台遗址相距约 500 米，该遗址内涵较为丰富，其中第三期遗存为夏时期，遗迹以大型不规则形灰坑为主，深达 3 米，坑壁凹凸不平，出土夹砂褐陶片、泥质褐陶片及石器、骨器、动物骨骼等。陶器以夹砂褐陶为主，器类有鬲、盆、豆、罐、甗、瓮等，纹饰也以细绳纹为特色，另有弦纹、戳印纹、附加堆纹等；石器也以扁平石铲、弯月形石镰为主；骨器有镞、锥等。

从两遗址夏时期文化遗存的总体风貌看，遗迹类型单一，主要是不规则形灰坑，房址发现极少，遗物以陶鬲、鼎、盆、罐、甗、瓮等为基本组合，扁平石铲、弯月形石镰、穿孔石刀也是其特色。陶鬲虽复原器甚少，但从残件也可窥其基本形制：一类为宽卷沿圆唇、高领、乳袋足略下垂、足根较短、足尖较平；另一类为卷沿较窄微折、短领。两类鬲皆为薄胎，颈以下遍饰繁密的细绳纹，有的几成线纹。部分鬲颈部细绳纹有抹掉的痕迹，其中义西遗址还出土一件口沿压印成花边状的鬲，短领，袋足圆肥，足根较短，足尖圆钝。两遗址均发现有陶鬲的锥状实足根，表面有捏制的指甲痕，个别有分层包制的痕迹。鼎整体形状为罐形，折沿圆唇，浅腹硬折，平底，扁三角形足。甗，皆为腰部残片，一类为有腰隔，饰锁链状附加堆纹；另一类为束腰，无附加堆纹。盆有大小之别，大盆最明显的形态是折沿圆唇、鼓腹、平底，部分盆腹微鼓（或称弧腹）；小盆也分两类：一类为鼓腹，另一类为斜直腹。罐有两种：一种为深长腹罐（即所谓的橄榄形罐）；另一种为矮小的球腹罐。瓮有敛口广折肩（部分肩部有小耳）直腹和敛口卵腹两种，发现为数不少的卵形瓮的外撇式矮圈足。上述陶器群构成了两个遗址的主体文化面貌，其中鬲发现数量最多，也最能体现该文化的基本特征。

二、分　　期

两个遗址中皆未发现遗存分期的直接地层依据，但参照相邻地区同时期遗存的早晚演变关系，结合学者的研究成果，试就其遗存的分期作一分析。

北羊台和义西遗址地处冀南太行山东麓山前平原地带，属滏阳河、洺河、漳河流域，该区域夏时期文化遗存分布密集。迄今为止发现并公布资料的有邯郸涧沟、龟台，磁县界段营、下七垣、下潘汪，武安赵窑，永年何庄，内丘南三岐等。学者结合豫北发现的同类遗存，根据几组典型地层关系，对此类遗存进行了分期，揭示了典型遗物的演进规律。对商文化研究有开拓之功的邹衡先生将此类遗存称为先商文化漳河型，其将商文化分为三期 7 段 14 组，其中商文化第一期——先商期第一段第 I 组时代最早[2]；李伯谦先生将这类遗存通称为下七垣文化，被学术界普遍接受，并将其分为早、中、晚三期[3]；张翠莲教授也将其分为三期[4]。

　　综合诸家意见，我们可看出典型遗物的早晚演进规律。鬲由卷沿、高领、圆唇、鼓腹、高裆、厚胎向卷沿近折、领较矮、腹壁近直演变；鼎有圜底和平底罐形两种，腹部由深向浅演变，领部由高领逐渐至消失，扁足安装处逐渐上移；罐由卷沿高领腹瘦长向折沿腹矮肥式过渡；盆由侈沿曲腹向卷沿弧腹演进。早期的部分鬲、甗、罐等器口上有绳切纹压成的花边。

　　北羊台、义西遗址遗物中鬲有两种（报告分 A、B 二型），复原器少，A 型鬲以卷沿领较高鼓腹为特征，器壁较薄，绳纹较细，较规整，分裆适中，此类鬲残片较多；B 型鬲以卷沿微折，颈微显为特征，此类鬲发现较少，皆为残片。长腹罐，也分 A、B 二型，A 型宽卷沿、圆唇、深长腹；B 型窄卷沿，下腹皆残；还有一类小罐，侈口无沿，矮领、平底。鼎也多为残片，其中 1 件可复原大部，宽折沿、圆唇、浅折腹，腹径明显大于通高，安足处几在折腹处。盆有大盆、小盆之分，大盆分 A、B 二型：A 型敞口、宽折沿、圆唇、弧腹；B 型口微敛、折沿、圆唇、束颈、鼓腹。小盆有斜直腹和鼓腹两种。观察北羊台遗址这些典型器物，我们可看出，鬲最突出的特征是宽卷沿高领，部分鬲高领微折。ⅢH3 单位出土的两件典型陶鬲标本，其中 A 型鬲（ⅢH3：1），高领明显，器壁薄，颈以下饰细密的绳纹，下部残，具有早期风格；另一件鬲（ⅢH3：21），口沿残，颈以下复原，从颈部残断处上卷的趋向推断，也应是高领，与鬲（ⅢH3：1）比较，领微折，腹略瘦，实足根短小圆钝，与何庄遗址鬲（H1：1）鬲近似，但颈部较高，仍属早期风格。B 型鬲以 H03 单位为代表，皆为口部残片。鬲（H03：2），卷沿趋平折；鬲（H03：3），报告定为 A 型，依其领部特征，归入 B 型为妥，宽卷沿微折，与界段营鬲（H8：35）极为相近。长腹罐没有复原器，总体特征都是卷沿方唇，瘦长腹，腹最大径基本在中腹部，表现出较早期风格，报告中认为与何庄遗址长腹罐相似，实则二者有一定的区别，何庄遗址长腹罐卷沿近平，颈部与腹部明显分界，腹最大径也略下移，是较晚期的作风。扁足鼎（H24：5）与梅园庄鼎（AHT301③：5）相类似，腹部很浅，安足处靠上。盆最大特征是沿较宽略卷，弧腹。从上述具有分期意义的器物可看出，北羊台遗址遗物应属下七垣文化中晚期（或二、三期），其中鼎归入晚期（或第三期），其遗存主体风貌应属下七垣文化中期。

　　义西遗址鬲也有两种，报告分二型。A 型宽卷沿近平，与北羊台遗址 B 型鬲接近；B 型复原 1 件，侈口、沿微卷，沿面有绳切纹压印的花边，短领、鼓腹、高裆，与邢台市葛家庄遗址同类鬲相近[5]。花边作风是此类文化早期特色。B 型长腹罐（H5：65）口沿也饰花边。陶盆与北羊台遗址的相近，也以宽略卷弧腹为特征。因此，综合考虑，义西遗址以花边作法为代表的遗物属下七垣文化早期（或一期），其余与北羊台遗址相近，也属下七垣文化中期（或二期）。

三、文化因素分析

　　文化因素分析是指对考古学文化构成因素的分析[6]，其有三层含义：①考古学文化的性质由其占主导地位的因素决定；②不同的考古学文化构成因素的内在结构是不同的；③用以分析一个考古学文化同周边其他文化的相互影响和传承关系,进而探寻这一文化的源流。

　　北羊台、义西遗址遗迹以平面形状、壁、底皆不规则的大型深灰坑为主,另发现有近圆形半地穴房址和圆形竖穴陶窑,这与下七垣文化的代表性遗址下七垣遗址一致。而通览下七垣文化发现的遗迹则以圆形和椭圆形灰坑为主,不规则形灰坑较少。邻近的晋中地区同时期遗存则以圆形和椭圆形的直壁深灰坑为主,发现有不见于下七垣文化的穹庐顶窑洞式房屋址[7],且此类遗迹自龙山时期即一脉相承。

　　根据对北羊台、义西遗址、遗物的分析,可分为四群。

　　甲群:北羊台遗址的A、B型鬲,A、B型长腹罐,A、B型浅腹盆;义西遗址A、B型鬲,楔形点纹、无附加堆纹甗腰,A、B型长腹罐等,该群数量最多,是主体文化因素(图一)。

　　乙群:北羊台遗址平底罐形鼎,青铜小刀等,数量极少,属二里头文化因素(图二)。

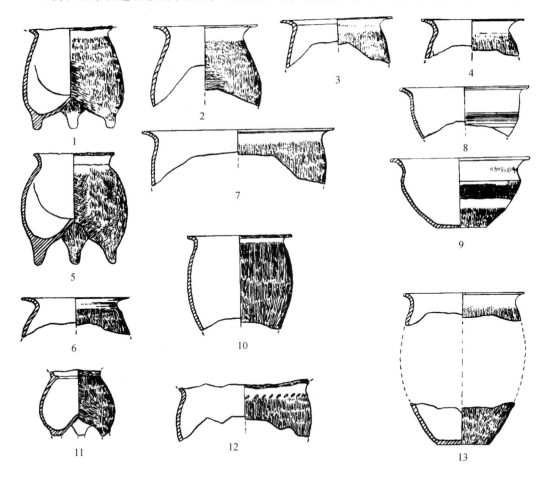

图一　北羊台、义西遗址甲群文化遗物

1、2. A 型鬲(北羊台ⅢH3:21、北羊台ⅢH3:1)　3、4. B 型鬲(北羊台 H03:2、北羊台 H03:3)　5、6. 鬲(义西 B
型 H5:61、义西 A 型 H4:6)　7、10、13. 长腹罐(北羊台 B 型 H03:1、义西 B 型 H5:65、北羊台 A 型 H5:1)　8、9. 盆
(北羊台 A 型 H06:3、北羊台 B 型 H01:3)　11、12. 甗腰(义西 H5:22、义西 H5:54)

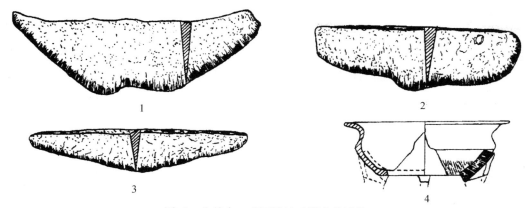

图二　北羊台、义西遗址乙群文化遗物

1~3. 青铜小刀（北羊台 H18:1、Ⅲ H1:2、16）　4. 鼎（北羊台 H24:5）

丙群：北羊台遗址的 A、B 型小盆，旋纹豆，附加堆纹甗腰；义西遗址的小盆，旋纹豆等，数量也较少，属岳石文化因素（图三）。

丁群：北羊台和义西遗址的卵形瓮等，属晋中地区夏时期文化因素（图四）。

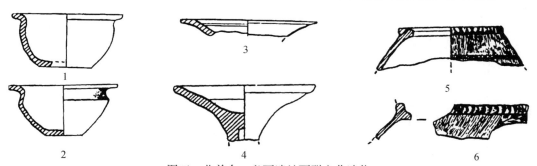

图三　北羊台、义西遗址丙群文化遗物

1、2. 小盆（北羊台 B 型 H05:2、北羊台Ⅲ H3:2）　3、4. 豆（北羊台 H02:5、北羊台 H5:7）

5、6. 甗腰（北羊台 T0103④:1、北羊台 H2:1）

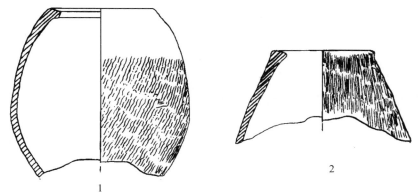

图四　北羊台、义西遗址丁群文化遗物

1、2. 卵形瓮（义西 H4:20、义西 H5:64）

从以上分群考察，甲群无论从数量上还是特征上都是构成北羊台、义西遗址文化的主导因素，而其他群的文化因素则是次要的、从属的，北羊台、义西遗址是下七垣文化的代表性遗址，其使下七垣文化的主体面貌更加清晰，特征愈加鲜明。同时其他群的存在，也反映了北羊台、义西遗址与周邻文化的密切联系，共同呈现出此区域夏时期文化的绚烂面貌。

四、余　论

北羊台、义西遗址地处冀南，此区域夏时期文化遗存密集，但经科学发掘并刊布的田野资料并不多，并且发掘时代久远，近年开展的工作极少，直接制约了对该时期文化的进一步研究。北羊台、义西遗址没有发现反映下七垣文化遗存直接承继关系的证据，纵观冀南地区早于下七垣文化的龙山文化遗存，因工作开展较少，发现零散，极大地限制了学者的深化研究。下七垣文化是先商文化，目前学界几无争议。关于商族的起源，越来越多的学者认为起源于晋中、晋南地区。因为晋中、晋南地区自龙山时代至夏时期文化面貌比较清晰，承继关系明显，对豫北冀南地区有强烈的辐射效应。而冀南地区囿于工作的局限，田野新资料的滞后，龙山文化至夏商文化面貌不甚明了，不足以提出新的论点，直接导致该地区夏时期文化研究的止步不前。冀南地区据历史地理学研究成果，先秦时气候温润，植被繁盛，湖沼密布，是地肥水沃，适宜人类繁衍生息的佳境。文献也记载商先公频繁活动于此地，我们仍倾向于商族源于豫北冀南，这需要更多更新的田野资料证实，所以此区域田野工作任重道远。

北羊台、义西遗址是在配合国家大型工程中发现并发掘的，田野工作有一定的局限，材料尚显欠缺，迄今为止发现已十余载。因以此为契机，拓展田野工作，仍是今后工作的努力方向。

注　释

［1］　河北省文物研究所等：《河北邯郸市峰峰矿区北羊台遗址发掘简报》，《考古》2001年2期；河北省文物研究所等：《邯郸市峰峰电厂义西遗址发掘报告》，《文物春秋》2001年1期。
［2］　邹衡：《试论夏文化》，《夏商周考古学论文集》，文物出版社，1980年。
［3］　李伯谦：《先商文化探索》，《庆祝苏秉琦考古五十五年论文集》，文物出版社，1989年。
［4］　张翠莲：《太行山东麓地区夏时期考古学文化浅析》，《三代文明研究》（一），科学出版社，1999年。
［5］　河北省文物研究所等：《河北邢台葛家庄遗址1999年发掘简报》，《考古》2005年2期。
［6］　李伯谦：《论文化因素分析方法》，《中国文物报》1988年11月4日第3版。
［7］　晋中考古队：《山西太谷白燕遗址第一地点发掘简报》，《文物》1989年3期；忻州考古队：《山西忻州市游邀遗址发掘简报》，《考古》1989年4期。

说　距

井中伟[*]

一、定名与类型

《说文·足部》："距，鸡距也。"鸡距，为雄鸡跗蹠骨后所生出的呈钩形的尖突起部，中有硬骨质之髓，外表包以角质鞘，亦作歫，可用于战斗[1]。为了增强雄鸡的武力，斗鸡人更将角质之距套以金属，如《左传·昭公二十五年》载："季郈之鸡斗，季氏介其鸡，郈氏为之金距。"根据铜戟造型与雄鸡侧形相似（即锋如喙、援如颈、胡如胸、内如尾）的仿生学原理，郭宝钧先生将汲县山彪镇 M1 出土的与铜戟相配套的勾形锋刃器，遂称为"戟歫"[2]。这一定名，得到了后来研究者的普遍认同。沈融先生进一步指出："从鸡距的生长部位和功能来看，戟歫最恰当的称呼对象正是这种装在戈戟下方、戟柲后侧的锋刃器。"[3] 文献中提到的"距"与所谓"雄戟"有关，如北魏张揖《子虚赋》注："雄戟，胡中有歫者。"而东晋郭璞《方言》卷九注："今戟中有小子刺者，所谓雄戟也。"据考证，"雄戟"实乃后起之名，所言"歫"或"子刺"，"仅状其威猛耳"[4]。由于秦汉以后学儒不明东周距制，诠释难免含混。考古资料显示，铜距刃上一般有数目不等的锯齿状子刺，然而子刺亦见于部分戈戟的援胡上，二者虽有联系，却不可等同。

目前考古发现东周时期的铜距可分为分体式和合体式二类。

所谓分体式距，即距与戈戟分开铸造，自成一器。可分二型。

A 型　距体由阑部向上斜伸，末端向下弯勾，阑部作竖向凹槽，用以紧贴缚柲。分三式。

Ⅰ式：1 件。距体倾斜与弯曲弧度较小，距刃无子刺。三门峡上村岭 M1705：61，通长 11.9 厘米[5]（图一，1）年代属春秋早期。

Ⅱ式：7 件。分别出自滕州薛故城 M1（2 件）、M2[6]（3 件），六合程桥 M2[7]（1 件）和镇江谏壁青龙山墓[8]（1 件）。距体弯曲弧度增大，距刃上生出两个以上的子刺。薛故城 M1：33、薛故城 M1：34，通长分别为 22、17.2 厘米（图一，2、3）。以上单位除薛故城 M1 的年代为春秋中期外，其余均为春秋晚期。因此，分体式 A 型 Ⅱ 式距的流行年代为春秋中晚期。

* 井中伟，男，河南汝南县人。历史学博士，现任吉林大学边疆考古研究中心讲师。主要从事中国先秦考古学和田野考古学的教学与研究工作。

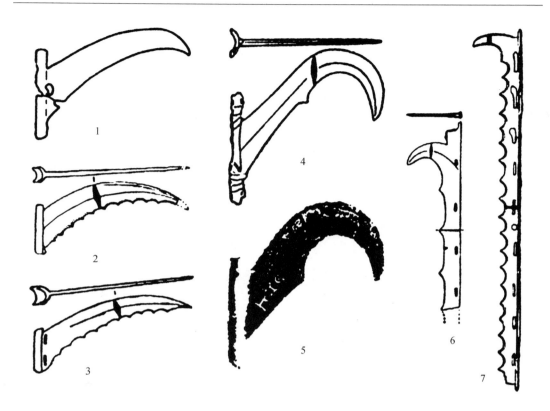

图一 分体式距型式示意图

1. 三门峡上村岭 M1705:61　2、3. 薛故城 M1:33、薛故城 M1:34　4. 汲县山彪镇 M1:56-2　5. 邯郸百家村 M3:85
6. 汲县山彪镇 M1:56　7. 陕县后川 M2060:51（1~5. A 型　6、7. B 型）

Ⅲ式：10 件。分别出自汲县山彪镇 M1[9]（1 件）、邯郸百家村 M3[10]（1 件）、梁山东平湖土山墓[11]（1 件）、沂水埠子村战国墓[12]（1 件）、临淄淄河店 M2[13]（4 件）和章丘女郎山 M1[14]（2 件）。距体倾斜度较大，末端弯曲如钩，下刃仅有一子刺，多数距体自子刺以下加宽。汲县山彪镇 M1:56-2，通长 9.6 厘米（图一，4）。邯郸百家村 M3:85，有铭"甘丹（邯郸）上"三字（图一，5）。汲县山彪镇 M1 和临淄淄河店 M2 的年代为战国早期，邯郸百家村 M3、章丘女郎山 M1 和梁山东平湖土山墓的年代为战国中期。因此，分体式 A 型Ⅲ式距的流行年代为战国早中期。

B 型　9 件。分别出自汲县山彪镇 M1（7 件）、洛阳中州路 M2717[15]（1 件）和陕县后川 M2060[16]（1 件）。距顶端向下弯勾，长阑，阑前侧生出子刺若干，后侧略凹以贴缚柲。汲县山彪镇 M1:56，宽 2.3、残长 19.5 厘米（图一，6）。陕县后川 M2060:51，宽 1.8（子刺）~4.1（弯钩处）、长 32 厘米（图一，7）。以上三单位的年代均为战国早期，因此分体式 B 型距的流行年代为战国早期。

所谓合体式距，即距与戈戟浑铸一体，成为戈戟的一部分。可分三型。

A 型　4 件。作鸡尾形上翘，距刃上生出一两个子刺，铸于戈戟的内后缘。辉县琉璃阁甲墓: Z 甲-31，戈戟长 31 厘米[17]（图二，1）。洛阳中州路 M2717: 145 + 146，戈戟长 23 厘米[18]（图二，2）。另外，邢台南大汪 M1 也出土 2 件[19]。辉县琉璃阁甲墓和邢台南大汪 M1[20] 的年代为春秋晚期，洛阳中州路 M2717 的年代为战国早期。因此，合体式 A 型距的流行年代为春秋晚期至战国早期。

　　B 型　6 件。作镰刀形近平，距刃上无子刺，铸于戟戈的内尾端。长沙浏城桥 71M1: 91，戈戟长 30 厘米[21]（图二，3）。江陵天星观 M1: 288，通长 35.7 厘米，同型共出者 4 件[22]（图二，4）。另外河南西平师灵乡征集 1 件[23]。该型距的流行年代约为战国早中期。

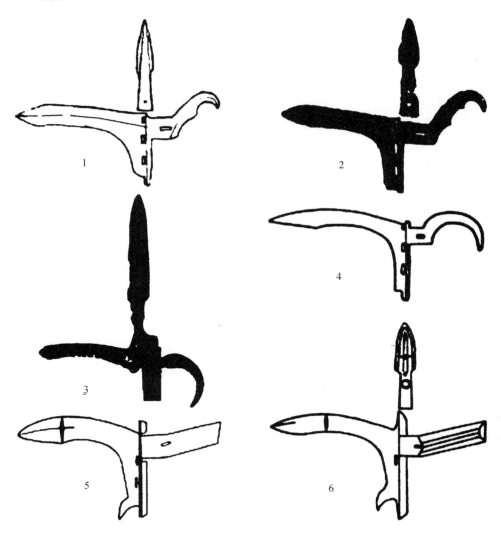

图二　合体式距型式示意图

1. 辉县琉璃阁甲墓: Z 甲-31　2. 洛阳中州路 M2717: 145 + 146　3. 长沙浏城桥 71M1: 91　4. 江陵天星观 M1: 288

5. 巴东西瀼口: 鄂西馆藏 31 号　6. 江陵雨台山 M277: 55

　　C 型　5 件。分别出自巴东西瀼口（2 件）[24]、江陵雨台山 M277（1 件）、江陵藤店 M1[25]（1 件）和秭归庙坪[26]。作短钩形，铸于戈戟的胡下端。巴东西瀼口：鄂西馆藏 31 号，通长 30 厘米（图二，5）。江陵雨台山 M277：55，戈戟长 29.8 厘米[27]（图二，6）。该型距的年代约为战国中期。

二、组合与安装

　　由于合体式距与戈戟浑铸一体，其组装方式不言自明，这里我们着重来谈分体式距。

　　早年郭宝钧先生曾受《增韵》"凡锋刃倒刺皆曰距"的启发，并根据铜鉴水陆攻战图案中长戟形制的描绘，认为汲县山彪镇 M1：56 出土的分体式距应倒置"缚在戟下近胡处，备勾杀时逆推之用"[28]。其实，山彪镇 M1 铜鉴水陆攻战图案中戟柲上端的"V"形对称线条表现的并非倒勾铜距，而是一种装饰品（图三，2）。此物在战国考古中确有出土，如荆门包山 M2：229 戟柲上部残留一捆羽毛和一束人发，其绑扎方法是先将羽毛根部用丝带编结，而后羽尖向上由上往下缠绕于柲，下部用丝带缠数道，外包一绢带，结死结[29]（图三，1）。这种柲扎羽饰的铜戟造型，在成都百花潭中学 M10 出土铜壶[30]、故宫博物院和保利艺术博物馆收藏铜壶[31]嵌错的水陆攻战图案中均有生动的写照（图三，3～5）。更值得注意的是，根据这几件铜壶的水陆攻战图案，我们能轻易地看出分体式距的组装方式。它们既有装于柲前的，也有缚在柲后的，距体均下勾，无一例外。基于此，沈融先生根据合体式距的所铸位置，认为分体式 A 型距应装于戟柲的后侧、内部的正下方，用以弥补不开刃的戟内侧无杀伤力的缺憾，称为"后距"；分体式 B 型距则装于戟柲的前侧、胡部的正下方，使得胡部加长，增强戟的钩割功能，称作"前距"[32]（图四，1、2）。这种认识是完全合理的。需要补充的是，由章丘女郎山 M1 出土铜戟[33]看，分体式 A 型距也可以装于戟柲的前侧，形成前后对称（图四，3），上述水陆攻战图案中并未见到这种组装方式。

　　以往学者以为距仅配用于戟，而专称"戟距"，实际情况并非如此。试举例如下：前面提到的三门峡上村岭 M1705 保存完好，所出随葬品中并没有能用作戟刺的矛头。与其相似的情况还见于邢台南大汪 M1，该墓仅出合体式距戈，也没发现能用作戟刺的矛头。从六合程桥 M2 平面图看，图中 15 号距位于 6 号戈柲旁，邻近的还有 7 号戈，而 4、5 号矛则与距相距较远，且位于靠近镈的一侧[34]。由此判断，该距可能装于 6 号戈下，也可能与 6、7 号戈连装成 1 件双戈无刺带距戟。再者，经核查滕州薛故城 M1 平面图，图中 33 号距与 35 号矛位置紧邻且正相对，而它们周围并没有铜戈[35]，这说明下葬时两件兵器很可能是装在同一柲上的（图四，4）。在百花潭和保利铜壶的水陆攻战图案中，前者右侧战船上层第三人、后者左侧战船上层第二人和右侧战船上层第三人所执的就是这种缚距的长矛（图三，3、5，均左起）。此外，陕县后川 M2060：51 号

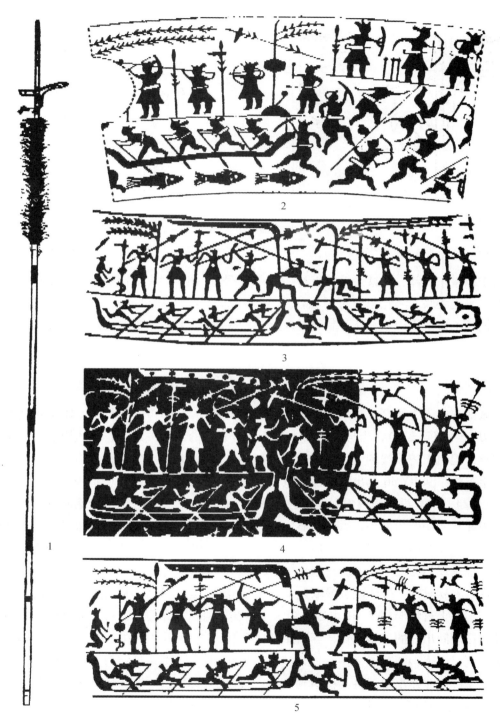

图三　柲扎羽饰之戟与水陆攻战图像（局部）中所见距的组装方式
1. 荆门包山 M2:229　2. 汲县山彪镇 M1:56 铜鉴　3. 成都百花潭中学 M10 出土铜壶　4. 故宫博物院藏铜壶
5. 保利艺术博物馆藏铜壶（甲）

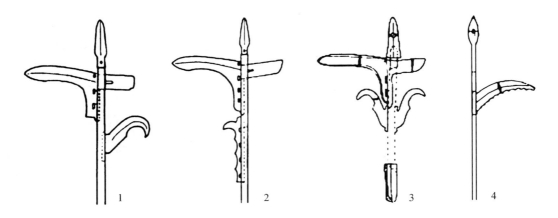

图四　铜距的组装方式

1、2. 分体式距（采自《华夏考古》1998 年第 2 期）　　3. 章丘女郎山 M1:51　4. 滕州薛故城 M1:33 + 35

距出于椁室东北部，该墓无戟而仅有一戈（54 号），出于椁室西南部，二者相隔 2.2 米左右，当无关联，"此距或可单独使用，或是随葬品不需配套"[36]。以上考古资料表明，铜距不仅配用于戟，还可装于戈或矛上，特别是分体式 B 型距也有可能单独使用。

三、渊源与演变

诚如沈融先生所言，年代为西周早期的宝鸡竹园沟 M8:14 戈矛浑铸戟刺后侧的钩形锋刃[37]（图五，1），当与分体式 A 型距具有一定的渊源关系。它试图用以向戟柲后侧勾啄，但由于铸在戟刺上，下刃为横内所阻，其杀伤力也就大打折扣了[38]。与其相似，宝鸡峪泉 98BYM6 也出土 1 件戟刺后侧铸有钩形锋刃的铜戟（M6:9），但无内[39]（图五，2）。由于没有横内的阻隔，这样戟刺后侧钩形锋刃的勾啄功能就能得到充分发挥。因此从实用的角度讲，后者明显优于前者。但是浑铸戟自出现就形成了戈、矛合体与戈、刀合体的两大定制，终西周一代都不曾有大改变。尽管出现了如上述两件那样的改良，也是偶尔为之，并未流行起来。

进入春秋早期，分体联装戟取代了合体浑铸戟，钩形锋刃也随之由合体式改为分体式，三门峡上村岭 M1705:61 可以作为这一新变化的代表（图五，3）。通过借鉴两周之际铜戈援胡间出现的子刺优点，春秋中期的分体式 A 型距开始在距刃上设计密集的锯齿状子刺以增强钩割功能（图五，4、5）。春秋晚期分体式 A 型距刃上的子刺数目减少至一二个，此时还出现了将其移植到戈戟内后缘的所谓合体式 A 型距制法（图五，6、7）。这样做固然可以减少缚柲的麻烦，但如此一来内部过长，而有"折前"之弊[40]，即由于内端过重，使用时内必然会向外偏倾，援锋也会随之降低劈啄时的侵彻力。因此，它并未得到充分发展。特别是战国早期的戈戟内部开始上翘且三缘开刃，使得合体

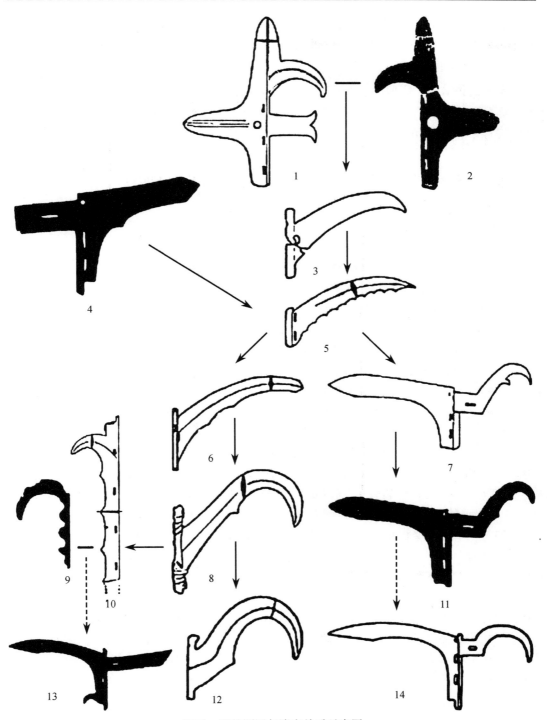

图五　距的渊源与演变关系示意图

1. 宝鸡竹园沟 M8:14　2. 宝鸡峪泉 98BYM6:9　3. 三门峡上村岭 M1705:61　4. 三门峡上村岭 M1715:103　5. 滕州薛故城 M1:34　6. 镇江谏壁青龙山墓　7. 邢台南大洼 M1　8. 汲县山彪镇 M1:56-2　9. 洛阳中州路 M2717:154　10. 汲县山彪镇 M1:56　11. 洛阳中州路 M2717:146　12. 梁山东平湖土山墓:11　13. 江陵藤店 M1　14. 江陵天星观 M1:288

式 A 型距更加无用武之地，战国中期已完全不见。而进入战国早期，分体式距由 A 型又派生出 B 型，由于它们装卸比较灵活，有助于增强戈戟的杀伤力，故能得以延续使用（图五，8～12）。

至于合体式 B、C 型距，目前仅见于南方楚文化区，它们的年代已晚至战国早中期，当是分别模仿合体式 A 型和分体式 B 型距并加以改制而成的，表现出显著的地方色彩（图五，13、14）。

附记：该研究成果得到国家社会科学基金（批准号07XKG003）、"吉林大学'985工程'项目"资助。

注　释

[1]　杨伯峻：《春秋左传注》，第72、73页，中华书局，1981年。

[2] [28]　郭宝钧：《山彪镇与琉璃阁》，第27、28页，科学出版社，1959年。

[3] [32] [38]　沈融：《东周青铜戟的一种形制及其相关问题》，《华夏考古》1998年2期。

[4]　郭宝钧：《戈戟余论》，《历史语言研究所集刊》第五本第三分，1935年。

[5]　中国科学院考古研究所：《上村岭虢国墓地》，科学出版社，1959年。

[6] [35]　山东省济宁市文物管理局：《薛国古城勘查和墓葬发掘报告》，《考古学报》1991年4期。

[7] [34]　南京博物院：《江苏六合程桥二号东周墓》，《考古》1974年2期。

[8]　肖梦龙：《吴国青铜兵器研究》，《考古学报》1991年2期。

[9]　郭宝钧：《山彪镇与琉璃阁》，第27、28页，科学出版社，1959年。

[10]　河北省文化局文化工作队：《河北邯郸百家村战国墓》，《考古》1962年12期。

[11]　山东省文物考古研究所：《山东梁山县东平湖土山战国墓》，《考古》1999年5期。

[12]　沂水县博物馆：《山东沂水县埠子村战国墓》，《文物》1992年第5期。

[13] [33]　山东省文物考古研究所：《山东淄博市临淄区淄河店二号大墓》，《考古》2000年10期。

[14] [18]　济青公路文物考古队绣惠分队：《章丘绣惠女郎山一号战国大墓发掘报告》，《济青高级公路考古发掘报告集》，第122、123页，齐鲁书社，1993年。

[15] [36]　中国科学院考古研究所：《洛阳中州路（西工段）》，第101页，科学出版社，1959年。

[16]　中国社会科学院考古研究所：《陕县东周秦汉墓》，第74、75页，科学出版社，1959年。

[17]　河南博物院等：《辉县琉璃阁甲乙二墓》，第125页，大象出版社，2003年。

[19]　河北省文化局文物工作队：《河北邢台南大汪村战国墓简报》，《考古》1959年7期。

[20]　简报将邢台南大洼M1的年代定为战国中晚期，今改定春秋晚期比较合适。张辛：《中原地区东周陶器墓葬研究》，第94页，科学出版社，2002年。

[21]　湖南省博物馆：《长沙浏城桥一号墓》，《考古学报》1972年1期；湖南省博物馆：《长沙楚墓》，第219、220页，文物出版社，2000年。

[22]　湖北省荆州地区博物馆：《江陵天星观一号楚墓》，《考古学报》1982年1期。

［23］　康晓华：《介绍一件战国铜勾戟》，《中原文物》1987 年 1 期。

［24］　王晓宁：《湖北鄂西自治州博物馆藏青铜器》，《文物》1990 年 3 期。

［25］　荆州地区博物馆：《湖北江陵藤店一号墓发掘简报》，《文物》1973 年 9 期。

［26］　俞伟超：《长江三峡文物存真》，重庆出版社，2000 年。

［27］　湖北省荆州地区博物馆：《江陵雨台山楚墓》，第 82 页，文物出版社，1984 年。

［29］　经鉴定，此戟上的羽毛取自白鹇和原鸡的尾羽。与之共出的遣策记有"十翣车戋戠羽"，即指 10 件秘上装饰黑白相杂羽毛的车戟。湖北省荆沙铁路考古队：《包山楚墓》，第 207～210 页，附录一、一〇，文物出版社，1991 年。

［30］　四川省博物馆：《成都百花潭中学十号墓发掘记》，《文物》1976 年 3 期。

［31］　故宫博物院：《故宫青铜器》，紫禁城出版社，1999 年；保利艺术博物馆：《保利藏金——保利艺术博物馆精品选》（续），岭南美术出版社，2001 年。

［37］　卢连成、胡智生：《宝鸡強国墓地》，第 181 页，文物出版社，1988 年。

［39］　陕西省考古研究所、宝鸡市考古队：《陕西省宝鸡市峪泉周墓》，《考古与文物》2000 年 5 期。

［40］　《考工记·冶氏》云："长内则折前。"

邯郸古城与赵文化研究

赵都邯郸故城考古简史

段宏振*

邯郸城作为战国时代赵国之都，是公元前4～前3世纪中国最繁荣重要的城市之一，代表着古典时代成熟的城市文化和鲜明独特的城市模式。在以田野考古为基础的近代考古学开始以前，关于邯郸故城的研究主要依据文献考证。然而古代文献浩繁，其中虽并不缺乏邯郸之名记载，但其内容主要是相关的政治和军事方面，于邯郸城的内涵方面多为片言只语不成系统，更罕见对城市建设本身的描述，甚至关于邯郸故城的具体位置，文献记载与考证也不尽一致。例如，邯郸的地方志书对邯郸故城的地望多有记述，其内容多历代相继沿用，以年代较近的清光绪二十年《广平府志》为例，其卷三十七云："邯郸故城在今县西南。春秋时卫邑，后属晋，战国属赵，敬侯元年自晋阳徙都于此……故城在今县西南十里，俗呼为赵王城，秦汉时赵俱理此，雉堞犹存，中有一台，疑即殿廷之所。"在此书"邯郸县图"中，于县城西南标注"赵王城"之地。此说为历代文献对邯郸故城地望考证结果的主要代表，但也有不同的意见：明嘉靖《广平府志》则认为，今之邯郸（县城）即古之赵都。清光绪二十年《广平府志》亦有类似议论云："案，邯郸县志云赵都城当以今城之有丛台者为是，若世所传赵有二都城矣。"总之，文献记载对邯郸故城的地望即有不同之看法。科学解决此问题的唯一方法，就是通过田野考古学勘察发掘来证实。因此，田野考古成为研究赵都邯郸故城的重要途径。

从较大地域范围的宏观上观察，邯郸一带处于太行山东麓南北狭长的山前地带南部。史前至夏商西周时期的太行山东麓地区，一直是一个相对独立的文化小区，分布着稠密的遗址群，反映了聚落发展的连续性。与中原地区大多数聚落群形成的规律与模式一样，邯郸一带早期聚落的发生与发展也与一条河流有着密不可分的关系，这条河即是沁河。现在的沁河源于属太行山脉的鼓山东麓，东流注入滏阳河。东周邯郸城正位于沁河东出太行山余脉低矮丘陵的冲积扇上，由此溯河而上的两岸台地上，分布着稠密的新石器至东周时期的遗址群，此乃东周邯郸城出现以前的沁河两岸聚落群。沁河就像一根蜿蜒的链条，左右串挂着大小不一的聚落珠宝，而在其下游——链条的末端，则悬挂着一颗最大的大型聚落宝石——东周邯郸城。因此，邯郸城周围自远郊到周边广大地区，

* 段宏振，男，1965年生。1990年毕业于北京大学考古系。河北省文物研究所研究员。长期从事考古发掘与研究工作，主持北福地、车先贤、赵邯郸城和赵王陵等考古发掘项目，出版著作《北福地》、《燕赵民俗文化》，发表研究论文50余篇。

还分布着一批密集的中小城镇与一般村落聚落群，其与首都中心城市形成一个城镇集聚群聚落区。所有这些聚落遗址群与邯郸故城址一样，都是邯郸故城考古研究的对象和领域。邯郸故城考古工作起始于 20 世纪 40 年代，大约可分为四个阶段。

一、1950 年以前的考古工作

现代科学意义上的研究邯郸城的活动，开始于 20 世纪中叶，其标志是 1940 年日本人对赵王城的勘察发掘。此可视作赵邯郸故城考古研究的起步。

1940 年 8 月 26 日～9 月 26 日，日本人原田淑人、驹井和爱等对邯郸故城遗址进行了考古调查和发掘。1954 年，出版了此次考古工作的报告：《邯郸——战国时代赵都城址的发掘》。他们在邯郸的工作主要有两项内容：一是对赵王城遗址进行了全面调查与测绘；二是重点对赵王城内的龙台北侧土台（即 2 号夯土台建筑基址）、赵王城外王郎村北面的梳妆楼和插箭岭两座土台等地点进行了发掘，发现了柱础石、卵石回廊等遗迹，出土建筑用陶板瓦、瓦当及日用陶器等遗物。

1946 年 9 月，尹达于王郎村附近主持发掘清理一座汉墓，出土文物有玉衣片、鎏金铜饰、嵌琉璃铜饰、陶舞俑等[1]。此次发掘为全面认识邯郸故城的物质文化内涵，提供了新的实证资料。

本阶段考古调查与发掘，是邯郸故城考古的第一步。考古成果的代表文献是《邯郸——战国时代赵都城址的发掘》一书。该书依据考古发现认为，赵王城即战国赵都邯郸城，汉代赵都邯郸的宫殿北移至今县城的西北地带。并由此进一步推论，古代邯郸繁荣的中心由南向北转移。另外，还结合齐城（临淄故城）等东周城址的资料，对邯郸城的郭城问题进行了讨论。该书认为，赵王城之西城应属"主郭"即"本城"，而东城和北城可能是"外郭"。这些推论与后来的考古发现存在着不少的局限性和差距，但其从当时考古发现的证据，首次考证认为赵王城是战国赵都邯郸城。这一论点有着时代的进步性和科学性，是邯郸故城考古研究的首批重要成果。

二、20 世纪 50～70 年代的考古工作

此一阶段的考古工作，主要由河北省文化局文物工作队（今河北省文物研究所前身）主持进行，并与邯郸市文物部门联合组成考古队开展各项工作。

1957～1959 年，河北省文化局文物工作队，对邯郸故城址进行了初步的调查与勘探，并择重开展了考古发掘工作。

1957 年，河北省文化局文物工作队与北京大学考古专业联合组成的考古队，在邯郸开展考古工作，其工作内容主要有以下四项[2]：

涧沟遗址的发掘：遗址面积 300 万平方米，发现龙山、先商、商代、东周、汉代等

五个时期的文化遗存。

　　龟台遗址的发掘：遗址面积 3000 平方米，发现龙山、先商、商代、西周等四个时期的文化遗存。

　　百家村、齐村战国墓葬的发掘：发掘 32 座战国墓、1 座东汉墓。另外，河北省文化局文物工作队还在百家村清理战国墓葬 8 座。

　　发现百家村新石器时代遗址：遗址位于百家村西南沁河北岸的台地上，面积 3 万平方米。

　　1958 年，河北省文化局文物工作队在王郎村西清理汉墓 52 座[3]。

　　1959 年，河北省文化局文物工作队在百家村发掘战国墓 41 座、汉墓 10 座[4]。

　　1961 年，赵邯郸故城遗址被国务院公布为第一批全国重点文物保护单位。

　　1962 年，邯郸市赵王城文物保管所成立。

　　1965～1966 年，为文物保护单位的"四有"工作，省市文物部门联合全面复查勘探城址。

　　1970 年，邯郸城区地表以下 5～9 米深处发现战国及汉代遗存。

　　1970～1972 年，发掘张庄桥村北 2 座东汉砖室多室墓。

　　1972 年 9 月开始，从赵王城北城向东向北延伸考古钻探，发现地下城垣总长约8700 米，证明王城东北存在另一座城址，称之为"大北城"。

　　1972 年以来，邯郸市文物部门在百家村、彭家寨附近清理发掘一批战国墓葬。

　　1973 年，赵王城文物保管所改称邯郸市文物保管所。

　　1975 年，发掘车骑关 2 座西汉大墓，其中 1 号墓的墓室系石室结构，椁室为黄肠题凑结构[5]。

　　1978 年，省市文物部门发掘赵王陵 3 号陵园内的 3 座陪葬墓[6]。

　　70 年代，对大北城和王城的局部地区进行了考古清理。

　　本阶段考古工作的重要成果主要有四个方面：

　　其一，涧沟—龟台遗址群的发现与发掘，阐释了邯郸城兴起之前数千年来沁河流域聚落群的发展轨迹，此乃邯郸城的基础根系。

　　其二，百家村战国墓地的发掘，为研究赵国葬制、赵都社会经济及生活等方面提供了重要资料。

　　其三，赵王陵园的勘察与发掘，搞清了陵园的建筑形制、结构及性质。

　　其四，邯郸故城的全面发现与认识。在今邯郸城区地下，发现了丰富的战国至汉代文化遗存，经分析判断属于战国至汉代城址遗存，即新发现了一座比赵王城规模更大的城址，被称为"大北城"。

　　这些考古发现极大地促进了邯郸故城的综合研究。特别是大北城的发现，是邯郸故城考古研究的重大成果。对此发现及时做出研究探索的是侯仁之先生，他在 1974 年即写出了《邯郸城址的演变和城市兴衰的地理背景》一文，根据最新的考古发现资料，第一次对邯郸故城进行了全面的阐述讨论，是综合研究邯郸城的开山之作。他认为赵王城只是战国赵建都邯郸后的宫城部分，而新发现的大北城则是自春秋以来的一直发展的邯郸城。这个论点修正了《邯郸》一书在此问题上的某些差误，将邯郸故城考古研究推向一个新的阶段。

1984 年，赵邯郸城址考古的主持者孙德海、陈光唐，在《考古学集刊》第四集刊出发表了《赵都邯郸故城调查报告》。该报告将 1957 年以来历次对赵邯郸城址的考古勘察与发掘资料作了详细公布，此报告是继三十年前《邯郸》之后的最新重要成果，是本阶段考古成果的代表性文献，甚至迄今为止仍是研究邯郸的最主要考古文献。

另外，1991 年，陈光唐又编写出版了《邯郸历史与考古》一书，不仅系统研究了邯郸城自远古到近代的演变史，更重要的是发表了许多有关赵邯郸城的考古资料，可作为《赵邯郸故城调查报告》的重要补充。

三、20 世纪 80 年代以来的考古工作

本阶段邯郸故城考古工作的一个重要特点是，主要由邯郸市文物部门负责进行，其主要实施方式是对在市政工程建设中发现的古文化遗存，进行现场及时考古清理并做适当的小面积发掘。这种考古方式与有计划的考古发掘相比，尽管存在着很大的被动性和局限性，但在今天的人口稠密建筑林立的城市市区里，通过此途径开展考古发掘工作，几乎是唯一可行且有效的方法。考古工作的区域主要是在大北城所在的城区，以发掘清理工作为主，结合考古调查和钻探。

1983 年，铸箭炉南面台地附近发现战国时期冶炼炉遗址[7]。

1983 年 11 月，市文物部门清理发掘中华北大街西侧市宾馆地下遗址，发现战国早期或有可能到春秋时期的文化遗存[8]。

1987 年，在人民路附近发现一批西汉半两钱石范[9]。

1988 年，发掘彭家寨村东战国墓 9 座，其中 1 座存有封土；另发掘汉墓 14 座。

1989 年，建设大街西侧百家村附近发现 1 座战国墓[10]。

1989 年 5 月，彭家寨村东南的邯钢北门外发现战国墓葬[11]。

1990 年 4 月，在王郎村北的大北城西城垣附近发掘 130 平方米，发现战国至汉代遗存[12]。

1991 年 4 月，陵西大街西侧日月商城附近发现战国至汉代遗存。

1991 年 5 月，在贸易街市二医院门前一带发掘，发现东汉新城南城垣地下基址，距地表 2.5 米，墙存高约 4 米。

1992 年 2~4 月，在东门里路附近发掘 36 平方米，发现战国至汉代遗存[13]。

1993 年 5 月，在裴庄附近发掘 50 平方米，发现战国至汉代遗存[14]。

1995 年以来，在和平路以北曙光街南北一线，勘探发现大北城东城垣遗迹，重点

地段进行了发掘，如 4 月在丛台路沿线的邯郸医专附属医院附近，清理发掘了一段东城垣基址。

1995 ~ 1996 年，在彭家寨村南一带经考古钻探发现战国至汉代墓葬近 2000 座，清理发掘 360 余座[15]。

1997 年 5 月，在赵王城西城西垣北段外侧勘探，于城垣（中心线）以西 24 米处发现城壕遗迹，宽约 7 ~ 8 米，深约 5 米左右。

1997 年 10 月，赵王陵 2 号陵被盗，后追回的出土文物有 3 匹青铜马和玉片等。

1997 年 12 月，人民路新世纪商业广场附近发掘 40 平方米，发现战国至汉代遗存。

1998 年，陵西大街西侧发现战国至汉代遗存。

1998 年 11 月 ~ 1999 年 5 月，在大北城西垣西侧建设大街附近清理战国墓葬 4 座、汉墓 34 座[16]。

1999 年 3 ~ 4 月，在渚河桥附近清理汉墓 8 座[17]。

2000 年 8 ~ 9 月，西环路齐村段发现 3 座战国车马坑，其中 3 号坑殉马 20 匹、狗 2 只、车 4 乘。

2000 年 12 月，市博物馆后楼基座 6 ~ 7 米深处发现战国至汉代陶圈井、土井、墓葬、铸铜遗迹等。

2001 年，邯郸医专综合楼建设工地发现大北城东城垣遗迹。

2001 年 4 ~ 9 月，对赵王城西城进行了普遍勘探。

2001 年 9 ~ 10 月，丛台路南侧春厂农贸市场附近发掘 100 平方米，发现卵石面、陶制排水管道等建筑遗迹，其年代上限不超出汉代。

2001 年 11 月，贸易路西端发掘 25 平方米，发现西汉时期遗存。

2002 年 1 月，陵园路北侧市中心医院大楼基座发掘 49 平方米，发现战国至汉代冶铁遗址；在和平路与陵西大街交叉口附近发掘 39 平方米，9 米深处发现战国灰坑。

2002 年初，在建设大街与人民路交叉口附近发掘战国墓葬 1 座、汉墓 13 座[18]。

2002 年 3 ~ 5 月，大北城西城垣插箭岭附近发掘 104 平方米，发现大北城西城垣遗迹。

2002 年 7 ~ 9 月，在大北城西城垣王郎城附近发掘 28 平方米，发现战国至汉初的建筑基址、陶圈井和小型墓葬等；在人民路北侧新世纪广场附近发掘 42 平方米，发现东西向路面及附属排水沟，时代战国至汉代。

2003 年 2 月，人民路南侧郝庄村北附近发掘 65 平方米，发现南北向道路、水井等遗迹。

2003 年 3 月，曙光街与朝阳路交叉口发现东城垣遗迹，最高点距地表 1.3 米，存高 7 米。

另外，1995 ~ 2003 年，在故城区及郊区发掘战国墓葬 245 座、西汉墓葬 529 座、新莽墓葬 91 座、东汉墓葬 94 座。

　　本阶段考古的重要成果,是大北城内众多遗迹遗物的发现及两座城址的认定。根据考古发现线索分析判断,汉代邯郸城以战国邯郸城的大北城为基础,西汉时期不断维修加固并利用,东汉时期开始废弃;大约自西汉后期开始建筑新城,范围缩小。这一发现和论证,是大北城考古的新发现和新探索,对全面认识赵都邯郸城的布局和演变历史,具有重要的意义[19]。

　　多年考古资料的丰富积累,促进了邯郸故城考古与历史的全面综合研究。

　　1990 年,孙继民、杨倩描、郝良真合著《邯郸简史》出版,这是在充分运用考古和历史文献资料基础上,全面阐述邯郸城市发展历史的第一部专著。不仅如此,孙继民、郝良真两人有关邯郸历史的研究成果后来结集出版,即:2003 年由方志出版社出版的《先秦两汉赵文化研究》;2004 年由中国文史出版社出版的《邯郸历史文化论丛》。这些著作对赵邯郸城的历史都作了多方面深入的探索,将赵邯郸城研究推向了一个新阶段。

　　2000 年,沈长云等撰写的《赵国史稿》出版。此为关于赵国系统历史研究的第一部专著,是先秦研究领域里的重要突破,对研究邯郸城亦具有重要的意义。

四、21 世纪开始以来的考古工作

　　进入 21 世纪以来,考古工作主要由河北省文物研究所主持进行。同时,邯郸市文物部门继续在大北城地区,对市政工程建设中发现的古文化遗存,进行及时的考古工作。

　　2000 年,省市文物部门组成联合考古队开始在赵王陵 2 号陵园开展考古工作。

　　2001 年 8 月,对赵王城、赵王陵进行了航空摄影。

　　2001 年 9~12 月,发掘赵王陵 2 号陵园 1 号陪葬坑,出土明器车具等遗物。

　　2002 年 3~12 月,发掘赵王陵 2 号陵园 5 号陪葬坑,发现实物车马,并对西北部建筑基址进行了清理。

　　2004 年,考古队开始进驻赵王城开展考古工作。

　　2004 年 10~12 月,发掘东城地下东城垣,城垣内侧发现陶制排水槽道等遗迹。

　　2005 年 3~6 月,发掘解剖西城南城垣,发现城壕、城垣内侧铺瓦等遗迹。

　　2005~2006 年,南水北调中线工程考古工作,在西小屯村西发掘战国墓多座。

　　本阶段考古成果的重要发现是:赵王陵 2 号陵园大型车马坑、赵王城东城排水槽道和西城城壕、铺瓦等遗迹。赵王城考古发掘中断多年后重新开始,特别是城壕的发现发掘,解决了长期以来赵王城有无城壕的悬案。

　　2005 年,乔登云、乐庆森在《邯郸学院学报》第 1 期上,发表了《赵都邯郸故城考古发现与研究》一文。这是继 1984 年《赵邯郸故城调查报告》之后的又一重要的考古文献,披露了许多最新的考古发现,为研究邯郸城提供了最新的资料。另外,该文还对赵都邯郸城的墓葬分区与等级、墓葬数量与人口分析等问题，作了深入而积极的探索，是本阶段迄今为止最重要的考古文献。

五、考古工作展望

邯郸故城考古是一种城市考古类型。

这是邯郸故城考古工作的总基础和出发点，也是最终目标的落脚点。城市是一种超大规模的聚落形态，城市考古有着自身独特理论体系和技术系统。这里无意展开探讨城市考古问题，而主要就邯郸城市考古本身作一简单的讨论。进行邯郸城市考古系统研究，不仅要对城址本身进行深入研究，还要注意城址发展的横向联系和纵向发展规律，还要关注城市生存的自然生态环境。

其一，横向方面，微观与宏观的结合。城市是由多种元素构成的，具体到城址来说就是众多的遗迹现象和遗物群。既要详细研究各种元素的内涵与结构，又须注意用城市框架整合各种元素。同样，城市并非孤立只存，尤其是都城更是常常以聚落集团群模式而共生存在的，因此需要注意城市周边地区的城镇村落集群。2006 年，我们在《赵都邯郸城镇集群区的考古学观察》一文中，放宽对邯郸城市区域范围的视角，提出广阔的邯郸城镇集群区的聚落概念，即是这一理念的初步尝试[20]。

其二，纵向方面，城址遗迹存状与历史演进轨迹的结合。遗迹的共时性和演进轨迹，是聚落形态研究的根本基础。两个方面的有机和科学结合，是城址考古研究永恒的课题，也是经常存在的困扰性和局限性的问题。

其三，研究理论与技术方面，历史文献与考古实证的结合、环境生态与田野考古的结合。历史时期城市的研究，决不能忽视历史文献的重要性。但文献须与考古实证互相验证，双方才能相得益彰。从某种意义上讲，聚落的发生与存在是人类与环境互相结合后，所生成的一种新的自然体。因此，城市考古中环境研究的重要性不言而喻。

以上几个方面，是今后邯郸故城考古工作的发展方向。

注　释

［ 1 ］　黎晖：《玉衣片》，《文物参考资料》1958 年 11 期。

［ 2 ］　北京大学、河北省文化局邯郸考古发掘队：《1957 年邯郸发掘简报》，《考古》1959 年 10 期。

［ 3 ］　唐云明、江达煌：《邯郸王郎村清理了五十二座汉墓》，《文物》1959 年 7 期。

［ 4 ］　河北省文化局文物工作队：《河北邯郸百家村战国墓》，《考古》1962 年 12 期。

［ 5 ］　陈光唐：《邯郸历史与考古》，文津出版社，1991 年。

［ 6 ］　河北省文管处等：《河北邯郸赵王陵》，《考古》1982 年 6 期。

［ 7 ］　邯郸市文物管理处：《邯郸市台地遗址发现铸炉址》，《文物春秋》1992 年 2 期。

［ 8 ］　邯郸市文物管理处：《邯郸市宾馆地下古遗址的调查》，《文物春秋》1990 年 4 期。

［ 9 ］　邯郸市文物管理处：《邯郸古城区出土汉半两钱范》，《文物春秋》1997 年 2 期。

［10］　李海祥：《邯郸市西郊发现一座战国墓》，《文物春秋》1995 年 3 期。

［11］　郝良真、赵建朝：《邯钢出土青铜器及赵国贵族墓葬区域》，《文物春秋》2003 年 4 期。

［12］　邯郸市文物管理处：《王郎村古遗址试掘简报》，《文物春秋》1992 年 1 期。

［13］　邯郸市文物管理处：《邯郸市东门里遗址试掘简报》，《文物春秋》1996 年 2 期。

［14］　邯郸市文物管理处：《裴庄遗址清理报告》，《文物春秋》1996 年 4 期。

［15］　郝良真、赵建朝：《邯钢出土青铜器及赵国贵族墓葬区域》，《文物春秋》2003 年 4 期。

［16］　邯郸市文物研究所：《邯郸市建设大街战汉墓葬发掘报告》，《文物春秋》2004 年 6 期。

［17］　邯郸市文物研究所：《邯郸渚河桥汉墓发掘报告》，《文物春秋》2004 年 6 期。

［18］　邯郸市文物研究所：《邯郸市龙城小区墓葬发掘简报》，《文物春秋》2004 年 6 期。

［19］　乔登云、乐庆森：《赵都邯郸故城考古发现与研究》，《邯郸学院学报》2005 年 1 期。

［20］　段宏振：《赵都邯郸城镇集群区的考古学观察》，《赵文化论丛》，河北人民出版社，2006 年。

关于赵都邯郸的几个问题

刘东光[*]

　　随着赵文化研究的不断深入，关于赵都邯郸的研究也呈多视角全方位的展开。本文拟对赵都邯郸的几个相关问题谈谈自己尚不成熟的看法。由于先秦典籍的简略、地下考古工作的相对滞后及笔者水平所限，错误之处在所难免，望有关专家学者指正。

一、关于敬侯迁都前邯郸的地望问题

　　赵都邯郸的布局、规模由 20 世纪 70 年代文物部门配合地下人防工程在今邯郸市区地下发现的一座大型城址而得以认定。即赵都邯郸是由王城和郭城（大北城）组成。其中王城占地 5.12 平方公里，由三座平面呈"品"字形布局的小城组成；郭城（大北城）位于王城东北方，占地约 13.8 平方公里[1]。关于该城的年代，学界普遍认为郭城（大北城）或其局部应为春秋之际屡见于史的邯郸。其西南的赵王城为敬侯迁邯之际所建[2]。其中见于王城的地上、地下的遗迹、遗物表明其考古年代符合上述推论[3]。但关于大北城的推论尚未得到考古成果的支持。因此，一些学者对该城是否为春秋之际邯郸城的所在提出了疑问。乔登云先生还提出了位于今武安城西南 6 公里处的午汲古城可能为春秋之际邯郸城的设想[4]。对此笔者认为，迄今掌握的赵都邯郸大北城的有限的考古资料尚不足以作为否定其一部分为春秋之际邯郸城的依据。

　　武安西南的午汲古城即为史载的五氏（寒氏）城已为学界所认同[5]。乔登云先生由其为邯郸一带唯一始建于春秋之际的古城而推测其可能为春秋之际的邯郸城[6]。对此笔者未敢苟同。

　　邯郸之名始见于公元前 546 年[7]，其后屡见于史，应为春秋中叶以降的一座具有一定规模的城邑。诸书关于五氏的记载集中于公元前 501 年齐、卫伐晋夷仪时兵过五氏及第二年赵简子以报夷仪之仇伐卫，随征的邯郸午在卫西门曰"请报寒氏之役"等。可知齐、卫伐夷仪之际曾对五氏造成较大的破坏。如春秋之际邯郸曾数名通用，则邯郸应是其最常用的名称。对此重大事件诸书皆用五氏之名显然不合常理。若五氏之名在赵迁

---

　　* 刘东光，男，1947 年生，辽宁沈阳人。现任邯郸市赵王城文物管理处处长，副研究员，河北省文物建筑专家组成员，《中国文物地图集·河北分册》副主编。曾在国家级、省级及日本《佛教艺术》等专业刊物上发表有关石窟寺方面的研究论文 10 余篇。

都之后始见于史，则始建于春秋之际并被考定为五氏的午汲古城有为春秋之际邯郸城的可能，即赵迁都后将原邯郸城更名为五氏。因此，春秋之际同时见于史载的五氏与邯郸当非一城。也就是说若以今午汲古城为春秋之际邯郸城的前提条件是否定其为春秋时期的五氏城。

许宏先生将战国时期新建或改建的都城的格局概括为"从内城外郭变为城郭并列的形式"[8]。徐苹芳先生将其概括为"两城制"[9]。但城郭完全分离者仅邯郸一例（其间最近距离 60 余米）。战国时期列国都城的新建或改建多在春秋都城的基础上进行。赵都邯郸城、郭完全分离的形式表明其城与郭之间并无规划设计上的关联。这应是赵王城营建之际，业已存在的邯郸城对赵都规划产生的影响，表现了城晚于郭的布局特点。

由史籍记载可知春秋之际的邯郸已是一座仓库充实、手工业发达的重要城邑。其足以供给国都之需的较强的经济实力，应为敬侯迁都邯郸的重要原因之一。而敬侯迁都显然与"赵朝作乱"的历史事件有关。因此，即使赵迁邯郸具有历史的必然性，敬侯元年的迁都也应视为突发的偶然事件。因此赵所迁之邯郸应是能立即解决迁都物质之需的富庶城市，而不应是重新选址新建的都城。

另外其城郭分离的布局说明赵迁都邯郸之际邯郸已是一座建制完善的城市。其间60 余米的间隔或与邯郸城西垣外的城河的影响有关。关于这一观点虽无直接的依据，但近年来已在大北城西垣北段发现有城河的遗迹。

综上所述，笔者认为关于赵都邯郸的郭城（大北城）的一部分即为春秋之际的邯郸城的推论虽尚无考古成果的支持，但也缺乏足以推翻的依据。由于赵都邯郸的郭城大部分深埋于现代城市之下，其考古工作难度极大。迄今配合城市基本建设所进行的考古工作对于面积达 13 平方公里的大北城来说可谓杯水车薪。总之用考古手段解决赵都大北城的始建年代及其布局变化等问题尚需大量工作。

根据相关文献分析赵迁都前邯郸的聚落形态，虽资料极为有限，但其为一座经济繁荣的重要城邑应无疑义。史料记载公元前 497 年赵简子因索要卫贡五百家导致赵胜等据邯郸反叛，赵简子经多年战争才于公元前 490 年完全控制邯郸，由此可知，至迟在公元前 500 年左右邯郸已是一座具有进行较大规模攻防战役能力的设防城市。显然当时的邯郸不仅具有较大的规模和较强的经济实力，同时也已具备完善的城墙等防卫设施。由敬侯迁都前邯郸应属于规模较大的卿大夫采邑推测其城池规模应在 1～2 平方公里之间，只占赵都邯郸大北城的一小部分。关于该城在大北城中的具体位置，笔者拟通过对当时的地理背景及筑城选址规律等方面的分析试作推测。

侯仁之先生依《水经注》所载分析得出古之牛首水、拘涧水分别为今天的沁河、渚河；古白渠水略相当于今天的滏阳河。并进一步指出当时沁河（牛首水）流经邯郸的走向为由西向东，大致沿今和平路东流汇入白渠水[10]。现渚河（古拘涧水）经赵王城北城中部，出城后又向东南折汇入滏阳河，但这也不是渚河的原始流向。据《滏阳河灌区志》载，这是 1959 年人工改道的结果[11]。改道前的渚河出赵王城小北城后的走向基本为正东，于今罗城头处入滏阳河。由此可以推测春秋战国之际牛首水（沁河）和拘涧水（渚河）是两条南北基本平行由西向东流经邯郸的河流。其间距离在 1500 米左右。出于对水源和防卫的需要，春秋战国时期的古城址大多滨水而建[12]。牛首水和拘涧水之间应该是当时筑城的理想选址。因此笔者认为春秋之际的邯郸城应筑于上述两水之间，其具体位置应在大北城的西南部。这主要是因为邯郸的地形是西高东低，经勘探可知春秋战国之际邯郸东西部的高差比现在要大。当年较为高敞平坦的西部显然比低洼的东部更适合筑城的需要。

二、关于赵王城选址及其平面布局规划

（一）选址问题

从赵王城与大北城间的位置关系及其所居位置的地形地貌分析，敬侯迁都之际赵王城的选址似受到以下几个因素的影响。

（1）受战国时期列国都城布局形式的影响。春秋之前各国都城的布局多以王城置于郭城之中。战国时期列国都城的格局演变为宫城迁至郭外或割取郭城一部分为宫城的新布局。田氏代齐后将宫城由临淄城内移建于城西南侧，韩灭郑后将西城辟为宫城等，这是战国之际将宫城迁至郭外的布局实例，赵王城完全脱离大北城的布局体现了符合时代的选址特征。

（2）赵氏先人曾遭水攻。公元前 497 年晋国智氏率韩、魏二家攻赵简子，简子退保晋阳。智氏等三家围晋阳三年，引汾水灌城，城不浸者三版。城中悬釜而炊，易子而食。此役虽最终以赵氏胜利告终，但其惨烈的程度在赵氏后人心里留下难以磨灭的印记。敬侯将王城建于邯郸城西南丘陵地域，尤其是主要宫殿区的西城完全建于高埠之上可能反映了水攻晋阳对赵氏的巨大影响。这点也是今赵王城西城四周城垣及城内夯土台基均保存基本完整的主要原因。

（3）王城与郭城的高差，尤其是西城与郭城间当时高差当在 40 米以上。王城的雄伟和王者的尊严得以更直接的体现。这应该也是影响赵王城选址的因素之一。

（二）赵王城的布局规划

春秋战国之际随着城市经济的发展，城市居民的身份趋于复杂，打破了长期以来以血缘为纽带的聚族而居的城市居住特点。城市居民的复杂化和都城规模的巨大化应是导致"两城制"都城布局的主要原因。与利用东周故城改建的战国都城（如临淄、新郑）和新建的都城（如燕下都）的历史地理背景不同，赵都邯郸是春秋之际在一座相对较小的卿大夫采邑的基础上设计营建的。因此，赵都邯郸基本可视为一座重新规划设计的新城。

关于赵王城的平面布局形式，很多研究者认为其"品"字形布局的三城并非按一次性规划设计所建，是随需求变化陆续建成的。并且对各城营建顺序的看法也不尽相同。笔者认为组成赵王城的三城是按统一规划一次性营建的。

（1）许宏在《先秦城市考古学研究》中指出"宫城有广义、狭义之分。广义的宫城即内城，它包含了与宫室有关的各种建筑、手工业作坊等附属设施、贵族府第或一般居民点和空地（苑囿）等"。赵王城的布局及规模符合广义宫城的概念。

公元前403年，赵国正式进入诸侯行列，其国家机器当随之日益完善。敬侯迁邯意味着一个庞大的政权机构的转移，由赵迁邯后中牟地位的急剧下降来看，当时还应有大量的士兵、手工业者及百姓随迁。庞大的随迁人群与相对狭小的迁入地之间的矛盾要求立即设计营建一座符合当时实际需要的宫城。

（2）"品"字形三城的布局形式是对侯马晋都新田的直接承继。新田为晋晚期都城，位于汾、浍交汇处。其宫城由平面呈"品"字形的平望、牛村、台神三座小城组成。盟誓、祭祀遗址，铸铜、制陶、制骨等手工业作坊遗址，居住遗址和墓地等分布于宫城之外两河间谷地上[13]。虽未筑郭城，但遗址周边的河谷断崖显然具有一定的防卫功能。

自公元前585年晋景公迁都新田至公元前403年赵、魏、韩列为诸侯止，新田为晋都凡182年。关于平望等三城之间的早晚关系，有学者认为其构筑年代可能略有早晚但大体上属修补增建后同时使用的三座城址。也就是说即使三城没有经过统一规划营建，也是在较短的时期内根据实际功能需要陆续完成的。因此新田的三城布局应是适应广义宫城的功能分区需要而逐步形成的。其"品"字形布局形式对当年作为晋卿的赵氏应留有深刻的印象。赵都邯郸的王城很可能是以晋都新田为模式设计营造的。

（3）赵王城东城南墙较西城南墙向南凸出约40米。两城南墙不在一条直线上的做法是赵王城三城非同时营建说的理由之一。通过对王城外围的考古调查，发现南墙外的城壕亦随东城南墙南折。此点亦可视为赵王城三城是一次性规划设计营建的佐证。

综上所述，赵王城的规模符合当时王城规模扩大化的时代特征，适应安置大量随迁人员的需要，其格局亦有据可循。因此，赵都邯郸的王城是一次性规划设计营建的。

（三）关于赵王城的规划思想

赵王城地上、地下墙体大多方位很正，并且其部分建筑之间存在一定的轴线关系。与其他同时期都城址相比显然在平面造型、布局等方面更显规范严整。因此，有些研究者依据赵王城西城1、2、3号夯土台基间的位置关系，认为赵王城的布局具有中轴对称的规划思想，从而得出其为中国最早有中轴对称布局形式的古代都城[14]。笔者认为此说太过牵强，对赵王城表现的初步规划意识，不应过分夸大。

首先，即使赵王城三城中最为规整的西城也并没有一条真正意义上的轴线。作为全城规模最大的1号台基（龙台）处于城内偏东南的位置上。其与北侧的2、3号台之间虽有一定的轴线关系，但亦非严格对称。三台间的轴线显然偏于龙台西侧。因此西城1、2、3号台应视为三座宫殿建筑间的轴线关系。不能作为全城具有轴线对称规划思想的依据。另外该城各墙门阙之间的对应关系也极松散，除南墙东门和北墙东门位于一条南北直线上外，其余各门之间全无照应。

其次，西城现状表明，赵王城是以充分利用地形地貌为规划基础的。如前所述赵王城城墙大多方位很正。但在赵王城城墙中占有重要地位的西城西墙的方位却并不很正（由东南向西北偏），显然这不是由于技术问题造成的。笔者认为该墙是依所处丘陵岗地坡脊的走向夯筑的。这道坡脊对赵王城的重要意义至今显而易见，由城西眺望王城仍有雄壮威严之感。因此赵王城布局设计是以该墙位置的确定为基础的。

另外，西城的主体建筑——龙台（1号台），位于城内东南部的现象表明其是在原有高埠的基础上夯建的，而不是按轴线对称的原则择址夯建。其对于西城布局设计的影响之大显而易见。如2、3号夯土台基位置的确定、前述南墙东门和北墙东门对应位置的确定（连接两门间的道路位于龙台东侧，为唯一贯通全城的道路）、龙台西侧大面积建筑遗址等均与龙台具有位置上的对应关系。

综上所述，赵王城三城中最具规划意识的西城也尚不具备轴线对称的规划思想，其规划的基础是建立在充分利用自然地貌的基础上的。

三、赵王城的构筑工艺

赵王城遗址地表之上现存有近70%的城墙及十座大小夯土台基，并保留有完整的地下墙基及十余处地下夯土基址，为同期城址中现存状况最好的一座。由于迄今为止对这些遗址所作考古工作甚少，本文仅依有限的相关资料试对其构筑工艺作一些推测性的分析。

（一）城　　墙

由钻探和城墙断面资料显示，赵王城城墙为通体层层水平夯筑。夯层以6~8厘米为多，间有10厘米左右者，夯窝直径5~6厘米，夯砸细密坚实。夯层接近水平，有的几乎完全水平。表现了高超的夯筑工艺水平。赵王城城墙用土为红黏土或混有礓石的黏土，显然为就地取材。土源应主要自来城址内平整土地、挖掘城壕、清挖西城北部园囿区内的湖塘等。这种生黏土经夯砸后硬度很大但韧性较差，与夯筑黄土相比更易呈块状崩落。赵王城的营造者们在地形复杂的丘陵地带夯筑高出规格的城垾，并创造了独特有效的城墙保护方式。

1. 城墙防排水设施

解决防排水问题是提高夯土使用寿命的关键。对于较易崩落的赵王城城墙来说则更为重要。关于赵王城城墙以多层铺瓦和排水槽道构成的防排水体系已多有报道[15]，在此不加赘述。由于城墙上部破坏严重，墙顶构筑形式已无迹可寻。由排水槽道铺设情况推测墙顶应铺覆硬化防水层，用于墙顶硬化的材料可能就是普遍存在于城址内外的河卵石。墙顶向内侧泛水，内外两侧均筑女儿墙，墙顶之水均汇于排水槽道处泄下，避免了雨水对内、外墙体的直接冲刷。尤其是多层铺瓦的使用使城墙内侧受雨水浸蚀的危害减至最低。

2. 墙体构筑方法

关于赵王城城墙采用水平夯筑、小锤密夯等做法前已述及。笔者认为下面提到的做法也是其在丘陵地带夯筑高规格城墙的有效做法。

（1）采取高处挖槽，低处垫土的墙基处理方式。据赵王城钻探资料，王城城墙墙基宽度差别很大，在20~40余米之间。在地面墙体宽度大体一致的情况下，为何墙基宽度差别如此之大？笔者认为墙基窄处应是下挖的基槽，宽大处应为大面积的垫土。此做法显然与其所处的丘陵地带有关。水平夯筑的城墙与随坡就势夯筑的城墙不同。其地势的高差在墙顶是以阶梯状跌落的形式体现的。高挖低垫的做法可以加长同一水平基准墙体的长度。也就是说可以最大限度地减少墙顶阶梯的级数，显然这对于墙体的结构处理及视觉效果均有很大的益处。西城南墙接近东端处被高级渠挖断的断面显示该处墙体即为在宽达近50米的红黏土垫层上夯筑墙基和墙体的构筑形式。

（2）地势陡降处墙体处理方式

前述高挖低垫做法对平缓慢坡或局部呈较大起伏的地形具有延长同一水平基准墙体长度，减少墙顶水平跌落级数的作用。对于呈大面积陡降的地形来说，以上述手法连接水平高差很大的两段墙体，其在结构处理和视觉效果上都有一些不易解决的问题。笔者认为赵王城是利用设置门阙及墙体平行错位等方式在这种地形下构筑高规格的水平夯筑墙体的。

墙体平行错位做法在赵王城可见二处。一处是西、东两城南墙不在一条直线上。东城南墙较西城南墙向南外凸出约40米。另一处大致位于东城东墙南段地上墙体北端。经钻探查明该墙在此东折100米后又转向北行与北墙连接。赵王城的地势总体为西高东低，而西南向东北的落差尤大。沿西城南墙由西向东至东、西城交界处可明显感到地势下降、坡度变陡。东城内地势虽较平坦，但以中部东西横贯城址的道路为界仍可感到其南高北低的地形特点。2005年秋冬之际河北省文物研究所邯郸赵王城考古队曾对东城东墙中段地下墙体进行过局部试掘，得知该段地下存墙体高达4米有余。就是说经2000余年水土淤积，东城东北部的地势已加高了4米有余。可知当年造城之际此处当有近4米的高差，而且呈陡降的形式。可见这二处墙体平行错位的地点都处于地势由缓降转为陡降的区域。避开急剧落差处两段墙体的直接对接（尤其是东城东墙转折处），显然可以缓解由这种地形造成的结构处理等方面的难题。因此见于赵王城的墙体平行错位的做法应视为一种技术手段。东城东墙折转处的情况较为复杂，其折转点位于现存地面墙体北端以北 50 米处，表明这是通过一处门阙和城墙转角达到避免墙体直接对接和地势高差的过渡目的。城墙转角分别以不同的水平基准承接南向和东向的墙体。由于柏油路面等现代构筑物的覆盖，该门址尚未探明（关于该处门阙的设置问题后文还将论及），但北侧宽达 50 余米的大型城墙转角业已查清。此外，经钻探查明的东城北墙东门应也是以门阙设置作为解决陡降地形城墙对接问题的实例。该门址以西为地面墙体，以东则深淤于地下（现门址以西的近百米地面墙体于 1956 年邯郸洗选场建厂时平毁）。

（二）赵王城门阙结构形式的推测

由于大北城大部分深埋地下，其门阙情况尚未见诸报道。赵王城小北城地表墙体仅存西墙南段，其门阙情况也不清楚，城墙保存较好的东、西两城，除东城东墙外，业以确定门阙 11 处。据钻探资料显示该 11 处门阙的门道宽度在 9～15 米之间[16]，从东、西城内探出的几条古道残段的宽度在 9～11 米之间的情况来看，这些门阙的宽度基本可信。由各门道内未见有隔墩遗迹来看，这些门阙似应为一门一道的形制。对于以在门址两侧墙顶架设横木的门顶结构来说，9 米以上的跨度显然过大。作为具有重要安全防卫作用的门阙，其顶部应有频繁的人员活动及相应的构筑物。在其间没有隔墩的情况下，顶部过木极易变形下垂。笔者认为赵王城的门阙可能是以木架结构的形式解决这一问题的，即在门道两侧及门道内依宽度需要栽立竖向排柱以支撑门顶过木，由此形成一种木结构的一门三道门阙形制。当然这种一门三道的形制可能仅具结构上的意义，并不具备秦汉以降都城门阙一门三道的意义。正因如此，笔者依门址宽度推测不排除其中也可能有一门二道的形制。

关于见于西城西墙北门的"门边墙"[17]，笔者认为这是赵王城门阙中的个例，是不具备普遍意义的构筑形式。很可能是出于对局部崩坏的门阙进行的修补所致。

四、赵王城的排水系统

与齐都临淄通过结构复杂的石筑水道统一排水的做法不同，赵王城排水是通过门阙排入城壕来完成的，这显然与其处于自然排水畅通的地域有关。根据各门门道内几乎都有由于常年走水形成的深浅不一的路沟的现象可以推断赵王城各城门均具有一定的排水功能。但作为面积较大、地形较为复杂的赵王城来说，除以各门阙分散排水外，还应有某种形式的排水系统以解决城内积水外排问题。笔者通过对赵王城自然地貌及门阙位置等方面的观察，认为其东、西城设有两条主要排水道。而小北城显然是以穿城而过的拘涧水（今渚河）为其排水通道。

由西城地貌可明显看出龙台西侧和东侧为二个走排水体系。龙台以西的水大部分经自然沟壑汇聚到 3 号台以北的低洼处，考虑淤积及人为平整等因素，战国之际该地地势应较现在还要低洼，地形也应更为复杂，加之处于宫殿区轴线北部的相对位置，笔者推测该地很可能为赵都宫城内的园囿池沼类的设施。根据对西城北部地形分析，北墙中部的缺口应为该水的出城口。关于该口当地俗称"水泉沟"，《赵都邯郸故城调查报告》认为其不是原设置的城门，系"后来挖毁"形成的缺口。笔者认为该说缺乏依据，由其所居位置及赵王城以门阙排水等因素考虑其应当为一处门阙。并且其"水泉沟"的名字似乎表明该处除容纳西城西部之水外，可能还曾有泉水存在。由此进一步推测该门可能是专为走水而设的水门。

龙台以东水的流向以由南、北两侧向中央汇聚为主，通过东、西两城间的六号门阙东流穿过东城后由东城东门排出城外。关于该东城东门的位置，前文提及应在现东城东墙南段地上墙体与地下墙体交界处，其理由就在于这是东、西两城排水的一条主道。作为以门阙排水的赵王城来说，这座城门是必须设置的。

综上所述，赵王城排水有三条主要通道。即小北城的拘洞水（今渚河）；西城西部的园囿池沼加水门的北排水体系；西城东部与东城以门阙及连接门阙的道路（路边应当有专设的排水道）构成的东排水体系。

注　释

［1］　　［15］［16］［17］　　河北省文物管理处，邯郸市文物保管所：《赵都邯郸故城调查报告》，《考古学集刊》1984 年 4 期。

［2］［3］　　同［1］；段宏振：《赵都邯郸城镇集群区的考古学观察》，《赵文化论丛》，河北人民出版社，2006 年。

［4］［6］　　乔登云：《邯郸境内先秦赵国城址考察与探索》，《赵文化论丛》，河北人民出版社，2006 年。

［5］　　孙继民、郝良真：《邯郸附近山川城邑考》，《邯郸历史文化论丛》，中国文史出版社，2004年。乔登云、段宏振等均持此观点。

［7］　　见《春秋谷梁传》。

［8］［12］［13］　　许宏：《先秦城市考古学研究》，北京燕山出版社，2000 年。

［9］　　徐萍芳：《中国古代城市考古与古史研究》，《中国历史考古学论丛》，允晨文化出版公司，1995 年。

［10］　　侯仁之：《邯郸城址的演变和城市兴衰的地理背景》，《历史地理学的理论与实践》，上海人民出版社，1984 年。

［11］　　滏阳河灌区志编纂委员会编：《滏阳河灌区志》，中国档案出版社，1999 年。

［14］　　申有顺：《赵邯郸故城建筑风格及特色》，《赵文化论丛》，河北人民出版社，2006 年。

邯郸古城变迁浅议

乔文昌[*]

  邯郸是一座历史文化名城，仅自战国时期赵敬侯迁都邯郸至今就有 2390 余年的历史。她的最大特点一是其名称一直没有改变，二是其城址位置大致没有改变，在我国古代城市发展变化史中较为少见。由于文献记载的缺乏及两千年来的地貌又有巨大变化，对邯郸古城的具体位置及形成时代等诸多问题的认识，一直莫衷一是，直到当代在配合城市建设中经考古调查勘探发掘，才揭开了这座古城位置、时代的奥秘。据考古调查、发掘，发现战国时期的邯郸城沉睡在今天邯郸主城区地下深达 6～9 米的地方。而两千多年来，古赵后人是怎样一步一步拾阶而上走到今日地面的，这理当成为一个有意义的话题。

  经三十多年来的考古工作确知，赵邯郸故城分为赵都宫城（俗称赵王城）与郭城（俗称"大北城"）两大部分，总面积为 1894 万平方米。赵王城兴建于赵迁都邯郸前后，在秦灭赵国时已经被彻底毁弃，此后历史上再也没有重建及使用。战国以后的邯郸历代城池主要是在赵邯郸故城大北城的基础上延续着自己的历史，故本文所讨论的主要是大北城范围内的古城变迁。

一、从文物考古资料看邯郸古城的主要面貌特征

  今天，我们已知赵故都大北城的范围，大致位于今邯郸市区内京广铁路的两侧。城墙西垣北端自灵山起，向南偏西曲折延伸，中与梳妆楼、插箭岭、王郎城等地面台墙相连，全长 5604 米。南垣西端在今庞村与西垣相接，由此向东微有曲折，至今贺庄村与东垣相接，全长 3090 米。东垣自贺庄村中部向北延伸，长度应为 4800 米。北垣自灵山北端向东延伸，长度应为 1820 米（东垣和北垣只探查了部分城墙基址，故两垣长度系根据探查部分的走向而确定）。交角应在今联纺路与曙光路交叉口一带。整个城区平面呈不规则长方形，南北最长处 4880 米，东西最宽处 3240 米，面积约为 1382.9 万平方米。

---

  * 乔文昌，男，河北馆陶人，1956 年出生，现任邯郸市文物保护研究所副所长，副研究员。合作主编有《邯郸考古文集》，并发表学术论文多篇。

两千多年来沧海桑田，这座古城池历经风雨摧折和兵燹炼狱的煎熬，已经深埋于地下。而邯郸历代古城随着历史长河激流的冲击，发生了多次变迁。至"明洪武年间，邯郸重建城垣"，当时"南不过斜街口，北不过观音阁，南北不够二里，东西仅半里"。明成化年间进行过拓城，在县城南北各拓半里。自明代以后，邯郸再无扩大。其城一直延续使用至民国，被人们称为"明清老城"。而此时的邯郸城已是建在大北城 6 米以上的层位了。

在较早一个阶段的考古工作中基本上弄清了古城邯郸的面貌：战国两汉时期的邯郸地面是西高东低。在西垣附近，地表下 0.5 ~ 1.5 米便可见到战国两汉时期的文化层，而在东垣附近其同期文化层则在今地表下 6 ~ 9 米深处，甚至到 11 米处。整个城区内，一般从今地表往下至 6 米是淤积层，6 ~ 9 米是战国两汉文化层。其中战国文化层较厚，遗迹、遗物都很丰富。

地层关系：地表下的淤积情况是由西而东逐渐增厚的，即越往东淤积层越厚，土越软。在大北城的东部，变化没有那么显著。从动土点的情况来看，一般在地表下 1 米左右为扰层，2 ~ 3 米为比较坚实的黄土层，3 ~ 6 米为淤土或黄沙土，6 ~ 9 米为战国及汉代的文化层，有的在地下 4 米见上述文化层，有的在 11 米的深处还是上述文化层。战国、两汉时期文化层以上，除在"明清邯郸老城"及其他一部分地点有汉以后的南北朝、隋、唐至明清时代的文化层外，其他绝大部分地点都没有这种叠压现象，连汉代以后的遗物也罕见。

在大北城遗址中部偏东南地区（今体育场及附近一带），发现东晋以及东汉时代的墓葬。中部发现唐至宋元时代的墓葬。从地层关系及上述墓葬的发现，都说明了大北城在东汉时代开始衰落、缩小，西晋、南北朝时期益甚。唐宋时期城池其方位和大小与明清老城相若，只不过位置要偏西或偏南一些。

据对"明清老城"的考古调查，北段地表下常见砂层，北端 7 米深处的黑土层中，有较多的战国、汉代文化遗物；中段地表下是近代文化层，再往下 1.5 ~ 5 米处常见到唐、宋、元等时代遗物，在 7 米以下仍是黑土层，所含遗物与东西路基本相同。南段地层情况与出土遗物和东西路同，但数量不及东西路的中段。在南段 8 号遗迹中，发现大石磙等石料加工遗迹。

老城以南：离城往南 1250 米以内，地表下是扰乱层，1.5 ~ 6 米是淤土层或黄褐色土层，6 米以下是黑土层。黑土层中的遗物，仍以绳纹板瓦、筒瓦残片为多，陶豆、碗、盆、罐也常见。在与此路并行的东路、西路的黑土层中，发现齿轮陶范、陶井圈、窑址、铁磔等。这两路遗物很多，在西路中段 4.5 米以上，发现瓷器，东路中段地表下 5 米处，发现宋代墓葬数座。

地表以下 6 ~ 10 米的黑土层里，普遍有战国、汉代遗物。汉代文化层厚薄不一。战国文化层比较厚，最厚处可达 2 米。

以上是 20 世纪七八十年代的考古调查情况。自 20 世纪 90 年代以来配合城市基本建设动土工程，考古调查、勘探和发掘工作又取得了很大收获，大大丰富了我们对于邯郸古城了解的内容：

（1）2002 年元月，在和平路与陵西大街交叉口东南角金正城市广场深 6 米的地槽内，表层为大面积北朝至隋代文化层和灰坑，距地表 7.5 米以下发现战国时期的灰坑，坑底距地表 9 米以上；另在地槽西壁距地表 3.5 米处发现有南北向古河道。

（2）1991 年 5 月，曾对贸易街市第二医院门前新城南垣地下墙址进行过试掘。墙址发现于现地表以下 2.5 米，墙体残高约 4 米，内侧因现代路面叠压而未能清理，外侧根部以上发现有厚约 1.5 米的汉代文化层及数座打破文化层的东汉晚期贫民墓葬，墙体上部亦被一座唐代小型砖墓打破，反映了墙体与不同遗存间的年代关系。

（3）1991 年 4 月，在陵西大街西侧日月城商场建设工程中，在现地表 5.5 米以下、共 50 平方米范围内，清理灰坑 15 座，并发现有夯土墙、排水道等遗迹，出土战国、汉代、北朝、唐、宋等不同时期的文物百余件，首次发现了北齐时期的文化遗存。

（4）1998 年，在康德超市深达 6 米的地槽内发现了战国、两汉时期遗址，清理陶圈井 1 眼，小型唐墓 3 座。

（5）1983 年 11 月，邯郸宾馆院内发现古遗址，其地层情况为：

第 1 层为近现代层，黄褐土，厚 1.8 米。

第 2 层为黄淤土，厚 1.4 米。

第 3 层，灰色淤土，厚 0.3 米左右，含极少量碎小的白瓷片。

第 4 层，黄淤土，厚 1.4 米。

第 5 层，黄褐土，厚 0.2～0.3 米，含大量姜石及少量碎陶片，系淤积而成。

第 6 层，灰褐色文化层，厚 0.1～0.5 米，其下叠压 3 个灰坑。

第 7 层黄灰土，厚 0.2 米左右，此层下叠压 3 个灰坑。黄灰土之下为一层厚 0.1～0.6米不等的细黄土，细黄土之下为纯净的砂土层。

该遗址的年代上限为战国早期，下限为秦代或西汉初年。

（6）1992 年，在东门里遗址（位于明清老城内东门里路中段北侧，东距新街约 20 米）发掘清理战国、两汉以后的灰坑 10 个、水井 2 眼、窑址 1 座、墓葬 14 座，出土遗物 140 余件。地层堆积为：

第 1 层，扰乱层。厚 3～3.3 米，有现代房基残段、炉渣、砖瓦及瓷片等。

第 2 层，黄褐土。质地疏松，厚 0.1～0.5 米，内含大量瓷片，可辨认器型的有黑釉杯等。

第 3 层，褐色路土。质硬而松散，厚约 0.1 米。其下暴露灰坑 3 个。

第 4 层，灰褐土。土质较硬，厚 0.2～0.5 米，出土陶片以泥质灰陶为主。

第 5 层，灰褐土。质硬而松散，厚 0.1～0.8 米。其中探方南半部为厚 0.1 米左右的路土，北半部路土不明显。水井 1 眼，被 H7 打破并叠压。

第 6 层，灰土。质地松散，厚 0.5～1.8 米。

第 7 层，黄土。质地松散，厚 1.3 ～ 2.6 米。遗物较少，除较多的泥质灰陶绳纹板瓦、筒瓦残片外，有折沿盆、豆、碗、钵等。以下为生土，即黄沙土，质地松散。

根据地层关系及出土遗物可以看出，本遗址各堆积层次的时代特点还是非常清楚的。其中第 6、7 层和一号水井出土的细把豆、钵等系战国中晚期至西汉前期较典型的器物，第 5 层及其叠压的灰坑内出土的青瓷钵、碗，三彩器，玉璧底白瓷碗，则是冀南地区唐代遗址、墓葬中常见的器型。第 2、4 层虽然遗物较少，而且破碎严重，但其中的黑、白釉瓷碗等残片所具有的宋金时代的特点还是非常明显的。第 2 层出土的青花碗，黑釉碗、杯更是明清时期常见的器物。因此将本遗址划为战国、两汉、唐代、宋金和明清等几个大的阶段还是比较可信的。

该遗址延续时间较长，几乎从战国开始，直至现代从未间断，而且还发现了唐宋时期的堆积，这在以往的调查中是很少见到的。

（7）裴庄遗址位于赵都大北城中部偏西，即今邯郸市复兴区裴庄村南的复兴路与铁西大街交叉口东北角。该遗址于 1993 年发掘，探方总深度为 6.2 米，由今地表往下：

第 1 层，为扰层，厚 1.8 米左右，内含近现代砖、瓦、瓷片、煤渣等。

第 2 层，为淤土，厚 2.5 米左右，质地松软，遗物极少。

第 3 层，黄褐土，厚 0.25 米，质地松软，内含少量板瓦、筒瓦等陶片。

第 4 层，为灰褐土，厚 1.6 米左右，质地松软，遗物比较丰富。

第四层以下为黄沙土，土质松软，无遗物。

（8）1987 年 8 月，配合市政人民路立交桥工程，在地表下 7 米处发现一批半两钱范。此处地表下 1.5 米为扰层，内含近代遗物；1.5 ～ 6 米为黄沙土或淤土，6 米以下为黄褐土，即汉代文化层。

（9）1990 年 4 月于复兴区王郎村北发掘一处古遗址，位于大北城遗址的西部，西距大北城西垣约 300 米。试掘地点文化堆积层较薄，有的地方无文化层。T1 的地层情况是：

第 1 层，黄褐色耕土层，厚 0.3 米左右。

第 2 层，黄淤土，厚 0.4 米左右，较纯净。在第 2 层的下面发现三个灰坑，局部地方有碎瓦片存在。

初步认定遗址年代为战国晚期。

（10）1992 年 12 月，在市第一医院内工地发现宋代墓葬。南与武灵丛台隔路相对。北 M10，墓顶距今地表 4.1 米，棺床至顶高 2.95 米；北 M11，墓顶距今地表 3.5 米。从出土器物、墓葬形制、墓中出土货币等情况来看，北 M10 上限不会超过宋徽宗政和年间；北 M11 上限不会超过宋哲宗元祐年间。

两墓的地理位置，在战国、西汉的邯郸城中部偏北，汉代以后城址逐渐缩小，明代邯郸城只有今穿城街的地方，而该墓地距明城墙东北角约 350 米，证明此处在宋代已不是城区。

（11）1980年10月，清理了明刑部尚书张国彦夫妻墓。墓地位于邯郸市西郊莲花岗，原有封土，规模可观可惜早被毁坏。墓室是在基建工程中暴露出来的，墓顶距现地表约0.4米。

（12）1996~1999年间，分别对中华大街以东丛台路南侧电业局北院住宅楼、中华大街东侧电业局南院综合办公楼、陵西大街与和平路交叉口西北角的康德超市、中华大街与陵园路西北角中心医院综合楼等四个不同区域地点所发现的23座唐代墓葬进行了清理发掘。这批墓葬均为小型唐墓，均发现于现地表4~6米以下，其上为淤土，下部有的打破战国、两汉时期文化层。

在电业局北院，M101，开口距地表深5.7米，其上全部为淤土；M105，发现于距地表深约4米的楼房基槽底部，上部已毁并遭早期破坏。

在电业局南院，M203，发现于深约5米的楼房基槽内，其墓底部距地表深约6.3米；M204，发现于楼房内基槽底部，墓底距现地表深约6.2米；M205，发现于深约5米的楼房基槽内，打破战国、两汉时期文化层，墓底距地表深约7.1米；M206，发现于距地表深约5米的楼房基槽底部，墓顶施工时被挖毁。

和平路与陵西大街交叉口西北角的康德超市地下，M303发现于深约6.7米的基槽底部，打破汉代文化层，墓口及墓顶已遭破坏。

上述唐墓的上限约在唐武周初年或稍早的唐高宗后期，下限当在唐玄宗开元末年或天宝初年，即公元670~740年前后，延续时间约70年。

在电业局南院唐墓中出土的"焦客朗铭"及焦君墓志分别记载，该墓位于邯郸城（系指当时的唐代）东南二里半或三里的"平原之野"。

（13）2003年，在连城别苑住宅小区（位于今市区东部，西临滏东大街，南临丛台路）工地内清理发掘4座宋金墓葬及5座清代墓葬。宋金墓4座（包括M4、M7~M9）。M4，墓葬开口距今地表2米左右。该墓所处时代在北宋晚期至金代前期；M9，开口距今地表2.55米，墓室保存完整，该墓的年代较M4早，但相差不会太长。金代墓，M7，开口距今地表深0.8米。其年代为金代初期至中期。

清代墓5座（包括M1~M3、M5、M6），据分析，5座墓之间应相隔时间不会长，大致在清康熙年间至清中期。这些墓大多开口接近地表。

（14）1997年12月发掘东庄遗址（位于市中心的东庄村西南部，即中华大街与人民路交叉口东北角）。探沟开在地槽底部，距地表深6~6.9米。以探沟东壁为例：北半部为唐代淤土层，中部仅存一薄层黄褐色淤土层，之下为唐代道路，H2和陶窑压在路土之下。探沟内发现唐代道路1条、战国、两汉时期灰坑2个、水井3口、陶窑1座。

古道路1条，东西向，距地表6.3米，路宽5米，厚0.3米左右，为灰褐色土，极硬，内含有大量战国、两汉时期陶片及少量的青瓷碎片。

（15）在丛台区春厂农贸市场（位于丛台路中段、第十一中学西侧），于现地表6米以下发现大面积战国、两汉时期文化层堆积，出土的建筑构件有板瓦、筒瓦、瓦当、钉稳、砖及排水套管等，生活器物有盆、壶、罐、碗、豆、甑等，并有大量的石块、红烧土等遗迹。更为重要的收获：一是发现了汉代长 10 余米、宽约 3 米、由河卵石及方石铺砌的双层路面；二是发现了汉代上下两层陶制排水管道及两条排水沟槽；三是发现了汉代大量砖瓦、生活器皿残片及少量钱币堆积的建筑废墟。估计这些汉代文化层之下还叠压有战国时期的文化遗存。

（16）在柳林桥村口利川房地产开发公司住宅楼工地发现一座金元时期墓葬，该墓距现地表总深 2.6 米，以往在今邯郸市区内发现金元时期的墓葬比较少。

（17）2002 年 4 月，在人民路与土山街交叉口西南角电子大楼南侧，于地表下 6.5 米处发现了陶棺葬具。周围为汉代文化层堆积，并有路土等生活硬面，共清理 5 座墓葬。

（18）在东风路腾达小区工程建设中发现 3 座宋金时期砖墓。

（19）1991 年 10 月，在人民路西段北侧市汽车公司院内基建工地，发现 3 眼陶圈井，井口距地表深 0.9 ~ 1.5 米，根据 J5 内出土的绳纹瓦片分析，为战国晚期至西汉时期。

2000 年 12 月市博物馆扩建工程中发现 3 眼陶圈井，距现地表 6.6 米发现残存井口。其直径最小者 1.05 米，最大者 1.5 米。井内有空心砖、大量建筑构件和浅平盘豆、罐、壶残片等生活用品碎片，有卷沿折腹圜底盆、假圈足折腹碗、罐、瓮、豆、铜勺等遗物。2 眼为战国时期，1 眼为战国晚期至西汉早期。

在人民路北侧百花小学待建工地发现陶圈水井 1 眼，为战国、两汉时期。井口距现地表 0.5 米，存 8 节，每节直径 1.2 米，高 0.39 米，内深 3.12 米，井内填有大量的建筑灰色筒瓦、板瓦及素面瓦当，和赵王城内出土的建筑构件在尺寸上较近似，其时代应为战国。通过对附近发现的建筑遗址来分析，此处应曾是人类居住的区域。

（20）高新开发区内联通通信综合楼工地（位于我市东北部）发现宋元时期村落遗址及墓葬，确定其文化层在现耕土层以下至 0.9 米之间。据遗址出土器物推断，该遗址为宋晚期到元代时期的一处古村落。没有发现明清时期遗物，说明该村落在元代后期已经废弃。邯郸市区内光明大街以西所见宋元时期文化层均在现地表以下 2.5 ~ 4.5 米之间，此处宋元时期文化层在 0.35 米（耕土）以下，说明在宋元时期，此处地势要高于市内 3 米左右。该遗址为研究邯郸历史地理环境的变迁提供了可靠依据。

（21）2003 年对新建邯钢冷轧薄板厂建设工地探明的地下古墓葬进行了抢救性发掘。该工地位于复兴区酒务楼村东南、西大屯村西北，是古墓葬分布较密集的地区之一。本次共清理古墓葬 404 座，抢救出土文物 1700 件（套）。墓葬深浅不一，一般距地表 4.1 ~ 5.8 米，最浅的 2.8 米，最深达 7.1 米。根据墓葬的形制特点及出土文物特征分析，该墓群以两汉墓为主，战国墓次之，其他还有唐、宋、清代墓葬。

（22）107 国道南环路立交桥东南角河北鹏利达工贸有限公司一期建设工地范围内，发现一批墓葬，墓葬规模较大者，深 4 ~ 5 米；墓葬较小者，深在 2 ~ 3 米之间。这些墓葬的年代属于西汉中期至东汉中晚期。

（23）今人民路中段招贤大厦工地（北邻人民路，东邻城内东街，属于邯郸市中心区域，也是古代邯郸城的中心地带）的考古发掘取得较大收获。

在200平方米范围内，发掘清理出的文化遗迹有房基、灰坑、水井、沟壑、道路和墓葬。其时代上起战国、汉代，历经唐、宋、元、明各朝代，对研究邯郸古城兴衰演变具有重要价值。在厚达7米的文化层中，出土文物标本1000多件。魏晋南北朝文化层有间断或不太明显。各文化层之间有的几乎没有淤积层或仅有微薄的淤积层。

战国、两汉时期的遗物有陶豆、陶盆、陶罐及其残片和筒瓦、板瓦残片。唐宋以后的主要是生活用具，瓷器以宋金元明时期的为主。仅现场提取的文物标本达1361件，另有5万余片瓷器残片出土，其中可复原拼对的器物还很多。

从地层上看，探方口以上至地表1.8米为近现代层，编为第1层。探方内露出的最上层编为第2层，发掘工作从第2层开始：

第2层存在于T1的北部和东部，距地表1.8米，厚0.1～0.3米，黄褐色土层，地层形成约民国时期。

第3层为黄色淤土层，距地表2～2.2米。厚0.1～0.4米不等。探方内的大部分地方没有此层（被很多的坑打破了）。

第4层灰褐色土层，距地表2.2～2.55米不等，厚0.1～0.5米不等。

第5层灰褐色土层，距地表2.4～3.1米不等，厚0.2～0.85米不等。

第6层煤渣为主的地层，距地表3.1～3.7米，厚0.25～1.5米，在探方内普遍存在。

第7层黄褐色土层，淤积而成，在探方内普遍存在。距地表3.5～4.4米，厚0.25～0.9米，此层遗物较少，黄土成分大，相比较为稍纯净的土层。

第8层红煤渣层，在探方内普遍存在，距地表4～4.4米，厚0.1～0.5米不等，包含物较多，仅现场提取的文物标本140件，大量瓷器中可复原的瓷器也很多。⑧a为红煤渣为主的沟状堆积层。距地表4.15～4.95米，厚0.5～1.1米，包含物最丰富，现场提取的标本即达272件之多，碎瓷片中含有大量可拼对可复原的器物。

第9层分为5个小层，依次编为a、b、c、d、e，距地表4.55～6米，厚1.2～2.2米不等。H27位于T1中心偏西南、⑨a下开口，打破黄淤土。圆形、直壁、平底，口距地表6.1米，口径2.94米，深1.7米，底距地表7.8米，内填灰褐色土，出土物有白瓷碗残器，瓷片以白瓷片为多，青釉、黑釉、黄釉、绿釉都有少量存在。

由于未对出土遗物进行整理，只能对年代做粗略判断：第2层大约为民国时期；第3～5层约为明清时期；第6～9层在元、金、宋时期；第9层下的7个灰坑为H23～H29，其时代待对出土遗物整理后推断。

（24）2006年在世贸广场工地共发掘遗址200平方米，清理墓葬4座，出土了一大批具有重要研究价值的实物资料。

遗址发掘在 5.8 米深的地槽内进行，由此往下文化层共划分为 6 层，时代包括宋、唐、汉代、战国及商代等时期。发现房址 1 座、井 3 眼、沟渠 2 条及灰坑 47 个。此次发现的房址为长方形半地穴式，以青砖为主，砖石混砌，房屋内地面平整、坚硬，系长期踩踏形成，房址内出土大量筒瓦、板瓦、砖块、石板及磨盘、柱础石等物，其时代属东汉时期。水井包括一个砖砌井和两个土井，砖砌井残深 4.2 米，时代为明代。

（25）2006 年 8 月，在邯山街南段市糖酒公司住宅楼建筑工地，探明地下古墓 24 座（处），对其中 14 座墓葬进行了考古发掘，包括明代晚期墓葬 4 座、清代墓葬 10 座。

二、各时代掩埋差异程度、各地点掩埋差异

从上述考古资料中，大致得到了以下几种结论：

第一，了解到各时代大致层位，或者说是各时代的大致掩埋深度。战国时期的掩埋深度，除去西高东低的明显差别以外，中东部地区大都在 6 米以下，而唐代基本在 5 米左右，宋代在 4 米左右，明清在 3 米左右。这是各动土点的加权平均数，而各个动土地点的区别又有差异，也正好说明了各时期地面是有高低差异的。

第二，我们也能看到明清邯郸老城与其之外遗址区的掩埋进度及掩埋方式的区别。其明显区别是，在老城范围内很少见到洪水淤积层，而在其他动土点大多能见到明显的淤积层。这种差异主要在于城池的防御功能发挥了作用。《周易·坎卦·象》曰："王公设险以守其国，平原无险可守所赖以御外患而保闾阎者，惟城塞耳。"除了重大军事上的攻防之外，对洪水的防御在一般情况下还是能够收到一定的成效的。管子早就总结出了"凡立国都，非于大山之下，必于广川之上。高勿近旱而水足，下勿近水而沟防省。因天才，就地利"的选址原则。赵都故城遗址就是这一原则的代表作。它西依太行，东濒平原，西高东低，多条河流贯流其左，形成一个箕形盆地，而古城就坐落在扇形的扇骨之上。水源充足、地利天然，应该说是一处良好的选择。但是任何事情都有两面性。邯郸古城不仅遭到了进攻者利用水攻的灭顶之灾，也屡屡受到洪水侵袭的困苦。不过大致在唐宋之后特别是明清时期，古城的范围大大缩小，随着社会的进步，人们对城市防御建设的经验要更丰富一些、更重视一些，在防洪方面有了很大改进。仅在《邯郸县志》中，我们就看到了多次关于修城的记载，并且对城池修建与防御洪水的关系有着较深的认识。如《邯郸县志》记"值沁河泛涨，土堤倾圮，害城颇剧，乃筑石堤障之，横波安流，民以永赖，人因号为欧阳堤焉"，"邑西沁河水环城入滏泛溢侵城，明邑令欧阳调律筑有石堤至是坏，公重筑以石较前倍坚厚，迄今历有年所水不为患"。人们对修城有功者，都要给以歌功颂德，立碑纪念。同时，在《邯郸县志》中，我们也看到了人们与洪水搏斗的记述，《邯郸县志·艺文志》载郑方坤《筑城西堤记》："邑在西山之麓，沁水经其西，冬春涸不见有河，夏秋之交多雨则狂涛怒吼奔溃跳踯。万历间大水，邑令欧阳公特于西陂口筑堰，使北趋折而东与滏水合，不为城患者百有余载，

今岁六月霖雨经旬，山水聚下，河决西堰，入西陂二里许，突城西南隅，大雨挟流倾洞之势，猛不可当，城坏须臾耳。余躬督民役持锸千柄，筑坝城下，人皆立巨浪中与水争持一夕，竟成，城籍以全。呜呼，危矣。次日，稍霁，水势渐刹……"郑方坤在他的记述中形容道："方水之至也，所触倒垣屋崩土石观者色变"。正是有了这样的感悟和认识，人们才更加重视城池的防洪建设。但是，在城池以外的人们就没有那么幸运了，《邯郸县志·艺文志》载《治河建察院碑记》（唐龙撰）："邯城之西紫葛诸山雄拔而耸峙，其下有渚、沁二河，秋夏泛滥则水薄城下，而噬其垣壕焉，可惧也。先是治之者筑堤以障之，而城仅无菑，然水潦集而无所容，汪洋漫潏比十里沦而为壑，土田潗溺者且百余顷，行人濡滞裹粮以待之。"城内无虞，城外则洪水滔滔。虽然古城也并不是从没有遭到洪水的蹂躏，但相比之下，受害程度要小许多，这就是今天我们所见到的有关洪水淤积差别的主要原因。

明清老城范围内掩埋方式主要是人们的生产建设影响，而中东部的老城外的地方则主要是由洪水淤积，当然不可避免地也要有人们生产建设遗存。而其6米以下战国、两汉时期地层中，则为人们生产建设及生活遗迹遗存。

第三，在研究考证邯郸古城的掩埋进程中，我们还发现了有意思的现象，一是在两千多年时段里的掩埋深度中，作为战国、汉代（主要是西汉时期）三百余年间，它的掩埋深度为2米左右，与总的掩埋深度相比较，其掩埋深度与时间段的比值要大许多。二是近现代的掩埋进程似乎与其百年左右的时间比值也要来得大。比如，在东门里遗址（位于邯郸明清老城内东门里路中段北侧，东距新街约20米），现地表以下为近现代扰乱层，厚达3~3.3米，内含现代房基残段、炉渣、砖瓦及瓷片等。如果说这是极端的例子，那么在许多动土发掘地点其近现代地层也大多在1.5~1.8米之间，几乎可以说是较为普遍的现象。

以上两个方面的现象说明了什么呢？说明在一个地方，如果人口数量快速增长，经济飞速发展，城市扩建速度快、力度大，人们生产和生活的诸多社会因素对居住环境会产生重大影响。这一点很重要，它可以跟战国、两汉时期、近现代经济发展繁荣时期与人口的关系对比中，发现其中规律性的东西，即经济繁荣，人口众多，建设就大，城市的地面也在相应的垫高抬升；反之，一个城市在繁荣中于某一个历史时段戛然而止，遭到灾难性的毁坏，为后继者踩在了脚下，跟其他时代相比，虽然时间长度相若，但建设遗迹遗物就会较多，这是不言而喻的。根据考古报告，在今体育场一带战国文化层内发现有炼炉遗址，东西长约3米，南北约2米，炉旁有大块草拌混烧土块，周围有许多炼渣和烧土块。今中华路中段地表下碎铁渣、炭渣、红烧块的混合层，也是一处战国炼铁遗址。在中华路北段地表下有一处铸铜遗址，并出土了成捆的三棱形铜质箭头。在今火磨街、和平路、邯山街、城关等处还发现有烧陶遗址、制骨器遗址和石器作坊。除石器作坊、铸铜器遗址外，这些遗迹多集中在西至今裕新街，北至今和平路，东至今中华大街，南至今劳动路一带，这一区域应是当时主要的手工业区和居民区之一。这样规模的遗物遗迹，其当时繁荣可见一斑。那么，它的掩埋速度与厚度正好为其该地历史总进程的掩埋比值作了较大"贡献"。邯郸古城的发展演变进程说明了这一点。

三、掩埋的主要因素及特征

在了解到各时代邯郸古城的方位与层位变化之后，随之而来的问题就摆在了我们面前，为什么会发生这种沧海桑田般的变迁，到底是什么力量，使一座古城址发生了如此沧桑巨变。对于这样一个疑团人们一定会继续追问。

第一，是政治、经济、思想文化意识以及社会生产、生活的各种因素的综合力量。

一个城市的地位应由政治、经济、军事三个要素构成。中国古代史上毁城事件不胜枚举，这是改朝换代政治斗争中的一大特点，我们在古都咸阳、长安、洛阳的覆灭历史中都看到了这样的例子。"欲灭其国，必去其史"，毁灭建筑就是销毁历史，建筑是无字的丰碑，是文化遗产的载体。毁城是一种报复性暴力行为，它不仅要毁掉其被毁者的生存空间，而且重要的是要毁掉其被毁者的历史记忆。愚蠢地毁掉一座城市，更是对整个社会财富的破坏，不仅给全体民众带来巨大的灾难，还造成文化积累的中断。我们在战国及西汉时期的赵都邯郸故城的变迁中明显的看到了这一点。

从上述记述"水井"的发掘资料中，我们看到有大批战国时期的水井被大量的建筑和生产、生活材料所填埋，而在其他时代并没有看到这样集中的现象。我们知道，水井是一个城镇居民集居地的生活水源，是人们生活生存的必要条件和家园的象征。而从发掘资料分析，水井被填埋并不是大水淤积所致，而是人为填埋现象。那么是什么原因，使大批水井在同一个时代被人为填埋呢？如果不是发生了什么特别重大的事件，人们怎么会拆家毁园、填埋生命之源呢？这不能不说是一个谜。也不能不使我们联想到秦灭赵国及秦末章邯的毁城事件，其水井的填埋可能是胜利者的暴力行为所致。如果这一推测成立，可以想象暴秦恶政毁城及章邯毁城时的惨烈程度。在赵王城遗址调查中，发现龙台西侧的夯土基址上有面积较大的灰烬层，应是火焚的痕迹。更为重要的是赵王城城墙的两侧，尤其是内侧，堆填的夯土块厚达 1~2 米，最大者达百余斤，此现象说明，墙的上部不是长期风化削减而是短时期内遭人为破坏的。这样分析，似乎符合文献中"夷其城郭"的记载。

秦灭赵都邯郸城及秦末章邯毁邯郸城，不仅"夷其城郭"，并且又实施了"徙其民"的政策，把大批的工商业者迁往外地，打击邯郸的经济基础；把贵族迁往外地，削弱分散赵贵族势力的政治力量。胜利者就是要以不惜被占领地成为废墟为代价，从而实现改朝换代的目的。

史有确载，邯郸古城在战国、两汉时期遭受到了四次被毁事件。

《史记·秦始皇本纪》记载："皇帝奋威，德并诸侯，初一太平，堕毁城郭，决通川防，夷去险阻。"《史记正义》说："言始皇坼关东诸侯旧城廓也。"《史记·李斯列传》记载："竞并天下，尊主为皇帝，以斯为丞相，夷郡县城，销其兵刃，永不复用。"《史记·主父列传》记载，秦始皇"主海内之政，坏诸侯之城"。这些史料记载秦始皇统一天下后，各诸侯国的郡县城廓均被夷毁，都城更被毁坏。毫无疑问，邯郸城绝无理由幸免。这个曾经生于斯长于斯的质子的儿子，曾亲临邯郸，故地重游，带给邯郸的绝非亲情，而是大开杀戒。

邯郸城第二次大破坏是秦末章邯夷毁城郭。秦二世二年（公元前208年）秦攻赵，《史记·张耳陈余列传》记载："章邯引兵至邯郸，皆徙其民河内，夷其城郭。"

邯郸城的第三次大破坏是西汉"七国之乱"时期的引水灌城。战国、秦末邯郸城被毁坏后，西汉王朝在邯郸重建诸侯赵国，在采取与民休息政策下，社会稳定、经济发达，到所谓"文景之治"时，经过半个世纪多生聚发展，邯郸逐步发展成为北方地区最大的工商业中心城市。汉景帝三年（公元前154年）发生"七国之乱"，赵王刘遂参与其中进行反叛，据守邯郸城，与朝廷军队对峙长达七个月之久，汉将郦寄、栾布引水灌城。《水经注·浊漳水》记载："引牛首水、拘水灌城，城破，王自杀。"

邯郸古城最终衰落是由新莽末年刘秀与王郎之间的战争所致。这次攻守战争使邯郸的人力、物力遭受严重损耗，城市严重破坏。刘秀攻克邯郸之后，同样实行了残酷的屠杀报复政策。《后汉书·任光传》载："因攻城邑，遂屠邯郸。"《后汉书·吴汉传》也载："更始遣尚书令谢躬率六将军攻王郎，不能下，会光武至，共定邯郸。而躬裨将虏掠，不相承禀"。刘秀和谢躬在攻克邯郸后进行了大规模的屠杀和洗劫，"不相承禀"，放任肆意屠掠，使这座西汉时期的"名都"毁于兵燹。这次战争成为古代邯郸由盛到衰的转折点。邯郸城从西汉初由秦末战火后的崛起、遭灾到此时的再度被洗劫，几经生死轮回，几度重毁重建，每次的破坏与重建，前者为后继者掩埋，历史就是在这样的循环中进行。大量财富被毁而渐次被历史的尘埃封存于地下，我们仿佛在考古发掘地层中看到了历史的影子。

邯郸地处中原交通要道，历代乃兵家必争之地。邯郸除作为国都在朝代更替中遭到政治变革暴力的摧毁之外，也遭到了大多数历史兵燹侵袭，历史文献多有记载，此不赘述。

第二，自然环境灾害的影响。邯郸位于河北南部，太行山东麓的沁河冲积扇上。沁河即《水经注》中的牛首水，发源于太行山的紫山东坡，东流经市西的南北两组低缓丘陵之间，注入滏阳河北流。另外在市西南的南丘陵北沿还有一条河——渚河，自西南至东北流经古城，也注入滏阳河。西至西南部是丘陵起伏的半山区，东面是一望无际的大平原，整个地形是西南高、东北低。西南至东北在17公里的范围内，西南标高为96米左右，东北标高为52～60米，市内中华大街至滏阳河平均高为56米。

从文献记载中我们已经知道了邯郸历史上曾经发生过许多重大水灾。从考古发掘中我们也看到较厚的水利淤积层。不烦将史志及研究资料中的主要记载列于下：

（1）《汉书·王莽传》称："邯郸以北大雨雾，水出，深者数丈，流杀数千人。"这是文献记载西汉末年邯郸的一次大水灾。

（2）景帝派曲周侯郦寄击赵，赵王刘遂坚守邯郸七个月。此时恰值雨季，郦寄、栾布合兵攻城，引牛首水（今沁河）、拘水（今渚河）灌城，城破。

（3）隋文帝仁寿二年（602年），九月，河南、河北诸州大水。

（4）唐高宗调露二年、永隆元年（680年）九月，河南、河北诸州大水，溺死者甚众。朝廷遣使赈济，溺死者官给棺槽。

（5）唐高宗永隆二年、开耀元年（681年）八月，河南、河北大水，坏民居十万余家，朝廷遣使赈济。

（6）唐高宗开耀二年（682年）八月，河北、河南大水，朝廷诏许遭水百姓往江淮以南就食。

（7）唐中宗神龙元年（705年）六月，河北十七州大水，漂没人居。

（8）唐玄宗开元十五年（727年）秋，天下州六十三大水，河北尤甚。

（9）唐玄宗开元二十九年（741年）秋，洺、博等二十四州雨灾。时，河北道领二十四州，其中洺州领十县：永年、邯郸、武安、临洺、鸡泽、曲周、洺水、平恩、清漳、肥乡。

（10）宋太祖建隆元年（960年）漳河决，水注成安城、洺州城下，深二丈。

（11）宋太祖开宝元年（968年）八月洺州水灾、二年洺州等地大水。

（12）宋太祖端拱元年（988年），磁州漳河、滏阳河水溢成灾。

（13）宋仁宗嘉祐二年（1057年）六月，河北水潦害民田，诸路江河决溢，河北尤甚，民多流亡。

（14）宋神宗元丰五年（1082年）秋，漳河决口，淹溺临漳居民及磁州诸县镇。

（15）宋神宗元丰七年、八年（1084～1085年），宋洺、磁、相等州河水泛滥，毁城郭、军营、田稼、屋舍。夏、秋，磁州诸县镇漳、滏河水泛滥。

（16）宋哲宗绍圣元年（1094年）十二月，漳河决口，灌洺、磁等州。

（17）宋孝宗淳熙十四年、金世宗大定二十七年（1187年）六月，金免中都、河北等路遭河决水灾地区军民租税。

（18）宋光宗绍熙二年（1191年）六月，漳河决堤；绍熙三年（1192年），因水灾免河北诸路租税；绍熙四年（1193年）一月，金赈河北诸路被水灾民。

（19）宋理宗景定三年、蒙古忽必烈汗中统三年（1262年），郭守敬向世祖皇当面专陈水利之事，其中一条为："自磁州东北滏、漳二水合流处引水由滏阳、邯郸、洺州永年下经鸡泽，合入漳（沣）河"。

（20）元世祖至元元年（1264年）秋，洺、磁、大名等广大地区大水。

（21）元世祖至元九年（1272年）九月，洺、磁等地大雨连绵，河水泛滥，没田庐、禾稼（唐、宋、元三季邯郸多在磁、洺二州之间转属）。

（22）明成祖永乐二十年（1422年）六月，直隶广平、邯郸、成安、大名等地雨伤稼。

（23）明孝宗弘治十四年（1501年）秋七月，顺天、保定、真定、顺德、广平、大名等府各因大水河溢，或为深涧，或盖压沙，绝无收成。

（24）明孝宗正德六年（1511年）滏、洺河溢，浸郡城，坏田稼。

（25）明世宗嘉靖四十二年（1563年）邯郸大水成灾。

（26）明穆宗隆庆二年（1568年）沁河水漫溢，邯郸城进水。

（27）明熹宗天启二年至六年（1622～1626年），广平府所属县连续五年大水。永年漳、滏、洺河俱决，淹稻田七百余顷。《肥乡县志》载："漳水暴涨，冲堤决城堞，平屋上可架舟楫，回报溺死男女七百余口。"《鸡泽县志》载："闰六月初三日，大雨倾注三昼夜，雷大震不绝，平地水深数尺，屋舍圮坏，漳、滏、沙、洺四水泛滥，堤闸一时溃决，水浸城垣，各备水筏。"邯郸大水，平地可行舟，漂没田庐无算。

（28）明思宗崇祯三年（1630年），邯郸县大雨成灾。

（29）清世祖顺治三年（1646年）夏，漳河泛滥，邯郸大水，平地行舟者十余里。

（30）清高宗乾隆五十九年（1794年）夏，邯郸大雨成灾，沁河暴涨，大堤决口，丛台下水深数尺。

（31）清宣宗道光十年（1830年）四月，邯郸连降大雨。闰四月二十二日，磁县、临漳、成安、武安、涉县等处大地震（震级7.5级），房屋倒塌殆尽，人压死无计，地裂涌出水，其色黑白不等，水尽又涌出沙，黄狼成群。磁县井水漫流，漳、滏两河涸，皆见底。省令各县发放部分修房和殡葬费，彭城、和村等地地震为最。时经造册查对，计压毙大小男女五千四百八十五名，倒塌房舍二十余万间，其中土房六万余间。二十三晚，邯郸县地震，声音如雷，房屋倾斜，城东泉涌黑水。丛台倾圮。

（32）清光绪二十年（1894年）七月，大名、元城、馆陶、磁州、肥乡、广平、邯郸、曲周、永年、邱县、鸡泽、涉县、临漳等地遭受特大水灾。

（33）民国二年（1913年）八月顺德至彰德段铁路路基被大水冲毁，客货车停驶。

（34）民国六年（1917年）七月中旬以后，邯郸、大名、魏县、馆陶、永年、曲周等地遭大雨，漳河决口于原魏县郝村，洪涝灾害并发。

（35）民国六年（1917年）夏大水成灾。六月六日，天降大雨一昼一夜，七日山洪暴发，沁渚滏等河之水横流无际平地一片汪洋，全县几成泽国。秋禾淹没，田庐荡析，诚巨灾也。

（36）民国七年（1918年）六月二十四日，邯郸遭水灾，京汉铁路中断。

（37）1951年8月14日，邯郸西部暴雨，渚河、沁河决口。

（38）1956年7～8月，邯郸专区、邯郸市连降暴雨，境内主要大河连续出现三次洪峰，7月4日1时30分，漳河观台洪峰流量9200立方米每秒。8月4日，洺河临洺关流量2970立方米每秒。并先后决口401处，遭受水灾。

（39）1957年6月8日，邯郸大雨，河水暴涨。

（40）1963年7～8月，邯郸连降暴雨，平原地带一片汪洋，各河决口700多处，最大决口 15 华里，是千年未遇的特大洪灾。全区倒塌房屋 196 万间，砸死淹死 720 余人，伤 7170 人。8 月 2～9 日，邯郸专区 8 天时间降雨量达 600 多毫米。洪水冲垮铁路路基，京广铁路及其他铁路交通中断；五大干线公路中断；峰峰电厂、邯郸电厂停止发电；峰峰矿务局全部停产。古迹丛台东、南两面台基坍塌约 250 立方米；据胜亭倒塌。

以上资料明确告诉我们，自西汉景帝三年（公元前 154 年）"七国之乱"时遭朝廷军队引牛首水（今沁河）、拘水（今渚河）灌城之后，邯郸古城的居住者一次又一次饱尝了洪峰灌顶的滋味。

过去人们在对邯郸淤埋原因分析的时候，只注意到了沁、渚二河的作用，现在我们要说邯郸淤埋还有滏、漳二河的"功劳"。

从邯郸城及周围地理环境来看，整个地形是西南高、东北低。西南至东北在 17 公里的范围内，西南标高为 96 米左右，东北标高为 52～60 米，市内中华大街至滏阳河平均高为 56 米。请注意，这是现代地标，而我们已明确知道战国、两汉时期今中华大街至滏阳河一带在现今地表 6～10 米以下，换言之，当时地势更低，其落差更大。而今中华大街至滏阳河一带在当时比滏东一带的地面要低，有考古资料证明，柳林桥、连城别宛、高新开发区等处宋金遗址或墓葬距今地表大都在 1 米多一点的层位，今市区中部及偏东区域内发现的宋代文化遗迹大多在 4 米左右，况至光明路以东更低。从考古资料来看，今曙光路（战国东城垣一线）至光明大街以东战国时代的文化遗迹的发现大都在 9 米以下，甚至更深，多处动土地点都发现了黑淤泥现象，专家推断当时古城以东一带是一片洼淀水面，滏阳河、漳河（支流）是从南面而来，邯郸的南面及东南面也处在相对高位，这样看来，形成所谓全扇面形，邯郸古城东部一带相对处于劣势地位。漳、滏大水对于邯郸淤埋的"贡献"一点也不应该"抹杀"，我们从《邯郸县志》及其他史志的记载中也看到了它们的"功劳"。《邯郸县志》载："河沙张策等乡田庐倾没无算，平地行舟者十余里，膏腴尽为河腹。"民国"六年夏大水成灾。六月六日，天降大雨一昼一夜，七日山洪暴发，沁渚滏等河之水横流无际，平地一片汪洋，全县几成泽国。秋禾淹没，田庐荡析，诚巨灾也"。《邯郸县志·艺文志》载《漳河支流考》（崔华山撰）："抑地形高下有变易欤，闻父老言：康雍间吾乡屡被漳灾，几成泽国，自乾隆四十三年水复大至，平地数尺，至十月始涸而种麦，次年有秋。自是漳徙而南，虽有冲决不甚为灾者殆六十余年，突于同治辛未六月水骤至，故道淤久岸既高底遂与地平等，水咽而不能泄，平地数尺弥漫而来。登大屯寨墙望之，汪洋浩瀚可舟行者数里，榆林范庄等村介两股间被灾尤甚，岁遂大欠。张雪髭有言：漳有十功有十过，乃吾邯功不见一，过已不堪言状矣，邯果何罪于漳而灾之如此其甚也。"由此看来，邯郸古城的洪水冲积淤埋，不独为沁、渚二河所"专美"，还赖有漳、滏二河的"助力之功"。当然天公雨沥、大瀑积洪之冲刷同样不可小觑。

四、最后的说明

需要说明的第一点是，到目前为止我们的文物调查、勘探、发掘的墓葬及遗址远不能说是邯郸古城历史遗存之全貌；二是时代划分与实际年代不可能准确到完全一致，这是文物考古工作中的诸多技术问题所造成的，更何况今天的邯郸城就建在历代邯郸古城之上，我们的大多文物勘探发掘工作是在配合基本建设动土中进行的，不具主动性和有意识的规划，所得数据必然具有一定的偶然性。目前的所谓的深度也只是掩埋度，而不能说明当时的地面与其他地面相比就一定绝对高或低。一定时代的地表面貌高低差异性十分复杂，所以要求以目前考古所得深度数据来描绘当时地貌的细致全部几乎是不可能的，更何况还存在数据误差。

参 考 文 献

［1］ 陈光唐、王昌兰：《邯郸历史与考古》，文津出版社，1991年。
［2］ 邯郸市文物保护研究所：《邯郸文物简讯》，内部资料。
［3］ 郝良真、孙继民：《邯郸历史文化论丛》，中国文史出版社，2004年。
［4］ 郝良真、孙继民：《邯郸简史》，中国城市经济社会出版社，1990年。
［5］ 邯郸市文物保护研究所：《邯郸考古论文集》，新华出版社，2004年。
［6］ 张建华：《邯郸历史大事编年》，中国档案出版社，1999年。
［7］ 《文物春秋·邯郸市文物保护研究所专号》，2004年。

战国都城轴线布局浅析

赵建朝*

中国封建社会从形成、兴盛到灭亡经历了两千多年的时间，城市建设逐渐形成了以中轴线对称为特征的平面布局规划。这种布局反映了儒道思想影响下形成的封建统治阶级不正不威的等级观念，也反映了中国传统的内向庭院式建筑群所具有的平衡、严谨、规划完整、主次分明、突出主要建筑物的布局特色。

公元前 21 世纪，随着中国第一个广域的奴隶制王权国家——夏的出现，作为国家统治中心的都城也开始出现。目前考古发现的夏的都城遗址的有二里头遗址，商的都城遗址主要有偃师商城、郑州商城、小双桥遗址、安阳殷墟等，西周的都城遗址主要有丰镐遗址和洛邑遗址等。在目前发现的夏、商、西周三代都城遗址中仅在偃师商城和郑州商城两处商代前期的都城遗址中发现有夯土城垣，西周洛邑遗址有无城垣待进一步的考古发掘研究。从目前考古发现看，三代城市单体建筑从二里头 1 号宫室基址开始，就已经形成了"台阶高低有序，门庭堂室中昼排列，厢庑左右对称"的基本格局，这一特点为后来的历代都城所继承，但从城市的总体布局上看，结构较为松散，缺乏统一规划。

春秋战国时期，随着新旧社会形态的交替，封建社会制度逐渐取代奴隶制社会制度，新旧势力的冲突日趋尖锐，诸侯国之间兼并战争日渐频繁，大规模的筑城运动开始出现。由于战国时期的筑城运动较之春秋时期的规模更大，加之战国时期对春秋城池的大规模的增筑和改建，使许多春秋时期城址遭到破坏，以致在目前的考古发现所见的东周城址中，战国时期的城址远较春秋时期的城址为多。

东周列国时期的周王朝和诸侯国的都城主要有周的洛阳、齐的临淄、韩的新郑、赵的邯郸、燕的下都（今河北易县）、楚的纪南城（今湖北江陵县北）、秦的雍城（今陕西凤翔县南）、栎阳（今咸阳至铜川铁路线北）和咸阳（今咸阳东）、魏的安邑（今山西夏县西北）和大梁（今河南开封）等，这些城址中除魏的大梁未进行勘探和发掘外，其他诸城址都进行了重点勘探和发掘，布局较为清楚。在这些城址中，存在或可能存在轴线布局的有：东周时期曲阜鲁城的大型夯筑基址、战国中晚期燕下都宫殿区和赵都邯

* 赵建朝，男，河北永年人。现任赵王陵文物管理处副处长，馆员，河北省博物馆学会会员。先后在国家、省、市级刊物发表论文 10 余篇，参与编著的《千古风雨赵王陵》获邯郸市社会科学优秀研究成果二等奖。

郸故城的赵王城等。

山东"曲阜鲁城偏东北有大规模的夯筑基址，应是宫室遗址。在对其最东部的试掘中，发现下层的夯筑基址属于东周时期，有宽达 15 米的主干大道通向南东门"，据此认为"鲁城的平面布局，宫室居中……大城圈套小城圈的修筑方式"[1]，并由此进一步提出了"宫城、南垣东门和南郊的舞雩台，三者处于一条南北向的直线上……当是鲁城平面布局上的一条中轴线"，"曲阜鲁城是我国古代城市建筑采用中轴线布局形式最早的一座故城"[2]。

就曲阜鲁城而言，所发现的东周时期大型夯筑基址，较为集中地分布于城的中部和中南部，东西近 1 公里，南北约 2 公里左右。城中部略偏北的周公庙高地上发现的战国至汉代的建筑基址群经过发掘，在其西北、北部和东部边缘，发现了宽约 2.5 米的夯土墙基，发掘者认为应属宫城城垣。但上述分布广泛的东周基址被这一面积仅0.25 平方公里的夯土墙圈围起来的仅是其中的一小部分。与其他东周都城的宫城相比，这个小"城圈"与大城面积（约 10 平方公里）比相差悬殊，其面积与墙宽都显得过于窄小，应为宫庙区内的一个大的庭院，可能是鲁国公室的宗庙之所在[3]。而上述大型建筑基址的分布相当集中，可以认为他们所在的鲁城的中部和中南部（可能包括被县城所压的西南部）都属宫殿区范围。从考古发现看尚无迹象表明鲁城中存在一座大体居中、包容宫殿区的全部或大部分在内的、城垣厚度足以御敌的宫城[4]。因此也就不存在"从宫城正门南伸的南北长距离的主干大道"，把曲阜鲁城看作我国古代城市建筑采用中轴线布局最早的一座故城是很难成立的。退一步讲，即使把上述夯土墙看作宫城，其作为中轴线的宫城、南垣东门和南郊的舞雩台、街道所在的直线能否构成曲阜鲁城的对称线也有待于进一步考古发掘的证实，那么目前把鲁城看作存在轴线布局的故城是不恰当的，进一步讲把曲阜鲁城中作为我国古代城市布局的中轴线特征的发端也是不合适的。

燕下都[5]的东城内遗存丰富，是燕下都的主体部分。东城中间偏北处有一道横贯东西的隔墙和一条自西垣外古河道中引出的南（3 号河渠遗迹）北（2 号河渠遗迹）两支的古河道。南支古河道以北，包括北城墙外的大片地段分布着众多的大型夯土高台建筑址，应是燕下都的宫殿区所在。有观点认为，在这一区域以武阳台为中心，在其以北约 1400 多米的中轴线上，依次排列着望景台、张公台、老姆台等，构成这一宫殿区的一条南北轴线。但我们可以看出燕下都的宫殿区并不十分规则，也没有出现封闭的城垣，虽然这一区域中武阳台、望景台、张公台、老姆台等处于一条南北直线上，但是如果要在一个不规则不封闭的区域内寻找这一区域的对称轴线未免有些牵强，那么把武阳台、望景台、张公台、老姆台等所在的直线看作这一宫殿区的轴线也是不太合适的。

赵都邯郸故城[6]的赵王城由东城、西城、北城三部分构成，平面似"品"字形。西城平面基本为方形，存在一条轴线：由夯土台 1 号（龙台）经夯土台 2 号

（茶棚）至夯土台 3 号，构成一条南北中轴线。在夯土台 2 号的两侧各有南北两行并行的柱础，应为夯土台 2 号上建筑的东西两侧的长廊。在这条轴线的西侧有地夯 1 号、地夯 6 号，这两处地夯紧靠主体建筑"龙台"，形成大面积建筑基址，应是规模宏大的王宫的主要殿宇建筑群。东城略呈长方形，在其偏西处存在一条轴线，它以门阙 6 号两旁的"北将台"和"南将台"为主体，"北将台"以北有 1 号遗迹，"南将台"的南北分别有地夯 7 号、地夯 8 号，两台之间有遗迹 2 号，构成了东城内一条南北轴线。北城的平面为不规则的长方形，由于被工厂、村庄叠压，面貌尚不清楚。赵王城的西城和东城存在轴线布局的特点历来受到专家和学者的关注，但笔者认为"比邺城早 600 年的赵王城中就出现了以城市中轴线为特征的布局特色"[7]的观点是不科学的。因为后世形成的中轴线布局是针对整个城市而言，且尤其强调宫城与其以外区域的位置关系。而赵都邯郸故城中的轴线布局仅存在于赵王城即赵都邯郸故城的宫殿区，且与赵王城同为赵都邯郸故城一部分的"大北城"没有任何关系。

综观东周时期的都城，只有战国时期"赵王城"的西城和东城存在相对严整的轴线布局，虽然其仅存赵都邯郸故城的王城部分，但它对我们追溯城市中轴线布局的形成仍具有十分重要的意义。城市中轴线布局在封建社会中后期历代都城的城市规划中的确立，是随着儒道思想在统治阶级中的巩固而逐步固化下来的。而战国处于封建社会前期，诸子学术，百家争鸣，儒道思想在其中占有十分重要的地位，其时各国都城有的是在奴隶制时代城市的基础上发展起来的，有的是为适应当时政治斗争和经济发展的需要而新建起来的，而赵王城则属于后者，对于研究战国时期的城市布局具有典型特征。从整个赵都故城的布局看，它仍沿袭东周以来城市建设因地制宜的传统，尚未形成同后世一样较为严格规整的、方正规模的布局模式，但从作为王者最为关注的主要活动区域的王城来看，则已出现相对严格的建筑轴线。由作为统治者最为关注的王城（宫殿区）的布局，我们不难看出，在对其规划时轴线布局思想正在初步形成，这一特点一直延续到秦汉时期。秦咸阳的总体布局不清；西汉长安城城垣筑于"长乐""未央"二宫之后，南北向居中的安门大街大部分只经过宫殿区，也不构成全城的中轴线；东汉洛阳城的规划性相对稍强，但中轴线布规划也不明朗，直到曹魏邺城才"采取了对称均匀的中轴线形制"[8]，明确形成了"以从宫城正门南伸的南北向长距离主干大道为轴线，对称布置整个城区"[9]中轴线布局规划。可见赵都邯郸故城中的轴线布局尽管还仅限于宫殿区，但对后世的城市规划的中轴线布局的形成仍起着重要的先导作用。

注 释

[1]　田岸：《曲阜鲁城勘探》，《文物》1982 年 12 期。

[2]　张学海：《浅谈曲阜鲁城的年代和基本格局》，《文物》1982 年 12 期。

战国都城轴线布局浅析 ·181·

［3］　曲英杰：《先秦都城复原研究》，黑龙江人民出版社，1991 年。

［4］［9］　许宏：《先秦城市考古学研究》，北京燕山出版社，2000 年。

［5］　河北省文物研究所：《燕下都》，文物出版社，1996 年。

［6］　河北省文物管理处、邯郸市文物保管所：《赵都邯郸故城调查报告》，《考古学集刊》1984 年 4 期。

［7］　申有顺、申莹洁：《赵王城地位浅析》，《邯郸决策》2003 年 1 期。

［8］　徐光冀：《邺城遗址的勘探、发掘及意义》，《文物春秋》1989 年创刊号。

赵国宫城与王陵的考察

乐庆森[*]

就目前的考古发现与研究，一般都认为赵都邯郸城由郭城与宫城组成。郭城即现邯郸市区范围内考古发现的大北城遗址，宫城即位于大北城西南仅数十米之隔的赵王城遗址。赵王城由西城、东城、北城三个小城组成。对赵王城的认识，多以为是宫城所在。而日本人驹井和爱等在《邯郸——战国时代赵都城址的发掘》中认为赵王城中的西小城是城，东城和北城是郭城。无论哪一种观点，都不否认西小城是宫城的事实，说明了西城在三个小城中的重要地位。与之对应的赵国王陵位于其以北 12～15 公里处的今永年县与邯郸县交界处。本文拟以考古调查和发掘材料为依据，通过作者多次观察与长期思考，结合文献资料提出一些不成熟的看法。

从大的环境看，赵王城所处的地理位置，位于河北省南部，太行山东侧丘陵地带的东端，向东即一望无际的华北平原。从较小的范围观察，赵王城位于邯郸市南侧一组丘陵之上。这组丘陵自西而东经大隐豹村、郑家岗村向东约在京广铁路线一带消失，向南消失在台城村北，南北宽约五公里。这组丘陵的南、东、北三面分别有泥河、滏阳河、渚河、沁河环绕，其中的渚河、沁河分别从赵王城的北城和大北城中穿过。赵王城即位于这一丘陵的东端北坡。因此，赵王城所处的地势是西南高东北低，就西小城来说也是如此。

赵王城西小城，基本为正方向。东城墙偏东 0°12′01.7″，全长 1421 米；西城墙偏西 0°47′54.2″，全长 1427 米；南墙与东、西墙垂直相交，全长 1375 米；北墙也与东、西墙垂直相交，全长 1399 米[1]。从上面的数据可知，赵王城西城是一个正方向的正方形城圈。

西小城的四面城墙均为夯土筑成，墙基宽 16 米，墙内侧呈台阶式内收。夯窝圆形，直径 4～6 厘米。夯层厚 7～12 厘米不等[2]。这些与同时代的其他都城城墙的筑法并无大的区别。而赵王城西城城墙上铺设陶瓦用于防雨和铺设排水槽道的做法则不见于其他都城城址。铺瓦设施在西城南墙、西墙清理过两处。每处都发现并清理了上下两个台阶上的铺瓦，铺法是以板瓦凹面朝上，筒瓦凹面朝下覆扣在两垅板瓦之间。板瓦宽头在

---

* 乐庆森，男，河北邯郸县人。大专学历，1972 年参加工作，副研究员。长期从事田野考古工作，主要工作和研究对象为磁山文化遗址和赵邯郸故城遗址。

上，筒瓦子唇在上。由此才知道，赵王城西小城城墙上的台阶是用铺设陶瓦来防止雨水冲刷的。铺设的筒瓦长39～42、宽13～15厘米；板瓦长40～42、宽31～35厘米。排水槽道是由陶制的断面呈"凹"字形的排水槽叠压衔接而成的。排水槽上有两个顶鼻，槽长46、宽50～56、厚3.5厘米，壁高14.5厘米。城墙上普遍铺设陶瓦，陶瓦排下的雨水在一定的范围内汇入排水槽道流入地面，以保城墙永不损毁，这种做法应是西城城墙建筑的独特风格。

西小城内有五个夯土台，七处地下夯土遗迹在城内的分布从测绘的平面图上就可以看到。然而由于赵王城西小城内不同地段的高差较大，不到现场是不好了解和认识其各台间的构成关系的。西小城内最大的夯土台即1号夯土建筑基址，它也是赵王城内规模最大的土台，位于西城的南部中央略偏东，其地面台基部距南墙约280米，东西两侧分别距东、西墙约440米和630米；台基底边略呈方形，边长南北296、东西264米，顶面边长南北122米、东西102米，由顶面距现地表面，东为16.3、西为7.2、南为10.8、北为9.7米，由此可知1号夯土台四周的地面，以西侧最高，北侧和西侧相近，南侧次之，而东侧最低；实地观察，台基西、南、东三面坡度相对较陡，唯北坡稍缓且根部正中有一条突出的土垅存在，向北随地势下延；在1号台基的半坡发现有红烧土块存在，说明1号夯土台上原有的建筑曾遭受过火焚。在1号夯土台北边，相隔约215米有一个编为2号夯土台的台子，台基呈方形，东西长58、南北宽55、高6米；在台子的东西两侧的半腰，距顶部约2米处发现南北向排列的石柱础，东侧的内列础石长约18.55米，西侧的内列础石长18.4米，础石有圆形和方形，以直径50、厚10厘米的居多，根据东西两侧内列础石的间距和数量，两侧半腰各为面阔5间的长廊建筑，间宽大小不一；在台子的周围，有大量的陶瓦残片，可知台子上的建筑是用瓦盖顶的。夯土台3号在2号台北边，相隔228米，台基呈方形，边长东西61、南北60米，顶部距北侧地面的高度为5米；3号台基部距北墙的距离约250米，与1号台距南墙的距离相近而略小些。夯土台1、2、3号由南向北依次排列，2号台与3号台大小相近，观其规模与1号台差别甚大，但这三个台子占据了西城的中心部位是不争的事实，可见这三个台子是西城的主体建筑部分。从现存的地势观察，在3号台以南、1号台向东约100余米以内，其北、东部地势低下，高低差别甚大。3号台以南、地夯5号以西似乎有一个较大的平台，3号台处于这个平台的北端，其西北侧有4号台。4号台位于北西门的内侧东旁，距北墙约百余米，距西墙约300米；台基作覆斗状，地面台基边长东西35.7、南北45米，高5～6米；在台基的东西两侧发现过刀币、铁锛以及居住生活的灰烬或灰坑。5号台在2号台东面，距东墙约140米，与4号台距北墙的距离接近而稍大些，所处的地面较4号台地面低一些；台基方形，边长南北43、东西44.5米，高5.9米；台基附近有陶瓦残片，观其规模、位置与气势与4号台相类，而与1～3号台相差较大。

地下夯土遗迹七处。在1号台的西和西北面存在较大范围的夯土遗迹，为1、6号夯土遗迹（简称地夯1、6号，下同）。在1号地夯的中部，即1号台基的西北面，地表有大量的陶瓦残片存在，这里原应有大型建筑存在。2、5号地夯在2号台与5号台之间，所谓的平台之上。2号地夯西距2号台约230米，南北长54、东西宽11米。地夯南北两端夯土较薄，向内渐深，其中部6米长、4米宽的范围深达7.15米。5号地夯西距2号地夯25米，南北长55、东西宽13米。3、4号地夯位于西城的东部，南北相对，两者相距近600米，均距东墙约百米左右，分别距南、北城墙350米左右。3号地夯中间高，四周低，约40米的长宽，夯土薄厚不一，数十厘米至7.2米不等。4号地夯南北长34、东西宽20米、深3.5~5.6米。地夯10号在1号台东南160米处，夯土最厚处达7.2米。这些情况是1964~1965年间调查勘探工作的成果。

就目前的认识，西城内的七处地夯中，除1、6号地夯有地面建筑的迹象之外，其他的地夯性质尚难确定。在1、6号地夯之外的五处地夯之中，除5号地夯因多石而未探明深度外，余四处均探明了深度。这四处之中，3号地夯的深度最小，为5.6米；剩余的2、4、10号地夯的深度都在7米之下。这些较深的坑穴，似乎与地面建筑无关，就算是地面夯土建筑的奠基，是否有必要挖至7米多深还需进一步考证。2号地夯的范围探测得比较清楚，南北长达54米，两端稍窄而浅，向内渐宽且深，在中部形成一个长6、宽4、深7.15米的长方形坑，就形状而言，与"中"字形墓葬的形制相似。因此，这些地下夯土遗迹的性质一时还难以确定和推测，有的原为土台被平毁的可能，也有为了平整而对某些性质的坑穴的封填。据此可知，位于1号建筑台基西北面的1、6号地下夯土建筑基址是西小城内最主要的建筑群之一。其他如2、3、4、5、10号地下夯土建筑基址则处于从属的地位，或者说是与1、6号地夯性质不同的遗存。

西小城的四面城墙上，每面各有两个豁口，被确定为城门遗址。西墙的两个豁口相距约550米，距南、北城墙约为400米。南墙上的两个豁口相距350米左右，距东、西墙分别为480米和440米左右。北墙上有三个豁口，被确定为城门的两个豁口相距约620米，距东、西城墙的距离分别为450米和160米。东墙的中部偏南有一豁口，距南墙约570米。东墙北端有一豁口。这八个豁口被确定为城门，即西城每面开两个城门。八个城门豁口中，南墙东门与北墙东门南北相对外，其余均不对应。在北墙中部有一豁口，没有被确定为城门，此豁口位于北墙正中稍偏东一点，南与3号台基的西侧相对，向正北方向延伸，其延长线从位于西城外的10号台基东侧经过。按其位置，也有可能是城门。如此，西城最多有九个城门。

赵王成西城的上述特征与列国王城比较，具有独特的风格和规模。

战国中晚期的燕国都城中，宫殿建筑夯土台基有四座，位于宫城东北部。分别为武阳台、望景台、张公台和老姆台主体宫殿建筑基址。除老姆台在城外，其余均坐落在南北向的一条中轴线上。老姆台主体宫殿夯土基址是宫殿主体建筑最北端的一座，也是位于城外的唯一大型主体建筑。武阳台主体宫殿建筑夯土基址是宫殿区内的中心建筑，位于中轴线的最南端，武阳台夯土台基是燕下都所有夯土台基中最大的一个，东西长140、南北宽110米，现高出地面8米[3]。赵王城西城内主要夯土台基的布局与燕下都相似，主要宫殿建筑基址同样处在一条南北向的中轴线上，同样是城内三座，城外一座（即西城外的 10 号夯土台）。主要区别是方位不同，燕下都的主要宫殿建筑位于宫城的东北部，赵王城西城则位于整个赵王城（包括东城、北城）的西南部，这是最根本的区别之一。另外，赵王城内 1 号台基的规模要比燕下都宫城内最大的武阳台大得多。齐国的宫城位于郭城的西南部，宫城内最大的夯土台——桓公台位于其西北部，台基南北长 86、东西宽 70、高 14 米，俗称"梳妆台"、"梳洗楼"、"点将台"。桓公台作为齐国宫城内最大的夯土台基，除与赵王成西城内 1 号台基的位置不同外，规模也相差较大。韩国故城内最大的宫殿建筑台基梳妆台，南北长 135、东西宽 80、高 8 米[4]。就目前所见，在保存下来的列国宫城的殿台基址，以赵王城西城内 1 号台的规模最大。

以笔者所见到的资料，战国时期列国都城内的宫殿建筑基址的规模均不及赵王城 1 号夯土台基，能与之相比的仅见于西汉时期长安城中未央宫内的前殿基址。未央宫前殿基址高出附近地面 3～15 米，殿基南北长 400、东西宽 200 米，面积为 8 万平方米，比赵王城 1 号夯土台 7.8 万平方米的面积稍大一些[5]。赵王城的整体情况除与燕下都主要宫殿基址的布局相似外，与汉未央宫也有较多的相似之处。未央宫作为西汉的皇宫，平面呈正方向的正方形这一主要特征与赵王城西城相同。未央宫位于汉长安城的西南部，赵王城也位于整个城址的西南部。未央宫内有一条南北向道路经前殿东侧，赵王城西城北门与南墙东门南北相对，应是西城内唯一的能贯通宫城的南北向道路，其位置也恰好在 1 号夯土台东侧。赵王城与未央宫比较，显然有大小之别。未央宫边长 2150～2250米，周长 8800 米；赵王城西城边长 1375～1427 米，周长 5623 米。秦汉以来，6 尺为 1步，300 步为 1 里[6]，未央宫约合 5 里见方，而赵王城的西城约合秦汉时的 3 里见方，应是当时礼制的限定。未央宫与赵王城西城较多相似之处，应是赵国宫城建筑形式对后世的影响，或者说西汉宫城的建筑借鉴和继承了赵国王城的建筑风格，至少可以说受到了赵国宫城建筑的影响。

赵王城被认为是战国时期赵国的宫城所在，见于文献记载的有乾隆年间的《邯郸县志》："古城在今城西南八里许，俗呼为赵王城，今雉堞犹存，中有一台，疑殿廷之所，世传赵敬侯自中牟徙邯郸时居此。"关于赵王城的建筑年代，试作一简单的分析。赵国都城迁至邯郸，是在赵敬侯即位的当年，为适应政治斗争的需要而作出的决定。因此赵国宫城的建筑只能在赵敬侯迁都邯郸之后营建。赵敬侯即位之后，一直到赵国灭亡，筑城及大型建筑活动的记载有十多次。《史记·赵世家》中记载："敬侯四年，筑刚平；成侯二十年，筑檀台；肃侯十五年，起寿陵；武灵王三年，城鄗；惠文王三年，起灵寿；八年，城南行唐；二十八年，罢城北九门大城；孝成王十一年，城元氏；幽谬王元年，城柏人。"在这大大小小的建筑活动中，唯独不见筑邯郸宫城的记载，因此赵王城的建筑年代成为不解之谜。在赵敬侯迁都邯郸之后，有这样一个历史事实，即在赵成侯时期，赵都邯郸被魏国占领，后来的一些重要活动都在信宫举行，说明当时信宫已是事实的都城。在赵成侯之后的肃侯、武灵王时期，有"肃侯十五年起寿陵"和"武灵王城鄗"之事，"鄗"在今石家庄一带，而"寿陵"不知在何处。除文献中记载的大型建筑活动之外，在赵武灵王二十七年，有"大朝东宫，立王子何为王"的记载，东宫也不知在何处，很有可能在赵肃侯时期，于今邯郸市一带建造了寿陵，武灵王为祭祀方便以及各国竞相称王的政治需要，赵国当然需要一个像样的宫城以树立其在列国中的威望，把宫城建在寿陵附近，称之为东宫，也是有可能的。另外据《史记·赵世家》记载："武灵王元年，梁惠王与太子嗣，韩宣王与太子仓来朝信宫"。"武灵王十九年正月，大朝信宫，召肥义与仪天下，五日而毕"。"武灵王十三年，楚魏王来，过邯郸"。上述文献资料可以理解为：在武灵王元年（公元前 325 年），魏惠王和韩宣王来朝信宫，说明这时赵国的国都自赵成侯二十二年（公元前 353 年）被魏国占领后，都城迁往信宫，至武灵王时，信宫仍作为都城使用。至武灵王十三年（公元前 313 年），楚王和魏王来赵国要经过邯郸，说明邯郸还没有恢复国都的地位。武灵王十九年（公元前 307 年），重大会议仍在信宫召开，信宫仍为都城，仍起着都城的作用。直到武灵王二十七年（公元前 299 年），大朝东宫起，信宫才结束了都城的地位。

从赵王城西小城设计为正北方位的特征来分析，这一新特征应是特定时代特定背景下产生的。把城址设计为正北方位的还有燕下都的西城[7]。燕下都的西城营建年代在战国中期前后[8]，赵王城西小城正北方位的设计也当与燕下都西城的营建年代相当，或略有早晚。联系上述寿陵和东宫没有所在位置归属的事实，我们把赵王城的营建年代推定在赵肃侯十五年起寿陵时至武灵王二十七年大朝东宫时之间，即公元前 335 年至前 299 年间。

赵王城西小城建筑的一个主要特征即城墙为正北方位的设计，据宇野隆夫的测量和研究，赵王城是他测定的城市中最古老的正北方位的方格城市。因此，研究赵王城的建筑布局与特征、它出现的时代背景及对后世宫城的影响等具有重要意义。

关于赵国王陵的研究，一般认为今邯郸县与永年县交界处的五个陵台为战国时期赵国的王陵，位于邯郸县境内的三座，编为一至三号陵；位于永年县境内的两座，编为四、五号陵。其中的一、五号陵台上各有一个坟塚，二、四号陵台上南北各并列两个坟塚。三号陵的建筑形式是陵台中部有一长方形台子，台子南北长 72 米、东西宽 34 米、高 5.5 米，在长方形台子的西南面有一封土底径 70 米左右、高 11 米的大墓。陵台西北面原有一墓，已于 1978 年发掘。陵台四周有垣墙，东西长 496～498 米，南北宽 464～489 米，北墙宽于南墙，陵台的东侧有一条夯筑的鱼脊背状土垅，应是朝东的墓道。1978 年发掘了陵台西北部的 1 号墓，距陵台 2.5 米，封土上有板瓦、筒瓦残片，似原有建筑，封土夯筑，层厚 8～12 厘米，圆夯窝。1 号墓是一个"中"字形墓，墓口长 14.5、宽 12.5 米，底长 12.6、宽 9.2 米、深 7.5 米；墓圹全部夯筑，石砌椁室东西长 5.4、南北宽 4.35～4.25 米，石椁内有木椁；东墓道长 33.5、口宽 7.2、底宽 5.8、东端深 0.7、西端深 5.2 米，墓道西部有一车马坑，上棚圆木，圆木上铺草泥，内有马 2 匹，被严重盗扰；西墓道长 28、宽 6.8、底宽 5.8 米，近墓道的东端深 6.5 米，有一殉葬坑东距墓室 8 米，坑东西长 2.8、南北宽 2.5 米，坑底上距墓道底 0.5 米，坑内有一木椁与坑大小相同，椁内有二个木棺南北并列，棺内各有一具少年尸骨，南侧的长 2、宽 0.89 米，北侧的长 1.88、宽 0.9 米，两者相距 11 厘米，人骨头向东，南为仰身，北为俯身，应是殉葬的童男童女[9]。1 号墓与主墓的关系不详，从其位置看，显然是从属的地位，从 1 号墓的规模可以想象，主墓的规模一定很宏大。

二、四号陵地面形制相同，陵台上两个高大的土塚南北并列于陵台中部。经 2002 年以前对二号陵的调查，两个大墓均为东西向两条墓道的"中"字形墓。东墓道很长，墓道两侧有车马坑和殉葬坑。封土之上除有享堂一类的建筑遗迹外，在陵台的西北部也有建筑基址存在。夯筑的台基上残存有卵石或瓦片砌筑的散水，并有柱洞残存，应是陵寝建筑。

一、五号陵台上均为一个土塚。五号陵台上的封土塚居陵台中部，一号陵台上的封土塚居于陵台的中部南侧。这五座陵台中，有一个土塚的两座，两个土塚的两座，三个土塚的一座。

如果以二号陵上的建筑布局与王城比较，显然是受王城建筑布局的影响。封土上有建筑、封土西北面有寝殿建筑，与王城中 1 号台上有建筑、其西北面有 1、6 号夯土建筑基址的布局一致。那些封土上有享堂一类建筑的形制更是对宫城建筑的仿造。

从王陵地势的选择看，一号陵位于二号陵东北面，比二号陵低；二号陵台位于三号陵台的东北面，又比三号陵台低，显示出陵台所处的地势是西南高，东北低的趋势。这与王宫的地势形态的一致性，反映了赵国人事死如生的思想，以及当时王侯贵族的厚葬思想和社会风气。《吕氏春秋·安死》："世之为丘垄也，其高大若山，其树之若林；其设阙廷，为宫室造宾阼也，若都邑。"当时的王侯把陵墓建造的像都邑一样，赵国王陵与王宫建筑的相似之处，也是时代特征的体现和反映。

根据对赵国王陵的多次观察与长时间的思考，位于邯郸县与永年县交界处的五座陵台，其中仅有三座为王陵。有关王陵的文献资料见于《汉书·高帝纪》："十二年，高祖闵悼襄无后，诏令民五家守其塚。"另有《邯郸县志·古迹》载："赵三王墓，在县西北二十里，也名三王陵，据大清一统志，三王惠文、孝成、悼襄也，俗呼为陵台，今其地名三陵村。"从文献资料上仅见有"三王陵"的记述，而不见有五个王陵的记载和传说。有的研究赵王陵者认为五个陵台是除肃侯、武灵王和幽谬王迁之外的敬侯、成侯、惠文王、孝成王、悼襄王五位。也有的研究者认为除幽谬王迁之外的赵国在邯郸建都后的七位侯王都葬在这里，即认为一个封土塚葬一位侯王，一个陵台上有两个封土塚的即葬的是两位侯王。我们之所以认为仅有三个陵是侯王墓的主要依据，除文献资料之外，主要考虑的是战国时期的埋葬制度。战国中晚期，王侯的陵墓，包括贵族，都是夫妻合葬在一起的。所谓合葬即夫妻墓穴埋在一个陵台上或相靠在一起，即所谓的异穴合葬。辉县固围村战国中期的大墓[10]，多认为是魏王墓，也有认为是赵侯墓的，固围村大墓主人的国别暂且不论，都认为是战国中期当无疑问。固围村 1、2、3 号墓东西排列，2 号墓规模最大且居中，1、3 号墓位列左右，是典型的夫妻异穴合葬无疑。据王中殊先生研究[11]，西周已经有了合葬的制度，其方式是夫妻分别葬在两个互相紧靠的墓坑中，并以陕西省茹家庄西周中期的強伯墓及夫人邢姬墓，以及浚县辛村西周末年的卫侯墓和夫人墓等作为可靠的证据。这一制度到了春秋战国时期更趋普遍和流行。如山西长治分水岭春秋晚期至战国时代的晋、韩墓地中，凡属大型或中型的贵族墓都是两两成对，并列在一起，根据随葬品的不同，为夫妻合葬无疑。平山中山王墓也是夫妻异穴合葬的可靠实证。我们在邯郸西郊赵国贵族墓地的发掘中，经常碰到这样的例子，男性的墓一般居右，女性的墓一般居左，这一异穴合葬现象一直到西汉早期仍然流行。因此，我们认为战国中晚期的赵国王陵也应该是异穴合葬的形式。比如赵王陵中二、四号陵上各有两个土塚，因主墓道朝东，位于南侧的应是王墓，居于北侧的应是王后墓。谈至于此，试对五座陵台的墓主作一推测。

赵王陵目前所见的五座陵台，从表面上观察，可分三种形制。即 1、5 号陵上仅有一个土塚的为同一种形制；二、四号陵台上各有两个土塚的为同一个形制；三号陵台中心部位有一长方形封土，南北长 72、东西宽 34 米，应是两座墓覆盖在一个封土之下。其西北、西南面各有一座大墓，从发掘的其西北面 1 号墓封土之上残存陶瓦分析，原来墓上可能有享堂一类的建筑。与二号陵台上西北部筑有寝殿的形式对比，显示出较早的特征，因此推测三号陵应是惠文王陵。二号陵台位于三号陵台的东北方向，四号陵又在二号陵东北方向，按照以右为尊的方位排列，二号陵为孝成王与王后合葬的陵墓，四号陵为悼襄王与王后合葬的陵墓。这一区域内之所以被称之为"三王陵"，即惠文、孝成、悼襄三王之墓，不能因现今的行政区划、因四、五号陵位于永年县界内而把它从三王陵中分出。至于一号陵和五号陵的墓主当另有所属。一号陵位于二号陵东北侧，相距也较近，且陵台中部一个土塚又偏距南侧，墓主人应是与二号陵的墓主人孝成王有着密切亲属关系者。那么这个人会是孝成王的什么人呢？读《史记·赵世家》有孝成王十年"赵将乐乘、庆舍攻秦信梁军，破之。太子死。而秦攻西周，拔之"。据上下句的语气似乎可以看出太子是在攻秦信梁军战役中战死的，也有可能是其他原因，总之是太子在这期间死了。联系到战国时期的厚葬之风气，太子墓筑成如同一号陵这样的规模也不为过。一号陵的土塚又居于陵台中部的南侧，属于尊位，可以简单地理解为墓主人为一男性，不妨将一号陵暂且推测为赵孝成王的太子墓。五号陵的土塚居于陵台的中部，如果从战国时期王侯贵族夫妻异穴合葬这一普遍流行的制度来观察五号陵，墓主人应为一女性。因为如果是男性的话，在一般情况下，就要有妻子合葬。如果是青少年男性早亡的，其位置也应如一号陵那样居于陵台中部的南侧，即尊位。五号陵台上的土塚居于中部，墓主人只能是一女性。那么这位女性墓主人又是哪一位呢？从陵台的位置看，五号陵居于四号陵东北面，四号陵推测为悼襄王和王后合葬墓，那么五号陵的墓主人应是悼襄王王后之外的最为亲近的人。在未做考古工作之前，不妨借助文献资料作一推测。《史记·赵世家》有："赵王迁，其母倡也，嬖于悼襄王，悼襄王废適子嘉而立迁。"这短短几句话，道出了这样一个事实，赵王迁生身母亲原是个倡女，显然不是悼襄王的原配夫人，而赵嘉的母亲才是。如果这样理解不误的话，悼襄王与之合葬的当是原配王后赵嘉的母亲。不知什么原因，赵迁继承了王位，迁母由于是倡女出身，地位低下，自然不能与悼襄王同陵合葬，就是同陵合葬，也只能在王后的下位，这大概也是迁母不情愿做的事情。在赵迁继承王位后，母以子贵，迁母地位大变，而为尊位，为其另建陵墓也是理所应当的事情。这样的例子在汉初就有，比如汉文帝的生母薄太后就是这样。汉高祖刘邦与吕后合葬后，文帝继承了皇帝之位，薄太后的地位变为至尊，成了当然的皇太后，在《史记·外戚世家第十九》中有记载："薄太后后文帝二年，以孝景帝前二年崩，葬南陵。以吕后合葬长陵，故特自起陵，近孝文帝霸陵。"薄太后即葬于长陵与霸陵之间。这样的例子虽为汉代，但距王迁母亡之时不过数十年的时间，如果薄太后这样的葬制不是先例的话，把五号陵的墓主人推测为赵王迁的生母。

上述看法只是一家之见，正确与否只能靠今后的工作开展去解决。这样的推测另一目的是，赵国建都邯郸以后有八代侯王，目前发现的五座陵台，绝不是除赵王迁之外的七代君王都葬在这五个陵之上的，这里仅有三代君王的陵墓。《史记·正义》引《括地志》："赵王迁墓在房州房陵县西九里也。"而前四位国君即赵敬侯、赵成侯、赵肃侯、赵武灵王的陵墓位置所在，仍需进行研究和寻找。

注　释

［1］［7］　宇野隆夫：《中国古代城市的方位观念》，《中国文物报》2004 年 8 月 20 日第 7 版。

［2］　西小城的情况均见于河北省文物管理处等：《赵邯郸故城调查报告》，《考古学集刊》第 4 集，中国社会科学出版社，1984 年。

［3］［8］　河北省文物研究所：《燕下都》，文物出版社，1996 年。

［4］　河南省博物馆等：《河南新郑郑韩故城的钻探和试掘》，《文物资料丛刊》第 3 辑，文物出版社，1980 年。

［5］　李毓芳：《汉长安城的布局与结构》，《考古与文物》1997 年 5 期。

［6］　陈梦家：《亩制与里制》，《考古》1966 年 1 期。

［9］　河北省文物管理处等：《邯郸赵王陵》，《考古》1982 年 6 期。

［10］　中国科学院考古研究所：《辉县发掘报告》，科学出版社，1956 年。

［11］　王仲殊：《中国古代墓葬概述》，《考古》1981 年 5 期。

从帝王陵陵区布局再看"秦赵共祖"

——赵王陵与秦始皇陵陵区布局之比较

李六存[*]　赵建朝

《史记·赵世家》开篇即云:"赵氏之先,与秦共祖。"前人对"秦赵共祖"做了不少研究和探索。随着赵王陵考古工作的逐步展开,赵王陵陵区布局轮廓已渐清晰。我们试图能从帝王陵陵区布局上窥"秦赵共祖"之一斑。

赵王陵是战国七雄之一赵国的集中王陵区,五座平整的山头上耸立着七个高大的封土。步入陵区,蓝天白云下,太行逶迤,绵绵无际;平原辽阔,浩渺如海。山峦与平原交接处,只见一座座高耸的封丘,远远望去好像一座座"金字塔",耸峙岿然,巍峨雄伟,十分壮美(图一)。

图一　赵王陵二号陵鸟瞰图

* 李六存,男,河北峰峰人。现任邯郸市文物局办公室主任兼赵王陵文物管理处处长。近年出版《磁州窑四系瓶》、《千古风雨赵王陵》等著作,其中《千古风雨赵王陵》获邯郸市社会科学优秀研究成果二等奖。

　　2000 年赵王陵考古队，对赵王陵进行了多方面的调查，除对五座陵进行详细调查和测绘外，还重点对二号陵进行了全面勘探和试掘调查，基本摸清了赵王陵陵区布局的基本特征（图二）：

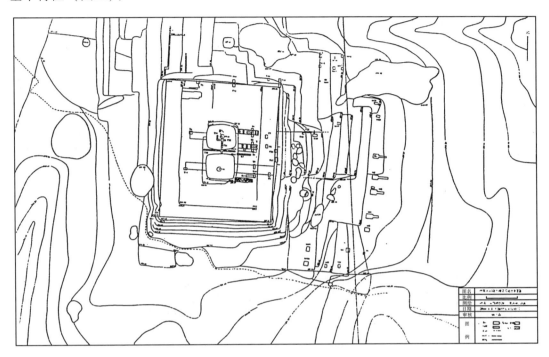

图二　河北邯郸赵王陵二号陵平面图

　　（1）从坐落方向看，赵王陵五座陵台均坐西朝东，汉承秦制，并一直受到后世帝王的承袭。三国两晋南北朝时期相对纷乱，多数不见墓葬，直到唐太宗李世民的昭陵，才一改秦汉以来坐西朝东的旧例，改为南北方向。

　　（2）从陵区组成部分看，赵王陵五座王陵都有以自然山丘为基础整修而成的陵台，构成了陵园的主体部分。陵台中部有主墓，其中一、三、五号陵各一座，二、四号陵各二座。陵台东侧除三号陵外，都保留有宽大的神道，后经考古调查发现三号陵原来也有宽大的神道。另外，除五号陵外，一至四号陵台北侧都发现有建筑遗迹。在对二号陵进行的详细勘查中，在陵台台面东部还发现了五个陪葬坑，台面东侧发现有大量的陪葬墓，考古人员推测其余四座陵也应该有十分相似的布局。这样看来，赵王陵陵区是由陵台、主墓、神道、陪葬坑、陪葬墓、建筑基址等几部分组成。

　　（3）从宫垣墙看，陵台四周的夯筑痕迹是陵台四周原来土墙或回廊式宫垣墙的遗迹。考古人员在对二号陵进行全面铲探时，发现台面周边全部经过夯打加固，认为是二号陵台四周原筑土墙或回廊式内宫垣，东侧设门阙，并进一步推测认为其他几个陵台也可能有同样的建筑。古代为了保护王陵的安全，遂在陵园周围修建了保护性措施。最早是在陵墓以外修建隍沟。隍沟作为防御设施在母系氏族公社时期的半坡遗址中就有发现。赵王陵陵台四周的土墙或回廊式宫垣墙有可能是为了保卫王陵的安全而建造的。

　　（4）从建筑基址看，赵王陵已经出现了寝殿、便殿建筑。"寝"的本意是附在庙后的小屋，原是供神休息用的。所以庙造在前面，有正厅，有两厢；"寝"附在庙后，非厅非厢，几间小屋而已。后来寝殿就归人用了，成为那些与祭者行礼的地方，于是寝殿越盖越大，也越讲究。经过详细认真地调查，考古工作人员在赵王陵一至四号陵陵台北部都发现有建筑遗迹，尤为重要的是，在二号陵陵台北部发现了三处建筑基址，面积合计达3000多平方米，并发现有大量的板瓦、筒瓦等建筑构件。考古人员对其中一处进行了发掘，仅揭露了800平方米，就出土了一处带檐廊、铺地砖和瓦砌散水的大型高台式寝、便殿建筑基址（图三）。赵王在自己建造陵园时，把原来建于宗庙的"寝"移至陵园之内，这一改变与以后的许多帝王陵是一致的。这种相似的做法可能有一定的传承关系。

图三　赵王陵二号陵建筑基址

　　（5）从封土看，赵王陵各个封土的形状都是覆斗状，都在陵台的中部或稍偏一点的位置。赵王陵一、三、五号陵各有封土一座，二、四号陵各有封土两座，虽然经过了两千多年历史岁月的洗礼，仍然十分高大。它们在平整的陵台上中部更显得巍峨，充分体现了"居中而尊"的传统思想。特别是赵王陵一、三、五号陵，台面上仅有一个高大的封土，显得尤为壮观。这其中可能也包含了后世统一帝王陵园中"一冢独尊"的理念。

（6）从神道看，赵王陵的五座陵台东侧都筑有宽大的神道，神道所在直线是陵园的中轴线。考古调查显示，经过了两千多年的岁月洗礼，除三号陵外，其他各陵的神道都保留了下来，虽然部分受到了破坏，但是仍然十分宽大，笔直壮观，尤其是赵王陵四号陵神道（图四）现在仍保留长 290 多米，宽度在 56～75 米之间。这些重要遗存都为我们研究陵园布局的发展提供了十分珍贵的依据。

图四 赵王陵四号陵鸟瞰图

（7）从陪葬坑看，赵王陵的陪葬坑多位于主墓的东侧，并且采用了实物陪葬和冥器陪葬的方式。赵王陵考古队在对二号陵进行全面铲探时，在主墓东侧墓道的两侧发现有五座陪葬坑，并对 1 号、5 号陪葬坑进行了发掘。二号陵 5 号陪葬车马坑（图五）位于陵台南封土墓主（东）墓道南侧约 8 米处。车马坑平面呈东西向长方形，东西长约 21 米，南北坑口宽约 6.4 米。经初步发掘，出土 4 辆车、14 匹马，历经两千多年的风雨之后，至今仍能看出它的基本形态。1 号陪葬坑位于北主墓东墓道南侧，平面长方形，东西长 19、南北宽 2、深 2.4 米，坑底埋葬有 13 辆小型木车模型，现场考古人员认为这些车是专门用来陪葬的冥器"偶车"。赵王陵"偶车"现象的为我国冥器陪葬的历史提供了难得的资料，将"偶车"陪葬的历史提早了百余年。

图五　赵王陵二号陵 5 号陵陪葬车马坑

（8）从陪葬墓看，赵王陵陪葬墓多居于陵台东侧台下、神道两侧。赵王陵采用了陪葬制度，在主陵附近，让那些王亲贵胄或功臣大将造墓陪葬。考古勘探发现，仅在 2 号陵陵台东侧就有陪葬墓 23 座，其中带一条墓道的"甲"字形墓 4 座，不带墓道的墓 19 座。历来陪葬都有严格的等级规定，墓的形式也不可逾制，这个制度对后世有很大影响，成为一种政治待遇的象征。古代帝王陵周围都有很多陪葬墓。例如在汉武帝茂陵周围陪葬的有卫青、董仲舒、公孙弘、李延年、上官安、上官桀、敬夫人等。从后世为帝王陪葬的现象看，为赵王陪葬的绝非一般人，至少也应该是赵王的重臣亲信。

（9）从陵园墙看，赵王陵出现了保卫王陵区域的陵园墙，是保卫陵园安全的又一道屏障。20 世纪 50 年代，文物部门对赵王陵三号陵进行调查时发现，在三号陵台四周，沿三号陵台边沿外扩约 150 米有原有陵园墙，东墙长 496、西墙长 498、南墙长 464、北墙长 489 米。墙体大部分已经坍塌，北墙中部尚有一段长约 16、高约 1 米的残墙，东墙中部残存一段长 16、高 1.1～1.3 米的残墙，其余仅存地面以下的夯土墙基，宽 7～11 米不等。

（10）从面积看，赵王陵规模宏大，占地面积很广。赵王陵陵区由五个陵园组成，自五号陵北侧至三号陵南侧南北距离 7 公里，自五号陵东侧至三号陵西侧东西距离 4 公里，总面积达 28 平方公里。从空中俯瞰，赵王陵占据如此广袤的土地，西倚巍巍太行山，东望无际大平原，是何等地壮观！赵国以一个诸侯国，建造如此规模的王陵，是何等的手笔，何等的气魄！

秦朝是中国历史上第一个统一的、中央集权制的封建制国家。与前世相比，秦始皇的陵寝达到了登峰造极的地步，对后世历代帝王陵园建筑有着深远的影响。随着近年来的考古勘探发掘，秦始皇陵区布局也逐渐清晰，与赵王陵相比在陵区规模、陪葬坑数量大小等细部仍有很多相似之处：

（1）从坐落方向看，同赵王陵一样，也为坐西朝东。

（2）从陵区组成部分看，同赵王陵一样，由陵园（功能同赵王陵陵台）、主墓、神道、陪葬坑、陪葬墓、建筑基址等几部分组成。

（3）从宫垣墙看，秦始皇陵建筑有"回"字形城垣，这与赵王陵在陵区四周建宫垣、门阙的做法十分相似。

（4）从建筑基址看，同赵王陵一样，已经探明有大型寝殿、便殿及其他建筑，并且也集中在封土北侧（图六）。

图六　秦始皇陵建筑基址

（5）从封土看，同赵王陵一样，封土形状是覆斗形，并且位于陵台的中部偏南一点，同样包含了"居中而尊"和"一冢独尊"的思想理念；

（6）从神道看，同赵王陵一样，神道（司马道）为东西走向，只是秦始皇陵区发现道路较多，有待进一步确认其神道有几条。

（7）从陪葬坑看，同赵王陵一样，陵区内发现了大量分布的陪葬坑，并且主要陪葬坑位于主墓的东侧，采用了冥器陪葬的方式。

（8）从陪葬墓看，同赵王陵一样，也发现有大量的陪葬墓，为秦始皇陪葬的人的身份同样是不解之谜。

（9）从陵园墙看，同赵王陵一样，可能也出现了保卫王陵区域的外墙。文物工作者曾在兵马俑坑以东的代王镇发现过双门阙遗址，怀疑这就是秦始皇陵园墙的遗迹。

（10）从面积看，同赵王陵一样，规模宏大，占地面积广，整座陵区占地面积56.25 平方公里，体现了王者之风。

史载"秦赵共祖"，在帝王身后之地的建筑上，赵王陵和秦始皇陵太多的相似之处，也许能为透视"秦赵共祖"提供更多的依据。

秦始皇陵与赵王陵在陵区布局为什么会出现这么多相似之处呢？除"秦赵共祖"风俗文化源远流长外，会不会与秦始皇的身世有关系呢？

秦始皇出生于公元前 259 年，因出生在赵国，故名赵政，又因其祖先伯翳被赐姓嬴，所以又称作嬴政。关于秦始皇的出生至今还是一个谜，一种观点认为秦始皇是一个私生子，他并不是秦庄襄王的儿子，大臣吕不韦才是秦始皇的生父；也有人执否定态度。之所以会出现以上两种截然不同的观点，是因为秦始皇的父亲秦庄襄王是一个曾经为质于赵国的落难王孙，居住在赵国。秦庄襄王原名异人，是秦昭王的孙子、孝文王的儿子。异人不是长子，亲生母亲夏姬失宠，所以被秦王送至赵国做人质。秦、赵两国都是大国，随时发生战争，异人的处境岌岌可危。这时，吕不韦遇见了异人，他深知异人的境遇，认为有利可图，便与异人结好，花费千金把他送回秦国，通过各种办法使安国君和华阳夫人将异人作为嫡嗣，为了讨得华阳夫人这个楚国人的欢心 ，遂将异人改名为子楚。公元前 251 年，秦昭王去世，安国君继承王位，即孝文王。而当时的孝文王已经 53 岁了，先服丧一年，然后正式即位，即位后第三天便离开了人世，异人便继承了王位，而吕不韦因为有功，被封为秦国丞相，从一个大商人变成一个大政治家。据《史记·吕不韦列传》载，当吕不韦在邯郸经商时，家缠万贯，娶了能歌善舞的绝世美人赵姬，与之同居，且有身孕。而在一次与异人饮酒时，异人一眼便看上了这位赵国的美人，请求吕不韦把这位大美人让给他，吕不韦虽然不高兴，但为了以后达到政治上的目的，只好把这位绝世佳人送给了异人。但当时异人不知道赵姬已有身孕，后来便生下了秦始皇。这段记载实质上认定秦始皇是吕不韦的私生子。

无论秦始皇是谁的亲生儿子，有一个不争的事实，那就是他生在邯郸、长在邯郸，自小受到赵地文化的深刻影响。那么他在称帝后，为自己百年之后选择吉地建造陵墓时，会不会吸收东方六国的陵墓制度，会不会受到赵王陵的影响呢？如此多的相似之处，是偶然，是必然，抑或是秦人"秦赵共祖"之风俗也？抑或是秦始皇生于邯郸，受了邯郸的影响？抑或是少年时在邯郸做人质，耳濡目染之故也？这些疑问有待日后考古发掘研究进一步证实。

邯郸赵墓的几个问题

张春长　陈　伟　魏曙光[*]

　　邯郸，战国时期属赵，两汉时期长期为赵王封地。赵墓包括赵国和两汉赵王时期的墓葬，其分布区域为京广铁路以西，滏阳河支流输元河、邙牛河、沁河、渚河流域的丘陵半山区，位于邯郸故城的西、北、南面。按时代和特征主要分为下面几个区域：①赵国王陵区：紫山东麓，输元河以北以东；②西汉王陵区：位于渚河与牤牛河之间，其中邯郸市南部的牤牛河北岸几座大墓，调查资料定名为马头古墓和车骑关墓群；③东汉王陵区：位于滏阳河西、渚河南岸，东起张庄桥西至陈家岗；④战国、两汉时期主要墓葬区：在邯郸故城的西北数公里，分布在渚河南支与输元河之间，主要位于以酒务楼村东端为中心、半径 3 公里的区域内，以沁河两岸最为密集。根据发掘的情况和地表封土情况，以沁河为界分为两个区域：一是以百家村和彭家寨为中心，齐村以南、沁河以北以东、王郎村以西区域；二是林村和涧沟为中心，户村南、中庄东，西小屯—西大屯北，沁河以南以西。在这两个区域内，战国与汉代墓葬交错分布。上述四个区域内，在 20 世纪 60 年代前巨大封土鳞次栉比，其中部分墓葬现今惜已夷平。迄今发现的封土墓有近百座（含封土已经夷平的墓葬）。在邯郸地区已经发现战国、两汉时期墓葬不下 2000 余座，并已发掘了 1000 余座，但大部分正在整理中尚未正式发表发掘报告，系统地研究赵墓需要长时间、多人次的共同努力。本文仅就邯郸区域内发表的资料，并结合邯郸区域以外的资料基本明确为赵国墓葬的发现，主要讨论战国时期赵墓的几个问题。目前发现的战国赵墓，具有代表性的主要有：春秋战国之际的山西太原金胜村 251 号大墓[1]和邢台葛家庄 M10[2]，战国前期的河南林州市赵国贵族墓[3]，战国中晚期的邯郸百家村战国墓[4]，河北邯郸县和永年县的赵王陵及其陪葬墓周窑 1 号墓[5]，以及 2005~2006 年本次配合南水北调而发掘的西小屯墓群[6]。通过对各墓葬的综合分析，发现战国赵墓具有下面几个特点：

---

　　* 张春长，男，1969 年出生，河北吴桥人。毕业于西北大学和吉林大学，硕士，副研究员。历任河北省文物研究所第四、第二研究室主任，主持元中都、林村墓群等多项大型工地和国家局文物保护技术课题，发表论文二十余篇。

　　陈伟，男，1968 年出生，江苏苏州人。1990 年到河北省文物研究所从事文博工作至今，文博馆员，具有国家文物局考古发掘领队资格。长期从事田野考古工作，主持和参加多项考古项目，发表论文十余篇。

　　魏曙光，男，1981 年出生，陕西乾县人。2005 年毕业于吉林大学考古系，在河北省文物研究所从事考古发掘和研究工作。

（1）地理分布。战国时期赵墓一般分布在同期城址西北数公里至数十公里的山坡、高岗地带。金胜村大墓西依吕梁山余脉龙山，东望晋阳湖，东南距东周晋阳古城 3 公里，东距汾河 5 公里许，处于西高东低的山前缓坡地带，依山傍水，地势开阔。在以此墓为中心的南北 10 余公里、东西宽 2～3 公里的范围内，是一处时间延续很长的古墓地。林州市大莱园春秋战国古墓群位于林州市城峪村西北 40 余公里，林州市城峪村在林州市与鹤壁市交界处牟山以西数公里，这里已发现一处战国城址。从文献、遗迹、遗物考察，这里可能为战国时期赵国的第二都城中牟遗址。林州市赵国贵族墓与现已考证的战国时期河北赵都、赵陵，以及燕都、燕陵的方位是一致的，即陵墓皆位于都城西北。赵王陵处于邯郸市西北部紫山东麓的丘陵地带，位于山岭、岗阜、分水岭或孤峰巅，陵台均以山为基，规模宏大。五号陵北近石山，南临河谷，地上封土、陵台、围墙、大路、高大雄伟、非同一般。邯郸齐村、百家村南邻沁河一带的战国墓，坐落在沁河北岸村西一片高低起伏的岗地上。永年、武安的战国墓[7]，有的在洺河两岸，有的在山麓间。近两年来在西小屯发掘的战国时期墓葬也是在邯郸故城西北方向的高低起伏的丘陵岗地上。

（2）墓葬分区与排列。一般为排列有序地成群分布。墓朝向东方似乎是一种流行的现象，但并不是千篇一律的。赵王陵五座陵台均向东，其始葬序列最有可能为从东北向西南依次排列。河南林州贵族墓地等级森严，以所处之丘陵缓坡的自然坡脊为界，此坡脊呈南北走向，现已发掘和探明的小型墓均分布在坡脊以西的缓坡地带，而中型以上的墓葬都分布在坡脊及东边的缓坡上，整个墓地南北呈一线排开，其中 1 号墓可能是规格最高的，正位于坡脊中部的制高点附近。从墓葬的规格尺寸以及附葬品的种类和数量上，也可反映出墓葬间的差距。这里的大中型墓有可能是《周礼》上记载的"族葬制"墓地，即"由冢人掌握分配"，事先按宗法地位排序规划好墓位的贵族墓地，也叫"公墓"。而西边的小墓群可能为"邦墓"，为墓大夫掌管，按家族关系排列墓穴，葬有自由平民，也有大大小小的贵族。百家村战国墓群内似有夫妇并穴合葬现象。墓葬形制大小有别，随葬品也有差别，说明可能存在着等级观念。沈长云先生认为这是一处规模中等的二级结构的贵族家族[8]。百家村没有发表墓葬发掘总平面图，无法确知其分布规律。百家村墓群头向北为多，其次为东，向南、西者仅为个例，在这处墓地里看不出其他墓地所流行的墓向东方的规律，说明当时的墓葬方向并非完全一致，这种现象形成的原因是今后的工作中值得探究的问题。

近两年发掘的战国赵墓，以南水北调林村墓群西小屯墓区的第二区墓葬为代表。这处墓地，分为 A、B、C 三个亚区，均没有出土有确切纪年的遗物。我们可以根据其形制和出土器物作以推测。A、B 区墓葬内有打破关系者仅 PM1 打破 HXM3 之封土边缘，但此墓没有出土陶器。其他墓葬均无打破关系，也无法从地层学上判断早晚。河北战国时代墓葬由于发掘资料发表的局限性，因而在器物上缺乏标型器对比。我们首先从整体上来看，仰斗形土坑木椁墓葬的形制是战国时期最为常见的。以鼎、豆、壶、盘、匜为组合的陶礼器，是战国中期以后至西汉前期中原地区所流行的。春秋晚期中原地区确实已出现坟丘很高的大墓，到战国时代这种坟丘式的墓葬就普遍流行了。大型墓葬HXM3，具有较大封土，其椁室相对于西汉时期的大墓要小得多，显示出较早的特征。因此，综合这些特点，墓葬的年代时限从战国到西汉时期是绝对没有问题的。这些墓葬曾经被盗，盗洞的方位形制基本一致，一般是沿墓壁由圹外的生土向下挖，盗墓时寻找墓口相当准确。除 PM1 、PM2 和 PM3 外，其他的墓直接进入墓椁内，椁室的灰迹并无扰乱，说明被盗时可能椁板尚未朽烂，应该是在墓下葬后时间不久即被盗掘，而且无一幸存。尤其是大墓 HXM3，揭顶而盗，可以说是明目张胆，这种情况的发生很可能是在改朝换代之际的动荡混乱情况下发生的，最有可能为秦灭赵后。这一说法若能成立，则此批墓的年代应在战国末期。另外墓葬从形制以及器物礼器组合都具有非常显著的赵国传统因素，另外带铁链的镢、铁剑、小铁刀等都具备先进文化因素，这一因素在汉代才广泛的流行。这表明该墓更多显示的是战国时代的特色，并已出现了汉代墓葬的某些流行因素，从这个角度也可以说明该墓区的年代定为战国末期是较为妥当的。西小屯墓葬，当时地面应有明显标志（封土），除 PM1 的打破是因离 HXM3 较近的缘由，其他均无打破关系。而且墓地内的墓葬存在大中小之别，随葬品也反映出多少不一的现象。按 PM1 打破 HXM3，似可提示位于 HXM3 之后的墓葬应该比它较晚。这样这批墓葬的排列很有可能是从南向北、从东向西排列的。东排均为中型墓，西排的墓葬形制明显比东排墓葬为小。PM3 可能为单独的一排。这批墓葬的方向亦均为东向，排列有序。C 区的墓葬，均为小型土坑墓，位于岗地下的低地中，随葬品较少，主要有铜灯、带钩、铁刀、印章及陶罐等生活用器，没有礼器组合，应是一处平民墓区。这说明贵族墓群与平民墓群不在同一墓区。

（3）墓葬形制。可分为大中小型墓葬。西小屯墓区大中型墓葬分布在第二区的 A、B 两亚区，小型墓葬分布在第一区和第二区的 C 亚区。大型墓有两座，形制分为"中"字形木椁墓和土坑竖穴式木椁墓。中型墓葬均为仰斗形土坑竖穴木椁墓，小型墓分为土坑竖穴式和竖穴洞室墓二种形制。封土似乎在战国早期并不流行。林州报道中没有提及封土情况，太原金胜村 M251 发掘时亦没有发现封土迹象，而且它被一个战国晚期墓打破，说明到战国晚期当地人已不知大墓及车马坑位置了，很可能当时没有封土。邢台葛家庄 M10 也没有发现封土。迄今为止战国早期赵墓还没有发现存在封土的例证，所以这一时期墓葬封土问题有待于进一步的讨论。在百家村大型墓葬、周窑 1 号墓和西小屯HXM3 都存在大型封土，说明至少在战国中晚期，赵墓封土应该是比较普遍的现象。并且封土内存在地上墓室，与中山王墓有相似之处。HXM3 保存相对完整的封土结构，而HXM1016 和个别中型墓葬上亦残存有封土层，说明当时的封土应用是普遍现象。

（4）车马坑。有三种形制：长方形、曲尺形、凸字形。壁面光滑或有壁柱，顶部棚木。一般不是平底。到目前为止，算上有马无车者，在赵国贵族墓中已发现车马坑 14处。山西太原金胜村赵氏墓有 2 座。M251 号车马坑位于墓东北侧，坑西南角与大墓东北角直线距离仅 7.5 米，由车坑和马坑两部分组成，平面呈曲尺形。马坑一侧有生土隔梁。坑壁平整，上下基本垂直。有马 44 匹，出土车 13 辆（部分破坏者有 16 ~ 19 辆）。赵王陵 3 号陵 1 号陪葬墓墓道内也发现了殉马坑 1 座，平面为长方形。百家村齐村一带战国墓，发现殉马坑 6 座，其中 1 号坑殉马达 26 匹之多。6 座车马坑平面可分为长方形、曲尺形和"凸"字形。2000 年齐村发现了 3 座车马坑，其中 3 号坑殉马达 20 匹、狗 2 只、车 4 乘，未见正式发表材料，平面形状不明。2001 年赵王陵 2 号陵陵台南封土冢东南侧的大型长方形车马坑，在 2002 年的发掘中，出土有车 4 乘、马 14 匹[9]。西小屯 HXM3 发现 1 座车马坑，为曲尺形，壁面有壁柱。从目前车马坑发现的情况看，大型的贵族墓一般均有车马坑。车马坑中，有车的一般均有狗，狗放于车坑内，有 1 ~ 2 具。马在坑内横置，杀死后排放，一般为一个方向侧卧，个别有对蹄而卧现象。如百家村 1 号坑，最北一具向北卧，其南四匹对蹄，余皆向南。除金胜村和赵王陵 2 号陵台南冢头向车坑外，其余全部与车同向。除受发掘资料所限位置无法判明的以外，车马坑的位置可在墓道内、墓室的东北侧、墓室东南侧等。

（5）围墓沟。在墓群的外围挖壕沟，横截面略为倒梯形，有人将大围墓沟称为隍壕或隍沟。俞伟超先生认为"围墓沟是秦人葬俗中的风尚，而为当时其他列国所不见或罕见。"[10]近年来的发掘资料越来越倾向于围墓沟可能不是秦国或者秦文化所特有的，而是周代列国或略晚所普遍存在的一种礼制现象。林村墓群发掘的围墓沟在河北战国时期墓葬发掘中还是首次发现。已发现的并见诸于报道的围沟主要分为两种，一种是位于独立的大墓周围，另一种位于异穴合葬墓的周围。西小屯战国墓地发现的围墓沟将不同的墓区分割开来，是很少见的，而所分割的墓区在级别上以及内部墓葬排列规则上均有不同，比如第二区的 A 亚区，所有从葬墓都位于大墓 HXM3 的西北侧，在北侧有东西两排墓葬，其中东侧一排墓葬在形制方面较西排墓葬为大，这样就形成了三种不同级别的墓葬。在 B 亚区，从葬墓位于大型墓葬 HM1016 的西北及西南两侧，呈拱卫之势，显示出有两个级别。而在 C 亚区，墓葬亦分为东西两排，但是这两排在级别上没有明显差别，每个墓葬在墓区内都处于相对平等的位置，随葬品均为生活用品，没有礼器，无等级的差别，体现出单一性，且该区围墓沟除利用自然沟的部分和与 A 区共用的沟外，其西边沟很窄很浅，可能表明围墓沟还具有等级意义，从另一个侧面反映了当时的社会阶层。

注　释

［1］　山西省考古研究所、太原市文物管理委员会：《太原金胜村 251 号春秋大墓及车马坑发掘简报》，《文物》1989 年 9 期。

［2］　河北省文化研究所、邢台市文物管理处：《葛家庄 10 号墓的发掘》，《考古》2001 年 2 期。

［3］　程红根：《林州大型古墓群：探明古墓数百座，多少谜团待解开》，国学网（http://www.guoxue. com/www/xsxx/txt. asp? id = 2789）。

［4］ 河北省文化局文物工作队:《河北邯郸百家村战国墓》,《考古》1962 年 12 期;北京大学、河北省文化局邯郸考古发掘队:《1957 年邯郸发掘简报》,《考古》1959 年 10 期。

［5］ 河北省文管处、邯郸地区文保所、邯郸市文保所:《河北邯郸赵王陵》,《考古》1982 年 6 期。

［6］ 河北省文物研究所和邯郸市文物研究所发掘,资料尚未发表。

［7］ 邯郸地区文物保管所、永年县文物保管所:《河北省永年县何庄遗址发掘告》,《华夏考古》1992 年 4 期。

［8］ 沈长云等:《赵国史稿》,中华书局,2000 年。

［9］ 郝良真:《赵国王陵及其出土青铜马的若干问题探微》,《文物春秋》2003 年 3 期。

［10］ 俞伟超:《日本方形周沟墓与秦文化的关系》,《古史的考古学探索》,文物出版社,2002 年。

邺城与北朝文化研究

曹魏邺城的平面复原研究

徐光冀[*]

邺城遗址在今河北省临漳县境内，位于县城西南 20 公里，南距安阳市区 18 公里处。邺城由北、南两座相连的城组成，称为邺北城和邺南城，现今的漳河横贯其间。建安九年（204 年）曹操平袁绍，营建邺城，后定为王都。魏文帝曹丕移都洛阳，仍以邺城为"王业之本基"，为其五都之一[1]，此即是邺北城。此后十六国时期的后赵、冉魏、前燕均建都于此[2]。北朝时东魏于邺北城之南兴建邺南城，为东魏北齐的都城[3]，此时邺北城仍继续使用。邺城废于北周大象二年（580 年）[4]。

曹魏时期邺城的平面规划，在中国都城史上占有重要的地位，引起中外学者的关注。清咸丰十年（1860 年）汪士铎的《水经注图》中的邺城图[5]，清光绪年间（1905年）杨守敬的《水经注图》中的邺城图[6]，1938 年日本村田治郎发表的《邺都考略》附有邺城平面图[7]，1963 年俞伟超也发表了邺城城垣复原图[8]，刘敦桢主编的《中国古代建筑史》中的邺城平面图[9]等，均对邺城的平面布局进行了研究。

1983 年以来，中国社会科学院考古研究所和河北省文物研究所合作组成的邺城考古工作队，对邺城遗址进行勘探发掘，发表了简报及邺北城遗址勘探实测图（图一）[10]。在勘探发掘的基础上，结合有关文献记载（其中主要依据的文献为《魏都赋》及《〈魏都赋〉注》、《水经注》、《嘉靖彰德府志》等），对曹魏时期的邺城（城内）平面进行初步的复原研究（图二），谬误之处，敬希指正。相信随着考古勘探发掘工作的深入，更新的考古研究资料会不断丰富现有的认识。

一、邺城城址的基本轮廓

邺北城勘探的主要收获之一，是确定了城址的具体位置和范围。城址呈正东西向长方形。城址东西（东墙至金虎台）2400 米，西墙南段突出一段，东西最宽处 2620 米，南北1700 米，城墙宽度为 15～18 米。《水经注》记载，邺北城"东西七里，南北五里"，指出城的东西比南北长，但实际范围要小于记载的范围[11]。现按实际范围进行复原，南城墙

---

* 徐光翼，男，1935 年生，安徽歙县人。1959 年毕业于北京大学历史系考古专业。中国社会科学院考古研究所研究员，曾任该研究所常务副所长、邺城考古队队长。现为国家文物局专家组成员、中国考古学会常务理事、三峡文物抢救保护专家组成员。长期致力于中国考古学研究和中国大遗址的保护工作。

的墙基已大部探出，东城墙探出有 1300 米，且探出东南城角；北城墙仅探出 350 米长的一段，按其东西延长线复原；西城墙的北段，由于沙层太厚，未探出墙基，它与三台在同一南北线上，是较合理的，文献也记载，"三台因城为之基"[12]；西城墙南段，有伸向西南的一段长约 300 米的斜墙[13]，使城墙在此突出。在北城墙和东城墙发掘城墙的地层表明，其营建于东汉晚期至曹魏时期，十六国、东魏北齐时期有修补等情况。西墙南段的斜墙，经发掘证实其建筑年代要早于东汉晚期至曹魏时期，是利用了早期的城墙。

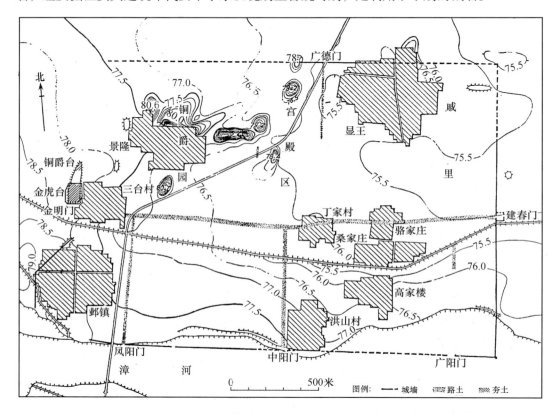

图一　邺北城遗址勘探实测图

邺城的城门。在东城墙发现一座门址，门道宽约 22 米；在北城墙发现一座门址，门道宽约 20 米；南一城墙探出一座门址，宽约 20 米。其余的其他门址，尚未探出。南城墙的其他门址，目前只能根据南北大道来确定门址的位置；西城墙的门址位置，也只能根据东西大道来确定；在东西大道以北，还有两条南北大道，东面的一条大道，是通过己探明的一座门址，另一条大道，也应是通向一座城门，从而可以初步确定 7 座门址的位置。《水经注》记载，邺北城"有七门，南曰凤阳门，中曰中阳门，次曰广阳门，东曰建春门，北曰广德门，次曰厩门，西曰金明门"。根据勘探确定的 7 座门址，即南面 3 座门址，东、西各 1 座门址，北面 2 座门址，均与文献记载是一致的。

城内的道路。经实地勘探在城内发现 6 条大道，这对于了解邺城的平面布局是很重要

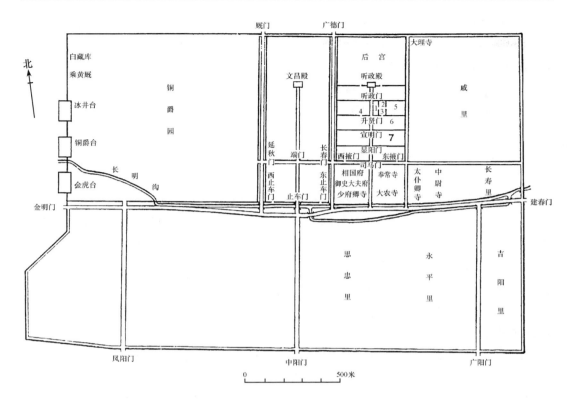

图二　曹魏邺城平面复原示意图

1. 听政闼　2. 纳言闼　3. 崇礼门　4. 顺德门　5. 尚书台　6. 内医署

7. 谒者台阁、符节台阁、御史台阁（指北针指磁北，图廓纵线为真子午线）

的。它们是：东西大道一条；东西大道以南有南北大道三条；东西大道以北有南北大道两条。东西大道是连接建春门至金明门的大道，已探出的部分为2100米，基本上全部探出，大道中部向南略有弯度，路面宽13米左右。发掘时发现两层路面，早期路面的年代为东汉晚期至曹魏时期。这是全城唯一的东西大道，横贯全城，将城分为南北两区，北区大于南区。东西大道以南的三条南北大道，其名称未见记载，暂称之为"中阳门大道"、"凤阳门大道"、"广阳门大道"。实地勘探中阳门大道长730、宽17米，北与东西大道相交。经发掘其修筑年代为东汉晚期至曹魏时期。中阳门大道是邺北城最宽的道路，位于全城的中部，向北与端门、文昌殿连成一线[14]，形成全城的中轴线。凤阳门大道长800、宽13米左右，北与东西大道相交。经发掘其早期路面为东汉晚期至曹魏时期，路两侧发现有路沟，凤阳门大道应是通向铜爵园的道路。广阳门大道，由于勘探的困难，长度仅探出150米的一段，路面宽13米左右，其北应与东西大道相交。由于它与凤阳门大道平行对称，路面宽度也相同，推断其年代也是相当的。文献记载有广阳门"北直司马门"[15]，现据勘探确定的广阳门的位置偏东，不能与司马门相对。在东西大道以北的两条南北大道，东面的一条探出450米一段，通过广德门，宽约13米，向南应与东西大道相交；西面的一条仅探出 70 米的一段，宽为 10 米左右（后复探时有的地段也宽为 13 米左右），这应是通往厩门的道路。中阳门大道的延长线，正是这两条南北大道的中轴线，这不会是偶然的，同时这片地带经钻探并未发现其他道路。这条通往厩门的大道，向南应与东西大道相交。

以上主要依据现有考古勘探资料，复原邺城的城墙、城门位置和城内的几条主要街道，初步确定邺城平面的基本轮廓。

二、宫　殿　区

在邺城东西大道以北，城址中部，经勘探发现 10 座夯土建筑基址，在广德门大道的东、西两侧均有分布，这些建筑基址的发现，可以确定这里应是曹魏邺城的宫殿区。因未经发掘，这些建筑基址的年代还不能确定，据文献记载曹魏之后，后赵、前燕的宫室，也是在曹魏宫室的基址上修建的[16]。这些建筑基址，与文献记载的宫殿和主要府、寺的名称，目前还很难确指。现只能依据文献的记载复原其相对位置。

关于宫城的复原，曾设想过两种方案，一是将宫城置于广德门大道和厩门大道之间。这种方案的优点是大道在宫城之外，利于宫城的守卫安全，缺陷是东西宽度不及 400 米，过于狭窄，文献记载的外朝内朝多项建筑无法设置，并与文献记载也不相合；二是将广德门大道从内外朝之间通过，厩门大道在宫墙外通过，以广德门大道为轴线，西为外朝，东为内朝，这样宫城宽度增加一倍，使内外朝诸多建筑排列协调，并与文献记载及勘探情况相合，同时也有利于宫城的安全保卫。因此，我们采用了后一种方案复原。

经过勘探，尚未发现宫墙的遗迹。推测宫城的范围，南墙应在东西大道和长明沟以北，西墙应在厩门大道以东，东墙应在戚里以西，北墙应在北城墙以南。

宫内的外朝和内朝。外朝正殿为文昌殿，魏都赋有"造文昌之广殿"，是朝会宾客、享群臣、正大礼之殿。建安二十一年（216 年）设钟虡于文昌殿前[17]，也有文献记载文昌殿前，东西有钟楼、鼓楼[18]。《魏都赋》注："文昌殿前值端门，端门之前，南当南止车门，又有东西止车门。端门之外，东有长春门，西有延秋门。"端门为文昌殿南面的正门，端门南正对止车门，其两侧应是东西止车门，《水经注》统称为"止车门"[19]。端门外东面是长春门，西面是延秋门，即《魏都赋》所说的"西辟延秋，东启长春"，长春门通向司马门，延秋门通向铜爵园。这是见于文献的外朝的大体布局。

内朝位于外朝的东面，《魏都赋》："左侧中朝有赩，听政作寝。""中朝"即内朝，其主殿为听政殿，位于文昌殿之东[20]。听政殿南各门的相对位置，《魏都赋》注均有记载，听政殿南是听政门，听政门南为升贤门，升贤门东是崇礼门，升贤门西是顺德门，三门并朝南，升贤门南为宣明门，宣明门南为显阳门，显阳门南为司马门。还记载，司马门在端门以东；在司马门东有东掖门，升贤门内有听政闼，向外东入有纳言闼[21]。司马门东有东掖门，司马门西应有西掖门。

《魏都赋》注还记载了一些宫内官署的名称和位置，听政门外升贤门内东侧有尚书台，宣明门内升贤门外东侧有内医署，显阳门内宣明门外东侧，自南而北有谒者台阁、符节台阁、御史台阁，三台并列朝西，符节台东还有丞相诸曹。在诸门之间西侧的建筑或官署，未见记载。听政殿后为后宫的范围，《魏都赋》注记载后宫有鸣鹤堂、楸梓坊、木兰坊、文石室，并记载了它们的相对位置。曹魏邺宫毁于西晋永嘉元年（307 年），汲桑攻占邺城，火烧宫室[22]。

三、铜爵园与三台

铜爵园的位置，应在宫室与三台之间。《魏都赋》注，"文昌殿西有铜爵园"，"铜爵园西有三台"。据《魏都赋》的描述，园中有鱼池、堂皇、兰诸、石濑等景物，未记载其具体范围。它的范围应在东西大道以北，北城墙以南，三台以西，厩门大道以东。堂皇应是园中的殿堂建筑，实地勘探时在此范围内发现 4 座建筑基址，因未发掘不能肯定是铜爵园的建筑物，后赵时这一带曾修建九华宫[23]。

通过对铜爵园西的铜爵、金虎、冰井三台的勘探，了解了它们的保存状况，并确定了它们在城中的具体位置。铜爵、金虎两台的基址，现仍保存于地面之上，是邺城遗址在地面上仅能见到的遗迹。三台位于金明门之北，与《水经注》记载位于"城之西北"是一致的。三台的排列次序，《水经注》记载"中曰铜雀台"，"南则金虎台"，"北曰冰井台"[24]。金虎台的夯土基址保存较好，现存南北长 120、东西宽 71、高 12 米。铜爵台位于金虎台之北，夯土基址现仅存东南部分，南北长 50、东西宽 43、高 4～6 米。经探沟发掘确定了铜爵台台基的南部边沿。两台之间相距 83 米，与"三台相距各六十步"的记载是基本相符的[25]。对两台台基探沟的发掘表明，其修筑于东汉晚期至曹魏时期，十六国、东魏北齐时均修缮使用。铜爵台之北的冰井台，由于沙层太厚，未能钻探到基址遗迹。现根据金虎、铜爵两台的距离，复原铜爵、冰井两台的距离，根据金虎台基址的范围，复原铜爵、冰井两台基址的范围，应大体是适当的。文献记载铜爵台建于建安十五年（210 年），金虎台、冰井台建于建安十八年（213 年）[26]，一说冰井台建于建安十九年（214 年）[27]。

《魏都赋》注记载了城中主要衙署的位置，据此可以排列出其平面相对位置。出司马门路西最北为相国府，相国府南是御史大夫府，御史大夫府南是少府卿寺；出司马门路东最北为奉常寺，奉常寺南是大农寺。出东掖门，正东路南最西是太仆卿寺，太仆卿寺东是中尉寺；出东掖门，由宫东向北至北城下是大理寺。曹操于建安十八年（213 年）设置尚书、侍中、六卿[28]，少府、大农、太仆、中尉、大理等机构均是这时设置的。建安二十一年（216 年）曹操进为魏王，以大理寺卿钟繇为相国，建安二十二年（217 年）以军师华歆为御史大夫[29]。另外在靠近西城墙的附近有白藏库、乘黄厩，它们的位置似应在三台以北。

城内的里坊，勘探中尚未发现遗迹。《魏都赋》记载："其间阎则长寿、吉阳、永平、思忠。亦有戚里，置宫之东。"《魏都赋》注又云："长寿、吉阳二里在宫东，中当石窦，吉阳南入，长寿北入，皆贵里。"言明戚里和长寿、吉阳二里都在宫东。据《水经注》所记，石窦桥下之渠为长明沟，则吉阳里在沟南，长寿里在沟北[30]。故《魏都赋》注："石窦桥在宫东，其水流入南北里。"永平、思忠二里未说明位置，似应在东西大道以南。戚里、长寿、吉阳诸里均是高级贵族、官吏居住的地方。

城市的供水系统是很重要的。曹操时引漳河，由城西经铜爵台入城，经止车门，分南北夹道而流，所夹的道，应是东西大道，支流引灌，东出城注入湟水[31]。此即是长明沟，曹操《登台赋》有"引长明，灌街里"之句。对于长明沟已开始进行实地勘探。从现在邺城周围的地势，是西高而东低，从城西到城东高差3米。就整个地势来看，与古代应不会有大的变化，因此长明沟的流向是由西向东、是顺应地势的。

四、总　　结

曹魏邺城的平面复原、城墙、城门、大道、三台等，主要是依据考古勘探发掘的成果，结合有关文献记载进行的。并在此基础上，对文献记载的宫殿、苑囿、衙署等进行初步复原。

曹魏邺城平面布局的特点是，金明门和建春门之间的东西大道，将全城分为南北两区，北区大于南区，并以北区为主体，北区中部集中为宫殿区（包括重要的衙署），西边是铜爵园和三台，东边是戚里，南区为一般衙署、里坊等；城中间的中阳门大道，正对止车门、端门、文昌殿，形成全城的中轴线，并与广阳门大道和凤阳门大道、广德门大道和厩门大道平行对称。改变了汉代以来的都城宫殿区分散的布局，中轴线的形成，使平面布局更为对称和规整。这种平面规划，对北魏的洛阳城、东魏的邺南城、隋唐的大兴城和长安城的规划，均产生了重要影响，标志着中国都城发展史上的一个新阶段。邺城西北的三台，也是其平面布局的一个特点，三台的功能，不仅是饮宴赋诗的场所，更重要的是在军事上实际是军事堡垒，反映了三国以来战争频繁的特点。曹魏移都洛阳以后，在洛阳城西北建金镛城，也应是仿效三台的。

附记：《曹魏邺城平面复原示意图》由郭义孚同志协助绘制，谨致谢意。

注　　释

[1]　　a.《三国志》卷二《文帝纪》注引《魏略》："改长安、谯、许昌、邺、洛阳为五都。"

　　　　　b.《水经注》卷十，浊漳水条。

[2]［16］　《晋书》卷一〇六《石季龙载记》、卷一〇七《冉闵载记》、卷一一〇《慕容儁载记》、卷一一一《慕容暐载记》，中华书局，1974 年。

[3]　　《北史》卷五《魏本纪第五》，中华书局，1974 年。

[4]　《周书》卷三十一《韦孝宽传》，中华书局，1971 年；《旧唐书》卷三十九《地理志》，中华
　　　　书局，1975 年。

[5]　《水经注图》，咸丰十年版。

[6]　《水经注图》，光绪三十一年版。

[7]　村田治郎：《邺都考略》，《建筑学研究》第八九号，1938 年。

[8]　俞伟超：《邺城调查记》，《考古》1963 年 1 期。

[9]　刘敦桢主编：《中国古代建筑史》，中国建筑工业出版社，1980 年。

[10]　中国社会科学院考古研究所、河北省文物研究所邺城考古工作队：《河北临漳邺北城遗址勘
　　　　探发掘简报》，《考古》1990 年 7 期。文中所引勘探发掘资料，泛引自简报的不再注明出处。

[11]　同 [1] b。西晋尺度 1 尺约等于 24 厘米，1 里约等于 432 米（参见陈梦家：《亩制与里制》，
　　　　《考古》1966 年 1 期；国家计量总局等：《中国古代度量衡图集》，文物出版社，1984 年）。
　　　　据此城。

[12][19][24]　同 [1] b。

[13]　中国社会科学院考古研究所邺城考古工作队勘掘资料。

[14]　《文选》卷六《魏都赋》，中华书局 1977 年，文中所引《魏都赋》和《〈魏都赋〉注》，均见
　　　　此书。

[15][18][27]　《嘉靖彰德府志》卷八《邺都宫室志》。

[17][20]　《文选》卷六《魏都赋》，中华书局，1977 年。

[21]　《文选》卷二《西京赋》，薛综注："宫中之门，小者曰闼。"

[22]　《晋书》卷五《孝怀帝纪》，永嘉元年"夏五月，马牧帅汲桑聚众反，败魏郡太守冯嵩，遂陷
　　　　邺城，害新蔡王腾。烧邺宫，火旬日不灭。"

[23]　《嘉靖彰德府志》卷八《邺都宫室志》，注引《邺都故事》：九华宫"在铜爵台东北。"

[25]　《河朔访古记》卷中。1 步等于 6 尺，60 步等于 360 尺，约合 86 米。

[26]　《三国志》卷一《武帝纪》；《河朔访古记》引《邺中记》。

[28][29]　《三国志》卷一《武帝纪》，中华书局，1959 年。

[30][31]　《水经注》卷十《浊漳水》云："旧引漳流，自城西东入，迳铜雀台下，伏流入城。东
　　　　注，谓之长明沟也。渠水又南迳止车门下……沟水南北夹道，枝流引灌，所在通溉。东出石
　　　　窦堰下，注之隍水。故魏武登台赋曰：引长明，灌街里，谓此渠也。"

论邺城皇家园林反映的魏晋南北朝时代特征

朱岩石*

　　中国古代都城所属的皇家园林，是古代都城规划的重要组成部分，从秦汉至隋唐，都城皇家园林规划设计经历了从发展、变化至成熟的进程。中国古代社会历代皇帝通过对禁苑、离宫的直接占有，极大地扩展其权力和生活空间，这一特殊的都城空间，在政治、军事、经济、文化等方面发挥了重要影响。本文通过对三国至北朝时期邺城皇家园林资料的梳理，旨在探讨这些园林的位置以及与都城规划的关系，进而探讨其反映出的魏晋南北朝皇家园林的时代特征。

一、曹 魏 时 期

　　曹魏邺城（邺北城）的总体布局形成于曹魏时期，十六国时期又有所增易。见于文献记述的邺北城皇家园林有铜爵园、芳林园（华林园）、灵芝园（灵芝池）、玄武苑、桑梓苑以及龙腾苑等，其中铜爵园规划于邺北城的宫城之西，其余均应分布在邺北城城外。

　　铜爵园。邺北城经中国科学院考古研究所与河北省文物研究所组成的邺城考古队的勘探发掘，其总体布局基本清楚[1]，在此基础上的复原研究具有较高的参考价值[2]。铜爵园的位置可以较准确地确定下来，据《魏都赋》李善注："文昌殿西有铜爵园"，"铜爵园西有三台"[3]。现在三台中的铜爵台的一部分和金虎台依在，其位置适为邺北城西墙。又据勘探与试掘，宫殿区的大体位置可知，则铜爵园位置即可确定于金明门至建春门大路之北、宫殿区之西，西抵三台、北达城墙的范围内。据发掘简报，铜爵园范围内有夯土基址若干处，围墙情况不明。而《魏都赋》中有这样的描述："右则疏圃曲池，下睰高堂，兰渚莓莓，石濑汤汤。弱菱系实，轻叶振芳。奔龟跃鱼，有睒吕梁。驰道周曲于果下，延阁胤宇以经营。"可见铜爵园是与宫殿区相邻，直接服务于宫室的御花园，其间建筑错落，鱼池、清流、花草、树木等构成主要的景观。东汉末年，曹操曾在园艺精湛的铜爵园中宴享宾客，当时的文学家们所作的《公宴诗》对魏公曹操主持

　　* 朱岩石，男，1962年生，北京市人。1984年毕业于北京大学考古系。2000年于日本国学院大学获博士学位。现为中国社会科学院考古研究所研究员，邺城考古队队长，汉唐研究室副主任。长期从事中国汉唐考古学研究。

的活动进行了文学描绘[4]。王仲宣（王粲）《公宴诗》的李善注云："此诗侍曹操宴。"
六臣注曰："操未为天子，故云公宴。"曹操于建安十八年（213 年）称魏公，王粲、
刘桢、徐干等人逝于建安二十二年（217 年）的瘟疫，《公宴诗》大约作于建安十八年
至二十二年间（213～217 年）。刘公干（刘桢）的《公宴诗》中写道："辇车飞素盖，
从者盈路旁。月出照园中，珍木郁苍苍。清川过石渠，流波为鱼防，芙蓉散其华，菡萏
溢金塘。"刘良注曰："此宴与王粲同于邺宫作也。"曹子建的《公宴诗》较明确提及公
宴在"西园"举行，还有曹丕等人参加，其诗曰："公子敬爱客，终宴不知疲，清夜游
西园，飞盖相追随，明月澄清景，列宿正参差……"诗中"公子"指曹丕。那么，上
述的《公宴诗》中所描写的"园"、"西园"是铜爵园吗？曹丕的五言诗《芙蓉池
作》[5]有助于我们准确的理解，其诗云："乘辇夜行游，逍遥步西园，双渠相灌溉，嘉
木绕通川……。"在邺城曹丕漫步夜游的这个"西园"应当是自宫城进入的铜爵园，这
是较合理的解释。建安文学在中国古典文学史上具有重大影响，其代表人物三曹、建安
七子意趣相投，他们赠诗、研讨，其中曹子建《赠徐干》有这样诗句："聊且夜行游，
游彼双阙间，文昌御云兴，迎风高中天……。"李善注曰："文昌，正殿名也……迎风
观，在邺。"[6]不难想像他们曾经信步夜游，宫城正殿和通风观均可目及，他们游览的
地点亦当是宫城之西的御苑——铜爵园。铜爵园以其优美的园林景致，激发了文学家们
的想像和笔触，这里（包括三台等宫殿）成为建安文学的发源地。园西的金虎台、铜
爵台、冰井台是否属于铜爵园内的建筑群，文献中缺乏明确记载，还需要进一步的考古
工作来证实。不过有一点是可以肯定的，巍峨的三台、华丽的殿宇形成仙境般的效果，
在铜爵园园艺营构中使用借景手法必会锦上添花。后赵时期，石虎在铜爵园之中修建九
华宫[7]，其位置在铜爵台东北。

　　芳林园（华林园），始建于曹魏时期，后为避魏明帝曹芳之讳，改名为华林园[8]。
后赵石虎重新修建华林园，规模有所扩大，据《嘉靖漳德府志》引"邺中记"所载：
华林园位于邺北城东二里。石虎令尚书张群役使十六万人、万乘车运土修筑华林园，园
墙周环数十里。"张群以烛夜作，起三观四门。又凿北城，引漳水入华林园。"[9]详考验
上述文字，会产生这样的疑问：位于邺北城东的华林园引用漳水为什么穿过城墙？古漳
河位于邺北城西北，邺北城地势西高东低，曹魏都邺之始，"引漳流，自城西东入，迳
铜雀台下，伏流入城，东注渭之长明沟也……东出石窦下，注之洹水"[10]。可见邺北
城主要供水的长明沟西引自漳河，东注入洹水，后赵时期应基本沿用这一供水系统。虽
然不排除后赵时期东出石窦的沟渠与华林园水系相连，但此时又穿凿了北城墙引入华林
园增益水源，与园林中汇集名贵花草果木有关，据《邺中记》载："虎于园种众果，民
间有名果，（悉有之）。虎作虾蟆车，箱阔一丈，深一丈，四博掘根，面去一丈，合土
载之，植之无不生"，"石虎园中有西王母枣，冬夏有叶，九月生花，十二月乃熟，三
子一尺。又有羊角枣，又三子一尺"，"华林园有春李，冬华春熟"。此外还有勾鼻桃、
安石榴等。华林园内有一玉泉池，这是石虎与皇后妃嫔、文武百官每年三月三日临水赏

宴的地方，玉泉池旁有两铜龙，相对喷水，注入池中。每年三月三日"临水设帐幔，车服灿烂，走马步射，宴饮终日"[11]。邺北城东北的华林园是一座集有名贵花木，供皇室贵族及百官游宴骑射的皇家园林。

灵芝园，位于邺北城城西，始建于曹魏时期。《嘉靖彰德府志》卷八《邺都宫室志》转引《图经》载《魏志》云："太祖受封于邺，东置芳林园，西置灵芝园。"似可以理解为，灵芝园与芳林园在邺北城东西两面基本呈对称分布，规模相近。文献中还记载有灵芝池，"此池在城西三里，黄初三年文帝凿"[12]。因记载太略，此园的分布、功用等知之甚少。

玄武苑，位于邺北城城西，建于曹魏时期。苑中植有竹林、葡萄等果木，并有屋宇亭台等。距曹魏时期50余年的晋人左思描绘玄武苑："……陪以幽林，缭垣开囿，观宇相临，硕果灌丛，围木竦寻，篁筱怀风，蒲陶结荫。回渊濑、积水深。兼葭藜，灌弱森。丹藕凌波而的皪，绿芰泛涛而浸潭。"[13]苑中的玄武池既是园林的一部分，同时还是曹操训练水军的地方。建安十三年（208年）十二月发生了著名战役——赤壁之战，玄武池也于同年开凿[14]，这一巧合或许正反映了曹操演练水师之需。据《邺中记》载："池在彰水南。"又据《水经注》载："洹水又东，枝浸出焉，东北流，迳邺城南，谓之新河。又东分为二水。北水北迳东明观下……又北迳建春门……西屈……其水际其西，迳魏玄武故苑，苑旧有玄武池，以肆舟楫，有鱼梁钓台，竹木灌丛，今池林绝灭，略无遗迹矣。其水西流注于漳。"[15]由此可知，玄武池的蓄水源自漳河，后继续向东开凿，流经铜雀台、金虎台之间，在城内部分即长明沟，其东出建春门后与洹水相通，成为洹水支流新河流向邺城一支。玄武池始建之初，玄武苑作为设备较完备的皇家园林还尚未形成，随着漳河、新河的沟通，随着邺北城城市建设逐渐发展，玄武苑从以训练水池为中心转化为多功能的皇家园林。至十六国时期，邺北城复为国都时玄武池仍在使用[16]。

桑梓苑，位于邺北城西三里。最早记载可至后赵时期，苑内有石虎的临漳宫[17]。苑中多种桑树，故有桑梓苑之名。在苑中还养有獐、鹿、雉、兔等。桑梓苑在曹魏时是否存在，现已无考，直到北魏时期，这座十六国时期的名园已凋敝荒芜。《水经注》云："漳水又（右）对临漳宫，宫在桑梓苑，墉无尺雉矣。"[18]在十六国时期桑梓苑一定意义上是具有先家坛功用的皇家园林，除了每年在其中皇帝有采桑仪式，还有皇帝在苑中亲耕籍田的记载[19]。

此外见于文献记载的龙腾苑[20]等，其位置已不可考。

邺北城的部分皇家园林已成为都城总体设计规划的一个方面。特别是城内的铜爵园在布局规划中已占有十分重要的位置，作为邺北城宫城御苑它位于全城中轴线之西，东临宫城。

邺城皇家园林体现的功能方面的变化具有时代意义。与秦汉时期的皇家园林相比，邺北城皇家园林沿袭了围猎、练兵、植获等功用，通天、求仙等功用逐渐淡化，游乐、休憩、观赏的成分逐渐增加。邺城不同的皇家园林之间出现了某种功用方面有所区分的现象，如邺北城时期的桑梓园，它成为后赵皇室举行农事仪式的专门场所，同时兼有一定的游乐方面的功能。曹魏进所修的玄武池，目的性更加明确，为训练水师之用。邺北城皇家园林中拥有大规模水面的园囿，实际上具有调节都城用水的功能。邺城西北面的古漳河是典型的中国北方河流，夏秋季丰水期泛滥无定，冬春季枯水期水源缺乏。邺城地势西高东低，城市用水主要依靠自西南而东北的漳河。战国时期的西门豹曾较大规模地治理漳河。曹魏时期为漕运和城市用水，将漳河与邺城南的洹河相沟通，渐形成邺城城市给水系统。邺北城西的玄武池、游豫园湖池等起到了邺城水库的作用，它与颐和园昆明湖之于明清北京城的作用相同。一方面，邺城皇家园林中的湖池在枯水期时可以将汇聚的漳、洹之水供给邺城使用；另一方面，盛水期时它们起到容纳、澄清的作用。正是由于这些湖池，邺北城可以免受水灾之患，同时皇家园林绿化、景观用水亦得以解决。

二、南北朝时期

　　南北朝时期都城规划中出现了众多的皇家园林，特别是隶属于宫城的禁苑位置逐渐固定下来。

　　北魏洛阳城宫城之北、全城中轴线北端有御苑华林园。华林园原名芳林园，是曹魏青龙三年（235 年）重点修建的御苑[21]，后为避齐王曹芳讳更名华林园。华林园内有名为天渊池的人工湖，湖中堆筑了蓬莱山，天渊池附近分布着亭台楼阁[22]。宫城内与北半部有西游园，其规模不大，并与其他宫殿构成后宫区。东晋建立的都城建康城，尽力模仿中原的洛都，附属于宫城的御苑亦称为华林园，其位于内城东北隅、与宫城东北部邻接。其他禁苑、离宫大多分布于建康城北玄武湖的周边，玄武湖中有瀛洲、蓬莱、方丈三岛。

　　东魏北齐邺南城都城规划包括了宫城、内城和外郭城。城内见于文献的禁苑有宫城之北的后园，其他见于记载的皇家园林均应分布在郊外，有仙都园（华林园）、游豫园、清风园、东山池以及西林园、芳林园等。

　　后园，为邺南城宫城御苑，位于宫城北、全城中轴线的北端，此规划是邺南城设计思想的一部分。据《邺中记》："宫东西六百四十步，南北边后园至北城，合九百步"，"宫北有后园，其中唯有万寿堂见于《北史》"[23]，后园位于宫城北墙与北城墙之间，它的规划布局当直接受到北魏洛阳城宫城御苑——华林园的影响，在北魏洛阳的华林园中有天渊池和蓬莱山，并有亭台楼阁，邺南城后园可能也包括与此相类似的设施或建筑。限于有关邺南城后园的文献记载匮乏，其详尽的布局无法了解，《北齐书》中记载："天统四年（568 年）……又有神见于后园万寿堂山穴中"[24]，据此可知，后园中除万寿堂外，还有堆砌的假山等。

仙都苑（华林园），大概位于邺南城西[25]，原名华林园，北齐武成帝高湛（561～564 年在位）大规模扩建后，改名为仙都苑，很可能仙都苑的前身华林园建于东魏时期。《邺中记》云："齐武成增饰华林园，若神仙所居，遂改为仙都苑。"改建后的仙都苑布局宏大，体现了当时园林规模的最高成就。仙都苑中挖地为海，积土成山，主要是人工山象征五岳，五岳有湖水相隔，湖水分流，象征四海，四每汇集为仙都苑中最大的水面——大海。在曲徊的池水中可以通船，"行处可达二十五里。中有龙舟六艘，又有鲸鱼、青龙、鹢首、飞隼、赤鸟等舟"[26]。不同规格、风格、功用的殿宇庭台错落于五岳四海之中，通过《邺都宫室志》我们了解到，在仙都苑中有：大海内有华丽的水殿；中岳嵩山之北平头山东西的轻云楼、架云廊；嵩山之南峨眉山东西的鹦鹉楼、鸳鸯楼；北岳南面的玄武楼，再南面的凌云城、通天坛。大海之北有飞鸾楼，其南有御宿堂，大海中的七盘山上有紫微殿、宣风观、千秋楼及其附近的游龙观、大海观、万福堂、流霞殿、修竹浦等。西海沿岸有望秋观、临春观，海池中有万岁楼。北海中有密作堂等。此外还有贫儿村、思宗城等建筑群，可以说仙都苑不愧为北朝后期具有代表性的皇家园林。

游豫园，位于邺北城铜雀台西，漳河的南岸，北齐文宣帝高洋于天保七年（556 年）所建，时为马射之所[27]。至北齐天统年间（565～569 年）热衷于修筑皇家园林的齐后主高纬"于豫园中穿池，周以列馆，中起三台，构台以象沧海，并修大佛寺，劳役钜计"[28]。建筑邺南城时，虽然邺北城已经破坏严重，但一些建筑经修缮后还在使用，例如三台宫殿等，所以原邺北城时期的皇家园林经过疏浚，仍有开发利用的可能，从游豫园的方位看，它极有可能利用或部分使用了曹魏至十六国时期的玄武苑故址，游豫园"周回二十里，内包葛履山，作台于上"[29]，具有一定规模。

清风园，位于邺南城南[30]。有关此园的记载甚略，这承担着向宫室供应蔬菜的职责，在《邺都故事》中曾记载："后主高纬以此园赐穆提婆，于是宫中无蔬菜，赊买于民，负钱三百万。"[31]

东山池，位于邺南城东约四五华里左右，"东魏相高澄所筑，引万金渠水为池作游赏处"[32]。此与《北齐书》中"文襄王于邺东起池游观，时俗眩之"[33]，所指当为一处。"东山池"名称似在东魏始建时并未有之，既然其山池游观令"时俗眩之"，概其规模十分可观。北周灭北齐后，建德六年（577 年）周武帝诏曰："其山东、南园及三台并可撤毁，瓦木诸物，凡入用者，尽赐下民。山园之田，各还本主。"[34]撤毁的东山，当指东山池所在皇家园林。此外见于文献记录的有西林园[35]、芳林园[36]等，其方位、规模不详。

南北朝时期都城规划亦包括了禁苑和离宫，其中宫城之北的后园成为都城不可缺的有机部分。与前一时期不同的是，宫城御苑后园居于全城中轴线的北端，这种规划始于北魏洛阳城，以后为历代都城所沿用。

南北朝时期都城的皇家园林功能进一步发生变化。前一时期的围猎、练兵、植获、通天、求仙等功逐渐淡化，游乐、休憩、观赏的成分逐渐增加。如邺南城的皇家园林游乐、休憩、观赏等成为最主要的功用，通天、求仙等作为造园的一种手法，而部分得以保存，但已不具有实际意义，其余各方面功用也还居从属地位。从邺北城至邺南城皇家园林功用的转变，一定程度反映了曹魏至北朝时期皇家园林功用发展的共性。邺南城不同的园林之间出现了某种功用方面有所区分的现象，如清风园几乎成为皇室的蔬菜基地等。至北朝后期，皇家园林功用基本完成了向游乐、观赏方面的转化，并固定下五岳四海或大海三山式的表现形式。如游豫园中的"沧海"、"三山"，应渊自汉武帝太液池及其中的蓬莱、方丈、瀛洲三神山，不过已无任何求仙方面的功用了，较确切地讲，北朝时期的"沧海"、"三山"实际是传统儒道思想借以一种表现形式。在仙都苑中的五岳四海是此前没有的园林形式，不排除它是受佛教启发或影响而对传统思想的延展。仙都苑等成为这一时期的代表作，对此后的皇家园林影响深远。

皇家园林汇入了佛教艺术也是这一时期的特点。魏晋南北朝时期是佛教发展的重要时期，因长期战乱，民族融合，传统观念受到极大的冲击，加之统治阶级的极力倡导，佛教渐深入社会生活的各个方面。园林艺术也不例外，从《洛阳伽蓝记》中我们了解到较成熟的佛寺园林，"景林寺在开阳门内、御道长……中有禅房一所，内置祇洹舍，形制虽小，巧构难比。加以禅阁虚静，隐室凝邃……虽云朝市，想同岩谷。静行之僧，绳坐其内。风服道，结跏数息"[37]。如此高超的造园艺术必然影响到皇家园林，释迦佛祖曾在鹫峰灵说法的故事和古印度僧侣在深山中修寺，都与道教羽化升仙追求的境界不谋而合，皇家园林中可能产生佛道相杂的产物，如五岳四海等。此外，北朝皇家园林中建造佛殿已经成为一种时尚。如在邺南城游豫园中修建有耗资巨万的大佛寺，仙都苑中的秘密作堂为画舫式佛堂建筑，佛堂内雕刻有逼真的佛像、菩萨、僧侣、力士等并以机械装置使之运动自如，其中"佛坐帐上刻作飞仙，循环右转，又刻画紫云飞腾，相映左转，往来交错，终日不绝……奇巧机妙，自古未有"[38]。北朝以前的皇家园林中是否有佛寺之类的建筑不能确定，值得注意的是，后赵时期极好佛事的石虎，"尝作檀车，广丈余、长二丈，安四轮，作金佛坐于车上，九龙吐水灌之……又十余木道人，长二尺余，皆袈裟，绕佛行，当佛前，辄揖礼佛……车行则木人行，龙吐水，车止则止"[39]。十六国时期后赵石虎的檀车与东魏北齐仙都苑的密作堂竟有异曲同工之处，既然造成车形，必是为了使用方便，可在宫城、园林、离宫等各处使用，那么将此视为皇家园林中佛寺的发端当不为过。

南北朝时期的皇家园林中除了取法自然，仿效山水外，还首次建造了模仿人文景观的市景、村落、城堡等。如邺南城仙都苑贫儿村是北齐后主高纬的发明，"编蒲为席，剪茅为房，断经之荐，折簪这床，故破靴履，糟糠饮食，陷井蓺灶，短匙破厂，藁檐不蔽风雨，纬与诸嫔妃游戏其中，以为笑乐"[40]。在贫儿村旁边有模仿的商市，另有以上洛王思宗为城主的思宗城。南齐东昏侯曾在建康城的芳乐苑内模仿市肆，游乐其中[41]。

三、总　　结

秦王朝建都咸阳后，在超大规模都城规划的框架下建造了大量离宫别馆，秦咸阳的宫苑上林苑逐渐扩展到渭水南岸，在渭水以南兴建的信宫、阿房宫规模宏大，这些离宫最终可能将构成秦始皇超大型咸阳城的组成部分，但由于秦王朝短暂，咸阳城及其宫苑很多可能并未完成或被付之一炬。但值得注意的一个现象是，先秦时期的神仙思想在秦代十分流行，关于东海中蓬莱、方丈、瀛洲三神山的传说对宫苑产生了极大的影响，秦始皇不但派遣方士入东海寻求长生不老的仙药，还在上林苑中的兰池宫引渭水为池，在池中堆筑蓬莱仙山[42]。这是封建皇帝为满足升仙奢望对宫苑功能的拓展，其影响十分深远。

西汉长安城因循秦代都城规划思想，在都城以西相当广泛范围内建了禁苑——上林苑，上林苑的规模宏大，是中国古代都城最大的皇家园林之一。西汉长安城西南的上林苑是在秦上林苑基础上的扩建的，西汉初期一度荒废，至汉武帝时期国势强盛，武帝大事修建，成为西汉长安城的禁苑[43]。西汉上林苑的范围广大，广袤三百里[44]，在四周建有围墙，设置苑门十二，苑内共有三十六苑、十二宫、二十五观，著名的建章宫即在上林苑的范围内。上林苑作为皇家园林除了宫观楼台建筑外，还有各地朝贡的奇花异木和珍禽异兽，动植物资源种类繁多。上林苑由水衡都尉管理，值得注意的是水衡都尉之下的九官令丞中除了上林令，还有主管铸造货币的"钟官"、"技巧"、"辨铜"三官，三官负责的铸币作坊遗址在上林苑内已经发现[45]。可见，上林苑不仅可供皇帝游赏的皇家园林，还是重要的生产基地。西汉长安城皇宫未央宫内的御苑位于宫城的西南，皇宫御苑以沧池为中心，池中用挖凿沧池的土堆筑了渐台。营造建章宫时宫城御苑置于北部，亦以水面宽阔的太液池为中心，太液池内有三个人工岛，象征东海的瀛洲、蓬莱、方丈三座仙山。建章宫御苑的位置对此后的宫城御苑有重要的影响。

东汉雒阳城西北有濯龙园，它与北宫西北隅相邻，是宫城附属的御苑。

魏晋南北朝时期的曹魏邺城、魏晋洛阳城、东晋南朝建康城，东魏北齐邺南城等都曾有较大规模的御苑和离宫，部分都城的宫城御苑成为都城总体规划一部分，该空间发挥了日渐重要的作用，其布局影响深远。

结合魏晋南北朝时期邺城皇家园林的记载和考古收获，我们认为，邺城皇家园林经历了园林在都城规划中的重大转折时期，园林规划的变化、发展既是都城规划设计的反映，又反映了魏晋南北朝时期皇家园林的共同特点。这些特点可以概括为：

（1）皇家园林是都城规划的重要组成部分之一。宫城御苑经历了临近都城中轴线到居于中轴线北端的过程，显示了它的重要地位。

（2）秦汉都城的禁苑功能复杂，从魏晋时期到南北朝时期都城禁苑完成了从通天、求仙、围猎、练兵等功用向游乐、休憩、观赏功能的转变。

（3）受佛教的强烈影响，南北朝时期皇家园林中出现佛寺，佛教经义从此对皇家园林思想影响日隆。

（4）模仿社会的人文景观首次出现，极大的丰富了皇家园林的园艺形式，对后世有一定影响。

（5）在造园技术方面，通过挖湖堆山，讲究总体园艺效果，同时宏大的湖池兼有调节都城用水的功能。

隋唐长安城的禁苑离宫更加发达，并形成了较完整的皇家园林规划模式，这些规划思想都深深地受到了魏晋南北朝时期皇家园林艺术的滋养。

注　释

［1］　　中国社会科学院考古研究所等：《河北临漳邺北城遗址勘探发掘简报》，《考古》1990 年 7 期。

［2］　　徐光冀：《曹魏邺北城的平面复原研究》，《中国考古学论丛》，科学出版社，1993 年。

［3］［5］［6］　　萧统：《文选》卷六，左思《魏都赋》，中华书局，1977 年。

［4］　　同［3］，卷二〇。曹子建《公宴诗》、王仲宣《公宴诗》、刘公干《公宴诗》等。

［7］［31］　　崔铣：《嘉靖彰德府志》卷八，《邺都宫室志》中《邺都故事》。

［8］［9］［11］［12］［23］［26］［29］［30］［38］［40］　　崔铣：《嘉靖彰德府志》卷八，《邺都宫室志》中《邺中记》。

［10］［18］　　北魏·郦道元：《水经注》卷一〇，"浊漳水"条，上海人民出版社，1984 年。

［13］　　萧统：《文选》卷六，左思《魏都赋》中李善注曰"玄武苑、在邺城西。苑中有鱼梁钓台、竹园蒲陶诸果"，中华书局，1977 年。

［14］　　《三国志·武帝本纪》，"建安十三年春正月、作玄武池以肄舟师"，中华书局，1981 年。

［15］　　郦道元：《水经注》卷一〇，"洹水"条，上海人民出版社，1984 年。

［16］　　《晋书》卷一〇七，《石季龙载记下》记载："扬州送黄鹄雏五、颈长一丈、声闻十余里、泛之于玄武池。"

［17］　　同［8］记载，"邺南城三里有桑梓苑，苑内有临漳宫"。另据《四库全书》中《永乐大典》校，"南城"应为"城西"之误。

［19］　　《晋书》卷一〇七，《石季龙载记下》记载："永和三年季龙亲耕籍田于桑梓苑，其妻杜氏祠先蚕于近郊。"中华书局，1974 年。

［20］　　《晋书》卷一二四，《慕容载记》记载，龙腾苑"广袤十余里，役二万人。起景云山于苑内、基广五百步，峰高十七丈。又起逍遥宫、甘露殿，连房数百，观阁相交。凿天渠，引水入宫。又为其昭仪苻氏凿曲光海、清凉池"，中华书局，1974 年。

［21］　　《魏略》，《三国志·魏书·高堂隆传》。

［22］　　杨衒之：《洛阳伽蓝记（校注）》，"华林园"条，中华书局，1963 年。

［24］　　《北齐书·帝纪第七·武成》，中华书局，1983 年。

［25］　　关于仙都苑的位置见于《嘉靖彰德府志》卷八《邺都宫室志》引用《太平圜宇记》，曰"季龙于华林苑植人间名果……苑后在南邺城西、高齐修之、改名仙都苑云"，但也存在某些疑问。

［27］　同［8］，"余齐文宣帝天保七年、于铜雀台西、漳水之南、筑此园、以为射马之所"。

［28］　《隋书·食货志》卷十九，中华书局，1973 年。

［32］　李元甫：《元和郡县图志》记载"东山池、在县西南十五里"。县应为唐临漳县治，有载县治
　　　　"西南至州六十里"，则东山池到州（相州、今安阳）距离约为四十五里。同书记载"邺县南
　　　　至州四十里"，隋唐时代邺县县治位于邺南城，从东山池、邺县到达相州距离的差，大体相
　　　　当东山池到邺南城的距离。

［33］　《北齐书·列传第三》文襄六王，中华书局，1983 年。

［34］　《周书·帝纪第六·武帝下》，中华书局，1971 年。

［35］　《隋书·礼仪志》，"天宝元年、太子监国、在西林园冬会"，中华书局，1973 年。

［36］　《北齐书·帝纪第五·废帝》，"干明元年……帝幸芳林园、亲录囚徒、死罪以下降免各有
　　　　差"，中华书局，1983 年。

［37］　北魏·杨衒之：《洛阳伽蓝记（校注）》，中华书局，1963 年。

［39］　《太平御览》卷七六二引"邺中记"，中华书局，1985 年。

［41］　《南齐书·东昏侯本纪》。

［42］　《秦记》、《元和郡县图志》。

［43］　《汉书·杨雄传》："武帝广开上林，南至宜春、鼎湖、御宿、昆吾，旁南山而西，至长杨、
　　　　五柞。北绕黄山，濒渭而东，周袤数百里。"

［44］　《三辅黄图》；此外《旧汉仪》记载上林苑广三百里；《三辅故事》记载上林苑连绵四百余里。

［45］　陕西省博物馆等《长安窝头寨汉代钱范遗址调查》，《考古》1972 年 5 期。

邺城三台身份的一种确定

郭济桥*

邺城三台，位于河北邯郸市临漳县，由南北向的三个土台组成，在魏晋南北朝时期风云一时，后代湮没无闻，其遗址仍有一部分存留当世。作为一个在历史上曾起重大作用，声名显赫的古代遗迹，三台自有其辉煌历史，起源及流变，存续于当时社会，和文化相合，作为一个地域和时代标志，代表了一段历史碎片的性格。

一、三台的历史

历史，即发生了的事件，事件作为人和物的动态聚合，又生产和再生产了物、人和事件。三台作为物，在不同的语境下被建构成文本，同时又被其他文化解码。它始建时期，作为首都中之至高建筑，礼仪功能和实际作用紧密结合。在其后，随着首都的迁移，三台的最初意义既告失去，随后其地位又多反复。邺城被毁后，三台仅仅成为历史遗迹，供人们凭吊和瞻仰。

三台的命运和邺城相始终。邺城位于黄河中下游地区的中心。东汉末年，社会动乱，群雄并起。建安九年，曹操攻占邺城，统一了黄河流域。建安十八年，曹操封魏公，后升魏王，一切用度，以都城为准。

自魏武帝建安十五年（210 年）建台，至北周静帝大象二年（580 年）韦孝宽平尉迟迥之叛，焚毁邺城，三台屡修屡毁。

建安十五年（210 年）冬，兴建铜雀台，十七年（212 年）春建成。十八年（213 年）作金虎台，十九年（214 年），建冰井台。历史上习称三台。三台位于邺城西城墙北部，因墙为基，形体硕大。铜雀台居中，其北为冰井台，南为金虎台，俗称中台、北台、南台。铜雀台基高十丈，有屋 101 间；金虎台基高八丈，有屋 109 间；冰井台基高八丈，有屋 145 间，上有冰室，室有竖井，井深十五丈，藏冰及煤炭，又有粮仓和盐窖，以备不虞。有冰三室，与凉殿均有阁道相通。三台皆砖甃，相去各六十步，上作阁道如浮桥，连以金屈戌，画以云气龙虎之势，施则三台相通，废则中央悬决。"三台列峙而峥嵘……亢高台于阴基，拟华山之削成……附以兰奇，宿以禁兵"[1]。漳河水经暗

---

* 郭济桥，男，1973 年生，河北献县人。河北省文物研究所副研究员。主要从事邺城和北方瓷窑考古工作。

道自西北通过铜雀台，流入其东面铜雀园。铜雀园和铜雀台之间有首都的武库和马厩。

元嘉元年（307 年）正月，汲桑大破魏郡太守冯嵩，长驱入邺，遂烧邺宫室。晋诗《登邺台赋》："显阳陨其颠隧，文昌鞠而为墟，铜爵损于台侧，洪钟寝于两除。"至后赵石虎，三台更加崇饰，甚于魏初。咸康初，石虎徙邺，改铜雀台为鹳雀台，金虎曰金兽。台崩，石虎重修，倍于其旧。石虎将铜雀台加高二丈，建屋 120 间，房中有女监、女伎。三台相面各有正殿，上安御床，施蜀锦流苏斗帐，四角置金龙头，衔五色流苏，又安金钮屈戌屏风床，床上细值女三十人，床下立三十人，凡此众伎，皆宴日所设。又穿二井，作铁梁地道通二井，名曰命子窟，在井中多置放财宝饮食，以悦番客，曰圣井。又于屋上起五层楼，高十五丈，作铜雀于楼巅，高一丈五尺，舒翼若飞。在冰井台藏冰，三伏之月以冰赐大臣。

三台在前燕、前秦、后燕、后魏均有毁建。北齐天保七年（556 年），高洋发丁将三十万营三台，在旧基上高博之，大起宫室及游豫园。天保九年（558 年），三台成，改铜雀为金凤，金兽为圣应，冰井为崇光。上面建造大光殿、乾象殿。三台构木高一十七丈，两栋相距二百余尺。游豫园在三台西，以为马射之所。后穿池列馆起山，以为游玩。

北周建德六年（577 年），武帝下诏毁撤邺城东山、南园、及三台。北周静帝大象二年（580 年）韦孝宽平尉迟迥之叛，焚烧邺城，三台被毁。三台拥有崇高地位的历史即告结束。

宋金元时期，三台台基尚存，铜爵台周围一百六十步，高五丈，上建永宁寺，金凤台周一百三十余步，高三丈，上建洞霄观，冰井台北临漳水，周围只百余步，高三丈，被漳水冲掉一角。清代雍乾以前，北台冲毁，中台仅留一部分，南台尚存，和今天能看到的三台相差不大[2]。铜爵台基址现仅存东南角，南北 50、东西 43、高 4～6 米。金虎台现存南北 120、东西 71、高 12 米。两台相距 83 米[3]。

三台建在城墙上，两侧凸出墙体，其技术来源是汉代时期流行边塞城市的马面，形式来源是汉末的坞壁，直接来源于曹操老家亳州的庄园。其流变，是洛阳的金墉城和十六国北朝的佛塔。虽则这些建筑均已无存，但墓葬壁画及画像砖图以及冥器模型可以推测实物。可以说，魏国即一大型庄园，邺城即一坞壁，而三台则是高高的望楼。三台作为建筑体，作为人的创造物，作为符号，同时以社会调控的手段和文化载体的身份出现。

二、文化的解释

面对对象，人们往往从作用和作用方式着眼，作用方式除实践互动外，解释和象征也很重要，这不仅是互动不可避免的环节，也是实践互动作用的一种方式。

从文化角度观察社会，一个具体时代和地域有其独有的风格。该种风格部分以物质符号、艺术形式、关系实在作为载体留存。有的建筑物、事件因为聚集了该时代最发达的技术、最适合的观念，因此起到里程碑的作用，或被讴歌或被鞭挞，传达着人们的感慨。作为习见的事情，三台的建造和使用，以及后代人们的景仰、缅怀，是时代风格的标志。总之，三台是一个时代的文化产品，足以代表那个时代，是魏晋南北朝时期的纪念碑式的建筑。

在魏晋北朝时期，北方以洛阳和邺城的地理位置最为重要，而在北方东西分裂时期，邺城作为东部的中心更是无可置疑。在曹魏及十六国时期，邺城作为王都，北部为中央官署集中分布区，以东门和南门作为主门，以西北三台作为腹地，位置尤其重要[4]。至东魏北齐时期，地位略有下降，但受人敬仰的地位没有改变。

时人用一种赞赏的口吻提到三台。尽量还原人们对铜雀台的看法，可显示出三台融入社会生活的程度。后人用一种演绎传奇的方式推崇三台。"东风不与周郎便，铜雀春深锁二乔"赋予了三台一种儿女情深的风情。从现在的资料，很难推测下层百姓对三台的态度，我们知道很多人对三台充满了赞赏，皇族、士大夫歌颂它、赞扬它，以在三台活动为至高荣耀。饮宴祭祀、备荒备战、信仰寄托，成为权势拥有者炫耀的资本、依附者飞黄腾达的阶梯。尽管历史文献没有记载，我们不难想象，不论是精英或士兵、农夫、仆役，从台下经过时都会抬头仰望如山般高耸的豪华建筑，除了能想到建造时的艰辛、战争时的作用，更多的可能更会想到帝国的经济强大、国势蒸蒸日上和帝王家的威严。

魏时三台东为铜雀园，与三台成为一体。三台建成之初，曹操将诸子登楼，使各为赋。曹丕《登台赋并序》谓，建安十七年春游西园，登铜雀台，命余兄弟作赋，其词曰："登高台以骋望，好灵雀之丽娴。飞阁崛其特起，层楼俨以承天。步逍遥以容与，聊游目于西山。溪谷纡以交错，草木郁其相连。风飘飘而吹衣，鸟飞鸣而过前。申踌躇以周览，临城隅之通川。"曹植下笔成章，美捷当时，其《登台赋》云："从明后而嬉游兮，登层台以娱情。见太府之广开兮，观圣德之所营。建高门之嵯峨兮，浮双关乎太清。立中天之华观兮，连飞阁乎西城。临漳水之长流兮，望园果之滋荣。仰春风之和穆兮，听百鸟之悲鸣。天云功垣其既立兮，家愿得而获逞。扬仁化于宇内兮，尽肃恭于上京。虽桓文之为盛兮，岂足方乎圣明。休矣美矣！惠泽远扬。翼佐我皇家兮，宁彼四方。同天地之矩量兮，齐日月之辉光。永贵尊而无极兮，等年寿于东王。"曹操亦有登台赋，仅存"引长鸣灌街里"，即说铜雀台下暗河。曹丕有《芙蓉池作》，记述在铜雀园夜游情景："乘辇夜行游，逍遥步西园。双渠相溉灌，嘉木绕通川。卑枝拂羽盖，修条摩苍天。惊风扶轮毂，飞鸟翔我前。丹霞夹明月，华星出云间。上天垂光彩，五色一何鲜。寿命非松乔，谁能得神仙？遨游快心意，保己终百年。"又有《铜雀园诗》："朝游高台观，夕宴华池阴。"《临高台》："临台行高，高以轩。下有水清且寒，中有黄鹄往且翻。行！为臣当尽忠，愿令皇帝陛下三千岁，宜居此宫。鹄欲南游，雌不能随。我欲躬衔汝，口噤不能开。我欲负之，毛衣摧颓。五里一顾，六里徘徊。"曹植另有《公宴诗》记述享宴盛况："公子敬爱客，终宴不知疲。清夜游西园，飞盖相追随。明月澄清影，列宿正参差。秋兰被长坂，朱华冒绿池。潜鱼跃清波，好鸟鸣高技。神飚接丹毂，轻辇随风移。飘摇放志意，千古长若斯。"刘桢《西园公宴》："永日有游戏，欢乐尤未央，遗思在玄夜，相与复翱翔，辇车飞素盖，从者盈路旁，月出照园中，珍木郁苍苍。"一幅人生苦短，日日纵情的情形。

从上可知，曹魏时三台宴飨宾客、吟诗作赋的故事。可以想见，魏王、匈奴单于、蔡文姬以及贤者、使臣、民众纷沓至来，轮番上场，制造出一幅歌舞升平场面。在其中礼仪是不可避免的，在这种仪式中，帝国得以享有威严，这属于一种广义的文化策略。建安二十二年（217年），在曹操因魏国立储举棋不定，而曹丕、曹植交恶的大背景下，曹操登铜雀台见曹植妻衣绣，以违制命，将其赐死。这样，维护了国家、家族和男权的威严，和享宴等一同作为礼仪手段，为维护等级尊卑平衡社会秩序服务。曹操病逝洛阳，立遗嘱，"吾死之后，葬于邺之西冈上，与西门豹祠相近，无藏金玉珠宝。余香可分与诸夫人，不命祭。吾婢妾与伎人皆勤苦，使著铜雀台，善待之。台上施六尺床，下施幨帐，朝脯上酒脯米长备之属，每月朝旦十五日，自朝至午，辄向帐前作伎乐。汝等时时登铜雀台，望吾西陵墓田"。自此，三台成为了一个祭祀场所，祭祀的仪式在如此一个雄伟的高台上举行，隆重而威严，亦为文化策略之一种。

后赵时三台华丽之极，甚于曹魏，仍作饮宴、赐冰等。至东魏、北齐，三台的地位锐减，但也仍体现了北朝时文化的一斑。三台构木高二十七丈，两栋相距二百余尺，工匠危怯，皆系绳自防。高洋登脊疾走，都无怖畏。时复雅舞，折旋中节，旁观者，莫不寒心。天保八年，三台建成，西为游豫园，与三台一体。十一月，帝登三台，御乾象殿，朝宴群臣，并命赋诗。魏收上《皇居新殿台赋》，其文甚是壮丽："尉瑾卒，世祖方在三台饮酒，元文遥奏闻，遂命撤乐罢饮。崔挺曾孙崔昂，曾侍宴金凤台。高洋母娄氏崩，武成不改服，绯袍如故，未几至三台置酒作案，帝女进白袍，帝怒投诸台下。"[5]可知三台仍继承了曹魏时享宴的旧习，当公主试图维护皇朝以及儒家礼仪时，高洋更是不屑一顾。北朝时，佛教大盛，有齐一代佛教全盛时，境内寺塔林立，僧尼总数超过二百万人，《历代三宝记》载"（高洋）受东魏禅称齐，仍即都邺……沙门二百余万，寺塔出三十千"。《法苑珠林》亦载"高齐六君二十八载，皇家立寺四十三所"。天统二年（566年）三月，太上皇帝诏以三台施兴圣寺。五年（580年）春正月辛亥，诏以金凤等三台未入寺者施大兴圣寺。可知北齐后期三台已舍给寺庙，供奉佛祖之用。

北朝时，关于三台的诗文多出自南朝人之手，或感叹，或追忆魏武，或出使到北朝游览胜景。内容除极少部分颂扬三台之壮丽雄伟外，多见魏武雄风以及其女伎。凭吊味道渐浓。

荀仲举《铜雀台》："高台秋色晚，直望已凄然。况复旧风影，松声入断弦。泪逐梁尘下，心随团扇捐。谁堪三五夜，空对月光圆。"王僧儒《登高台》："试出金华殿，聊登铜雀台。九路平如坻，千门洞已开。轩车映日过，萧管逐风来。若非邯郸美，便是洛阳才。"沈约《登台望秋月》、谢姚《同谢咨议铜雀台诗》、《铜雀悲》、张正见《铜雀台》均为凭吊铜雀台之作，江淹《铜雀妓》、刘孝绰《铜雀妓》、何逊《铜雀妓》均以曹操铜雀伎为线索，缅怀历史。

　　自唐代及其后，三台已变成纯粹的符号，人们借其表达着自己的情绪，借以发思古之幽情。亦以《铜雀台》和《铜雀妓》为多见，且比南朝时为多。如唐初宋之问《铜雀台》："昔年分鼎地，今日望陵台。一旦雄图尽，千秋遗令开，绮罗均不见，歌舞妾空来。恩共漳河水，东流无重回。"朱放《铜雀妓》："恨唱歌声咽，愁翻舞袖迟。西陵日欲暮，是妾断肠时。"

　　这样，饮宴、仪式、祭祀、寺庙崇拜可知三台的礼仪——文化策略，作为现实的反映，同时作为社会的调节、控制手段，起到维护既有秩序的作用；不同集团、不同时代对三台的态度差异，也凸显了各种文化群体对三台不同的文化理解。

三、社会互动

　　面对离散的物，认识它首先要将其归并所属系统，在各种互动中确其定界限和功用。人之间以及与环境之间有着不断的内在交流、际遇和对话，这种耦合，表现为事件。事件往往显现物的作用，进而凸显其关系本质。三台除表达文化策略和蕴涵意义外，在军事、政治上有重大作用，表现在对内监视、镇压，对外威慑、防卫。

　　曹魏时期，三台位于首都邺城西墙北部，高大雄伟，东为武库、马场，北侧冰井台囤积粮食、食盐和煤炭储备。站在三台可俯瞰全城，监视城民举动，前引曹操发现曹植妻衣绣违制事即此。建安二十三年（218年），严才造反，与其徒属攻掖门，奉常王修闻变，赶不及车马到来，将属官步行至宫门。太祖在铜雀台望之曰，此来必王叔治也。相国钟繇对王修说："旧，京城有变，九卿各居其府，卿何来也？"王修答："食其禄，焉避其难，居府虽旧，非赴难之义。"时人以为美谈[6]。可知三台可发挥平时监听和战时指挥的作用。三台高大，其上可窥视周围，非无上权威的官府不能修建。

　　北齐时期，三台建成后，文宣帝高洋登金凤台，召太子手刃囚犯，太子胆小战栗，被文宣痛殴至迟钝。又在三台大光殿，以锯锯都督穆嵩，遂致于死。又召死囚，以席为翅，从台飞下，免其罪戮。果敢不虑者，尽皆获全；疑怯犹豫者，或致损跌。也以近似方式诛杀元魏宗室，让他们从台上乘纸鸢或用席作翅膀飞向台下，不死的免其罪，从台上摔死的达百余人。以这种方式处罚国家的敌人，因囚犯从高处落下，远处也能望见，所以较之在市场处死示众效应更甚，加剧了人们的恐惧。至北齐末期，和北周交战，河清王高岳，奏请后主："请追五品以上家属，置之三台，因胁之曰，若战不捷，即退焚此台。"后主没有采纳。大象二年（580年），迥穷迫自杀，兵士在小城中者，尽坑于游豫园[7]。游豫园在台西，与三台为一体，初建时为马射之所，训练兵马作用。三台在十六国北朝时期地位大不如昔。

这样，可知三台在魏晋北朝时期，除文化作用以外，还负有军事、监视、仓储、行刑、理讼等政治职能。

四、归类和定位

通观三台，它是权势、威仪的表志，是经济雄厚的表现，是政治中心的标志，是军事帝国的反映。

人类的实践引发观念，由观念引起词语。事物之逻辑引起观念的逻辑，观念的逻辑先行并引起语词的逻辑。语言是内在思想的外在符号，概念是表示事物类别的思想格式。词语的概念性，概念的范畴性，决定分类的标准。聚焦和厘定一个对象，将其归类，确定其概念内涵，亦与研究者的目、观察者不同视角以及隐含的理论背景有莫大关联。一般有三种背景结构的认知方式，实体—偶性、互动—本质、结构—创生。作为实体，一个具体的建筑物，从材料、位置、技术、形状、名称等可显示其属性，这是第一种视角和背景；而本质属性，要分析其全面的关系，如作用、象征以及价值等，是第二种视角；而将其回复到历史，分析其存续，追溯其前身、影响，在社会中的网络般的关联，及其构成的各种方向的力量，这是第三种视角。第三种视角，是将对象作为有机文化体的一部分，而且将其作为社会演进的能动成分来看待。

对三台的归类也是这样，首先它是高台建筑，它的形状、方位、建筑技术、名称等，属于纯粹的对象形式的分析，可以归类为高台建筑，存在于帝国时期。其次，它是礼仪和文化建筑，作用相当于图腾柱、都城、坛庙冢、塔、石窟等，通过它，可以完成仪式，举行文化活动，以期巩固生活秩序，它体现了一种通过高大的外在形式和内在象征方式确定威仪的思想。再次，它背负很多实际作用，储备、理讼、杀戮、监视、指挥，所以它是政治设施、军事建筑，体现社会不同集团的互动关联，这又是一种确立威仪、完成使命的方式。另外，它在多种文化认识背景下张显不同的面貌，突出焦点，遮蔽盲点。当下的士人无比仰赖、文人歌咏、下层民众因威仪而恐惧、因穷困而忍受，在后代被敬仰，被寄予情感，被技术许可，被符号体现和言语叙说。

通观前三种归类，即形式的、文化的、社会的归类，三台作为高台建筑、仪式符号、政治设施有其历史演变过程。第四种归类，即定位研究，以各种归类为基础，厘定三台与其他事物的界限及其演变的极限，不仅认识其形式、其象征、其作用，还要从各种关联中归纳出其演变谱系，不同文化群体的不同认识也属于这种定位分析。

三台的这种崇拜高大的属性实体，最早可追溯到前国家时期，图腾柱、男权信仰、山陵崇拜等是其具体体现。在向早期国家过渡阶段，庙、台、冢是其形式，宗庙、祖先的陵墓、城墙、都城负有与三台近似的政治、军事和仪式作用。帝国时期早段，坞壁、庄园、望楼、长城、山陵即其前身。

三台所属时期属帝国中期，这种归类体现了一种历史分期，此时期的高台建筑体现了该阶段战乱纷仍，社会中层势力强大的社会面貌。曹魏的三台、北魏的金镛城、北齐的大庄严寺塔、唐代的大明宫是该时期的代表。至帝国后期阶段，晚唐以降，平民社会形成，该种高台建筑再也没能恢复这种实用目的和礼仪制度不相分离的状态。以宋代北境定州料敌塔为例，同样属高台建筑，同样是佛塔，同样具有军事瞭望作用，而其文化地位、政治作用、文化解释远远不如三台结合得紧密。

通过对以三台为主的高台建筑的分析，可将其定位。以历史和过程中形式的转化为线索，可将高台建筑分为以下几个时期。

先秦神学时期，以祭祀、盟誓等活动为主体，以图腾、山陵、庙、台、冢等为载体；秦汉仪式帝国时期，以巡幸、封禅等活动为主体，以泰山祭祀、高台宫殿、庄园坞壁、门阙、长城等为载体；魏晋北朝军事帝国时期，以军事活动、民族战争为主体，以铜雀台、金镛城、永宁寺塔为载体；隋唐佛教鼎盛时期，以大明宫、大雁塔等为标志，为多民族融合佛教时期；五代以后为平民化时期，以节日庆典为标志，平民民俗为主体，高台建筑渐渐消失。

这样，三台在历史过程、地理关系以及意识空间中的位置即则基本确定。

注　释

［1］　左思：《魏都赋》，《邺城暨北朝史研究》，第492页，河北人民出版社，1991年。

［2］　俞伟超：《邺城调查记》，《考古》1963年11期。

［3］　邺城考古队：《河北临漳邺北城遗址勘探发掘简报》，《考古》1990年7期。

［4］　郭济桥：《从东到南——帝国时代的崇拜演化》，未刊稿。

［5］　李百药：《北齐书》卷九《列传第一》，第124页，中华书局，1972年。

［6］　郦道元：《水经注》卷五《浊漳水》，文学古籍出版社，1955年。

［7］　令狐德棻：《周书》卷二十一，刘传第十三《尉迟迥传》。

东魏、北齐陶俑研究

刘连强　夏素颖[*]

陶俑（本文所述的陶俑不包含陶禽、畜）是中国古代明器的重要组成部分，其上负载着大量的古代社会信息。尤其是东魏、北齐时期，墓内随葬的陶俑不仅种类多、数量大，而且有着相当的科学、历史和艺术价值。本文将重点对这一时期内陶俑的类别、组合、制法及其所反映的一些问题进行探讨。

一、陶俑的类别与组合

目前所发现出土陶俑的东魏、北齐时期的墓葬绝大多数为确知墓主人的纪年墓葬，只有一少部分没有明确纪年。墓主人大都为皇亲、贵族、高级官吏，少数是普通百姓（见附表）。墓葬内所出陶俑在规模、数量上差异很大，但其类别与组合基本相同。根据其所表现的内容将其分为三类：镇墓俑、出行仪仗俑、家居生活俑。

第一类：镇墓俑，包括镇墓兽和镇墓武士俑。在墓中成对出现，有的墓葬中二者有其一或不成对，可能与墓葬被盗扰有关。如侯莫陈墓、库狄业墓均出土镇墓兽1个、镇墓武士俑2个。依墓葬级别不同随葬数量不等，一般墓葬中随葬2对，即2个镇墓兽、2个镇墓武士俑。镇墓兽一人面、一兽面，镇墓武士俑面目狰厉，头戴盔，身穿明光铠，左手按盾，右手做持物状（图一）。一些高级别的墓葬随葬4对镇墓俑，如茹茹公主墓、高洋墓。有个别等级低的墓葬放置1对，如常文贵墓，只有1个镇墓兽、1个镇墓武士俑。

第二类：出行仪仗俑，主要指仪从护卫俑，这类俑包括军卒俑、仪卫俑、鼓吹俑。军卒俑包括甲骑具装俑、各种武士俑、持盾俑、负箭囊俑、铠马俑、持剑俑等。仪卫俑包括文吏俑、笼冠俑、男侍俑、女侍俑、风帽俑、小冠俑、役夫俑、女官俑。其中一些军卒俑和仪卫俑兼有骑马和步行两种类型。鼓吹俑包括鼓吹立俑和鼓吹骑马俑。各种俑中均有胡人形象的俑出现（图二，1、2），在徐显秀墓中还出现了比较独特的辫发骑俑（图二，3）。除部分鼓吹俑尚能辨其手持乐器外，其他俑拳中或腹侧均有持物小孔，但

* 刘连强，河北省文物研究所副研究员，1995年毕业于吉林大学考古学系考古学专业。
　夏素颖，石家庄市文物保护研究所馆员，1995年毕业于吉林大学考古学系考古学专业。

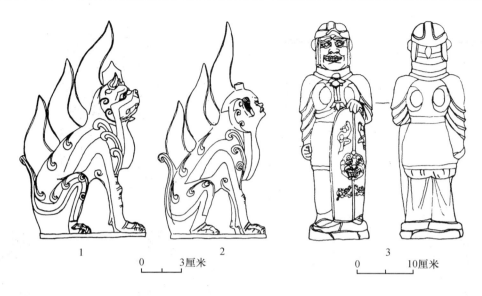

图一　镇墓俑

1、2. 镇墓兽　（采自中国社会科学院考古研究所等：《磁县湾漳北朝壁画墓》，科学出版社，2003 年）

3. 镇墓武士俑（采自磁县文物保管所：《河北磁县北齐元良墓》，《考古》1997 年 3 期）

因所持物已失，不知所持是何种物品。

第三类：家居生活俑，包括男、女侍仆及舞乐俑、劳作俑。主要有男仆俑、女仆俑、跽跪俑、舞蹈俑、鼓乐坐俑、胡人舞蹈俑、鼓乐俑、巫师俑、持箕俑、持盆俑等。崔博墓出土有跪拜俑、连体俑、人首蛇尾俑，可能与后来的"墓龙、十二生肖俑"有着渊源关系。

二、陶俑在墓葬中所摆放的位置

从陶俑在墓葬中所出土的位置往往能看出其使用功能，但由于绝大多数墓葬被盗扰，只能了解各类陶俑所在的大致位置，至于各种陶俑的具体排列则不甚明了。一般来说镇墓类俑均摆放于墓室门口两侧附近，只有娄睿墓放于墓门外左右两侧。仪仗俑及家居生活俑一般放置于墓室内东、东南、南部棺床（尸床）以外的地面上。张海翼墓放置于墓室左侧的生土二层台上；娄睿墓除墓室东南部外还在甬道两侧及墓道北端放置部分陶俑；李希宗夫妇合葬墓则分为东、西两部分放置于前室，东为李希宗、西为其妻崔氏的随葬器物，与后室中墓主人尸骨的摆放位置相呼应。少数墓葬中的部分陶俑位置有所不同，这与当时出行仪仗的队列形式密不可分，如高洋墓的大门吏俑放置于墓室外甬道口上。严格来讲，在摆放位置上很难把仪仗俑群与家居生活类俑区别开来，这与墓葬被扰及水浸、随葬品被移位有关。

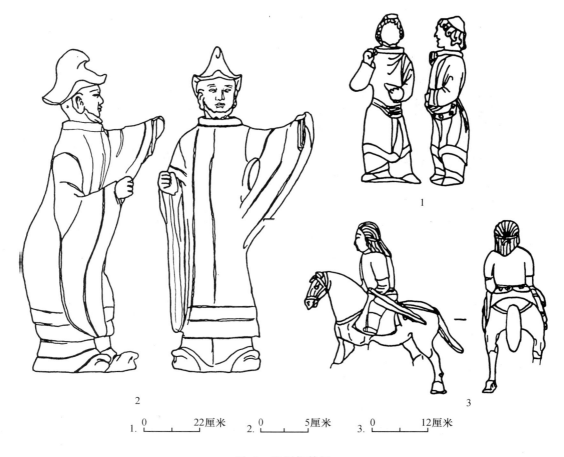

1. 0 ———— 22厘米   2. 0 ———— 5厘米   3. 0 ———— 12厘米

图二　出行仪仗俑

1. 胡俑（采自磁县文化馆：《河北磁县东陈村东魏墓》，《考古》1977 年 6 期）

2. 胡服老人俑（采自中国社会科学院考古研究所等：《磁县湾漳北朝壁画墓》，科学出版社，2003 年）

3. 辫发骑俑（采自山西省考古研究所等：《太原北齐徐显墓发掘简报》，《文物》2003 年 10 期）

三、陶俑的制作工艺

　　东魏、北齐时期的陶俑基本上为模制，制作规范。制作方法主要有三种：一种为陶俑头与身体分别模制，腹中空，然后插合成形。插合方式稍有不同，有的是头与身体以方形铁棒、铁条等条形物作为支撑将其插合，如和绍隆夫妇墓所出土的陶俑；有的是将俑头颈部做成圆尖形或圆柱形，然后将头插合入俑身，如封延之夫妇墓中的陶俑。第二种方法是正、背面分别模制，然后进行黏合，如徐显秀墓中所出陶俑。第三种方法是单模制作即陶俑头与身体连在一起制成。这种方法适用于较小型的陶俑，大型陶俑则仍由分模制作，如元良墓、贺娄悦墓陶俑。陶俑质地分为泥质灰陶、泥质红陶两种。一般墓葬中陶俑质地坚硬，通体施白色陶衣，然后在分别针对不同部位用红、枣红、黑、褐、橘红、橘黄、黄、黄褐、粉、蓝等色进行细部彩绘，使陶俑的细部刻画更加生动细腻。还有些墓葬中的陶俑不施白衣，而是直接用各种色彩进行彩绘，如徐显秀墓、贺娄悦墓。概括地说河北地区东魏、北齐都城邺城附近的陶俑在塑工上要优于太原地区即当时的晋阳地区的出土品。

四、陶俑所反映的问题

（一）民族融合

东魏、北齐时期墓葬中陶俑的服饰既有汉服也有胡服，同时既有胡人形象着汉服的胡人俑，也有着胡服的汉族人俑出现，而且在茹茹公主墓中出土了具有浓郁北方游牧民族色彩的萨满巫师俑（图三，1）。这是北魏推行汉化改革以来，各民族之间的文化交流日益广泛在服饰上的反映。但是并不是汉化取代胡俗，经北魏末年的"六镇兵变"、"河阴之役"等一系列动荡，在鲜卑贵族等反汉化势力集团的压制下，鲜卑化趋势日益上升，最终出现在墓葬文化中表现为胡汉文化因素并行，相互渗透交融。

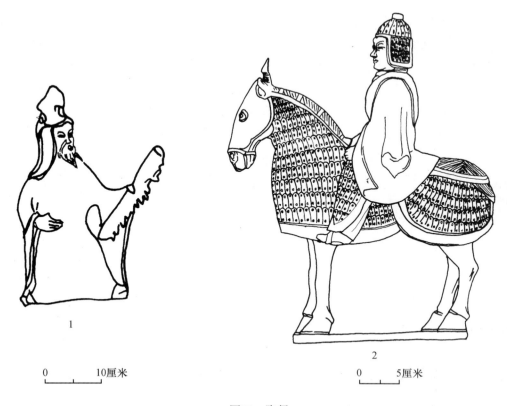

1

0　　　　10厘米

2

0　　　5厘米

图三　陶俑

1. 萨满巫师俑（采自磁县文化馆：《河北磁县东魏茹茹公主墓发掘简报》，《文物》1984 年 4 期）

2. 甲骑具装俑（采自中国社会科学院考古研究所等：《磁县湾漳北朝壁画墓》科学出版社，2003 年）

（二）军事与战争

北朝时期，北方社会动荡不安，战事频繁。长期的战争使军队壮大，军事武装等各种军事科学发展迅速。东魏、北齐统治者更是凭借着自己的军事实力夺取政权，因此也十分注重军事力量的发展，拥有强大的军事装备成为稳定政权、维护自身统治的必要条件。上行下效，各级官吏也以拥有军事装备的多少来炫耀自己的地位。这一时期墓葬中的陶俑有很大一部分为军卒俑也就不足为奇了。高洋墓中出土各种军卒俑 900 多个。这些军卒俑或步行或骑马，或轻装或甲、胄兼备。由于北朝时期政权大多由少数民族建立，他们擅长骑射，骑兵也就成为军队中的一个主力部队，而且骑兵的装备、护防也发展得很完善，人和马都得到了很好的保护，为争取战争的胜利准备了必要的条件。甲骑具装俑即是此时发展起来的具有很强的战斗力的一个兵种，在各个较高等级的墓葬中均有较多出土（图三，2）。

（三）陶俑的艺术特色

东魏、北齐时期的陶俑直接承北魏陶俑的制作技艺而来，又在陶俑制作、人物造型、刻画上独具特色。此时陶俑因多系模制，尺寸一致，所以给人以千人一面的感觉。但陶俑比例匀称、细部勾画逼真，工匠们通过对现实生活的了解和对各个民族、各个阶层的人物形象的细微观察，对各种特征把握准确，塑造生动。尤其是高洋墓、李希宗墓、茹茹公主墓、娄睿墓、韩裔墓、贺娄悦墓等一些贵族墓葬中所出土的陶俑，制作精致、雕刻细腻生动、数量庞大，是这一时期陶俑的杰作，也代表了北朝陶俑发展的最高水平，而最终为隋唐时期的陶俑文化所继承并发展。

附表　出土陶俑的东魏、北齐墓葬

墓葬名称	时代	墓主人身份	出土陶俑种类与数量	出土位置	备注
高雅墓[1]	天平四年（537年）	定州抚军府长史、散骑常侍、冀州刺史	镇墓兽2镇、墓武士2、击鼓俑8、持盾俑4、圆顶风帽俑6、双手垂直俑8、尖顶风帽俑6、双手执物俑8、扶剑俑8、拱手侍立俑7、负囊执物俑4、车1、骆驼1、马1	墓室东部及西南角	高雅死于北魏熙平三年（518年），东魏天平四年"诏书"改葬
临淄北朝崔氏墓之七号墓[2]	东魏	不明	胡俑头1、马1、牛1、残俑2		墓葬被盗随葬品散杂于淤泥中。无明确纪年，时代为推定

续表

墓葬名称	时代	墓主人身份	出土陶俑种类与数量	出土位置	备注
临淄北朝崔氏墓之四号墓[3]	东魏	不明	女俑头1、男俑头2		墓葬被盗随葬品散杂于淤泥中。无明确纪年，时代为推定
崔混墓[4]	元象元年（538年）	北魏镇远将军、秘书郎中	镇墓兽1、武士俑5、侍俑13、文俑5、仪仗俑5、女侍俑9、女仆俑3、牛1、马1、骆驼1	墓门内右侧	圆形墓室
封延之墓[5]	兴和三年（541年）	侍中司徒、尚书左仆射	骑士俑20		几座墓的文物被从墓中取出放置于一处，群众能确定出土于该墓的只有骑士俑，夫妇合葬墓
房悦墓[6]	兴和三年（541年）	济州刺史、征东将军、宣成公	镇墓兽2、武士俑、鲜卑侍吏俑、仪仗俑、侍仆俑、女俑		原文章中只记载出土陶俑类别，没有写明出土数量
李希宗墓[7]	武定二年（544年）	使持节，都督定、冀、瀛、沧、殷五州诸军事，骠骑大将军，殷州刺史，司空	镇墓兽1、持盾俑8、武士俑5、鲜卑侍吏俑4、侍从女俑12、侍从文俑18、侍卫俑10、仪仗俑17、鼓吹俑4、仆役男俑1、仆侍女俑13、铠马骑俑3、骑马鼓乐女俑1、骑马仪仗俑6、骑马女俑1、驮马1、骆驼1、牛3	放置于前室内，分为东、西两部分，东为李希宗、西为崔氏	崔氏入葬时间为武平六年（576年）
封柔夫妇墓[8]	夫：武定二年（544年）妻：兴和三年（541年）	简报中未注明	武士头2、持盾俑4、甲胄俑7、方领长衣广袖侍俑7、交领右衽短衣侍俑9、女俑1、风帽披衣俑6、垂手长衣侍俑2、骑士俑2、马1、骆驼1		器物被从墓中取出不知其位置
赵胡仁墓[9]	武定五年（547年）	西荆南阳郡君、南阳太守赵尚之女、北魏司农卿尧暄妻	镇墓兽2、按盾武士俑2、铠马骑俑1、骑从俑1、击鼓俑9、套衣俑9、持盾俑7、负箭囊俑9、小冠俑5、文吏俑6、侍俑23、胡俑3、笼冠俑12、女侍俑38、提物女俑9、仆俑2、舞俑1、马3、牛1	墓室中部	墓葬被盗掘且地下水位高，器物均已移位

续表

墓葬名称	时代	墓主人身份	出土陶俑种类与数量	出土位置	备注
高长命墓[10]	武定五年（547年）	左光禄大夫、雍州刺史、沮阳乡男、鄢陵县伯	镇墓兽1、击鼓俑13、持盾俑3、武士俑1、小冠俑13、幞头俑3、侍吏俑6、女侍俑14、女仆俑1、骑马俑3、胡俑3		墓葬破坏严重，随葬品不知确切位置
茹茹公主墓[11]	武定八年（550年）	茹茹公主之孙谍罗臣可汗之女、骠骑大将军开府仪同三司长广郡开国公高湛妻	镇墓兽4、按盾武士俑4、甲骑具装俑13、侍卫骑俑20、伎乐骑俑29、侍从骑俑4、负箭服俑203、持盾俑2、击鼓俑23、文吏俑2、侍卫俑275、持鞭俑4、风帽俑201、侍从俑172、跽坐俑46、伎乐俑7、胡俑7、萨满巫师俑1、女官俑12、女侍俑30、舞女俑5、奴仆俑4、马6、驴1、骆驼2、牛2	墓室中	墓葬被盗掘，器物均已移位
河北省吴桥四座北朝墓葬之M2[12]	东魏	不明	文吏俑4、文吏俑头1、仪仗俑9、执事俑2、女俑6、女俑头1、马1、骆驼1、牛1		文章中未注明遗物出土位置
元良墓[13]	天保四年（553年）	北魏太武皇帝玄孙	镇墓兽1、按盾大武士俑2、击鼓俑8、负箭俑5、胡俑5、侍卫俑6、侍从俑19、文吏俑8、持盾俑6、套衣俑7、女侍俑7、女仆俑2、牛1、骆驼1、驮马1	墓室中	墓葬早年被盗，随葬品位置已乱
贺拔昌墓[14]	天保四年（553年）	安东将军、亲信大都督、渭州刺史、征北将军等多职	按盾武士俑2、甲骑具装俑1、骑马执物俑3、击鼓骑俑2、鼓吹骑俑1、背盾俑1、三棱风帽俑2、女侍俑2、笼冠俑2、杂技俑1、文吏俑1、袱马1、驮马1、骆驼1	墓室东南部	
侯莫陈墓[15]	天保六年（555年）	骠骑大将军、直合正都督	镇墓兽1、镇墓武士俑2、披氅武士俑12、持盾武士俑8、垂袖男侍俑7、持物男侍俑10、牛车1、骆驼1	墓室东南部，墓室洞口两侧放置镇墓武士俑，镇墓兽位于墓室西南角	
窦兴墓[16]	天保十年（559年）	骠骑大将军、直齐都督	镇墓兽2、镇墓武士俑2	墓室内洞口两侧	

墓葬名称	时代	墓主人身份	出土陶俑种类与数量	出土位置	备注
贺娄悦墓[17]	皇建元年（560年）	卫大将军、安州刺史、太仆少卿、礼丰县开国子	镇墓兽2、镇墓武士俑2、仪仗俑3、武士俑1、披鍪武士俑2、文吏俑3、仆侍俑2、女官俑2、女侍俑2、女侍跪俑1、残俑头1、马1、骆驼1、牛1		文物系追缴
高洋墓[18]	560年前后	北齐文宣帝	镇墓兽4、镇墓武士俑4、甲骑具装俑50、甲装侍卫骑俑31、大文吏俑2、侍卫俑304、内甲侍卫俑48、两裆铠侍卫俑15、箭服侍卫俑56、仪仗侍卫俑83、鼓乐俑83、文吏俑28、风帽俑284、笼冠立俑56、舞蹈俑13、侍仆俑33、踞跪俑27、马20、骆驼5、牛2、车1	大门吏俑位于甬道内石门外两侧、镇墓兽镇墓武士俑位于墓室门口两侧、少量陶俑位于西壁下棺床侧，其余均位于东部地面上	墓葬无明确纪年，其时代及墓主均为推定
库狄回洛墓[19]	河清元年（562年）	朔州部落人，历任离石大都督、岢岚领民都督、黑水领民都督、肆州刺史等官职	按盾武士俑2、佩刀武士俑16、负盾武士俑15、披鍪侍卫男俑15、袒肩侍卫男俑4、翻衽侍卫男俑12、翻领双衽侍卫男俑14、伎乐俑3、舞蹈胡俑1、文吏俑1、侍女俑14	墓室南半部的椁室内外	一夫二妻合葬墓
狄湛墓[20]	河清三年（564年）	车骑将军、泾州刺史、朱阳县开国子等多职	三棱风帽俑5、盔甲俑10、执盾俑2、背盾俑5、袒肩俑13、圆盔俑3		文物系追缴
张海翼墓[21]	天统元年（565年）	长安侯、相府参军、中书舍人、冠军将军	镇墓武士俑1、甲骑具装俑1、文吏俑2、持盾俑4、甲士俑5、仪仗俑22、妇侍俑3、侍仆俑4、骆驼1、牛1	镇墓武士俑放置于墓室洞口处，其余放置于墓室左侧的生土二层台之上	

续表

墓葬名称	时代	墓主人身份	出土陶俑种类与数量	出土位置	备注
封子绘墓[22]	河清四年（565年）	尚书右仆射、冀州使君	套衣俑23		几座墓的文物被从墓中取出放置于一处，群众能确定出土于该墓的只有骑士俑，夫妇合葬墓
崔昂墓[23]	天统二年（566年）	祠部尚书、赵州刺史、度支尚书转都官、中书令、广武太守	按盾武士俑1、侍吏俑6、仪仗俑2、女俑1	墓室北部人骨架的脚下	一夫二妻合葬墓
韩裔墓[24]	天统三年（567年）	骠骑大将军、青州刺史	镇墓兽1、女俑7、男俑36、武士俑62、骑马武士俑13、力士俑1、马3、驮马1	大部分位于墓室南部	
库狄业墓[25]	天统三年（567年）	高平县开国子、仪同三司、北尉少卿	镇墓兽1、镇墓武士俑2、三棱风帽俑29、铠甲俑3、圆顶盔俑12、圆顶风帽俑11、持盾俑26、女官俑6、持剑女官俑3、女侍俑2	墓室内	
尧峻墓[26]	天统三年（567年）	使持节都督赵安平三州诸军事、骠骑大将军、赵州刺史、开府仪同三司、中书监、开国侯	镇墓兽3、按盾武士俑1、套衣俑12、持盾3、侍卫俑4、乐俑1、侍从俑8、笼冠俑2、女俑2、马2	墓室东南部	一夫二妻合葬墓
和绍隆夫妇墓[27]	夫天统四年（568年）妻武平四年（573年）	使持节都督东徐州诸军事、骠骑大将军、东徐州刺史	镇墓兽4、按盾武士俑4、持盾武士俑13、侍卫俑16、胡俑12、小冠俑72、风帽俑33、帷帽俑17、女侍俑22、僮仆女俑4、持箕俑1、持筐箩俑1、持盆俑1、蹲坐俑1、骆驼2、马2、牛1	镇墓兽位于靠近墓门处，其余位于墓室东侧	

续表

墓葬名称	时代	墓主人身份	出土陶俑种类与数量	出土位置	备注
娄睿墓[28]	武平元年（570年）	十州诸军事太尉、东安王	镇墓兽2、镇墓武俑2、武士俑91、文吏俑103、女官俑45、女侍俑31、女侍跪俑3、女仆俑1、役夫俑3、骑马武士俑40、骑马文吏俑4、骑俑2、骑马乐俑22、执物骑俑10、驮物骑俑1、马10、驮马3、骆驼4、牛1	镇墓兽位于墓门外左右两侧，墓道北端和甬道两侧放置部分武士俑、文吏俑、女俑、骑俑、役夫俑，墓室内东南部放置部分武士俑、文吏俑、女俑、骑马武士俑、骑马乐俑、马、驮马、牛、骆驼，西南角和西南墙根有部分武士俑、文吏俑、女俑、骑俑	
常文贵墓[29]	武平二年（571年）	兖州盈县令、青州东安郡太守	镇墓兽1、武士俑2、文吏俑9、执盾俑4、执事胡俑5、鼓乐俑10、女立俑5、女执盆俑1、执箕俑1、马4、牛1、骆驼1	大部分位于墓室东南角	夫妇合葬墓
徐显秀墓[30]	武平二年（571年）	帐内大都督、骠骑大将军、金门郡开国公、徐州刺史太尉等多职	镇墓兽2、镇墓武士俑2、三棱风帽俑124、铠甲俑13、持盾俑63、武士俑3、文吏俑47、笼冠俑25、持剑俑4、女侍俑16、女俑1、击鼓骑俑8、辫发骑俑1、鼓吹骑俑1、骑马俑1	镇墓兽、镇墓武士俑位于墓室东南部，其余多数位于墓室南部	
崔博墓[31]	武平四年（573年）	百姓	文俑9、仆俑5、侍俑8、女侍俑3、女俑2、女仆俑3、跪拜俑1、连体俑1、人首蛇尾俑1、牛1、骆驼1	墓室右侧棺床上和左壁下石案周围	年轻时官至骠骑府参军、徐州长史。圆形墓室

续表

墓葬名称	时代	墓主人身份	出土陶俑种类与数量	出土位置	备注
范粹墓[32]	武平六年（576 年）	骠骑大将军、开府仪同三司、凉州刺史	镇墓兽 1、武士俑 2、鲜卑侍吏俑 8、仪仗俑 10、侍从文俑 21、仆侍俑 15、女俑 10、骑马俑 1、马 1、牛 1、骆驼 1	武士俑和镇墓兽位于墓室入口处，其余位于墓室东半部	
高润墓[33]	武平七年（576 年）	北齐神武皇帝高欢第十四子、左丞相文昭王	镇墓兽 2、按盾武士俑 2、甲骑具装俑 7、击鼓骑俑 2、吹奏骑俑 2、伎乐骑俑 8、侍从骑俑 4、笼冠骑俑 1、女侍骑俑 4、持盾俑 8、甲胄箭囊俑 12、击鼓俑 10、侍卫俑 71、伎乐俑 23、套衣俑 68、文吏俑 23、侍从俑 98、胡俑 4、胡帽俑 8、笼冠俑 21、女侍俑 5、马 4、驮驴 1、骆驼 1、牛 1	墓室东部、主要集中在东南角	镇墓兽、大武士俑位于墓室内墓门附近
河北省吴桥四座北朝墓葬之 M3[34]	北齐		风帽俑 7、文吏俑 9、武官俑 8、持盾俑 14、武士俑 12、仪仗俑 58、鼓乐俑 4、女俑 9、铠马骑俑 3、俑头 40、镇墓兽 3、马 1、驮马 4、骆驼 2	文章中未注明遗物出土位置	
济南市东八里洼北朝壁画墓[35]	北齐		镇墓兽 2、镇墓武士俑 2、持盾甲胄武士俑 3、持盾武士俑 2、披两当甲俑 6、背箭服俑 6、男侍俑 22、戴风帽胡俑 4、牵马俑 1、女侍俑 9、女仆俑 1、马 1、驴 2、牛 1、骆驼 1		墓葬无明确纪年物出土，时代为推定；墓葬被严重破坏，随葬品被移出墓外
太原南郊北齐壁画墓[36]	北齐后期	百姓	镇墓兽 2、镇墓俑 2、甲士俑 4、仪仗俑 21、持盾俑 6、击鼓俑 2、骑俑 1、立俑 1、笼冠俑 1、武士俑 1、马 1、牛 1、车 1	镇墓兽和镇墓武士俑位于墓室门口，其余均位于墓室南半部尸床下	墓葬时代为推定，墓葬未经盗扰
张肃俗墓[37]	天保十年（559 年）	百姓	出土文物 40 余件		笔者未能见到原报告

* 陶俑中的马、驮马、牛、车、驮驴、骆驼均属出行仪仗的组成部分，故表中也将其统计在内

[1] [10]　　河北省文管处：《河北景县北魏高氏墓发掘简报》，《文物》1979 年 3 期。

[2] [3] [4] [31]　　山东省文物考古研究所：《临淄北朝崔氏墓》，《考古学报》1984 年 2 期。

[5] [22]　　张季：《河北景县封氏墓群调查记》，《考古通讯》1957 年 3 期。

[6]　　山东省博物馆文物组：《山东高唐东魏房悦墓清理纪要》，《文物资料丛刊》第 2 辑，文物出版社，1978 年。

[7]　　石家庄地区革委会文化局文物发掘组：《河北赞皇东魏李希宗墓》，《考古》1977 年 6 期。

[8]　　张平一：《河北吴桥县发现东魏墓》，《考古通讯》1956 年 6 期。

[9]　　磁县文化馆：《河北磁县东陈村东魏墓》，《考古》1977 年 6 期。

[11]　　磁县文化馆：《河北磁县东魏茹茹公主墓发掘简报》，《文物》1984 年 4 期。

[12] [34]　　河北省沧州地区文化馆：《河北省吴桥四座北朝墓葬》，《文物》1984 年 7 期。

[13]　　磁县文物保管所：《河北磁县北齐元良墓》，《考古》1997 年 3 期。

[14]　　太原市文物考古研究所：《太原北齐贺拔昌墓》，《文物》2003 年 3 期。

[15]　　山西省考古研究所：《太原西南郊北齐洞室墓》，《文物》2004 年 6 期。

[16]　　山西省考古研究所、太原市文物考古研究所、晋源区文物旅游局：《太原开化村北齐洞室墓发掘简报》，《考古与文物》2006 年 2 期。

[17]　　常一民：《太原市神堂沟北齐贺娄悦墓整理简报》，《文物季刊》1992 年 3 期。

[18]　　中国社会科学院考古研究所、河北省文物研究所：《磁县湾漳北朝壁画墓》，科学出版社，2003 年。

[19]　　王克林：《库狄回洛墓》，《考古学报》1979 年 3 期。

[20]　　太原市文物考古研究所：《太原北齐狄湛墓》，《文物》2003 年 3 期。

[21]　　李爱国：《太原北齐张海翼墓》，《文物》2003 年 10 期。

[23]　　河北省博物馆文物管理处：《河北平山北齐崔昂墓调查报告》，《文物》1973 年 11 期。

[24]　　陶正刚：《山西祁县白圭北齐韩裔墓》，《文物》1975 年 4 期。

[25]　　太原市文物考古研究所：《太原北齐库狄业墓》，《文物》2003 年 3 期。

[26]　　磁县文化馆：《河北磁县东陈村北齐尧峻墓》，《文物》1984 年 4 期。

[27]　　河南省文物研究所、安阳县文管会：《安阳北齐和绍隆夫妇合葬墓清理简报》，《中原文物》1987 年 1 期。

[28]　　山西省考古研究所、太原市文物管理委员会：《太原市北齐娄睿墓发掘简报》，《文物》1983 年 10 期。

[29]　　沧州地区文化局、王敏之：《黄骅县北齐常文贵墓清理简报》，《文物》1984 年 9 期。

[30]　　山西省考古研究所、太原市文物考古研究所：《太原北齐徐显秀墓发掘简报》，《文物》2003 年 10 期。

[32]　　河南省博物馆：《河南安阳北齐范粹墓发掘简报》，《文物》1972 年 1 期。

[33]　　磁县文化馆：《河北磁县北齐高润墓》，《考古》1979 年 3 期。

[35]　　山东省文物考古研究所：《济南市东八里洼北朝壁画墓》，《文物》1989 年 4 期。

[36]　　山西省考古研究所、太原市文物管理委员会：《太原南郊北齐壁画墓》，《文物》1990 年 12 期。

[37]　　山西省博物馆：《太原圹坡北齐张肃俗墓文物图录》，中国古典艺术出版社，1958 年。笔者未能见到原报告，摘自常一民、彭娟英《太原地区发现的北齐墓葬》一文（文见山西省考古学会、山西省考古研究所：《山西省考古学会论文集（四）》，山西人民出版社，2006 年）。

永远的舞韵

——河北磁县出土北朝萨满巫师舞蹈俑

李　江[*]

磁县位于河北省最南端漳河之滨，北接赵都邯郸，南临相州安阳，东靠曹魏三台，西依巍巍太行，地处中原，历史悠久，文化灿烂。在磁县城南、西南一带的田野中散落着大大小小百余座墓冢，即全国重点文物保护单位——磁县北朝墓群。据考查这是我国北朝时期东魏、北齐帝王皇陵区。从近半个世纪的考古工作中确知，这些墓冢中均有丰富的陪葬品，其中最为典型的就是陶俑。它们品种丰富，造型多样、形态万千，号称"第二兵马俑"。20世纪七八十年代，中国社会科学院考古研究所、河北省文物研究所和原邯郸地区文物保管所联合对东魏茹茹公主墓和湾漳北朝墓进行了发掘，从数以千计的出土陶俑陪葬品中，我们有幸见到了仅有的两件萨满巫师舞蹈胡服老人俑。

磁县东魏茹茹公主墓中出土的萨满巫师舞蹈俑，高19.8厘米，头戴红色浑脱帽（毡帽），身穿圆领广袖红色曳地长袍，左手持锯齿状法器，右手向前抬起，作婆娑起舞状，这位老者形象，长须飘洒，笑容可掬，神态生动自然，舞姿优美、流畅。类似形象为数不多，河南邓县北朝彩色画像砖上曾有出现，另外美国波士顿美术馆也收藏了一件北朝舞蹈老人俑，除手中所持物已残缺外，服侍与姿态亦于此俑相似。该馆方藤先生认为，这种舞蹈老人俑，塑造的是萨满巫师跳神的形象。2005～2006年，此件文物和茹茹公主墓出土的彩绘骆驼及金叶饰品参加了"走向盛唐"美国—香港—日本巡回展出活动。

磁县湾漳北朝墓出土的另一件胡服老人舞蹈俑与茹茹公主墓出土的萨满巫师舞蹈俑非常相似。该俑通高28.5厘米，头戴暗红色胡帽，面相庄严，颔下塑短须，身穿朱红色圆领广袖长袍，似为皮质，下身穿白色大口裤，足蹬胡靴，躯体稍向前弓，左腿微屈，右臂弯曲上举，握拳执物，拳心处有一向上的圆孔，左臂斜向外举，手中执物，惜已残失。

从出土的这两件器物来看，造型不仅生动活泼，栩栩如生，其肢体语言所表现的舞蹈动作和优美的体态曲线，虽过千年，却仍极富现代舞姿的韵味，令人赞叹不已。

---

*　李江，男，1972年出生，河北磁县人。磁县文物保管所副所长。1994年毕业于河北师范学院历史文博专业。近年来参与了《中国磁州窑》、《北朝墓群皇陵陶俑》和《磁州窑古瓷》等编写工作。

那么，千年以前，这种极富舞韵和美感的萨满巫师舞蹈俑为何会深埋于地下呢？

据史料记载，萨满巫师即是萨满教的神职人员。萨满教起源于远古，在中国北方古代少数民族中，如匈奴、鲜卑、柔然、突厥等，都有存在。萨满，是萨满巫师的通称，源于通古斯语"激动不安和疯狂乱舞的人"。各民族对萨满巫师的称谓不同，但其都是经过严格训练、掌握各种法术与技艺的人，其活动俗称"跳大神"，是巫师在祈神、祭祀、驱邪、治病等活动中的表演，属于图腾崇拜、万物有灵的原始宗教观念。其"跳大神"的活动，也正蕴含和体现了我国古代原始舞蹈的韵味。

千余年前，在北方恶劣环境下生活的人们，为了获得诸神的善待，求得人畜平安与兴旺，一些能歌善舞，甚至熟知天象、历史、医学以及民间文学的巫师们，在当时的现实生活中担当着人与神之间祈求与信息的沟通，他们通过自己的独特的方式，为国家主持求得社会安定、百姓乐业、江山永固及风调雨顺、喜获丰收等祭祀活动，为百姓主持驱鬼逐邪以及日常生活中诊治疾病等业务。如历史上记载的殷迁八城、周卜三地、东魏孝静帝迁都邺城等国家大事活动中，萨满巫师，或者说萨满巫师代表的术数活动，在其中都有参与，他们通过自己独特的舞蹈动作和肢体语言，沟通神灵于上天，以获得诸神的善待，求得国泰安康、神佑天成。再如，被誉为"一代天骄"的成吉思汗，他也非常宠信萨满，无论是遭逢战争还是遇到重大问题时，他都极重视巫师的意见。可见萨满巫师的出现及其活动，在当时是一种普遍现象，无论是帝王或将相，贵族与平民，都想获得萨满巫师的庇护，以求兴旺与平安。不仅生者如此，死去的人也把其陪葬在自己的身边，以获得神灵的庇护，永享太平。

从墓葬出土的萨满巫师舞蹈俑来看，其本身不仅是一种陪葬品，而是墓主人死后为了获得神灵的善待，求得人畜平安与兴旺，得求护佑、免除灾难的一种美好愿望和其主观意识追求，而且也是当时社会文化状况的反映，表现的是在古代社会文化科技水平不发达的情况下，人们对大自然、人体生命及神秘世界的渴望了解与求知，包含有丰富的民俗民风信息。同时，它带给我们的不仅仅是视觉上的美感与欣赏，也是千年舞韵流动的再现。

兰陵王与《兰陵王入阵曲》

赵学锋*

　　兰陵王姓高，名肃，字长恭，又名孝瓘，北齐神武皇帝高欢之孙，文襄皇帝高澄第三子，原籍渤海蓨（今河北省沧州景县），是北齐著名将领，因战功卓著，于北齐乾明元年（公元 560 年）三月受封徐州兰陵郡（今山东省兰陵县）王，故称"兰陵王"。

　　《北齐书》载："兰陵王长恭不得母氏姓"，乃是其父高澄与奴婢所生，故和其他兄弟相比，虽同是皇脉，却身价低落。在《北齐书·文襄六王列传》记载，他本是文襄皇帝的第三子却被排称第四子。兰陵王幼年郁郁寡欢，无资格与其他兄弟争宠，于是悉心学文习武，终成一代名将。兰陵王文韬武略，且"貌美心壮，音容兼美"，每与敌对阵，对手往往观其美色而忘记与之交锋，苦恼之下，兰陵王令手下为他制作了许多狰狞可怖的"大面"（即鬼脸），每逢出战，选其一戴在脸上，以令敌胆寒。后来，冀南一带戴鬼脸的习俗即渊源于此。

　　兰陵王英武骁勇、身经百战，为北齐立下了赫赫战功。突厥进犯晋阳，在著名的邙山之战中，兰陵王更显神威。北齐河清三年（564 年），北齐军被北周军队围困在邙山（今河南洛阳市郊），兰陵王受命为中军将，率五百骑勇，由外杀入周军重围，势如破竹，威不可挡，一直杀到金墉城下，城内的北齐军被围甚急，不敢贸然开城，兰陵王摘下大面，北齐将士顿时欢声四起，于是开城合军一处，齐力杀向周军，周军大败，"丢弃营寨，自邙山至谷水，三十里中，军资器械，弥满川泽"。邙山之战，北齐军得胜凯旋，朝野上下，一片欢庆，文人乐士，填词作曲，歌之舞之。于是，《兰陵王》词牌与《兰陵王入阵曲》由此产生。

　　邙山之捷，兰陵王威名朝野，然在不知不觉中却招至了"功高盖主"之祸。皇帝高纬（高湛之子，兰陵王之堂兄弟）谓兰陵王曰："入阵太深，失利悔无所及。"对曰："家事亲切，不觉遂然。"皇帝高纬嫌兰陵王称其"家事"，深忌之，兰陵王也因此惶恐不安。几次临战，深惧"今复告捷，威声太重"，以病为由辞不出征，然不得辞。及至江、淮一带贼寇乱起，兰陵王唯恐被召，叹曰："我去年面肿，今何不发！"从此以后，有病不准家人请医治疗，自我摧残，以避不测之祸。尽管如此，兰陵王也未能幸免于难，北齐武平四年（573 年）五月，皇帝高纬怕兰陵王"取而代之"，命徐

　　* 赵学锋，男，1961 年 12 月生，河北省磁县人。磁县文物保管所所长兼河北省磁县磁州窑博物馆馆长，副研究员。近年来编著出版学术专著及图录有《中国磁州窑》、《北朝墓群皇陵陶俑》、《磁州窑古瓷》、《中国磁州窑典籍》，另外还有短篇论文在其他报刊发表。

之范用毒药害死了兰陵王。

　　兰陵王生于邺,长于邺,死后亦安葬在了邺西北,即现在的磁县城南四公里的刘庄村东。现该墓地被一片柳阴槐绿所掩映。北是兰陵王墓冢浑圆厚实的封土,南是清光绪年间重修的兰陵王碑亭,亭内碑身高耸,碑头镂雕龙纹,碑额篆书:"齐故假黄钺太师太尉公兰陵忠武王碑。"碑身两面刻有隶书碑文,阳面首行刻"王谓肃,字长恭,渤海蓚人,高祖神武皇帝之孙,文襄皇帝第三子也",兰陵王之死,昭示了北齐王朝的衰败。兰陵王死后,北齐再无堪当大任的将军,四年后,北周大军攻至邺城,北齐灭亡。

　　兰陵王生前不但俊伟武勇,而且德馨极高,光昭后人。《北齐书》载:兰陵王"为将躬勤细事,每得甘美,虽一瓜数果,必与将士共之……武成(高湛皇帝)赏其功,命贾护为买妾二十人,惟受其一。有千金责(债)券,临死日,尽燔之"。正因为兰陵王有如此德行,才赢得了时人对他的怀念。他虽然死了,但《兰陵王入阵曲》却广为流传,并形成了一种固定的格律。《旧唐书》二十九卷记载:"兰陵王尝击周师金墉城下,勇冠三军,齐人壮之,为此舞以效其招麾击刺之容,谓之《兰陵王入阵曲》。"后又形成24板、136字的词牌《兰陵王》,并屡见于宋词中。《兰陵王入阵曲》始创于北齐,随时收入后宫,唐初亦广为传播,至唐玄宗开元年间,以其非正声,有碍于《秦王破阵乐》(歌颂唐太宗的歌舞),遂被禁演。但随着唐朝中日文化交流,《兰陵王入阵曲》竟被来唐使者传到日本,并在东瀛扎下了根。直到今天,每逢重大节日活动还演奏这支舞曲,日本奈良的春日大社一年一度举行的古典乐舞表演时,这支舞曲仍作为其中的一个独舞节目。遗憾的是,唐以后,这支深受国人喜爱的舞曲在封建的政治禁锢下,渐渐被人淡忘并失传,到1986年,我国考古工作者到日本访问时,随团前往的邯郸市文物研究所马忠理同志,才有幸将失传1300多年的《兰陵王入阵曲》曲谱、词牌以及收藏在日本奈良唐招提寺内的古木制兰陵王面具照片带回祖国。

　　随着对"兰陵王文化"的挖掘和宣传,在新时代,"兰陵王"又一次成为中日文化交流的一个载体。在日本,"兰陵王研究"已成为一个学术课题。1992年9月,日本奈良大学教授笠置侃一率雅乐代表团"南部乐社"一行六十余人,远涉重洋,专程来到磁县兰陵王墓地进行"拜谒",并盛装表演乐《兰陵王入阵曲》歌曲。由此为始,兰陵王墓地每年都迎来一拨来自日本的学术祭拜团体。可见,"兰陵王"正在作为一个特殊的文化现象,在中国和日本之间重新传播,并也在逐步赢得国际学术界的青睐和关注。

　　伟哉兰陵王!壮哉兰陵王!

佛教史迹与石刻研究

北朝邯郸籍高僧史迹略考

马忠理[*]

三国归晋，晋皇室极度腐败、内部矛盾重重、阶级矛盾和民级矛盾激化，中央政权分裂并迅速衰败，为争夺最高统治权，开始了"八王之乱"，战乱从晋永兴元年（304 年）在邺城拉开了序幕：即司马腾与王浚等，攻打镇守邺城并挟持惠帝的司马颖，经西晋惠帝，又经过晋怀帝、晋愍帝的战乱，到东晋元帝司马睿退保江南；北方经过五胡、十六国空前残酷的战争、兼并，由北魏武帝统一了北方。经过近百年的和平发展，又分裂为西魏与东魏、北周与北齐，与南朝东晋之后的宋、齐、梁、陈，南北对峙。隋朝南北统一，结束了给中国人民生活带来极大的苦难的长达 285 年的分裂战乱。邺城在这段时间曾遭受永兴元年（304 年）王浚攻打邺城和冉魏在邺滥诛等几次残杀和屠城灾难[1]，使人们死亡、流离，也给经济发展造成空前的大破坏。与此同时也出现各族人民大流动、大融合，北方民族向中原、中原民族向南方迁移，至今湖南尚有"邯郸村"，岭南众多的"客家"人等，这且不论。在文化方面也出现空前规模的多民族的文化交流和融汇，外来佛教和本土的道教，在北魏、北周、北齐等多次被皇帝召到皇宫中辩论，说明他们都处在彼此消长、互相融合的过程中。由于统治者的大力支持，佛教文化则趁机迅猛的大发展，特别是由于人民在战争灾难、阶级压迫、民族压迫之下、长期生活在生死存亡、惶惶不安、极度苦难、拼命挣扎的厄境中，佛教及时送上了"因果轮回"和"通往解脱厄运"方便法门的"免费门票"，故而广大民众纷纷出家为佛教僧尼，或为佛寺的"佛图户"、"僧祇户"、"白徒"、"养女"等等，在邺城曾出现过二次佛教发展的高潮。

东晋十六国的后赵时期，佛图澄等西域高僧，曾深得皇帝石虎赞赏，皇帝下诏保护佛教："佛号世尊，国家所奉"，汉人可以出家，"乐事佛者，悉听为道"，由于得到皇帝和各州郡的资助，佛图澄高僧及弟子在邺城也建了白马寺等佛寺。后赵境内有佛寺 893 所，这也是佛教传入中国以来，北方邺地建立佛寺空前最多的一次，还在黎阳（今河南浚县）临黄河的大伾山侧，依山雕造 22 米的大弥勒佛。明《浚县志》载，这尊大佛是"石勒以佛图澄之言，绕岩为佛石像，高十余丈，以镇黄河"[2]。在中国邺地出现了第一个佛教发展高潮。

邺城出现的第二个佛教发展高潮，是东魏北齐时代。东魏天平初年，将洛阳 40 万军

* 马忠理，男，河北保定人。1964 年毕业于北京大学历史系考古专业。曾任邯郸市文物保护研究所副所长，兼任磁州窑研究会副会长等职，研究员。合编《观台磁州窑址》、《邺城暨北朝史研究》等书，刊发论文 30 余篇。

民等，迁都于邺，一同迁邺的还有大批原在洛阳的中、外佛教高僧，如：菩提流支、勒那摩提、佛陀扇多、那连提黎耶舍及慧光、僧稠、道凭、法上、慧可等等。这些外籍高僧，继北魏在洛阳的译经之后，又在邺都译出了大量佛经。北齐代东魏，北齐文宣帝高洋，笃信佛教，还受了菩萨戒，下诏让道教徒剃发为僧，不从者杀，并"今以国储，分为三分，供国、自用及以三宝"。即以北齐国库的三分之一，供奉三宝佛教[3]。邺地佛教得以大发展。《靖嵩传》中记："属高齐之盛，佛教中兴，都下大寺略计四千，见住僧尼仅将八万。"[4]北齐中期境内佛寺 4 万余所，僧尼 200 余万，《释氏稽古略》评曰："僧尼满于渚州，佛法东流，此焉盛矣。"到北周灭北齐时，即北齐后主隆化二年（577 年），北周武帝下诏灭北齐境内佛教，"除废释氏，毁寺院四万余区，并赐王公，僧 300 万悉令还俗"，"皆复军民，还归编户"，"财产并收入官"[5]。而《通典卷七食货七·历代盛衰人口》记：周灭齐时，北齐人口为 20006880 人，而其境内僧尼竟达 300 万，应占当时北齐总人口的七分之一，若加之信佛教的居士等会更多。

早在西晋时，全国有佛寺仅 42 所，后赵时达到 893 所。北魏太和元年（477 年），首都平城有佛寺 100 所，僧尼 2000 人。到北魏迁洛后正光年间（520～525 年），佛教迅速发展，"所在编民，相与入道，假慕沙门，实避调役"，洛阳有佛寺 1367 所，全北魏境内佛寺 3 万，僧尼 200 万，占北魏即整个北方总人口的 1/16。而北齐的领土，只占原北魏领土的东半部，故其僧尼所占比例是空前的，当然其中也有"假慕沙门，实避调役"的农民、百姓入寺为"荫祇户"，或沦为寺奴的情况。这种北方佛教大发展，与北方五胡、十六国北朝多年战乱分不开。而南方人民生活相对较安静些，佛教发展相对数字比北方少，唐杜牧诗曰"南朝四百八十寺，多少楼台烟雨中"，而邺都大寺4000 所，齐境 4 万所佛寺，由此可知邺都和北齐佛教之盛。故《续高僧传》中称北齐："属高齐之盛，佛教中兴。"在北齐邺都不仅有僧尼 8 万，而且聚集着庞大的佛教僧团和中外高僧，特别是涌现了一大批邺都近邑籍的佛教高僧，如邯郸义学大师武安人昙无最，被印度高僧誉为"东土菩萨"。僧稠大德禅师，被跋陀誉为"葱岭以东，禅学之最，汝其人矣"。僧稠、道凭、信行及慧光、法上、慧可、灵裕等邺地高僧，他们中大多数是既精通儒典，又通释经。如僧稠出家前是"勤学世典，备通经史，征为太学博士，讲解坟索，声盖朝野"，出家之后成为东土"禅学之最"。禅宗二祖慧可，是"外览坟索，内通藏典"，能以诗文来回答僧徒居士的提问。灵裕法师，"少通经易"，在周武帝来北齐境内灭佛教时，他率领弟子 20 余人，"潜遁村落，昼诵儒书，夜理佛经，时岁维谷贵，裕乃造卜书一卷，占卜者取米二升"，给民间算卦维持众弟子生活，可见其对易书造诣之深，在圆寂后，留下"经律、疏义、及诗颂、杂集百余卷"。昙无最义论大师，在正光元年的佛、道辩论中，昙引据儒学典史，批驳了道教姜斌的关《老子胡化经》的观点，为佛教赢得了巨大的荣誉，皇帝几乎处姜斌以极刑。靖定禅师"通书史，工诗文，讲最上乘禅"。这些本土包括邺地的高僧们，具有深厚的儒学功底。"援儒入佛"对于北齐佛教的大发展和邺地第二次佛教发展高潮的形成，无异有显著的推动作用，同时也在邺地留下了大量的佛教遗迹。

本文将对北朝邯郸籍高僧，及主要在邺地活动、或生于邺、或葬于邺都近邑的众高僧昙无最、僧稠、道凭、僧慧可、信行、僧顺等的史迹进行略考。

一、义学大师昙无最

昙无最又作昙谟最，俗姓董氏。邯郸市武安人[6]，一说甘肃省镇番县人。在北魏末年邯郸崇尊寺讲戒律时，常来听讲信徒达千余人。还有一传说，昙无最讲戒律，曾感动幽灵，纷纷化作佛徒，从邯郸城西鼓山而来，"中路相逢者，皆云往崇尊寺听僧说戒"。这一故事流传开来，昙无最作为佛教一代义学名匠的地位便确立起来，"名垂朝野"，后奉北魏孝明帝元诩勅到京都洛阳，皇帝指定进驻地位崇高、规模最大的融觉寺。他一生弘法，以深入阐释《涅槃经》和《华严经》而被朝野推崇。昙大师曾向孝明皇帝推荐天竺译经大师菩提留支。昙无最的佛学造诣和不倦弘法精神，被菩提留支誉之为"东土菩萨"，并把昙无最的佛学著作——《大乘义章》翻成梵文，请人带回印度，印度佛教信徒读了这一著作，都对昙无最大师极为崇敬，把昙称为"圣人"，向东礼拜，遥致其对昙的敬意。这是中国邯郸籍高僧的佛学著作，被译成梵文介绍到印度的唯一事例！

北魏正光元年（520年），魏孝明帝元诩请佛、道入宫辩论教义，以定两教优劣。昙无最作为佛教义学大论师，被京城佛教界推选为辩论代表，与京城通道观的著名道士姜斌上殿对垒辩论。辩题是皇帝所提"释迦与老子是否同时"等等。姜斌根据后人作的《老子化胡经》和《开天经》回答皇帝，说释迦和老子是同时代人，昙无最大师则广引儒学典史，批驳了姜的观点，并提示《开天经》是伪经，使姜道士当众出丑。魏孝明帝要对姜斌治惑众之罪，处以极刑，亏得三藏法师菩提留支等再三劝说，皇帝才免姜斌一死，改为流放徒刑。昙无最在这场上殿辩论中，为佛教赢得了胜利和荣誉，也使他本人的声望上升到极点，朝野钦佩，信徒大增。唐道宣在《续高僧传》中称昙无最为"三宝之良将，像法之金汤"。

南朝和北朝的佛教传统差别，使北朝的义学大师昙无最名噪一时，但很快被冷落，乃至诅咒。北朝佛教偏重坐禅、诵经、躬行实践、修塔、雕造石窟等，而南朝佛教受玄学影响大，重义学、重讲论。昙无最被北魏孝明帝元诩赏识，也正是当时的时局需要有辩讲之才的名僧，而到胡太后掌管朝政大权时，她不喜欢义学高僧讲经和诵经，故而昙无最渐遭冷遇。他死后，民间流传着一个故事：一个和尚死后"还阳"，讲述在阴间遇到的几件事，说义学和尚死后不得好报下地狱，而坐禅、诵经和尚功德最大，死后得了好报。从此京城僧尼，皆坐禅、诵经，不再留心义学讲经了。这一故事正好反映了北朝佛教轻视义学的社会思潮。

有关昙无最义学大师在邯郸的遗迹至今尚未发现，但他的思想对众弟子产生了一定影响。著名的慧思禅师，从道于就禅师，而就禅师受法于最禅师，并且慧思开悟后，"往鉴、最等师述已所证，皆蒙随喜"，故慧思禅师曾从师于昙无最。慧文禅师，远承鸠摩罗什，近学北地六家禅师"明、最、嵩、就、鉴、慧，用心之法，又发展之"，故昙无最是慧思和慧文之师。而天台法门有九师相承的说法，"九师"即：明、最、嵩、就、鉴、慧、文、思、颛。

昙无最在邯郸崇尊寺讲经说戒时，曾有鼓山东麓的竹林寺众僧来听说戒。在《续高僧传》的释园道传中记鼓山石窟寺："北五里，当绕涧驿东，有一小谷东即竹林寺"，查鼓山东麓未发现早于北齐时代的佛寺，此小谷东之寺，当即今天的鼓山东麓的水浴寺，位于邯郸市峰峰矿区大社乡寺后坡村北，但水浴寺只见"武平五年"石窟和宋代窟等，未见北魏遗迹。而鼓山南端的滏山石窟之东二里原有竹林寺，位于由邺都去晋阳的必经的滏口东口的北侧要冲之地，背靠鼓山，东面平原。是《涉县志》和鼓山石窟山下常乐寺现存金正隆年碑中记载的北齐文宣帝高洋使人往竹林寺取经的"竹林寺"。此寺在民国年间荒废无僧。民谣曰："上竹林有僧无寺，下竹林有寺无僧。"《南北响堂寺及其附近石刻目录》中所记此寺尚存"宋建隆二年《佛说生兜率施天经》经幢，在磁县彭城下竹林寺"。后该寺址平毁，建峰峰矿区机修厂，寺中碑刻经幢等石刻多推垫低坑，下落不明。

昙无最义学大师，在邯郸讲经的崇尊寺，因时代久远，城市的发展变化快，所以至今尚未查出其遗址。

二、大德禅师僧稠

僧稠（480～580年），俗姓孙，邺人[7]，祖籍河北省昌黎县治（今辽宁义县）后居巨鹿之瘿陶（治河北宁晋县），最后坐化于邺西云门寺，北齐皇建二年（561年）在寺西北建砖塔，著名文臣魏收为其撰写了碑文。僧稠自幼"孝信知名，勤学世典，备通经史"，博学多才，被征为太学博士，讲解经籍，声盖朝野。因社会政局战乱动荡不安，产生厌世思想，阅读佛经，以求解脱苦闷，于28岁时投巨鹿景明寺的僧实法师出家，后又从佛陀禅师的弟子道房禅师，习《止观禅法》，开始了刻苦不懈的修禅一生。后辞别道房禅师，到定州嘉鱼山修禅，效果不佳，改习《涅槃经》中的《四念处法》修炼，渐达无任何杂念的禅定境界。又修五年终练成功，连睡梦中都无欲想。后转到赵州（治河北隆尧县东）漳洪山，参释道明禅师，习"十大特胜法"刻苦精心修炼，90天每天只进一餐，共吃米四斗，不卧床铺，累时躺在石板上，只着布衣。不畏强贼，不近美色，临死而心神澄寂不动，禅学大进。

僧稠后到少林寺，向佛陀扇多（即跋陀）呈己修炼心得，祖师佛陀给以僧稠极高评价曰："自葱岑以东，禅学之最，汝其人矣！"乃更授深要。他与慧光并称佛陀众弟子中的"二大弟子"、得道的"两贤"（慧光被称"圣沙弥"）。后慧光禅师任北魏京师的国僧都，又转为"国统"，是北魏最大的僧官，善疏颇多，是地论师北道的领袖。僧稠在佛陀扇多后，继任少林寺第二位主持，曾与慧光一起管理着少林寺僧。在《海灯法师》一书中载，僧稠身健"骁武，引重千钧"，跋陀圆寂，僧稠继任了少林寺主持，他与慧光倡导僧众，在参禅之余，演习武事，少林寺从此"遂以武闻"，故僧稠实为少林寺二祖。《太平广记》曰："僧稠武艺高强，能飞行壁间，开创了少林武术之习。"后他到嵩岳寺，怀州西王屋山、青罗山、马头山寺，魏孝明帝三次下诏稠入京，未下山，帝只好为稠"就山送供"。魏孝武帝又屡下诏，稠仍未下山，于永熙三年（532年）于马头山尚书谷中，立禅室，集徒供养之。东魏时，大批洛阳僧尼随东魏北迁入邺都，稠亦由河南转入河北定晋山（武安县定晋禅院）、常山、大冥山等弘法修禅。东魏后到天保元年（550年），受到定州刺史姜叡、彭城王高等达官推荐，创坛受戒，信徒大增，僧稠声望日显，燕赵之境，众侣奔赴，被誉之为"道博山世，望重天心"的佛门领袖。北齐文宣帝高洋，久闻风德，苦相诏喻稠师"赴邺教化群生"。僧稠以71岁高龄，于天保二年（551年）入邺，高洋以帝王仪仗亲自迎僧稠于郊，并扶入宫，僧稠为帝王后妃讲禅说戒，为高洋讲《四念法》，帝"毛竖汗流"，受菩萨戒、禁肉、断酒，封僧稠为"国师"，被称"黑衣天子"，留僧稠宫中四十日，僧稠以道化须布要离宫上山，帝以天保三年勅命于"邺城西南八十里龙山之阳，为构精舍，名云门寺，请以居之，兼为石窟大寺主，两任纲领，练众将千"。"以齐乾明元年（560年）四月十三日辰时，绝无患恼，端坐卒于山寺，（即云门寺，唐时改为光严寺），春秋八十有一，五十夏矣"。此处《续高僧传·僧稠传》记载，僧稠春秋81年，僧夏50年，但因28岁出家，故僧夏应为53年。北齐废帝高殷勅遣襄乐王宣尉并供施物五百段，送千僧供于云门寺。火化之日"四部弥山，人兼数万，香柴千计，日正中时，焚之以火，莫不哀恸断绝，哭响流川"。次年即皇建二年（561年）五月，弟子昙询，凑请建塔，北齐孝昭帝高演诏曰："故大禅师，德业高迥，三宝栋梁……可依中国之法阇毗起塔，诏建千僧斋，赐物千段……勅右仆射魏收为制碑文。"

僧稠前后被北朝皇室供养40余年，特别是北齐皇帝诏国家储备的1/3供养佛教："今以国储分为三分，谓供国、自用及以三宝。"唐道宣曰："通古无论，佛化东流，此焉盛矣！"[8]僧稠之所以能受到如此重大礼遇，是因为僧稠在当时在佛教界的地位和社会声望，及佛教为维持北齐统治的作用有关，他曾向北齐文宣帝高洋献策："陛下应天顺俗，居宗设化；栋梁三宝，导引四民。康济既临，义无推寄，……日垂明海，帝奉之无失。"即建议高洋皇帝，以佛教来引导四民僧俗。

僧稠一生，以禅学为主，著作仅有《止观法》二卷。僧稠的禅学与达摩的禅学不同，稠不再头陀乞食，而以居山为主，供养依国家和富户，故生活富余。他宣传神灵奇异，从上层社会到下层僧俗，影响均很大。僧稠的禅法，是把本来作为解脱的苦行，更进一步推向忍受现实、安于现实的苦痛，并且认为这些苦痛不是由外因引起，而是"自招"，使广大僧俗安于现状。唐道宣《续高僧传》中对僧稠与达摩的禅法不同："稠怀念处，情范可崇，摩法虚宗……可崇则情事日显，幽颐则理性难通。"故僧稠是北朝能与达摩禅法相抗衡的禅师。北朝以后，中国的禅法，仍沿着僧稠和达摩两种禅法发展开来，为中国"十种禅法之一"。唐玄宗先天二年（713年）在唐代密宗的《禅源诠集都序》中所记的十种禅法就有"稠那一家"，即僧稠禅法。

僧稠从河北入少林寺，后到怀州，东魏初到河北武安县定晋岩，后到常山、大冥山。于北齐天保二年（551 年）应诏入邺都，"杖策漳滏"，最后坐化于邺西南云门寺（今邯郸市磁县西南境）。到隋唐时，仍有很大影响，唐代少林寺又曾为僧稠禅师在少林建塔，唐代敦煌卷子中，有"僧稠禅师解虎赞"[9]，可惜卷子已被盗到国外，现仅能看到复印件。

僧稠在邺都近邑留下了大量故事和遗迹。北齐文宣帝高洋于天保三年（552 年），下"勅于邺城西南八十里龙山之阳，为构精舍，名云门寺，请以居之。兼为石窟大寺主，两任纲位，练众将千"。但至今未找到该寺遗址。据河南省古建所调查，认为该寺在安阳宝山寺西北[10]。但宝山、岚峰山塔林，共计 170 余座僧烧身塔、散身塔等，他们多为安阳即邺城之南的宝山寺、灵泉寺、天光寺、慈润寺、圣道寺、妙应寺、报应寺、大云寺、园藏寺等，北周、隋、唐时僧塔，而无一个云门寺或天严寺僧塔。

稠禅师之寺，在今磁县西南的五合乡五羊城村，村东二里漳河左岸，有一宽不足十米的小山口，往上走不到百米有一寺庙遗址，路中有二个残碑头，上镌刻"稠禅师之寺"二行楷书大字。到了寺址，依山崖建的僧房、殿宇全塌坍，尚存一个小石窟，是由一自然岩窟稍加修治而成，可能是僧稠曾在此坐禅的"禅窟"，窟南的殿址北崖有宋宣和年间的摩崖题刻。此小寺址处，较山口处稍宽，但其面积也不过 20 米×40 米，当然不会是云门帝寺。这里距著名的磁州窑观台窑址很近，《续高僧传》曰："僧稠禅师，杖策漳、滏"，当然会在漳河、滏阳河一带留下众多僧稠的故事和遗迹。在此"稠禅师之寺"之西，逆漳河而上，五羊村北山上有著名的云门寺。

云门帝寺遗址，据五合乡五羊城村村民介绍，村北山上约七里，有一"大寺址"，北山俗称"兴龙山"，当是北齐天保三年（552 年）时勅建的"邺城西南八十里龙山之阳"的云门寺。漳水在这里由弯变直，河谷东西向，由夹窄变宽阔，其状若"云门"，水流渐缓，由于河谷渐宽，山坡渐缓，故有较多的可耕种的土地，且漳水之阳（左岸），风景幽静。僧稠曾在这里坐禅，故北齐文宣帝高洋于天保三年（552 年）命将作大匠纪伯邕为僧稠在这里修建云门寺。初勅定寺为"方十里"，僧稠禅师曰："十里广大，损妨居民，恐非远济，请半减之。勅乃以方五里为定"[11]。这一"方五里"的寺院，也要占这小山区的近 400 亩土地。虽这里河谷渐宽，但两侧仍是高山，这里距邺城的方位、里数，正好是"邺西南八十里龙山之阳"的地方。

石窟大寺，高洋皇帝为僧稠在邺西南建云门寺，"兼为石窟大寺主，两任纲位，练众将千"。那么哪里是"石窟大寺"呢？有的专家认为在河南安阳小南海的中窟，因该窟刻有"比丘僧稠供养"像[12]；杨宝顺先生认为在安阳宝山寺与修宝寺之间[13]；任继愈先生和刘东光先生认为邯郸市鼓山北响堂寺石窟即"石窟大寺"。现邺城南和邺西共有 8 处石窟：一是邺南的大留圣窟，是东魏道凭法师的禅窟"道凭石堂"，唐代开始移入造像，规模太小，与"石窟大寺"不符；二是大住圣窟，在邺城之南，且是"隋相州演空寺释灵裕"所开凿的石窟，其规模太小，与"石窟大寺"不符，且时代较晚；三是小南海中窟，在邺城之南，小南海僧稠窟，虽有僧稠供养像，但有明确铭文"大齐天保元年灵山寺僧方法师……率诸邑人刊此岩窟"，面积仅有 1.19 米×1.32 米，不足 2 米，当然不能称"石窟大寺"，方向也不符；四是位于邺城西北的滏山石窟，即南响堂寺石窟，从现存南响堂寺石窟第二窟前的"滏山石窟之碑"文明载是北齐"天统元年乙丑之岁，斩此石山兴建图庙"，是北齐后期所凿建，当然也非"石窟大寺"；五是水浴寺石窟，即小响堂石窟，其西窟亦有北齐"武平五年"题纪，是北齐后期所凿建；六是涉县中皇山石窟，仅有三个小窟刻满佛经，当然亦非"石窟大寺"；七是涉县林旺石窟，仅有一个小窟；八是鼓山石窟，而能称得上"石窟大寺"的，也只有鼓山石窟，即北响堂寺石窟，鼓山石窟始凿于东魏末至北齐初年，而且其中的大佛洞，即第 9 号窟面宽12.5、进深 13.3、高 12.5 米，中心塔柱式塔庙式窟，是北齐时代规模最大的洞窟，而且是北齐最具代表性的石窟建筑。此大窟之南的一窟名为"释迦洞"，即中洞、第 4 号窟，面宽 7.8、时深 7.1 米，为中心柱塔庙式窟。最南边的大窟为刻经洞，编号为 3 号，窟内为前廊后室三壁三龛佛殿式窟，窟外三面与一号窟合成为覆钵塔形。此窟内外镌刻有佛经，窟内前壁有《无量义经·往行品第一》，廊内和窟外有北齐唐邕于天统四年到武平三年（568~572 年）写的佛经：《维摩诘》、《弥勒成佛经》、《胜鬘经》、《李经》及《无量寿经》、《佛名经》、《大涅槃经》等。三个大窟的凿窟纪事碑均未镌刻文字，北齐就灭亡了。石窟的西山麓有常乐寺遗址及位于寺右前方的塔，在《续高僧传》中记此塔为"仁寿下勅，令置塔于慈州之石窟寺，寺即齐文宣帝所立也，大窟像北文宣帝陵藏中，诸雕刻骇动人鬼"。在《齐邺下大庄严寺释园通传十四》中记，园通曾住"鼓山石窟寺"。唐邕写经记碑中，此寺名为"石窟寺"。山下常乐寺金正隆年碑亦称"初名石窟寺"。所以北齐时即称石窟寺，而且是北齐邺都近邑规模最大的石窟寺。所以鼓山北响堂寺石窟，即僧稠兼任的"石窟大寺"主的大寺，也就是说邯郸市峰峰矿区鼓山北响堂寺石窟的首任"石窟大寺主"，即僧稠禅师首任"大石窟寺主"（图一）。

图一　邯郸市峰峰矿区鼓山石窟寺远眺

　　小南海僧稠窟，在安阳市西南 25 里的善应乡，这里北依龟盖山，南临洹水，风景优美，名曰"小南海"。这里共有三个小窟：其中的中窟，面宽 1.19、进深 1.34、高 1.78 米，窟门为拱形门楣，楣端为两只四首金翅鸟，楣间为两条青龙，中为两龙伸爪作抓火焰宝珠"戏珠"状。窟门外额及右侧镌刻《方法师缕石斑经记》和《华严经偈赞》及《大般涅槃经·圣行品》（图二），为秀美的北齐隶书："大齐天保元年，灵山寺僧方法师、故云阳公子林等，率诸邑人，刊此岩窟，发像真容。至六年中国师大德稠禅师，重莹修成，相好斯备，方欲刊记金言，光流末季，但运感将移，暨乾明元年岁次庚辰，於云门帝寺奄从迁化。众等仰惟先师依准观法……"其后是方法师等众弟子为稠禅师所镌刻的经文。从此记可知早在北齐天保二年（551 年）僧稠，应诏到邺都之前的一年，方法师故云阳公子等已在此地为僧稠雕凿此小窟了，可见稠禅师之影响，如唐道宣评之曰："高齐河北，独盛僧稠"之所评极是。到天保六年（555 年），僧稠到此重营修成此窟，正准备镌刻经文时，便坐化于云门寺了。众弟子林等"仰惟先师依准观法，遂镂石班经，传之不朽"。追慕先师遗德，镌刻了开凿石窟目的和纪年的《华严经偈赞》、《大涅槃经·圣行品》佛经节文等，而这些经文，正是稠禅师极力推广的《大涅槃经·圣行品四念处法》。窟内略呈方形，顶为覆斗形藻井，饰莲花图案。北（正）壁为一佛二菩萨造像、佛背光上有火焰，及姿态飘逸的伎乐，两侧镌佛名，东西各有菩萨、供养比丘，其中右下站立的比丘，身着圆领宽袖大衣，足穿圆口僧鞋，身背侧雕一支大叶纹莲蓬和并镌刻楷书六字"比丘僧稠供养"，这是邺地石窟中唯一带"榜题"名字的僧稠浮雕像（图三）。

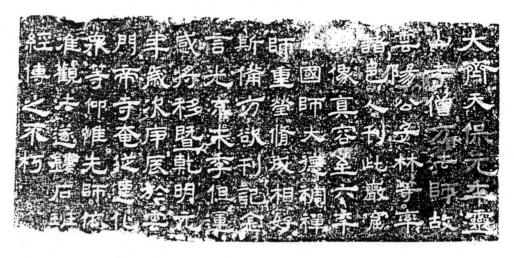

图二　河南安阳市小南海僧稠窟窟额镌刻佛经题记（局部）拓片

　　定晋岩禅果寺道院，僧稠禅师在东魏初年，从洛阳地区迁入邺都近邑后，后来到北洺河流域的武安市西北八十里（今活水乡寺沟村）的定晋岩禅果寺。从现存的后唐天成四年（926 年）碑——《磁州武安县定晋山重修古定晋禅院千佛邑碑》记中可知：因僧稠禅师在此寺坐禅行道，有"法衣挂树"、"解斗二虎"等故事，故号"稠禅师之寺"，后又改为"定晋禅院"，还记有"禅定石窟"发现过程。在后唐庄宗李存勖的同光元年（923年），开始动工修复，一天原禅窟之门忽然自开，"昔日禅定石窟一所，□塞无纵，忽然自开，收得道具数件，乃是稠禅师高僧所用之物也，有梯一条，邻高百尺，倚于岩下，莫知年载，有坐禅棚一所，出于峻壁之中，下去地一十五丈，于同光三年九月十日，特然修换，材木皆新，棚上有阿弥陁佛一尊、圣僧坐椅子一支、盖一顶……滏阳西面，古迹重兴，云岭岩前，金园再建……掩莲宫之郁郁。稠禅解斗之虎窠穴，仍多贤良造化之基……大唐天成四年岁次己丑九月九日建"[14]。此碑正书，后唐天成四年（926年）建，碑高八尺，宽三尺半，每行七十二字，共三十六行，"书体遒劲，为晚唐伟制"，在"定晋岩禅果寺道院北壁"，明正德十年（1515年）寺火，此碑焚过，碑额、碑身尤甚，碑身字迹残损大半，"殊堪惋惜"。此碑中记此寺为"黄初三年高欢帝所造"、"旧志谓定晋禅院，为魏黄兴二年建"。考寺中多稠禅师遗迹，东魏初年，僧稠禅师随由洛阳40万军民迁邺，先后在漳、滏等地行道坐禅，兴和年间在武安定晋山修禅，碑文中记有僧稠故事多处："其僧将法衣往树欲挂，其树忽尔开而集之，俨然掩合神力弥缝……因其树号稠禅师之寺焉，又改为定晋禅院。禅室山嵩、雄

图三　小南海中窟僧稠窟的"比丘僧稠供养"浮雕像和"榜题"拓片

高雄邃，龙池虎穴。左之右之……稠禅解斗之虎窠穴。"有"禅定石窟"、"解斗虎之窠穴"、"法衣挂树"等故事，故号"稠禅师之寺"，后又改为"定晋禅院"。故《武安县志》和此唐碑文所说的"黄初三年高欢帝所造"、"为魏黄兴二年建"等文字有误，当是南北朝时期的东魏兴和三年（541年）建。

僧稠禅窟，在"稠禅师之寺"北崖下有"禅定石窟"。虽在明正德十年（1515年）寺遭火灾，建筑焚毁，但禅室在寺院西部半山腰山崖，保存较好。禅室内为方形，进深、宽70厘米，壁上有壁画等。

虎穴，即"解斗虎之窠穴"的老虎洞，在禅定石窟山梁后，相距十余米，是一自然山洞，尚残存两只泥塑卧虎残迹。当地传说，这两只老虎，即稠禅师解斗者，此后一直追随禅师左右，特别是禅师坐禅时，这两只老虎从虎穴走来守卫在禅窟门两侧。

白地黑绘僧稠解斗二虎图长方枕，磁州窑是我国著名的民间瓷窑，其中最具代表性的是漳河流域的观台窑。磁州窑从北朝末期始烧青瓷，盛于宋金，直到现在仍未停

窑火。生产民间瓷器，其瓷器以装饰艺术尤为突出，装饰内容多自民间喜闻乐见的形式，如花鸟虫鱼、山水野景、乡俗童戏，有的还书写唐诗、宋词、元曲、吉语等，尤其珍贵的是绘饰民间传说、历史故事、佛道故事、元杂剧内容，如白地黑绘僧稠解斗二虎图长方枕，就是其中的代表。这一僧稠解斗二虎故事，仅在邯郸市发现3件：金代枕1件和元代枕2件，说明绘此内容的枕销路好，也反映出僧稠禅师故事在磁州一带金元时期广泛流传的史实，而从观台窑址逆漳河而上仅距"稠禅师之寺"二里许，说明唐道宣"高齐河北，独盛僧稠"的评价不虚。而绘僧稠解斗二虎这一内容的长方枕，已发现的三件为：

（1）白地黑绘僧稠降虎图长方形枕，邯郸市峰峰矿区文保所存，矿区临水村金代墓出土，枕面绘僧稠降虎图，枕底面有竖式上有荷叶、下有荷花的竖式"张家造"窑戳。同墓还出土宋治平、元丰通宝币等。从枕造型、纹饰、窑戳分析也是金代枕（图四）。

图四　观台窑白地黑绘僧稠降虎长方枕及"张家造"窑戳拓片

（2）白地黑绘僧稠降虎图长方枕，1981年峰峰矿区彭城新剧场工地发掘元墓出土，现邯郸市博物馆展出，枕底有竖式上有荷叶、下有荷花"古相张家造"窑戳，时代为元代。

（3）白地黑绘僧稠降虎图长方枕，磁县文保所存，1998年磁县元代墓出土，同墓伴出的有典型的元代碗、盘和书"招财利市"文小梅瓶等，因枕底残未见窑戳。

以上三件白地黑绘长方枕，枕面均绘有僧稠降虎图，绘一高僧人着袈裟，以手中禅杖将两只正在撕咬的老虎隔开，僧人正向老虎讲说着什么，二虎一只低头听讲，一只注目而望。从画面上分析，当是北齐大德禅师僧稠解斗收降二虎的故事。故事讲僧稠禅师正在山中行走，遇见二只老虎正在撕咬，僧人将禅杖往二虎中间一横，并向二虎讲经，二虎低来驯服，从此跟随僧稠禅师左右至终。枕底有"张家造"或"古相张家造"窑戳，这种窑戳均是漳河之滨观台窑金元时代所产瓷枕上常用的。其中僧稠收降二虎和"法衣挂树"等故事，当是其流传的故事之一。磁州窑匠师们将民间喜闻乐见的故事绘于自己产品之上，说明这内容的瓷枕好销，也说明金元时代的人们喜欢这一内容，已发现"僧稠降虎"故事内容枕就有3件。另一历史故事"赵汴入蜀"枕，即以一琴一鹤清官赵汴故事为内容的瓷枕，已发现 4 件。此外三国故事"三顾茅庐"、水浒传故事"李逵负荆"、西游记"唐僧西天取经"故事、隋唐尉迟恭"单鞭救驾"、神话故事"柳毅传书"、"白娘子盗仙草"等等，均是磁州窑瓷枕上常见的绘画内容。

三、大论师道凭法师

道凭法师，是北魏末北齐初年著名的大论法师，据《续高僧传》卷第八、《齐邺西宝山寺释道凭》："道凭，俗姓韩，平恩人，十二出家，投贵乡邵寺。初诵《维摩经》，自惟历览，日计四千四百言，一闻无忘，乃通数部，后学《涅槃》……复寻《成实》，初听半文，便竖大意，聪明之誉，无羡昔人……七夏欲讲《涅槃》……八夏既登遂行禅境，漳、滏、伊、洛，遍讨嘉猷。后于少林寺摄心夏坐……闻（慧）光师弘扬戒本，因往听之……经停十载，声闻渐高。乃辞光，通法弘化，赵魏传灯之美，罕有斯焉。讲《地论》、《涅槃》、《华严》、《四分》；皆览卷便讲，目不寻文，章疏本无，手不举笔而开塞任情，吐纳清爽……故京师语曰：（道）凭师法相，（法）上公文句，一代希宝，斯言信矣……以齐天保十年三月七日，卒于邺城西南宝山寺，春秋七十有二……初凭之处道，弘护居心，经律遽讲，福智双习。骨族血亲，往来顿绝，势贵豪家，全无游止，而乞食自资，少所恒习。袒肩洗净，老而弥固，胫臂无服，生死齐焉。"[15]。道凭大论法师，是平恩人，即今邯郸市曲周县槐桥乡西韩村人。生于北魏太和十二年（488 年），12 岁出家，是东魏末北齐前期的高僧，从师慧光法师，学《四分》律，又以讲经《地论》、《涅槃》诸经而名声邺、洛，与统领魏、齐二代昭玄大统的法上法师齐名，为人们称颂。

道凭法师在邺都近邑留下诸多佛教遗迹，其中最重要的有两处。

东魏道凭石堂，即后称"大留圣窟"，它位于邺城西南，现安阳市西南 30 公里的太行山余脉，岚峰山西麓断崖，距宝山寺（即今灵泉寺）东一华里，坐东向西，进深 4.44、面宽 3.78、通高 3.5 米，窟门及门外、窟内平顶和四壁均无雕饰。这是道凭法师从少林寺回到邺都后，开凿的禅窟"道凭石堂"，当时仅在禅窟门刻有八分书"魏武定四年（546 年）岁在丙寅四月八日，道凭法师"，现已不存，清嘉庆年修的《安阳县志》中曾有此记载。道凭的弟子宋绍圣年《灵裕法师传》碑中称之为"道凭石堂"。现存的该窟名为正书"大留圣窟"，这当是宋代加刻的。其窟内雕的三尊佛像等，是后期雕好后移入的，王继愈先生认为："窟中释迦、阿弥陀、弥勒三尊像，是后代移入的唐代造像。"

北齐道凭法师烧身塔，道凭法师烧身塔，位于安阳市宝山寺西侧半山腰，东距"道凭石堂"不足一公里。有东、西两座石塔，均坐北向南，两塔相距 3.2 米，造型相同，细部稍有差异。由塔顶、塔身、基座三部分组成，以大小方青石垒叠砌成（图五）。西塔通高 1.66 米，塔身高 0.45 米，为整块方石构成，仅在南西雕一佛龛，龛门呈火焰尖拱状，门高 0.31、宽 0.2、进深 0.31 米，塔心龛为正方形，已无造像，塔基

图五　河南安阳市宝山北齐道凭法师烧身塔

下层为方石，长宽均为 1.15、高 0.37 米，塔上层长宽均为 0.91、高 0.38 米，塔顶整体下为斗形基座，上雕成覆钵状，四角有大型山花蕉叶浮雕，钵顶三层相轮上托宝珠，其造型稳固美观。在塔身门额两侧各镌刻一行楷书"大齐河清二年三月十七日"，"宝山寺大论师凭法师烧身塔"。此塔当是道凭法师的烧身墓塔，他出家后"骨族血亲，往来顿绝，势贵豪家全无游止，而乞食自资"。故天保十年卒于宝山寺中，未归葬曲周家乡，四年后才由弟子安葬于寺西山坡此石塔。这种造型的方石塔是我国最早的一例，比山东省隋代方石塔要早 40 年。在西塔之东的石塔，当是另一高僧的烧身塔。从上述道凭法师的两处遗迹，可知早在东魏时，道凭法师的禅学已有相当造诣，并于"武定四年"开凿了禅窟"道凭石堂"，从北齐河清二年（563 年）塔铭文可知道凭是大论法师，他讲经更是开卷便讲，吐纳清爽，解释明了，声名远扬，称曰"凭师法相"，故道凭是北朝禅、戒（律）、慧理并修的高僧。

道凭从师于地论宗师慧光大师，道凭的弟子众多，最著名的有邺人信行，他是三阶教的创始人，河北定州曲阳人。道凭"授灵裕《十地》、《华严》、《涅槃》等经，皆晨夜研究，博寻旧解，阐发新异，众翕然称之"。北齐安东王娄叡造宝山寺，请灵裕居之，"隋开皇九年（589 年），灵裕创建了大住石窟，并在窟外雕造佛像、刻经及神王像等，隋开皇十年（590 年）灵裕在长安为皇帝、后妃授菩萨戒，诏为"国统"，隋炀帝为灵裕重修宝山寺，并改为灵泉"，皇帝之意是"盖取八山之泉，师之字（灵），合以为称，圣意欲存师名之不朽耳"。灵裕建的大住石窟，有三阶教的佛名经及《七阶礼忏文》等三阶教徒镌刻，常诵的忏悔文等，当是三阶教徒后加镌刻的。灵裕于隋大业元年（605 年）正月二十二日，圆寂于演空寺，享年 88 岁，僧腊 73 年。留有经律、疏义、诗颂、杂集百余卷，行于当世。尝制寺十诰，以法御徒。灵裕弟子众多，最著名的有日光寺的法励（邺人，祖籍赵郡李氏），他是《四分律》的相部宗创始人。还有慈润寺惠休、定国寺道昂及昙荣等，"皆以明律习禅一对宗匠，各有别传，以载德业"。现河南安阳市天禧镇灵泉寺址，尚存有宋绍圣元年（1094 年）大碑《隋相州天禧镇宝山灵泉寺传法高僧灵裕法师传并序》，碑记灵裕法师的生平事迹等珍贵史料。

四、信 行 禅 师

信行禅师（540～594 年），魏郡魏州人，即今河北省邯郸市魏县人，俗姓王，从小受虔诚的佛教徒母亲的熏陶，八岁出家，受业于平恩人道凭法师，"履道弘护，识悟偏通，博涉经论，情理遐举"。他勤于思考，重视自身修持，深受北朝末法思想的影响。据"大唐净域寺大德法藏禅师塔铭并序"记："自佛般入涅槃于今千五百年矣，圣人不见，正法陵夷。即有善华月法师……并演三阶。其教未行，咸遭杀戮。有隋信行禅师，与在世造舟为梁，大开普敬，认恶为宗，将药破病之说，撰成数十卷，名曰《三阶集绿》。"这位首演三阶教的善华月法师，显然是被当时主宰佛教教坛的正统佛教僧团反对并杀戮。但是，北朝末法思想的流行是现实的，所以在广大下层僧众和平民中，三阶教思想仍广泛流传。年轻的信行，出生在穷苦的百姓家，生活在动荡苦难的时代，同时又博学经论，勤于思考，因此他深信三阶教，并"从自身做起，严格实践体现大乘利他精神的菩萨行"。他感到自己的比丘身份，对菩萨行不方便，17 岁时于北齐天保七年（556 年）回到法藏寺，舍弃了具足戒身份，从此居于具足戒大僧之下、小沙弥之上，要"亲执劳役"，还实行乞食和日止一食的苦行。在路上行走，逢人便拜，不管僧俗男女，因而遭到不少人的诘问，他借此宣传三阶教义和推行无尽藏及六时礼忏等思想。他依末法思想，解释确立了三阶教义，佛法分三阶：第一阶为大乘根机，佛灭后五百年，居正法时代；第二阶，佛灭后次五百年，属像法时代；第三阶，佛灭千年以后，为末法时代，为世间普通根机，当时正是末法时代，劣时、劣处，戒足具破，必须普敬、普信，即普法是众生唯一得救法门。信行继承了善华月法师创立的三阶教义，并将其发扬光大，身体力行，推行开来。他作为三阶教主，使该教逐渐在邺地确立并传布开来。但直到隋开皇三年（583 年），其同道仅仅有二僧二俗，四人而矣。于开皇七年（587 年）致书相州知事"誓愿舍身命财，直到成佛……此既有助王国，饶益群生，乞为奏闻，赐垂听许"，请求相州知事代向皇帝奏求支持信行所创建的三阶教，又致书原大德禅师僧稠的弟子僧邕"同修正节"，扩大他在邺的势力。隋开皇九年（589 年）皇帝诏信行入京，信行到长安之后，三阶教迅速大发展，创建了化度、光明、慈门、慧目、弘善五座寺院，他还撰写《对根起行杂录》32 卷、《三阶教住别集绿》3 卷，连同前述达 40 余卷[16]。长安其他寺院，虽未纳入三阶教，亦有不少赞成三阶教义而施六时礼、乞食者。信行于开皇十四年（594 年）正月四日，卒于度化寺，俗寿 55 岁，僧夏 47 年，按三阶教规，实行了"林葬法"，即将信行尸体血肉布施给林中禽兽，然后收遗骨起塔于终南山三阶教梗梓谷鹊鸣埠，居士裴玄证为撰塔铭，以后的众弟子亦依法在信行塔附近建塔，最终竟遗百余座塔，就此建立了信行塔院，俗称"百塔寺"。但是信行死后六年，隋开皇二十年（600 年）隋文帝杨坚又下诏禁止三阶教再传。这是因为隋建立统一王朝后，朝廷需要美化本朝的宣传，而三阶教宣传末法时代的劣时、劣处等，与统治阶级思想抵触，也遭到佛教内部正统佛教上层僧侣批判，故而僧俗与统治阶级联合起来，很快三阶教被禁，但仍有活动。唐朝武则天时和唐玄宗李隆基时，又曾多次发布限止和取缔三阶教的诏令，直到唐武宗会昌五年（845 年）下诏灭佛时，三阶教才湮没不传了。

信行被隋朝皇帝诏入京师的前后，在邺都近邑均留下了三阶教的遗迹，如邺西南安阳宝山、河北曲阳少蓉山等。邺西鼓山石窟加刻的三阶教义经文，即鼓山石窟北响堂寺石窟的南堂刻经洞廊柱上所刻三阶教经文，有四根八棱石柱，其上加刻有《二十五佛名经》、《三十佛名经》，特别是南第二柱上镌刻有"如来妙色身，世间无与等，无比不思，是故今敬礼，南无佛……"，此乃三阶教之《七阶礼忏文》偈语，在三阶教徒行忏法时，首先必须诵此偈语。故此廊柱上镌刻经文，当与邺地三阶教有着密切关系。另外，滏山石窟即南响堂寺石窟的第五和第六窟额，有后加刻的四行共 16 大字，是"无常偈"："诸行无常，是生灭法，生灭灭已，寂灭为乐"，当是北朝佛教末法思想的反映，也可能与三阶教有关。

邺城一带是三阶教的发祥之地，安阳宝山今灵泉寺附近存有众多的三阶教遗迹。

大住圣窟：在安阳市灵泉寺，即北朝时的宝山南麓的宝山寺。是隋开皇九年（589 年）灵裕法师开凿，并雕刻佛像、神王、镌刻佛经，开皇十年（590 年）皇帝赐宝山寺名为灵泉寺，后隋文帝诏信行入京师。信行的三阶教在皇帝支持下，在京师发展，而邺地三阶教亦随之得到巨大发展。这时所建的大住圣窟，面宽、进深均为 3.4、高 2.6 米，窟门外雕刻极为精美的"那罗延神王"和"加毗罗神王"浮雕像，窟内三壁各雕三龛佛像：药师佛、阿弥陀佛（又称毗卢舍那佛）、弥勒佛，因受邺地流行的末法思想影响镌刻了《大集经》节文、《胜鬘经》节文、《摩诃罗耶经》，还加刻了三阶教信仰的《五十三佛名经》、《五十五佛名经》、《廿五佛名经》、《无常偈》、《七阶礼忏文》等等，这当是三阶教在邺地的教徒们所镌刻。这些与北响堂寺刻经洞前柱上加刻的《佛名经》、《七阶礼忏文》及河北省曲阳县八会寺所镌刻的《佛名经》、《七阶礼忏文》等相同，这些均是北齐末年至隋代初年三阶教徒六时诵念的忏文和经文，是邺都近邑三阶教的重要遗迹。

安阳宝山的摩崖塔林：在陕西省终南山有信行三阶教的"百塔寺"。据河南省古建研究所在宝山的考古调查，发现在河南安阳宝山和岚峰山存有大量摩崖浮雕、半浮雕塔龛，有的还镌刻有塔铭，其时代为隋到唐宋。摩崖浮雕塔龛、塔铭共有 170 余处[17]，这些不亚于陕西终南山的"百塔寺"。其中有灰身塔、散身塔、碎身塔、烧身塔、灵塔等，记述了法师、禅师、律师、论师等高僧的事迹，其中不少是三阶教的高僧。如相州"慈润寺故灵琛禅师灰身塔"铭，灵琛禅师是灵裕的弟子，在慈润寺灵琛与慧休同寺共修，当是受三阶教影响或三阶教徒。宝山的大云寺"故大德嘉运法师影塔"铭记，嘉运法师，依"慈润寺方天禅师出家，恒以头陀为务，六时礼忏"。这种行头陀和六时礼忏，均是三阶教的标准修行方式。北齐初年出家的涉县籍人，比丘尼僧顺禅师，亦在唐初死后，由其弟子在宝山建有"散身塔"，这是依三阶教规定，教徒死后，将肉身尸体实施"林葬法"，即将尸体放在林野，舍肉身布施给禽兽，仅收余骨而葬，称"散身"或"碎身"，有的先火化而为烧身塔，而这一带聚170余的各种灵塔，其中不少是三阶教高僧，可见邺城宝山一带三阶教的发展情况。这些摩崖塔群，集中建在岚峰山和宝山东西两侧的摩崖山麓，绵延共800余米，十分壮观，其时代是隋代开皇至唐代天宝年间，正如我国古塔建筑专家罗哲文先生在《灵泉寺》序言中评曰："全国塔林很多，凡历史悠久之名刹都有塔林，这里的塔林中的塔，有大有小，但都是立体修造的，像宝山灵泉寺这样用刻浮雕出的塔林，尚属罕见，其数量之多，年代之早，雕刻艺术之精美，也是塔林之仅有。"

八会寺三阶教刻经：在河北省曲阳县城南10公里的少蓉山顶，八会寺遗址，有隋代刻经龛、造像，镌刻佛经及佛名经有《佛说弥勒成佛经》、《佛垂般涅槃略说教戒经》、《妙法莲花经·观世音普门品第廿五》、《现在贤劫千佛名经》、《佛说决定毗尼经》、《佛说佛名经》、《五十三佛名经》、《三十五佛名经》、《二十五佛名》、《七佛名》等，这里的《七佛名》是信行所撰，它包括《十方佛》、《过去七佛》、《贤劫千佛》、《五十三佛》、《二十五佛》，《三十五佛》、《当来下生弥勒佛》等。这些经文及佛名，显然是三阶教教徒早晚六时忏唱的经文及佛名。而曲阳是灵裕法师的故乡，灵裕、信行均是道凭大论师的弟子，灵裕还在邺地宝山开凿了大住圣窟，亦镌刻有众多佛名经，《七阶礼忏文》等，故可知信行创建的三阶教，在河北中北部的曲阳有如此大的影响，当与灵裕法师有一定的关系。

五、僧顺禅师

僧顺禅师（554～639 年），北齐天保五年（554 年）生于韩州涉县，俗姓张，七岁出家，修行 40 余年，近 50 岁时入三阶教，乞食陀头。唐贞观十三年（639 年），卒于邺南宝山光天寺，俗寿 85 岁，僧夏 78 年。四天后，依林葬之法，次年收取舍利，在宝山建散身塔。现存安阳市宝山灵泉寺址东侧一公里的岚峰山西麓摩崖第 47 号塔，是僧顺禅师死后次年"大唐贞观十四年五月廿三日"为僧顺禅师建塔（图六）。因"舍身林葬"血肉布施禽兽"求无上道"，依三阶教规"舍身收骨"建塔（图七）。《光天寺故大比丘尼僧顺禅师散身塔》铭（图八）曰："僧顺禅师者，韩州涉县人也。俗姓张氏，七岁出家，随师听学，遍求诸法四十余年。忽遇当根佛法，认恶椎善，乞食陀头，道场观佛，精懃尽命。呜呼哀哉！春秋八十有五，以贞观十三年二月十八日，卒于光天寺。门徒俱痛，五内为摧，有缘悲慕，无不感动。廿二日送枢于尸陀林所，弟子仅依林葬之法，收取舍利，建塔于名山。乃刊石图形，传之于历代。乃为铭曰：心存认恶，普散

图六　安阳市大比丘尼僧顺禅师散身塔纪年、题纪拓片

图七 安阳市大比丘尼僧顺
禅师散身塔

正宗，息缘观佛，不枸秋冬，头陀苦行，积德销容，舍身林葬，镌石纪功。"僧顺禅师，是继信行禅师之后的、邺都邯郸地区三阶教的又一位高僧，而且是邯郸地区北朝至唐代唯一的大比丘尼禅师，即尼姑禅师。

图八 光天寺故大比丘尼僧顺禅师散身塔铭拓本

六、禅宗二祖慧可禅师

二祖慧可禅师（487～593 年），祖籍河南虎牢人，俗姓姬氏，大半生在邺都近邑修禅传教，死后葬邺东北现成安县二祖村北，他是印度菩提达摩禅宗初祖的入室弟子，在中国佛教禅宗史上称"禅宗二祖"、"东土二祖"、"大师尊者"、"太祖禅师"[18]。他少为儒生时，初名神光，博览诗书，儒学经史，尤精庄老易学玄理。后又览佛经超然自得，遂投龙门香山宝静禅师出家，受戒于永穆寺，精研佛经多年，40 岁时受师指引到少林寺投于达摩禅师，在少林寺留下碧血亭等遗迹，从此奉达摩为师，毕命承旨，从学六载，得法能机缘，达摩为其改法名曰"慧可"，并决定将其作为自己禅宗的继承人，授以禅学精髓及四卷《楞伽经》，嘱曰："我观汉地唯有此经，仁者依行自得度世。"慧可尊师教，认真按此经修炼"观壁"和"四行"。达摩"灭化洛滨"，慧可禅师隐名传教，在道俗信徒要求下，他在黄河沿岸弘化独树一帜的达摩禅法。北魏孝武帝元修西逃长安，永熙三年（534 年）十月十七日，高欢另立元亶之子——11 岁的元善见为皇帝，改元为太平元年，元善见到魏太庙辞拜曰"考龟袭古，迁宅漳滏"。十天后，他令高欢断后，自己率文武百官、京师六坊侍卫及洛阳 40 万户居民，匆忙撤出洛阳，北迁邺城。慧可禅师与大批高僧、法师、僧众在"太平初，迁往新邺"。但慧可禅师在邺弘扬达摩禅法时，遭到有千余弟子的道恒禅师的排挤、迫害，达摩禅法被称为"魔语"，慧可禅师"几其至死"，故流离邺、卫之间，隐行传教。北齐时收僧璨为入室弟子，并传衣钵给僧璨："吾今授汝，汝当守护，无令断绝。听吾偈曰：'本来缘有地，因地种华生，本来无有种，华亦不曾生。'付衣法已，又曰：'汝受吾教，宜处深山，未可行化，恐罹世难'。"在鼓山东麓山沟里尚存僧璨的浮雕像和题记，即水浴寺西窟内左前壁一高僧带领其弟子和供养人礼佛的造像，此像旁边镌刻一行题记："□僧璨供养佛时"七字。其中"璨"字镌刻为俗体字"瓊"。这说明僧璨在武平五年参与了水浴寺西窟的雕凿工作。这是禅宗三祖僧璨仅见的雕像和题记。因水浴寺地处鼓山东麓深处，这说明僧璨是遵照二祖禅师慧可的授意："宜处深山，未可行化。"

慧可禅师一生大部分时间在洛、邺传教，在少林寺虽留有二祖遗迹，但死葬邺东（今成安县二祖村北），在邺地亦留下很多重要遗迹。

二祖寺及其唐、宋碑铭：二祖寺遗址，在今邯郸市成安县城西北 15 公里的商城乡二祖村北，《释氏稽古略·卷第二》中记载二祖慧可禅师"葬磁州滏阳县东北七十里"，唐太宗李世民于贞观十六年（642 年）钦命在安葬慧可禅师处建寺，即二祖寺，唐德宗贞元中，赐寺号为"普觉禅寺"，宋明道二年（1033 年）宋仁宗赵祯赐寺额"广慈禅院"。

二祖塔：据《磁州志》唐开元二十三年（735 年）为奉二祖而在寺院中建二祖舍利塔，为 7 层砖塔，通高 27 米。唐宋均曾多次重修，到民国年间，塔上半段坍塌，仅残存下半段，1966 年地震残塔又裂，村民在拆除残塔砖时，发现有深 3 米、直径 1.5 米的地宫，四周有彩色壁画，在地宫中发现天王、香炉、石棺及其内的小银舍利函及骨灰舍利子、石塔铭等珍贵文物。石棺为长方形，其盖和四周有线刻祥云中的飞天、供养天、卷草纹等图案，及"大宋重建二祖禅师灵感塔记"。石塔铭为碑形，半圆首，已断为两段，通高 0.6、宽 0.3 米，额镌刻"大宋重修塔记"两行、六个楷书大字，为二正、反两面镌刻铭文，正面还镌刻 12 行楷书，满行 35 字（图九）。正面铭文，先追记了唐昭宗

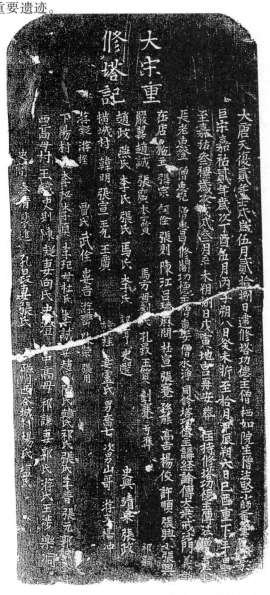

图九　二祖塔地宫出土"大宋重修塔记"塔铭拓本

"天复二年建塔"，后记宋"嘉祐二年"重修此塔的简况，及宋重修塔的功德主姓名：传法僧惠金、长老惠登、惠光、惠冒、修阁功德主僧惠安、僧永净，并有修塔施主姓名，以及修塔工匠、石匠、铁匠、银匠等。宋嘉祐二年（1057 年）重修后，仍将原银舍利函和宋代天王、香炉、石棺、"大宋重修塔记"塔铭等，安放在地宫中。

"文革"中拆塔砖时，石塔铭、石棺等，留存成安，而其他天王、香炉、小银舍利函及骨灰舍利子等珍贵文物，当时由省政府派员收走，现存河北省博物馆。

唐禅宗碑：据 1987 年《邯郸地区文物普查资料汇编》载，此禅宗"一祖菩提达摩大师碑并序"，原在成安县二祖村北的二祖寺遗址龟座，据村民传说"碑头在村东河内"，碑文多泐，碑高 2、宽 1.17、厚 0.3 米，三面镌刻碑文，为禅宗"一祖菩提达摩大师碑并序"。唐元和十二年（817 年）李朝正重刻碑，碑阳正面镌刻梁武帝撰禅宗一代祖师菩提达摩的生平，末行为"大唐元和十二年五月十一日，昭义军监军……上柱国赐紫金鱼袋李朝正重建"，碑阴镌刻"重建禅门一祖菩提达摩大师碑故叙，碑文……昭义军监军……李朝正述……此碑文传天下久矣，未详其本立处，顷日得之，窃觇其人，知梁武帝深达玄旨……梁武帝崩后，菩提达摩，犹行人间……朝正尝颠于熊耳、吴坂再立此碑，屈以我事多，故遂乘本志，今迺就二祖慧可大师塔前建之，用真宗之所由也"。

菩提达摩大师自南天竺（古印度）来中国，为禅宗第一祖，内传心印以为宗，谓意出文字外，外传袈裟以为信，表师贤。"其袈裟授可大师、可授璨、璨授信、信授忍、忍授能"。达摩遗言云："我法至第六代后，传我法者，命如悬丝，故能授受嘱后，犹隐遁人间……"在邯郸仅发现此禅宗"一祖菩提达摩大师碑并序"残碑，故十分珍贵。

二祖说法台与匡教寺：在今邯郸市东南成安县城南郊，又称"南台"，因佛教禅宗二祖慧可在此说法传教，故称之"二祖说法台"，传说原台隋代始建，明嘉靖年重修，四周包饰以砖，台高二丈余，原东、西、北均建有大殿，台上还有阁，内有塑像。直到 1949 年解放前还残存山门、大殿、残阁等，后改建成"成安县革命烈士祠堂"，其烈士祠碑文中有"我县政府奉上级令，改建城南匡教寺为烈士祠堂，此处为古迹名胜之区，今又为烈士享祭之地，所谓人杰地灵兼而有之"，故可知现烈士祠堂址，即当年城南原匡教寺址。当时尚存二通清代碑：一为道光九年（1829 年）"重修匡教寺碑"，青石，通高 1.36、碑宽 0.46、厚 0.16 米，横卧在院址内西侧；另一为清光绪年间"重修匡教寺碑"，已断为两段。院内址东南尚在残土台：即"二祖说法台"旧址的"南台"。在《成安县志》中有凭吊二祖慧可的诗文十余首，明代诗人白南金诗："僧自何年去，台因说法存。凭虚思往事，弗古问空门。草暗传衣地，烟销乞食村。不知龙听否，花雨尚翻盆。"明万历年进士吴维东诗："翟官人，何须怒。姬和尚，偿汝负。刀头左臂雪中身，四大非真久已悟。花悬甘棠剪即休，说法台边漳水流。台西北，水西浒，荒村古塔名二祖。"成安匡教寺遗址，1995 年 8 月 7 日被公布为邯郸市第一批市级文物保护单位。但在《大藏经·释氏稽古略卷第二》中，另有一种记载：北周灭北齐，在北齐境内继续推行其灭佛政策，二祖慧可与同学昙林禅师，为保护经、像，南逃后隐居安徽舒州皖公山一带，收徒传教。"后于筦成县匡救寺山门谭无上道，时有辩和法师者，于寺中讲《涅槃经》，学徒稍稍引去，和愤谤祖，于邑宰翟仲侃，翟罪于祖，祖乃委顺"。慧可禅师回到邺地，不久就坐化，"时年一百七岁，当隋文帝开皇十三年三月十六日也，葬磁州滏阳县东北七十里，唐德宗李适谥曰：太祖禅师"。

《大藏经·释氏稽古略·卷第二》的记载，与县志记载及史迹遗存等，有很多处异同：第一，安徽有筦县匡救寺，二祖慧可在此传教曾受迫害，而邯郸市成安县，有二祖说法台和匡教寺，且有清代"重修匡教寺碑"二通。第二，筦县有匡救寺，成安县有匡教寺，二处均记有辩和法师，均通过邑宰翟仲侃，对二祖进行迫害，这似乎是一事多记，而成安县现有匡教寺遗址和二通重修匡教寺碑，并且已由邯郸市人民政府正式公布为邯郸市市级文物保护单位。不知安徽筦县是否有匡救寺或遗址、碑志等。第三，二处均记"葬磁州滏阳县东北七十里"，如果二祖死于安徽，如何千里迢迢葬于磁州滏阳县东北七十里的成安县二祖村，显然"安徽筦县匡救寺"之说，可能另有其事或是有误。

七、其　　他

（一）北朝高僧

邺地邯郸籍北朝高僧，还有不少，但尚未调查到其更多的史迹，如僧昙、法彦、均为洺州永年人；法励、洪献，均邺人；而宏礼禅师，邯郸人（或曰冀州人）；道璨（宝）法师，武安县（易阳）人等。为将来学者进一步考察研究，现将查到的点滴史迹和资料，简列于下：

僧昙禅师：

洺州永年人，俗姓张，少年出家，通诸经论，北齐时，结友西行求法取经，前达葱岭，路阻不通，又回京师，通梵言音字，并通训诂，隋文帝开皇十年（590年），敕召翻译佛经，后被称以"传译之美"，于大业初终于京师寺。

法励禅师：

邺人，祖籍赵郡李氏，少年出家，曾任邺南日光寺的主持，他是《四分律》的相部宗创始人。

法彦禅师：

洺州永年人，少小出家，天资聪慧，能言善辩，"虽三藏并通，偏以大论驰美，游涉诸法会，僧俗莫敢与之抗言，故齐周及隋，京国通懔，皆畏其神爽英拔也"，隋文帝开皇十六年（596年），下敕法彦为大论众主，大业三年卒于京师真寂寺，春秋60余。

洪献禅师：

邺人，少年出家，住相州大慈寺，后双目失明，仍礼诵为先，朝夕不停。

宏礼禅师：

明嘉靖《太原县志》卷一记，宏礼禅师，在北齐天保七年（556年），在晋阳依山镌阿弥陀佛，"世尊像高百七十尺"，建童子寺，附近僧俗尽来敬礼，且"多显灵异"。又园仁《入唐求法巡礼行记》卷三记："童子寺大象阿弥陀佛十七丈、阔百尺，观世音、大势至各十二丈……"现太原天童山，仍有童子寺大佛遗迹，因大佛坍塌、风化剥蚀，故俗称这里之谓"大肚崖"。

道瓛（宝）法师：

据"司州魏郡易阳人今为武安龙山寺主比丘道瓛（宝）记"碑文记，"此法师名道讳瓛（宝）"，易阳人，即今武安县阳邑镇，东魏时为司州魏郡之易阳县。是目前邯郸最早的东魏造像碑，碑身通高1.39、碑宽0.75、厚0.26米，碑头为九脊歇山顶，出檐较远，存龟趺。1959年文物普查时，碑头、碑座尚全。"文革"中被毁，仅存碑身，碑身正面上部有浮雕殿堂两座，中间站有三人，中部雕一大佛龛，内雕一佛，龛外左右，自上到下雕飞天、力士、菩萨、坐佛。龛下刻两壶门，龛内刻五像，中间高大，两侧有执伞、执扇侍者四人。其他三面均镌刻文字，有方格，为隶书体，正面首行为："大魏武定七年岁次己巳……司州魏郡易阳人今武安龙山寺主比丘道瓛（宝）记"[19]。碑两侧面镌刻"大维那、维那、都维那"等的名字，此碑为东魏孝靖帝武定七年（549年）四月八日立的造像碑。东魏造像碑在邯郸市仅此一通，十分珍贵。虽在缪氏《艺风堂金石目》、胡氏《山右石刻丛编》、顾氏《河朔访古新录》等均有收录，但至今尚未发表过带拓片和照片的文章，十分可惜的是，在20世纪末，此碑被人盗走，至今尚未破案。

（二）北齐高僧

在邯郸一带现存北齐高僧题记有多处。

靖定禅师：

祖籍不明，涉县青泉寺明代重修碑记和《涉县志》卷一载，靖定禅师"苦节峻行，通书史，工诗文，讲最上乘禅"，北齐时主持该寺，在该寺明代重修碑记，现立青泉寺前殿右前侧。

法贵禅师：

祖籍不明，滏山石窟即南响堂寺的第二窟的内后隧道的后壁有一处高僧刻经、造像题记，刻经20行，即《摩诃般若婆罗密经》卷廿七《法尚品第八十九》，一般均认为是隋代镌刻。但经文末有："主比丘惠景供养、比丘法贵供养"，其中主比丘惠景，尚未查到其史料及史迹。而法贵禅师，在《续高僧传卷七靖嵩传》中有如下记载，在北周灭北齐时"周武屏除，释门离溃"，靖嵩"遂与同学法贵、灵侃三百余僧……南达于江左……陈宣帝远揖德音……深可嘉之。宜于都郭大寺安置，所司供给务令周洽。乃令推荐义学长者，即弘像教。时建业僧正，令嵩、贵二人对弘小论，神理疏畅……"，到隋复兴佛教时，"隋开皇十年，靖嵩与灵侃二百许僧，闻机乘济，俱还江北"，而法贵与所百余僧，仍留江南未归，故此品刻经《摩诃般若婆罗密经》卷廿七《法尚品第八十九》，当是法贵禅师南逃前所镌刻[20]。以前诸位学者多认为此刻经误为《修行道地经》，或是认为是隋、唐所镌刻，实际是北周灭北齐之前的北齐末年镌刻《摩诃般若婆罗密经》卷廿七《法尚品第八十九》。

此品经文末有"主比丘惠景供养、比丘法贵供养"，法贵禅师等题纪，因镌刻在刻经文之末和十六佛名之"第九阿弥陀佛"条之下，故也可能与该窟的十六佛名和佛龛造像有关，或时代相近。

定禅师：

祖籍不明，定禅师在鼓山南端滏山石窟的第二窟中心柱右侧，留有"昭玄沙门统定禅师，敬造六十佛"题记，后其前四大字被毁损，现仅残存"门"字以下诸字，其时代当为北齐武平三年（572年）（图一〇）。定禅师是参与该窟部分佛像雕刻工作的，在鼓山中段东麓水浴寺西窟，窟门内左侧镌刻供养人像及题名，其中最前一高僧带领弟子和供养人礼佛浮雕像，最前为首的一高僧像前题有"昭玄大统定禅师供养佛"（图一一），此窟后壁有北齐"武平五年"开窟造像题纪，故该窟时代是武平五年（574年）。此处"昭玄大统定禅师"，与前滏山石窟即南响堂寺石窟第二窟的"昭玄沙门统定禅师，敬造六十佛"中的"定禅师"当为同一人，在武平三年（572年）时，定禅师任昭玄大统之下的"沙门统"，在两年后的武平五

图一〇　邯郸市峰峰矿区滏山石窟第二窟"昭玄沙门统定禅师敬造六十佛"题记拓片

图一一　邯郸市峰峰矿区鼓山东麓水浴寺石窟西窟"昭玄大统定禅师供养佛"浮雕像和"榜题"拓片

年这位"定禅师"已升为"昭玄大统"。北齐天保年间，为全国统管僧籍事务，而设置昭玄寺，以法上禅师为"大统"，"大统"之下，设十统，即"通统"、"沙门统"等。

昙和法师：

昙和法师，是武安县沙门都、木井寺主持，其祖籍尚未查到。该寺始建于东魏，北齐时此村属武安县，今属涉县木井乡木井村，隔南洺河东北三华里，有今武安县阳邑乡北丛井村的东魏龙山寺（亦称龙兴寺）。原木井寺址中发现北齐刻经碑二通：一为武平二年之"七级石浮图观音经碑"，另一为武平四年之"佛垂般涅槃略说教戒经"碑。此"七级石浮图观音经碑"（图一二），其碑座已失，在文物普查时，此碑已用作磨坊柴油机底座，故碑首稍残，但仍可看出是六龙盘绕，龙口

图一二　邯郸市涉县木井寺"七级石浮图观音经碑"碑阴拓本

衔碑侧，雕刻精细，设计巧妙，碑阳额正中雕一龛，内雕一佛二菩萨，但头面均残毁，碑阴额上部用近似油丝线刻一佛龛，内线刻一佛二菩萨站像，下部镌刻阳文篆字三行"七级石浮图观音经碑"九个大字。碑残高 1.76、宽 0.7、厚 0.15 米，四面镌刻文字，除镌刻观音经一品外，碑阴后 14 半文，镌刻偈文及刻此碑的时间、供养人、比丘、法师等，如："观世音经壹卷"，"诸行无常，是生灭法，生灭灭已，寂灭为乐。天上天下无如佛，十方世界亦无比。世界所有我尽见，一切无有如佛者……武安县沙门都，木井寺昙和法师，温凉德性，进止怡神，洲渚仓（苍）生，栋梁三宝。显遗风于四海，赞末道于八方。似地持山，如天覆地。既是护草愍禽之侣，头陀岩薮之徒……敬造七级石浮图一区……此处此塔，众难具道；简神简碑……此寺僧三百余人，精成（诚）勇猛……大齐武平二年太岁在辛卯六月丁丑十五日辛卯造……"。作为木井寺主持的昙和法师，领导该寺僧三百余人，修造了此七级石浮图和此"七级石浮图观音经碑"。现已将碑身和已找到的七级石浮图中四段（级）石残塔等，已迁娲皇宫下马殿集中保护。

这种刻经碑与石塔组合的形式，是北齐新出现的特征，如"七级石浮图观音经碑"，即以碑身镌刻经文，而石塔身另雕刻佛经故事的形式，是以南北朝早期镌刻经文的石塔形式发展而来，如出土于甘肃酒泉、敦煌的众石塔中，有北凉刻经石塔，塔身镌刻《增一阿含经·结禁品》简短经文[21]。时代为北魏统一北方初期的延和三年（434 年），而到北朝末期的北齐武平二年（571 年），将镌原塔上的佛经，集中镌刻在刻经碑上，即"七级石浮图观音经碑"上还镌刻造塔、刻经发愿文、年代等，而北齐的石塔（七级石浮图）则集中雕刻更多的佛经道俗人物故事图等。早期的这种佛塔，是佛教寺院的主体，寺院以塔为中心而设计建造，塔即佛殿，到唐代塔则设计建造于寺旁，而宋代之后塔立于寺后，佛殿建筑成为寺院的主体。而"七级石浮图观音经碑"这种塔与碑相结合出现的形式，是早期刻经石塔发展而来的特殊形式。

八、结　论

通过对上述北朝邯郸籍高僧史迹略考，可从这个侧面，更清楚地看到北朝佛教文化的发展，及其对当时社会历史的影响，可以促进对北朝邯郸佛教高僧重要遗存的进一步研究、考察、保护及旅游文化的发展。我们初步了解以下几点：

（1）北朝佛教文化的大发展。因北朝社会阶级和民族的矛盾，引起的长期的、残酷的战乱，人们生活在极度苦难之中，所以佛教迅猛发展，特别是北齐王朝境内，"属高齐之盛，佛教中兴，都下大寺略计四千，见住僧尼仅将八万"。杜牧诗曰："南朝四百八十寺，多少楼台烟雨中"，而邺都有佛寺 4000 所，北齐境内竟达 4 万座佛寺，这是邺都佛寺空前绝后的数字。《通典卷七食货七·历代盛衰人口》记，周灭齐时，北齐人口为 20 006 880 人，而其境内僧尼竟达 300 万，占北齐总人口的 1/7。若加之信佛教在家的居士等会更多。

（2）出现大批"援儒入佛"的高僧。佛教东传，在北朝佛教有如此大的发展，除上述社会阶级矛盾根本原因外，还有一原因，就是不少儒学人士加入佛教，这促进了这个时代佛教更大的发展。邺都近邑"援儒入佛"的高僧有：昙无最大师，原精通儒学、玄学，儒学底子深厚；僧稠禅师，自幼"孝信知名，勤学世典，备通经史，博学多才，被征为太学博士"；禅宗二祖慧可禅师，少时为儒生，初名神光，博览诗书，儒学经史，尤精庄老易学玄理，成为禅宗二祖后，能以诗文回答弟子、居士的问题；僧昙禅师，少年时通诸经论，北齐时，结友西行求法取经，前达葱岭，路阻不通，又返回京师，他通梵言音字，并通训诂，参与译经而且被誉为"传译之美"；慧光禅师，参与多部佛经的翻译工作。在多次皇帝发起的佛道辩论中，这些"援儒入佛"的高僧发挥了关键作用，如北魏正光元年的昙无最义学大师，在京城与通道观的著名道士姜斌上殿辩论，为佛教赢得了胜利和荣誉，佛教信徒大增。唐道宣在《续高僧传》中称昙无最为"三宝之良将，像法之金汤"。这些高僧不仅大力在民众中宣传教义，而且对以皇帝为代表的统治阶级宣传佛教教义，北齐文宣帝高洋，苦相诏喻僧稠禅师"赴邺教化群生"，僧稠禅师到邺后曾为皇帝、皇后、嫔妃讲禅说戒，为皇帝高洋讲《四念法》、受菩萨戒，他又向皇帝高洋献策："陛下应天顺俗，居宗设化；栋梁三宝，导引四民。康济既临，义无推寄。"即建议高洋皇帝，以佛教来引导四民僧俗。这都促使邺都和北齐佛教空前发展。

（3）北朝高僧与邯郸佛教寺院、石窟。在邺西北武安县北洺河上游，现活水乡口上村的"寺沟"，有定晋岩禅果寺，因东魏兴和三年（541 年）时稠禅师在此建有修禅窟，故曾名"稠禅师之寺"，至今仍可看到建在半山崖上的稠禅师的修禅窟。在邺西南的安阳市宝山，有东魏武定四年的"大留圣窟"、这是曲周籍高僧道凭大论师的修禅窟，与此窟不远，有北齐河清二年（563 年）的大论师道凭的烧身塔。在"邺城西南八十里龙山之阳"，有北齐高洋皇帝为稠禅师勅建的云门帝寺，其寺址在今磁县观台乡西的五合乡漳水左岸，俗称"兴龙山"一带，可惜尚未查到该寺具体位置，滏山石窟有"昭玄沙门统定禅师敬造六十佛"，在水浴寺石窟有"昭玄大统定禅师供养佛"，这是北齐定禅师参与这二座石窟雕造工作的题记。在邺城东的成安县也有不少佛教寺院遗迹，近年由邯郸市文物研究所配合基建考古发掘的寺院遗址中，出土众多汉白玉石造佛像，其中有的石造佛像上有东魏、北齐纪年。并且原成安县衙曾与邺县等县衙共驻邺城之内，成安县为邺都京畿，今成安县二祖村有禅宗二祖慧可的二祖塔遗址，塔东还有二祖"说法台"及匡教寺旧址等。

（4）历史遗迹的回顾与历史文化资源。对邯郸北朝佛教高僧重要遗迹的略考，可促进对其进一步考察、研究、保护及旅游文化的发展。

在邺城及邺都近邑，均有大批佛寺遗迹，曾住过中、外大批北朝高僧。邺城往西，沿邺上都至下都晋阳，即今太原市，有一系列的著名北朝佛教遗迹：鼓山南端往北有竹林寺遗址、滏山石窟、水浴寺石窟，鼓山石窟和常乐寺；再往西行有东魏时建寺的现武安县北丛井村的龙山寺（后改为隆兴寺）遗址；往西有始建于东魏、北齐时代的木井乡木井寺。而在武安县北洺河，有东魏时定晋岩禅果寺，曾名"稠禅师之寺"。沿清漳河到涉县索堡乡有著名的中皇山石窟，这里有北齐时我国最大的佛教摩崖诸经：镌刻 58 400 字的《十地经》、和残存 36 900 字的《思益梵天所问经》、32 100 字的《深密解脱经》及《盂兰盆经》四部佛经和二部佛经节文，总计 13 万余字。其中有我国北齐时代唯一的《十地经》摩崖刻经，早在 20 世纪 30 年代就被范鼎铭先生誉为："极宇内之大观"。由中皇山石窟往西进入今山西境内，有北齐童子寺遗址等等。

通过对这些邯郸北朝高僧史迹的考察，可以认识到，古邺地拥有内涵极为深邃的历史文化资源。邺都近邑是一个北朝佛教历史文化的露天博物馆，而从邺城西行至晋阳（太原），是一条文化底蕴极为深厚、内容极为生动的北朝佛教历史文化长廊。可以对这段北朝历史作进一步的考查、研究，可以更翔实、更具体地认识古邺地悠长的北朝佛教文化史和底蕴极为深厚的文化旅游资源。

注　释

[1]　西晋永兴元年（304 年）王浚攻打邺城，杀人无数。但比起十六国时冉闵杀人，当是小乌见大乌。据《晋书·石季龙载记》载："闵躬率赵人诛诸胡羯，无贵、贱、男、女、少、长皆斩之，死者二十余万，尸诸城外，悉为野犬、豺狼所食。屯据四方者，所在承闵书诛之，于时高鼻多须至有滥死者半。"又"冉闵杀胡，无少长悉坑灭之，晋人之类胡者，往往滥死"，城破"城中数万人一时被坑……"

[2]　温玉成：《河南浚县大伾山大弥勒佛考》，《中原文物》1987 年 2 期。

[3]　《大正新修·大藏经》五十卷，史传部二；《续高僧传》卷十六《齐邺西龙山云门寺释僧稠传八》。

[4]　《续高僧传·隋彭城崇圣道场释靖嵩传》。

[5]　《大正新修·大藏经》五十卷，史传部一《佛祖历代通载卷第十》。

[6]　同 [3]；《续高僧传》卷二十三《魏洛都融觉寺释昙无最传一》。

[7]　李昉：《太平广记·异僧·僧稠传》。

[8]　同 [3]；《续高僧传》卷十六《齐邺西龙山云门寺释僧稠传八》。

[9]　《敦煌藏经卷·唐代"僧稠禅师解虎赞"卷子》。

[10]　河南省古建研究所杨宝顺：《安阳灵泉寺石窟及小南海石窟》，《文物》1988 年 4 期。

[11]　同 [3]；《续高僧传·齐邺西龙山云门寺释僧稠传八》。

[12]　丁明夷：《北朝佛佛教史的重要补正——安阳三处石窟的造像题材》《文物》1988 年 4 期。

[13]　《中原文物》1987 年 4 期。

[14]　《武安县志》卷十三《金石志》后唐《磁州武安县定晋山重修古定晋禅院千佛碑》文。

[15]　《续高僧传》卷八《齐邺西宝山寺释道凭传四》。

[16]　《续高僧传》卷十六《隋京师真寂寺释信行传二十二》。

［17］　杨宝顺：《河南安阳灵泉寺石窟及小南海石窟》，《中原文物》1988 年 4 期。

［18］　《大正新修·大藏经》五十卷，史传部一《释氏稽古略》卷二，"二祖慧可大师尊者"条。

［19］　《武安县志·金石志》，《龙山寺比丘道宝造像碑》录文。

［20］　同［5］，《续高僧传·隋彭城崇圣道场释靖嵩传卷第十》。

［21］　王毅：《北凉石塔》，《文物参考资料丛刊》1977 年 1 期；殷光明：《敦煌市博物馆藏三件北凉石塔》，《文物》1991 年 11 期。

东魏北齐时期的邺城佛教研究

何利群[*]

东汉以降，邺以其"旁极齐秦，结凑冀道，开胸殷卫，跨蹑燕赵"[1]而号称"天下腰膂"，曹魏、后赵、冉魏、前燕、东魏、北齐先后在此定都，邺城一度成为中原北方地区的政治、经济、文化中心。出于当时的社会历史背景及统治阶层的大力提倡，东汉早期传入中原地区的佛教在邺城得以充分发展，并在东魏北齐时期达到顶峰，上承北魏传统，下启隋唐宗派，在中国佛教史上占据着极其重要的地位。

一、东魏北齐邺城佛教的发展状况

（一）邺城佛教传承与东魏迁邺

有史可证邺城佛教初兴始于后赵时期，西域高僧佛图澄居功至伟，由于他在后赵皇室的尊崇地位，"中州胡晋略皆奉佛"，邺都城内官宦富族也多有建寺起塔之举[2]，中土名僧道安、法果、法雅、法汰、法和、僧朗等先后受教于佛图澄，邺城佛学此时已隐然成形。后屡经战乱，徒众分散，佛法传承事迹虽未彰显，但邺城作为河北佛法重镇的地位无可置疑。东晋孝武帝时，西域沙门鸠摩罗佛提在邺寺出《四阿鋡暮抄经》二卷[3]。北魏统一中原北方地区后，皇室也曾多次在邺剃度僧尼，兴建寺院[4]。

534 年，北魏分裂，东魏权臣高欢挟持孝静帝迁都邺城，"诏下三日，车驾便发，户四十万狼狈就道"[5]。此次东迁人口众多，除官僚世族和士卒百姓外，洛阳城内大量的僧尼也在随迁之列，《洛阳伽蓝记》载："暨永熙多难，皇舆迁邺，诸寺僧尼亦与时徙。"[6]北魏末年活跃于洛阳译场的天竺僧人菩提流支、勒那摩提、佛陀扇多、瞿昙般若流支等随之东迁，而游学于洛阳的中土名僧如慧（惠）光、僧稠、僧范、道凭、法上等也先后应诏赴邺，邺下佛教由此大盛。

（二）皇室重臣对佛教的信仰及邺城佛学的发展

东魏北齐继承了北魏以来佞佛之风，上起帝王将相，下迄平民百姓无不倾心礼佛。东魏迁都不久，因百姓在城内擅自舍宅立寺太盛，而不得不下令检括禁断，并令"天

---

* 何利群，男，1971 年生，新疆乌鲁木齐人。1993 年毕业于西北大学考古专业，2001 年于北京大学研究生院毕业，获硕士学位。现为中国社会科学院考古研究所汉唐研究室助理研究员。从事邺城考古工作和中国佛教考古学研究。

下牧守令长，悉不听造寺"，而时过不久孝静帝即"诏以邺城旧宫为天平寺"[7]，大丞相高澄府第则有译经之举[8]。北齐各帝崇佛尤盛，据文献记载：文宣帝高洋先从僧稠禅师受菩萨戒，又奉昭玄大统法上为戒师，断天下屠杀，劝民斋戒，在全国大起寺塔，剃度僧尼，十年之间佛法盛行天下。孝昭帝高演奉教甚敬，凡度僧尼三千多人，为先皇写一切经一十二藏。武成帝高湛大营寺塔，广施檀财[9]。后主高纬不仅将邺城旧宫施与寺院，还改并州尚书省为大基圣寺，晋祠为大崇皇寺，另"凿晋阳西山为大佛像，一夜燃油万盆，光照宫内"[10]。

后宫嫔妃亦多奉佛，东魏孝静帝之后、高欢女太原公主曾出家为尼[11]，北齐文宣后李氏"性爱佛法"，后为孝昭帝所迫，于妙胜寺出家为尼，武成后胡氏"自武成崩后，数出诣佛寺"，后主后斛律氏被废后，也曾一度出家为尼[12]。

北朝晚期，禅理并重，义学渐盛，讲学之风盛极一时，名僧大德举办法会时往往从者百千，听众无数。慧光、道凭、法上、慧（惠）远等高僧纷纷开办道场、辩经说法，《续高僧传》卷十五论曰："逮于北邺最称光大，移都兹始基构极繁。而兼创道场殄绝魔网，故使英俊林蒸业正云会。每法筵一建听侣千余。慧光道凭蹑迹通轨，法融慧远顾视争衡。然而开剖章途解散词义，并推光统以为言先。"皇室重臣常奉当时名僧为戒师，并延请主持法筵，"（武定）六年四月八日，魏帝集名僧于显阳殿讲说佛理，（杜）弼与吏部尚书杨愔、中书令邢邵、秘书监魏收等并侍法筵"[13]。

齐武平年间，释彦琮"道张汾朔，名布通儒。"齐后西幸晋阳时，曾请释彦琮入宣德殿主讲仁王经，"国统僧都用为承奉，听徒二百，并是英髦。帝亲临御筵，文武咸侍。皇太后及以六宫同升法会"[14]。

皇室如此，诸王大臣更是不胜枚举，兹举一二如下：

"释僧范，……乃出游开化，利安齐魏，每法筵一举，听众千余。……尝有胶州刺史杜弼，于邺显义寺请范（僧范）冬讲……"[15]

"释昙隐，……超步京邺，北悟燕赵，定州刺史侯景敬若神仙，为之造寺延住供给。末还漳滨阐扬斯教，……侯景又于邺东为造大衍寺，重引处之，弘播戒宗，五众师仰……"[16]

"释真玉，……后乡邑大集盛兴斋讲。……齐天保年中，文宣皇帝盛弘讲席，海内髦彦咸聚天平，于时义学星罗，跨轹相架。"[17]

"释灵裕，……邺下擅名，遐迩驰誉……会齐后染患，愿讲华严，昭玄诸统举裕以当法主。……齐安东王楼（娄）睿，致敬诸僧次至裕前，……即奉为戒师。"[18]

"释靖嵩，……及登冠受具，南游漳辇……独步河山舟航三藏，……齐琅耶王深相器重，弘扇风猷，每于肇春广延学侣，大集邺都，特开法座，奉嵩为法主。"[19]

北魏末年因战乱而一度呈现颓势的佛教在北齐一代迅速复苏，"属高齐之盛佛教中兴，都下大寺略计四千，见住僧尼仅将八万，讲席相距二百有余，在众常听出过一万，故宇内英杰咸归厥邦"[20]。邺城已取代洛阳成为中原北方地区的佛教文化中心，海内外名僧大德驻锡于邺，开坛授经，四方游学之士，纷至沓来。天竺僧人月婆首那、毗目智仙、那连提耶舍先后来邺译经传法。北齐昭玄大统法上声播域外，"致有高句丽国大丞相王高德，乃深怀正法，崇重大乘，欲播此释风被于海曲，……故具录事条，遣僧向邺，启所未闻事"[21]。而后主也曾命通四夷语的刘世清翻译《涅槃经》，以遗突厥可汗[22]。

与南朝的交流也常见于文献记载，如北齐僧达精通地论，梁武帝萧衍慕名召请，"引入重云殿，自昼通夜传所未闻。连席七宵，帝叹嘉瑞。因从受戒，誓为弟子。下敕住同泰寺，隆礼供奉"[23]。南朝摄山三论大师僧诠高徒慧布曾于邺城求法问经，并托还江东广为传讲，《续高僧传》载："（慧布）末游北邺更涉未闻，于（慧）可禅师所暂通名见。……乃纵心诸席备见宗领，周览文义并具胸襟。又写章疏六驮，负还江表，并遗朗公令其讲说。因有遗漏重往齐国，广写所阙赍还付朗。"[24]而智闰本襄阳人，闻邺下盛宗佛法，遂北上师从慧光等学四分地论，后"又闻江表大弘三论，既是本愿，不远而归。"[25]此外，北齐灭亡后，大量南迁的僧人在客观上也极大地促进了南北方的佛教文化交流。

这一时期的高僧还常涉经史，其中不乏出自儒学名门，如"释道宠，姓张，俗名为宾。高齐元魏之际，国学大儒雄安生者，连邦所重，时有李范张宾，齐镳安席，才艺所指莫不归宗"[26]，道宠僧范后入佛门，各为地论南北道大师。作为文宣国师的僧稠出家前"勤学世典备通经史，征为太常博士，讲解坟索，声盖朝廷"[27]，而士大夫精通义理者也不在少数，大臣杜弼学贯儒佛，曾注《老子》，魏孝静帝举办法会时"敕弼升师子座，当众敷演。昭玄都僧达及僧道顺并缁林之英，问难锋至，往复数十番，莫有能屈"[28]。李同轨学综诸经，兼读释氏，为高欢诸子授业，曾出使南朝，"梁武深耽释学，遂集名僧于其爱敬、同泰二寺，讲《涅槃大品经》，引同轨豫席，兼遣其朝士并共观听，同轨论难久之，道俗咸以为善"[29]。各种思想的汇聚与交融改变了北朝早期以来的北方重修行而南方重义理的格局，使得北方佛学发展到了一个更高的阶段。

（三）佛寺数量规模及僧尼人数等方面反映佛教信仰之盛

有齐一代佛教全盛时，境内寺塔林立，僧尼总数超过二百万人，《历代三宝记》载："（高洋）受东魏禅称齐，仍即都邺。……遣道士剃头，未从者遂戮。沙门二百余万，寺塔出三十千。"[30]《法苑珠林》亦载："高齐六君二十八载，皇家立寺四十三所，译经一十四部，度人与魏相接（二百余万）。"[31]据上引《释靖嵩传》，仅邺城范围内就有大寺四千，僧尼八万。按北周平齐后的人口统计，北齐境内户三百三十余万，口二千余万[32]，而僧尼数占总数的十分之一强，佞佛之风由此可见一斑。东魏僧制大体沿袭北魏，僧传中散见有僧都、国统之职。北齐特设昭玄寺，掌管佛教事务，设置大统一人，统一人，都维那三人，另有功曹、主簿员等，负责诸州郡县沙门曹[33]。大统法上在"故魏齐二代历为统师，昭玄一曹纯掌僧录，令史员置五十余人，所部僧尼二百余万，而上统领将四十年。道俗欢愉朝廷胥悦，所以四方诸寺咸禀成风"[34]。

查诸文献，邺城周围东魏北齐时期的寺院有二十余座，方位、沿革大多语焉不详，兹录于下，仅供参考[35]：

白马寺　传为后赵时佛图澄所建，位于邺北城，北齐时进行过修缮[36]。

大觉寺　北魏孝明帝始建于邺下[37]。《续高僧传》载东魏国僧统慧光、名僧僧范及律学大师昙隐均终于此寺。

般舟寺[38]　始建年代及方位不详。东魏天平二年（535 年），由洛阳迁邺的天竺僧菩提流支在此翻译佛经。

昌定寺　或作定昌寺，东魏兴和四年（542 年），中天竺瞿昙般若流支曾在该寺译经[39]。

天平寺　东魏孝静帝兴和二年（540 年）春，以邺城内旧宫改建[40]。东魏时由洛阳迁邺的天竺僧瞿昙般若流支及北齐时来华的天竺僧那连提耶舍均被安置在该寺译经。天保年间，海内名僧咸聚此寺译经讲学。

金华（花）寺　东魏孝静帝元象初至兴和末年（538～542 年），天竺僧佛陀扇多、瞿昙般若流支、毗目智仙先后在此译经[41]。

文昌寺　东魏孝静帝兴和二年（540 年），"以魏文昌殿名加为寺号，寺僧二百余人，常官供给斋食，齐亡寺废"[42]。其地在曹魏邺北城北宫之中[43]。

定国寺　位于邺下（南）。《太平寰宇记》引《后魏书》云："高丞相以南台为定国寺，作砖浮图极高。"《艺文类聚》卷七十七录有《定国寺碑序》[44]。《续高僧传》记齐帝敕大统法上住相州定国寺，另载慧光弟子道慎后从学法上，文宣帝请为国都，卒于邺下定国寺[45]。

大庄严寺　北齐文宣帝高洋天保九年（558 年）兴建[46]，其地当在邺南城东南[47]。齐隋之际神异僧圆通为该寺僧人，隋代兴善寺主灵翰年少时亦曾投邺下大庄严寺衍法师为弟子[48]。

大总持寺　北齐武成帝高湛河清二年（563 年）五月壬午，"诏以城南双堂闰位之苑，回造大总持寺"[49]。齐侍中崔光之弟、慧光弟子国都慧（惠）顺终于此寺[50]。

大兴圣寺　北齐武成帝高湛河清二年（563 年）秋八月辛丑，"诏以三台宫为大兴圣寺"[51]。三台即为曹魏始建的金虎（后改金凤）、铜雀、冰井台，地处邺北城西墙中部。后主高纬天统二年（566 年）"太上皇帝诏以三台施兴圣寺。……（天统）五年春正月辛亥，诏以金凤等三台未入寺者施大兴圣寺"[52]。

报德寺　文宣帝高洋奉法上为戒师，禁天下屠杀，为太皇太后经营宝塔，废鹰师曹为报德寺[53]。

洪谷寺　文宣帝高洋为僧达在林虑山黄花岭下立洪谷寺，又舍神武帝高欢的旧庙造定寇寺，令其两处居之[54]。僧传中亦有齐僧明琛往严州林虑县洪谷寺请僧的记载。

大衍寺　位于邺东。定州刺史侯景为昙隐所建[55]。

太原公主寺　《相台志》记寺址在彰德府临漳县境，为东魏孝静帝之后太原公主出家之处。《邺都故事》载："天保六年，公主为尼，因置此寺于苑后。周平齐，寺今废。"[56]

妙胜寺　文宣帝高洋后李氏于此寺出家为尼[57]。

净国寺　位于林虑山黄花谷中。昙迁曾隐居于此精研佛理[58]。

广国寺　隋江都安乐寺慧海年少时曾师事邺都广国寺闇法师，听涅槃楞伽[59]。

合水寺　位于邺之西山。法上以所得世利建此山寺，后改修正寺。四事供养百五十僧，因地处偏远，周武灭法时山寺得以幸免[60]。

大慈寺　位于邺城南。北齐后主高纬"为胡昭仪起大慈寺，未成，改为穆皇后大宝林寺，穷极工巧……"[61]《续高僧传》载齐隋时名僧灵裕、洪献曾居此寺。隋代因寺旧址建相州邺县治所[62]。

云门寺　位于邺城西南，文宣帝高洋为禅师僧稠所建。《续高僧传》载："天保三年（552年），又敕于邺城西南八十里龙山之阳，为（稠）构精舍，名云门寺，请以居之，兼为石窟大寺主。"[63]隋唐时期三阶教名僧僧邕曾于此寺从僧稠出家。另安阳小南海石窟为僧稠纪念窟，据中窟窟门上方刊刻的《方法师镂石板经记》载："大齐天保元年（550年），灵山寺僧方法师、故云阳公子林等，率诸邑人刊此岩窟，仿像真容，至六年中，国师大德稠禅师重莹修成，相好斯备，方欲刊记金言，光流末季，但运感将移，暨乾明元年（560年）岁次庚辰，于云门寺奄从迁化。众等仰惟先师，依准观法，遂镂石班经，传之不朽。"[64]

宝山寺　位于邺城西南，北齐安东王娄睿施资，灵裕兴建，入隋改名灵泉寺。天保十年（559年），道凭卒于此寺并留有烧身石塔一对。灵泉寺现存大留圣窟大住圣窟两座石窟，前者为东魏武定四年（546年）创建的道凭石堂，后者为隋开皇九年（589年），灵裕所建金刚性力住持那罗延窟[65]。

雀离佛院　位于邺西华林园（苑）[66]。北齐赵郡王高睿被害于此寺，"（睿）出至永巷，遇兵被执，送华林园，于雀离佛院令刘桃枝拉而杀之，时年三十六"[67]。

鼓山石窟寺　位于邺城西北，即今之北响堂石窟。石窟南洞外有北齐《晋昌郡公唐邕刻经记》云："……于鼓山石窟之所，写《维摩诘经》一部，《胜鬘经》一部，《孛经》一部，《弥勒成佛经》一部。起天统四年（568年）三月一日，尽武平三年（572年）岁次壬辰王月廿八日。……"[68]《续高僧传》多次提及鼓山石窟寺，并有因山寺僧少而减庄严、定国、兴圣、总持等官寺僧人轮番来此夏居的记载[69]。

滏山石窟寺　位于邺城西北，即今之南响堂石窟。北齐末年灵化寺僧人慧义始凿，淮阴王高阿那肱资助而成。第2号窟外现存隋僧道净所撰《滏山石窟之碑》，文曰："……有灵化寺比丘慧义，仰惟至德，俯念巅危。于齐国天统元年（565年）乙酉之岁，斩此石山，兴建图庙。时有国大丞相淮阴王高阿那肱，翼帝出京，憩驾于此，因观草创，遂发大心，广舍珍爱之财，开此口口之窟。……功成未几，武帝东并，扫荡塔寺，寻纵破毁。"[70]

（四）周武灭佛与邺城佛教中心的终结

北朝末年，佛道之徒几半于天下，百万之众未免良莠不齐，部分僧人依托官势横行不法,上秽宫廷,下欺百姓,僧纲法纪之败坏已成为社会恶疾。后主母胡太后与沙门昙献私通,以献为昭玄统,"置百僧于内殿,托以听讲,日夜与昙献寝处"[71]。僧传中亦有官寺放马食民生苗,田主遮护几被打死的记载。北齐一代虽有皇室百般佑护,社会上反佛之声仍有不少。刘昼论佛实为疫胎之鬼,而非圣人[72]。李公绪认为佛教徒损六亲,舍礼义,弃华即戎,儒林学士章仇子陁于武平年中上疏斥:"自魏晋以来,胡妖乱华。背君叛父,不妻不夫。而奸荡奢侈,控御威福。坐受加敬,轻欺士俗。妃主昼入僧房,子弟夜宿尼室。"[73]语锋直指皇室之短,后主震怒,将其禁锢经年,至齐亡始出。

而释老之学泛滥最严重的后果是国家编民大量隐匿,造成赋役不足、国用不济。同时寺院又侵占大量田产和财富,"崇重佛法造制穷极,凡厥良沃悉为僧有,倾竭府藏充佛福田"[74],使得社会矛盾日益激化。文宣帝高洋意识到这一问题,在《议沙汰释李诏》中称:"……馆舍盈于山薮,伽蓝遍于州郡。……乃有缁衣之众,参半于平俗,黄服之徒,数过于正户。所以国给为此不充,王用因兹取乏。欲择其正道,蠲其左术。一则有润邦家,二则无惑群品。……"[75]故尔一度考虑淘汰僧尼,但终因积重难返而无所建树。

北周武帝宇文邕深知民富兵强为立国之根本,认为释老之学悖逆不孝,虚耗国力,于建德三年(574年)"初断佛、道二教,经像悉毁,罢沙门、道士,并令还民。并禁诸淫祀,礼典所不载者,尽除之"[76]。建德六年(577年),北周灭北齐,遂将灭佛运动推广到齐境。

"及承光二年春,周氏克齐便行废教,敕前修大德并赴殿集。武帝自升高座,叙废立义。……于时沙门大统法上等五百余人咸以帝为王力,决谏不从,佥各默然。……"虽有名僧慧远挺身力辩,但武帝以"但令百姓得乐,朕何辞地狱诸苦"而决意灭法[77]。

建德法难因周武帝事先深思熟虑,并多次召集三教名流升殿辩论,其意甚决,诏书一下,令行禁止,寺塔经籍毁弃殆尽,数百万僧尼勒令还俗,后世以"至为酷烈"来描述此次灭佛运动。《历代三宝记》载周武之难"毁破前代关山西东数百年来官私所造。一切佛塔,扫地悉尽。融刮圣容,焚烧经典。八州寺庙出四十千,尽赐王公,充为第宅。三方释子减三百万,皆复军民,还归编户"[78]。邺下佛教受到沉重打击,寺塔尽毁,僧徒流徙。据《续高僧传》记载,此时的高僧如法上、灵裕、昙荣及天竺僧人那连提耶舍等均外假俗服,内循正道,慧远、僧邕等躲避山林,而昙迁、靖嵩、宝儒、慧最等大量僧人则南通江东继续弘法[79]。

北周武帝平齐次年即病故,隋国公杨坚逐渐掌握政权。大象二年(580年),相州总管尉迟迥因不满杨坚擅权而据邺起兵,旋被讨平,杨坚为防止邺城的故都地位再被利用,遂"移相州于安阳,其邺城及邑居皆毁废之"[80]。除彻底撤毁邺城的宫室官署民居外,还将州县治所及居民悉数迁移到南面的安阳城,史载"隋文辅政,相州刺史尉迟迥举兵不顺,杨坚令韦孝宽讨迥,平之。乃焚烧邺城,徙其居人,南迁四十五里,以安阳城为相州理所，仍为邺县"[81]。六朝古都经此一劫终成废墟。按周武法难旨在富国强兵，其重点为令僧还俗，没收寺宅田产，并无过分迫害僧人之举。故入隋以后，大法复兴，名僧大德应诏而出，各地佛法再度繁盛，而邺下佛教终落沉寂，究其原因在于杨坚之毁城移民而非武帝灭法所致。

二、邺下译经目录

邺下佛学上承洛阳传统，译经著疏颇为发达，以下以《开元释教录》为主，参校《历代三宝记》、《大唐内典录》及《续高僧传》等相关记载，对东魏北齐时期邺城地区的高僧事迹和译经著疏作一概述。索查经目，在邺译经外国人前后共计六位，均为天竺人。

1. 菩提流支

北天竺僧，北魏永平年间（508～512年）来华，宣武帝敕住洛阳永宁寺，后迁于邺。从北魏永平初年至东魏天平二十余年（534～537年）中，翻译《法集经》、《深密解脱经》、《金刚般若波罗蜜经》及《十地经论》、《法华经论》等凡三十部，一百零一卷。其中天平二年（535年）在邺都般舟寺出经一部二卷[82]：

《文殊师利菩萨问菩提经论》二卷（又名《伽耶山顶经论》）

2. 佛陀扇多

北天竺僧，从北魏正光六年（525年）至东魏元象二年（539年），在洛阳白马寺及邺都金华寺译《如来狮子吼经》等十部十一卷。其中元象二年在金华寺译出六部六卷经[83]：

《十法经》一卷

《无畏德菩萨经》一卷（又名《无畏德女经》）

《银色女经》一卷

《正恭敬经》一卷（又名《威德陀罗尼中说经》或《正法恭敬经》）

《转有经》一卷

《无字宝箧经》一卷

3. 瞿昙般若流支

中天竺波罗奈城婆罗门，北魏孝明帝时流寓洛阳，后随迁入邺，从孝静帝元象元年（538年）至武定元年（543年）在邺城金华昌定二寺及高澄府第译经十八部九十二卷[84]：

《正法念处经》七十卷（兴和元年于高澄府第译出）

《得无垢女经》一卷（又名《无垢女经》，兴和三年译）

《圣善住意天子所问经》三卷（兴和三年于金华寺译）

《无垢优婆夷问经》一卷（兴和四年译）

《金色王经》一卷（兴和四年于金华寺译）

《八部佛名经》一卷（兴和四年于金华寺译）

《毗耶娑问经》二卷（兴和四年于高澄府第译）

《奋迅王问经》二卷（兴和四年于高澄府第译）

《不必定入印经》一卷（兴和四年于高澄府第译）

《第一义法胜经》一卷（兴和四年于高澄府第译）

《一切法高王经》一卷（又名《一切法义王经》，兴和四年于窦太尉定昌寺译）

《顺中论》二卷（武定元年于高澄府第译）

《解脱戒本》一卷（武定元年于高澄府第译）

《唯识论》一卷（又名《破色戒心》或《唯识无境界论》，金华寺译）

《一输卢迦论》一卷（又名《伊迦输卢迦论》，金华寺译）

《菩萨四法经》一卷（金华寺译）

《宝意猫儿经》一卷（金华寺为高仲密译）

《犊子道人问论》一卷（金华寺为高仲密译）

4. 毗目智仙

北天竺乌苌国人，妙闲三藏最善毗昙，与瞿昙般若流支同游魏境。于东魏孝静帝兴和三年（541 年）在邺都金华寺为高仲密译经五部五卷[85]：

《宝髻菩萨四法经论》一卷

《三具足经论》一卷

《转法轮经论》一卷

《业成就论》一卷

《迴诤论》一卷

5. 月婆首那

中天竺优禅尼国王子，于孝静帝元象元年（538 年）至兴和三年（541 年），在邺都司徒公孙胜府第等处译经三部七卷[86]：

《僧伽吒经》四卷（元象元年译）

《摩诃迦叶经》二卷（又名《大迦叶经》或《迦叶经》，兴和三年译）

《频婆娑罗王问佛供养经》一卷（兴和三年译）

6. 那连提（黎）耶舍

北天竺乌场国人，曾周游各国，参礼佛迹。北齐天保七年来到邺城，受到文宣帝高洋的隆重礼遇，初封昭玄都，旋升为统，安置在天平寺请为译经，由昭玄大统法上等二十余人监掌翻译，瞿昙般若流支之子达摩阇那、居士万天懿等参与传语。耶舍在齐时大兴正法弘畅众心，隋开皇初奉诏入长安大兴善寺，前后所译经论凡十五部八十余卷。其中于北齐天保八年（557 年）至天统四年（568 年）在邺都天平寺译经七部五十一卷[87]：

《月灯三昧经》十一卷（天保八年译）

《大悲经》五卷（天保九年译）

《大集须弥藏经》二卷（天保九年译）

《施灯功德经》一卷（天保九年译）

《法胜阿毗昙心论经》六卷（河清二年译）

《大集月藏经》十卷（天统二年译）

《菩萨见宝三昧经》十六卷（天统四年译）

另有居士万天懿，本姓拓拔，北代云中人，世居洛阳，少出家师从婆罗门，擅长梵语梵书及工咒术医方等，应诏参与译经事务，于北齐武成帝高湛河清年间（562～565 年）在邺都自译一部一卷经[88]：

《尊胜菩萨所问经》一卷（又名《入无量门陀罗尼经》）

三、邺下盛行之佛学流派及其谱系传承

邺下佛教全盛之时，硕德云聚，义学星罗。小乘之毗昙、成实，大乘之地论、华严、维摩、法华、净土、涅槃以及禅、律等佛学思想在此融会。北朝末年，各种宗派初露端倪，门户之见尚未见深，一些高僧往往精通数论，大小乘兼习者也屡见不鲜。东魏国僧统慧光既为地论南道宗师，又是律学大师，同时"华严涅槃维摩十地地持等，并疏其奥旨而弘演导"[89]。其弟子北齐昭玄大统法上"乃讲十地地持楞伽（伽）涅槃等部，轮次相续，并著文疏"[90]；僧范"讲华严十地地持维摩胜鬘，各有疏记，复变疏引经制成为论"[91]；僧达"讲华严四分十地地持"[92]；慧顺"初听涅槃，……讲十地地持华严维摩，并立疏记"[93]；道凭初习维摩涅槃，后行禅境，"讲地论涅槃华严四分"[94]；道凭弟子灵裕"专业华严涅槃地论律部……又从安、游、荣等三师听杂心义，嵩、林二师学成实论"，著述颇丰[95]；法上弟子慧远"大小经论普皆博涉"，并习禅律法华维摩，"七夏在邺创讲十地，一举荣问众倾余席，自是长在讲肆，伏听千余"[96]。通过了解这些高僧的诵习修养、谱系事迹可以明确东魏北齐时期邺城地区的佛教流派以及传承。

1. 地论与华严学

邺下宗派最盛者当属地论学派，该派以诵习宣扬《十地经论》著称。按《十地经论》本为世亲菩萨所著，北魏宣武帝永平元年（508 年）由菩提流支在洛阳译出，勒那摩提和佛陀扇多及义学缁儒一千余人参与译事。地论之学初兴于洛阳，后盛于邺下。

由于菩提流支与勒那摩提关于佛性"始有"和"本有"的观点有异，故使所传门下有南北两道，其意义极为深远。正如《续高僧传》所载："初勒那三藏教示三人，房定二士授其心法，慧光一人偏教法律。菩提三藏惟教于宠，宠在道北教牢宜四人，光在道南教凭范十人。故使洛下有南北二途，当现两说自斯始也，四宗五宗亦仍此起。"[97]地论北道为道宠开创，宠出身儒门，后随菩提流支学十地三年，随闻出疏，既而开学，声唱高广，邺下荣推，从学者千余人，知名者有僧休、法继、诞礼、牢宜、儒果等。而南道则以慧光为元匠，光年幼出家，时号"圣沙弥"，博学多才，禅律诸学均大有建树，后从勒那摩提受学。东魏迁邺后慧光出任国僧统，地论之流传以其贡献最大，门下高徒号称"十哲"，道凭、僧范、法上、僧达、慧顺及再传弟子灵裕、慧远、昙迁等并以地论见长，或广为传讲，或立疏记流传于世，同期的梁陈佛学及后世隋唐法相等宗派均或多或少的受到地论学说的影响。

地论学的流传直接导致北方华严学的盛行，由于《十地经论》为《华严经》第六会《十地品》的释论，因而上述地论大师均研习华严。僧范、慧顺、昙衍、昙遵及昙迁、灵裕、慧远各有疏记多卷，不少僧人于齐隋之际或南下江东，或西入长安，邺下华严思想传播甚广。其中以慧光门下昙遵、昙迁、智润一系更与华严祖师智正、智俨有极深的渊源关系，故被视为华严宗师承之缘起[98]。

2. 律学

邺下律学甚为兴盛，大乘菩萨戒以《地持经》为主，自慧光以下，僧范、法上、慧顺、灵裕等均擅讲此经，并各有疏记，灵裕弟子昙荣更以地持为长，"专业律宗经余六载……，偏行大业，故以地持为学先"[99]。而邺下律学最盛者当为四分律，按四分一部，所创虽早但惟据口传，于世无闻。及慧光出道，师从佛陀扇多、勒那摩提等，"博听律部，随闻奉行……，四分一部，草创基兹"[100]。撰《四分律疏》、《大乘义律章》、《仁王七诫》、《僧制十八条》等，并删定《羯磨》戒本，后世僧众咸披诵之。慧光系统昙隐、僧达、道凭、灵裕、法愿等均以四分律部见长，襄阳僧智闰也曾北上从慧光听十地四分。光师门下亦不乏专攻律部者，昙隐先后师从道覆、慧光学律，博采精要，驰名河北，故"邺中语曰：律宗明略，唯有隐乐"[101]。此外，"学士道云，早依师禀。奉光遗令专弘律部，造疏九卷为众所先。……又光门人道晖者，连衡云席。情智傲岸不守方隅，略云所制以为七卷"[102]。后世律之三宗——南山道宣、相部法砺及东塔怀素均出自慧光、道云一系，故慧光又被尊为律宗之祖。

3. 禅及楞伽学

北朝禅学传统深厚，邺下禅僧为数甚众，《续高僧传》称道恒于东魏天平初年在邺授禅，徒侣千计。当时影响最大的是僧稠，稠曾师从道房、道明禅师，后入少林寺拜诣祖师跋陀，呈己所证，跋陀盛赞其"自葱岭已东，禅学之最，汝其人矣"，乃更授机要。后应诏入邺，文宣帝高洋奉为国师，为之建寺，从受菩萨戒，"并敕国内诸州，别置禅肆"[103]。高洋晚年更是笃信禅法，天保十年（559 年）远赴辽阳甘露寺，并于"甘露寺禅居深观，唯军国大政奏闻"[104]。

禅宗初祖菩提达摩在邺下的活动未见详载[105]，但其弟子二祖慧可（又名僧可）秉承师学，受四卷《楞伽经》，于东魏"天平之初，北就新邺盛开秘苑"[106]。达摩一派以楞伽为法要，世称为楞伽师，法上、昙迁等亦擅楞伽之学。南朝慧布曾北上邺城从学慧可习禅，后返栖霞，在保恭盛邀下讲授禅法，在南方影响至深，史称"摄山慧布，北邺初还欲开禅府，苦相邀请建立清徒，（保）恭揖慧布声，便之此任，树立纲位引接禅宗，故得栖霞一寺道风不坠，至今称之，咏歌不绝"[107]。达摩之学性属大乘空宗，与当时流行禅法有颇多不同之处，一度罹受讥讽排挤，后经慧可弘扬，再传僧璨、道信、弘忍直至神秀、慧能，最终奠定了禅宗的谱系传承。

4. 毗昙与成实学

南北朝晚期，小乘之毗昙与成实学也比较流行，北方地区尤以毗昙学为盛，时有"江南盛弘成实，河北偏尚毗昙"之议[108]。灵询曾"学成实论并涅槃经，穷其幽府"[109]。靖嵩学遍名师，"唯有小乘未遑详阅，遂从道猷、法诞二大论主，面受成杂两宗"，后撰《杂心疏》五卷[110]。道纪"未详氏族，高齐之初，盛弘讲说，然以成实见知"[111]。灵裕精研地论、华严诸学外，又多方从师学《杂毗昙心》和《成实论》[112]。东魏时在邺都金华寺译经的北天竺僧人毗目智仙"特善毗昙"。高齐之世，慧嵩统解小乘，世称"毗昙孔子"，初在邺洛一带弘道为宗，后与大统法上不和而徙于徐州为僧统，"仍居彭沛大阐宏猷，江表河南率遵声教"[113]。其门下弟子志念、慧休于隋唐也颇具声望[114]。

除上述诸学外，涅槃、净土及法华思想在邺城也有较为广泛的传弘。尤以涅槃经最为普及，邺下僧人出道之初常习此经，而道凭、法上、靖嵩、灵裕等高僧均研通涅槃之学，其中不乏专攻此业者，邺下定国寺道慎年少出家，曾从慧光学习地论，"后禀上统而志涅槃"[115]。净土信仰以西方净土为主，灵裕、慧远等各有疏记。对弥勒的崇拜也不少见，如义僧昙衍临终前念弥勒佛，法上在邺城西山合水寺的山顶上建造弥勒堂，齐亡法灭后，"（法）上私隐俗服习业如常，愿若终后觐睹慈尊。如有残年愿见隆法，更一顶礼慈氏如来"[116]。同时也有信奉其他净土者，邺中天平寺真玉"忽闻东方有净莲华佛国庄严世界与彼不殊，乃深惟曰：'诸佛净土岂限方隅，人并西奔一无东慕，用此执心难成回向。'便愿生莲华佛国"[117]。法华之学虽在僧范、法上、慧远、灵裕等邺下高僧事迹中只有简单的记载，但在邺城地区的石窟中却多见《妙法莲花经》和《胜鬘狮子吼一乘大方便广经》的刻经[118]，据此可知法华思想当时也应较为流行，天台宗之初祖北齐慧文、二祖南岳慧思也都曾在齐境长期弘法[119]。此外，隋唐时期颇具争议的三阶教创始人信行、僧邕早年均在邺下活动，僧邕更是"于邺西云门寺依止僧稠而出家焉"[120]。而作为三阶教重要经典的《大集月藏经》为那连提耶舍于邺都天平寺所译，并在安阳灵泉寺西侧大住圣窟外有刻经，这也反映出三阶教与邺城佛教之间存在有极深的渊源[121]。

综上所述，东魏北齐时期的邺城佛教在中国佛教发展史中占据着特殊的承启地位，是十六国北朝以来，北方地区继长安、洛阳之后的佛教中心和佛学思想汇聚地，是三百多年来北方佛学的缩影和总结。南北朝佛学之异趣诚如汤用彤先生所言："南方偏尚玄学义理，上承魏晋以来之系统。北方重在宗教行为，下接隋唐以后之宗派。"[122]邺城佛教虽终止于周武灭法杨坚毁城，但其佛学精髓深深植根于隋唐以后的华严、法华、法相、净土、禅、律诸宗及三阶教中，形灭神在，传承有序。此外，近代学者多强调南朝佛学对北朝的影响，实际上北方佛学脉络清晰、根底扎实，对南方的作用也极为深远，前述僧达为梁武讲地论，慧嵩毗昙学声闻江表，靖嵩、法贵弘法江左，智闰赴邺学地论，慧布北上习禅，栖霞一寺道风不坠等皆为明证。

注　释

[1]　左思：《魏都赋》，《文选》卷六。

[2]　慧皎：《高僧传》卷九《竺佛图澄一》，《高僧传合集》，上海古籍出版社，1991 年。

[3]　僧祐著，苏晋仁、萧錬子点校：《出三藏记集》，中华书局，1995 年。

[4]　参见法琳《辨正论》卷三《十代奉佛上篇第三》："魏太宗明元皇帝（讳嗣）明睿宽雅，非礼不言。愍念四生，敬重三宝。仍于邺下大度僧尼。""魏世祖太武皇帝（讳焘）气盖当时，威振天下。匣牍四海牢笼万邦，回向一乘归依三宝。复伽蓝之胜地，创招提之净宫。仍于邺城造宗正寺。后因崔皓始沦正法。""魏高祖孝文皇帝（讳宏）神光照室，和气充庭。仁孝绰然，岐嶷显著。听览政事，从善如流。哀矜百姓，恒思济益。以太后忌日哭于陵左，绝膳二日，哭不辍声。仍于邺都造安养寺。硕德高僧，四方云集。""魏肃宗孝明皇帝（讳诩）得一居贞，体二邻极。总三乘以驰骋，临四衢而闲步。仍于邺下造大觉寺"；《大正藏》No. 2110。

[5]　《北齐书·神武纪下》。

[6]　杨衒之：《洛阳伽蓝记》序；《大正藏》No. 2092。

[7]　《魏书·释老志》。

[8]　费长房：《历代三宝记》卷九；《大正藏》No. 2034。

[9]　参见《辨正论》卷三《十代奉佛上篇第三》："高齐高祖文宣皇帝（讳洋）……天保之始请稠禅师，受菩萨戒。于是又断肉禁酒，放舍鹰鹞，去官渔网，又断天下屠杀。月六年三劝民斋戒，诸官园及六坊公私荤菜皆悉除之，外有者不许入。大起寺塔，度僧尼满于诸州。又以昭玄大统法上为戒师，常布发于地令师践之。天保二年诏曰：仰惟慈明缉宁四海，欲报之德正觉是凭。诸鸷鸟伤生之类，宜放之山林，其以此地为太皇太后经始宝塔，废鹰师曹为报德寺。所度僧尼八千余人，十年之中佛法大盛。""齐肃宗孝昭皇帝（讳演）……奉崇至教，情寄玄门，奈国法轮。尼园广说四谛八揵之旨，五乘十行之诠。……奉为先皇写一切经一十二藏，合三万八千四十七卷。……凡度僧尼三千许人"。"齐世祖武成皇帝（讳湛）……层台别观并树伽蓝，璧玉珠玑咸充供具。躬自顶礼，每事经行。大宁元年创营宝塔，脱珍御服并入檀财。转大品经月盈数遍"。

[10]　《北齐书·后主纪》。

[11]　《北史·杨播传》。

[12]　《北齐书·列传第一》。

[13]　《北齐书·杜弼传》。

[14]　道宣：《续高僧传》卷二《隋东都上林园翻经馆沙门释彦琮传四》，《高僧传合集》，上海古籍出版社，1991年。以下所引《续高僧传》均同此版本，个别文字错讹处据《大正藏》改订。

[15]　《续高僧传》卷八《齐邺东大觉寺释僧范传一》。

[16]　《续高僧传》卷二二《齐邺东大衍寺释昙隐传四》。

[17]　《续高僧传》卷六《齐邺中天平寺释真玉传二十》。

[18]　《续高僧传》卷九《隋相州演空寺释灵裕传八》。

[19]　《续高僧传》卷十《隋彭城崇圣道场释靖嵩传一》。

[20]　《续高僧传》卷十《隋彭城崇圣道场释靖嵩传一》。

[21]　《续高僧传》卷八《齐大统合水寺释法上传六》。

[22]　《北齐书·斛律羌举传》。

[23]　《续高僧传》卷十六《齐林虑山洪谷寺释僧达传七》。

[24]　《续高僧传》卷七《陈摄山栖霞寺释慧布传七》。

[25]　《续高僧传》卷十《隋襄阳沙门释智闰传三》。

[26]　《续高僧传》卷七《魏邺下沙门释道宠传九》。按汤用彤先生考证，雄安生即《北史·儒林下》之大儒熊安生，李范即僧范，参见汤用彤《汉魏两晋南北朝佛教史》，第376页，北京大学出版社，1997年。

[27]　《续高僧传》卷十六《齐邺西龙山云门寺释僧稠传八》。这一时期僧传所载出自儒门或通晓经史儒学的僧人甚多：如昙衍"十八举秀才贡上邺都"；灵裕"暨于儒释两教，遍须通晓也"；道判"般涉史籍略综儒道"等。

[28]　《北齐书·杜弼传》。

[29]　《北史·李义深传》。

[30]　《历代三宝记》卷九；另道宣《大唐内典录》卷四载："十年之中佛法大盛，僧二百余万，寺出四十千。"《大正藏》No. 2149。

[31]　道世：《法苑珠林》卷一百《兴福部》，上海古籍出版社，1991年。

[32]　《周书·武帝纪下》。

[33]　《隋书·百官志中》。

[34]　《续高僧传》卷八《齐大统合水寺释法上传六》。

[35]　《魏书·孝静纪》载东魏迁邺之初，"居北城相州之廨，改相州刺史为司州牧，魏郡太守为魏尹……分邺置临漳县，以魏郡、林虑、广平、阳丘、汲郡、黎阳、东濮阳、清河、广宗等郡为皇畿"。范围包括今河北省临漳、成安、武安、磁县、魏县、永年及河南安阳、林州等地。

[36]　《续高僧传》卷八《周蒲州仁寿寺释僧妙传八》载："昔齐武平末，邺古城中白马寺，此是石赵时浮图澄所造，本为木塔，年增朽坏，敕遣修之。"此处所记邺古城当指曹魏始建，沿用至北魏的邺北城，东魏迁邺后，鉴于北城残破及随迁人口众多，遂建南城，两城南北毗邻，在今河北省临漳县境内，参见中国社会科学院考古研究所、河北省文物研究所邺城考古工作队：《河北临漳县邺北城遗址勘探发掘简报》，《考古》1990年7期；《河北临漳县邺南城遗址勘探与发掘》，《考古》1997年3期。

[37]　参见［4］《辨正论》引文。

[38]　《历代三宝记》作"般舟寺"，《大唐内典录》与《开元释教录》均作"般周寺"，应为

笔误。

[39]　智升：《开元释教录》卷六《总括群经录上之六》。《大正藏》No. 2154。

[40]　《魏书·释老志》。

[41]　以上四寺为东魏北齐主要译经场所，所有佛经均在此译出，尤以天平寺和金华（花）寺最为重要，般舟寺和昌定寺仅见于东魏迁邺之初，初建应早于东魏，或为旧宫改建，并为临时译经之所。

[42]　据《相台志》引无名氏《邺中记》，文见《永乐大典》卷一三八二四，中华书局，1986 年。

[43]　《水经注·浊漳水》。

[44]　参见许作民：《邺城佚志辑校注》，第 302 页，中州古籍出版社，1996 年。

[45]　《续高僧传》卷八《齐邺下定国寺释道慎传七》。

[46]　《北齐书·文宣纪》。

[47]　1997 年中国社会科学院考古研究所、河北省文物研究所邺城考古队在河北临漳县习文乡赵彭城村东南窑厂发掘一座隋代墓葬，墓志记其墓地在"明堂园东庄严寺之所"，资料现存河北省临漳县文物保管所。参见《邺城南郊隋赵觊墓清理简报》，《考古》待刊。

[48]　《续高僧传》卷一二《隋西京大禅定道场释灵翰传七》。

[49]　《北齐书·武成纪》。《北史·齐本纪下》作"诏以城南双堂之苑，回造大总持寺"。

[50]　《续高僧传》卷八《齐邺下总持寺释惠顺传三》。

[51]　《北齐书·武成纪》。

[52]　《北齐书·后主纪》。

[53]　《续高僧传》卷八《齐大统合水寺释法上传六》。另《辨正论》等也有相同的记载。

[54]　《续高僧传》卷十六《齐林虑山洪谷寺释僧达传七》。洪谷寺位于邺城西南，今安阳林州境内，定寇寺位置不详。

[55]　《续高僧传》卷二二《齐邺东大衍寺释昙隐传四》。

[56]　参见《永乐大典》卷一三八二四，中华书局，1986 年。

[57]　《北齐书·文宣李后传》。

[58]　《续高僧传》卷十八《隋西京禅定道场释昙迁传一》。

[59]　《续高僧传》卷十二《隋江都安乐寺释慧海传二》。

[60]　《续高僧传》卷八《齐大统合水寺释法上传六》。

[61]　《北齐书·后主纪》。

[62]　《旧唐书·地理志二》。

[63]　《续高僧传》卷十六《齐邺西龙山云门寺释僧稠传八》。

[64]　参见河南省古代建筑保护研究所：《河南安阳灵泉寺石窟及小南海石窟》，《文物》1988 年4 期。

[65]　参见丁明夷：《北朝佛教史的重要补正——析安阳三处石窟的造像题材》，《文物》1988 年4 期。

[66]　陆翙：《邺中记》载："（后赵）石虎以五月发五百里内民万人，筑华林苑，垣在宫西，周环数十里。"明《彰德府志·邺都宫室志》引《太平寰宇记》："苑后在南邺城西，高齐修之，改名仙都苑云。"《北齐书》多见皇室在华林园宴饮的记载。

[67]　《北齐书·赵郡王琛（子睿）传》。

[68]　参见李裕群：《邺城地区石窟与刻经》，《考古学报》1997 年4 期。

［69］　《续高僧传》卷二六《齐邺下大庄严寺释圆通传十五》。

［70］　参见邯郸市峰峰矿区文管所、北京大学考古实习队：《南响堂山石窟新发现窟檐遗迹及龛像》，《文物》1992 年 5 期。

［71］　《北齐书・后主胡后传》。

［72］　《广弘明集》卷六《辨惑篇第二之二》；《大正藏》No. 2103。

［73］　《广弘明集》卷七《辨惑篇第二之三》。

［74］　《广弘明集》卷七《辨惑篇第二之三》。

［75］　《广弘明集》卷二十四《僧行篇第五之二》。

［76］　《周书・武帝纪上》。

［77］　参见《续高僧传》卷八《隋京师净影寺释惠远传十四》；《广弘明集》卷十《辨惑篇第二之六》。

［78］　《历代三宝记》卷十一。

［79］　《续高僧传》卷十《隋彭城崇圣道场释靖嵩传一》载："俄属周武屏除，释门离溃。遂与同学法贵、灵侃等三百余僧，自北徂南达于江左。陈宣帝远揖德音，承风迎引。……仍令推荐义学长者即弘像教。时建业僧正令嵩贵二人对弘小论，神理流畅胆勇当时。学侣相延数过五百，晷漏分业茂绩新奇。"

［80］　《周书・静帝纪》。

［81］　《旧唐书・地理志二》。

［82］　参见《开元释教录》卷六《总括群经录上之六》。《历代三宝记》关于菩提流支译经数为三十九部一二七卷，考订相关译经序文系将瞿昙般若流支等僧译经误入，《大唐内典录》及《续高僧传》随误，本文从智升开元录。

［83］　参见《开元释教录》卷六《总括群经录上之六》。按查各录，佛陀扇多译经之始均作"正光六年"，唯不同版本的《续高僧传》作"正光元年"或"正光年"，参考译经年谱，"元"字当为"六"字笔误。

［84］　参见《开元释教录》卷六《总括群经录上之六》。《历代三宝记》等仅著录瞿昙般若流支译经一十四部八十五卷，据开元录考订经序，长房录误将《奋迅王问经》等五部七卷归入菩提流支。

［85］　参见《开元释教录》卷六《总括群经录上之六》。长房录、内典录及《续高僧传》均未记载毗目智仙事迹，所译《宝髻菩萨四法经论》等三部经被归入菩提流支，《业成就论》等二部经归入瞿昙般若流支的译著中，今据开元录考订经序单列。

［86］　参见《开元释教录》卷六《总括群经录上之六》。长房录记《大迦叶经》三卷，内典录和开元录均记二卷。另长房录和内典录均未明载该经的译经地点，今从开元录考订经序列举。

［87］　参见《开元释教录》卷六《总括群经录上之六》。

［88］　参见《开元释教录》卷六《总括群经录上之六》。

［89］　《续高僧传》卷二二《齐邺下大觉寺释惠光传三》。

［90］　《续高僧传》卷八《齐大统合水寺释法上传六》。

［91］　《续高僧传》卷八《齐邺东大觉寺释僧范传一》。

［92］　《续高僧传》卷十六《齐林虑山洪谷寺释僧达传七》。

［93］　《续高僧传》卷八《齐邺下总持寺释惠顺传三》。

［94］　《续高僧传》卷八《齐邺西宝山寺释道凭传四》。

[95]　《续高僧传》卷九《隋相州演空寺释灵裕传八》。

[96]　《续高僧传》卷八《隋京师净影寺释惠远传十四》。

[97]　《续高僧传》卷七《魏邺下沙门释道宠传九》。

[98]　参见汤用彤：《隋唐佛教史稿》，第 165 页，中华书局，1982 年。

[99]　《续高僧传》卷二十《唐滁州法住寺释昙荣传三》。

[100]　《续高僧传》卷二二《齐邺下大觉寺释惠光传三》。

[101]　《续高僧传》卷二二《齐邺东大衍寺释昙隐传四》。

[102]　《续高僧传》卷二二《齐邺下大觉寺释惠光传三》。

[103]　《续高僧传》卷十六《齐邺西龙山云门寺释僧稠传八》。

[104]　《北齐书·文宣纪》。

[105]　《续高僧传》及《洛阳伽蓝记》等较早期的文献均未记载菩提达摩在邺城的经历，但《续高僧传》卷十六标题将其列为齐邺下南天竺僧。按达摩卒于天平年间（534～537 年），正值东魏迁邺之初，或为东迁不久即已坐化，故其邺下事迹不显。

[106]　《续高僧传》卷十六《齐邺中释僧可传六》。

[107]　《续高僧传》卷十一《唐京师大庄严寺释保恭传十》。

[108]　详见《法华玄义释签》，《大正藏》No. 1717。

[109]　《续高僧传》卷八《齐并州僧统释灵询传五》。

[110]　《续高僧传》卷十《隋彭城崇圣道场释靖嵩传一》。

[111]　《续高僧传》卷三一《高齐邺下沙门释道纪传二》。

[112]　《续高僧传》卷九《隋相州演空寺释灵裕传八》。

[113]　《续高僧传》卷七《齐彭城沙门释慧嵩传十》。

[114]　志念先后师从道长、道宠、慧嵩习智论、地论及毗昙学，其弟子慧休亦曾就学于灵裕，为唐初元匠，再传至玄奘。后玄奘大译说一切有部经典，或许与其师承有关。

[115]　《续高僧传》卷八《齐邺下定国寺释道慎传七》。

[116]　《续高僧传》卷八《齐大统合水寺释法上传六》。

[117]　《续高僧传》卷六《齐邺中天平寺释真玉传二十》。

[118]　李裕群：《邺城地区石窟与刻经》，《考古学报》1997 年 4 期。马忠理：《邺都近邑北齐佛教刻经初探》，《北朝摩崖刻经研究》，齐鲁书社，1991 年。

[119]　《续高僧传》卷十七《隋南岳衡山释慧思传二》。

[120]　《续高僧传》卷十九《唐京师化度寺释僧邕传九》。

[121]　丁明夷：《北朝佛教史的重要补正——析安阳三处石窟的造像题材》，《文物》1988 年 4 期。

[122]　汤用彤：《汉魏两晋南北朝佛教史》，第 347 页，北京大学出版社，1997 年。

响堂山石窟的佛教雕刻艺术

张林堂*

响堂山石窟是中国北朝晚期规模最大最具有代表性的石窟。石窟由北齐（550～577年）皇家显贵开凿营建，雕刻精美，气势恢弘，有着极高的艺术价值和学术价值，是一处十分珍贵的历史文化遗产。响堂山石窟位于河北省邯郸市峰峰矿区境内，它主要由南响堂、北响堂和水浴寺石窟（俗称小响堂）三部分组成，共有大小石窟19座，造像5000余尊，造像题记148条，刻经6万余字。早在20世纪60年代初，响堂山石窟就被国务院公布为全国首批重点文物保护单位。

一、历史沿革及时代背景

峰峰矿区在禹贡属冀州之域，春秋时为晋地；战国时三家分晋，归于赵国；秦灭赵隶属邯郸郡；汉为魏郡武安县；东魏北齐属魏又改隶清都郡；北周武帝割临水里置滏阳县及成安郡；隋为魏郡，开皇十年（590年）郡废隶属相州，因地产磁石始名磁州。峰峰矿区旧时一半归磁县（如南响堂石窟），一半归武安（如北响堂石窟）。1950年成立峰峰矿区，面积为353平方公里。

永熙三年（534年），北魏统治阶级由于内部纷争，魏孝武帝元修西奔长安（今西安），依靠宇文泰；同年十月，齐献武王高欢另立孝静帝元善见，改元天平，并迁都邺城（今临漳县），史称东魏。16年后，高欢之子高洋于公元550年废东魏，建北齐。据杨衒之《洛阳伽蓝记》载：在高欢东迁邺城之时，洛阳"诸寺僧尼，亦与时徙"，同时迁徙的还有洛阳居民四十万《资治通鉴》卷一百五十六）。这样，北方的佛教事业随着政治中心的变迁，主要转移到了东魏北齐的邺城，开始了新的发展。在这种情况下，作为北魏都城的洛阳，昔日佛教的繁荣局面已不复存在。响堂山石窟它近依东魏、北齐的政治中心邺城，作为北齐皇家所营造的石窟寺就诞生了。

鼓山，乃太行山余脉，天下名山。它北起武安伯延，南到滏阳河北岸，绵延25公里。据《宋代·永初山川记》云："鼓山有石二，状若鼓形，南北相当语云：'南鼓北鼓，相去十五'。"响堂山石窟就分别坐落在鼓山的东、西麓和南端。北响堂石窟坐落

* 张林堂，男，邯郸武安人。峰峰矿区文物保管所所长，馆员，峰峰矿区第十、十一、十二届政协委员，峰峰矿区文联副主席。多年来，致力于文物保护和研究工作，先后在《敦煌研究》、《文物天地》、《文物春秋》、《云冈石窟论文集》、《龙门石窟论文集》、《邯郸考古文集》等刊物发表学术研究论文十余篇，并出版专著《响堂山石窟——流失海外造像研究》、《响堂山石窟碑刻题记总录》。

在鼓山西麓的天宫峰，与南响堂石窟相距 15 公里。石窟坐东朝西，自南向北，分南区、中区和北区，每区有北齐一大窟为代表，故称三大窟。山顶有天宫，山脚下有常乐寺遗址。位于常乐寺遗址内的金正隆四年（1159 年）《重修三世佛殿》碑文记载："文宣帝自邺都诣晋阳往来山下，故起离宫以备巡幸于此，山腹见数百圣僧行道，遂开三石室刻诸尊像，因建此寺"，初名鼓山石窟。南响堂石窟位于鼓山最南端，该处为古太行八陉之一第四陉"滏口陉"。其南隔滏阳河与元宝山（神麕山）对峙，西侧为千年古镇——彭城镇，为磁州窑发源地。东魏北齐时期，此处是邺城通往陪都晋阳（今太原）的主要交通要塞。此处入为太行山腹地，出则为邯郸平原，可谓"一夫当关，万夫莫开"的重要关口。水浴寺石窟位于鼓山的东麓，与北响堂东西对峙，石窟东侧为水浴寺遗址，现有宋代经幢两座。

二、石窟的雕刻艺术——"塔形窟"

图一　北响堂石窟大佛洞塔形龛
（采自李裕群：《古代石窟》，文物出版社，
2003 年）

北齐时期的响堂山石窟，其外立面多为佛塔形式，我们称之为"塔形窟"。所谓塔，原意为坟墓的意思。印度梵文称塔为 stupa，中文译为"窣堵波"，亦称"浮图"、"偷婆"、"浮屠"、"塔"等，为梵文的音译，意为佛塔。塔原型为覆钵式，缺少变化，自传入中国后，变化渐多，其形式有方形、六角、八角、十二角、圆形等。亦有双塔、列塔、空心塔、实心塔等。汉化佛教之佛塔，主要分为地宫、基座、塔身、塔刹几部分。

响堂山石窟的塔形窟，是对早期云冈二期石窟的继承和发展。它主要见于北响堂石窟的大佛洞、中洞、南洞，南响堂石窟的第三、七窟和水浴寺石窟西窟。北响堂石窟大佛洞四壁，高浮雕刻出 16 个大型塔形龛，左右两壁各六个，前后两壁各两个，由基坛、塔身、塔刹三部分组成。基坛两端雕怪兽，上顶塔柱，有大力士之称；塔身是由束莲柱、拱额和帷幕组成的方形龛，龛内置佛像（原像被盗，今存为民国九年补刻的佛像）；塔刹由在柱头、平台上装饰的三个火焰宝珠组成。四壁的塔形列龛设计新颖，造型优美，装饰性很强，为中国其他石窟中所不见（图一）。

南响堂石窟第一窟华严洞左壁的浮雕塔形龛，其形制基本与大佛洞的塔形龛相近，只是在装饰细节呈现出差异（图二）。基坛部分雕出二狮子和一组香炉，塔身中间置一铺五尊像的尖拱龛，塔刹部分由山花蕉叶、覆钵丘和刹杆组成，顶悬风铎。该塔形龛与北响堂大佛洞塔形龛相比较，时代较晚，可能为隋代雕刻作品。

从北响堂石窟北齐窟的窟檐外面观看，北响堂石窟北、中、南三大窟，南响堂三、七窟，水浴寺西窟，均为佛塔形式，构成造型独具匠心的塔形窟，其形制与上述塔形龛基本相似。其中以南响堂石窟第七窟保存最为完好和最为典型（图三）。该窟正面雕成三间四柱式前廊，廊柱为八棱柱，束腰仰覆莲座，有侧面和收分，柱头饰火焰宝珠，中间二柱置于狮子上。柱上有枋楣、斗拱、檐椽和筒瓦屋面。中间二柱上雕出尖拱火焰形门楣，其上雕刻飞天和佛塔。窟外两次间内各开一大龛，龛内各雕出一尊护法力士像。上述部分相当于塔形窟的塔身部分。屋脊以上部分，则是塔形窟的塔刹，屋脊上雕饰出山花蕉叶，中正面为金翅鸟，上置覆钵，其上为宝珠形塔刹。两

图二　南响堂第一窟左壁塔形龛拓片

端是短柱，柱头置莲瓣形宝珠。北响堂石窟大佛洞、中洞、南洞，水浴寺西窟同南响堂石窟第七窟基本相同。所不同的地方，就是有的在窟檐下方开设明窗；北响堂石窟南洞在覆钵上又开凿成一小方形窟，窟内置释迦多宝二佛并坐像（图四）。

图三　南响堂第七窟塔形窟外立面示意图

图四　北响堂石窟南洞外立面示意图
（据李裕群图绘制）

响堂山石窟外立面仿木构窟檐的佛塔形式，与早期云冈、天龙山、麦积山相比较，雕刻日趋精细逼真，写实程度和技术水平十分高超。堪称中国石窟中最具特色的仿木构窟檐典范，亦是代表响堂山石窟最突出的雕刻形式。

三、石窟雕刻的装饰艺术

响堂山石窟除了它独具特色的塔形窟和精美的造像艺术之外，它还有极其富丽堂皇的装饰艺术。这些装饰纹样主要有以下几个方面：

背光　主要分为圆形头光和舟形背光两种。圆形头光以北响堂石窟大佛洞中心方柱左右两侧龛内佛像和菩萨头光，中洞窟外次间中的护法天王头光及南响堂第一、二窟中心柱主尊佛像的圆形头光为代表。圆形头光雕刻精细繁密，南北响堂石窟这时期的圆形头光基本相似，但也有变化和差异，如南响堂石窟第一、二窟主尊佛像圆形头光，主要由覆莲瓣纹、多道素面纹和卷草纹组成，但是在这两个石窟中的圆形头光上部又刻出变化多端的飞天围绕，形态各异，栩栩如生。此外，圆形头光还有素面（如南响堂石窟第五窟）。舟形背光以北响堂石窟大佛洞主尊、中洞主尊和南响堂石窟第七窟正壁主尊像为代表，主要由火焰纹、龙纹和卷草纹组成。

忍冬纹、联珠纹　这两种纹饰在响堂山石窟装饰图案的位置尤为突出，应用广泛。它主要装饰在窟门两侧的门框上，北响堂石窟大佛洞门框由于后期石砌遮挡，看不到其原貌，但是根据响堂山北齐洞窟的时代风格初步判断，大佛洞门框两侧也应刻大型的缠枝忍冬纹。现在主要以中洞、南洞为代表。南响堂石窟的第一、二、五、七窟，水浴寺石窟的西窟窟门的两侧均饰有忍冬纹，但没有北响堂石窟雕刻的精美和力度感强（图五）。

龙纹　以北响堂石窟大佛洞，南响堂石窟第一、二、七窟为代表，雕刻装饰艺术水平极高。南响堂石窟第一、二窟窟门为盘龙柱雕刻而成，使龙纹与门柱有机的结合起来，形成一个龙门。

藻井纹样　响堂山石窟的顶部雕刻装饰内有三个洞窟，即北响堂石窟南洞，南响堂石窟第五、七洞。这三个洞窟的藻井中间均雕刻一朵大莲花，四周装饰飞天和伎乐，以南响堂石窟第五、七窟为代表。北响堂石窟南洞的藻井纹样（图六）有莲瓣、子房，四坡正中各饰摩尼宝珠，四角雕饰大花叶，整体纹样设计华丽，富贵而又大方，代表

图五　南响堂石窟第二窟主尊头光　　　　　图六　北响堂石窟南洞藻井纹饰

北齐装饰艺术的最高水平。

　　综上所述，响堂山石窟独具特色的佛教雕刻艺术塔形窟和富有装饰性的艺术图案纹样，代表了东魏北齐佛教雕刻艺术的最高水平。在继承和发展上，响堂山石窟又起到了承前启后的历史作用，独具鲜明的石窟艺术，对中国后世佛教发展产生了深远的影响。

邯郸北朝时期单体佛教造像的发现与探索

钟　维[*]

近年来，因编辑《邯郸古代雕塑精粹》图录之故，而对邯郸古代佛教造像艺术有了一定的了解。由于北朝时期是邯郸佛教文化最兴盛的时期之一，且现存造像数量较多，内容较丰富，年代序列较系统，所以，本文拟以图集所选材料为基础[1]，并结合其他发现材料，试对邯郸境内北朝时期单体佛教造像的质地品种、形式特点、造像内容、形态特征、制作工艺及其相关问题，谈谈自己的初步认识。不妥之处，敬请指正。

一、北 魏 时 期

图一　北魏太和六年青石释迦佛三尊像

就现有资料来看，邯郸境内所发现的佛教造像年代最早的可至北魏时期，但数量还很少，仅 1997 年于成安县城关镇南街村寺庙遗址内发现少量石造像，其中 2 件稍完整[2]，1985 年在临漳县邺南城遗址西侧的上柳村附近一座窖藏内发现铜鎏金造像 7 件[3]。所见造像均有题记和纪年，为我们正确判定造像的年代及把握当时佛教造像艺术的特点提供了可靠依据。

所发现的 2 件较完整的石造像，均为下有底座、后有背屏的成铺三躯造像。一件由石灰岩制成，底座为长方形，前立面为上有花牙状边饰的凹龛，其内浅浮雕两个面向香炉跪立的供养人像，旁有供养人姓名榜题，左右两侧面各雕一只回首立狮，后立面有"太和六年"造像题记。主尊释迦佛，周饰不规则形莲瓣纹头光，面相清瘦，内着僧祇支，外披紧身右袒袈裟，结

　* 钟维，女，广东兴宁人。邯郸市文物保护研究所资料室主任，馆员。合作编著有《邯郸考古文集》、《邯郸文物精华》、《邯郸古代雕塑精粹》等书籍，发表论文有《大名五礼记碑刍议》等。

跏趺端坐于底座上；左右胁侍菩萨，身着裙装或通肩紧身长衣，手提净瓶或高举拂尘，侍立于主尊两侧。背屏为莲瓣形，弧边尖顶，下与底座等宽，上部两侧各雕一上着紧身衣、下着长裙、曲体舒臂的飞天；顶部正中及主尊肩部两侧各浅浮雕后有莲瓣形背光的结跏坐佛一尊；背面浅浮雕下有一尊结跏坐佛，方形须弥台座，上有垂幔（华盖），后有圆形头光和背光，身着通肩袈裟，两侧有"无量受（寿）像"题记（图一）。另一件由灰砂岩制成，底座为四足床榻，各立面原有彩绘图案，现已漫漶不清。主尊弥勒佛，面部已残，内着右祖僧祇支，外披双领下垂褒衣博带式袈裟，善跏趺坐于方台形坐榻上，衣摆宽垂外撇；两侧观世音和大势至菩萨（一残毁），肩披帛巾，下着裙装，帛带于腹下交叠，绕臂下垂，手执莲蕾，站立于莲蓬状踏座上。背屏呈莲瓣形，下与底座等宽，尖顶前曲，边饰火焰纹，背面微弧，上刻"神龟元年"造像题记。

　　所出铜鎏金造像，均为下有床榻形底座、后有莲瓣形背屏的单躯造像。其中一件为坐佛，面相长圆，内着右祖僧衣，外穿双领下垂袈裟，结跏趺坐于方形须弥座上；背屏边饰火焰纹，底座正、侧两面有"正光二年"造像题铭，雕像造型拙朴，衣纹及各细部纹饰粗疏。另六件全部为观世音菩萨立像，形制基本相同。菩萨头戴莲状宝冠，面相长圆，上祖，颈佩项圈，腕饰钏，披巾搭肩绕臂侧垂，下着薄衣贴体长裙，右手倚肩斜举直茎或弯茎莲蕾，左手提净瓶，腰身侧曲，跣足立于覆钵形踏座上；背屏半悬于雕像后侧，下与底座大体等宽，弧边尖顶，边饰火焰纹，背面有的浅浮雕头戴珠冠、身着裙披、双手合十、交脚而坐的弥勒菩萨像；榻形底座上分别錾刻"武泰元年"题铭（图二）。

　　从上述有限的材料可以看出，邯郸境内北魏时期单体佛教造像的特点还是非常明显的。

　　用于造像的材料，包括石质和铜质两类，其他材料尚未发现。石质主要为石灰岩（青石）和灰砂岩，而后期常见的白色大理石（即汉白玉）等

图二　北魏"武泰元年"铭铜鎏金菩萨立像

品种尚未发现，所见铜质造像均通体鎏金。

整体型式全部为下有底座、后有背屏的半浮雕造像。底座分四足床榻形和长方形两种，铜铸造像的底座则全部为床榻形。长方座前侧浮雕图案见于四周设边框的凹龛内，而且，底座上凡设坐榻者均作方形，踏座均为圆形。背屏均作莲瓣形，下部约与底座等宽，弧边尖顶，背面平直或略弧。头光以圆形和莲瓣形较常见，背光以竖椭圆形为主，并有少量宽肥的圆形和莲瓣形背光。主体造像型式除铜像因铸造较复杂而仅见单躯造像外，所见石像虽全部为成铺的三躯造像，但据背屏背面雕像及铜造像推测，还应有单躯坐像或立像等形式。

造像内容方面，主体造像除释迦佛、观世音菩萨等单躯像外，较常见的主要为释迦佛或弥勒佛与观世音、大势至菩萨三躯组像；背屏多饰火焰纹或伎乐飞天，背面雕饰以单躯坐佛或菩萨像为主；头光和背光除素面弦纹外，还发现有内饰莲瓣、外饰忍冬纹的头光，以及东魏以后罕见的周无边框的莲瓣纹头光和火焰纹背光；长方底座前侧多有雕饰或彩绘图案，雕饰以熏炉和男女供养人为组合，侧面有的雕护法狮兽；且所见造像多有刻铭题记。

形象特征与服饰方面，孝文帝太和十八年（494 年）"服制改革"之前，佛与菩萨和飞天，均面相长圆，躯体修长，但飞天腰身较僵硬，舞姿较笨拙，服装全部为紧身式，其中佛装分通肩或右袒式两种，菩萨和飞天多圆领通肩式；改制之后，人物面相清瘦，所见佛装改作双领下垂褒衣博带式，衣摆打褶外撇，菩萨装改作裙披式，披帛或于两侧搭肩绕臂顺势飘逸，或于腹下叠交回转搭臂下垂。此外，躯体舒展、回首站立的狮子也不见于此后各期。

雕刻工艺方面，均为浮雕形式，其中早期凸起较小，衣纹处理为较浅的阴线，表面较圆润；后期雕刻起伏较大，火焰纹斜剔或平剔，衣纹多斜剔作阶梯式，棱角分明；铜造像还采用了范模翻刻、浇铸、焊接、抛光等技术，并施以鎏金工艺，以示华贵和虔诚。

综上所述可以看出以下几点：一是邯郸境内北魏时期的佛教造像发现还很少，仅10 余件；二是石刻造像的形象特征、服饰装束及雕刻工艺等，与云岗、龙门、巩县石窟等北魏时期的佛教造像相比有着共同的特点；三是无论鎏金铜造像或石刻造像，很可能均属外来产品，而非本地制作。这说明邯郸境内当时的佛教势力还比较弱，佛教信仰还未能引起人们的足够重视，本地的佛教造像艺术尚未正式形成。

二、东 魏 时 期

东魏时期的佛教造像较其前的北魏时期已有所增多，总数已达 20 余件。其中除1978～1979 年于磁县大冢营村东魏茹茹邻和公主墓内出土 1 件透雕镶嵌花蔓飞天金饰片[4]，2002 年于临漳县邺城遗址东魏北齐佛寺塔基出土有少量泥塑彩绘佛像残件外[5]，其余全部为石刻造像。主要发现于临漳、成安、武安、永年等县区，并以今临漳县境内古邺都周围及附近不远的成安县境内最集中。其中1958年于邺南城西门外、今上柳村东开挖太平渠时，发现白石造像2件；1978年于邺南城南门外、今张彭城村西出土武定四年白石造像1件；1979年于邺南城西郊、今栗辛庄村东出土白石造像1件[6]；1981年于永年县小油村村砖厂出土灰砂石造像1件[7]；1997年于成安县城关镇南街村地下寺庙遗址内出土青石、灰砂石及白石等造像10余件，有的刻有"天平"、"兴和"、"武定"等纪年题记。现综合叙述如下：

从造像的用料来看，可分金、石及泥塑三类，并以石质类为主，估计也应有铜质造像，只是多数已毁或尚未发现。石材除继续流行石灰岩（青石）和灰砂岩外，又新出现了所谓"汉白玉"等外来的石材品种，且数量可达半数以上。

从造像的形式特点来看，除继承和沿袭早期的造像形式并有所发展变化外，还出现了不少新的像式。如，底座仍以长方形为主，床榻形底座仍有发现（图三），并出现了数层叠筑、前设浮雕的坛座式底座等。长方形底座前侧除少数有线刻图案外，凡浮雕仍全部置于四周设边框的凹龛内。此外，除个别造像外，坐像多于底座上另设台形或须弥座形坐榻，且全部为方形，不见圆形；凡立像多设较高的圆形踏座，并以大瓣仰莲或覆莲座为主，另有少量素面踏座。背屏除下与底座等宽的莲瓣形外，新出现了主尊身后下窄中宽上尖、胁侍菩萨与背屏间透雕的莲瓣形背屏（图四），透雕树冠形背屏尚未发现。头光以圆形为主，次为莲瓣形；背光均作竖长椭圆形。整体像式除少量单躯坐像或立像外，最多的仍为成铺的三躯造像，并新出现了成铺的五躯造像和亭阁式四面龛造像形式（图五、图六）。

图三　东魏白石床榻形座释迦立像

从造像内容或题材来看，主体造像除单躯坐佛或立佛、单躯菩萨立像以及较晚的武定年间新出现的一佛二弟子二菩萨或观世音菩萨与胁侍菩萨及弟子五躯组像外，其余全部为一佛二菩萨组合，不见一佛二弟子组像，或许尚未出现。背屏仍以火焰纹及伎乐天边饰为主，少数饰垂枝纹；背部多线刻或浅浮雕山石花草及树下半跏思维菩萨像，有的还饰以供养人及榜题，武定年间并出现了彩绘思维菩萨图案。圆形头光多内饰莲瓣纹，外饰忍冬、缠枝莲、花卉或同心圆纹；尖形莲瓣头光除素面外，多饰莲瓣及火焰纹；背光多饰弦纹，另有少量忍冬纹；此外，自武定时期开始，还常见素面彩绘头光和背光。底座前侧除被衣摆覆盖或个别床榻式外，一般均有线刻或浮雕图案；雕饰除个别为三组忍冬及荷花组成的花卉图案外，其余多为以香炉为中心并配以男女供养人或护法双狮的三躯和五躯组合图案；香炉多有莲座或以莲荷图案环护衬托，少数由坐童双手托举及头顶；凡三躯组合均配以男女供养人或护法双狮，或另于底座顶面胁侍菩萨前侧两角补配双狮或男女供养人，从而构成双面五躯组合；五躯组合则以四男女供养人、双供养人与双狮、双狮与双力士等为搭配形式，少数另于顶面两角绘制供养人图案，构成双面七躯组合；底座侧立面多为素面，少数设方形凹龛，并已开始出现四躯组合神王雕像；背面有的带纪年造像题记。

从形象特征来看，可分两种风格，一种继续沿袭北魏时期秀骨清像的遗风，佛与菩萨面相清瘦、形体修长，飞天腰身僵硬、舞姿笨拙，且一直延续至武定时期（图七）；另一种为新的风格，自兴和后期开始出现面相方圆甚或圆胖、形体壮实的佛与菩萨，武定时期还出现了下腹较鼓的菩萨及腰身柔软、舞姿轻颖的飞天，并初次出现了体格健壮、扶杖直立的力士形象

图四　东魏白石释迦佛三尊像

图五　东魏武定四年白石观音菩萨五尊像

图六　东魏砂石亭阁式四面龛造像

（图八）。此外，兴和年间之前，底座前侧供养人以站立形象较多，背屏背面思维菩萨像前也多有后持障伞的供养人立像；武定时期之后，座前或座面则以跪拜式供养人较常见，背屏思维像前尚未发现供养人形象。狮子形态各异，但全部为蹲立式，有的前肢单腿高抬，且躯体较舒展，背部或平直或弯垂。从服饰来看，佛装一般为内着僧祇支，胸前打小结，外披双领下垂褒衣博带式袈裟，偶见右袒式袈裟。兴和年间之前，衣摆褶纹呈波状层叠弯转，坐像衣摆宽垂覆座，下角尖而外撇。武定时期，衣摆褶纹呈"S"形弯曲，坐像衣摆垂蔽座前，下角方整，底边平直。菩萨装均为裙披式，头戴宝冠，袒胸披帛，颈佩项饰，披帛除少量顺臂下垂外，多数于腹下交叉打结或穿环覆扣，搭臂下垂；坐像裙摆覆座，衣褶层叠弯转，与佛装特点相同。飞天，除供养天无披帛外，其余均袒胸披帛，颈佩项饰，下着紧身

图七　东魏兴和二年砂石释迦佛三尊像

图八　东魏武定元年青石坛形座释迦三尊像

图九　东魏透雕镶嵌花蔓飞天金饰

长裤；披帛及裤脚垂带，或状若悬环，顺势飘逸，或形如火焰，恣意升腾（图九）。力士均着菩萨装，上袒，披巾搭肩，顺臂下垂，下着裙裤。男供养人多身着交领广袖深衣袍，女供养人多上穿交领襦服，胸束高腰长裙。

从制作工艺来看，金佛饰除运用透雕、范模翻刻及浇铸技术外，还熟练地运用镶嵌工艺，使造像佛饰显得更加华美与珍贵。石刻造像则仍以浮雕形式为主，多数还综合运用了线刻、透雕、半圆雕及线描与彩绘等多种辅助手法，雕刻细腻、层次丰富及造型规整，可以说是本期造像最明显的特点。就整体造像的工艺形式而言，主体造像基本上全部为带背屏的高浮雕形式，仅于东魏后期的武定时期发现少量背屏下部与胁侍菩萨间透雕、菩萨下身圆雕的雕刻形式，而整体透雕的树冠形背屏和圆雕像式尚未发现，更不见单躯圆雕造像。底座各面的供养及护法造像，除半浮雕形式外，兴和年间之前还发现较多线刻图案，武定年间之后则多见浮雕与线描组合图案。背屏背面除素面外，兴和之前以线刻图案为主，线描形式也于晚期开始出现；武定时期则以浅浮雕及线描彩绘较常见。具体到造像各细部的处理上，服饰覆叠层多以台阶式处理，衣纹或以较细的单双阴线手法来体现轻薄衣料的质感，或以单向或双向斜剔手法来显示衣料的立体和厚重感；背屏飞天为半浮雕，火焰等花纹则多以平剔间阴线处理；头光与背光外环或重环以斜剔、平剔及凸线纹显示，内部莲瓣或花纹则分别采取凸雕和平剔间线刻等手法，武定时期还出现了外廓及内饰以彩绘表现等形式；踏座仰覆莲瓣分凸雕和台阶式平剔两种技法。

由上所述可以看出，东魏时期佛教造像的数量已显著增多，石材品种除当地普通青石、砂岩外，还有外来的汉白玉等；造像形式、内容或题材、形象与服饰及制作工艺等，兴和年间之前还保留有很多北魏时期的特点，并于武定时期或稍前又开始逐步形成了自身独有的风格和特点。这说明东魏时期邯郸境内的佛教文化已有很大发展，佛教信仰已引起社会特别是上流阶层的重视，并初步形成了具有自身特点的佛教造像艺术体系；这与东魏迁都邺城并逐步发展成为北方较重要的政治、经济、文化中心是分不开的。

三、北 齐 时 期

北齐时期的佛教造像，较东魏以前又有很大发展，出土数量已达 100 余件。其中除 1985 年在临漳县邺南城遗址西侧的上柳村附近一座窖藏内发现的 1 件铜造像，2002 年于临漳县邺城遗址东魏北齐佛寺塔基出土有少量泥塑彩绘佛像残件外，其余也全部为石刻造像。从出土地点来看，除 1 件残背屏发现于武安固镇村外[8]，其余多发现于临漳邺城及其相邻的成安县境内。其中 1958 年于邺南城西门外、今上柳村东开挖太平渠时，发现部分有"天保"、"河清"、"天统"纪年题记的白石造像 10 余件；1978 年于邺南城南门外、今张彭城村西出土树冠屏白石造像 2 件；1980～2005 年间还陆续于邺城附近的上柳、景隆、东太平、义城、马辛庄、洪山、邺镇村等地出土或收缴白石造像近 20 件[9]；1997 年于成安县城关镇南街村地下寺庙遗址内出土青石、灰砂石及白石等造像 80 余件，其中

30 余件有"天保"、"皇建"、"河清"、"天统"、"武平"等纪年题记。现综合叙述如下。

　　从造像的用料来看，仍以石质类为主，另有少量铜像和泥塑像。石材与东魏时期基本相同，而最大的变化是很多石料属就地取材，品种、颜色和质地等参差不齐，汉白玉的石质差别也比较大，有的质地坚硬、晶莹如玉，有的却质地疏松、灰暗浑浊。所见铜像与北魏时期相比，主要是未采用鎏金工艺。

　　从造像的形式特点来看，除铜造像继承沿袭早期的床榻式底座并外出莲枝以适应成铺组像外，石造像的形式已发生很大变化。如底座除偶见坛形座外，基本上全部为长方形，四足床榻形式似已完全消失。而且，底座前侧四周设边框的浮雕图案多见于皇建以前的北齐初期，天统年间之后基本上为仅设底沿的各类浮雕和素面彩绘形式。此外，有的还于侧面和背面设龛或设底沿附加雕像。凡主尊坐像也均于底座上设墩台或须弥座式坐榻，所不同的是除少数善跏趺坐像偶见方形台座外，其余全部为圆形、椭圆形或半圆形。立像除无座者外，其底座基本上为实雕仰覆莲、莲蓬、衍生莲荷踏座图案以及简化的素面兼影绘莲座或退化而成的圆饼形、长方形足踏。其中实雕仰覆莲或莲蓬踏座以天保年间最流行，并新出现了由主座衍生出的实雕莲荷踏座，前者逐渐呈下降趋势，后者却相对增多；简化的素面或雕绘结合的莲座约出现于天保末年，并逐步由高变矮；退化的圆饼形或长方形踏座约出现于天统年间，并流行至武平时期；而无踏座者，天保末年即已出现，并以河清之后特别是天统、武平年间最为常见。莲瓣形背屏仍为天保年间的主要形式，稍后仍有少量发现，最流行的背屏形式是透雕树冠形及其简化形式圆拱形（图一〇，图一一），其中尖顶树冠应早于圆顶树冠，而繁简

图一〇　北齐树冠屏观音菩萨五尊像　　　　　图一一　北齐白石简化树冠屏弥勒佛三尊像

形式似与造像大小及雕像精粗程度有关。头光和背光无大变化。整体像式除原有的单躯、三躯、五躯造像外，还新出现了无背屏的单躯雕像及成铺的双躯、七躯组像等（图一二，图一三），其中除单躯像相对较少外，其余均比较流行。

从造像内容或题材来看，与东魏时期相比已有很大变化。其中主体造像，除天保年间或稍后仍有少量单躯立佛、单躯菩萨立像及一佛二菩萨像发现外，又新出现了单躯思维菩萨坐像、双菩萨立像、一佛二弟子、一菩萨二弟子及思维菩萨与二弟子三躯像、双佛二弟子四躯像、五躯菩萨立像、一菩萨二弟子二胁侍菩萨或一菩萨一弟子一圆觉二胁侍菩萨五躯像、思维菩萨与二弟子二胁侍菩萨五躯像、双思维菩萨与二弟子二胁侍菩萨六躯像、一佛或一弥勒菩萨二弟子二圆觉二胁侍菩萨七躯像等题材（图一四）。其中双菩萨立像以天保年间最流行，成铺观音像多为立像，思维菩萨像以皇建年后较常见，释迦或弥勒菩萨七躯像约出现于天统年间之后。莲瓣形背屏仅见火焰

图一二　北齐白石单躯菩萨立像

纹边饰，树冠形背屏，简者仅勾勒几条曲线，象征枝条，繁者透雕层叠枝干叶片，或饰以伎乐天、供养天、翼人及塔刹等边饰（图一五）；背部除素面外，莲瓣屏仍为线刻或浮雕树下半跏思维菩萨像（图一六），透雕树冠屏树干部侍立菩萨，枝叶部浮雕单躯或多躯结跏坐佛、飞天等。头光和背光，除部分圆形头光仍为内饰莲瓣或外饰忍冬、缠枝莲及同心圆纹，背光仅外勒边线，少数饰缠枝忍冬纹图案外，其余全部为素面彩绘形式。底座前侧除部分制作粗糙的小型造像外，一般均浮雕或绘制有以香炉为中心并配以护法双狮、力士或比丘的三躯至十一躯组合图案。其中东魏以前较流行的供养人像已非常少见，仅一件坛形座下设蹲狮和力士、上设男女供养人构成双层五躯组合；另一件长方座以左右跪坐和拱立供养人列队、蹲狮、力士构成十一躯组合，可能为天保年间作品。其余凡三躯组合均配以护法双狮，五躯组合则配以双狮和力士，最晚自皇建年间开始又出现了外加比丘僧的五躯或七躯组合，其后还出现了配以并列坐佛的五躯组合及配以供养菩萨、

图一三　北齐白石双躯菩萨立像

图一四 北齐白石树冠屏释迦说法七尊像

图一五 北齐白石树冠屏弥勒佛坐像

弟子的十一躯组合等。底座侧立面及背面，多数为素面，部分铭刻或墨书带纪年的造像题记，有的设方形凹龛或底出沿，内雕四躯或八躯神王雕像，少数浮雕僧侣或佛与弟子组像（图一七）。

从形象特征来看，人物面相比较宽短或圆胖，有的略呈方形或长方形。其中释迦佛以结跏趺坐为主，立姿较少；观音菩萨以立像居多，坐姿罕见；弥勒像为善跏趺坐或交脚坐；思维菩萨（当时称"太子像"）多以食指点腮，单腿盘曲（图一八）。弟子削发，圆觉尖顶螺发，均作侍立状。飞天，早期以伎乐、供养及托塔形式为主，有的腰身略粗，手足健硕；晚期天统、武平年间多为手持璎珞索带及摩尼宝珠形式，有的腰身纤细，不露双足。力士像，天保年间之前多呈直立状，约自皇建年间或稍

图一六 北齐白石菩萨像背屏后侧思维菩萨

图一七　北齐白石五躯菩萨像底座僧侣像龛

早开始出现腰身侧曲、一臂曲举于胸前或另侧肩部、一臂下垂于腰际的力士形象，并以天统、武平年间侧曲最明显。削发比丘以立像为主，少数呈跪拜状。神王像均作蹲坐或交脚盘坐形式，有的头面及姿态各异，自身特征显著；有的面相姿态相同，属性不明显。蹲狮千姿百态、似无定式，其中皇建年间之前，狮子颈背间多呈曲线缓转，背部略凹，体态舒展健壮；河清年间之后，蹲狮颈背间多呈折角急转，背部隆起，体态敦实肥胖。从服饰装束来看，佛装基本与东魏时期相同，仍以双领下垂袈裟为主，偶见右袒式袈裟；所不同的是除立佛和善跏坐佛衣摆自然下垂外，已无层叠衣摆覆座现象。菩萨装仍以裙披式较常见，其中天保年间或稍后，披帛继续沿袭交叉打结或穿环形式，其后基本消失；约自天统年间开始，则出现了斜披璎珞或身披"8"字形璎珞形式。弟子、圆觉及比丘服以双领下垂式筒形装为主，偶见右袒式袈裟。飞天基本与东魏晚期相同，披帛及裤脚悬带多呈火焰升腾状，武平年间还出现了扇面状或羽尾形式。力士仍身着菩萨装，头戴宝冠，袒胸披帛，下束筒裙，天保年间有的还保留了手扶杖棍的早期特点。神王像，早期以头戴宝冠缯带、披帛着裤、手执火焰宝珠为主，身份莫辨；晚期除狮、象神王外，多头戴宝冠，各持法器，以示身份。

从制作工艺来看，石造像除继续延用浮雕、半圆雕、线刻等形式外，其中最明显的变化或特点：一是透雕和圆雕技术已得到广泛运用，有的甚至已达到登峰造极的地步；二是东魏后期已出现的雕刻与线描、彩绘、贴金相结合的造像形式已更加普遍，河清年间之后并成为石刻造像的主流；三是在造像作品的处理上，天保年间或稍后整体布局与细部雕刻并重，河清年间之后侧重于造像的总体布局及

图一八　北齐武平二年白石思维菩萨五尊像

外形特点，而不注重造像的细部雕刻；四是不同时期的造像均有着明显的优劣之分，工艺技术水平差别较大。具体到造像的整体特点来说，主体造像除带背屏的高浮雕形式外，透雕屏主尊像几乎全部为圆雕形式，甚至还出现了不带背屏的立体圆雕作品；底座各面造像除浮雕或半浮雕形式外，线刻图案已基本消失，而素面彩绘图案却日渐普遍；背屏除莲瓣屏或简化树冠屏采用浅浮雕、线刻或彩绘图案外，莲瓣屏背部仍发现有少量浅浮雕或高浮雕树下思维菩萨像，透雕树冠屏正背则多附以浮雕或高浮雕人物造像等。在各细部的处理上，除雕刻水平差别、背屏与底座图案常以彩绘或贴金手法表现外，其中变化最明显的是人物或动物身体各部、衣纹服饰及莲座等，皇建年间之前多以凸雕、平剔、斜削或阴线处理，表现较细腻；河清年间之后，多数则仅以低平台阶及数道阴线表现出外廓或主要层次，其余全部以墨线、彩绘等勾画和填充，层次不清晰。当然，两者间也存有先后交错现象，如简化的素面或墨绘莲座早在天保末年及皇建时期即已出现，天统年间之后有的莲座、头光内饰及璎珞等雕刻也非常细腻等。因此，这实际上只是根据石刻造像的总体变化趋势而划定出的大体分界。此外，铜造像还继承和沿用了传统的翻模、浇铸、焊接、抛光工艺等。

　　根据上述分析研究可以看出，北齐时期的佛教造像除天保年间还保留有东魏时期的某些特点外，表现最突出的是佛教造像的需求迅速增大，造像数量亦成倍猛增；石料以就地取材和外地引进相结合，石材品种广泛，石质差别较大；造像形式、内容及题材更加丰富；形象特征、服饰装束及制作工艺均形成了自己独特的风格；造像作品存在明显的优劣之分，雕刻技术水平具有显著差别等。这充分说明北齐时期邯郸的佛教文化又有了很大发展，佛教信仰已由上流社会普及至普通民众，佛教造像艺术也已完全形成了自己的风格。尽管宗教信仰具有很多消极因素，宗教文化发展必然有其深刻的社会原因，但北朝时期邺城及邯郸境内曾是佛教文化最兴盛的地区之一则是不争的事实，所谓"都下大寺略计四千，见住僧尼仅将八万"之说也是完全可信的。

注　　释

［1］　邯郸市文物研究所编：《邯郸古代雕塑精粹》，文物出版社，2007 年。

［2］　凡成安南街石造像除发表于《邯郸古代雕塑精粹》者外，均为邯郸市文物研究所内部资料，下同。

［3］　邺城考古队：《河北临漳邺城遗址出土的北朝铜造像》，《考古》1992 年 8 期。

［4］　磁县文化馆：《河北磁县东魏茹茹公主墓发掘简报》，《文物》1984 年 4 期。

［5］　邺城考古队：《河北临漳县邺城遗址东魏北齐佛寺塔基的发现与发掘》，《考古》2003 年 10 期。

［6］　河北临漳县文物保管所：《河北邺南城附近出土北朝石造像》，《文物》1980 年 9 期。

［7］　永年县文物保管所内部资料。

［8］　武安市文物保管所内部资料，现存邯郸市博物馆。

［9］　临漳县文物保管所内部资料。

邯郸古代石造像简述

孟光耀* 赵建朝

中国古代石造像艺术是我国灿烂的文化艺术遗产，在富有民族传统的雕塑艺术成就中占有很高的地位。千百年来，佛教在中国广泛传播，虽历经磨难，仍为后世留下了无数的雕塑艺术珍品。历史上邺城（临漳）一度成为中国北方佛教中心，邯郸境内凭借得天独厚的优势保留了大量的佛教艺术珍品，这是历史厚馈给我们的珍贵文化资源。

邺城佛教的发展最早始于十六国时期，后赵高僧佛图澄（231～348 年）自洛阳来到邺城住在邺城内中寺弘法，深得石勒、石虎崇拜，被封为大和尚。石勒死后，石虎对佛图澄的敬重甚于石勒，称佛图澄为"国之大宝"[1]。在佛图澄的影响下，石虎颁发了中国佛教史上正式允许汉人出家的第一个官方许可令，由于佛图澄的杰出传教活动和二石的支持，佛教在后赵尤其邺城地区得以广泛流行。其后，另一个在中国佛教史上影响很大的高僧释道安也来到了邺城，邺城佛教的发展更加壮大。

534 年，北魏分裂为东魏和西魏，邺城所属地区为东魏，并继而成为东魏的次政治中心。受云冈石窟的影响，这一时期造像的主流风格为"面为恨刻，削为容仪"[2]的瘦骨清像，但在以邺城为中心的范围内，已经开始彰显出一种新的风格。

东魏武定八年（550 年），高洋取魏代之以北齐，并定都于邺（临漳）。佛教及其佛教艺术也随着政治中心的转移而转移到了邺城，邺都地区佛教发展达到了鼎盛。文宣帝高洋把国家财产分成三份，供养僧尼就占三分之一。并"大起佛寺，僧尼溢满诸州，冬夏供施，行道不绝"[3]。此时仅邺城城内就有大寺院 4000 余所，僧尼近 8 万人，可见邺城在北方佛教中的地位。佛教造像艺术在经过了东魏的短暂过渡后，一改前期清瘦作风，造像整体变得疏洁淳润，面相丰颐而富有神韵，尤其在衣纹表现上，受当时佛像画家曹仲达画风的影响，石造像艺术出现了一种宽袍大袖的服饰，"其体稠叠"、"衣服紧窄"[4]，衣纹疏简贴体的表现手法，给人以薄衣贴体的美感，使人物形象在疏简平淡中流露出内在的活力，逐渐形成了邺都区域佛教造像艺术的"曹家样"[5]。

北齐以邺城（临漳）为上都，山西晋阳（太原）为下都。高氏皇室频繁往来于二都之间，并在沿途开窟造像，修建避暑离宫。在今邯郸区域的主要有响堂山石窟和娲皇宫石窟。《武安县志》记载，北响堂常乐寺金正隆四年（1159 年）重修三世佛殿之记：文宣帝自邺至晋阳，往来山下（鼓山），故起离宫，以备巡幸，于此山腹见数百圣

* 孟光耀，男，河北磁县人。邯郸市博物馆办公室主任，馆员，河北省博物馆学会会员。先后在国家、省市级刊物上发表文章 30 余篇。

僧行道，遂开三石室，刻诸尊像[6]。《涉县志》载："北齐文宣皇帝高洋自邺返太原，尝道经山下，起离宫以备巡幸。"又载："北齐离宫在唐王山麓，文宣帝高洋性侈，好土木，往来晋阳所过多起离宫，又信释氏，喜刻经像，山上遗迹尤存。"[7]响堂山石窟位于邯郸市峰峰矿区境内鼓山之上，主要分为北响堂、南响堂、小响堂（俗称水浴寺）3处。北响堂石窟原名鼓山石窟，又名大石窟寺。现存大小洞窟23座，其中东魏北齐洞窟3座。北响堂大佛洞（图一）开凿于东魏晚期至北齐初年，是响堂山石窟开凿最早雕刻最为精美的一个洞窟。属中心方柱式塔庙窟，其外形为覆钵塔式。中心方柱高12.5米，洞窟进深面阔约13米。塔柱上部与窟壁共凿26个列龛，龛由弓形楣梁、垂幔、龛柱、覆钵等组成，钵顶雕大型火焰宝珠。大佛洞方柱三面各开凿一大龛，正面龛内一佛两菩萨，正尊坐佛通高5米，佛背光复雕火焰及忍冬纹，七条火龙穿插其间，生动活泼。左侧龛菩萨像高3.5米，菩萨跣足立于莲花之上，后为圆形火焰纹背光。上身裸露，肌体润滑，腹部略隆，左脚微微掂起，体态富有动感，整个造像质感强烈，表现力丰富，被学术界誉为北齐时期佛教造像艺术的经典之作。南响堂石窟原名滏山石窟，现存大小石窟8座，摩崖造像1处。其中第一窟至第七窟为北齐晚期开凿。南响堂北齐洞窟为上下层结构，从立面上形成规模庞大的楼阁式塔形窟造型。南响堂石窟有北齐大丞相高阿那肱出资营建。《滏山石窟之碑》记载："北齐天统元年……大丞相淮阴王高阿那肱，翼帝出京，憩驾于此。因观草创，遂发大心，广舍珍爱之财，开此滏山之窟。"[8]南响堂第五窟属于一个小型佛殿窟，洞窟三壁开龛，顶部满刻飞天藻井，地面浮雕地毯式大莲花，颇具北方游牧民族毡房特色。小响堂石窟（水浴寺），现存洞窟4座，从其凿窟规模上看，比南北响堂石窟有逊色之处，其中保存较好的是西

图一　北响堂大佛洞

窟。西窟为北齐社会中层开凿的一个洞窟，在一定程度上反映了北齐时期不同社会阶层的佛教信仰。响堂山石窟群除有保存比较完好的北齐时期佛造像外，还有大量的保存基本完好的石刻经，成为我们研究北齐时期佛教造像及石刻艺术的珍贵宝库。响堂山石窟始凿于东魏晚期，主体工程完成于北齐时代，其后，隋、唐、宋、明、清乃至民国均有补修和续凿，形成现在的规模，响堂山石窟主要代表了北朝晚期北齐时代的佛教造像艺术。这一时期，佛教造像艺术一方面承继着前期造像的风格，一方面大胆开创着自己的法则，逐步形成更赋有汉民族审美特色的汉式佛像造像模式。这种模式的确立不仅影响到当时北齐一代的造像艺术，而且对我国隋唐以后的雕刻艺术产生了深远的影响。娲皇宫石窟（图二）佛造像，已遭破坏，残缺不全。但是当时的洞窟和"勒之岩壁"[9]上的经函，却基本保存下来了。联系"文宣帝高洋性侈，好土木，……又信释氏，喜刻经像……"[10]的记载，我们不难想像其兴盛时的景象。

图二　娲皇宫石窟外景

东魏北齐时期邺城（临漳）一度成为中国北方佛教中心，除留下了大规模的石窟雕刻之外，还出土了许多单体石造像，这一时期的石造像艺术对隋唐等后世的石窟造像艺术也产生了深远的影响。

经过两百多年的南北朝时期，隋文帝杨坚统一了中国。隋朝除在政治上、经济上实施一些缓和矛盾的措施外，还在思想意识上尽量解除人们的武装，隋文帝杨坚自幼便生活在佛教寺院里，所以他在政权稳定后，就诏令全国恢复佛教。《续高僧传·明芬传》记载："仁寿（601～604年）下诏令，令置塔于磁州石窟寺"[11]。地处中原的邯郸地区虽然在隋代失去了政治中心地位，但是石刻造像发展了北齐造像的两种风格。

在服装式样上虽有所不同，但脸型有共同点：头部渐长，两腮隆起，颈部长而项下有横纹，表情更趋自然。菩萨立像有半裸体，有璎珞佩饰，而骨骼比例及肌肉组织皆更合理。位于涉县固新林旺村的林旺石窟是邯郸境内保存最大的一处隋代石窟遗迹（图三）。林旺石窟最早开凿于北齐，隋代完工。窟门左右侧凿靠山碑两通，在东北、东南、西南三壁上共雕有 120 尊佛像，窟外存雕像 15 尊。隋代的石刻造像艺术，与南北朝及唐代相比较可以明显地看出其过渡的性质，预示了更成熟的时期的到来。

图三　林旺石窟外景

唐代石刻造像艺术在"大而盛"的社会和艺术环境中，进入了成熟阶段。不但继续了南北朝以来的风气，进行大规模的石窟造像和寺庙营建，还出现了表现内容更丰富、技巧更熟练的众多佛教造像类型。唐代审美环境的改变反映到造像艺术上，便出现了端庄丰满、气质浑厚的人物造型，从而达到了佛教造像艺术的顶峰。在这个阶段完成了汉化的进程，佛造像成为了真正本土化的汉式佛像。峰峰矿区鼓山脚下的常乐寺（图四），始建于北齐，初名石窟寺，北齐天统年间（565～569 年）改名为智力寺，宋代嘉祐年间（1056～1063 年）改名为常乐寺，其名一直沿用至今。常乐寺旧有"河溯第一古刹"之称，20 世纪 40 年代被毁。1986 年文物部门曾在遗址上发掘出一批雕刻精美的唐代红砂石佛教造像，印证了常乐寺昔日的辉煌。

在经历过五代数十年的战乱之后，宋太祖赵匡胤一举统一中国。宋代政权建立之后，一反前代后周的政策，给佛教以适当保护来加强国内的统治。佛教在一定程度上得以恢复和发展，宋代皇室对艺术的偏好，使得宋代政治和艺术上的发展趋于一致。宋代寺庙祠堂的建筑材料以木构框架为主，所设置的雕像也以木雕、泥塑、壁画为多，在创作手法上趋于写实，人物造型进一步生活化、世俗化，而石窟石造像相对费时费

图四　常乐寺遗址

图五　法华寺石窟外景

力，这些艺术形式在此时已逐渐超过石窟石造像成为宣扬佛教的主流物象，中原地区的石窟造像艺术开始走向衰落。法华洞石窟（图五）位于武安市西青烟寺村的华山，共有三座洞窟，坐东朝西，左右侧两窟已空，中窟进深7、宽约5米，窟内三壁布满五百罗汉像。南壁正中雕千手观音（图六），宽2.7、高1.2米，造型优美保存完好。法华洞石造像是难得的宋代石造像艺术珍品，目前发现的同时期的千手观音石造像只有武安法华洞的这一尊，同时窟内的五百罗汉造像也是目前已知国内雕凿最早的一处，这些都是研究宋代佛教和石窟造像艺术的珍贵资料。

图六　法华寺千手观音

　　宋代的佛教造像艺术经历过唐朝的顶峰之后，到宋代的石窟雕刻艺术的衰落已初露端倪，至元明清三代已彻底走上下坡路。在这样的发展趋势下，大规模的石窟营造工程和石造已不再占据宣扬佛教的主要角色，佛教石窟造像艺术也日渐衰落，邯郸境内元明清及民国的佛教石窟造像日渐稀少。元代石窟造像目前发现很少，明代造像主要有涉县的千佛洞石窟（图七、图八）、朝阳洞石窟及北响堂关帝洞、文官洞等。而清代及民国的造像艺术水平更低，在这一时期进行的石窟造像修补工作中，有的还对前世留下的艺术瑰宝造成了一定的破坏。但是，北响堂大佛洞内民国时期补刻的16尊造像仍不失为民国时期石造像的精品。

　　石造像艺术是我国灿烂的文化艺术遗产，在富有民族传统的艺术成就中占有很高的地位。邯郸古代石造像艺术更是先人留给我们的民族文化艺术遗产的至宝。在历史长河的冲刷下，邯郸境内不少的文化艺术被湮没了，而这些珍贵的艺术品却长久地留存下来了，成为了我们今天研究历史、对话古人的一座浩大的艺术宝库。

图七　千佛洞石窟内景

图八　千佛洞石窟外景

（文中所用图片均由李付山拍摄）

注　释

[1]　《竺佛图澄传》,《高僧传》卷九,中华书局,1992 年。

[2]　陆巧玲:《佛像艺术在中国流传和发展概况》,《香港佛教》总第 558 期,2006 年。

[3]　智升:《集古今佛道论衡》卷甲,见《大正藏》卷五二。

[4][5]　金维诺:《南梁与北齐造像的成就与影响》,《美术研究》,2000 年 3 期。

[6]　武安市地方志编纂委员会:《武安县志》,中国广播电视出版社,1990 年。

[7][9][10]　涉县地方志编委会:《涉县志》,中国对外翻译出版公司,1998 年。

[8]　邯郸峰峰文物所、北京大学考古队:《南响堂石窟新发现窟檐遗迹及龛像》,《文物》1991 年
　　　5 期。

[11]　道宣:《续高僧传》卷二六《明芬传》,《大正藏》卷五〇。

磁州窑陶瓷研究与赏析

论磁州窑的白釉绿彩装饰及其源流

秦大树[*]

白釉绿彩是用含铜彩料施于白釉瓷器的表面，在氧化焰下高温一次烧成。烧成后的瓷器上，形成如嫩柳新荷般美丽的翠绿色彩斑，十分美观。由于白釉绿彩装饰以美丽的色彩取胜，而不以纹饰的精美见长，主要以斑片类的装饰为主，因此又被学者们称为"白釉绿斑"（White with green splashes）[1]。白釉绿彩瓷器中的彩料，起呈色作用的主要是氧化铜，氧化铜在氧化气氛中烧成后，呈现出鲜艳的绿色[2]。我们曾经对河北磁县观台窑遗址发掘出土的不同呈色的低温绿釉进行 X 荧光分析法测定，发现低温绿釉呈色的深浅，还与釉中的铁含量相关，铁含量越高，越易呈现深重的绿色，最鲜艳浅淡的翠绿色釉中含铁量最少[3]；再结合器物施绿彩处一般都很平滑，已与釉充分地交融的现象，推测绿彩所用的彩料是用白釉料掺入一定量的铜或铜氧化物而成的。因此，烧成的绿彩瓷器具有釉面平整的特征，彩有晕散现象，部分施于器物垂直部分的彩，还有流淌现象。从磁州窑的白釉绿彩器物和河南地区生产的早期白釉绿彩瓷器上绿彩的斑片常常较有规律的现象看，其制作方法可能是在器物上先施一层白釉，然后再在白釉之上的局部乃至全部施一层含有铜呈色剂的白釉，一次高温烧成，那么，烧成的白瓷就会在局部或整体上呈现翠绿色的彩斑。

白釉绿彩装饰在北方地区的瓷器装饰中具有重要意义，首先，与同为早期装饰技法的白釉划花、白釉刻花和白釉印花等单色的装饰相比，白釉绿彩与白釉酱彩在白瓷器物的装饰中突破了单色的装饰特点，在白色的釉上加饰不同形状的绿彩和酱彩彩斑，从色彩上丰富了瓷器的装饰性和表现形式；其次，与同属早期装饰的白釉剔花和白釉珍珠地划花这两种仿金银器的装饰相比，白釉绿彩与白釉酱彩这两种装饰没有模仿其他手工业品的装饰技法[4]，是真正适合瓷器本身特点的装饰技法；再次，白釉绿彩装饰又与同是彩斑装饰的白釉酱彩不同，白釉酱彩只是用常用的黑釉料在白瓷上装饰，而白釉绿彩的彩釉是特别配制的，在白釉中有意添加了铜的氧化物作为呈色物质，表明人们对不同金属元素在釉中的呈色作用有了较清楚的认识，并且掌握了高温烧制绿彩的技术；白釉绿彩装饰开后来钧窑瓷器在天青釉瓷器上加铜红彩装饰之先河，在瓷器的发展史上占有重要地位。

---

* 秦大树，男，1957 年生，北京市人。北京大学考古文博学院教授，博士生导师。主要从事宋辽金元考古、古陶瓷研究及教学工作。代表论著及作品有《观台磁州窑址》（合作）、《宋元明考古》、《磁州窑窑炉研究及北方地区瓷窑发展的相关问题》、《宋元时期北方地区陶瓷手工业装饰工艺的成就及其所反映的问题》等。

　　白釉绿彩瓷器是磁州窑早期阶段最重要的装饰技法之一，根据 1987 年对河北磁县观台窑址的发掘资料[5]，白釉绿彩装饰在观台窑创烧之始就出现了，在北宋早期的第一期使用得较普遍，数量很多，是第一期最主要的装饰技法之一。施用绿彩的器物主要有碗（图一，1）、盏托（图一，2；图三）、注壶（图一，4）、盒，器盖（图一，3）、炉（图一，5；图四）、瓶、罐（图一，6、7；图五）、双耳罐（图一，8～10）及各种玩具类器物和小捏塑，施用绿彩的器物种类很广泛。彩斑一般比较大并且不太规则。

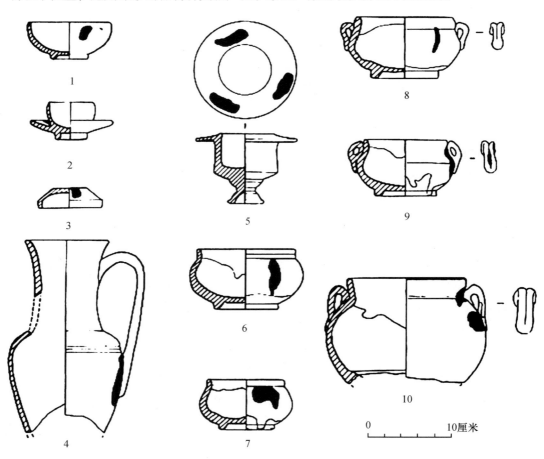

图一　观台窑第一期出土白釉绿彩瓷器

1. 碗（T8⑥:29，一期后段）　2. 盏托（T11⑧:140，一期前段）　3. 器盖（T8⑨:一期前段）　4. 注壶（T8⑥:444，一期后段）　5. 炉（T11⑧:74，一期前段）　6. 罐（T8⑥:94，一期后段）　7. 罐（T8⑨:48，一期前段）　8. 双耳罐（T11⑧:91，一期前段）　9. 双耳罐（T11⑧:90，一期前段）　10. 双耳罐（T8⑥:426，一期后段）

　　进入北宋后期的第二期以后，这种装饰逐渐减少。第二期的前段尚有一些白釉绿彩器，但施用的器型主要在碗（图二，1）、器盖、炉、瓶（图二，2）、罐之上，施用的器型减少，在带装饰器物中所占的比例也明显减少。到了第二期后段，白釉绿彩瓷已很少，只有极个别的炉（图二，4）、器盖（图二，3）、罐和注壶（图六）上还有发现，但是出现了复合装饰，如白釉绿彩与珍珠地划花配合装饰（图二，5）。这时期的绿彩斑一般比较规则且常常呈长条状。到金代后期的第三期就基本绝烧了。

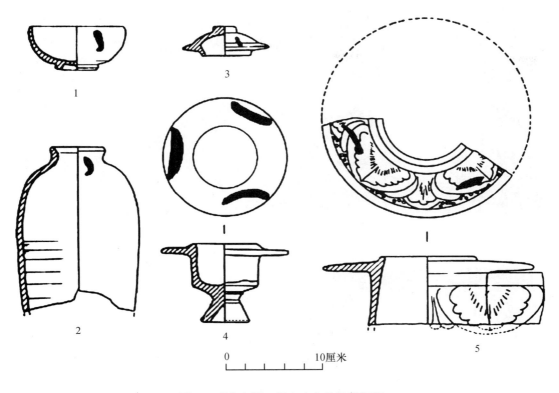

图二　观台窑第二期出土白釉绿彩瓷器

1. 碗（T9⑥:20，二期前段）　　2. 瓶（T5⑧:88，二期前段）　　3. 器盖（T9②:113，二期后段）　　4. 炉

（T3H3:84，二期后段）　　5. 珍珠地划花纹饰图案（T10④:273，二期后段）

磁州窑白釉绿彩装饰的方式或称纹饰图案主要有两种：第一种，在器物的腹，肩部或沿面上施彩斑，彩斑一般呈翠绿色或深绿色，是纯装饰性的，不含其他目的，彩斑的形状有粗，有细，有长，有短，形状上并无规律，但总体上边缘清晰，形状规整，大部分是在器物上施三片，将器物三等分，各份施一片（图七，1；图四，右），也有少量的仅施一片或二片的（图一，1、3）。观台窑所见最复杂的白釉绿彩纹饰是用近似逗点似的斑片，构成简单的三叶草（图七，2；图四，左）和旋转星纹（图七，3；图四，

图三　观台窑第一期出土白釉绿彩盏托

中）。这种纹样仅见于第一期前段，是受同期十分流行的白釉酱彩纹饰的影响而绘制的。

　　第二种，在注壶、罐的系、把等附加部件的根部，加施绿色彩斑（图一，9、10；图六），这种彩斑除了美化器物以外，还有粘接、加固这些附加部件的作用。这种绿彩

图四　观台窑第一期出土白釉绿彩炉

图五　观台窑第一期出土白釉绿彩罐

土的盘口穿带瓶器型相间[7]，是辽代早期的器物。表明第二种白釉绿彩装饰，在功用上除了装饰以外，还起到加固作用；而且在彩料的配制上，也与第一种有所不同。这种加彩方式尽管在磁州窑十分流行，但在其他地方则不甚常见，仅在辽地的窑场和河南北部的一些窑场，如鹤壁集窑等地发现。

磁州窑在创烧伊始就以成熟的技术较大量地生产白釉绿彩瓷器，这是与北方地区这类装饰技法长期发展和广泛流行的工艺背景分不开的。20世纪初在河北钜鹿古城中发现了大批宋代陶瓷器，其中包括了一些白釉绿彩瓷器，如带彩斑的小罐和柄、根部带彩斑的注壶[8]，因此，白釉绿彩在一段时间里被人们认为是宋代磁州窑的一种典型装

装饰的彩料的配方中除了有生产绿彩必不可少的铜氧化物以外，还添加了胎泥等原料，目的是为了更好地起到粘接、加固的作用，但彩的呈色不似第一种鲜艳明丽，呈绿黄色或棕褐色。磁州窑以外的其他窑场中，有些施加于系、把根部的绿彩，也呈现翠绿或深绿的颜色。如日本私人收藏的一件辽白釉绿彩穿带盘口瓶，在横桥形带穿根部饰鲜艳的深绿色彩（图八）[6]，这种盘口瓶与赤峰发现的辽会同五年（942年）耶律羽之墓中出

图六　观台窑第二期出土白釉绿彩注壶

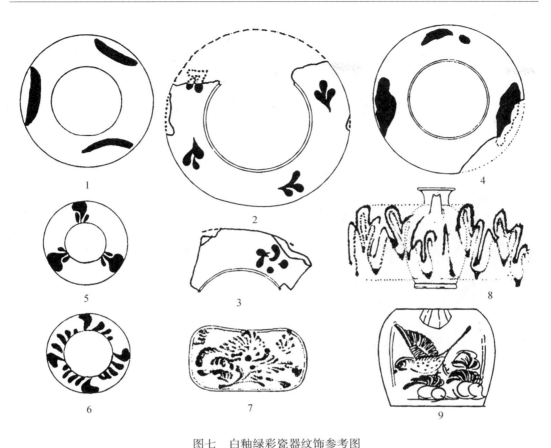

图七　白釉绿彩瓷器纹饰参考图

1～4. 观台窑出土白釉绿彩瓷器纹饰　5、6. 唐代黄堡窑出土白釉绿彩瓷器纹饰　7～9. 长沙窑出土白釉绿彩
瓷器纹饰

饰。但随着研究的深入和考古新发现的不断涌现，目前，学者们已认识到这种装饰渊源久远，生产时间很长，生产的区域广大，绝非磁州窑所特有。

中国古代生产的以铜为呈色剂的低温绿色釉陶可以上推至西汉时期。这种釉陶产生后，在北方地区曾相当流行，三国以后这种釉陶曾一度中落，直到北魏王朝的后期，釉陶才再度兴起，到北齐时开始出现以高岭土为胎的釉陶[9]。低温绿釉是以铜为呈色剂，在氧化气氛下烧成的，因此，以铜为呈色剂的加彩方式的出现，有着十分雄厚的基础和悠久的传统。北齐时期用绿彩在低温釉陶和高温瓷器上作为装饰的技法同时出现。在山西太原发现的北齐武平元年（570年）娄叡墓中出土了一件施淡绿色薄釉的釉陶盉，上用棕黄和深绿色彩各七条相间竖施[10]。这是目前所见最早

图八　日本私人收藏白釉绿彩
盘口穿带瓶

图九　北齐范粹墓出土白釉绿彩长颈瓶

的施绿彩器物。稍晚的材料还有河南安阳北齐武平六年（575年）范粹墓中出土的数件白釉、酱褐釉和淡黄釉绿彩瓷器[11]。其中特别突出的是一件白釉绿彩长颈瓶，在米黄色的釉上用深绿色彩在瓶的肩、腹部装饰，彩、釉的色彩反差很大，彩本身浓艳而且面积大、流动性很强，具有较强的装饰效果（图九）。这件器物曾被认为是白釉瓷器[12]，但经过深入研究，认为仍属釉陶器[13]。以上两例均属釉陶上加绿彩之例，彩的颜色也与早已流行数百年的低温绿釉陶器相近，说明这时的彩大体还是早期低温铅釉的延用。北方地区烧制低温绿釉有悠久的历史，而淡青黄色的釉是北朝时在北方新出现的工艺，因此用深绿色釉装饰淡色的釉陶，是北方制瓷业在这种特定的条件和时期的创造，没有其他手工业品装饰技法的渊源。河南濮阳北齐武平七年（576年）李云墓中出土了一件青釉绿彩四系罐[14]，此器

釉呈淡青黄色，是一件高温青瓷器，彩饰为竖条状，从口及四系竖施，有强烈的流淌现象，呈较淡的翠绿色，与器物原有的印纹和雕刻装饰相配合，使器物显得华丽而精美（图一○）。这件器物的出土证明，至晚北齐晚期开始，高温的铜绿彩开始出现了，这使绿彩完成了从低温铅釉向高温绿彩的转化。如果说娄睿墓，范粹墓中的绿彩瓷器开了绚丽的唐三彩之先河[15]，李云墓中的高温绿彩则沿着另一条轨迹发展，最终演化成了晚唐、北宋时期在北方广泛流行的白釉绿彩瓷器。由此可见，白釉绿彩装饰的产生大体是与北方地区白瓷的创烧同时。尽管我们还不能据上述材料就认定白釉绿彩与白釉同

图一○　北齐李云墓出土青釉绿彩四系罐

时产生，但可以看到，这种装饰在北朝晚期到隋代曾流行一时。

　　从窑址调查发掘的资料看，这一时期带有加彩装饰的器物应主要是安阳相州窑的产品，河南安阳一带的相州窑曾经于20世纪50年代开展过考古发掘工作，将窑址的时

代定为隋代[16]。然而，近年来通过对当年发掘资料的整理和深入研究，发现当年的一些发掘品与范粹墓中出土的瓷器相同，表明相州窑的时代应可上溯到北齐时期，并是最早开始生产白瓷的瓷窑之一[17]。也有学者认为，范粹墓中出土的瓷器和李云墓出土的瓷器均为安阳地区的产品[18]，因而高温绿彩瓷器应首创于相州窑。尽管目前安阳窑址的调查和试掘，均未报道发现过白釉绿彩瓷器[19]，但相关的材料还是可以证明这一点的。郑州河南古陶瓷标本博物馆还收藏有一件北齐的白釉四系罐，来自于安阳一带，上面有相间竖施的条状绿彩和棕黄色彩（图

图一一　河南古陶瓷标本博物馆藏
相州窑北齐白釉绿彩四系罐

一一），瓷器在造型和胎釉特征上与范粹墓出土的一件白釉绿彩三系罐颇为相似[20]，这种复合彩的装饰与大体同期的四川邛崃窑的复合彩有异曲同工之妙，唐代后期也曾在河南巩义黄冶窑生产。北方地区早期瓷器生产的另一个中心——河北邢窑遗址的调查、发掘工作证实，尽管发现了北朝时期的白瓷器，但窑址中并未见这个时期的绿彩瓷器，不过，在发掘内丘城关和临城祈村两处窑址时，在最早的隋代地层中发现开始生产低温绿彩瓷器（或称绿釉），此后，绿彩瓷器就不再生产了。邢窑遗址发现了唐代中晚期的三彩瓷，但仅见施单色淡黄釉、深咖啡色釉和施黄、绿、褐红、白、多色的三彩器，未见报道单色绿彩器[21]。目前的资料表明，邢窑在其生产历史上，除了很简短的时间外，不烧或至少是不常见白釉绿彩瓷。另一处北朝时期烧造瓷器的区域，山东淄博到枣庄一带，只生产青釉瓷器，也没有生产绿彩瓷器的报道[22]。目前在早期窑址中发现单色绿彩瓷器的有河南巩义窑，巩义黄冶窑址相当于隋末到唐初的地层中，出土了褐釉加绿彩的瓶，盛唐时期出现了白釉单彩器，晚唐时期则是白釉绿彩瓷生产的全盛时期[23]。说明巩县窑是烧制白釉绿彩瓷器的一处重要窑场，且生产的时间也较早。

隋代到唐代前期是白釉绿彩装饰发展的低谷时期，在较重要的出土白瓷器的墓葬

图一二　唐代黄堡窑出土白釉绿彩炉

中未见白釉绿彩器物。从窑址的调查发掘资料看，也只有巩义黄冶窑还在少量生产。白釉绿彩的再次流行出现在中晚唐时期，标志是这种装饰在北方地区开始广泛流行。在唐代黄堡窑遗址第三期（中唐，757～840年）地层中开始出现白釉绿彩瓷，到了第四期（晚唐），则比较流行[24]。耀州窑白绿彩瓷是高温一次烧成，因此彩呈翠绿色（图一二），晕散较严重，纹饰以斑片

和点为主，也有少量的线纹（图七，5、6）。白釉绿彩从最早出现的河南地区向陕西地区的传播比较早，与特定的历史背景相关。唐"安史之乱"以后，中央政府在北方地区能有效控制的主要是两京地区，两地的交往密切，这是绿彩装饰能够从河南中西部以巩义市为中心的地区较快地传入陕西的主要原因。

图一三　河南登封市曲河窑址出土白釉绿彩注壶

同时，在河南省境内的黄河南北的许多窑场中开始出现白釉绿彩瓷器，鲁山段店窑晚唐时期也开始烧制白釉绿彩瓷器[25]，新密西关窑在早年的调查中曾较多地发现白釉绿彩瓷，然而发掘简报中却未见报道出土，或许是发掘面积较小的缘故[26]。河南地区晚唐时期烧制白釉绿彩瓷器的还有登封曲河窑（图一三）[27]，郏县黄道窑[28]，鹤壁集窑[29]，辉县沿村窑，庙院后窑[30]等。其中，白釉绿彩瓷器生产数量最多，产品种类最丰富的当属河南巩义市黄冶窑。

黄冶窑的白釉绿彩瓷的特点是白釉之上施彩的面积很大，彩的流动性很强，使釉面形成斑驳的彩斑，彩色肆意流淌，形如泼彩，如河南巩义市博物馆收藏的一件白釉绿彩执壶，彩釉覆盖了器物的大部

（图一四）[31]。河南地区生产的这种大面积施彩的白釉绿彩器物，在某种程度上受到了当时甚为流行的唐三彩器物的影响，在晚唐时期流行一时。可以看出，晚唐时期黄河以南的河南中西部地区是烧制白釉绿彩瓷的中心地区，产量多，施彩的器物多样，彩色鲜艳。这大约是因为以巩县为中心的地区是唐三彩生产最发达的地区，白釉绿彩是三彩瓷器的来源，而三彩器的发展又进一步促进了白釉绿彩的发展。与黄冶窑类似的白釉绿彩瓷器还很有可能在白釉绿彩瓷最早的产地河南安阳相州窑生产，邯郸市五七砖厂墓葬出土了一件白釉绿彩执壶，就有可能是古代相州到磁州一带瓷器产区的产品，施彩特征上与黄冶窑

图一四　河南巩义市博物馆藏黄冶窑
出土白釉绿彩注壶

颇为相似（图一五）[32]。

白釉绿彩瓷与唐三彩的重要区别在于：唐三彩是一种以随葬品和日用陈设用具为主要产品的瓷类。中国古代生产釉陶的时间很早，但几乎从釉陶生产之初，就主要用来制作墓葬明器和灯、炉等日用器皿，表明人们很早就意识到这种含铅的低温釉不宜用作饮食器，三彩器也同样是这样，与一般高温瓷器的使用有明显的不同。而白釉绿彩瓷，在其用做装饰而创制不久，就被用来当作高温一次烧成器物的装饰，从而成为日用饮食器的一种装饰。再者，如果说唐三彩主要是一种贵族用品和贵族文化的体现，白釉绿彩则以其简洁的纹样和明快艳丽的色彩及其实用性而得到了广大民众的喜爱。因此随着晚唐以来瓷器逐渐成为一种为广大民众所用的日用器皿，白釉绿彩也迅速得到发展与推广。

图一五　河北邯郸市五七砖厂墓葬出土
白釉绿彩执壶

晚唐时期发达的白釉绿彩瓷器以往并未引起学者们的充分注意，1998 年在印度尼西亚苏门答腊岛与婆罗洲之间的勿里洞海域发现黑石号沉船，从中出水了六万多件中国瓷器，长沙窑瓷器占了绝大多数，其中发现了一件带有唐代宝历二年（826 年）纪年的长沙窑瓷碗，因此船沉没的年代大致不会晚于这个年代太多，可以确定为 9 世纪前半叶的船[33]。引人注目的是黑石号沉船还出水了一批白釉绿彩瓷器，这批集中出水的白釉绿彩瓷由于其较多的数量、形制多样、造型多仿金银器（图一六）、许多还有附加的贴塑和划花装饰（图一七）、施绿彩的面积很大甚至通体施彩等特点（图一八），引起了学界的高度重视，鉴于以往这类器物在国内出土不多，学者们首先对于其产地进行了探讨，指出其主要应为河南巩义黄冶窑的产品。事实上，如前所述，相州地区也可

图一六　黑石号沉船出水白釉绿彩杯

图一七　黑石号沉船出水白釉绿彩贴花碗

图一八　黑石号沉船出水白釉绿彩罐

能是这类白釉绿彩瓷器的产地之一。无论如何，我们在这里应该强调的是，在 9～10 世纪中国瓷器的外销高峰中，施加了绿彩装饰的长沙窑瓷器和白釉绿彩瓷器是最重要的外销产品。黑石号出水的瓷器代表了东南亚地区唐代外销瓷的情况。同样，在西亚地区曾经作为阿巴斯王朝都城的萨玛拉遗址中也曾出土过相当数量的白釉绿彩瓷器[34]。这可能与伊斯兰地区尚蓝、尚绿的风习有关。总体上看，这类白釉绿彩瓷器在海外发现的数量明显比在国内的考古单位中出土的数量要多，表明这类器物很可能是主要为外销生产的。

　　绿彩装饰得到最充分发展的是在湖南长沙窑。长沙窑在初创时期并不生产单色绿彩瓷，从相当于中唐末到晚唐初的第二期开始，同时出现青釉绿彩和白釉绿彩瓷器，到唐末五代时期的第四期有了很大的发展，入宋以后则随长沙窑的衰落而消失[35]。有学者认为长沙窑的生产收到了河南地区制瓷业的强烈的影响，这种影响体现在器物的种类、造型，胎釉特征绿和装饰，其中长沙窑白釉彩瓷的烧制也是得自中原地区的影响，此观点颇为有理[36]。同时我们还可以看到，由于长沙窑是以外销为主的窑场，海外的需求和喜好又使绿彩装饰在长沙窑得到了极大的发展。长沙窑的绿彩装饰比中原地区的白釉绿彩有了很大的发展和突破。表现为长沙窑在学习中原地区斑、点类的绿彩装饰的基础上，使绿彩成为可以表现复杂图案的装饰，出现了曲线纹（图七，8）、联珠纹、草叶纹（图七，7）和卷云纹等复杂的纹饰，由斑、点发展为以线为主的构图。另外，长沙窑的一项重要的创新是将铜与铁相羼和，配制出一种新的彩料，它烧成后呈现出一种褐绿色的颜色。这种褐绿彩稳定性不及酱彩而强于绿彩，可以用毛笔绘制图案，但又有一定的晕散现象，因而被用来绘制复杂图案，构成被称为"棉线式"的线条[37]，与纯铁彩料绘制的"铁线式"线条配合，构成长沙窑丰富多彩的纹饰图案（图七，9；图一九）[38]。长沙窑还常用绿彩、酱彩和褐绿彩相配合，使器物被装饰得十分艳丽。这种装饰虽鲜艳丰富不及唐三彩，但在纹饰的复杂写实方面却强于唐三彩。这种褐绿彩的缺陷是对釉有侵蚀作用，凡施这种褐绿彩的部分，大多有

图一九　黑石号沉船出水长沙窑复合彩鸟纹碗

剥釉现象，这也许是这种彩未能发展下去的重要原因。

　　与前述的磁州窑白釉绿彩器物相比，我们大体可以看出，大约以五代时期为界，早期白釉绿彩瓷的特点是彩的面积较大，流动性强，往往在器表形成流云般的或斑驳的不规则彩斑；北宋以后，绿彩的面积变得小而有规律，强调一定的布局安排，常常在器物上施等分的三片彩斑，而且，由于可以有效地控制彩的流动，使彩的形状也变成了规整的片状或条状，磁州窑的白釉绿彩瓷器表现出绿彩装饰从强烈的泼彩性向点画性发展的方向，观台窑的三瓣草叶纹和旋转星纹是绿彩向点画方向发展的极至[39]。

　　五代以后，由于白釉绿彩鲜明的装饰特色，生产的窑场更加普及，并向周边地区继续扩展。河南地区在晚唐烧制白釉绿彩瓷器诸窑场的基础上，北宋时期又增加了修武当阳峪窑[40]、禹州钧台窑、扒村窑、神垕刘家门窑[41]，宝丰清凉寺窑[42]，宜阳县西街窑[43]，巩县芝田窑[44]等，这样，遍及黄河南北的各主要窑区普遍生产这种器物。观台窑址从北宋初创烧之始就较多地生产白釉绿彩瓷器，显然这是接受了来自河南中西部地区，从巩义、辉县到鹤壁一线的影响。而从磁州窑往北的邢窑，定窑迄今未报道生产白釉绿彩瓷，这是由于邢窑、定窑的制瓷特点是以生产不施化妆土的精细白瓷为重要特点，在白瓷生产成熟以后，精细白瓷和化妆白瓷的生产开始分野，重要的表现就是各自发展了适合自身特点的装饰技法[45]。白釉绿彩是化妆白瓷独具特点的装饰技法，所以在中唐以后并不为邢窑、定窑等生产精细白瓷为主要特征的窑场所接受。山东地区的制瓷风格早期有独自的发展脉络，入宋以后受河南中西部地区的影响较大。在山东淄博磁村窑五代到北宋初的地层中，出土了白釉绿彩瓷器[46]。枣庄中陈郝南窑遗址调查中也发现了白釉绿彩瓷器[47]。

　　辽瓷中也有一定数量的白釉绿彩瓷。目前报道发现了白釉绿彩的辽代窑址有内蒙古林东南山窑[48]，北京房山龙泉务窑[49]，密云小水峪窑[50]等。辽代最重要的窑场——赤峰缸瓦窑屯窑，目前由于窑址调查、发掘工作的限制，尚未见白釉绿彩瓷的报道。但是传世的一些器物表明，缸瓦窑在辽早期生产白釉绿彩瓷。如前述的白釉绿彩盘口穿带瓶，就应是缸瓦窑的产品（图八）。辽宁省博物馆也收藏有一件类似的白釉绿彩穿带瓶[51]。辽代瓷器中在单色绿彩的使用方面还有独特之处，即将绿彩与划花纹饰相配合，在划出的茎、叶和花头部分施绿彩，或在划出的鱼、琴鸟等部分填绿彩，使绿彩规整而更具有表现力。日本出光美术馆收藏的一件白釉绿彩杯口长颈瓶就是典型的例证（图二〇）[52]。这种划线内填绿彩的装饰并非孤例，日本东京国立博物馆收藏一件白釉绿彩盘口瓶，在其腹部用划纹画一株草花纹，草花纹内填绿彩[53]。考古工作中也多次发现了这种与划花装饰相配合的白釉绿彩器物实例，如阿鲁科尔沁旗 1969 年在内蒙古阿鲁科

图二〇　日本出光美术馆藏辽白釉绿彩杯口长颈瓶

图二一　私人收藏辽白釉绿彩划花盆

尔沁旗天山口公社红旗大队北山辽墓中，出土一件白釉划花绿彩花鸟纹盆，在盆内底划画的花纹内，均填以绿彩[54]，这样的白釉绿彩盆在阿旗的范家屯辽墓，万金山M1，朝克图山M4等墓葬中均有出土[55]，表明这种装饰还是比较流行的，北京私人收藏一件辽代白釉绿彩盆，可作为这类装饰的代表（图二一）。辽代的白釉绿彩瓷器集中发现在阿鲁科尔沁旗一带，即以上京为中心的区域，生产的窑址主要是阿鲁科尔沁旗东沙布尔台乡的代白乌苏村南窑址[56]，我们从辽瓷中的白釉绿彩瓷器可以看出：第一，辽瓷中的白釉绿彩装饰应是受到中原地区的影响，早期的在器物的系、把等部加彩的技法，则主要学自磁州窑，未经过定窑这一中间环节。第二，辽瓷发展了白釉绿彩装饰，将其应用到划花的纹饰之中，使绿彩变得规整，并可表现一定的纹饰内容。白釉绿彩与白釉酱彩一样，同样是一种较简便的装饰方法，文化含量不高，因而易于被吸取、应用。同期在河南地区和磁州窑流行的珍珠地划花和白釉剔花装饰，辽瓷很少使用或未见使用，表明了辽地的瓷业以简洁实用为目的的特色。

白釉绿彩瓷器从中晚唐起到北宋末，在北方广大地区流行，到北宋后期衰落，入金以后基本上绝烧。目前见到最晚的有年代依据的材料，就是大观二年（1108年）湮没的钜鹿古城中出土的几件。白釉绿彩迅速衰落的原因使人很难理解，三彩器的兴盛和白地黑花等其他装饰的兴起，阻断了白釉酱彩的发展，可能是原因之一，但绝不是一个圆满的答案。白釉绿彩装饰的发展，可能对钧窑的天青釉红斑装饰的出现产生了重要的影响，因为含铜彩料在氧化气氛下烧成会形成绿色的彩斑，而在还原气氛中烧成则会呈现出红色。晚唐五代时期，湖南长沙窑和四川邛崃窑中的绿彩器就有因某种特殊原因而成为红彩的。从施彩方式、部位和纹饰图案看，这种红彩是与绿彩完全相同的。显然，长沙窑和邛崃窑红彩的出现，纯属由于窑炉中出现的还原气氛而偶然形成的。可以推测，北方地区白釉绿彩装饰的流行，启发了钧窑的工匠，他们在天青釉上加施含铜彩釉，而天青釉的烧成恰恰需要还原气氛，于是红彩斑就产生了。目前看到的钧瓷上的红彩斑的装饰方法，与白釉绿彩的装饰方法一致，均是施彩斑为主，这也体现了二者的渊源关系。

白釉酱彩和白釉绿彩装饰都是在陶瓷本身发展过程中产生的简单装饰。磁州窑早期曾吸取这些装饰，是磁州窑早期最流行的两种装饰，堪称磁州窑的典型产品。这是磁州窑建立之初努力学习和吸取其他地区先进工艺的表现。而当磁州窑的瓷业得到发展以后，即将白釉酱彩装饰发展为具有独特风格的白地黑花装饰，并放弃了继续生产白釉绿彩装饰。这两种装饰的衰落和变化，正是磁州窑制瓷业成熟和独特风格形成的标志。

综上所述，白釉绿彩装饰是用含铜彩料加施于釉面之上，在高温下一次烧成的装饰方法。它起源于用低温绿釉装饰白釉陶的自然选择，并非模仿其他手工业产品的装饰。北齐后期始应用于对高温瓷器的装饰。由于白釉绿彩明快鲜艳的呈色，简单易行的特点，深受民众的喜爱。从中晚唐始，这种装饰工艺首先在河南、陕西地区流行，并逐渐向四周传播，北宋时在北方地区达到极盛。绿彩装饰先后在长沙窑和辽瓷中得到发展，用来表现较复杂的图案。北宋后期白釉绿彩开始衰落，金代时停烧，衰亡的原因不明。白釉绿彩的装饰方法被钧窑所继承，产生了天青釉加红彩斑装饰。

注　释

[1]　Yutaka Mino，"*Freedom of Clay and Brush through Seven Centuries in Northern China*：*Tz'ŭ-Chou type wares*，960 ~ 1600 A. D."，Indianapolis University Press，1981，Bloomington. 长谷部乐尔：《磁州窑》，《陶磁大系》第 39 册，平凡社，1974 年。

[2]　叶喆民：《中国古陶瓷科学浅说》，轻工业出版社，1982 年。

[3]　梁宝鎏、Michael J. Stokes、陈铁梅、刘伟、秦大树：《观台窑出土瓷片的 X 荧光分析法测定及其制造工艺探讨》，《观台磁州窑址》附录二，文物出版社，1997 年。

[4]　珍珠地划花装饰是在瓷器上模仿金银器中的鱼子文地錾花技法；白釉剔花则是在仿金银器中的金花银器技法。参见秦大树：《白釉剔花装饰的产生、发展及相关问题》，《文物》2001 年 11 期。

[5]　北京大学考古学系，河北省文物研究所，邯郸地区文物保管所：《观台磁州窑址》，文物出版社，1997 年。通过对发掘出土器物的研究排比，笔者将观台窑的烧制历史分为四期七段，四期的划分体现了磁州窑初创、发展、繁荣和衰落四个阶段；期内的分段又体现了各阶段本身的变化。其具体的时代为：第一期前段，五代末到北宋初的太祖太宗两代（10 世纪后半）；第一期后段，北宋真宗到仁宗庆历年间（998 ~ 1048 年）；第一期与第二期之间有一段缺环（1049 ~ 1067 年）；第二期前段，北宋神宗、哲宗朝（1068 ~ 1100 年）；第二期后段，北宋末的徽、钦二朝到金海陵王朝以前（1101 ~ 1148 年）；第三期，从金海陵王朝到蒙古军队占领磁州（1049 ~ 1219 年）；第四期前段，金末、蒙古时期到元前期（1220 ~ 1307 年）；第四期后段，元后期，不晚于明建文年间（1308 年 ~ 14 世纪末）。关于分期的对比资料，笔者在撰写报告时限于篇幅，并未充分引证，更详细的资料参见秦大树：《磁州窑研究》，北京大学博士学位论文，1997 年。

[6]　《磁州窑》，前揭注，彩版 3，日本蘘四次担收藏。

[7]　内蒙古文物考古研究所等：《辽耶律羽之墓发掘简报》，《文物》1996 年 1 期。

[8]　仓桥藤治郎：《钜鹿出土陶》，图版 3、7，工政会出版部，1932 年。

[9]　李知宴：《中国釉陶艺术》，轻工业出版社、两木出版社，1989 年。

[10]　山西省考古研究所等：《太原市北剂娄叡墓发掘简报》，《文物》1983 年 10 期。

[11] 河南省博物馆：《河安安阳北齐范粹墓发掘简报》，《文物》1972 年第 1 期。

[12] 李知宴：《谈范粹墓出土的瓷器》，《考古》1972 年 5 期。

[13] 《中国釉陶艺术》，前揭注，第三章、第二节。

[14] 周到：《河南濮阳北齐李云墓出土的瓷器和墓志》，《考古》1964 年 9 期。

[15] 冯先铭：《从娄叡墓出土文物谈北齐陶瓷特征》，《文物》1983 年 10 期。

[16] 河南省博物馆，安阳地区文化局：《河南安阳隋代瓷窑址的试掘》，《文物》1977 年 2 期。

[17] 杨爱玲：《关于安阳隋张盛墓个北齐范粹墓出土白瓷产地问题的研究》，《中国古代白瓷国际学术研讨会论文集》，上海书画出版社，2005 年。

[18] 张增午：《隋代相州窑青瓷》，《河南文物考古论集（二）》，中州古籍出版社，2000 年。

[19] 《河南安阳隋代瓷窑址的试掘》，前揭注；卫本峰：《安阳县古瓷窑遗址考察》，《中原文物》1986 年 3 期。

[20] 承蓝普生先生提供照片，谨致谢忱。关于范粹墓出土的一件见《中国古代白瓷国际学术研讨会论文集》，前揭注，图版 6。

[21] 内丘县文物保管所：《河北省内丘县邢窑调查简报》，《文物》1987 年 9 期；河北省文物研究所等：《邢窑遗址调查、试掘报告》，《考古学集刊》（14），文物出版社，2004 年。

[22] 关于淄博的早期窑址参见山东淄博陶瓷史编写组等：《山东淄博寨里北朝青瓷窑址调查纪要》，《中国古代窑址调查发掘报告集》，文物出版社，1984 年。枣庄中陈郝窑址，参见山东大学历史系考古专业等：《山东枣庄中陈郝瓷窑址》，《考古学报》1989 年 3 期。

[23] 冯先铭：《河南巩县古窑址调查纪要》，《文物》1959 年 3 期；郭建邦、刘建洲：《巩县黄冶唐三彩窑址的试掘》，《河南文博通讯》1977 年 1 期。2003、2004 年大规模的发掘情况见河南省文物考古研究所等：《黄冶窑考古新发现》，大象出版社，2005 年。

[24] 陕西省考古研究所：《唐代黄堡窑址》，文物出版社，1992 年。

[25] 李辉柄，李知宴：《鲁山段店窑》，《考古》1980 年 5 期；河南省文物研究所等：《河南鲁山段店窑的新发现》，《华夏考古》1988 年 1 期；孙新民、赵文军、郭木森：《河南古代瓷窑》，贰《河南重要古瓷窑址简介》，一〇《鲁山县段店窑》，台北：国立历史博物馆，2002 年。

[26] 郑州市文物工作队等：《河南密县西关瓷窑遗址发掘简报》，《考古》1995 年 6 期；冯先铭：《河南密县、登封唐宋古窑址调查》，《文物》1964 年 3 期；河南省文化局文物工作队：《河南省密县、登封唐宋窑址调查简报》，《文物》1964 年 2 期。

[27] 《河南密县、登封唐宋古窑址调查》，《河南省密县、登封唐宋窑址调查简报》，前揭注。《河南古代瓷窑》，贰《河南重要古瓷窑址简介》，前揭注，六《登封市曲河窑》。

[28] 冯先铭：《新中国陶瓷考古的主要收获》，《文物》1965 年 9 期；《河南古代瓷窑》，贰《河南重要古瓷窑址简介》，前揭注，九《郏县黄道窑》。

[29] 河南省文化局文物工作队：《河南省鹤壁集瓷窑遗址发掘简报》，《文物》1964 年 8 期。

[30] 河南省文化局文物工作队：《河南辉县古窑址调查简报》，《文物》1965 年 11 期。

[31] 河南省文物考古研究所等：《巩义黄冶唐三彩》第 80 页，大象出版社，2002 年。

[32] 邯郸市文物研究所：《邯郸文物精华》，图版 140，文物出版社，2005 年。

[33] 谢明良：《记黑石号（Batu Hitam）沉船中的中国瓷器》，《美术史研究集刊》总 13 期，2002 年。

[34] 见 Friedrich Sarre, "*Die Keramik Von Samarra*", Berlin, 1925. 延斯·克勒格尔：《1911～1913 年萨玛拉出土的中国白瓷》，《中国古代白瓷国际学术研讨会论文集》，上海书画出版社，

2005 年。

[35] 长沙窑课题组编：《长沙窑》，紫禁城出版社，1996 年。

[36] 李建毛：《长沙窑研究的几个问题》，《中国古陶瓷研究》第九辑，紫禁城出版社，2003 年。

[37] 《长沙窑》，前揭注。根据报告第三章所附釉彩的化学分析表（表二），这种褐绿彩（有时呈褐红色）在含铁量较高的同时，还含有一定量的铜。

[38] 周世荣：《长沙窑瓷绘艺术》，上海人民美术出版社，1994 年。

[39] 事实上，在长沙窑器物上，绿彩已被成功地用来绘画各种纹饰，尽管长沙窑的绿彩与北方地区的白釉绿彩瓷的相互影响关系和工艺技术联系等问题仍然有待深入探讨，但大体可以将长沙窑的绿彩棉线装饰与北方的白釉绿彩划为两个体系，此处的观点主要是以北方的白釉绿彩瓷作为探讨的范围。

[40] Orvar Karlbeck, "Notes on the Wares from the Chiao Tso Potteries", *Ethnos*, vol. 8, No. 3, 1943.

[41] 北京大学中国考古学研究中心等：《禹州神垕钧窑址》，待刊；叶喆民：《河南省禹县古窑址调查记略》，《文物》1964 年 8 期。

[42] 河南省文物研究所：《宝丰清凉寺汝窑址第二、三次发掘简报》，《华夏考古》1992 年 3 期。

[43] 《河南古代瓷窑》，贰《河南重要古瓷窑址简介》，前揭注，一四《宜阳县西街窑》。

[44] 巩义市文管所：《巩义市芝田宋三彩窑址调查》，《中原文物》1992 年 4 期。

[45] 秦大树：《早期白瓷的发展轨迹》，《中国古代白瓷国际学术研讨会论文集》，上海书画出版社，2005 年。

[46] 山东淄博陶瓷史编写组：《山东淄博市淄川区磁村古窑址试掘简报》，《文物》1978 年 6 期。

[47] 枣庄市文物管理站：《山东枣庄古窑址调查》，《中国古代窑址调查发掘报告集》，文物出版社，1984 年。

[48] 李文信：《林东辽上京临潢府故城内窑址》，《考古学报》1958 年第 2 期。

[49] 北京市文物研究所：《北京龙泉务窑发掘报告》，北京：文物出版社，2002 年。

[50] 赵光林：《近几年北京发现的几处古代瓷窑址》，《中国古代窑址调查发掘报告集》，文物出版社，1984 年。

[51] 辽宁省博物馆编：《辽瓷选集》，图版 54，文物出版社，1961 年。

[52] 出光美术馆：《中国陶磁-出光美术馆藏品图录》，彩版 69，平凡社，1987 年。

[53] 《东京国立博物馆图版目录·中国陶磁篇Ⅰ》，图版 328，东京国立博物馆，1988 年。

[54] 冯永谦：《新发现的几件辽代陶瓷》，《文物》1981 年 8 期。

[55] 彭善国：《辽代陶瓷的考古学研究》，第 135、136 页，表 3-21，吉林大学出版社，2003 年。

[56] 《辽代陶瓷的考古学研究》，前揭注，第 47 页。也有学者认为，这类器物是在辽上京南城内的南山窑生产，路菁：《辽代陶瓷》，第 36 页，辽宁画报出版社，2002 年。不过，通过近年的考古工作，学者们对在辽上京城内是否会有瓷窑表示了疑义，兹存疑。

磁州窑陶瓷雕塑艺术品浅谈

张 惠[*]

　　磁州窑是我国古代北方著名的民间瓷窑，主要分布于邯郸西南古磁州境内的漳河和滏阳河两岸，并以今磁县观台窑址和峰峰矿区彭城窑址为中心，计 10 余处窑址，自五代末期创烧至明清期间，创作并保留下了大批价值极高的陶瓷艺术作品。从烧制工艺上区分，既有白釉、黑釉、棕黄釉及仿定器等高温瓷器，又有绿釉、黄釉、翠蓝釉、红绿彩等低温釉瓷器及素胎器等；从装饰技法上区分，包括划花、剔花、刻花、印花、绘画、书法、镂刻、贴塑、雕模等多种形式数十个品种；从造型艺术上区分，既有以实用为主的普通瓷器，又有以立体圆雕或以浮雕、镂刻为主要装饰技法的雕塑作品；从功能用途上区分，则几乎涵盖了生活器具、陈设赏玩、宗教偶像和建筑装饰等所有品种。近几年，笔者在参与《中国出土瓷器全集·河北卷》、《邯郸文物精华》、《邯郸古代雕塑精粹》及磁县"中国磁州窑博物馆"文物拍摄和编撰过程中，曾接触过众多精美的磁州窑陶瓷艺术珍品，现仅就其中部分保存较好、价值较高的雕塑艺术作品，谈一下自己粗浅的看法。

一、生 活 用 瓷

　　磁州窑属民间瓷窑，以生产日用陶瓷为主，所占比例可达 80% 以上。所见器类虽多为餐饮、盛储、舆服、器什、文娱等普通瓷器，但其中亦不乏艺术品味很高的雕塑作品。例如，以浮雕、镂刻为主要装饰技法或以立体圆雕形式制成的各类雕花枕、镂花枕、动物枕、人物枕、熏炉等，就是生活用瓷中最具代表性的雕塑艺术作品。

　　雕花枕和镂花枕，流行于金代，器形以扇面形或弧边长方形枕最常见，多在枕壁前、后立面浮雕或镂刻出各种花卉图案，除施以绿、黄绿等低温彩釉外，还发现有较多素胎的半成品或模范等。如邯郸市博物馆收藏的一件磁县观台镇出土（征集）的黄绿釉雕花划荷枕，面长 35、宽 17.5 厘米，呈扇面形，前部低窄，后部宽厚，四壁左右平直，前后弯弧，顶面刻划荷花和茎叶，后壁上沿呈竹节形，壁面浮雕缠枝花卉图案，施黄釉，整体施墨绿釉（图一）。1987 年磁县观台窑址出土的两件黄绿釉枕，均作扇

　　* 张惠，女，河北沧州人。河北省博物馆副研究馆员，中国文物摄影学会理事。主要从事文博摄影及研究工作，拍摄出版国家及省内外文物图录 15 部，在国内发表摄影作品千余幅，多次获国家级省级摄影作品奖，主编《壶里大千》等图书 3 部，发表科研论文数篇，曾获河北省社会科学研究优秀成果奖。

面形，后缘出沿，作如意头形。一件面长 31.2、宽 18 厘米，枕面划线条流畅的大叶缠枝花朵纹，后立面为模制浮雕图案，整体以卷草纹为地，中心上方印"福"字，下方为一只俯卧的小鹿，两侧草丛中各有一盘坐的老人，似为福、禄、寿之意[1]。另一件面长 33.6、宽约 21 厘米，枕面划简洁明快的游鹅戏水图案，后立面分上下两栏，上栏透雕镂刻荷塘叶蔓，下栏压印菱格纹花墙；器表整体施深绿釉，上下栏边框施黄釉（图二）。本类瓷枕均采取浮雕或透雕与划花相结合的手法，并施以绿、黄等彩釉，既增强了枕体画面的表现层次及立体效果，又丰富了枕体画面的表现内容，并从主体色彩上给人以美的享受。

图一　黄绿釉雕花划荷枕

图二　黄绿釉镂花枕

动物枕，自宋代以来各时期均有生产，器型以圆雕卧虎、卧狮、卧猫形或动物驮叶形较常见，枕体或动物体基本上全部为雕模制作，器表多施以白釉、白釉黑彩或黄绿彩釉，另有较多待施釉的素胎半成品和部分模范。例如，磁县磁州窑博物馆收藏的一件北宋时期的白釉珍珠地牡丹纹卧虎枕，长 25、宽 15.4 厘米；虎头偏向左侧，凝眉，圜眼，巨口咧至耳际，躬身，屈肢，利爪外露，粗尾前甩，以圆雕与浮雕相结合的手法，生动地表现出猛虎的卧姿形象；并以削平的虎背为枕面，其上压印珍珠地，刻划牡丹纹图案（图三）。1987 年磁县观台窑址出土的素胎卧狮枕和卧狮驮叶枕，前者长 15.5 厘米，雄狮静卧于椭圆形台座上，头部前伸，鬃发后扬，双目前视，阔鼻宽吻，背部略凹，身披印花缠枝蔓草边饰锦垫，长尾分缕卷曲，四肢前伸，伏地平卧（图四）；后者狮座长 19 厘米，俯首，披鬃，拱背，扬尾，口衔授带，身缠花饰，背驮荷叶形枕面，屈肢俯卧于椭圆形底座上。此外，明清以来以宠物花猫为题材的动物枕也非常流行。上述瓷枕虽形态各异、枕面有别，但从艺术角度均以动静结合的方式，既立体地刻画出了雄狮或猛虎强悍的体态，又深刻地表现出了狮

图三　白釉珍珠地牡丹纹卧虎枕

图四 素胎卧狮枕

图五 素胎卧童托叶枕

虎等在人们心目中温顺驯服的美好形象。

人物枕，大体上与动物枕相似，自宋代以来各代均有生产，其中金代以卧童托叶枕较常见，其后以卧童和卧妇枕最流行；枕体人物均为雕模制作，釉面以白釉和白釉黑绘为主，另有部分待施釉的素胎器和制作模范。例如，磁县观台窑址即出土有金代较完整的素胎卧童托叶枕及其模范，瓷枕底座长17.3厘米，下为侧卧男童，上托荷叶形枕面；男童光头，顶蓄小"鹁角"，黑绘弯眉，双目含睇，挺鼻合唇，面相憨实，身裹花束，抬臂弯肘，手抱托柱，立腿蜷膝，侧卧于椭圆形底座上；枕面两端微翘，顶面压印浅细缠枝牡丹纹（图五）。峰峰矿区文物保管所收藏的一件彭城出土的元至正二年白釉黑绘睡美人枕，长39厘米，睡美人头枕印花圆枕，发丝后拢，顶挽花髻，耳悬佩饰，闭目合唇，身披宽袖外衣，

领口扎带打结，隐裹双臂，隆肩拱背，微蜷双腿，侧卧于台座上；器表整体施泛黄白釉，头发、眼眉、衣褶、印花枕芯施黑彩（图六）。就现有材料来看，上述两件瓷枕应代表了磁州窑人物枕的两种基本类型。从艺术构思上说，不仅在于两者均以瓷枕为载体，形象地表现出了人物睡卧时的姿态与特点，同时，又使瓷枕的功用与所表现的内容达到了完美的结合与统一。从工艺创新上来说，前者以卧童或人物托举枕面，后者则巧妙的借人物背部或肩臀间宽平的隆面为枕面，这既是人物枕创作水平的进步与发展，又进一步压缩或缩减了复杂的制作工序和难度。

熏炉，也是磁州窑陶瓷中较常见的器具，并以带圈足的宝装莲瓣炉和透雕镂孔炉最具特色。

图六 白釉黑绘睡美人枕

熏炉多为雕模制作，釉色以绿、黄等低温彩釉为主，所见完整器多为未施釉的素胎器及其模范。例如，磁县磁州窑博物馆即展出有数件观台窑址出土的金代生产的素胎熏炉。一种器型较大，无盖或缺盖，口径 19.3 厘米，高 21.5 厘米，上为直筒式盆形扁腹，下为喇叭形圈足，炉腹周壁透雕缠枝蔓草纹图案（图七）。另一种略小，由炉体和熏盖两部分组成，通高约 26 厘米，炉体上为腹部贴塑三层宝装莲瓣的钵形炉腹，下为模印覆莲瓣和花饰的宝装底座；熏盖呈覆钵形，周饰莲瓣纹，顶部另塑一尊扭颈张口的蹲狮，熏香烟雾可由口部散出（图八）；器物构思巧妙，装饰华丽，既非常实用，又具有较高的观赏价值。

图七　素胎熏炉

　　总之，从上述作品可以看出，无论瓷枕，还是熏炉，除首先以人们的日常生活需求及方便适用为目的外，还广泛采用各种雕塑形式和装饰技法，并巧妙借用物体各部的形态特点及其内在联系，力求使器物的造型更加形象美观，并尽量使器物造型与适用功能达到完美结合、和谐统一。

图八　素胎熏炉

二、陈 设 用 瓷

　　磁州窑陶瓷中的陈设用瓷，既有白釉、黑釉、棕黄釉及仿定器等高温瓷器，又有黄绿釉、三彩等低温釉瓷器或素胎器。器类主要包括用来养花或插花的花盆、花瓶，用来陈放物品的器座、支架，以及用来观赏把玩的各种人物、动物摆件等，并以各种花盆、支架、人物或动物摆件等数量较多，艺术价值也较高。

　　花盆，是北宋中后期至元代前期磁州窑陶瓷中较常见的器具之一。器型以带足或无足的方斗形为主，器表常有浮雕印花装饰，多为模制而成。釉色分白釉、黑釉和黄绿釉等多种，素胎器等半成品及其模范也有较多发现。例如，1987 年磁县观台窑址出土的花盆，即多为正四边形方斗式，口大底小，四壁外撇，除少数平底器外，多数还下附四个云头形或兽鼻形矮足，四壁一般均压印有浮雕式缠枝花、折枝花、花草、兽面、沼泽闲鹤、荷塘凫鸭等图案，与花盆使用时所植花卉相互映衬、相得益彰。

图九　素胎高足支架

高足支架，是用来陈放花瓶或其他工艺摆件的器具，金代发现较多，除半成品素胎外，黄釉器中也有少量发现。例如，磁县观台窑址中出土的一件黄釉支架，高 10.5 厘米，上部为圆口，卷沿，直领，下附五个略呈兽蹄形的耸肩瓦面高足，足间分别镂饰三角形壶门，下以两道横撑连接。磁县磁州窑博物馆展出的两件素胎支架，外形似香炉，均为高领，圆肩，下附四条压印兽面纹蹄足，足间饰云头状斜撑，足端镶连接底盘，具有较高的观赏价值（图九）。

动物摆件，在磁州窑产品中，真正意义上用来陈设、观赏、把玩的动物摆件并不太多，除少量卧狮、鞍马或可陈设外，所发现的大量个体很小的猪、鸭、狗、马、猴等动物品种，多数应纯属玩具或是用来随葬的明器，并以宋金时期较为常见。例如，磁县磁州窑博物馆内即陈列有数件观台窑址出土的素胎鞍马、卧狮等雕塑。一件鞍马长 13 厘米，高 10 厘米，模制，头戴络头，背着鞍蹬，披鬃，垂尾，四肢直立于长方形底盘上。卧狮长 10.6 厘米，呈睡卧状，侧头领首，俯压前爪，后披长鬃，躯体盘曲，长尾回卷，伏地而卧，造型颇为生动。

人物摆件，主要发现于金代，多数是用来陈设、观赏和把玩的，当然也可用来陪葬。人物种类及釉色品种十分丰富，既有各类侍立、骑鼓、盘坐仕女或童子，又有仰卧、匍匐、伏坐、伎乐或跪立、捆缚人物，还有文吏和骑马武士等；除白釉黑绘、黑釉、黄釉、红绿彩等品种外，还有很多待施釉的素胎器和制作模范等，并以红绿彩釉最赏心悦目，艺术价值也较高。例如，1960 年磁县观台窑址曾出土多件较完整的仕女像等。其中一件抱狗仕女立像，高 11.7 厘米，表施红绿黄黑彩绘；仕女身材高挑略胖，头微侧仰，黑发，梳包髻，圆相浑圆，黑绘眼眉，高鼻，朱唇小口；内着白地黑边交领衬袍，外罩通体红地绿边垂领长衫；双臂隐抄胸前，怀抱黄色包巾裹体的黑色小狗而立（图一〇）。另一件倚坐仕女像，高 11.8 厘米；黑发，梳包髻，面相丰圆，黑绘眼眉，高鼻，朱唇小口；削肩，内着白地黑边交领衬袍，外罩通体红地绿边垂领长衫，隐抄双手，两腿下垂，微露足尖，倚坐在白色鼓形墩座上。1989 年峰峰矿区农电局金崔仙奴墓出土的 5 件童子像，不仅器型较大，且釉质晶莹，色彩艳丽。其中一件为卧童像，通长 33 厘米，男婴顶蓄"鹁角"黑发，下系红头绳，无发处饰翠黄彩；圆脸蛋，双下巴，浓眉大眼，小嘴大耳，面带微笑；颈佩金黄色黑绘如意形项圈，上身穿黄地红圈团花圆垂领窄袖短衣，领口镶黄点红边，红色双袖上点缀成对的黄色飞

图一〇　红绿彩抱狗仕女立像　　　图一一　红绿彩卧童像　　　图一二　红绿彩骑鼓童子像

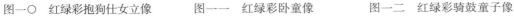

鸟印花数组；腰腹部系黄、褐、绿三条宽带，前打蝴蝶结；右手握于胸前，左手置于腹部；下身裸，臀下红彩带顺腿于膝下打结捆缚，腹露男婴器官，双腿上曲，并足。整体雕塑体态舒展，面目端庄，形象逼真（图一一）。一件骑鼓童子像，高16厘米，顶剃花头，蓄五片黑发，头顶梳冲天髻，左右两侧及囟门以红头绳扎系小髻，头脑勺留成小"鹁角"，无发处施淡翠绿彩；圆脸大耳，黑绘眼眉，朱唇小口，面相端庄秀丽；上穿白色圆领窄袖衫，领口及袖口镶黄边，肩披红带绿条短褙子，前身腰束绿色短裙；下着白裤，裤口镶红绿边，足穿黑鞋；双手合十置于胸前，双腿下垂骑坐于白釉黑彩三环纹圆形鼓凳上（图一二）。另一件骑鼓童子像，高15.5厘米，顶蓄三片黑发，下垂红头绳扎系的小髻，无发处施黄彩；长圆脸，黑绘眼眉，高鼻，合唇；身着红色左衽交领窄袖衫，领口描黑线、镶褐绿边，双袖饰绿斑印花；下着白地裤，手臂揽握玩物，足穿黑鞋，左腿盘曲，右腿下垂，侧坐于白釉黑彩三环纹圆形鼓凳上。一件披盒童子立像，高16.5厘米，头微低，髡顶，施黄彩，周蓄黑发；胖脸蛋，黑绘眼眉，小口红唇，双下颌；体态状实，上身内穿白地红边左衽交领衫，外着红地印团花镶绿边垂领窄袖半长外套，腰束绿地红黑边前后片护肚；下身着宽腿白裤，微露黑色鞋尖；双手弯垂于腰际，左臂腋下夹持黑沿黄彩圆形盖盒，站立在白釉黑绘双环纹圆形墩台上（图一三）。另一件抱狗童子立像，高16厘米；头蓄三片黑发，下垂红绳扎系小髻，胖脸蛋，黑绘眼眉，红唇；上身内着黄边兜肚，外穿左衽交领窄袖红衫，领口及袖口镶绿边，腰束绿地黑边护裙，下穿白地红边长裤；双臂前曲，侧抱白地黑斑小花狗，双手紧攥小狗前爪，后肢弯垂于腰侧；足登黑色尖头靴，站立于白釉黑彩双环纹圆形墩台上。童子体态敦实，神情专注，装束稚雅，天真无邪（图一四）。

图一三　红绿彩披盒
童子立像

图一四　红绿彩抱狗
童子立像

从上述作品可以看出，磁州窑陈设用瓷因种类、功用不同，在艺术处理和追求上也有所区别。其中花盆与支架除考虑实用外，再辅以各种浮雕图案，用来烘托主题并增强器具的观赏效果；动物和人物讲究的则是作品的形象与神态，多以立体圆雕形式为主，并辅以描绘、敷彩等技法，以使千姿百态的动物或人物形象更加生动和逼真。

三、宗 教 用 瓷

在磁州窑陶瓷产品中，大约自金代开始还出现了部分与宗教信仰相关的瓷器，其中除与佛教相关的佛、菩萨、弟子、天王、罗汉、力士、狮子座、象座、莲座、塔、龛外，约在明清时期还出现了与道教或民俗信仰相关的供奉偶像；前者除少量为高温白釉瓷器外，多数为黄绿釉、红绿彩等低温釉瓷器或素胎器等半成品及模范，后者则以白釉瓷较常见。

释迦佛像，是宗教用瓷的主题造像之一。例如，磁县观台窑址历次发掘中均曾发现过红绿彩佛像，1958 年出土的一件金代的须弥莲座坐佛通高 36.2 厘米[2]。1989 年峰峰矿区汽车一队出土的一件金代红绿彩坐佛，高达 61.5 厘米，由六边形须弥底座及莲座坐佛两部分组成。须弥底座高 19 厘米，略分五层，前侧三面施白地红、黄、绿三色彩绘，各层间以白地或红、绿边线间隔，内填卷草纹、连续回纹、倒垂花瓣纹及菱格形等彩绘图案。佛像面相丰圆，螺发，垂耳，直鼻，发梢、眼眉及口唇施黑彩；短颈圆肩，内着墨绿彩莲纹右袒僧衹支，外着通肩、垂领、宽袖红地袈裟，领口、襟带及前摆饰描边白花绿叶莲荷及牡丹花卉图案，左臂斜披及垂带勾绘红绿边饰，或填红色细线波纹；右臂曲举胸前，手施说法印，左臂隐垂扶膝，结跏趺端坐于多层堆塑填彩仰莲座上。雕像体量超常、色彩艳丽，堪称磁州窑雕塑艺术的杰作（图一五）。

弥勒佛像，也是最常见的佛教造像之一。例如，磁县磁州窑博物馆即展出有数件 1987 年出自观台窑址的金代小型素胎弥勒佛像。弥勒席地而坐，身披袈裟，袒胸露腹，大肚

图一五　金代红绿彩坐佛

垂坠，笑容可掬（图一六）。峰峰矿区新坡镇大藩村出土的一件明代白釉褐彩弥勒坐像，下为周饰浅浮雕缠枝花卉的棕褐彩八边形须弥座，上为黄褐彩三层瓣莲台，弥勒佛慈眉善目，身着黄褐彩袈裟，裸胸鼓腹，肤施白釉，交脚盘坐于莲台上。雕像虽繁简不同，装饰有别，但却以大体相同的神态，生动地刻画出了宋金以来弥勒佛在人们心目中的可爱形象。

图一六　金代小型素胎弥勒佛像

观音菩萨像，是磁州窑陶瓷中最流行的宗教偶像。例如，磁县观台窑址即发现有素胎菩萨头像及母范、模范等。前者属半成品，高 9.3 厘米；菩萨头戴花蔓冠，长发上卷，顶束后垂螺髻，方额丰颐，两耳侧垂，双目含睁，弯眉高鼻，眉间饰"白毫"，嘴唇微闭，面带笑容，颈略长，内有与身部连接的插孔；发丝、眼珠、白毫等部施黑彩（图一七）。后者母范为实心圆雕菩萨头像，高 14 厘米，菩萨头戴花蔓冠，发丝卷曲上挽，顶束螺髻，两耳侧垂，面相丰圆，弯月细眉，双目含睁微睁，鼻梁挺直，口唇紧闭，下颌重垂，颈部插榫呈不规则圆柱形；模范为凹入的菩萨面部形象，高 16.9 厘米，菩萨头戴花冠，发丝上挽，顶束花髻，面相圆长，弯眉凤目，鼻翼略宽，双唇微张，颈饰三道弦纹（图一八）。磁县磁州窑博物馆还收藏有一件明代白釉褐彩送子观音像，分围栏、莲台和坐像三层，下为周设望柱、连环纹栏板的白釉六边形围栏座，栏内生起一朵贴塑四层莲瓣的棕褐色宝装莲台，白衣观音头戴宝冠，颈佩璎珞花饰，覆搭褐彩印花帔帛，右腿半蜷，左腿盘曲，手扶腿上坐童，颔首端坐于莲台之上；雕像做工精细，装饰华丽，釉质晶莹，色彩鲜明，充分表达了人们对观音

图一七　素胎菩萨头像

图一八　素胎菩萨头像母范、模范

图一九　明代白釉褐彩送子观音像

菩萨大慈大悲、为民赐福的祈求与信仰（图一九）。

　　文殊、普贤菩萨像，也是磁州窑陶瓷中最流行的宗教偶像，并以青狮、白象坐骑为其最主要的特征。1987 年磁县观台窑址中即曾发现有较多白釉、绿釉或素胎狮子莲花座，从造型上看多数应属文殊菩萨的坐骑[3]。1989 年峰峰矿区汽车一队还出土有完整的金代红绿彩文殊、普贤菩萨像。文殊菩萨由狮子坐骑及莲座坐像两部分组成，通高 42.6 厘米。菩萨头戴红绿黑三彩花蔓冠，额露黑发，面相丰腴，眉眼唇施黑彩，面饰红彩；颈佩项饰，外披红地绿边覆肩大衣，下束绿边宽摆红彩裙，双手执长茎莲荷，结跏趺坐于红线勾绘的双层莲座上。青狮坐骑高 20.5 厘米，通体以绿彩为主，鬃、尾施黄彩，眼、眉、鼻以黑彩描绘，口施红彩；仰首挺胸，张口露齿，披鬃翘尾，身佩红色鞍鞯，背驮圆台形托座，足踏黑边长方形台座；左侧浮雕面目清秀的控狮武士，仰首，着盔，黑绘眼眉，朱唇，上着红色窄袖绿色条带纹短衫，腰垂绿色长带，下着白裤，足登靴，左手攥拳叉腰，右臂手揽缰绳，大跨步叉足而立（图二〇）。普贤菩萨由坐像与莲台、白象坐骑组成。菩萨头戴三彩花蔓冠，双缯下垂，额露黑发，面相丰圆，大耳，黑绘眼眉及唇线，肌肤施红彩；内着红、黄彩边盘领白衫，外着直襟通肩大衣，下着绿边宽摆红彩裙，腰束白地黑边长带；双臂内曲，手持长柄如意，结跏趺坐于浅浮雕敷彩仰莲座上。白象坐骑通体以白釉为主，低头拱背，长鼻向内垂卷及座，身披红色鞍辔络佩，背驮黑边圆台形托座；控象武士，膀宽腰圆，头戴绿缨黄彩头盔，颈束黑边绿彩披肩，臂饰护腕，腹裹黄彩抱肚，腰垂黑边绿彩束带，下着白裤，手揽缰绳，仰首叉足站立于白象右侧（图二一）。

图二〇　金代红绿彩文殊菩萨像　　　　　　图二一　金代红绿彩普贤菩萨像

　　此外，磁县观台窑址及峰峰等地还发现有较多雕刻细腻、色彩艳丽的红绿彩、黄绿釉或素胎天王、弟子、罗汉、力士像等，但多数保存较差。磁县磁州窑博物馆还收藏有明代精美的白釉褐彩"天官赐福"、"鱼王锁蛟"等民俗偶像。

　　从上述造像可以看出，基于人们对宗教的虔诚及敬畏，所以，在宗教用瓷的制作上较其他用品显得更加用心和讲究，除精心雕模制作外，多数还辅以剔、刻、敷彩、填绘等技法，不仅制作出了众多不同类别的宗教崇拜偶像摆件，而且，还创作出很多神形兼备、色彩绚丽的大型陶瓷雕塑艺术作品。

四、建 筑 用 瓷

在磁州窑陶瓷产品中，约自金代开始还出现了大批建筑用瓷。成品以黄绿釉、三彩釉等低温瓷器为主，并有较多素胎器等半成品和范模等。其中除琉璃瓦、瓦钉帽等普通建筑材料外，1987 年在磁县观台窑址中还发现很多具有较高艺术价值的鸱吻、脊兽、力士、脊刹、贴饰等雕塑作品，时代全部为金代。现择部分保存较好的代表性作品略述如下。

图二二　素胎宝刹脊座

素胎宝刹脊座，建筑正脊中心宝刹下的基座，系半成品，高 20.3 厘米。整体呈莲花座形，上部正中为短颈、方唇、圆管形插孔，下部为耸肩、前为花蕊、周边密饰倒卷垂莲瓣的宽厚底座。器物造型敦稳，线条流畅，刀工娴熟，花瓣繁复而不显累赘，手法夸张而不感失真（图二二）。

黄绿釉迦陵频伽脊饰，表施低温彩釉，通高 45.1 厘米。下为两侧镂拱形大孔的绿釉圆筒形底座，上为佛教中人首鸟身的妙音鸟雕饰。雕像半为人形，头部挺直，黑色卷发中分，面相丰圆，额饰白毫，眉鼻隆凸，双目含睇，耳佩珥饰；身躯似鸟体弯曲，上着墨绿开襟窄袖衣，前缀系带，袒胸露腹，肩臂黄褐色巾带长垂及座，下着绿裙，腰束黄带，双手合十拱于胸前，肌肤施浅黄釉。下肢及尾翼为鸟体，背张黄地绿边扇面形双翅，肥厚尾羽卷曲向上，鹰爪直立。雕像以立体圆雕为主，并辅以剔刻、贴塑、敷彩等多种技法，整体造型形象生动，比例协调，特征鲜明，釉色层次丰富，色泽艳丽，堪称磁州窑雕塑艺术的珍品（图二三）。

素胎武士脊饰，均横坐或蹲坐于瓦背上。其中一件下部瓦件残失，残高 23.6 厘米。武士呈躬腰蹲坐状，头顶宽平，顶物已失，颈部因受压而内缩，肥头阔面，双目含睇前视；上身及双臂袒露，腰束围裙，下着长裤，双手扶膝，屈腿叉足蹲立于瓦件上。器表施化妆土，眼珠和头发施黑彩。另一件瓦长 21.2 厘米，通高 28.4 厘米。武士头部侧仰，顶蓄黑色短发，上挽高髻，面部肥大，两耳侧垂，凝眉，双目圆睁，

图二三　黄绿釉迦陵频伽脊饰

眸施黑彩，挺鼻闭唇；上身挺立，腰裹围
帛，袒胸露腹，赤膊裸体，饰腕钏和足
钏，右手握拳曲置胸前，左侧断臂上举，
双腿曲肘叉立横坐于瓦背上（图二四）。
雕像均膀宽腰圆，肌腱发达，生动的表现
出了武士力大无比或暴厉威猛的形态及性
格特征。

　　素胎侏儒脊饰，整体为蹲坐于筒瓦上
的侏儒形象，顶部、瓦座已残，残高18.1
厘米。侏儒肥头阔面，后蓄长发，顶留插
孔，双眉倒立，圜眼圆睁，蒜头高鼻，咧
嘴闭唇；上袒，丰胸鼓腹，耸肩曲肘，双
手扶膝；下着长裤，屈腿扬掌蹲坐于瓦背
上（图二五）。雕像肌肉臃肿，面相丑陋
怪异。

　　素胎海兽脊饰，整体为倒立于筒瓦上

图二四　素胎武士脊饰

的鱼尾海兽形象，筒瓦宽16.9厘米，通高33厘米。兽头曲而上仰，眼眶深陷，黑眼球
暴凸，闭唇突吻，犬齿外露；胸部微挺，前肢双爪着地，腹下加柱撑于瓦背，躯体倒
垂，鱼形尾翘立，后肢直上弯伸；兽体身无毛发，仅四肢肘下饰鬃毛刻纹（图二六）。

雕像形如猛虎下山，双目炯炯有神，肢体舒
展有力，体态生动活泼。

　　素胎摩羯脊饰，整体为倒立于筒瓦上的
兽蹄鱼身形象，筒瓦宽16厘米，通高38.9
厘米。鱼体倒垂，略呈"S"形，扁首垂而
上仰，眼睫上挑，双目深邃，眼珠施黑彩，
翘吻合唇，前露犬齿，颈饰鬃毛；鱼身及双
尾弯卷向上，通体布满鳞片和脊翅，胸鳍外
张，似双翼；胸鳍下生出两条强健有力、肘
有鬃毛的兽足，双爪着地，后加立柱，撑立
于瓦背上（图二七）。雕刻细腻，比例协调，
形象生动，神态逼真。

　　此外，还有较多保存相对较好的蹲狮、
骑士等脊饰，以及龙吻弯角、脊刹宝瓶、火
焰宝珠等建筑构件。

　　从上述材料可以看出，由于建筑用瓷具
有面向广众并长久对外陈设的特殊性质，所

图二五　素胎侏儒脊饰

图二六　素胎海兽脊饰　　　　　　　　　图二七　素胎摩羯脊饰

以，无论较大型的螭吻、脊刹，还是形态各异的脊兽、羽人或贴饰，虽均为模制而成，
但每件器物均倾注了陶瓷艺人独具匠心的艺术构思与创作灵感，加之精雕细刻、描绘
施彩等技术处理，从而把各种物体的形象和神态表现得淋漓尽致、栩栩如生，进一步
丰富了磁州窑陶瓷雕塑艺术宝库的内涵。

注　　释

［1］［3］　　北京大学考古学系等：《观台磁州窑址》，第 291 页，文物出版社，1997 年。

［2］　　河北省博物馆等：《河北省出土文物选集》，第 216 页，文物出版社，1980 年。

近代磁州窑初探

郝良真[*]

邯郸是磁州窑的发源地,其中心窑场位于漳河流域的观台(观兵台)镇和滏阳河流域的临水镇、彭城镇。磁州窑因隋代设磁州而得名,兴起于北朝,在宋元时期发展成为我国北方最杰出的民间瓷窑,磁州窑以白地黑花为鲜明特点的艺术风格,影响深远,流传甚广,以至于中国极其广袤地域内形成了一个庞大的"磁州窑系",至今千余年没有断烧,这在中国陶瓷史上也是十分罕见的。

学术界关于古代磁州窑的研究相对比较深入,既有观台窑的考古发掘之宏著,又有器皿、装饰、技艺方面的微观细论,无论考古地层分期或窑系之别,还是它的工艺技法或装饰特点,可以说断代比较明确,认识也比较清晰。但是,有关近代磁州窑的窑址范围、装饰技艺、文化内涵等特点,因缺少文献记载和考古资料,分析和研究还比较鲜见。笔者根据近年来对旧货市场、私人藏品以及博物馆征集到这一时期文物的观察比较,谈谈对近代磁州窑的初步认识,并以此文纪念邯郸市文物保护研究所成立45周年。疏漏之处,欢迎同仁方家批评指正。

(一)

所谓近代磁州窑,在时间概念上是指自1840年鸦片战争中国进入近代社会到1949年中华人民共和国成立的这一历史时期,从窑场的名称上也仍然是沿袭了古代磁州窑称谓的传统习惯。近代磁州窑实际上就是指以彭城镇为中心的窑场总称,如果从严格意义上说,应称为"彭城窑"。古代的观台、临水、彭城窑均地处磁州,所烧造器物其黑白对比鲜明的装饰特点影响十分广泛。但因受战争和漳河、滏阳河水患的影响,到元代后期,位于磁县观台的窑场(包括豫北一带的窑场)和紧邻滏阳河左岸的临水窑场也逐渐断烧,而位于滏阳河右岸的彭城镇的瓷器生产则日渐兴旺起来,至迟明代以来彭城镇便成为延续磁州窑发展的一处烧造瓷器的中心窑场。

彭城窑的分布范围,大约是以彭城镇为中心到周边十余公里之内,包括常富田村窑、常范村窑、马家庄窑、杨家铺窑、义井窑、拔剑窑、窦府村窑、羊台村窑等这几处规模较大的窑场,其中以彭城镇窑场的烧造规模为最大,以拔剑村窑距彭城镇为最远,直线

* 郝良真,男,河北省邯郸县人。毕业于武汉大学历史系。现任邯郸市博物馆馆长、研究馆员。兼任中国先秦史学会理事、河北省博物馆学会副会长和省博物馆专家组成员以及河北省"突贡"专家等职。先后出版学术著作六部,在各种学术刊物发表赵文化和邯郸历史文化以及文博研究论文近百篇。

距离约有 10 公里。从窑址的分布范围上基本限于彭城镇一带，已经远远不如古代磁州窑跨越数省的地域那么广袤，可以说在清末民国时期已经不存在什么磁州窑系之说了。尽管如此，彭城窑毕竟是对古代磁州窑的继承和发展，称为近代磁州窑也是无可厚非的。近代彭城窑虽然没有形成古代的"磁州窑系"，但它与北方地区的其他窑口包括南方地区的青花装饰技艺也发生着相互交流与影响。就北方地区的瓷器生产而言，彭城窑的生产规模和它所取得的艺术成就，在我国近代陶瓷发展史上也是具有重要地位的。

磁州窑在经历了宋、金、元时期最为繁荣的发展阶段之后，随着漳河流域窑场的逐渐废弃，它的中心窑场便集中在滏阳河右岸的彭城镇一带。据多年从事邯郸地区磁州窑考古工作的马忠理先生介绍，经过建国以来多年的磁州窑考古调查与发掘，不仅在漳河流域的观台及其周围地带，包括豫北地区的磁州窑烧造区域，至今没有发现有明代的磁州窑烧造窑址，就是在滏阳河左岸的临水区域也没有发现明代的窑址。2000年市文物部门在配合峰峰矿区修建穿越元宝山到彭城镇的滏阳西路基本建设的考古发掘中，在盐店一带发现了一处宋金时期的磁州窑窑址和几处元代磁州窑窑址，这也是目前在彭城镇发现较早的磁州窑遗址。现在彭城镇保留明代的窑址还比较广泛，富田村、盐店至今还保留有规模较大的明清民国时期的馒头窑群。这说明滏阳河右岸的彭城镇烧造瓷器兴起于金元时期，发展和兴旺在明清民国时期。明万历十五年八月，彰德府推官张应登在《游滏水鼓山记》的碑刻中（图一），生动地描述了当时彭城镇制瓷业的繁荣景象。"彭城陶冶之利甲天下，由滏水达于京师，而居人万家"，窑工、匠人"曰千人之多"；大小窑场"曰千所而少，岁输御用者若干器，不其甲天下哉?"[1]《大明会典》也记，"明代在彭城镇设官窑四十余所，岁造瓷坛，堆积官坛厂，舟运入京，纳于光禄寺。明弘治十五年进贡于皇家之瓶、坛达一万一千九百三十六筒"。可见，有明以来彭城镇瓷业生产兴旺发达，故民间有"南有景德，北有彭城"、"千里彭城，日进斗金"之说，也是彭城作为这一时期磁州窑烧造中心的历史写照。

鸦片战争以后，中国进入了半殖民地、半封建社会。但作为内陆地区的邯郸仍然十分闭塞，保留着传统的生产方式和生活方式。彭城窑作为北方的一处烧造民间生活瓷的窑场，仍然具有较大生产规模和产量。清光绪本《磁州志·土产》有记："磁器出彭城镇，置窑烧造，瓮、缸、盆、碗、炉、瓶诸种。有黄、绿、翠、白、黑各色，然质厚而粗，只可供肆店庄农之用……"又载："彭城滏源里居民，善陶缸罂之属，舟车络绎，售于他郡。"在清光绪年间，彭城窑的生产受到了景德镇等南方地区的影响，不仅大量生产生活日用瓷，还生产了大量的家庭装饰瓷，特别是青花装饰瓷的出现，可以说在装饰风格方面发生了一次洗心革面的重大变化。

民国年间，特别是在第一次世界大战期间，随着中国民族工业的兴起，彭城的陶瓷生产也得到了较快的发展。据黄希文等撰民国本《增修磁县县志》物产、陶器、瓷器条记载：

瓷器产于县境之彭城镇，又宋及今相传已久，窑场麋集，瓷店森列，占地面积纵横二十余平方里，四郊则矿井相望，废物堆积如山，市中则烟云蔽

图一　明张应登《游滏水鼓山记》碑刻

空，沙尘飞扬扑面，而运送原料、瓷器、煤炭以及客商、装货人畜车辆，此往彼来，尤有肩踵相摩、街填巷溢之概，诚吾磁惟一之工业重地也。

彭城之瓷窑可分为两种。一为普通窑，一为巧货窑。普通窑专装粗瓷碗类，约占产品十分之八九，销路甚广，可及河南、河北、山东、关外各地。近年，因洋瓷输入及南北两方、禹州、平定、井陉、唐山产瓷之影响，大见阻滞；巧货窑以制精巧瓷器为主，由清至今颇见发达，然均以小窑制之，吾磁瓷土之质虽佳，而以式样彩之不精良，故遭排斥，是应改进之方，以谋挽救之术也。

彭城所产之瓷器，有碗、罐、缸、瓶、碟、玩具等数种……民国十二年，瓷窑增至二百三十五座，缸窑三十余座，至民国十八九年，瓷窑歇业者一百零八座，缸窑约四五座。

据民国二十一年秋季调查，瓷窑为一百五十二座，缸窑三十七座，巧货窑三十九座，最盛时期全年营业至一百五十万元，中衰一段，降至五十七万元。以后虽略有起色，而大略估计当在七十万元上下也。

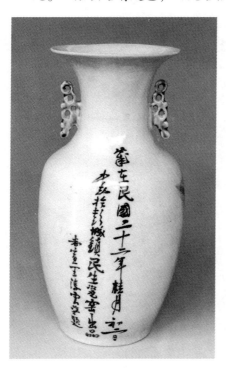

图二　民国二十二年题款"彭城民生瓷窑"瓶

《大中华直隶省地理志》磁县条记："西乡彭城镇磁业矿业利源丰富为本县菁华"。到民国十一至十二年，瓷窑增至235座，缸窑30余座，从事陶瓷生产的陶工有5000人左右，年产碗500万纣（约为一亿件），缸7000多万件。行销十三省和北京、天津两市。邯郸市博物馆所藏"岁在壬申仲冬月泰兴工厂出品"、"彭城镇民生瓷窑出品"、"彭城振业瓷器工厂"、"彭城镇日新工业试验厂"等众多器物的题款资料（图二）已经明确反映出这一时期的瓷业生产正在逐渐摆脱传统作坊式的生产模式，相当部分窑场正在转向近代工业企业的生产经营方式，这在磁州窑的发展史上也是一次经营方式的历史性转折。

滏阳河航运的拓展，也为近代彭城瓷业的发展立下了汗马功劳。《邯郸县志·地理志》水利条记载，20世纪初随着磁县西部煤矿的大规模开发和彭城一带陶瓷业的迅速发展，这条航路更趋重要。20世纪30年代前，"滏阳河……至马头镇，河广水稳，航运便利，经邯郸、永年……直达天津。彭城瓷器与西佐、峰峰之煤，赖以输出者不少，而杂货等逆流而上者亦很多"。滏阳河发源于彭城神麕山下，是彭城瓷器外销最重要的一条通道，沿河不仅运往邯郸各县，还运往河北、天津各地，甚至销售到渤海湾地区。此也可印证清末民国时

图三 彭城镇窑场

期彭城瓷器生产的兴旺发达景象。

20世纪上半叶，彭城一带虽然屡遭战争的破坏，瓷器的生产和销售也深受影响，但瓷器的生产并没有断烧。日本侵略者占领峰峰时期，在疯狂掠夺这里煤炭资源的同时，也把瓷业生产作为其经济侵略的重要手段，组织所谓的瓷业生产"株式会社"，推广瓷器的贴花技术，这在一定程度上提高了瓷器的产量。小山富士夫作为一名研究瓷器的学者，曾经到过彭城，并拍下了1941年彭城满街烧瓷馒头窑的照片，从中可以看到彭城作为近代瓷都的面貌（图三）。1945年峰峰解放后，晋冀鲁豫边区政府大力倡导和发展彭城的陶瓷工业生产，派出边区的工业技术专家刘雨辰到彭城进行生产技术指导，采取措施改良瓷器生产工艺技术，不断扩大瓷业的生产规模，使彭城的陶瓷生产进一步焕发了青春。到建国初期，彭城镇还保留有馒头窑440余座，其中有180余家窑场仍然坚持日常生产，成为晋冀鲁豫边区经济发展的重要支柱产业，也是北方地区的一处重要瓷器产地。

（二）

近代彭城窑在装饰艺术方面，发生了质的变化而形成了新的风格和特点。古代磁州窑最具代表性的白地黑花装饰艺术的产生和发展，标志着中国瓷器由胎装饰向彩装饰过渡的完成，并开创了中国五彩瓷历史发展的新纪元。近代磁州窑的发展，虽然只有短短的百年时间，但随着时代的前进与发展，特别是受景德镇等地瓷器生产的影响，它的装饰技艺和风格发生了两次翻天覆地的变化，基本上改变了自宋代以来"白地黑花"传统装饰艺术的面貌。

古代磁州窑的装饰艺术，也是经过了不断创新的几次变化。北朝时期的磁州窑，主要生产青瓷。隋唐时期的装饰技法主要是在器物上施白（白釉器是在器胎上施白化妆土,再罩透明釉)、黑、茶叶末釉装饰,即单釉色瓷器,以白釉器为多,故陶瓷学界有所谓"南青北白"之说。这个时期的磁州窑艺术,主要还是通过突出它的造型特点来体现。到宋代早期,它的装饰技法主要是在器物表面使用黑白刻、划、剔技法,包括戳印珍珠地等手法,以刻划缠枝牡丹、荷花为主要图案,也有人物等内容,部分白釉器物绘有简单的褐色点彩或梅花、麦穗纹。宋代中期以后直到明代以前,磁州窑器物的装饰才大量使用黑绘花技法,将中国传统的书法绘画艺术运用在瓷器的装饰上,在器物胎体的表面使用一层白色化妆土,并于其上书写文字,绘画各种人物、花草、动物、山水等图案,即俗称的"白地黑花",形成了磁州窑所独有的装饰艺术特色。金代由于受北方草原文化的影响,出现了红绿彩、翠兰釉、绿釉等装饰新技法,开创了我国五彩瓷装饰技法的先河。应该指出的是,人们所俗称的"白地黑花",是在古代磁州窑诸多装饰技法中,以其中最突出、最鲜明的一点来高度概括它的装饰艺术典型风格。

图四　明代落砂红彩人物纹罐

明清时期,磁州窑的装饰艺术呈现出多种技法并用的特点。明代也少量生产模制器物,以瓷塑品为多见,其装饰艺术的一个突出特点是在继承白地黑花传统的基础上,于器物的装饰色带、花鸟或人物的衣饰上施以"落砂红"色,俗称柿红色,使器物的装饰在白与黑中闪烁着红色的光彩,应该说这是磁州窑装饰艺术所取得的创新性成就(图四)。清代磁州窑的装饰艺术在继承传统技艺的同时,制胎普遍使用模印生产工艺,最显著的特点是胎体采用模印纹,较明代器的模印纹更加繁缛多变,即直接使用模具制作器胎,在胎体表面模印龙、花卉、人物等图案。这样一来便解决了手拉坯难以制成的器物,于是新的器物造型便应运而生。通过模印制成素胎器,再施以白、黑、黄、紫等釉色烧制。在大量生产的模印纹器物中,使用黑黄釉装饰的器物明显增多,尤以灯、炉、壶造器最为明显。当然在这一时期中,不仅生产白地绘黑花器物,还生产有少量的白刻划加填彩瓷器(图五)。可见清代的一个突出特点是器物造型突破传统,各种人物、动物、异形造器的大量出现,进一步推动了磁州窑造型艺术的发展。

近代磁州窑装饰艺术风格发生的重大变化是在清代后期。因受景德镇青花瓷装饰技法的影响,同时也为了满足民间的艺术追求和生活需要,使瓷器的青花装饰在

图五　清末白剔花填彩瓷器撢瓶

彭城窑盛行起来。据中国工艺美术大师刘立忠先生介绍，他在20世纪70年代对民间制瓷老艺人进行采访中了解到，清末时景德镇窑还派来几个匠人到彭城来传授青花装饰技法，开展制瓷技艺的交流活动，推动了彭城窑青花装饰技艺的发展。期间，还有彭城的几个匠人到山西和陕北地区交流青花技艺。在这样的背景下，从清光绪年间到20世纪20年代，彭城窑瓷器一改白地黑花的传统为青花，形成了青花独秀的新面貌。青花装饰技法的广泛运用，猛然告别了"白地黑花"的时代，改变了数百年来磁州窑白与黑的装饰艺术特色。同时，在山西、陕西、辽宁、山东等北方地区形成了所谓的"北方青花瓷"，并形成了各自青花的特点，而彭城窑无疑是北方青花的一个重要产区。

青花以氧化钴为绘画材料，氧化钴经水调后可根据绘制纹饰的需要，在施有白色化妆土的瓷胎上，运用深浅不同的青色，绘制山水、花鸟、人物、动物等题材，可以产生像在传统宣纸上一样的艺术效果；又由于氧化钴发色稳定，使用方便，绘瓷成本低廉，色调文雅，笔墨淋漓，层次分明，色彩淡雅，令人耳目一新。所以，青花很快便被制瓷业主和绘瓷艺人所接受，也受广大民间喜爱。因此，青花便很快取代了原来的白地黑花传统装饰技法。但由于彭城窑生产使用的"大青土"属当地原料，胎质比较疏松而不坚密，青花原料也采用当地的氧化钴料（俗称"土青"），同时也利用滏阳河航运从天津进口氧化钴料（俗称"洋蓝"）。所产青花器物绝大多数是在青灰色地上绘青花，青与白两种颜色有浑然一体的韵味，不像景德镇青花器那样的青白鲜明。也有少数器物为白地上绘青花图案或青花留白花卉图案，这样的装饰风格与江西景德镇青花器仍然有着明显的差异，故彭城窑青花有其地域性的明显特点。

磁州窑青花器的创烧在清光绪中期（1895年）前后。笔者曾在邯郸旧货市场见到一个彭城窑生产的青花小盘，直径13厘米，底径9厘米，盘面绘灵芝花纹，矮圈足内有小平钱"道光通宝"钱币模印款识（图六）。虽然这件小盘有"道光通宝"钱币模印款，但这并不能说明它就是清道光年间造器。一来从存世大量的彭城窑青花器物来看，至今并没有见到清道光年间的其他造器，它仅仅是一件孤品；二来也不能排除这件小盘的模印款是窑工随意使用一枚道光通宝钱作印范的。当然，我们也不能完全排

图六　道光钱币印款青花盘
1. 俯视图　2. 清道光钱币印款

除彭城窑在清道光年间开始生产青花器物的可能性。除这件"道光通宝"钱模印款小盘之外，目前见到最早的彭城窑青花器物，是刘立忠先生所收藏的一件1895年彭城窑青花绘山水图掸瓶。虽然从20世纪20年代以后五彩瓷开始盛行，但青花器一直延续到20世纪50年代（图七、图八），只是绝大部分青花产品是民间所使用的盆和碗等日常生活用具，以粗瓷碗居多，图案主要是在盆和碗的口沿、下腹部绘一圈玄纹或在器之腹部绘简单的花草纹。

进入民国以后，当地政府倡导发展实业，先后组织彭城窑场60多人到景德镇专门学习生产技艺。彭城窑的装饰艺术在博采众长的同时，受江西景德镇五彩瓷装饰技法的影响，彭城窑又出现了釉下五彩和釉上五彩的两种技法（图九、图一〇）。其中，釉上五彩也称磁州窑粉彩，是仿效景德镇粉彩的一种装饰技法。这一阶段既生产青花器，也生产五彩

图七　刘立忠先生收藏的清
"乙未"款青花掸瓶

器，还有青花、五彩于同器兼绘的手法使用（图一一）。可以说青花技法被融入到了五彩装饰之中，五彩瓷基本上占据了统治地位。究其原因，除了人们对瓷器装饰图

图八　市博物馆收藏的一件
"抗美援朝"款的痰盂

图九　民国五彩将军罐

案的欣赏和追求发生了变化之外，更主要的是绘制青花的氧化钴料比五彩染料要昂贵得多，时至今日也是如此。所以说这一时期的磁州窑装饰艺术，从青花的"一枝独秀"又演变成为五彩瓷"满园春色"的崭新天地。在日伪统治时期，瓷器贴花技术在磁州窑得到了大量的推广和运用，创出了手工绘画和贴花兼容并蓄的新技法，使瓷器的产量得到了大幅度提高。

图一〇　民国民生瓷厂款撢瓶

建国以后，随着各地工业细瓷的发展，以机器印制各种各样图案的画纸来代替手工绘制五彩图案的复杂劳动，极大地提高了劳动生产力，被称为陶瓷生产的"贴花革命"。人们日益喜爱细白瓷器和五彩贴花细瓷器，彭城窑除生产少量仿古瓷之外，其千余年的传统装饰技法也随之被贴花工艺所取代，千年不衰的磁州窑进入了一个新的发展阶段。

图一一　民国青花、五彩兼绘器

（三）

从明到清后期，彭城窑产品仍然是以满足民间生活瓷的需求为主流，大量生产的瓷器是广大民间所使用的日用生活瓷器，较少生产装饰品瓷。到了近代，由于受到江西景德镇等窑口瓷器生产的影响，彭城窑所产器物的种类较古代也发生了较大的变化。如果说古代磁州窑所产的器物与民间的实际生活用品密切相关，那么近代磁州窑的产品又增加了大量民间家庭生活的陈设装饰瓷器。这一时期彭城窑器物类型的不断增多，不仅是它自身发展创新的一个突出表现，也是磁州窑文化艺术进一步丰富繁荣的重要成就。

就瓷器的发展而言，器物造型是瓷器艺术发展的一个非常重要的方面，不同时代的社会需求造就了不同时代的器物造型艺术，从而推动了社会的进步和艺术的发展。从目前所见的近代彭城窑器物种类，可以大致分为日常生活瓷、陈设装饰瓷、文房瓷、供奉瓷、玩具瓷等几大类别。也就是说，瓷器的种类不仅要满足人们的日常生活、文化学习使用，还要满足人们的精神追求需要。正是人们在社会发展中需求行为的变化，才出现了为满足人们生活不同需要的不同瓷器种类，由此也出现了新的造型器物，并形成了新的造型艺术。

以炊具、餐具、盛器、茶酒具、卧具为主要品种的日常生活瓷，仍然是近代彭城窑的主导产品。炊具主要是做饭所使用的锅。古代的炊具除了早期的陶器和青铜器之外，铁锅是比较普遍使用的炊具，在考古上几乎没有发现瓷器制作的饭锅，这也许是因为瓷锅易毁而难于保存的缘故。但近代彭城窑用耐火材料烧造瓷锅已十分普遍，一种是黑灰色内外施透明釉的瓷锅，一种是黄白色内外施透明釉的瓷锅，当地俗称"砂器"，又称"砂锅"。这种砂锅一直使用至今，成为广大城乡的主要炊具。

以盘、碗、勺为主的餐具，呈现出多样化特点，而且成为近代彭城窑的大宗瓷器产品。餐具以碗、盘最为常见，是广大民众最基本、最普遍的生活用具。磁州窑作为北方地区最大的民窑体系，自北朝创烧开始就生产有碗、盘、壶、罐等最基本的生活器具。到了清代后期，中国的人口已有四亿五千万之众，要满足人们吃饭所必须使用的碗和盘，就成为所有窑口瓷器生产的基本任务。在彭城一带，抬眼可见用废匣钵垒筑的院墙，随处可见丢弃的废匣钵，匣钵就是为了提高烧碗数量而出现的专用窑具。可以说碗盘数量之大无以计算，器形之繁难以类全。目前能基本认定的清代后期所生产的碗、盘器物，除了大小种类之外，其装饰特点大致可以分为这么几种风格，清末

图一二　清末深黄釉大海碗

以前主要是黑釉、白釉、酱釉、土黄釉、白地黑花碗等器。市博物馆征集有一件深黄釉大碗，当地俗称"大海碗"，直径达 30 厘米（图一二），如果不了解冀南地区民间的风俗习惯，就很难知道它的真实用途[2]。清末民国时期，碗盘的主要装饰风格是青花、五彩图案（图一三）。随着人们生活水平的提高，民国时期餐具的生产也出现了套件化特点，碗、盘、盆、勺配套使用，可供

数人一块就餐，当地俗称"坐席"，尤其是出现了攒盘，一般由一个圆盘和七个扇形盘共八个盘组成一套使用（图一四）。攒盘主要是宴席上用来盛装酒菜的整套餐具，主要在一些比较殷实的家庭中使用，而大多数的民众家庭还是沿袭着用几个粗瓷小盘盛装酒菜的传统生活习惯。

图一三　青花釉里红鱼纹盘　　　　　　　图一四　民国五彩花卉纹攒盘

　　盛器主要是缸、盆、罐、壶等器物。缸一般是由耐火材料制作而成，俗称"大缸料"，器形大小不同，分为水缸、粮缸、鱼缸、画缸等种类，多数为黑釉，但鱼缸、画缸多用白地黑花、青花、五彩进行装饰。特别是鱼缸，多为黑釉，大小不等，一般在外表堆塑两三圈绳纹带，其间堆塑"暗八仙"或各种花草图案。最大的鱼缸通高达0.9米左右，口径在1米左右。青花缸外表为平面，绘制人物故事、花鸟虫鱼等多种图案。鱼缸有的置于庭院，缸内种植一株荷花，养殖几条金鱼，成为家中的一景（图一五）。瓷盆也很多，大小各异，有水盆、面盆、汤盆、花盆等不同种类。大盆多数由大缸料制成，以黑釉为多，其他种类的盆也有青花、五彩进行装饰（图一六）。壶主要指提水的壶，以砂器为多，故又称"砂壶"，器胎为黑灰色，里外施透明釉，也有部分器表为灰白色，并绘简洁的花草图案，外观比较粗糙，是人们生产和生活均可以使用的器物（图一七）。

图一五　清代青花开光花卉纹大缸　　　　图一六　民国青花花盆

图一七　民国绿彩砂壶

图一八　清末白釉褐彩茶壶

图一九　清末模印褐彩人物纹倒流茶壶

茶酒具以民国时期的品种为最多，是人们的日常生活用器（图一八、图一九）。茶壶大小不等，器型不一，装饰风格也各异。茶碗、茶杯品种也很多。酒具有酒壶、酒盅。酒壶体积不大但器型较多，有一部分还是倒流壶。酒壶一般可盛半斤酒，多数装饰有青花、五彩图案，也有通体施黑白釉素色酒壶。酒盅体积较小，像微型小碗，大约10 盅酒可容一两酒，多数是里外均施白釉的酒盅，也有青花、五彩简单装饰的酒盅。

卧具以瓷枕为主，还有各式各样的暖瓷壶和便壶（当地俗称"夜壶"）等。瓷枕是磁州窑的一大特色，自宋代以来各代都有烧制，古代的瓷枕种类繁多，不可胜数。彭城窑瓷枕在造型上大体有四种，即长方形半圆面枕、猫形枕、卧人形枕、孩儿匍匐形枕。瓷枕的装饰，除了猫形枕、孩儿匍匐枕使用白地黑花（个别白地青花）技法之外，还有部分白釉、酱釉、黑釉单色釉枕，个别瓷枕在左右两侧面绘褐彩花草纹饰或剔刻剪纸花形纹饰等，其余瓷枕为青花、五彩装饰，除枕底面之外其余前后左右上五面绘山水、人物、花卉、动物等装饰图案（图二〇～图二三）。暖瓷壶多供老人、儿童

图二〇　青花花鸟纹枕

图二一　民国五彩花卉纹瓷枕

图二二 清代白釉褐彩孩儿匍匐枕

图二三 民国山水花卉纹粉彩枕

在严寒的冬天使用，里面装满热水，白天可以暖手，晚上可以暖被窝。暖瓷壶也分大小，有黑白釉装饰，也有青花、五彩装饰图案。便壶多为圆形短注带系器，也有大小之分，里外满施黑釉，当地还有"彭城夜壶——好嘴"的民间诙谐谚语流传。

彭城窑的日用生活器物种类十分繁多，在此仅仅叙述生活常见器物，无法一一列举。

陈设装饰瓷是彭城瓷器生产的一大门类，构成了这一时期彭城瓷器生产的一大特色。在装饰瓷中以掸瓶最为常见，品种也最多（图二四~图二七）。掸瓶由古代的梅瓶

图二四 青花人物山水纹四方瓶

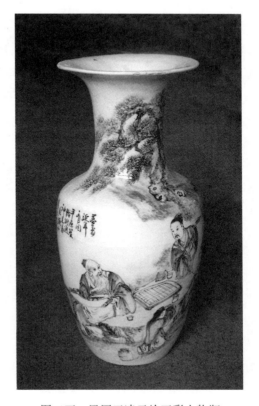

图二五 民国王凌云绘五彩人物瓶

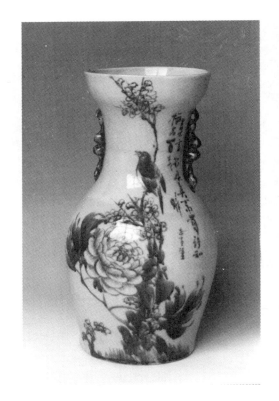 

图二六　民国王凌云绘青花牡丹梅花纹瓶　　　图二七　王凌云绘戌申年款青花山水
文字对狮子耳瓶

演变而来，彭城窑掸瓶大体分为 4 种型号：1 号瓶通高在 50 厘米左右，2 号瓶通高 36 厘米左右，3 号瓶通高 30 厘米左右，4 号瓶通高 20 厘米左右。器型一般均为颈部细而腹部粗，肩部圆或斜，口沿有敞口或盘口之分。总体来看大致分为圆形、方形、棱形三类，也有少数异形瓶。棱形瓶有六棱和八棱之分，还有六棱堆塑图案瓶。掸瓶多数在颈部有耳（也有少数无耳器），瓶耳的形状很多，有如意耳、兽耳、兽衔环耳等多种。掸瓶的装饰更是繁简不一，有黑釉瓶、白釉瓶、酱釉瓶、蓝釉瓶、绿釉瓶、霁蓝釉瓶、霁红釉瓶、青花图案瓶、五彩图案瓶等，多种多样。就掸瓶的装饰图案而言，有山水风光、人物故事、花草树木、名言警句等，虽然说形形色色，五花八门，但其中却记载了当地大量的民俗风情资料信息，具有深刻的文化内涵。装饰瓷除了掸瓶之外，还有花具、帽筒、挂瓷等不同的种类，不再一一赘述。

文房瓷也是陈设装饰瓷中一个重要的门类。这类瓷的盛行是社会的发展进步和人们的物质文化需求因素所致。彭城窑文房瓷主要有画缸、笔筒、笔架、笔洗、瓷砚、水盂、印盒等品种图，且大小不等而造型各异，装饰技法主要有白地和灰地青花、釉下五彩、釉上五彩（又称粉彩）以及贴花图案器，也有少量的单色釉器物。彭城窑所产文房瓷虽然粗糙，但其中也不乏精品，深受民间文人雅士所喜爱（图二八）。

1

2

3

4

图二八　彭城窑文房瓷

1. 清代剔花褐彩笔筒　2. 清代剔花褐彩笔筒　3. 民国五彩狮子纹笔筒　4. 民国青花绿彩菊花纹印盒

除此之外，彭城窑还生产了大量的供奉瓷和玩具瓷。供奉瓷主要有香筒、香炉以及佛像、神像、寿星、财神、历史人物（关公）等瓷塑品（图二九，图三〇）。供奉瓷种类繁多，装饰繁简不一，人物以白地黑绘、青花为最多，五彩器相对较少，这一装饰特点与供奉瓷的庄严肃穆性内涵有直接关系，供奉瓷在民间较为盛行，流传也较为广泛。玩具瓷在我国自唐代盛行到元代逐渐走向衰落，彭城窑玩具瓷生产规模在明代虽不及宋元时期，但所生产的玩具瓷品种仍然非常丰富，近代玩具瓷虽然品种稀少，但仍有一定数量的玩具瓷存世，也可以构成这一时期瓷器生产的一个门类。

近代彭城窑产品的种类，虽然是受到了景德镇等外地窑口产品的影响，但每件器物的造型均与景德镇制器的形状不同，在器物造型艺术上形成了它自己的个性风格，象小酒盅、瓷枕、便壶等相当部分的器物是磁州窑所独有的

图二九　清送子观音瓷塑

图三〇 民国福禄寿瓷塑
梅点纹蜡台

产品。这些新器物的出现，除了彭城窑器物使用的生产原料和烧制方法与其他窑口不同之外，可以说主要是与这一带人们的日常生活需要和喜爱嗜好有关，从这个意义上说，它既来源于人们的社会生活实践，又贴近人们的生活实际需要。

（四）

近代磁州窑器物绘画的题材和内容非常丰富，既有反映我国历史上重要的典故传说内容，也有人们喜传的清官遗事，又有历代传统的戏剧名段画面，还有当地民间所信奉的庙宇土神以及所喜闻乐见的趣事等内容。它不仅反映了我国传统文化的精髓，更多的还是取材于冀南地区的民俗风情内容。它不仅为磁州窑文化增添了新的内涵与光彩，也是研究冀南地区民俗文化的重要资料。因其涉及内容非常广泛，题材丰富多样，文化内涵深刻，限于篇幅难以尽释。在此，仅就器物绘画的画风和特点略作分析与探讨。

彭城窑青花和五彩器的装饰风格，开辟了磁州窑艺术发展的一片新天地，构成了这一时期磁州窑装饰艺术的新特点。就青花器而言，绘瓷艺术成就主要体现在瓶、罐、枕等这些器型相对较大而且又有实用价值的器物上，尤以掸瓶表现较为突出。早期（清末）的青花器，多数是采用满工画法，器物前后、左右、上下均有图案装饰，而且纹饰比较繁缛，从颈部到腹部多满绘山水人物、折枝花卉、戏剧故事等，有一部分还使用开光和青花地留白画法，技法娴熟，布局舒展，用笔灵活，充分体现出绘瓷艺人深厚的绘画功力。这一时期的青花器虽然多数有画面内容的题记，但纪年题款者还是相对较少。市博物馆征集有青花敞口折肩如意耳六棱瓶和盘口折肩鼓腹青花地留白蝙蝠纹瓶，还有王凌云所绘制的青花山水大四方瓶，这几件器物的画面均为满器渲染，山峦层叠、树丛浓郁，勾线空灵，笔墨娴熟，浓淡相宜，形成了苍老而又清润的艺术特色，是彭城窑早期青花的代表性器物（图三一、图三二）。中期（民国早期）的青花器，在器物的正面多绘一组主题画面，画面的内容题材丰富而广泛，背面多绘牡丹、菊花、梅花、扶手等花鸟图案和纪年题记，也有部分器物的背面绘其他图案或书写名言警句及题记。这一阶段的纪年题款器相对较多，器物的款识包括了绘画主题、纪年、画师名讳等内容。如有一件私人藏青花掸瓶，正面画一只公鸡，鸡头上绘有一朵鸡冠花，题书"官上加官"，背面绘菊花并书"岁在民国二十一年佳月中旬一日，书于彭城镇民生瓷窑出品，美郎张士彦涂"题记。这一时期的器物口沿，一般绘制一圈连续回型纹或一粗一细的双线纹，脖颈部绘有蕉叶纹较多，腹部主题纹饰有花鸟、山水、人物等，背面绘牡丹、菊花、梅花、扶手等花卉。也有的器物颈部、腹部前后开光，内绘各种图案，开光周边绘方格状、网状、菱形状等各种几何形图案，这种绘画风格是彭城窑匠师在学习景德镇瓷器画风基础上的创造，也是彭城窑所独有的绘画风格（图三三）。晚期（民国中后期）青花器的装饰画面题

图三一　清末敞口折肩青花六棱瓶

图三二　鼓腹盘口青花留白蝙蝠纹瓶

图三三　民国四开光周边青花几何纹瓶

图三四　民国五彩"福禄寿"图纹瓶

材，也多为山水、花鸟、人物、动物、戏剧、名言警句等。由于瓷器受商品化生产等因素的制约，多数器物的绘瓷风格，开始由小写意画风逐渐演变为程式化的图案式画法，也就逐渐失去了彭城窑早期青花的小写意绘画风格。

彭城窑五彩装饰器（包括粉彩器）的绘画风格较之青花器也有明显区别，除少数五彩器采用满工的画法之外，绝大多数五彩器是在器物的正面绘山水、人物、花卉、戏剧故事等图案，背面为墨书题记，也有部分器物只绘简洁一枝花草图案而不书写题记。市博物馆藏有五彩福寿图瓶，背面仅书"（横写）福禄寿图，（竖写）岁在辛未梅月中旬三日画于彭城镇日新工业试验厂南窗之下志宣王凌云涂"（图三四）。可见五彩器与青花器相比，它的绘画风格已经发生了明显的变化。

从目前存世的大量近代彭城窑瓷器绘画的画风来看，它主要是受到了我国明代画风的影响，尤其受明清之际恽（寿平）体画风的影响为最大。对此，有关学者从美术史的角度曾作了专门的研究[3]。这一时期的瓷器，有相当部分器物书有"仿名（明）人之（笔）法"、"仿南田老人之（笔）法"的落款题记。博物馆收藏有一件五彩硬肩兽耳瓶，正面绘"二仙图"，背面书"岁在壬申年仲冬月泰兴工厂出品，书于东窗之下仿南田老人笔法"。我们从中已不难看出这种兼工带写的小写意绘画艺术手法，颇受"南田老人"笔法的影响。

所谓"南田老人"，是清初画家恽寿平（字正叔）的雅号，他生于明崇祯六年（1633年），卒于清康熙二十九年（1690年），晚号南田老人，与清初"四王"和吴历并称清初六大画家。他所首创的兼工带写的写意花卉技法造诣颇深，一洗习气，别开生面，被称为清代花鸟画正宗。"恽体花卉画风"的主要特点：一是不用纯墨，全用色彩加入水分和脂粉调和后直接用笔挥出所要表现的花卉，使之真实生动，达到了形神兼备的理想境界和效果。二是花卉题材广泛，超过了历代画家的选材范围。三是构图章法以折枝花卉为主，极少选取全株式，而是挑选最生动传神的一两枝、一两种或一两束来充分表现各种花卉的色、态、韵，使之达到尽善尽美的程度。恽派的这种画风，对后世花卉技法的影响极大，清代张庚在《国朝画征录》中说："近日无论江南江北，莫不家家南田，户户正叔……"近代的岭南画派、上海画派的主要人物大都受到了恽南田花鸟画法的影响。而近代彭城窑绘瓷的匠师也不例外，将恽派的花鸟画法在绘瓷艺术中表现得淋漓尽致。

从诸多彭城窑瓷器的题款内容可见，近代彭城窑的生产已经开始进入了近代工业生产的范畴，正在从一家一户瓷器作坊的生产方式，过渡到行业分工协作的近代工业生产方式。所以，在彭城镇不仅出现了"民生瓷厂"、"泰兴工厂"、"振业瓷器工厂"、"日新工业试验厂"、"振兴瓷厂"等众多的工厂企业，而且瓷器生产的行业分工协作也比较明显。绘瓷匠人不再从属某个瓷窑，而是成为瓷器生产的一个单独行业。清末时彭城绘瓷业的行号是"养性斋"，民国时期彭城绘瓷业的行号是"静乐轩"。各瓷厂都是通过这个绘瓷的行业组织来完成瓷器的装饰绘画工艺制作，绘瓷匠人也是通过行业组织来实现个人劳动价值的。从目前见到的大量彭城窑青花、五彩器物题记资料，清末时石泉、小川、王志宣（凌云），是青花恽体画风的代表人物，而王志宣、吴良斋（兴让）、张士彦（美郎）、赵玉玺则是民国时期五彩恽体画风的代表人物，以绘磁州窑粉彩器而多见。他们均采用兼工带写的写意花卉画法进行绘瓷。石泉以"养性斋"为画行雅号，所绘青花器以山水、人物、牡丹见长，"画于神麛山下养性斋石泉"的题款，多为比较工整的行书体（图三五）。小川多绘青花山水、人物、菊花。在彭城绘瓷艺人的群体中，从绘画题材的广泛性及绘画技巧、技能等综合方面来看，以王志宣最具代表性，取得的绘瓷艺术成就也最高（图三六）。王志宣（轩），字凌云，河北永年老城里人，生卒年不详，于20世纪50年代病故，享年63岁。他自幼喜欢绘画，青年时随民间艺人彩绘庙宇。为了画艺进步，他曾到北京拜师学画，后以卖画糊口。期间他应师友相约到彭城南响堂石窟寺彩绘壁画，在瓷都彭城结识了画行知名人物付老子和彭城陶瓷业首富冯百万两个关键人物。辛亥革命期间，北京政局动荡，因谋生困难，他再度来到彭城，以绘制瓷器为生，他从京城带来了先进的学术思想和绘画技巧，促进了绘瓷艺人间的相互学习和交流。此间他先后收了几个徒弟，传授绘画技艺，并以"静乐轩"为画行雅号，最终形成了彭城窑兼工带写的小写意绘画风格。他不仅绘青花，也绘五彩器；不仅绘山水、人物、动物，也绘各种花卉。他比较全面地继承了南田老人的绘画风格，绘画技能之高超，体裁之全面，他人无一等齐，对后世的影响较

图三五　清末石泉款青花人物捽瓶

图三六　民国王凌云绘五彩龙纹瓶

大。现在彭城民间仍然流传着王凌云倒画"美人图"的故事，可见其绘画技艺影响之深远，对当代磁州窑的艺术发展也仍然产生着重要的影响[4]。

以石泉、王凌云为代表的彭城窑匠师，在继承传统毛笔绘制铁锈花的基础上，利用毛笔蘸取氧化钴绘制青花、五彩瓷器，在借鉴、吸收"恽体画风"笔法神韵的基础上形成了自己的绘瓷风格。他们的绘瓷画面生动而自然，传神而有趣，并为民间喜闻乐见，绘瓷的构图和章法同恽氏如出一辙，所绘的菊花、牡丹、梅花等图案，常有小鸟站立枝头，嘶鸣寻伴，意境深邃。绘制山水也采用勾勒技法，用深浅虚实不同的线条反映物象的质感变化，有时也采用勾勒与渲染并用的技法，近山远景及坡石用深浅不同的大块青色点染，烘托气氛，生动地表现出了大自然的鬼斧神工之妙处。

近代彭城窑的绘瓷艺术，在继承吸收恽氏画风的基础上，运用新材料绘制花鸟、山水等传统文人绘画体裁，创造了新的绘画风格，不但雅俗共赏，而且使人耳目一新，为磁州窑的装饰艺术注入了新的活力，使近代彭城窑能独树一帜而立于不败之地。

综上所述，彭城窑不仅是古代磁州窑的烧造中心之一，而且是近代磁州窑唯一的烧造中心，元代以后在漳河流域的观台窑和滏阳河流域临水窑断烧以后，它是古代磁州窑的继续和发展。特别是在清末民国时期，彭城窑顺应了时代的发展和广大民众的生活要求，在器物造型以及青花、五彩装饰艺术方面取得了较大的成就，对磁州窑文化的发展做出了重要贡献，同时也为建国以来彭城作为我国重要的瓷产区奠定了坚实的基础。

注　释

[1]　张应登《游滏水鼓山记》碑刻现保存在北响堂山石窟大佛洞一侧。

[2]　冀南地区婚丧嫁娶摆设的宴席，一般八人或十人坐一桌，婚宴上八道（次）菜，丧宴上四道菜，每道菜实际上就是一大碗菜。这种大海碗就是宴席使用的碗。

[3]　刘天鹰、赵建朝：《浅谈恽体画风对磁州窑青花绘画的影响》，《文物春秋》2004 年 2 期。

[4]　据中国工艺美术大师刘立忠先生介绍，他与王凌云有上下代的师承关系，即王志宣（凌云）→吴兴让（良斋）→魏红宾→刘立忠。

"豫让刺赵襄子"历史故事枕再考

马小青[*]

　　磁县是磁州窑的故乡，磁州窑中心窑场观台窑所在地。磁县的磁州窑博物馆收藏有一方白地黑花历史故事长方枕（图一），长38.5厘米、宽17.7厘米、高14.5厘米。枕为白地黑花装饰，枕前墙菱花形开光内绘墨竹，后墙开光内绘折枝牡丹，两侧绘画牡丹花头。枕底面印有上荷叶覆盖、下荷花承托的竖式"古相张家造"戳记（图二）。枕面随形绘五道长方形边框，边框与开光之间填充石榴花和细密的花卉纹。枕面菱花形开光内绘画历史故事，具体内容为一队人马正在过桥，三名骑马官人头戴黑色软脚幞头，身着交领或圆领长袍，足蹬黑靴。身侧后有两名侍卫举伞盖，前一名撑开，后一名收起。快行至桥头时，一人光头跪在马前，拦住马队，见此人右手高举长剑，左手托盘，盘上有酒壶、酒杯。骑马领头之人手持马鞭，似与下跪之人对话。桥下也有四名侍卫，手持瓜镫、斧钺等仪仗，靠桥头一名侍卫手指拦马之人回头与其余侍卫说话（图三）。

　　最近我们又发现两方与上述枕画面完全相同的长方枕，其中一方枕残甚（图四、图五），为邯郸市私人收藏；另一方基本完整（图六、图七），为广州市私人收藏。

图一　磁州窑博物馆藏白地黑花历史故事长方枕

---

　　* 马小青，男；1965年生，回族，党员，硕士研究生，邯郸市博物馆副馆长，副研究员。全国古陶瓷学会会员，主要从事为磁州窑、邺城北朝史、北朝隋唐墓志等方面的研究。曾发表《磁州窑文字枕》、《磁州窑四系瓶新证》、《磁州窑元曲瓷枕》、《磁州窑梅点纹考证》、《司马兴龙、司马遵业墓志铭考》、《齐故都事朱君之墓志铭考》等论文。

图二　"古相张家造"戳记

图三　磁州窑博物馆藏白地黑花历史故事长方枕（枕面）

图四　邯郸市私人收藏白地黑花历史故事长方枕

图五　邯郸市私人收藏白地黑花历史故事长方枕（枕面）

图六　广州市私人收藏白地黑花历史故事长方枕

图七　广州市私人收藏白地黑花历史故事长方枕（枕面）

关于此枕枕面所绘历史故事内容，史树青先生曾在 1979 年《历史教学》第一期上著文《一方磁州窑历史故事枕》进行介绍考证，认为画面内容是宋太祖赵匡胤"陈桥兵变"历史故事中的场景，并将瓷枕年代定为宋代。此后文博界一直沿用此说。

其实对于这方瓷枕上绘画的历史故事到底是什么内容，邯郸市地方磁州窑研究人员早有不同看法，认为这幅图画的内容应该是春秋时期与赵国先祖有关的历史故事——豫让刺杀赵襄子。20 世纪 90 年代由国家文物局主编的《中国文物精华大辞典》（陶瓷卷）中收录了磁县博物馆这方瓷枕，在介绍枕面故事的同时引用了上述两种说法。本文旨在对这方瓷枕的画面上的历史故事进一步考证，请方家指正。

一、两个典故的对比

（1）豫让为司马迁笔下五大刺客之一，《史记》卷八十六《刺客列传》第二十六记载了这一段故事：

豫让是春秋晋国人，公元前 453 年，晋国有六大家族争夺政权，豫让曾经在范氏、中行氏手下工作，并没有受到重视，后来投靠智伯，智伯非常看重他。赵襄子与智伯之间有极深的仇怨，后赵襄子联合韩、魏二家，消灭了智伯，并将他的头骨拿来当酒杯。豫让感激智伯的知遇之恩，决心为其复仇。

他先改名冒充罪犯，混进赵氏内廷，借修厕所的机会，用匕首刺杀赵襄子。但赵襄子如厕时，突然有所警觉，命令手下将豫让搜捕出来。赵襄子的左右想杀掉豫让以除后患，赵襄子却认为豫让肯为故主报仇，是个有义之人，便将其释放。

豫让仍不死心，为了改变相貌、声音，不惜身涂漆、口吞炭，乔装成乞丐，找机会报仇。有一次，机会来了，赵襄子出行要过一座桥，豫让事先埋伏在桥下，准备在赵襄子过桥时行刺。正在过桥的时候，赵襄子的马却突然惊跳，豫让的行刺再次失败。捉住豫让后，赵襄子指责他说："你以前曾经是范氏和中行氏的臣子，智伯消灭了他们，你不但不为他们报仇，反而投靠了智伯；现在你也可以投靠我呀，为什么一定要为智伯报仇呢？"豫让说："我在范氏、中行氏手下时，他们根本不重视我，把我当成一般人；而智伯却非常看重我，把我当成英才，是我的知己，我非替他报仇不可！"赵襄子听了非常感慨，便说："你对智伯，也算是仁至义尽了；而我，也放了你好几次。这次，我不能再释放你了，你好自为之吧！"豫让知道这一次是非死不可，于是就恳求赵襄子："希望你能帮助我完成最后一个心愿，将你的衣服脱下来，让我刺穿；这样，我即使是死了，也不会留下遗憾。"赵襄子答应这个要求，豫让拔剑，一连刺了赵襄子的袍服三剑，然后自刎就义。

（2）"陈桥兵变"这一典故，讲的是赵匡胤策划夺取后周政权的军事政变。

后周显德六年（959 年），后周世宗柴荣病死，继位的恭帝年少只有七岁，因此当时政治不稳。后周显德七年（公元 960 年），宫廷正在欢庆新年，忽然接到北方紧急军情，契丹与北汉入侵，宰相范质、王溥仓促中不辨真伪，即命禁军大将赵匡胤率军出征。出军之日，军校苗训，号知天文，利用天文中的"假日"现象，说什么天上二日磨荡，乃改朝换代之象，鼓动军心思变。出军第一天晚上，大军驻于陈桥驿站，赵匡胤的亲兵亲将们鼓噪而起，要求拥立新天子，然后出征。时为掌书记的赵普，足智多谋，向诸将说明"兴王易姓，虽云天命，实系人心"的道理，要求他们严明军纪，安定人心，长保富贵，取得将士们的同意和支持。驻军陈桥的第二天早晨，参与拥立新天子的将领们，拿一件象征皇帝即位时用的黄袍，披在赵匡胤身上，"黄袍加身"。赵匡胤率军回师开封，逼使恭帝禅位，轻易地夺取了后周政权，改国号为"宋"，建立了赵宋王朝。

二、枕面所画人物故事内容的考证

对比这两个历史故事，我们可做以下分析。

由于这方瓷枕的画面中绘画有一座木桥，大家或以为"陈桥兵变"历史故事发生在"桥"上，其实是误解，根据史书记载，"陈桥兵变"故事的发生地点"陈桥驿"是地名，故事也并非直接或间接发生在"桥"上，故事发生的具体经过也始终没有与"桥"发生关系，画面上的"桥"看来与"陈桥驿"这一地名无关。

反观"豫让刺赵襄子"历史故事却与"桥"有着密切关系，豫让最后一次刺杀赵襄子正是发生在一座桥上，数次刺杀后又被发现，最后豫让只好请求赵襄子配合，刺杀赵的官袍，完成自己的心愿。最后自刎在桥上，可歌可泣。画面中靠桥头的侍卫手指拦马之人，回头与其余侍卫对话，整个画面虽刀剑并举，但并无紧张搏杀的气氛，尤其是桥下几名侍卫倒有嬉戏之态，好像大家对豫让的刺杀行为已经习以为常。后世为了纪念这位著名的刺客义士建立了许多"豫让桥"，山西、河北等地至今还存留着"豫让桥"遗迹，河北邢台有"豫让桥"，太原的"豫让桥"更是非常有名，今为旅游胜地。

关于此类磁州窑长方形画枕的存在年代大致在金末到元中期，即 13～14 世纪。金元时期，就历史背景而言，不会在磁州窑瓷枕上绘画歌颂宋太祖"陈桥兵变"的历史故事。将画面内容定为北宋"陈桥兵变"故事，进而将该枕烧造年代定为北宋，也不对。以我们今人的思维方式，歌颂与开国领袖有关的重大历史事件是顺理成章的，比如我们现代社会的"八一南昌起义"、"井冈山会师"和"开国大典"等。但在封建社会，宋太祖赵匡胤发动"陈桥兵变"，夺了后周孤儿寡母的天下，本身应避讳，实在不是可以公开大肆炫耀的事情，这也是北宋以来直至金元没见过同类题材出现的原因。再者，磁州窑瓷枕上也未见过类似反映重大历史事件的画面，当时历史环境下，民间宣扬的是二十四孝、贞节列女、神仙志怪、忠义侠士等等，而"豫让刺赵襄子"讲的是忠义侠士的故事，与当时民间绘画题材相符合。

　　此外，枕面所画人物身着交领圆领长袍、头戴软脚幞头等服饰也是金元戏曲杂剧中的服饰，北方金元时期的壁画墓中常见。

　　前几年，河南省陈桥为了开发旅游资源，慕名到磁县文保所，将所谓"陈桥兵变"瓷枕上的画面放大制作成壁画移植到陈桥，所以有必要将瓷枕绘画内容再次考证一下，以免造成更多误解。

　　目前所见"豫让刺赵襄子"同一画面的瓷枕共计三方，一为河北省磁县中国磁州窑博物馆收藏，一为河北省邯郸市私人收藏，一为广东省广州市私人收藏。磁县中国磁州窑博物馆藏为磁州观台窑烧造，另两件私人收藏品虽为同一画面，但从绘画风格、用料彩头和胎质看与观台窑有差别，应为同一时期磁州窑系不同窑口的产品。

磁州窑"张家记"瓷枕小考

申慧玲[*]

瓷枕是古代陶瓷产品中最常见的器物品种之一,其不仅形式多样、装饰题材丰富,而且,很多器物底面还带有文字徽识戳印,如"张家记"就是众多戳印中的一种。笔者在以往所从事的抢救性考古发掘中,由于曾在一座古墓内发现过一件带"张家记"戳印的瓷枕,而对该类瓷枕的情况较为留意。本文拟对有关"张家记"瓷枕的所属窑系、风格特点和烧造年代等作些初步的探究。

一、两件"张家记"瓷枕

就笔者所知,目前带"张家记"戳印的瓷枕仅有两件,分别由邯郸市文物研究所和峰峰矿区文物保管所收藏。

一件是 2002 年 3~4 月间,笔者在对邯郸市区西部龙城小区基建工地进行发掘时,于一座古墓中发现[1]。这是一件白地黑绘填词枕(图一),长 28~29.5 厘米,枕底部

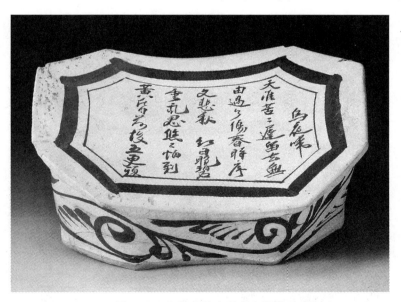

图一 2002 年龙城小区出土瓷枕

---

* 申慧玲,女,山西省黎城县人。邯郸市文物保护研究所资料室副主任,馆员。主要从事文物保护的研究及文物藏品、档案资料管理工作。

图二　2002年龙城小区出土瓷枕窑戳

宽18、高8~10厘米。形制为八角形，左右两端微上翘，中间略凹，且前部略低于后部。胎质灰白，为常见的"大青土"。除底部外，遍施白色化妆土。背面上缘有一烧造时留下的气孔。枕面保存较好，底部及侧面有裂痕。瓷枕周壁绘卷草纹，线条流畅。枕面上依瓷枕形状绘有一粗一细的八角形双线边框，线条略向内弧。从八个角的连接处看，线条应是一段一段的连接线，而并非一笔所成的封闭线。边框内书行楷六行共三十九字："乌夜啼，天涯苦苦迟留，去无由，过了伤春时序又悲秋。红日晚，碧云乱，思悠悠，怕到黄昏前后五更头。"瓷枕的底面无化妆土和釉。上有一双栏横排的行楷阳文"张家记"戳印，长约5、宽约2.5厘米（图二）。

另一件1972年于矿区机修厂出土[2]。为白地黑绘花草纹枕，长29.1、宽20.5、高10厘米。胎质灰白，施化妆土，透明釉，底部无釉，有横式阳文"张家记"戳印（图三）。周壁饰卷草纹。从外形上看，也为八角形，枕面边框内为一白色折枝花，这是在枕面中部绘出一块同为八角形的边框，在其内勾出折枝花的轮廓，然后将周围涂黑，花形就跃然枕上了。其线条

图三　峰峰矿区机修厂出土瓷枕窑戳拓片

流畅简洁，寥寥数笔就将枕面装点得充满了自然之趣（图四）。

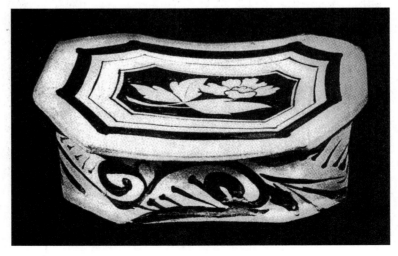

图四　峰峰矿区机修厂出土瓷枕

（采自张子英：《磁州窑瓷枕》图一〇七，人民美术出版社，2000年）

二、关于瓷枕的窑系与产地

根据前述介绍可以看出, 两件瓷枕无论外形特征、胎质釉色, 还是装饰手法、表现内容、窑戳标记等, 均明显具有磁州窑陶瓷产品的特点。

众所周知, 磁州窑是我国宋元时代北方著名的民间瓷窑, 因位于古磁州 (即现在磁县) 境内而得名。窑址主要分布在河北省南部的邯郸市峰峰矿区和磁县境内, 也即太行山东麓的漳河、滏阳河流域, 并以今磁县观台窑址和峰峰彭城窑址为中心构成两大窑址群, 共 17 处窑址。磁县的漳河流域分布有 10 处, 以观台窑为中心, 南与河南省安阳县相邻, 东北与磁州窑另一中心彭城镇相距 25 公里, 位于漳河出太行山转入平原的拐弯处。除中心观台窑外, 还有冶子村窑、东艾口村窑、申家庄窑、观兵台窑址[3]; 沿漳河支流逆流而上有荣华寨窑、南莲花窑、白土窑; 在青碗河与该支流交汇处, 有青碗窑村窑; 再逆流而上有北贾璧村窑。以彭城窑为中心滏阳河流域共有 7 处: 有富田村窑、河泉村窑、二里沟窑、临水村窑、常范庄窑和义井村窑 (图五)。

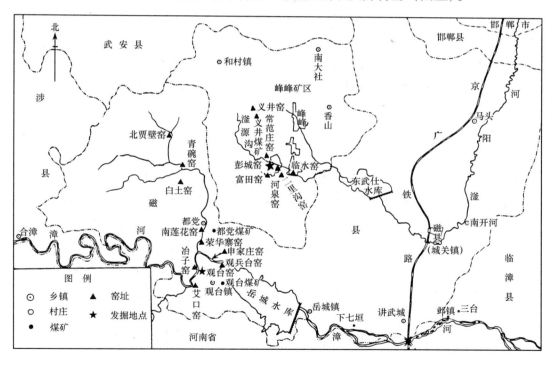

图五　邯郸磁州窑遗址分布示意图

(采自马忠理:《磁州窑独特装饰艺术 (下)》《邯郸师范专科学校学报》, 2001 年 1 期)

磁州窑大约创烧于五代末, 形成于宋金时期, 并延续到元代以后。其之所以在古代瓷窑中独树一帜并区别于其他窑系, 一是磁州窑属民间窑系, 其产品基本上以民间日用陶瓷为主, 诸如碗、盘、盆、罐、缸、瓮、枕等, 物尽所需, 应有尽有。而且, 陶瓷生产不像官窑那样受到各种清规戒律的制约, 陶瓷艺人可根据自己的艺术构思和想象尽情发挥。因此，所生产出来的陶瓷产品具有格调粗犷清新、生活气息浓郁等特点。二是磁州窑所用瓷土为就地取材、原料为当地所产的"大青土"，胎质较粗，色泽灰黄，为了"粗"中求"细"并满足平民生活"物美价廉"的需要，磁州窑产品成功地运用了外施"白化妆土"技术手法，既弥补了瓷土质量较差的缺憾，又为陶瓷艺人在陶瓷器上挥毫泼墨，展示白地黑绘艺术或通过划花、剔花、刻花等装饰工艺表现器物风格，提供了广阔的空间。三是磁州窑陶瓷装饰技法可达 50 余种，装饰图案包括山水景物、花鸟鱼虫、飞禽走兽、历史故事、民间传说、神仙洞府、戏剧人物，诗词歌赋等等，取材广泛，形象生动，线条流畅，简直就像一幅幅鲜活画面组成的宋元民间生活长卷"清明上河图"，又像一座包罗万象、无所不备的民俗博物馆。四是磁州窑瓷器特别是瓷枕底部常有标明作坊徽号窑口的窑戳标记，其中常见的有"张家造"、"李家造"、"王家造"等，这其中又有诸多的不同。如最著名的"张家造"枕，又有"张家造"和"古相张家造"之别，此外，同为张家还有"张家记"、"张家枕"、"张大家枕"等不同作坊。而且，窑戳文字还有阴文、阳文及横书、纵书之分，外廓又有带边框、不带边框、上覆荷叶、下托莲花之别等，为判定瓷器的烧造年代、生产作坊或窑口提供了依据。正由于如此，所以，磁州窑的很多特点为其他窑址所吸收，并形成了庞大的磁州窑系。而且影响所及包括河南省鹤壁窑、鲁山窑、宜阳窑、禹县扒村窑、钧台窑、密县窑、郏县窑，山西省介休窑、霍县窑，陕西省耀州窑，安徽省萧县窑，山东省淄博窑，江西省吉州窑和广东省海康窑[4]。甚至在日本、朝鲜等地也可看到磁州窑的影响，如"绘高丽"等。

上述两件"张家记"瓷枕，一是八角形的外形与磁州窑当地产品形制完全一致；二是瓷土原料为"大青土"，胎质较粗，色泽灰白，表施化装土，白地黑绘风格等，均属磁州窑产品的典型特点；三是瓷枕表面装饰图案及诗文等，同属磁州窑瓷枕最流行的装饰题材和内容；四是"张家记"窑戳标记也是磁州窑瓷枕的一贯做法和常见形式；五是瓷枕出土于磁州窑中心窑场之一峰峰矿区彭城一带与附近的邯郸城郊。而且，从两件瓷枕的窑戳来看，不论从大小、形式，还是字体和笔画，都似为同一窑口、同一家作坊的标记。因此，两件瓷枕均应属于磁州窑当地产品。至于是否为彭城窑或其他某作坊所产，目前尚缺乏直接的证据，有待新的发现或进一步研究确定。

三、关于瓷枕的艺术风格及装饰内容

瓷枕属于日常生活用具，最早始于隋唐，宋元以来长盛不衰，深受北方中下层民众喜爱。北宋女词人李清照在《醉花荫》中即曾写道："薄雾浓云愁永昼，瑞脑销金兽，佳节又重阳。玉枕纱橱，半夜凉初透……"，古人之所以喜爱瓷枕，因为它不仅有清凉沁肤、爽身怡神之功效，甚至还有"名目益睛，至老可细读书"的说法。因此，瓷枕也是磁州窑陶瓷中数量较大、品种最多、装饰手法及内容最丰富的产品之一。

从上述两件瓷枕的外形来看，均作横长八角形，而且左右两端微上翘，中间略凹，前部略低于后部。这种造型既消除了方正规矩、刻意呆板之感，又平添了新颖别致、自由洒脱的艺术效果，同时也完全符合人们头部舒适就枕的客观要求。

从装饰艺术手法来看，两件瓷枕最主要的是采用了黑白反差分明的白地黑绘工艺。磁州窑的装饰工艺技法主要包括划、刻、剔、塑印、绘画及彩釉等六大类。其中划花是指用竹、木、角等器具，在器物上划出花纹，也有的干脆就用一种篦形器直接划出，称为篦划花，并根据其划花的先后顺序不同，呈现出的艺术效果也不尽相同，若再施以不同的釉色，就可以烧出五彩斑斓的装饰品种。刻花是以刀直接雕刻或用偏刃刻出花纹，纹路普遍较深。剔花是以尖状物先划出纹饰轮廓，再用平刀铲剔掉纹饰以外或之内的化妆土，还可于剔除部另添他色或施以黑白两层化妆土按轮廓剔去一层，施釉烧成后以呈现不同的艺术效果。塑印是以雕模方式，模制器物或压印花纹，以增强立体感觉。彩釉是利用各种矿物原料，根据不同需求着色，烧制单色彩釉、黄绿釉、红绿彩和三彩瓷器等。

然而，磁州窑最具特色的还是白地黑绘装饰艺术。对于磁州窑的产品而言，白色化妆土的运用本身就是一种独特装饰，而白色化妆土与"大青土"胎色的反差，更显露出一种别样的艺术效果。日本长谷部乐尔和内藤匡先生曾评价说："倘若没有这种丰富的白化妆土，就不会产生磁州窑"。白地黑绘可分为釉上黑绘和釉下黑绘两种，而釉下白地黑绘装饰又有其独到之处。磁州窑的工匠们"以斑花石做绘料，创造性地将中国绘画的技法，以图案的构成形式，巧妙而生动的绘制在器物上"[5]，再罩以透明釉高温烧制，从而将一幅幅鲜活的绘画作品保留在瓷釉之下，并展现在当时人们的日常生活实用品中。可以说，磁州窑自创烧开始，白地黑绘装饰在相当长的时间内始终占据主导地位。

最初的绘画作品主要为变化多端的花草图案，但随着经济的发展及广大民众的客观需求，陶瓷工匠们一方面受浓厚的文化氛围和书画创作风气的感染，自由发挥个人无穷的想像力，充分施展个人的书画天赋和才能，以水墨画形式将各种山水景物、花鸟鱼虫、人物故事、活动场面和即兴创作的充满哲理的词曲俚语等融入画面里；另一方面又不断从广大民众日常生活中发现题材、汲取营养，不拘泥于皇家官府正统思想的限制，并通过不断变换绘画形式、提高书画技艺和表现内容，以简洁明快的线条、通俗直白的词句及灵活多样的表现形式，将普通民众的喜、怒、哀、乐及文化习俗、时尚追求等，尽情地展现在绘画作品中。从而使这种经历了千年风雨的"书画作品"得以保存至今，让我们从中获得了许多当时人民生活的珍贵信息，而这种信息的最佳载体当首推磁州窑白地黑绘瓷枕。上述两件瓷枕除熟练运用白地黑绘装饰工艺，周壁绘制出线条流畅的卷草纹外，填词枕还以书法形式填词一首，花草纹枕面折枝牡丹则以填黑留白形式表现，从而起到了突出牡丹洁白无瑕的反衬效果。

从装饰内容来看，除花草纹等传统题材外，最引人注目的是填词枕中的《乌夜啼》词曲，共分六行，行书。首行书词曲名《乌夜啼》，后五行书词曲："天涯苦苦迟留，去无由，过了伤春时序又悲秋。红日晚，碧云乱，思悠悠，怕到黄昏前后五更头。"

《乌夜啼》为唐教坊曲名[6]，《太和正音谱》注为南吕宫又大石调。有多种不同的体例。一体为南唐李煜《乌夜啼》，五字起，或名《圣无忧》，双调四十七字，前后段各四句，两平韵。其别体有赵令畤所填名《锦堂春》者，六字起，双调四十八字，前后段各四句，两平韵。其实这两种体例均始于南唐李煜，本名《无夜啼》。另一体为双调五十字，前后段各五句，两平韵，宋人多填《锦堂春》体[7]。还有一正名为《相见欢》者，宋人也名之《乌夜啼》，与前面所提三种体例无涉。《相见欢》也为唐教坊曲名，后用为词牌。南唐李煜所填《相见欢·秋闺》较为著名："无言独上西楼，月如钩，寂寞梧桐深院锁清秋。剪不断，理还乱，是离愁，别是一般滋味在心头。"因其中有"独上西楼"、"月如钩"等句，故又名《上西楼》、《秋夜月》，双调七句三十六字，上阕三平韵，下阕两仄韵两平韵。上述填词枕所填《乌夜啼》为七句三十六字，字数及形式同李煜的《相见欢·秋闺》，而与又名《圣无忧》和《锦堂春》的《乌夜啼》不同，所以，此处的《乌夜啼》应为《相见欢》。这首词不但语言简单易懂，很符合平民大众的语言习惯，琅琅上口；而且，还通过"伤春"、"悲秋"、"怕到"等词语的运用，反映出了书写者对时光匆匆流逝的无奈和留恋，并书诸枕面以时刻警示人们要珍惜大好时光。

四、关于瓷枕的年代

瓷枕中有横式"张家记"戳印的，目前已知的仅有这两件白地黑绘八角枕。由于缺乏直接年代证据，相关资料的可比性又较少，因此，我们只能依据 2002HLCM14 的墓葬形制、共存器物及"填词枕"的自身特点，对瓷枕的年代做一初步推断。

首先可从 2002HLC M14 的墓葬形制分析。该墓为带墓道的六角形砖室墓。墓道朝南，长 2.6 米，呈斜坡状。墓室为不等边六边形，长径约 2.8、短径约 2.3 米（为内径）。六个转角处有砖雕仿木斗拱，壁面上也有精美的砖雕内容。其中的一桌二椅、衣架和后壁一扇半掩的门，都是邯郸宋墓中常用的砖雕手法。六角形墓室在邯郸宋代也很流行。

其次以同出的随葬品来推断。在 2002HLC M14 中，与瓷枕共出的还有三枚铜钱、两个白釉深腹碗和一个白釉碟。三枚铜钱除一枚锈蚀严重不辨字迹外，一枚为"至道元宝"，为宋太宗赵炅至道年间（995～997 年）铸；一枚为"元丰通宝"，为宋神宗赵顼元丰年间（1078～1085 年）铸[8]。据此推断 M14 的年代上限不超过北宋中期，而同出的白釉碗和碟，均是支钉支烧，也具有宋代中后期瓷器的特征。

另外，枕面上所书的三十六字《乌夜啼》同《相见欢》的体例是相对应的，《相见欢》在宋代也被叫做《乌夜啼》。而两件瓷枕的形制、大小及绘画手法极为相似，二者的窑戳更是如出一辙，说明两者不仅应属同时期产品，又极有可能是出自同一作坊。

综合以上因素，可将上述两件"张家记"白釉黑绘八角枕定为宋代，其烧制年代约在北宋末年。

注　释

［ 1 ］　邯郸市文物保护研究所：《邯郸市龙城小区墓葬发掘简报》，《文物春秋》2004 年 6 期。

［ 2 ］　张子英：《磁州窑瓷枕》图一〇七，人民美术出版社，2000 年。

［ 3 ］　秦大树：《河北省磁县观兵台古瓷窑遗址调查》，《文物》1990 年 4 期。

［ 4 ］　冯先铭：《中国陶瓷》，第 380 页，上海古籍出版社，1994 年。

［ 5 ］　魏之瑜：《磁州窑艺术初探》，《磁州窑研究论文集》，邯郸陶瓷工业公司，1985 年。

［ 6 ］　姚谱：《新编实用规范词谱》，太白文艺出版社，1998 年。

［ 7 ］　《御定词谱卷六》下。

［ 8 ］　李如森：《中国古代铸币》，吉林大学出版社，1998 年。

磁州窑"虎头龙"纹饰浅析

张丽萍[*]

　　2006 年秋，磁州窑博物馆（简称博物馆）征集了一件元代白地黑绘龙凤罐，口径 20.6 厘米，高 34 厘米底径 17.2 厘米（图一）。当时征集时几位同事有分歧，从器物的造型和绘画技法上无可争议，存在疑点的是龙的图案，该龙的头不是常见的龙头，而是虎头，亦即"虎头龙"。为了证实器物的真实性，经查阅大量有关磁州窑的资料，并在日本大阪美术馆的《白与黑的竞演》图录上发现了同样的纹饰。这是 2006 年博物馆部分磁州窑标本在日本大阪美术馆展出时，该馆编印的展品图录，其中有一件翡翠釉

图一　白地黑绘龙凤罐

---

　　* 张丽萍　女，河北磁县人，大专文化，磁县磁州窑博物馆助理馆员。主要从事文物藏品保护及研究工作。合作编著有《北朝墓群皇陵陶俑》等书籍。

的龙凤罐上的龙纹和这次拟征集的龙凤罐上的龙纹如出一辙，也是虎头龙。该件器物是出自元代彭城窑的制品，由此可以初步推断"虎头龙"就是元代彭城窑的装饰纹样，故将这件龙凤罐征集入馆。

磁州窑龙凤图案装饰最早见于金代，博物馆收藏的观台窑窑址出土金代龙纹大盆即是一个例证。但在磁州窑中龙凤图案使用最普遍的时期是元代早期和中期。金代到元代中期是磁州窑生产的鼎盛期，它虽然是民窑，但其在社会上的影响已经可与当时的几大官窑相媲美。从金代开始，皇家偶尔会在磁州窑订烧一些器皿，这些器皿大都绘有龙纹图案。"龙"是皇家的象征，是权贵的象征。元代磁州窑已烧制绘有龙纹和凤纹图案的瓶和罐，这些应该都是为皇家烧制的。龙凤纹是皇家的专用图案，但这些纹饰也符合广大百姓的审美观点。在中国传统的观念中各个阶层对龙凤都有一种特殊的喜好，如"龙凤呈祥"、"二龙戏珠"、"望子成龙"等成语就反映了百姓的心态。

我们征集入馆的"虎头龙"罐是元代后期的制品，从"龙头"变为"虎头"，应是折射出了当时的社会背景和磁州窑窑工们的心声。元末社会动荡不安，皇家忙于治乱，已无暇顾及向各窑场征购瓷器。而作为民窑的磁州窑，可能因为没有皇家订货，不敢胆大妄为的生产绘有"龙凤"图案的器皿，但又按捺不住对龙凤的喜爱，在器物上绘出了虎头龙身的怪龙。这样既避开了官家的追究，也满足了社会消费者的心愿，"虎头龙"因此从磁州窑窑工的画笔底下产生。

目前，我们见到的绘有"虎头龙"图案的磁州窑器物还不多，这可能是元代某个时期社会变革对民窑生产造成影响的写照。这件"虎头龙"图案器物的出现，为磁州窑纹饰的研究增加了一个新的看点。

古遗址与古建筑

河北永年广府镇北关隋唐洺州遗址调查记

孟繁峰　　王会民 *

2005 年春节间，一次偶然的机缘，笔者来到广府镇访友，因之游览了环水雄峙的广平府城城垣、城内古建筑基址及横跨于城东 2.5 公里滏水上的敞肩独拱石砌弘济桥等河北省重点文物保护单位。特别是在北关遗址的发现者胡强同志的引领下，重点查看了不久前被其发现的广府镇北关遗址，深深地被这处遗址的范围之广、文化层堆积之深厚、遗物之丰富、断代研究价值之突出而打动。遂对之做了初步的踏查，采集到部分标本。遗憾的是，因时间仓促和一些客观条件的限制，北关街以东地带未及涉查。因此，就广府北关遗址的范围来看，其东部可能还有未尽之处。但由于北关街偏居城北垣的东段，因而北关街以西的范围包括了广府城北濠以北的绝大部分区域，据其面积与地势推测，即使不是全貌，遗址的大部分区域已在发现之中。现将所获资料和一些初步认识公之学界，一为今后进一步的工作提供线索；一为引起有关方面的关注，采取有效的措施对之加以必要的保护。

一、遗址概况

广府城位于邯郸东北方向约 30 公里，西北距永年县城（原临洺关）约 28 公里（图一）。北关遗址位于广府城北约 100 米，地理坐标为北纬 36°42′20″～36°43′20″，东经 114°43′～114°43′20″（图二）。

站在广府城上往北望去，是一片平坦而开阔的区域。近处古老的护城河和现代道路、民用建筑等设施都守候在同一片蓝天下，共同见证着今天的广府城（图三）。漫步在城北的旷野中，更深切地感受到这片土地的古老与丰厚，在南北长近 2000 米、东西宽 1000 多米的范围内，地表各种遗物俯拾即是，特别是人工动土、取土等原因使地表出现很多大洼小坑，形成了一堆堆、一片片壮观的遗物场面（图四）。断

* 孟繁峰，男。生于 1947 年，河北省文物研究所研究员。曾参加邺城等遗址的勘探发掘，有战国中山长城、元右丞相史天泽墓群、隋唐井陉窑等多项发现。主持了河北墓志、鸡鸣驿城、井陉窑等项考古专题调查发掘研究。发表《论客卿》、《论〈新中国出土墓志·河北壹〉的地方特色与史料价值》、《曼葭及井陉的开通》、《井陉窑印花模子的相关问题》等论文，出版《井陉文物古迹》、《新中国出土墓志·河北》等专著。

王会民，男。河北省文物研所研究员。从事考古工作以来，参加和主持了邢窑、定州北庄子以及京深、石太、朔黄等多处遗址、墓葬的调查、勘探和发掘，其中定州商墓入选 1991 年全国十大考古新发现。有《邢窑遗址调查、试掘报告》，《石家庄市后太保史氏家族墓发掘报告》，《邢窑调查试掘主要收获》，《从井陉窑到海丰镇》，《邢窑装饰初探》等发表。

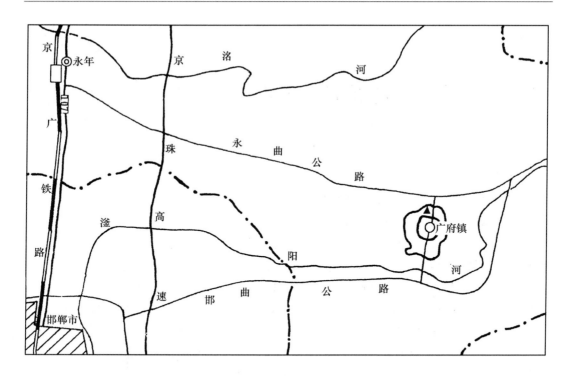

图一　广府城位置示意图

崖上露出的厚度不一的文化堆积层随处可见，超过 3 米厚的堆积层、层中裹夹的丰富遗物（图五）和直径在 2 米以上的大灰坑（图六）也不乏其间，偶见的成片红烧土及灰蓝色烧结面（图七）等也都昭示出城北这片遗存的丰富多样。从遗物中最多见的砖、瓦、瓷片看，这里在古代不仅是规模宏大、人口密集的聚居地，而且还存在过一定规模的砖瓦、冶炼等手工业作坊，昭示着广府城已逝去的一段不容忽略的历史。

二、采 集 遗 物

在众多遗物中我们采集到陶瓷残片百余片，并从中选择了 59 个典型标本，依据时代特征和不同类别依次编号为 001～059 号。这些标本以隋、唐时期的为主，另有少量北朝和宋时期遗物，分为北朝隋代瓷器、唐代瓷器、窑具、唐三彩、隋唐陶器、宋代瓷器，共六部分，分别叙述如下。

（一）北朝、隋代瓷器

遗址上可辨认的隋代瓷器较多，采集标本有碗、钵、盘、罐、瓶等，其中有的遗物显示了北朝的特征。

青瓷碗　2 件。胎体厚重，胎色灰白，圆唇，假圈足，足心内凹，内底有支钉痕，内满釉，外施半釉，釉下未施化妆土，皆可复原。采 001，口微内敛，足外削棱一周，

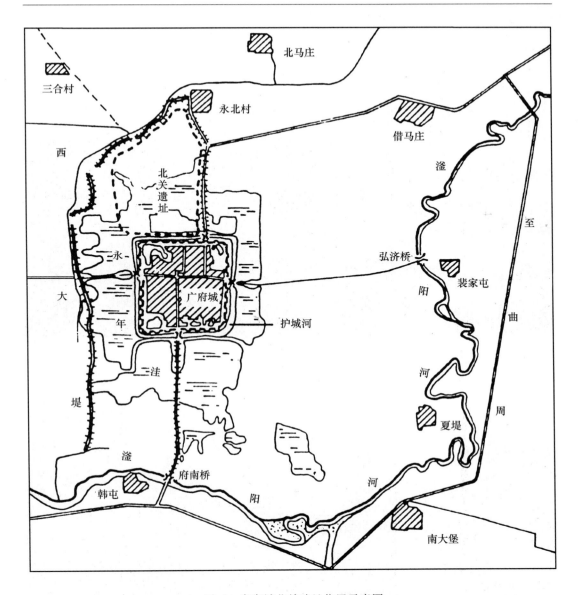

图二 广府城北关遗址位置示意图

足心内凹显著，流釉现象严重。高 8.1、口径 12.3 厘米（图八，2；图九，1）。采002，口较直，釉色泛黄白。高 7、口径 11.8 厘米（图八，3；图九，2）。

白瓷碗 2 件。尖唇，敞口，上腹斜直，下腹弧内收，假圈足稍内凹。外半釉，釉面较光润，釉下有化妆土。采003，可复原，灰白胎，足外削棱一周，内底有支钉痕。高7.3、口径12.4 厘米（图八，5；图九，3）。另一件灰黄胎，只有口部，外壁有粘疤。

黄瓷碗 1 件。采004，灰白胎，敞口，上腹斜直，下腹弧内收，假圈足，足外削棱一周，内底有支钉痕。外半釉，釉下施化妆土。高约9、口径14.4 厘米（图八，1）。

青瓷钵 1 件。采005，灰胎，只有口部。平沿，敛口，弧腹。口下有凹旋纹二道，腹饰刻划莲瓣纹。釉面有细小开片，釉下无化妆土。口径约30 厘米（图一〇，1）。

图三　广府城北护城河外北关遗址地貌

图四　北关遗址中西部遗物场面

图五　北关遗址中东部丰富的堆积层

图六　北关遗址中南部剖面灰坑

图七　北关遗址西北部露出的陶窑残迹

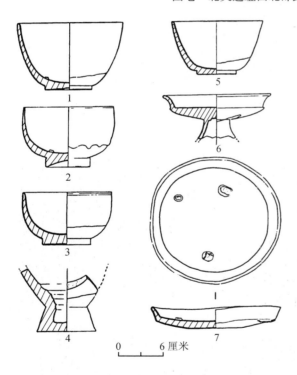

0 　　　6 厘米

图八　北朝、隋代瓷器

1. 黄瓷碗（采 004）　2. 青瓷碗（采 001）　3. 青瓷碗（采 002）　4. 白瓷碗（采 009）　5. 白瓷碗（采 003）　6. 青瓷高足盘（采 007）　7. 青瓷盘（采 006）

花釉钵口瓶　1 件。采 013，只存口部。钵口腹较浅，灰白胎。釉主色为酱釉，口部似又点缀有浅黄色的釉，釉自然下流成为装饰。钵口内径 2.1 厘米（图一〇，4）。

青瓷盘　1 件。采 006，灰胎，完整。圆唇，敞口，浅盘，小平底，内底有三支钉痕。釉面因流釉形成内底积釉、器壁几近无釉的现象。高 2.7、盘深 2、口径 16.8 厘米（图八，7；图九，4）。

青瓷高足盘　2 件。采 007，灰白胎，足残而不能复原。圆唇，敞口，腹下部折内收并形成折棱一周。盘内底平，有三支钉痕，喇叭形高足。干釉，无化妆土。残高 6.5、盘口径 14 厘米（图八，6；图九，5）。采 008，只存高足部分，釉色白中泛青。上部灰胎，下部胎色黄褐，足下部边沿外翻。高 8.3、足径 7.5 厘米（图一〇，5）。

白瓷高足瓶　1 件。采 009，厚胎，只有下部。假圈足稍外撇，中空，腹内壁有轮旋纹。施釉近足，釉面光润，釉下有化妆土。足高 3.2、足径 7.5、厚胎处 1.5 厘米（图八，4）。

图九　北朝、隋代瓷器

1、2. 青瓷碗（采001、采002）　3. 白瓷碗（采003）　4. 青瓷盘（采006）　5. 青瓷高足盘（采007）

6. 黑瓷罐（采015）

黑瓷双系罐　2件。可复原。采014，灰黄胎，圆唇，肩不明显，肩上粘有两个双泥条系。弧腹，平底。沿面内侧无釉，里满釉，外半釉，釉层厚，釉面有较多气泡，无化妆土。高11.5、口径13厘米（图一〇，8）。采015，灰胎，方唇，鼓腹，小平底。上腹粘有两个双泥条系，系高耸出口沿之上。里满釉，外壁肩以上有釉，无化妆土。通高9.1、口径8.5、底径5.2厘米（图一〇，7；图九，6）。

（二）唐代瓷器

遗址上散布的该时期遗物很多，瓷器残片可辨器型有碗、钵、瓶、罐、盆、盘、执壶、镤、碾、托架等。

白瓷唇口碗 1件。采010，可复原。宽卷唇，斜直腹，玉环足低矮，灰黑胎。里满釉，外施半釉，釉面有不规则开片，口沿部位釉面因曾较多使用被磨蚀，釉下施化妆土。高3.8、口径11.8厘米（图一〇，2）。

黄瓷深腹碗 1件。采011，基本可复原。卷圆唇，深腹微弧，假圈足，上部灰黑胎，下部灰白胎。沿面釉剥落，施釉不及底，里外皆半施化妆土，但都未施到底，没有化妆土处釉呈豆青色。高11.3、口径16.5厘米（图一〇，6；图一一，1）。

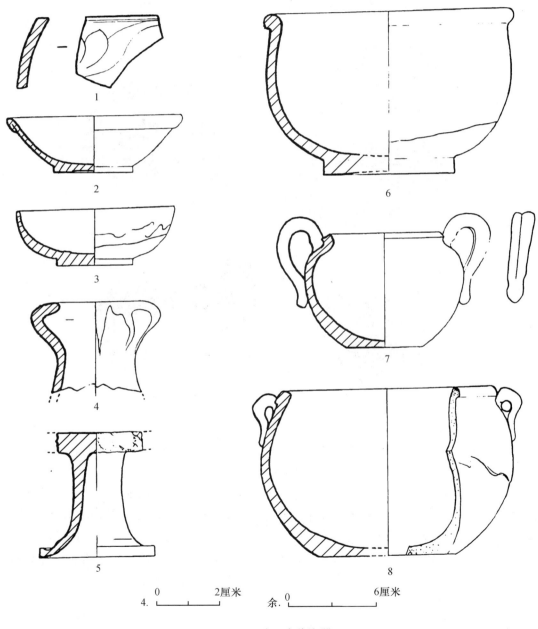

图一〇 隋、唐代瓷器

1. 青瓷钵（采005） 2. 白瓷碗（采010） 3. 黄瓷碗（采012） 4. 花釉钵口瓶（采013） 5. 青瓷高足盘（采008） 6. 黄瓷碗（采011） 7、8. 黑瓷罐（采015、采014）

图一一　唐代瓷器、唐三彩器

1. 黄瓷碗（采011）　2. 白瓷执壶（采017）　3. 黄瓷碾（采020）　4. 三彩残片（采029、采028）

5. 三彩枕（采030）　6. 蓝彩盒（采031）

浅腹小碗　2件。一黄釉，一豆青釉，形状相同。其中采012黄釉瓷碗可复原，为圆唇，厚胎，弧腹，假圈足，胎色灰褐。里满釉，外半釉，里外皆半施化妆土，没有化妆土处釉呈豆青色。高4、口径11.5厘米（图一〇，3）。

白瓷花口钵　1件。采048，圆唇，口内敛，唇下沿一周凸棱，下腹内收，粉红胎。白釉下亦施化妆土，外半釉（图一九，3）。

白瓷盆　1件。采016，微敞口，口下有一周拉坯成型的凸棱，往下弧腹内收，灰白胎。里满釉外半釉，釉下施化妆土（图一二，1）。

黄瓷高足盘　1件。采018，浅黄色胎，只有上部。圆唇斜直壁，折腹，厚胎。外壁口下粘贴一周泥塑纹饰，有卷云纹、十字形纹等。盘口径11.7、胎厚处1.1厘米（图一二，4）。

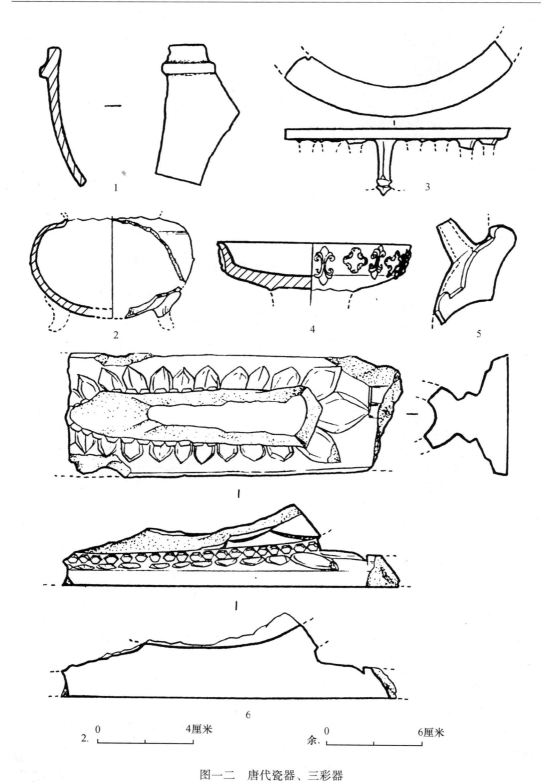

图一二　唐代瓷器、三彩器

1. 白瓷盆（采016）　2. 黄褐釉镂（采019）　3. 黑瓷托架（采021）　4. 黄瓷盘（采018）　5. 白瓷
执壶（采017）　6. 黄瓷碾（采020）

细白瓷执壶 1件。采017，胎薄，为执壶肩部残片，一流，釉白中泛青（图一一，2；图一二，5）。

黄瓷碾 1件。采020，灰白胎，碾槽残存下部，其下为一近似长方形托座，围绕碾槽模印有20多个浮雕莲瓣。碾槽与托座之间用多棱形泥珠黏接。托座残长20.7、宽7.5~8.1、残高5.2、碾槽残长15厘米（图一一，3；图一二，6）。

黑瓷托架 1件。采021，灰白胎，残。托面是一扁圆环，下黏附一周兽蹄形足。残高4、圆环径约20.5厘米（图一二，3）。

青瓷蹲狮 1件。采026，灰胎，上残缺。狮子坐于一梯形座上，座中空，施半釉。狮尾于座上自然卷曲。残高6、座高约3、下宽7.5厘米（图一四，2）。

还采集到黄瓷钵口瓶，黑瓷有系瓶以及酱釉瓷生肖俑等小的残片。

（三）唐三彩

调查中采集到一些三彩和单色彩（图一一，4左下、右下）器物残片，可辨认的器型以枕和镟居多，另有少量的罐、盘、执壶等。颜色以绿、黄褐为主，并且利用透明釉的特点把灰白胎或白色化妆土反映到视觉上成为白色，和绿、黄褐色组成绚丽的三彩器，同时三彩镟等器物残片上还多见模印后贴塑的花纹。另外见有较多的绿色单色彩残片，偶见蓝彩器物。

黄褐釉镟 1件。采019，低温烧成。鼓肩，腹部饰有凸旋纹和凹旋纹，下有三兽蹄形足。胎色黄白，内壁薄施一层浅淡的黄褐釉（图一二，2）。

三彩罐 1件。采028，只有口部，粉红色胎，由绿、黄褐、白三色组成，釉下有一层薄的化妆土。卷圆唇，溜肩。口径9.5厘米（图一一，4右中；图一三，1）。

三彩盘 1件。采029，为盘底中部残片，纹饰系刻划而成，中心有一飞鸟，周围饰莲瓣纹（图一一，4左上）

三彩枕 1件。分片制作再粘接而成，所见色彩和花纹各异。采030是一脉枕残片，其上通体饰有柿蒂形花叶纹，通过观察，推测其制作程序大致是这样的：先在坯体上用花模戳印出花纹轮廓（轮廓是浅浅的阴线），再用褐色的干粉填进轮廓线中，再于轮廓内薄施绿彩，最后于花纹外的地方施黄褐彩。后经烧制过程中釉的流动、渗透，形成了一种既有层次感又似有晕染的效果。高5、宽8.2厘米（图一一，5；图一三，4）。

蓝彩盒 1件。采031，子口，直壁，平底。腹外壁施蓝彩，其下施有白色化妆土，盒内壁薄施一层白釉。高1.7、口径6.7厘米（图一一，6；图一三，3）。

（四）窑 具

调查中采集到瓷胎的用以支烧的窑具，火候较高，有三角支钉和垫圈两种。

三角支钉 低矮，托面面积较大，和唐代同时期所制瓷窑具风格类似。采035，胎色灰黑（图一五，1；图一六下）。采036，胎色灰（图一五，3；图一六中）。

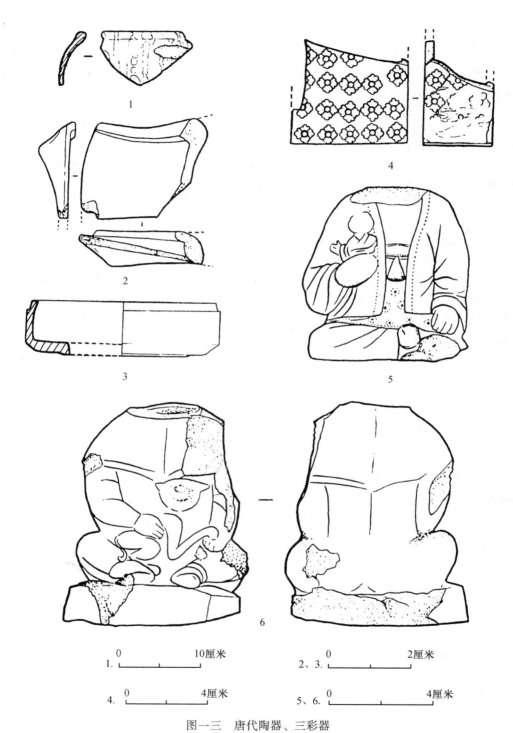

图一三　唐代陶器、三彩器

1. 三彩罐（采028）　2. 灰陶砚（采022）　3. 蓝彩盒（采031）　4. 三彩枕（采030）　5. 红陶俑（采023）　6. 素烧坐俑（采024）

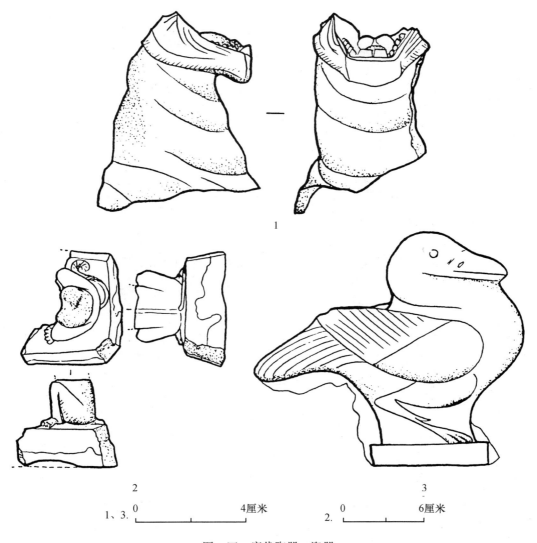

图一四　唐代陶器、瓷器

1. 红陶动物（采 015）　　2. 青瓷蹲狮（采 026）　　3. 黄褐陶鸳鸯（采 027）

垫圈，为残片，断面近长方形。采 037，灰黑胎（图一五，4；图一六左上）。采 038，灰黄胎（图一五，5；图一六上）。

此外还采集到坩埚 1 件，采 034，瓷胎，已复原。桶形，口部稍粗，有两对称小流，圜底。内壁有冶炼后残留的绿色铜渣，外壁有不均匀的青釉，局部混合有铜红色。高 17.5、口径 9.6 厘米，两流处口宽 11 厘米（图一五，2；图一七）。

（五）隋、唐代陶器

陶器是遗址上大量存在的遗物，除了特别多的建筑材料灰陶砖、瓦外，生活实用器中红陶器占的比重特别大，其次是灰陶，器型有钵、碗、盘、盆、罐、瓮、扑满、瓦当、陶俑等。

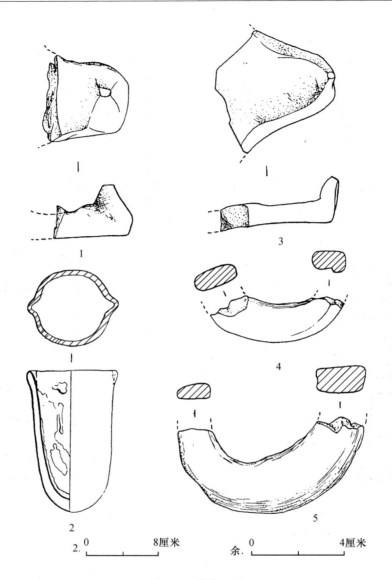

图一五　唐代窑具

1. 三角支钉（采 035）　2. 瓷坩锅（采 034）　3. 三角支钉（采 036）　4. 垫圈（采 037）　5. 垫圈（采 038）

红陶钵　1 件。采 039，敞口，口部略厚，口下饰凹弦纹三周，弧腹，下残。口径 21.6 厘米（图一八，2）。

红陶红顶钵　1 件。采 040，细泥红陶质，基本可复原。敞口，口部胎稍厚，弧腹，底近平。高 7.9、口径 19.8 厘米（图一八，1）。

红陶碗　1 件。采 041，可复原。圆唇，敞口，弧腹，假圈足。高 7、口径 13.5 厘米（图一九，2）。

红陶盘　1 件。采 042，可复原。圆唇，直口，直壁，平底内凹，外底有凹弦纹五周。高 2.9、口径 15.3 厘米（图一九，4）。

灰陶柳斗盘　2 件，1 件可复原。采 054，敞口，斜直壁，浅盘，平底，外壁通饰清晰的柳斗纹。盘高 3.4、口径 16 厘米（图一九，1；图二〇，1）。

红陶盆　2 件。泥质，拉坯成型，腹外壁有轮旋痕。敞口，宽平折沿，沿面上有凸起的边棱一周，下缘下垂。采049，内壁有刻划的连弧纹带。口径约 52 厘米（图二二，4）。采050，在沿面上饰一周凹槽，外壁饰旋断绳纹，内壁上部饰八道细的凹弦纹。口径约 68 厘米（图二二，5）。

红陶罐　1 件。采 051，残存口、腹部分，泥质，卷圆唇，肩上有两个双泥条半圜形耳。口径约 15 厘米（图二二，1）。

图一六　窑具（采 035～采 038）

红陶瓮　1 件。采 052，只有口部，为泥质夹少量蚌屑。卷沿，圆唇，唇外缘下垂，广肩。领上饰模糊的竖绳纹。口径 28 厘米（图二二，2）。

灰陶瓮　1 件。采 053，只有口部，泥质。宽平折沿，方唇，矮领广肩。领上饰凸弦纹一周，肩以下饰有压印的短线纹。口径约 31 厘米，领部胎厚 1～1.4 厘米（图二二，3）。

红陶扑满　1 件。采 043，弧顶，鼓腹，平底，下腹有刀削镂孔一个。残高 8.4 厘米（图一八，4）。

黑陶瓦当模子　1 件。采 044，磨光黑陶，模制，基本可复原。模子残存四分之一大小，为圆形两面模。中心为莲蓬式，有七个圆形小坑，中区有一周莲瓣凹槽，外围有一周凹槽，对应的瓦当部分从里往外分别是七个莲蓬籽、一周浮雕莲瓣纹和一周宽边。宽边、莲瓣纹、莲蓬三部分之间分别用两周凹弦纹间隔。模子最大径23.5、厚 6.8 厘米，瓦当直径约 15.5、边厚 1.3 厘米（图一九，5；图二〇，2）。

图一七　瓷坩埚（采 034）

莲花纹瓦当　1 件。采 045，泥质灰陶，中心部分残缺。宽素边沿，里为一周凸棱。中心图案是浮雕约 12 瓣莲花，每瓣莲花间隔以"T"形浮雕。中心图案与凸棱之间浮雕一周联珠纹（图一八，6）。

红陶模子　1 件。采 046，盘形弧顶，模制阳纹，用二周凸棱作间隔，里外皆饰以莲瓣纹。直径 11.5 厘米（图一八，3）。

灰陶模子　1 件。采 047，盘形弧顶，模制阳纹，基本可复原。花边，边饰一周勾连云纹，往里用四周凸棱作间隔，由里而外依次是莲瓣纹、连弧纹、莲瓣纹、连云纹。直径 14.5 厘米（图一八，5）。

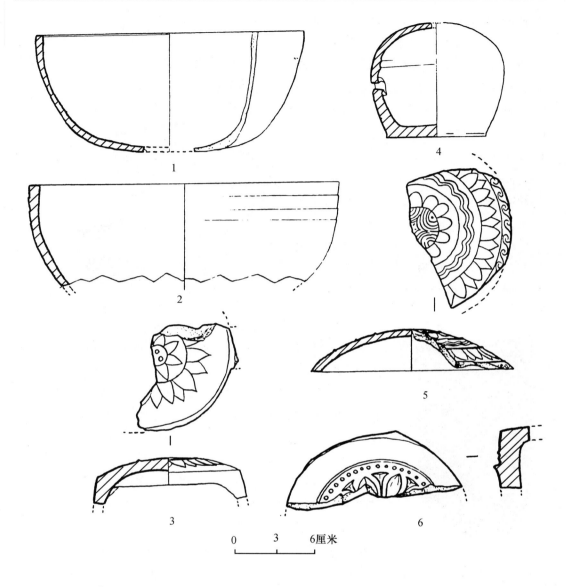

0　　3　　6厘米

图一八　隋、唐陶器

1. 红顶钵（采040）　2. 红陶钵（采039）　3. 红陶模子（采046）　4. 红陶扑满（采043）　5. 灰陶模子
（采047）　6. 莲花瓦当（采045）

　　灰陶箕形砚　1件。采022，只有一角，底面内凹，砚面附着有残墨。高约2.7厘米（图一三，2）。

　　红陶盘坐子母俑　1件。采023，模制后再经工具修理，头缺。上身着带花内衣，腰束带，外穿对襟短衫，右手于胸前抱婴儿，左手放于股上，右脚盘于左腿上。残高6.6厘米（图一三，5；图二一，1）。

　　素烧踞坐女俑　1件。采024，模制，灰白胎，头缺。身着披肩，足登靴，坐于六边形座上，腹前抱一温驯动物。残高8、座宽6.6厘米（图一三，6；图二一，3）。

　　红陶动物　1件。采025，模制，只有脖子和下颌部分，似为立式生肖俑（图一四，1）。

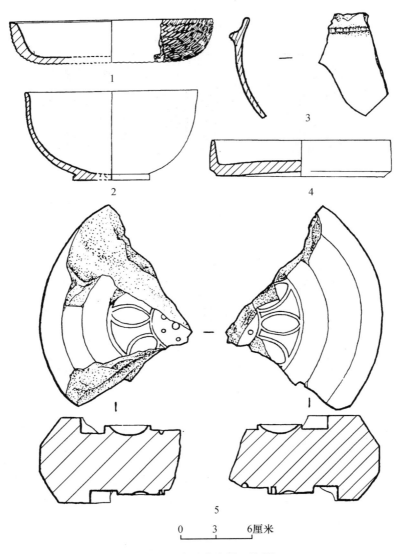

图一九　隋、唐陶器、瓷器

1. 灰陶柳斗盘（采 054）　　2. 红陶碗（采 041）　　3. 白瓷钵（采 048）　　4. 红陶盘（采 042）　　5. 黑陶瓦当模子（采 044）

图二○　隋唐陶器

1. 灰陶柳斗盘（采 054）　　2. 黑陶瓦当模子（采 044）

图二一　隋唐陶器

1. 红陶盘坐子母俑（采 023）　2. 黄褐陶鸳鸯（采 027）　3. 素烧踞坐女俑（采 024）

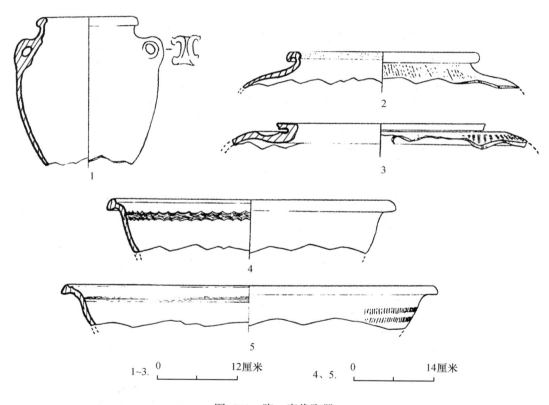

1~3.　0 ———————— 12厘米　　4、5.　0 ———————— 14厘米

图二二　隋、唐代陶器

1. 红陶罐（采 051）　2. 红陶瓮（采 052）　3. 灰陶瓮（采 053）　4. 红陶盆（采 049）　5. 红陶盆（采 050）

黄褐陶鸳鸯　1件。采 027，模制，基本完整，下有一近方形座。高 8.2、长 9.2 厘米（图一四，3；图二一，2）。

（六）宋 代 瓷 器

可以肯定的是，该时期遗物不如隋唐时期多，只采集了少量残片，器型有碗、罐、轴顶碗、炉、绞胎器、绞釉器片等。

白瓷高足碗　1件。采055，只有足部。高圈足外撇，厚胎，胎色灰白。内底有支钉痕。釉面光润，内外皆有化妆土。足高2.6、胎厚处1厘米（图二三，1）。

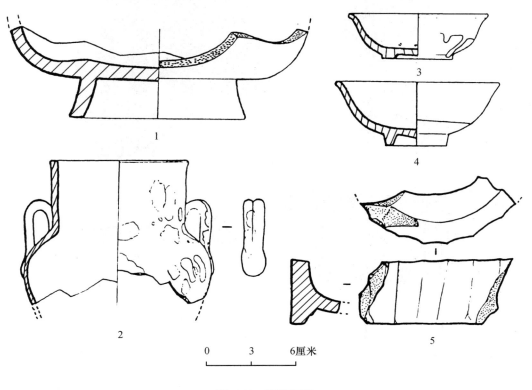

0　　　3　　　6厘米

图二三　宋代瓷器

1. 白瓷碗（采055）　2. 花釉罐（采058）　3. 白瓷碗（采056）　4. 白瓷碗（采057）　5. 白瓷轴顶碗（采059）

白瓷小碗　1件。采056，可复原。圆唇，腹壁较斜直，圈足宽而低矮，灰白胎。内底有支钉痕。釉面较光润，外施半釉，釉下有化妆土。高3、口径9.5厘米（图二三，3；图二四，1下）。

白瓷小圈足碗　1件。采057，可复原。圆唇，浅弧腹，圈足直立，黄白色胎。内底有约五个支钉痕。釉面有不规则开片，外施半釉，釉下有化妆土。高4.1、口径11.2、足径4厘米（图二三，4；图二四，1上）。

黑釉花斑瓷罐　1件。采058，只存肩以上部分。圆唇，高直领，溜肩，肩领处粘有两个双泥条系，灰白胎。内壁施黑釉，轮旋痕清晰，外为黑釉上点缀以酱釉斑，釉面有气泡。口径9、领高4.8厘米（图二三，2；图二四，2）。

轴顶碗　1件。采059，外壁为弧连边形，内壁下部呈碗形，隐圈足。黄灰胎，白釉，口沿无釉，釉下施化妆土。外壁口沿及底部有明火烧痕。高4.4厘米（图二三，5；图二四，3）。

绞胎瓷片　1件。采032，白、褐两色相绞而成，外施薄的透明釉（图二四，4右）。

图二四　宋代瓷器

1. 白瓷碗（采 056、采 057）　2. 黑瓷罐（采 058）　3. 白瓷轴顶碗（采 059）　4. 绞胎、绞釉残片（采 033、采 032）

　　绞釉瓷片　1 个。采 033，在白色底釉上绞以黑和浅褐色釉，有流动感（图二四，4 左）。

　　另外还采集到黑瓷炉、细白瓷小碗等器物残片。

三、对几个相关问题的思考

　　广府镇北关遗址，此前文物部门并不掌握它的情况。文献上除相关城址外，对于这处遗址似乎也只字无存。然而，无论是其广阔超大的面积，还是特色鲜明的遗物遗迹诸方面来看，它都是保存至今已十分难得，性质又相当重要的一处大型古代遗址。现仅就匆匆初见之得，略谈一些粗浅的认识。

（一）遗址的时代

　　仅就现场采集到的遗物来看，这处遗址属于陶、瓷并用期的遗存，与之相关的其中的瓷器，分属几个时段，时代特征明显，这从河南北部至河北中南部、山东中西部范围内北朝至唐宋纪年墓出土瓷器，特别是这一地域内的古瓷窑址中都可找到能够比对的参照物。如最具典型性的碗类，采集到的标本可分青瓷、白瓷两大类。

　　青瓷中按形制特征可分三组。

A组　碗作直口微敛，弧腹，假圈足，灰胎厚重，未施化妆土，里满釉，外半釉，釉下有铁锈斑。因釉液下垂，上腹部釉层厚薄不匀，内底积釉，外壁流釉成泪滴状。足径较小，下微外撇，边缘旋削，足心明显内凹，腹下与足根结合部不作平削状（图八，2；图九，1）。与之相同者见于山东淄博北朝寨里窑Ⅱ式碗[1]，但见于河北赞皇东魏李希宗墓[2]，景县东魏高雅墓[3]等所出同式者，平口而非圆唇，看上去后者在制作方面带有更多的较早特征。不过，此次同地采集到的细泥陶质红顶钵，上腹部有三折线的红陶碗（图一八，1、2）皆素面平口，倒是在高雅墓出土的红陶碗、酱釉瓷碗中找到与之相同的式样。另一件同式的瓷碗（图八，3，图九，2）足心稍内凹，按釉色或可划入白瓷范畴，釉面匀实，外壁半釉，界线规整，无流釉现象。相类者可见于河北平山北齐崔昂墓[4]，亦在隋代安阳窑青瓷Ⅱ式碗[5]，隋代邢窑之内丘西关北所出青瓷碗[6]中可以找到。

B组　敞口，斜弧壁，深腹，假圈足碗（图八，1），与A组式样相比，除形制相异外，胎稍变薄，底足变矮，足径变大，与足根相接处外壁下部旋削成平折面，足心稍内凹，釉下施化妆土，釉色青黄，但仍有垂泪现象。与之相同者可见于邢窑第二期器物[7]。经比照，亦可确认划花平折沿青瓷钵（图四：1），青瓷平底盘（图八，7；图九，4）花釉钵口瓶（图一〇，4），双泥条对耳黑瓷罐（图一〇，7、8；图九，6）等亦为此期器物。

C组　黄釉浅腹碗（图一〇，3），敞口，弧腹，假圈足，胎色深灰，釉下施化妆土，无化妆土处釉呈青色。此类碗见于邢窑唐前期器物群[8]。同样胎质和同样制法的还有黄釉唇口弧腹假圈足碗（图一〇，6，图一一，1），黄釉贴花高足盘（图一二，4），以及直口弧腹假圈足红陶碗（图一九，2）等。

白瓷者，按上述形制分合，虽不连贯，但亦可分成三组。

A组　敞口，尖圆唇，斜壁深腹假圈足碗（图八，5；图九，3），灰胎稍细，形式、制法上的特征全同于青瓷者。这类白瓷器物在井陉窑、邢窑中最为常见，采集到的该组器物还有白瓷高足瓶（图八，4）。

B组　唇口，弧腹，玉环底碗（图一〇，2），唇边宽突，中可见孔，系由拉坯时边沿卷折贴合形成。这种形式之作在邢窑、井陉窑中始见于中唐，直至晚唐、五代仍较流行，甚至保持到了宋金阶段，唯早期作品唇内多保留了折边时的孔隙。碗足亦有明显的区分。属这一时期的器物采集到的还有盆（图一二，1），花口钵（图一九，3），细白瓷执壶（图一二，5；图一一，2），多足黑瓷托架（图一二，3），莲瓣底座黄釉碾（图一二，6；图一一，3），青瓷蹲狮（图一四，2）等。

陶器中有柳斗纹盘（图一九，1）、箕形陶砚（图一三，2）等。同时，采集的红陶罐、瓮、盆（图二二）等，时代下限也不愈此阶段。特别是制作精美的三彩器，亦应是这一阶段器物。

C组　敞口圈足白瓷碗，所见分三种不同形式：一种为高圈足大碗，一种为浅腹宽矮圈足碗，一种为弧腹小圈足碗（图二三，1、3、4），皆素面无纹饰。前者，灰胎施化妆土，釉色光润；后者胎质细致，釉色甜白。属于此组的还见有白瓷轴顶碗（图一二，5；图二四，3），黑釉褐斑高领罐（图二三，2；图二四，2）等。另外还采集到绞胎器、绞釉器残片。这一组器物常见于宋代井陉窑、磁州窑等产品，其中的绞胎、绞釉器很可能是河南宋代修武当阳峪窑的产品。

除以上采集到的标本外，调查中还见到不多的汉代陶器、陶俑等，皆出自墓葬。另外，金元及其以后的遗物极为稀少，未能采集到可标明时代的标本。

经上述对比分析，可见这处遗址的时代并不单纯，初步可以得出这样的认识：以青瓷A组器物为代表反映了这处遗址兴起于北朝；最丰富的青瓷的B、C两组和白瓷A、B两组器物说明它兴盛于隋唐；白瓷C组器物则见证了该遗址延续至宋，金元及其后则已迁徙、衰没。

（二）遗址的历史地理问题

广府镇，见于清光绪《广平府志》、《永年县志》之《沿革》表、志，核之相关地理志，春秋为曲梁地，西汉即此置曲梁县，隶属于治所在鸡泽县东二十里旧城村的广平国。东汉国除，而县不废。曹魏曾一度移广平郡治曲梁。晋、北魏沿为曲梁[8]。北齐废广平、广年二县入曲梁，改曲梁名为广年，并将北魏末年分置的北广平郡（治南和，辖襄、任二县）并入广平郡，治广年，直隶司州即京师邺城[9]。北周平邺，升广平郡为洺州，仍治广年。隋仁寿间为避炀帝讳，改广年作永年，大业间行郡县制，改洺州为武安郡。入唐复称洺州。直至元代，才改称广平路。明清改为广平府。民国废府仍称永年县。建国后移治临洺关，旧治改称广府镇。

依上述文献记载，可知北关遗址南面的广府城约略即汉魏之曲梁县治所（或云曲梁治所在府城东北）。东魏北齐高氏都邺，扩大广平的辖地，并移郡治至此，使之成为直接隶属于京师（司州）统辖的京畿北面重镇。随着政治、军事地位的提升，必定会促进城市规模的扩大和经济的发展。因而当北周灭北齐的同年（578年），北周统治者将之升格为地方最高一级的州治，并因水改广平名为洺州。按之地理，洺河在广府镇北10公里以外由西向东北流去，而城南2公里则有滏阳河西来东去（图一）。这样的情况，以水为名，应名"滏州"，何以洺名？据《元和郡县志》载"洺水，在永年县南三里"[10]，而《中国历史地图集》"隋唐五代卷"和"宋金卷"均记载流经临洺关北面的洺水于临洺关东折向东南经流洺州城南，又东北流去[11]。可知，古今相异，洺河河道当北朝、隋唐、宋金时，占用今滏河河道流经广府镇城南。可以看到，随着齐灭、邺毁，洺州进一步崛起为"西出漳邺，则关天下之形胜；东扼清卫（临清州，运道之咽喉），则绝天下之转输"[12]的战略要冲。故唐初窦建德纵横河北，为夏建都于此；刘黑闼再起，两据洺州，关以东皆为震动。近为邢磁之中枢，亦关天下之要害，地位与相、卫、恒、冀相当的"漳、河间一都会"[13]。总而言之，广府镇自汉建县，北齐开始兴起，历隋唐、宋、金、元明各代，始终为州、为路、为府之治所。清末以后，因远离逐渐形成的京广铁路交通大动脉带而逐渐被邯、邢取代而衰落。考其历史，可以说经北齐、北周、隋唐三百年间，这里经济文化的发展达到鼎盛阶段。这和我们在广府镇北关发现的这处大型的北朝、隋唐、宋时期遗址正相吻合。这里紧连府城的位置，遗存丰厚，遗物精美，都证明了这处遗址即是北朝、隋唐洺州州治的组成部分。

夹于洺、滏两河间的广府镇，即洺州城，坐落于以"泉流环汇"[14] 而闻名的永年洼中间。其四周除环有宽达五六十米甚至超百米的护城河外，20 世纪六七十年代以前护城河外还常年存有宽 300～1000 米的积水，地理环境十分奇特。原来城之南、之东两面，沿滏河、城西距城约 1 公里左右，城北距城 2 公里处环城修有护城堤（图二）。"护城堤相传筑自夏王窦建德。明嘉靖间知府李腾霄修之"[15]。此后因洺水大发而溃堤，屡有修筑。日久，堤外长期遭洪水淤积，地势渐高。因堤坝阻隔，堤内少有淤积，地面升起缓慢，而形成洼地。这就使得处于平原地域的洺州，在平面上除环濠外，又增加了更加宽阔的水防屏障。故明清两代，据载古城东南、城东护堤间修建了莲花口闸、铁锅口闸、利民闸、安民闸，以便必要时为环濠及洼地补充水量。因此，这里的特殊地理环境为自然和人为影响相结合所形成。按之实地，北关遗址所在却地势高亢过于城内，见于 20 世纪 70 年代的航测图，城周环水，唯遗址所在的城北不同于其他三面水面连成一片的情况，而是为南北大片陆地所夹（见图二），最窄处也宽达二三百米，但仍有似后来人为开挖出的水道迹象。

根据城北洼地坑池南北两面皆为遗址的情况推测，隋唐以前，这里可能是连为一片的高地。广府镇北关隋唐遗址分布面积等于或大于广府城面积的情况当即引起了笔者的注意。但踏查中在其周围未能发现城垣，故其性质目前还不能做出进一步的推定。如果作为城外的关厢来看，换句话说，现在的广府镇城，如果是洺州旧城的话（即北关遗址非洺州城内），这处等于或大于城址面积的遗址也不是城池的一般关厢，或许可能是隋唐时期洺州外郭城（或称罗城）城址。这一点还有待于今后的工作和发现来证实。

（三）窑具、三彩及其他

调查中最吸引我们注意的发现是在北关遗址中部东侧东距北关街不远的断崖间两个大灰坑剖面上采集到的三角支钉和垫圈类窑具，都是使用过的残片（图一五，1、3、4、5），以瓷土捏制经高火候焙烧，胎色灰黄或深灰，质地坚致。由上面粘结的承烧物痕迹和零星釉斑可知它们为烧制瓷器的窑具。这在井陉窑、邢窑等窑址发掘中所常见。依其形制反映出系唐代遗留。这一发现给了我们不小的惊喜，虽然平原上一般不出产制瓷原料，燃料的提供也远不如山地丘陵区，但联想邢台市区顺德路发现隋代窑址、石家庄市相当于唐代石邑城城址附近 20 世纪 80 年代亦曾发现瓷窑址的情况，难道这里也有古瓷窑址？但经踏查除在遗址的西部、西北部发现陶窑遗迹外，没能发现瓷窑遗迹。难道这些窑具是随瓷器贩运而来？这几乎是不可能的，一则粘结有窑具的瓷器属于残、废品，影响正常使用，而这些废窑具运到这里又百无一用，如何还长途搬运到此；再则从采集到的素烧模制陶（或瓷）塑件（图一三，5、6；图一四，1、3）和凝结有残铜渣的粗瓷胎坩埚（图一五，2）等来看，前者分明只是半成品，后者已经用于熔炉冶炼，并且从井陉窑等发掘中所出土的不少形制相同大小成套的同类可知，它们可能被用作制瓷熔炼矿物原料的熔具。这些都反映出遗址中或许存在过制瓷作坊。因此这里究竟有无瓷窑，成为今后进一步工作中需要着重注意探索的问题。

这次在广府北关遗址采集到的三彩器，数量虽不多，器型上却比较丰富，有钵、盘、罐、盒、镇、枕以及玩具类塑件多种。除一件黄褐釉三足镇、一件绿釉印花盘、一件蓝釉子口小盒外，其他皆为黄、白、绿、褐多彩器，其中如四瓣花白绿黄褐彩枕、黄绿白三彩条带纹罐、黄绿白彩钵，以多重花纹装饰、中心褐色地衬白绿彩飞鸟，外围饰褐绿白三重莲瓣纹的三彩盘等器物，纹饰在施釉以前皆刻划出阴线边廓。与之相同的器物可见之于洛阳唐三彩[16]。除单色彩镇外，其胎质的细致，胎色或白或粉红，彩釉的鲜亮、绚丽亦与洛阳唐三彩毫无二致，共同反映出盛唐的气魄。单色彩黄褐釉镇胎色黄白，虽然器型在洛阳、内丘、井陉等窑口皆可找出同类，但其胎体与同地发现的素烧抱动物妇女像、捏制鸳鸯等相同。从而说明这些三彩器物或非源于一地、或产自当地，此亦做一悬疑，以待来日解决。

所采集到的瓷片，北朝、隋代者，现尚不能完全肯定其出自哪一窑口，如青瓷 A 组的青瓷碗与隋代磁县贾壁Ⅰ、Ⅲ型碗形制相同，特点相类，地理区域上也最接近。但贾壁器型较薄，特别是在制法上"上述三种（型）碗轮旋都很规整，碗底与足相接处都有一条深深的轮旋痕"[17]。这种拉坯修坯的手法与这一遗址中 A 组采集品的无旋痕不同。青瓷 B、C 组器物和白瓷的 A、B 组器物，特别是白瓷 B 组的细白瓷执壶更接近于邢窑。白瓷 B、C 组同类的胎、釉不尽相同，加之前述三彩器、绞胎器、绞釉器等亦非全部产自河北，显示出多产地多窑口的特征，特别是绞釉器在当时就很稀少，能够发现有此类遗物的遗址就更少，这些都反映出隋唐时期洺州经济交流和物质文化活动的繁盛，凸显出这一地域性"都会"所具备的相应规格。

隋唐时期的遗址特别是城址，除都城长安、洛阳和同样沿用至今的名城外，作为单纯的州级遗址考古发现很少，在河北更甚，尚无做过调查研究。因此，广府城洺州遗址的发现尤为难得，对于隋唐考古及北朝、隋唐文化史有着重要的研究价值。

调查人：孟繁峰　王会民　胡　强
绘图：胡　强

注　释

[1]　山东淄博陶瓷史编写组、山东省博物馆：《山东淄博寨里北朝青瓷窑址调查纪要》，《中国古代窑址调查发掘报告集》，第 352 页，文物出版社，1984 年。

[2]　石家庄地区文化局文物发掘组：《河北赞皇东魏李希宗墓》，《考古》1977 年 6 期。

[3]　河北省文物管理处：《河北景县北魏高氏墓发掘简报》，《文物》1979 年 3 期。

[4]　河北省博物馆、文物管理处：《河北平山北齐崔昂墓调查报告》，《文物》1973 年 11 期。

[5]　河南省博物馆、安阳地区文化局：《河南安阳隋代瓷窑址的试掘》，《文物》1977 年 2 期。

［ 6 ］［ 8 ］　　王会民、张志中：《邢窑调查试掘主要收获》，图二：1，《文物春秋》1997 年增刊。

［ 7 ］　　　同［ 6 ］；另见邢台市文物管理处：《邢台隋代邢窑》，彩版一一：1 ~ 3，科学出版社，2006 年。

［ 9 ］　　　王仲荦：《北周地理志》卷十《河北·洺州》，中华书局，1980 年。

［10］　　　《元和郡县图志》卷十五《河东道四·洺州》，第 431 页，中华书局，1987 年。

［11］　　　中国历史地图集编辑组：中国地图集出版社：《中国历史地图集》第五一七册。

［12］　　　顾祖禹：《读史方舆纪要》卷十五《广平府》，第 121 页，上海书店出版社，1998 年。

［13］［14］　　李贤：《大明一统志》卷四《广平府》，第 76 页，三秦出版社，1990 年。

［15］　　　清光绪三年《永年县志》卷二《山川·滏河》，台湾成文书局，1969 年。

［16］　　　洛阳博物馆：《洛阳唐三彩》，第 105 号飞雁纹三彩盘、第 118 号三彩四瓣花枕，文物出版社，1980 年。

［17］　　　冯先铭：《河北磁县贾壁村隋青瓷窑址初探》，《考古》1959 年 10 期。

黄粱梦吕仙祠明清建筑地方做法

贾 冰*

　　黄粱梦吕仙祠为河北省文物保护单位，位于河北省邯郸市北郊黄粱梦镇东南。依据唐代沈既济所撰传奇小说《枕中记》中的著名典故"一枕黄粱"而肇建。初为卢生祠、吕翁祠，后为供奉吕洞宾等八仙为主的全真教道观。在河北省内像黄粱梦吕仙祠这种规模较大，保存状况较好，建祠历史悠久，名声远扬海外的道观，可谓凤毛麟角。尤其是卢生祠，在全国范围内绝无仅有，至建国前，历代为宗教活动、民俗活动和文人雅集的场所，千年香火不断，在民间影响颇巨。黄粱梦文化在2006年被列为河北省非物质文化遗产。

　　黄粱梦吕仙祠始建年代不详，据历史文献和历代维修碑刻记载，唐末宋初时已有祠宇。宋代王安石、范成大均有诗咏及黄粱梦。现存明代嘉靖二十八年（1549年）重建、清代续修的古建筑群。

　　明嘉靖二十八年（1549年）秋，道士国师陶仲文路经邯郸。见吕翁祠殿域倾圮，规模狭隘，乃以帑金重建。明嘉靖三十三年（1554年），陶仲文自请携世宗皇帝（朱厚熜）亲书御匾"风雷隆一仙宫"至邯郸行安谢礼。因修复的祠门（今午朝门）门楣低隘，不能挂匾，又于祠门南重建一门（今丹门，又称丹房）以承匾。复在新旧祠门之间凿莲池，建栈桥，八卦亭。奠定了黄粱梦吕仙祠建筑格局。清康熙七年（1668年），直隶总督部院白秉真捐金重修吕仙祠，始建面西大门、八仙阁。清光绪二十七年（1901年）秋，慈禧太后（叶赫那拉氏）与光绪皇帝（爱新觉罗·载湉）自西安启程回銮。邯郸县知县奉命在吕仙祠左右建东、西行宫。

　　黄粱梦吕仙祠祠域（不包括西南角附属建筑餐厅）为长方形。围墙南北长140米，东西宽100米。北侧围墙两角为直角；南侧围墙西南角为直角，水平向东延伸至八仙阁后，因受祠外水渠影响，呈弧形与东围墙连接。建筑坐北朝南，为典型的宫观布局形制。唯大门朝西，是与道教风水术有关，因祠之西面有紫山，古传"紫气西来"，故祠门向西以接纳仙气。这种正门在侧的建造方式，于古宫观中是较为特别的。八仙阁与大门东西相对。由镶嵌石刻"蓬莱仙境"照壁、丹门（俗称丹房）、八卦亭、午朝门、钟鼓楼、钟离殿、吕祖殿、东西配殿、卢生祠、东西碑廊等构成南北中轴线，全长140米。中轴线两侧有东、西行宫等建筑。古建筑总面积近2500平方米。除古建筑外，祠内还有占地面积1500多平方米的莲花池、栈桥、假山等

---

* 贾冰，女，河北邯郸人。邯郸市黄粱梦文物管理处助理馆员，主要从事古代建筑保护与维修工作。

景观。

中国传统建筑在形制上大致可分大式和小式两大类，但由于地域、气候、宗教、文化等差异，产生了一些地方特征。黄粱梦吕仙祠独有的建筑是北方道观的典型代表。黄粱梦吕仙祠的古建筑，经河北省古建研究所测绘，认为吕祖殿"抱厦五架梁尾直接插入殿身前檐柱"和八角亭"金柱以上用三踩如意斗拱托抹角梁二重承上金檩，由戗交于雷公柱"的形制很有特色，在明清建筑中尚不多见。其结构有较高的科学价值。现对吕仙祠内主要建筑的风格进行如下浅析：

1. 祠门前大照壁

此照壁为"一"字影壁，始建于清代，西距祠门 11 米，与祠门相对。宽 9.46、总高 5.45、厚 0.9 米。琉璃瓦顶。面西壁心原嵌琉璃烧制的九条龙图案。当地人称"九龙壁"，面东壁心四角有小龙，中间为"二龙戏珠"，后被涂毁（图一）。

图一　山门外照壁

2. 山门

山门始建于清康熙年间，面西。五檩硬山布瓦顶，通面宽 8.28、通进深 4.12、总高 6.55 米。内外均施垂带踏跺。檐正施一斗二升交麻叶斗拱，柱头科四攒，平身科六攒。大门外两旁建有普通撇山影壁（图二）。

图二　山门

3. 八仙阁

八仙阁始建于清康熙年间，面西，与祠门相对。歇山布瓦顶，双层楼阁。下层通面宽10.9、通进深8米。上层通面宽9.8、通进深7米。台基高0.48、总高11.02米。西面施垂带踏跺。上层廊柱内收，外施周围廊，不出平座，无斗拱（图三）。

图三　八仙阁

4. 丹门外照壁

该照壁为"一"字影壁。宽9.5、总高4.81、厚0.76米。面北，与丹门相对，琉璃瓦顶，壁嵌大青石四块，上书"蓬莱仙境"四字。当为明嘉靖年间所建（图四）。

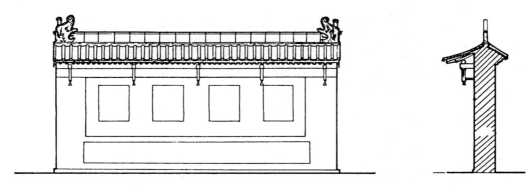

图四　南照壁示意图

5. 丹门

丹门位于莲花池南，面南。原为明嘉靖年间吕仙祠祠门，清康熙年间增扩前院，此建筑成为吕仙祠第二道门。当地俗称丹房。六檩硬山卷棚布瓦顶。通面宽9.31、通进深5.85米。后金柱直抵后脊檩下（大门式建筑）。次间为槛墙槅扇。

6. 八角亭

八角亭原称八卦亭，建于莲池栈桥中部台基上。亭高7.3米，用柱16根，八根檐柱内置八根金柱。檐柱间距2.82米，金柱间距1.96米。面积近40平方米。檐柱柱头间安装搭交箍头枋，箍头枋上安垫板，其上安装搭交檐檩。檐、金柱之间，水平方向置穿插枋、抱头梁。金柱柱头间安装搭交箍头枋，上置平板枋，平板枋以上用三踩如意斗拱（如意斗拱是指在平面上除互成正角之翘昂与拱外，在其45°线上另加翘昂）托抹角梁二重承上金檩，八角亭转角处安装角梁，角梁后尾装由戗支撑悬空的雷公柱。外檐柱间饰倒挂楣子。始建于明嘉靖年间，现存为清代改建（图五~图七）。

7. 午朝门

午朝门位于莲花池北，面南。为明嘉靖以前吕仙祠祠门。由正门和两个边门组成。正门为砖仿木无梁式建筑，硬山琉璃瓦顶。面宽8.14米、进深3.29、高6.5米。中开宽2.82米的拱券门洞。内置实榻门，穿明带五道，抄手带三道。门钉纵七横五。檐下置砖制椽头，为明代建筑。两边门结构相同，单坡悬山布瓦顶，檐下施斗拱，坐斗

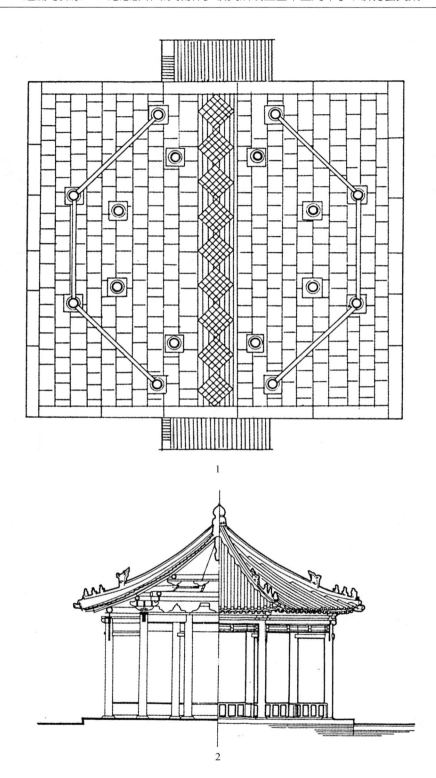

图五　八角亭平、立剖面示意图
1. 平面　2. 立剖面

图六　八角亭内部梁架

图七　八角亭双围柱

刻口面宽方向施雕花横拱，用料很薄，属装饰构件。进深方向安放麻叶云拱。南依院墙，墙上开圆门，内置攒边门。为清代建筑（图八）。

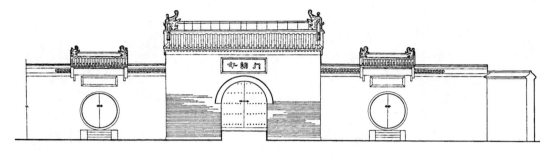

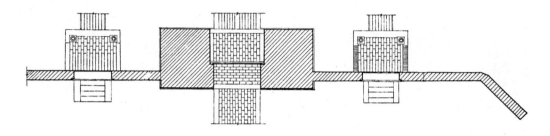

图八　午朝门平、立面示意图

8. 钟离殿

钟离殿在午朝门内，面南。内供奉八仙之首——汉钟离。硬山顶，布瓦绿琉璃剪边。通面宽 10.46、通进深 9.54、高 7.85 米。殿前有进深 3.39、高 0.45 米的月台。前后金柱承五架梁，前出双步廊，后出单步廊。脊檩下施叉手，增加梁的刚性。宋代开始，脊瓜柱和叉手同时使用，从宋到明，叉手越来越小，瓜柱越来越大，至清代叉手终于消失。正面三间六抹槅扇门，后墙包檐柱，正中开券门，为明代建筑（图九、图一〇）。

9. 吕祖殿

吕祖殿在钟离殿北，面南。内供奉吕洞宾。单檐歇山琉璃瓦顶，通面宽 11.09、通进深 8.1、高 9.3 米，前出悬山琉璃瓦顶抱厦，进深 3.06 米。抱厦又名"龟头屋"，是殿、堂出入口正中前方的附加似"门厅式凸出于正殿堂外的建筑物"。河北正定隆兴寺内的摩尼殿四面出抱厦，抱厦顶部都是山花向前。被群众誉为"五花殿"，是国内现存此种式样的最早木结构建筑物。吕祖殿的抱厦五架梁尾直接插入殿身前檐柱，此形制很有特色，在明清建筑中尚不多见。殿前有进深 4.02、宽 11.25、高 0.58 米的月台。殿内金柱四根，上承五架梁，前后檐柱各承单步挑尖梁。两次间用顺梁承踩步檩（明

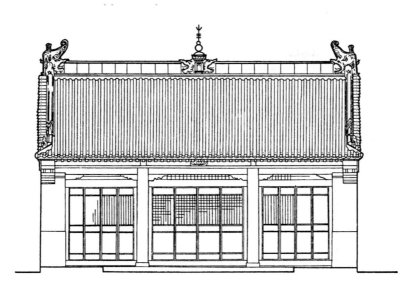

图九　钟离殿南立面示意图

代歇山建筑中，踩步金多以桁檩的形式出现，称踩步檩）收山。外檐施单昂三踩溜金斗拱一周，计30攒（柱头10、补间16、转角4）。溜金斗拱是一种外檐特殊的斗拱。从檐柱中线以外和普通斗拱完全相同，只是柱头以里撑头后尾特别加长，而且顺着举架的角度，向上斜起称杆，放在上一架的大斗上；其桁碗后尾和耍头后尾也随着向上斜起，并用名叫伏莲捎的捎木捎接在一起。此处的溜金斗拱做法：第一层是坐斗，同一般斗拱；第二层平出的华栱外端斜下砍成昂形与正心瓜拱在坐斗的十字刻口内扣搭相交，此种昂已起不到真昂的挑杆作用，视为假昂。外端昂上置十八斗一件，上面安放单才瓜拱一件；内侧翘头上同样置十八斗一件，上面安放麻叶云拱，中间刻口，与其上构件十字相交，卯口做法同单才瓜拱。该溜金斗拱一层起秤，秤杆是撑头木，撑头木后尾延伸至金步，秤杆下贴附菊花头装饰，秤杆落在花台科坐斗进深方向的刻口内。挑杆后尾抵下金檩下伸出于刻口之外。花台科斗拱的正心位置安装正心万拱，正心拱之上为正心枋，正心枋之上为金桁。叉手和瓜柱共同支撑脊檩。脊檩下用8攒一斗二升交麻叶襻间斗拱承托。前檐三间六抹槅扇门；后檐明间六抹槅扇门，次间为砖墙。该殿建于明嘉靖年间（图一一～图一六）。

10. 卢生祠

卢生祠在吕祖殿北，俗称后殿，殿内青石须弥座上置明刻青石卢生睡像。现为1985年的复制品。硬山布瓦顶，通面宽10.05、通进深6.2、高7.63米，金柱二根与后墙柱承五架梁。脊檩下施夔龙形叉手。前出单步廊，正面三间五抹槅扇门，后为砖墙。为明代建筑（图一七、图一八）。

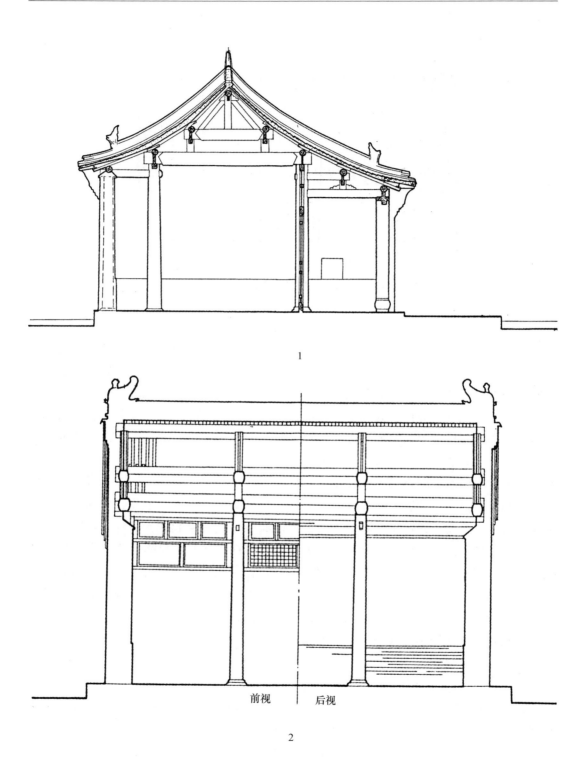

1

前视　后视

2

图一〇　钟离殿横、纵断面示意图

1. 横断面　2. 纵断面

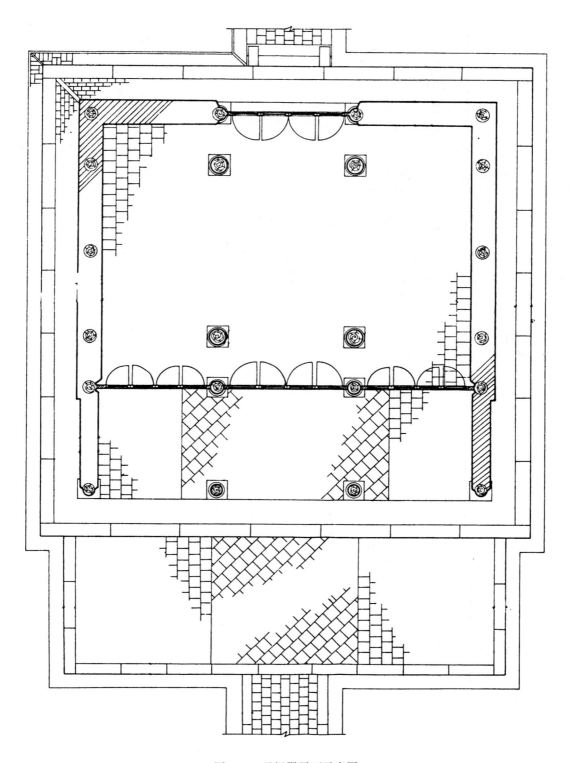

图一一　吕祖殿平面示意图

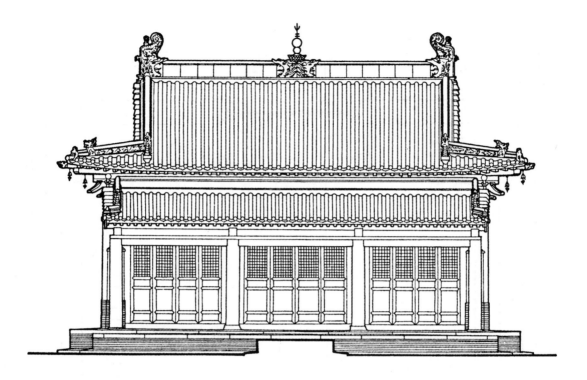

1

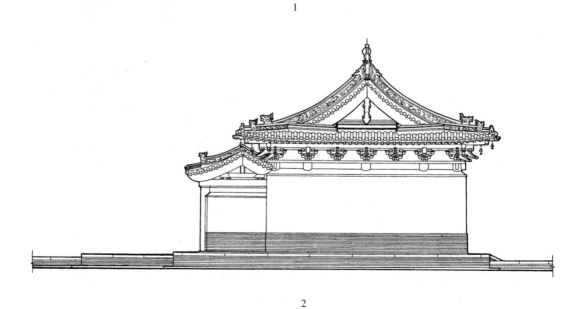

2

图一二　吕祖殿正、侧立面示意图

1. 正立面　2. 侧立面

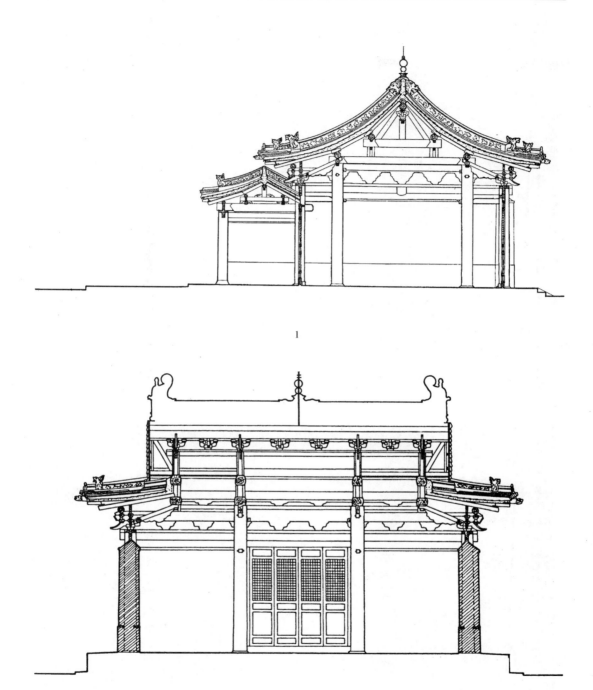

1

2

图一三 吕祖殿横、纵剖面示意图

1. 横剖面 2. 纵剖面

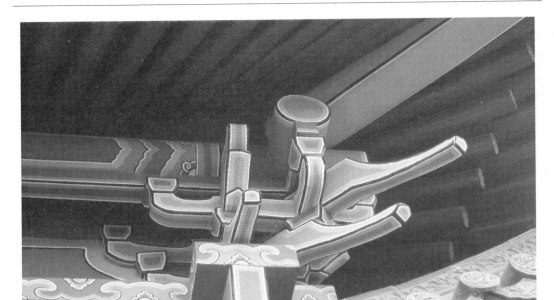

图一四　吕祖殿角科

图一五　吕祖殿内部斗拱

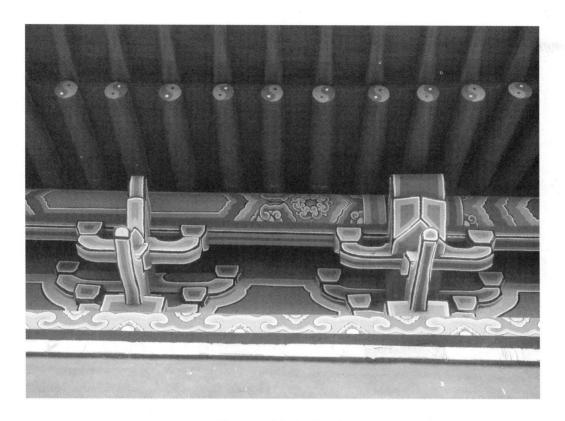

图一六　平身科、柱头科

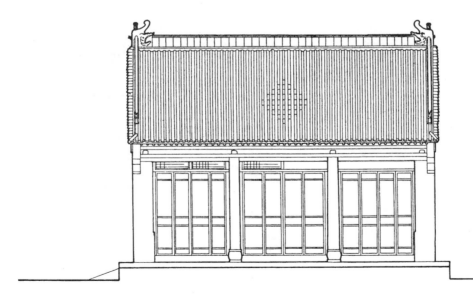

图一七　卢生殿南立面示意图

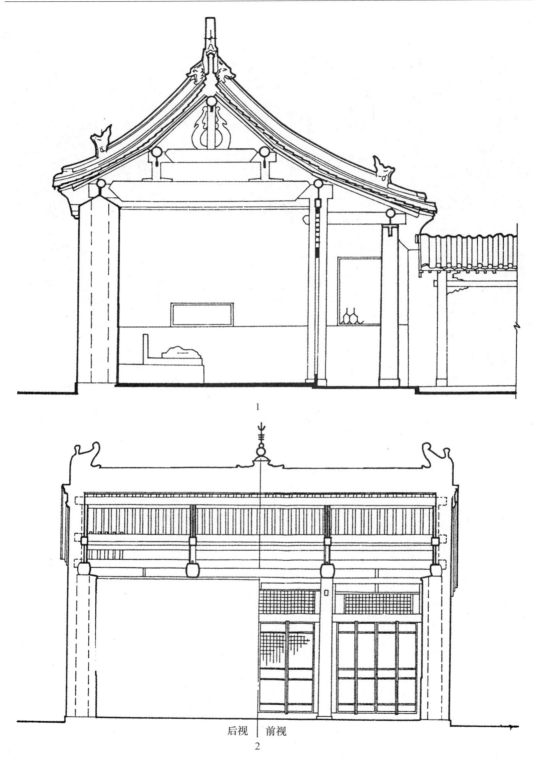

1

后视 | 前视

2

图一八　卢生殿横、纵剖面示意图

1. 横剖面　2. 纵剖面

11. 东行宫

东行宫坐落在三大殿轴线东侧，为南北向两进四合院。倒座现改为办公室。倒座与过厅之间为六檩卷棚廊罩式垂花门。它的基本构架是：由上自下，双脊檩下是月梁，月梁由瓜柱承托，瓜柱落在四架梁上，四架梁落在柱头上，平面四棵柱，四架梁下饰倒挂楣子。前后各出单步抱头梁，抱头梁下装麻叶穿插枋，枋下装骑马雀替。抱头梁支撑檐檩，下面装垂柱，柱头为圆形，雕莲瓣图案。面宽方向，垂柱间安装檐枋，枋下装帘笼枋，帘笼枋下施花牙子雀替。外面两棵柱间装板门，中槛上装饰两枚八角形门簪。过厅为八檩前后廊卷棚硬山琉璃瓦顶，面宽五间，进深一间。正房七檩前出廊卷棚硬山琉璃瓦顶，面宽五间，进深一间。院内厢房四座，均为五檩卷棚硬山布瓦顶。总建筑面积540平方米（图一九、图二〇）。

图一九　垂花门

12. 西行宫

西行宫位于三大殿轴线西侧。为一进四合院。过厅南面的接官厅，为双卷棚歇山布瓦顶，面宽三间，进深二间，外加周围廊，通面宽12.8、通进深12、高7米，前后明间置六抹槅扇门。次间及两山为槛墙槅扇。过厅八檩前后廊卷棚硬山布瓦顶，面宽五间，正房七檩前出廊卷棚硬山布瓦顶，面宽五间，进深一间。

图二〇　垂花门侧立面

13. 假山亭

假山亭位于莲池东侧假山顶上。原亭建于清代，名稼穑亭。六角攒尖布瓦顶。基本构造由下自上依次为：六棵柱，柱头安装搭交箍头枋，使柱头以下形成框架围合结构，柱头以上安装角云、垫板、搭交檐檩。在檐檩上面，按金檩轴线位置确定趴梁的平面位置，面宽方向的金檩轴线安置长趴梁，梁两端搭置在檐檩上；在进深方向安置短趴梁，梁两端搭置在长趴梁上。长短趴梁在檐檩上面形成了承接上层构架的井字形梁架。趴梁以上再依次安装金枋、金檩。角梁沿各角安装，角梁以上安装由戗，六根由戗共同支撑雷公柱，雷公柱悬空。为典型的清式做法（图二一、图二二）。

祠内各主要建筑多饰旋子彩画。旋子彩画出现在元代，虽不十分成熟，但整体色调已由早期多用暖色转而以青、绿等冷色为主。明清时期旋子彩画已完全成熟，成为最主要的彩画形制之一。清代彩画主要有旋子彩画、和玺彩画和苏式彩画。前两类是规矩谨严的图案画，苏式彩画有一定的选择自由，是清代彩画纹样变化最多的一种。栈桥中部八角亭的彩画布局虽然也是每根梁枋枋心、找头、箍头三段布局，但在枋心、箍头部位绘八仙图、二十四孝图以及山水花鸟等一些写实题材，增添了灵动性。

吕仙祠的建筑朴实、庄重，布局对称、精巧，有着独特的北方古代建筑风格。祠内翠树、朱垣、白桥交相衬映，既有北方道观穆静、神圣的基调，兼具江南园林旖旎、

图二一 六角亭

图二二 六角亭趴梁

清丽的胜韵,是祭祀和园林功用和谐统一的古建筑群。遗存的明清碑刻,如雕刻得栩栩如生的明代青石卢生造像,每字逾米、笔力遒劲、世传为"仙迹"的"蓬莱仙境"石刻,清代著名儒臣、刑部尚书魏象枢手书诗碑等,都具有较高的史料和书法艺术价值。

参 考 文 献

[1] 清嘉庆十六年《吕祖邯郸庙重修碑记》。

[2] 清咸丰七年《吕祖祠重修碑记》。

[3] 民国本《邯郸县志》。

[4] 罗哲文:《中国古代建筑》,上海古籍出版社,2002 年。

[5] 马炳坚:《中国古建筑木作营造技术》,科学出版社,2003 年。

[6] 刘大可:《中国古建筑瓦石营法》,中国建筑工业出版社,1993 年。

[7] 俞磊、高艳:《中国传统油漆髹饰技艺》,中国计划出版社,2006 年。

[8] 赵立德、赵梦文:《清代古建筑油漆作工艺》,中国建筑工业出版社,1999 年。

风格独特的郭家庄园

李相如　宋新盛　王志荣[*]

　　郭家庄园位于河北省武安市城区西偏北 35 公里处的管陶村内，该村地处太行山东麓中低山区，西北与山西省交界，古时为通往山西的交通要道。庄园保存基本完好，于 1999 年 12 月邯郸市文物普查时发现，2000 年 3 月武安市文物保管所又对其进行了详细调查记录、测量、绘图、照相等工作。2001 年 2 月 7 日被公布为河北省第四批重点文物保护单位。

　　该庄园始建于清道光二十五年（1845 年），距今已有 150 余年的历史。庄园分为南北两部分，由六个小院落组成，总面积占地 1600 平方米，共有房屋 82 间。南院坐西面东，东偏南 18°。北院坐北面南（图一）。均为砖、石、木结构。

一、南大院建筑形式

　　南大院由前、中、后三座院落组成（俗称三进宫），建筑布局为：门房、前过厅、二过厅、后楼均建于东西中轴线上，南北厢房左右对称、门朝东北。现共有房屋十座、53 间，其中单檐瓦房七座、27 间，平房两座、12 间，单檐楼房一座、14 间。东西长 61.3 米，南北宽 16.5 米，占地面积 1011.45 平方米。南院北侧有通往各院的马道。

　　前院由东、南、北和前过厅组成四合院形式。东屋（即门房，又称临街房）单檐硬山布顶式建筑，面宽五间，进深二间，南北长 13.55、东西宽 6 米，建筑面积 81.3 平方米，建筑高度 7.05 米，五架梁，前出单步廊，圆椽，筒瓦 48 陇，门房北梢间为门楼，门与北梢间均为一体（图二）。外门楼前檐下施立卧枋，上施透雕喜鹊穿梅、祥云；中间雕荷叶、孔雀、牡丹图案（图三）。大门施三方板，木制撒带板门，门下两侧各有拐头青石质门墩一对。门墩正面和侧面均有雕刻，左侧门墩正面雕刻莲花、喜鹊穿梅。内侧线雕人物两尊，并刻 "加官晋爵" 四字，右侧门墩正面雕刻牡丹、菊花；内侧线雕人物两尊，刻有 "天官赐福" 四字。上下雕万不断花纹，周围线雕花草、祥云图案。五台阶垂带踏跺，每阶宽 0.3 米。门外两侧有上马石一对，青石质，拐头形。正面浮雕狮头，口衔环，环下一穗。大门墀头均为砖雕，分别雕有蝙蝠、花草等。大

　　* 李相如，河北武安人。现任武安市文物保管所党支部书记、所长。二十多年来先后在国家、省、市级报刊发表稿件及书法、摄影作品 300 多篇（幅），并参与编写了《历史名城——武安》一书。
　　王志荣，河北武安人。现任武安市文物保管所副所长，馆员，一直从事考古调查及文物保护工作。
　　宋新盛，河北武安人。现任武安市文物保管所副所长。主要从事田野考古、考古调查和古建筑测绘工作。

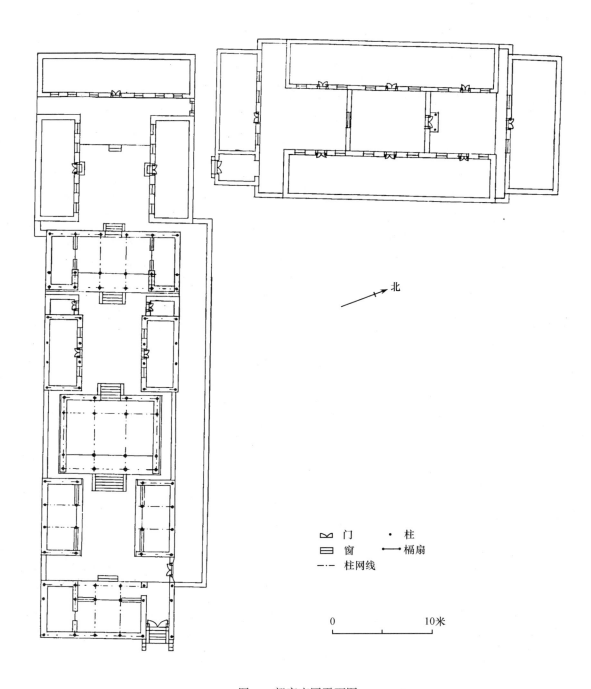

图一　郭家庄园平面图

门里口迎面设座山影壁。门房明间、次间和南梢间，共四间，三层台阶，如意踏跺。
台基前施压面石，有檐柱、金柱各两根，墙内柱 14 根，檐柱下施八角须弥座及仰莲鼓
墩石柱础（图四），柱头施立卧枋，下施夔龙大牙子。金柱明间施四扇六抹头槅扇。次
间施坎墙槅扇。中绦环板透雕万不断，心屉透雕梅、竹、喜鹊图案。其上施三方板，
次间坎墙施浮雕石塌板，分别雕有人物、树木、花草等（图五）。南梢间金柱与檐柱间

用青砖砌筑，中留一窗，俗称四间一甩袖。山墙施砖石混砌五进过河山尖墙。各出砖雕墀头三个。

图二 门楼

西屋（即前过厅），由明间通往二院的通道。单檐硬山顶式建筑，布瓦顶，莲花脊饰，面宽三间，进深三间。长10、宽8.5米，建筑面积85平方米，建筑高度7.22米，五架梁前后出单步廊，青石台基高0.84米，明间前施垂带踏跺七台阶，后施垂带踏跺五台阶。施前后金柱、前后檐柱各四根。前檐明柱下施方形抹角须弥座鼓墩柱础，柱头施立卧枋，下施夔龙大牙子，上施柱头科四朵，平升科六朵，均为一斗二升交麻叶。前金柱施六抹头槅扇装修，中绦环板为蝙蝠捧寿透雕，心屉为万不断花纹窗棂。明间门外施透雕垂柱门罩，上施三方板透雕。后墙明间施四扇桧面屏门，门上施三方板，刻篆字"福"、"禄"、"寿"，后门宽2.6、高3.95米（图六）。

南北厢房为单檐硬山顶式建筑。布瓦干搓瓦顶，花脊，均建于轴线两侧，左右对称，均为面宽三间，进深一间，长8、宽4米，建筑面积32平方米，建筑高度5.8米，五架梁，台基高0.2米，前施青石压面石。前后檐柱各四根，前檐柱前出垂柱，立卧枋，上置柱头科四朵，平升科六朵，三幅云异形斗拱，前后出麻叶头。垂柱前端上出麻叶枋头雕祥云、蝙蝠、夔龙牙子图案。

前檐装修明间为六抹头槅扇，两次间分别是坎窗四抹头槅扇，槅扇中绦环板，坎窗下绦环板透雕蝙蝠、夔龙。心屉透雕牡丹、菊花、桃树和石榴图案。明间门外施木雕垂柱门罩，垂柱雕桃形，门罩心屉雕蝙蝠、松树和人物图案。门罩两外侧透雕卷云纹牙子，下施夔龙牙子。槅扇上均施三方板，中方透雕花瓶，瓶内斜插柳枝。次间施青砖坎墙和石雕石塌板。

后墙及山墙均为青砖砌筑。砌筑方法十层一丁，内下碱墙为青砖砌成，上身为土坯墙。

图三 荷叶、喜鹊穿梅木雕

图四　须弥座、仰莲鼓墩石柱础

北厢房东山墙与大门相对砌筑座山影壁。影壁为悬山顶式花脊，出三层冰盘檐，下置垂柱立卧枋，花牙子，影壁心为六角形砖砌方心，四角砖雕岔角，外砌线枋子，下砌须弥座式下碱。北厢房槅扇已无存，1990 年已改建成开扇窗户。

中院由二过厅（西屋）和南北厢房三座建筑组成。二过厅为明间通往后院的通道，位置于中轴线中部，单檐硬山顶式建筑，布瓦干搓瓦顶，花脊，面宽五间，进深二间。长 13.5、宽 6.5 米，建筑面积 87.75 平方米，建筑高度 6.92 米，当地俗称五间两甩袖，扩大了屋内使用面积。过厅内结构在南北两次间和梢间之间设置坎墙门窗。五架梁，前出单步廊，台基全部为条石砌筑，高 0.8 米，前明间施五阶垂带踏跺，后施三台阶垂带踏

图五　人物浮雕石塌板

跺。明间次间三间施明柱、槅扇，梢间为甩袖。前檐明柱二根，下施六角须弥座仰莲鼓墩柱础，金柱二根，墙内柱 14 根。

前檐三间柱头施立卧枋，明间夔龙花牙，次间五蝠祥云花牙。斗拱施一斗二升交麻叶，共五朵，其中柱头科二朵，平升科三朵。前金柱三间装修为六抹差池槅扇，槅扇中涤环板透雕蝙蝠祥云纹图案，心屉为拐子锦棂。上施三方板，中方板透雕人物、山石等图案。

墙体砌筑，两山墙和后墙，梢间前墙及廊步均为青砖砌筑，外墙为十层一丁砌筑方法，内有青砖下碱墙砌筑。二过厅后门为两扇板门，门上施三方板。

南北厢房位于中院轴线两侧，单檐硬山顶式建筑，布瓦干搓瓦顶花脊。面宽三间，

图六　前过厅

进深一间，东西长8、南北宽3.8米，建筑面积30.4平方米，建筑高度5.5米，五架梁，台基高0.35米，明间施两台阶。墙体后墙外下碱墙为鹅卵石砌筑，上身为土坯墙，两山墙和前墙为青砖抱砌，前墙为一门二窗，拱券形，窗棂为九棂拐子锦。石雕石塌板，长1、高0.13米，正面线雕几何图案。内墙青砖下碱上身为土坯墙，青砖墙体均为十屋一丁砌筑。南、北厢房西山墙外，各有一间砖砌平房，宽2.2米，前墙仅有一门，高1.5、宽0.8米。

后院有南、北、西楼三座建筑组成。西楼位于中轴线后，二层楼阁式单檐硬山顶建筑，面宽七间，进深一间，长16、宽4.5米，建筑面积72平方米，建筑高度8.16米，建筑台高一台阶，台基前施进深4.9米月台，三阶如意踏跺。西楼底层前墙施拱券四门三窗，撒带板门门下两侧施青石长方形门敦。正面浮雕人物，左侧手捧元宝，右侧手捧葫芦。窗施九棂方格窗棂。二楼前、后墙明间次间各有一窗，前墙梢间施拱券门。二楼施五架梁结构。墙体四周，外墙均为青砖抱砌，里下碱墙为青砖墙，上身为土坯墙体。

南北厢房面宽五间，进深一间，长11、宽4.4米，建筑面积48.4平方米，建筑高度4米。原为楼房，现改为平房，四搭椽前流水，门前施如意踏跺。平房前墙为拱券一门四窗。板门，窗户施九棂方格窗棂，上施拱券板透雕"寿"、"卍"字或花草等，墙体均为青砖抱砌。

前院进大门往右拐的围墙上施板门，宽1.2米，门上槛三方板，上雕刻"安"、

"敦"、"吉"三字，此门外为"马道"，向西可通中后院和北大院。

二、北大院建筑形式

北大院位于南大院后院北侧。此院坐北面南，是郭家下人、长工、佣人居住以及喂养牲口的地方，由前、中、后三个小院组成，南北总长35、东西宽16.3米，建筑面积570余平方米。东南大门，共有五座建筑、29间房屋。

月门又称圆光门，位于前院和中院之间中轴线上，二层青石下碱墙，上身为内外抱砌青砖墙体，上施上下三层叠涩墙帽。墙体中部为月门，直径1.88米，门四周施陡砖券。

垂柱门楼位于中院和后院之间的中轴线上。门楼为单檐悬山顶式建筑，花脊干搓瓦顶，面宽一间，进深一间，四架梁三搭椽式建筑，共用柱四根，施中柱位置院隔墙抱柱，前坡施一搭椽。前檐檩下施垂柱、立卧枋，异形斗拱三朵，后坡为双步廊式，后檐柱两根。檩条悬出0.43米，外挂博缝板。施撒带板门，门两侧施青石拐头门墩，正面雕"福"、"禄"、"寿"三个篆字。

北屋为单檐硬山顶式建筑，花脊干搓瓦顶，面阔五间，进深一间，长14.5米，宽4.5米，建筑面积65.35平方米。五架梁，前墙施月台，进深1米。

东屋共九间，位于中轴线东侧，单檐硬山顶式建筑。花脊瓦顶，分前、中、后三院，每院由三间组成，南北总长21.6、东西宽5米，建筑面积108平方米，建筑高度6.5米。前墙外抱青砖墙前院三间长7米，置一门二窗，门窗改为合页风扇门窗。中院三间长8.5米，置拱券一门二窗。板门方格窗棂。后院三间长6.1米，置拱券，一门二窗，同中院。后墙与山墙为青砖，十层一丁抱砌里下碱为青砖，上身均为土坯墙。

西屋后改建，现为平房。

该庄园建筑布局合理，规模宏大，特别是砖石木雕，雕刻精湛，栩栩如生，在冀南地区极为少见。其建筑风格与武安的伯延房家庄园、徐家庄园也有所不同。因郭家庄园位于武安西部山区与山西交界处，受山西文化影响，有冀南建筑与山西建筑融为一体的独特的民族建筑风格，具有极其重要的考古研究价值，已引起有关方面的高度重视。

武 安 山 寨

李相如　宋新盛　贾明田[*]

一、概　　述

武安位于河北省南部，地处冀、晋、豫三省交通要冲，东与邯郸市接壤，南与磁县、峰峰矿区相邻，西、北与涉县、山西省左权及邢台沙河交界。总面积 1811 平方公里，位于东经 113°45′~114°23′、北纬 36°28′~37°01′之间。总观武安地形，三面环山，唯东北部平坦，西高东低，落差较大，是平原向山区过渡地段。在西面、西北、西南边界地区，也就是从贺进往上，活水、馆陶、阳邑、马家庄、徘徊以及冶陶等乡镇境内，布满了大大小小的山脉。崇山峻岭，奇峰林立，纵横交错，连绵不断，形同大海波涛，非常壮观。

武安境内山脉，皆属太行山余脉。据其地理位置和走向特点，可综合为五大山脉，即小摩天岭山脉、老爷山山脉、十八盘山脉、西南横行诸山脉、鼓山及紫金山脉。这些地区是古往今来通往山西等地的交通要道。明代中后期，社会动荡不安，匪患猖厥，为了防止匪患及盗贼的侵扰，明政府在山巅、山口及交通要冲修建了长城、关隘等保护设施，进行防御。如峻极关长城、黄贝岩长城等都为明代时所修，为防匪患兵挠起到了一定作用。同时在一些位置重要的山顶，修建了许多山寨作为屏障避乱。因此，武安自古就有七十二寨之说，如安子岭山寨、单龟寨、小店避兵处山寨、马虎寨、顺天寨、张飞寨、梅龟寨等，据目前考察和已经掌握的资料，数量不止如此，有些山寨在史书上也无记载。

二、部分山寨简介

1. 安子岭山寨

安子岭山寨位于武安市区西南 30 公里的冶陶镇安子岭村西，具体位置在村西 200 余米的凤凰山山峰上。此山属武安境内的西南横行诸山脉，是涉县山脉的余支，

---

　* 贾明田，男，河北武安人。现任武安市文物保管所办公室主任。主要从事文物档案资料整理、考古调查、文物保护管理工作。

海拔 600 余米。在山顶处保存着一座山寨，是目前武安境内保存比较完整的一处。四周筑有高大的寨墙，远远望去形同鸡冠，因此也称凤凰寨，凤凰山也因此得名（图一）。

图一　安子岭山寨远景

山寨坐西朝东，由寨墙、寨门、影壁、排水设施和部分建筑基址组成，南北长 85、东西宽 30 米，占地面积 2550 平方米，寨墙周长约 200 余米。整个寨墙依山势而建，从外面看比较整齐，从内部看则高低不等，最高处位于东、北两侧，高 7 ~ 8 米；最低处位于西南侧，高 3 ~ 4 米（图二）。

山寨内部地势南高北低，由前寨和后寨组成，前寨位于北端，最宽处 30 米，最窄处 10 米左右，平面呈三角形，窄端朝北，东、西寨墙呈燕尾式和后寨北墙相交。在东寨墙与后寨东墙相交处设一寨门，宽 4 米，通过此门可进入前寨。后寨北墙上设一门，宽 0.7、高 1.5 米，通过此门可进入后寨。后寨最宽处 30 余米，最窄处 20 余米，平面呈长方形。在后寨东墙正中设一门，宽 1.2、高 1.76 米，门上设石质过木。门外 2 米处置石质影壁一道，宽 4、高 4、厚 0.85 米。在后寨东墙向西 4 ~ 5 米处，存有一道石墙基址，南北长 10、高 0.5 米，为荒石干砌。

寨墙用料全部为当地所产青石，粗略加工后干砌而成，宽 0.7 ~ 1 米，墙上设垛口，高 1.1 米左右，垛口距离不等，最长 1.3 米左右，最短 0.8 米左右，保存较完整。在后寨东南角处留有排水通道一个，呈长方形，高 0.8、宽 0.5 米左右，此口不是直接通向外面，而是在中间就转向下面再向外。

在山寨东墙东侧 100 余米的山腰处，存有中华民国十二年所立的石碑一通，碑文记载，任何人不准破坏凤凰寨和周围的树木，不准起土采石破坏山体，违者重罚等。

图二　安子岭山寨近景

2. 单龟寨

单龟寨，又名丹盔寨，当地人称关爷寨，位于武安市磁山镇刘天井村东山上。海拔近700米，也属武安市境内的西南横行诸山脉。东山位于武安、磁县、峰峰矿区三县交界处，历来为盗匪出没的三不管所在。山上保有山寨一座，面积约400平方米左右，周围寨墙已经无存，仅存遗址，现存残墙址十几处，高0.5～1米，面积10～15平方米。墙体全部用当地荒石砌筑而成。在山上还存有两个圆形石臼，直径35、深25厘米。在寨墙西侧，还存有水池一个，呈长方形，长1.5、宽0.9、深0.4米，是在青石板上人工开凿而成，可能是盛水所用。

在山顶南侧存有关帝庙一座，观音堂一座，面宽、进深各一间，硬山顶建筑。关帝庙坐北朝南，观音堂坐南朝北，靠背而建。庙前存有建筑基址一处。从基址上判断为建筑遗址，遗址内存柱础四个，均为履钵形。

庙前还存有清代顺治三年至乾隆、嘉庆、道光等时期的重修碑七通，除其中两通碑文勉强能看清外，其余由于风化、残损，字迹漫漶不清。

（1）大清顺治三年重修碑记，石质圆首，残高1.15、宽0.56、厚0.16米，碑首阳额刻"碑记"二字，碑身正文四行，满行27字。碑文如下：

盖闻此方遭于荒乱□黎投寨避焉名□亡神祠之保佑之至今□□

姓名开列予后

□创自大明崇祯二年□□猖獗名曰流寇至十七年仲春逼崇祯自尽

大明□□□□幸□□南东□□两兵□□号大顺年号□昌起

（2）增修关帝庙拜殿序，石质，宽0.92、高0.46、厚0.1米，长方形石碣。碑文如下：

邑西南五十余里有寨曰单龟或又曰丹盔不知何所取也古弗深考□有关帝庙

一座崇祯六年建也重修扵康熙之甲申又修扵乾隆之乙丑以及壬午仍旧而未尝改观也但其规模□□□□

其余五通碑刻字迹不清，未予收录。

3. 小店避兵处山寨

小店避兵处山寨位于武安市管陶乡小店村西北凤凰山上，也称凤凰寨，此山属武安境内的小摩天岭山岭支脉，西从涉县山脉余支延至此处，海拔800米左右，在山顶保存着一处山寨，是武安境内规模较大的一处。

山顶西高东低，北高南低，西、北、东北均为悬崖，唯南侧山坡稍平缓，勉强可盘旋而上，山寨依山势而建。平面呈不规则长方形，东西长约200、南北宽100米，面积约2万平方米。四周筑有寨墙，全部用山上所产青石干砌而成，有的石块较小，有的长达2.5米左右。寨墙高度不一，高可达3米，低处仅有1.5米左右，宽度大都在0.6~0.8米之间，寨墙上不设垛口。南、东南部设二门。在寨墙通往下山道路险要处设三道关口。第一道关口，关门用两块巨石砌成，高1.1、宽1.7米，门上无过木，关门两侧墙体长10余米，高1.6米，全部用荒石干砌；第二道关口距第一道关口约50米，关门高1.3、宽1.5米，也为巨石砌筑，两侧墙体长10米左右（图三）；第三道关口，面向东南，过关口即进入山寨内部，关门宽2、高2、厚0.9米，墙体高1.5~2米，全为荒石干砌。

山寨内部存有房基多处，依山势而建，有的并排，有的前后错落有致，均为坐北朝南，荒石干砌，长、宽大都在4~4.5米之间，平面基本上呈方形，墙厚0.6米，建筑面积16~20平方米。墙体坍塌，高低不一，大都在0.5~1米之间。在山顶处较平坦的地方保存有一座较大的房基，墙高2.5米，长、宽6~6.5米，占地面积36~40平方米，据不完全统计，山寨内保存下来的房基有100余处。由于墙体坍塌，顶部无存，只能看到每个建筑留有一门，顶部用料和窗户形状不详。

在山寨内部山石上，还存有石臼多处，圆形，直径30、深22~25厘米，分布在东南角。在南侧还存有碑刻一通，石质，圆首，长方形底座，通高1.03米，宽0.47、厚0.13米，阳额线刻麒麟，碑身四周线雕简单花草图案，正文楷书十行，满行18个字，因年久风雨侵蚀字迹风化（图四）。但从字里行间勉强可以看出："大明国河南省……

图三　小店避兵处山寨第一道关口的关门

战乱，黎民流离失所，为生活所迫……志乃
贡也之……为避兵处也……立石年代为崇祯
二年十二月起立碑记。"

三、武安山寨特点

武安市境内山寨，经过多次考察，从目
前已经掌握的资料看，有以下几个特点：

（1）大部分山寨都修建在孤立山峰上或与
其他山峰连接较少，四周大都为悬崖峭壁，易
守难攻，可谓一夫当关，万夫莫开。安子岭山
寨、丹龟寨、张飞寨、青龙寨等尤为明显，除
一面可通山寨上，其余均为悬崖，地势险要。

（2）大部分位于县际或省际之间交界处
山峰上，如丹龟寨位于武安、磁县、峰峰交
界处，梅龟寨位于武安沙河交界处，安子岭
山寨位于武安、涉县交界处等。

图四　小店避兵处山寨所存碑刻

（3）建筑结构均为就地取材，采用当地所产青石，有的粗加工，有的未经任何加工，干砌而成，结构比较简单，除安子岭山寨墙设垛口外，其余山寨均未发现垛口。

综合以上特点，山寨修建在山头或孤立山峰上，主要是从防御和驻扎等防御角度考虑；另一方面是考虑防水等问题。而选址在省际或县际交界处，可能是与当时的社会局势有关，社会动荡，县际或省际交界处相对安全，官府防备稍疏。

四、山寨的作用与年代

据碑文记载，武安山寨大部分建于明代或于明代补修，如小店山寨，碑文载建于明代崇祯二年（1629 年），丹龟寨建于明代崇祯二年，安子岭山寨建于明代后期，张飞寨建于明代后期，大圣寨建于明代后期，梅龟寨建于明代中早期，青龙寨建于明代等。还有个别建立时间较早，如马虎寨建于汉代，张广寨建于宋代，但在明代仍然被利用。据《武安县志》记载："明崇祯年间，武安为闯王高迎祥、李自成等农民起义军的老营，屡败明将左良玉于境内。"李自成之妻高氏长期驻扎在武安一带，作为支援前线的大本营。如今，在武安市阳邑镇阳邑东街还保存着李自成的闯王行宫一座，现为村民居住。此建筑坐南朝北，长 32、宽 17.5 米，占地面积 560 余平方米。分前、后两个院子。

除前院东屋，后院东、西屋翻盖成现代建筑外，其余仍保留原来的模式，原来的建筑构件尚存，前院北、东、西屋还保留明代建筑风格，宝状莲柱础，硬山顶建筑，檐柱、金柱、斗拱等典型的明代建筑。大门、中院垂柱门楼还保存完整。

根据以上情况可以推断，武安境内山寨大部分为农民起义军所建，有的是自己修建，有的用作屯兵，既能主动出击，又能防御，对当时农民起义军夺取政权起到了积极作用。起义军失败后，又被匪盗占山为王利用，也有的为老百姓躲避匪患所用。

追忆与怀念

忆在邯郸工作的日子

刘来成*

一、午 汲

邯郸这个古老的地方，我在小学上历史课时就已知道。凑巧的是 1956 年 3 月，领导决定派我同孟浩、陈惠和康煜（当时称康保柱）三人一起去邯郸武安县午汲，配合基建工程对一座古城遗址进行调查发掘。邯郸是一座古代名城，去那里做考古工作心里自然很高兴。而且当时据说武安城好得很，号称"小北京"，过去不仅商业繁华并有很多人在外经商。这里也是棉花产区，所以在河北省是个比较富庶的地区。当我们由车站向它走近时，在城外我就看到保护得很好的武安城和城门，进城后还看到一座宋代砖塔，人们的衣饰穿戴都很整洁，街市上虽无过去传言中的那么繁华，但却透着一种古老文化的底蕴。想当年赵将李牧、秦将白起均曾封武安君于此，它是秦、赵征战的要地。

午汲镇位于县城西南约 6 公里，这也是一座古老的村镇，一条主要街道横贯东西，两侧的房屋虽有的上着闸板，但仍保留有过去商铺的痕迹。午汲古代城址坐落在村镇北 0.5 公里，一条邯郸通向山西长治的国道将古城和村镇隔开。这里流传着很多民间故事，如董永和七仙女、小和尚败落家产沿街乞讨等传说，据传在古城中还藏有十八缸财宝等。这些故事一代传一代，讲得津津有味，引人入胜。

"午汲"一名，传说是因白起征伐赵国时，曾在这里正当午时汲出水来而得。午汲城应是战国时期保卫赵王城的重要城邑。城址虽经二千余年风雨侵蚀，但仍然保存较好。当时我们的配合工作只是做些力所能及的事情。如了解城垣的规模及地上、地下的结构和保存情况；粗略了解城内地下的情况；开探沟了解地层堆积及清理发现的重要遗迹、灰坑、古墓葬等。钻探工作由马尚柱、徐金柱领着两个徒弟侯拴柱、职廷亮担当。马尚柱可以说是我国当时钻探辨土的高手，目前河北省的探工应是他的徒子徒孙了。他不仅在河北工作，还被请去到山西侯马、湖北纪南城、山东临淄协助工作。我的辨土知识有的也是从他那里学的。室内工作开始由邢台工地请来两个女工，后来

---

* 刘来成，男，1936 年出生，辽宁沈阳人。河北省文物研究所研究馆员，1996 年退休。长期从事田野考古及研究工作，编著出版有《䁨墓——战国中山王墓》、《战国鲜虞文物奇珍》、《安平东汉壁画墓》等专集，发表学术报告、论文等 20 余篇。

由县文化馆介绍两个女孩许丽云和于彦运来做。

因为基本建设工程的重点在古城址的西半部，所以我们就多集中在西半部进行钻探和发掘。配合工作自 1956 年 5 月中旬至 12 月中旬，共有半年多的时间。城址略呈长方形，城垣夯筑，四角尚存，东西长 889 米，南北宽 768 米，四面均有门阙，东西二门间有宽约 6 米的道路直通城外。有与此路相交叉的南北向小路四条，各宽约 2.5 米。在城址的北部钻探出有春秋战国时期的墓葬 41 座，其他地方有窑址 25 处、井 18 眼及窖穴、大小灰坑等 145 处。据发掘出的墓葬、遗址、遗物看，此城的年代可自春秋战国到西汉、东汉时期。

在发掘工作中，孟浩不仅经常回保定向领导汇报，并多次去北京向苏秉琦先生请教，苏先生对这里的发掘和断代都提出了指导性的意见。有一次这里出土一件汉代铁齿轮，为斜齿方轴孔。此前未曾见过，拿去请教苏先生。苏先生说他不懂，并请教了古代机械专家王振铎先生。王先生说这种铁齿轮以前未见，其齿形可控制转动方向，比较先进，称为"棘齿轮"，并在可靠的地层中出土，所以很重要。在发掘工作后期机关领导李捷民、董增凯、孟昭林来此检查工作。他们对工地、出土文物、记录、图纸都仔细地看过，没有查出什么毛病。对结束收摊工作作了安排。接着我们一同去和村参观了北响堂。那时北响堂无人看守，人们可随便游逛。在镇上每人花两角钱买了一个白瓷杯留作纪念。晚上在文化站住了一宿。午汲工作结束后，拉了一车皮陶片回保定。

在邯郸午汲工作，是我来河北省工作的头一个年头，所以对这里的生活情况很不习惯。开始时住在镇政府，苍蝇成群，跳蚤地上、炕上乱蹦，晚上咬得睡不着觉，加之身体经常发烧，吃不下饭，还要坚持下工地，觉得有些苦恼。记得因发烧到卫生所打了一针，因消毒不好脚肿起大包，痛得走路都困难，最终还是到市医院才治好。后来搬到农民家去住，自己成立了伙房，生活才慢慢地习惯了。但是天冷的时候没有生火取暖，洗脸刷牙的水都带着冰碴，整理资料时两手冻僵拿不了笔，钢笔也冻得不下水。

二、涧 沟

1957 年 5 月领导派我去邯郸涧沟村参加配合沁河改道工程，工程很紧，之前孙德海已去工作了一段时间。那个时候说走就走，扛着自己的行李，提着自己换洗的衣服和脸盆，人走家搬。涧沟在邯郸市区以西 10 公里，附近有林村火车站。到了涧沟看到点上不仅有孙德海，还有在午汲室内工作的许丽云、于彦运和炊事员老乔。熟人见面自然很高兴。当时安排我和老乔住一个炕上，老乔很高兴。他说一个人住这里有些害怕，这屋里晚上有动静。过两天老乔有事回家，我自己在晚上果然听到响动。首先是墙上的报纸发出"刷刷……"的响声，用手电一照原来是两只蝎子在爬。处理完蝎子不久，又传来脸盆移动的声音和墨水瓶翻倒声，原来这回又是一只大老鼠在捣乱。

翌日德海领我到工地介绍情况。工地上进行掘土筑坝的是邯郸各县调来的民工。他们在取土区范围内，哪里方便在哪里取，为争土源吵闹时有发生。这片取土区是内涵丰富的龙山文化晚期和早商遗址。古代遗址已经成为筑坝的取土区，有我们来做抢救性的配合考古工作，其紧张和混乱程度可想而知。当民工在紧张的掘土过程中发现文物，令其停止在此挖掘另寻土源时，发生激烈的矛盾就成为难以避免的事，甚至有一次还把孙德海围在中间要动手。所幸那时年轻，否则早躺下了。

我们的配合抢救工作，也只能抢救一少部分，大部分的遗址在混乱的掘土中被破坏了。可以说遗址是在民工取土时被揭露或破坏时，由我们接过来进行清理。我们的配合工作是在被动的情况下进行的。取土工作结束了，我们的清理也不会在没有破土的地方开新方主动发掘。即使如此，仍有不小的收获。在当时河北省发掘的龙山文化遗址很少，此前只有唐山一处。而且涧沟龙山文化遗址有它的特点，它的晚期器物有的介乎早商同类器物之间，有明显的承继现象。同时出有房屋、窖穴、窑址、水井、水沟等，其遗存大量的陶器、石器、骨器、蚌器、鹿角器、人骨、兽骨，反映了当时人们的生活、生产、文化及社会情况。在发掘工作的后期，李捷民队长陪同文化部的谢元璐先生来工地视察，并确定发掘工作告一段落，搬到市里进行整理。

涧沟村周围都是庄稼地，村里常可看见妇女们在纺线织布、缝衣做鞋、碾米磨面，村民生活大部分可自给。而我们在这里工作和生活的需要，还得跑到市里去解决。当时我们到市里办事提着篮子走着去，连一辆自行车都没有（后来因北大在此实习的需要，才批准买一辆自行车），过去长年在野外工作都习惯了。记得7月份德海和丽云要结婚，并邀请了在邢台工作点的同事来参加，所需之物是我挎着篮子去邯郸采买的。如此在工地办喜事虽然简单，但大家都很高兴，当天晚上唐云明、郑秀清夫妇、孟浩、金满堂、侯拴柱等还闹了洞房。

这段田野工作结束后，我们搬到市招待所整理材料。记得有一部分人整理修复出土器物，我和德海整理照片、图和文字资料。器物图由我绘、德海描。德海有点描绘修饰的功夫，并经常自我陶醉、赞赏不已。正在这时北京大学宿白先生来到我们工作间。相互问候后，看了我们的工作情况，并说北京大学历史系考古专业1958年毕业的同学要到涧沟去实习，考古队由"北大"和河北省文化局联合组成，德海和我都被聘为此次实习的辅导员。

这突然发生的事使我有些发憷。后来在宿先生一再鼓励和敦促下，我和德海才来到工地加入这个集体。这次发掘由宿白先生领队，参加辅导的还有北京大学邹衡、刘慧达、祝广祺等。这次发掘把涧沟取土区内的遗址全部揭露，并在龟台寺把残留的商、西周遗址进行清理。在这两处遗址的发掘都有很大收获。期间考古教研室主任苏秉琦先生、省文化局主管副局长沈景周、省文物工作队长李捷民等到工地看望。特别是苏秉琦先生把遗址的特殊性和重要性，给大家讲了一课。在发掘遗址的同时，钻工又在齐村、百家村发现战国墓群，转而又对百家村战国墓作了清理。野外工作于11月份结束。

田野工作结束后，我抽时间去看了历史闻名的赵王城。当我站在高大的龙台上观察王城时，觉得城围太小，不会是当时一个大国都城的全部。当我顺着城东向北瞭望时，发现王郎城、插箭岭、梳妆楼、灵山等断续相连，觉得这里很可能还有个大城，也即是"郭城"。回去后我把这个情况告诉德海，马上把探工组织起来，由郭兼敏带队去探城垣。很快便找到北垣和西垣。西垣在王郎城处东北斜向连至插箭岭。到此就结束了这次探寻赵国郭城的工作。这就证实了赵国除有王城外，果然还有大郭城。我很快就离开邯郸陪同部分学生去平山后即回到保定。

三、观　　台

1958 年春 3 月领导派我到邯郸市峰峰矿区观台镇，调查挖渠掘出大量瓷器和窑具一事。我到邯郸市文化局了解了情况，办完手续便遭遇连下大雨。在邯郸市等了三天才逐渐转晴。到了南响堂见了宛兆文和小李。老宛是个老同志，很热情善谈，领我到库房看了他们在挖渠时搜上来的出土瓷器，两屋子地上摆得满满的，使我眼花缭乱。说起磁州窑瓷器，我在东北学习的时候，还听过陶瓷专家李文信先生讲过。东北地区宋元民间瓷器大部分属磁州窑系。这时见到这么多不同器型的磁州窑瓷器还是头一次。从各类器物的形制、胎釉及纹饰烧痕上看，可以肯定不是一个时代的，但怎么分，此前无例，就需要我们到现场做科学发掘来解决。挖渠是 1957 年的事，工程早已结束，但残碎瓷器和窑具扔得到处都是。这里为丘陵地带，周围群山环列，窑址分布在漳河两岸。观台窑址位于观台镇西 2.5 公里的河边台地和山丘上。此外于南部的东艾口村和河对岸的冶子村均有窑址。我们首先采集一些扔在地里的残破器物并初步了解了一下遗址的现存情况，接着选不同地点开 2 米×5 米的探沟，来了解地层堆积和时代问题。在我做田野发掘时，罗平突然拐到这里。他对瓷窑址很感兴趣，积极地帮我看了几天探沟，为此延误了去自己被派往的工作地点，事后还受到了领导的批评。我虽帮助辩解，但也无济于事，这也算是一种无组织无纪律吧。田野工作结束后，唐云明还曾到这里来参观。当我进行室内整理的时候，突然接到宛兆文先生一封信，信中告知我的领导李捷民队长将于近日来这里检查工作。第二天李队长果然来到。我对领导的关心感到非常高兴。我详细地向他介绍了磁州窑址在这一带的分布、观台窑址的分布及被破坏的情况和挖掘探沟分层断代的事情一一作了介绍。不仅到窑址实地进行了察看，还仔细看了发掘图纸、记录及出土文物等，并安排去政府见了当地领导，也到街上看了当地的风俗镇容。领导对我的工作非常满意，回到机关后还说来成对窑址的情况很熟，工作细致，和当地的关系那叫灵！当时由于年轻有精神，休息时或去河边、或去爬山，所以对这一地带的地理情况逐渐地熟悉起来。

这次观台的工作，在 5 月份就结束了，回到机关开始整理报告。完稿后交到领导处审查时，几位领导提出报告有些繁琐，说北京某人的报告已被提出是资产阶级繁琐哲学的典型。所以我们的报告越简单越好，器物就不要描写了。这样器物断代所要的基本内容包括尺寸、胎、釉、纹饰及烧法等便都被否掉了。我把稿子交给领导删改后由单位署名寄出。报告在 1959 年《文物》上刊出后，同行们对窑址中北宋、金、元不同时代地层的划分给予了肯定，因为以前未曾有人做过这项工作。但是对北宋、金、元各个时代器物的描述过于简单表示遗憾。

1958 年 6 月中旬我曾到磁县调查讲武城和七十二疑冢在铁路修筑工程中被破坏的情况。接着又来到邯郸，同唐云明先生在王郎村、前郝村一带清理战国、汉代、宋代等零散古墓。但 8 月就被调到邢台工作去了。

1959 年 12 月我来到岳城水库工地。为配合岳城水库工程，省文物工作队全力以赴，所有人员进驻磁县上潘汪。领导借配合这次大型工程之机，举办了文物保护训练班。学员有的是有关县主管文物的干部，有的则是农民。授课老师大部分是从北京请来的。裴文中先生虽已年过花甲，坚持到此坐镇，和我们一起睡在下面铺有玉米秸的通铺上。当时正是我国三年困难时期，农民学员均没交粮票，只好把我们的粮票全拿出来大家一起吃，加上其他漏洞，一天的粮食也有半斤左右。因为年轻又在野外干活，所以落下点毛病。记得后来在观台发掘下班时，说什么也走不了啦，由别人在路边开荒地里拔来一颗小萝卜吃了，才勉强回到驻地。在快要过春节的时候，训练班买了两口猪准备给大家改善生活，可是大年三十却传来猪在昨夜被人偷走的消息。大年初一的早晨，勉强叫大家包了一回饺子算是过年了。记得当时和裴先生在大炕上包饺子时，还饿着肚子认真的谈论夏文化问题。

初一吃完饺子，裴先生提出要探山洞，问谁知道附近有山洞？我说记得在观台发掘时，见到在漳河边上好像有个山洞，因为别人没有提出附近有其他山洞，只好去观台。观台离驻地 20 多里地，大家步行，叫我前面领路。有人提出中午饭怎么解决，李队长说看来成的，他在观台灵。说实话在这困难时期，出门吃饭是个大问题，谁敢打保票，况且又是大年初一。当我把大家带到观台有山洞的地方，裴先生一看便大失所望说，我要的不是这种洞。又提出说谁还知道附近哪里还有山洞，并又一次向李队长提出要加强对太行山一带的工作，认为古人类会在这一带活动而且留有遗物、遗迹的。这时大家又累、又渴、又饿。我把大家领到镇政府，巧得很，迎接我们的就是原来管总务的老先生。这位老先生我现在已经忘记他的姓名，你找他办事从来不多说话，老看他在坚守岗位，精打细算，兢兢业业。他还记得我，非常热情地欢迎我们。我说大过年的来给你添麻烦了。他只简单地说了句："没什么"便把大家请进屋里，送上水请大家休息。我找他说我们有二十多人，中午想在你这吃顿饭，方便吗？他爽快地说："可以，等我和他们商量一下。"不多时便来告知说，因为事前没有准备，简单吃一点，每人给准备一份红烧肉、四两大米饭可以吗？这顿饭大家都很满意。回去时裴先生走路有些困难，只好在路上截了一辆大卡车把他带回了上潘汪。

春节过后的初春时节，训练班转入实习阶段，要分出一部分学员到观台发掘。因为是办班，所以来参加发掘的人较多，除十多名学员外还有孙德海、钟庆良、林洪、陈应祺、董大光、刘乃铮、张瑛、我和一些探工。当然这些人在这里工作的时间也有早晚和长短的不同，还要兼顾界段营遗址发掘的扫尾工作。因为人多，我们又对这里的地层情况比较熟悉，所以选择一块河边比较平坦的台地，大面积开方作揭露式发掘。在这块地方排列开 10 米×10 米探方 40 个；另外在上部梯田处开两个探方，以了解上部的堆积情况。开始时比较顺利，表土清除后，便是元代堆积层。清理了元代堆积层，下面暴露出一处制瓷作坊遗址。其北端为两座碾压瓷土的石槽，南端为两座大型窑炉，中间是一间间作坊，里面也有打破金、宋堆积层的坑穴，一不注意就有可能造成混乱。对遗址进行了拍照、测绘后，于空白处继续向下挖掘。

学员不久都走了，我单位的人也来往不定，工人都是请水库工程部门调来的民工。所以经常由于没人来干活而长时间停工。经过一再请求，调来的民工也不知可以坚持干多少日子，忽然就又走了。记得一次来的是永年县城关公社的民工，干一阵子，公社领导也不通知我们便突然叫他们撤离。德海找他们问原因，那位领导不是嚷，就是训，并且扬言要好好"修理"那位带队的民工，吓得民工浑身发抖。在那国家困难时期，单位领导也没办法，虽然探方只有一部分清理到底，我们也只好下马撤回单位进行整理。这次发掘使我们取得了更多的观台窑资料，如北宋至元的窑室结构变化以及烧制瓷器在技术上的发展变化。从烧法、器型、胎釉、纹饰等的变化进行断代有了更进一步的认识。1962 年初回到单位后，我即去北京某单位的陶瓷馆参观，发现有北宋、金、元不同时代的磁州窑瓷器，仍一律鉴定为宋代。于这一年的冬季，领导奉上级的通知说，为对外文化交流需要，叫我马上选观台窑标本及有关图纸资料送北京某单位。我奉命把一些标本和图纸送去，并向有关人员用标本毫无保留地详细介绍了磁州窑瓷器的不同烧法、器型、胎、釉、纹饰等的断代情况。报告写出后因某些原因未能发表，只在《光明日报》上作了简单的介绍。

1963 年初夏，为了落实占地赔偿政策和保护好瓷窑址，我又一次去了邯郸。当时观台已归磁县管辖，所以先去了地区文化局。杨局长是个老干部，待人热情，他叫我放心，说："窑址不会破坏也不会淹没。"他们将下通知办这个事情。随后我又到了观台，并去土地所有村冶子，村领导对我们对现占地赔偿很满意，并表示一定对窑址作好保护。

四、大城和古地道

文化大革命过后，各地都有新奇的发现，邯郸也不例外。1972 年得知邯郸发现了古地道和其他文物，我匆忙赶来。当时已明确邯郸的文物工作由文化馆的陈光堂先生负责。由他陪同我去峰峰矿区察看古地道，并谈了文革期间文物保护情况，还去码头一带了解出土文物，期间还采集到一块包着土的化石。我对邯郸的事很关心，回单位后马上去北京，我拿着化石去找裴文中先生，当时他不在。我又找到贾兰坡先生请教。当时他说需修理后才能看出它的面目。我把东西放在他那里，之后不久传来话告诉我，那是一个很大的鳖的甲片。为了古地道和化石的事我又来到国家局作汇报。当时文物局尚未正式恢复工作，找到原文物处长陈滋德先生。陈滋德是延安老干部，记得我在怀来北辛堡工作时遇到《解放军进行曲》的作者郑律诚先生，他说他与陈滋德在延安时很熟，陈滋德对他说在干挖坟的工作等等。陈滋德对我的汇报很重视。有一天领导通知我说国务院文博组有两个人来找我，是为邯郸古地道的事。这两个人中有一位是国家局古建筑专家余鸣谦先生。我又一次来到邯郸陪同他们钻看了古地道。

　　古地道分布在峰峰、彭城和临水一代，分布面较广，非个人所为，应是地方有组织、有领导的集体行为。从洞内所有遗物来看，应是元代的东西，与所传北宋抗金一说相差甚远，而应与农民起义抗元有关。地道结构复杂，有主巷道、分支巷道，巷道两侧有用来站岗或迷惑敌人的洞，有灯龛，有居住人的窑洞。向下有水井，向上有密洞、通气孔。有的地方上下可分三层，里面保留有灯和许多水缸、瓶、罐、碗、盆等生活用具。此外还在位于临水的地道洞壁上，发现了北宋晚期瓷窑址的堆积。关于这里的古地道，我后来在一本旅游杂志上看到有较详细的介绍，图文并茂，非常生动。

　　峰峰古地道是在 1972 年修建人防工程中发现的。这一年在邯郸市内进行的人防工程同样有重要的发现。在向下挖至 7～9 米深的地方，发现了战国时代的文化堆积和遗物。这说明邯郸城在古代确实曾被淹没而且淤积如此之深，若不是人防工程下挖这么深，我们也很难在市内地下找到战国时代的遗迹、遗物。当时我和石永士会同陈光堂先生对这一情况调查后，认为机会难得，应借人防工程最大限度地把下面古代文化堆积情况搞清楚。同时我想到 1957 年钻探调查大郭城还应重新作进一步的工作，也就是对大郭城地下、地上同时进行调查。这一工作由胡仁瑞和文启明在此负责，后小文走，只有胡仁瑞在。又请石永士在燕下都请来几个探工，加上邯郸几名要求学习的工人一起组成钻探小组，由老探工马端带领。这一工作期间我有几次到邯郸市。最后一次是在钻探结束时，我、陈光堂和钻工们随城垣走向，在有标志性地点做拍照，最后我给参加工作的全体人员在还保留一段古城垣前拍了一张合影。当时我把胶卷取出交给陈光堂先生，他说请馆长李湘亭给冲洗。后来还给每个参拍人员放洗一张合影留作纪念。在调查结束胡仁瑞撤离时，将所有标本、文字、图、照相资料，全部移交给市里。

邯郸考古忆旧

佟伟华[*]

"文革"后期，我们这些几乎被时代抛弃的大学毕业生被成批处理到工厂农村接受再教育，我从北大考古专业毕业后便被发配到邯郸国棉二厂作了一名纺织女工，几年以后，辗转进了邯郸市文物保管所。从 1976 年到 1979 年，我在那里尽管只工作了三年多时间，但那三年的考古岁月留给我的记忆，却使我终生难忘。

邯郸市文物保管所的前身是 1962 年为保护全国文物保护单位赵邯郸故城而设立的赵王城保管所，以后又与邯郸地区文物机构合并，成为现在的邯郸市文物研究所。我在那里工作时，保管所归邯郸市领导，它的主要工作职责一是调查及保护邯郸市所辖范围的地上和地下文物，其中重点是保护赵王城；二是配合国家基本建设工程或省级文物考古机构在邯郸的考古工作项目进行抢救发掘。工作人员只有陈光唐、刘勇和我三人，由陈光唐先生任所领导。陈、刘二位先生都是邯郸文物考古战线上的杰出人物，他们长年不畏艰苦，奔波在田野考古第一线。我来保管所之前，他们先后参加了赵邯郸故城大北城、邯郸张庄桥汉墓、磁县下七垣遗址、武安赵窑商代墓葬等多项考古发掘及调查工作，为邯郸的文物保护和科学研究事业做出了重要贡献。他们恪尽职守，忠实地守护着邯郸辖区内的各文物保护单位。这是一个团结协作的集体，在邯郸市文化系统，一提起邯郸市文物保管所可说是无人不晓，年年被评为市里的先进单位。

保管所里人手缺少，但承担的工作任务极为繁重，我就是在这种情况下来到保管所的。我为陈、刘二位先生忘我的工作精神深深感动，决心像他们那样努力工作。1976 年，河北省作出了在全省进行文物大普查的决定，邯郸地区成立了普查小组。初春，我参加了邯郸市的文物普查工作，在陈光唐先生的带领下，我们踏遍了邯郸市周边的山山水水，先后调查了战国、两汉时期的灵山、铸箭炉、插箭岭、梳妆楼、照眉池、赵王城、王郎城、学步桥、丛台等遗址以及王郎城、百家村、彭家寨、赵王城南墓葬群，按照国家对各级文物保护单位做到"四有"的要求，对各遗址和墓葬进行了全面记录、测绘和拍照，并采集了陶器、石器等各种遗物标本。那时搞调查是实实在

* 佟伟华，女，1946 年生，辽宁省黑山县人，满族，1970 年北京大学历史系考古专业毕业，1982 年北京大学考古专业研究生毕业，获历史学硕士学位。1976～1979 年供职于邯郸市文物保管所，1983 年至今在中国国家博物馆（原中国历史博物馆）工作。1987～2001 年曾任中国历史博物馆考古部副主任，1991 年任馆职称评定委员会委员，1994 年被评为文化部优秀专家，1997 年被聘为研究馆员、馆学术委员会委员，并获政府特殊津贴。2005 年任文化部文博专业高评委委员。2004 年被河南大学历史文化学院聘为博士生导师。长期从事新石器及夏商考古的田野发掘和研究工作，已发表学术论文 30 余篇，出版学术专著 3 部。

在地徒步进行，只有很少的时候搭乘顺路车，田间路旁、山坡土岗、沟边地坎，凡是需要考察的地方，大家都一一查到，认真负责，不放过每个遗迹现象。田野调查结束后，转入资料整理，我们为每个保护单位编制了详尽的文字、线图、图版资料，在河北省文物普查现场会上，这些资料被现场展示，受到上级文物部门的表扬。

这次调查是我和陈光唐先生的初次接触，调查中属他的年龄最大，但仍与大家同行，健步如飞。陈光唐先生祖籍福建，毕业于福建师范学院，从20世纪50年代起，他克服了生活习惯的差异，从南方来到邯郸工作，先在邯郸师范学校教授历史课，后调到文物保管所从事文物保护工作。他长期担任保管所的负责人，无论做什么工作都身先士卒，为大家作出表率，要求别人做到的，他自己必先身体力行。陈先生一心一意扑在工作上，从不计较时间和报酬。他的家就住在单位的院子里，但办公室几乎成了他的家，每天在办公室工作的时间远远超过八小时，加班加点是最普通不过的事，有时为了完成急需的稿件或工作规划、汇报等文件，他经常伏案工作到深夜。除了日常工作以外，他对文物保护和发掘工作也极为重视，特别是对文物保护工作，更是极端负责，哪里有情况发生，他就立即赶往哪里处理。1977年春季的一天，保管所里突然来了一位工人报告说，他们在赵王城附近防空洞施工时，从土中挖出了一枚金印，是另一个工人铲土时露出来的，他和那人同时看到了，但那个工人为了独占这枚金印，当天就私自携带金印回了衡水老家。接到这一报案后，陈光唐先生深感案情重大，如果不火速追回，文物有可能流失，他决定立即去一趟衡水找到这名工人。经与公安部门联系，在报案工人的带领下，陈先生和公安人员一道当天赶往衡水，很快找到了那个工人的老家。见到那名工人后，陈光唐先生耐心地向他讲解了国家的文物保护政策，说明一切地上及地下的文物都属于国家所有，发现文物应上缴国家。经过反复做工作，终于说服了那名工人，同意将金印交给国家。当金印完好无缺地交到陈光唐手中时，他惊喜地看到，这是一枚东汉时期的金质龟纽关中侯印，重约125克，的确是一件珍贵的文物。为了表彰这两位工人，文物保管所给予他们精神和物质奖励，使这枚金印得以妥善保护。

对于赵王城的保护和研究工作，陈光唐先生也倾注了大量心血。邯郸文物保管所里保存着一整套完整的赵王城保护规划以及多年来调查和发掘的资料，这些资料的积累主要得益于陈光唐先生的多年努力。他把赵王城历年来的各种资料以时间为序分门别类一份份编辑好，作到文字、线图、照片以及目录索引齐备，需要查找何时的资料都能迅速检索到，这在没有计算机管理的时代已经是很科学的了。关于赵王城的研究，在20世纪70年代以前主要局限在保存于地面上的城址，而在70年代后研究取得了突破性的进展。1972年后，河北省文物管理处的孙德海、胡人瑞等先生在文物普查中发现了在原城址的北部还有城址的遗迹，首先钻探到城的东北角，确认了在地面城址以北还有一座与之相连的大北城。以后陈先生和省文管处一道，配合邯郸市战备防空洞主巷道建设，对现代的邯郸城地下进行了钻探调查，搞清了大北城的形状、规模和布局，这一重要发现改变了赵王城的基本格局，使大家对这一城址的性质、功能等方面有了新的认识，大大地推进了城址研究工作的深入。那时农业生产与文物保护常常发生矛盾，赵王城周边以及城内保护区时有挖沟、建房、盖鸡舍、修路等动土事件发生，陈先生模范地贯彻两重两利的原则，在阻止各种生产动土的同时，又积极地从生产的角度出发，协助当地农民找到不影响文物保护的位置进行生产，他多次找当地行政主管部门交涉，将不少施工动土事件消灭在萌芽状态，有效地保护了这一城址。

1976 年 9 月，河北省决定发掘峰峰矿区黑龙洞西周遗址，保管所委派刘勇和我二人配合河北省文物管理处参加发掘工作。那年，是唐山大地震刚刚爆发之后，余震的阴影笼罩着中国大地，北方各省几乎到处都有地震预报，真是草木皆兵。在这种紧张的社会气氛中，我们的工作却未受干扰，大家都没有顾及个人及家人的安危，仍旧出发去工地发掘，到达驻地后的第一件事是先搭地震棚，然后才开始工作。从驻地到发掘工地的途中坐落着一所医院——峰峰矿区人民医院，那时，医院里早已容纳不下从唐山转来的大批伤员，就在附近的路边临时搭起了许多帐篷接纳伤员，伤员们在帐篷内外休养、活动，我们每天从他们身边走过，目睹着他们悲哀和痛苦的面庞，感受到他们心情的焦虑和沉重。虽说大家的心情也都十分紧张，似乎地震随时都有可能发生，但这丝毫没有影响发掘，我们的工作依旧在有条不紊地进行。通过这次发掘，较深入地了解了这一西周遗址的文化内涵及特征。黑龙洞西周遗址发掘的主持人是省文管处的孙德海先生，他被长期派驻邯郸地区工作，很少顾及家人及子女。在邯郸，他是考古工作资历最老、年龄也较长的前辈，受到大家的敬重。开始和孙德海先生接触，感觉他是一个十分威严的人，不少技术工人都害怕他。实际上他是一个对工作极端负责的人，无论做什么工作，他都追求最高境界，要求做到最好，敷衍塞责、马马虎虎，在他那里是绝对过不了关的。虽然他对技工和青年专业人员的要求近于苛刻，但这种工作作风和高标准要求，却为邯郸地区培养出了一批过硬的技工队伍，不少人在他的指导下锻炼成为掌握了考古调查、发掘、钻探、绘图、陶器修复等各种技能的多面手，其中的一些佼佼者还被选调到省文管处工作，成为专业考古人才。他长期从事考古工作，极为注重考古发掘的实践，邯郸地区的多个正式发掘项目都是由他主持进行的。他对学术研究也极为重视，面对长期积累的发掘资料他思考了许多问题，写作了《磁山与裴李岗》等文章，探讨了磁山文化的年代、文化属性及与裴李岗遗存的关系等问题。

就在这一年的 11 月，河北省文物管理处又决定发掘武安磁山遗址。这一遗址发现于 1972 年，最早被发现的是极富特征的长舌形板状磨盘、圆柱状磨棒以及靴形陶支架、筒状陶盂等遗物，那时，河南新郑的裴李岗遗址尚未发掘，因此，这些石器和陶器的出土，引起学术界的极大关注，因为这些器物是考古学界在此前的史前文化遗址中从未见过的。这以后，河北省及邯郸市的考古工作者孙德海、胡人瑞、陈光唐、刘勇等人曾多次对这一遗址进行调查，并做了小面积的试掘，但这些工作还不足以深入了解遗址的面貌及特征。在遗址发掘前的 1976 年 8 月，我的父亲佟柱臣先生为了躲避地震来到邯郸，我们共同前往遗址调查，并采集了遗物。

　　磁山遗址的发现向人们提出了一系列新的课题，究竟这一文化的年代能早到何时？它的文化面貌、内涵与特征如何？分布的范围有多大？为了探求这一文化的年代、性质及基本面貌，并配合南洺河改道工程，河北省决定尽快对这一遗址进行较大规模的试掘。促使这一遗址发掘的因素还有政治原因，现在说起来可能许多人都会觉得不可思议。1976 年 11 月"四人帮"刚刚倒台，那时的口号是要将粉碎四人帮焕发出来的革命干劲用在大干快上社会主义上，把被四人帮耽误的时间夺回来。于是，当时不顾时节已近初冬，早已进入不适宜北方地区进行考古发掘的季节，但仍决定当年开工，在严寒降临的情况下，发掘开始了，这一阶段参加发掘的主要是刘勇先生和我。

　　发掘进行了两个多月后，取得了可喜的收获，遗址中发现了大量的灰坑、窖穴、沟壕、房址等遗迹，出土了丰富的陶器、石器以及骨器等遗物。为了搞清这一遗存的文化性质与年代，发掘者孙德海、刘勇先生将发掘所获的陶器、石器等文物标本带到北京中国社会科学院考古研究所，向夏鼐所长以及苏秉琦、安志敏等专家请教，面对着这些新奇而陌生的遗物，所有在场者均摇着头，连连说："没见过，没见过！"他们指出，这批遗物既早又具有特殊性，要继续扩大发掘并通过调查搞清其分布范围。1977 年春季，当发掘又有了不少新收获时，河北省邀请这几位专家到磁山遗址发掘工地指导与视察，他们考察了遗址中已清理、揭露出的房屋、窖穴、灰坑、沟壕等各类遗迹，观察了全部出土遗物，对遗址的文化面貌、性质、特征等方面有了更深入的了解和认识。考察结束后，举行了座谈会，结合磁山的新发现，夏鼐所长给大家讲授了碳-14 年代学的问题，那时，关于碳-14 年代学的研究是全新的课题，夏所长说，通过相对年代和绝对年代的共同研究，使中国考古学各区域文化序列和编年体系的建立，有了更为坚实的基础。苏秉琦、安志敏先生谈了他们对磁山遗址新发现的认识，认为磁山的文化遗存很可能早于仰韶文化，可早到新石器早期，这一发现填补了中原地区新石器早期文化的空白，也为中国考古学区系类型及文化编年序列的建立增添了极为珍贵的新资料。为了对磁山遗存的绝对年代有所了解，保管所派我将发掘中采集的木炭标本专程送往中国社会科学院考古研究所碳-14 实验室，很快，结果便出来了，经仇士华、蔡莲珍两位先生测定，这一单位的绝对年代为距今 7300 年，这使我们激动不已，因为这是当时发现的年代最早的史前遗存，这一发现很快轰动全国考古界。

　　冬季的发掘工作进行得十分艰难，那时，动荡的文革刚刚结束，物质匮乏，缺粮少油，更无蔬菜、肉蛋，我们和参加发掘的技工同灶吃饭，由于农村没有粮票，技工们都从家里背来粗粮交到灶上，大家每天以玉米面窝头和高粱做的钢丝面为主食，再泡点干萝卜条当菜，每天的补助费是 2 角钱。生活的清苦，再加上天寒地冻，真使我这个在北京长大的人经受了"考验"。由于遗址所在的洺河北岸台地地势高亢，无遮无拦的北风呼啸而过，飞沙走石，寒风刺骨，一天的野外工作下来，手脚都失去了知觉。一遇到下雪，房间内更是冻得手都伸不出来。最为困难的还是发掘，由于大地早已封冻，每天上工时，探方里的地面都是硬邦邦的，小铲根本挖不下去，即便是用小镢头，也是一镢头下去只留下一道白印。特别是当发掘遇到陶器、石器、骨器等遗物时，由于冻土太硬，需要特别小心才能使取出的遗物减少破损。实际上，无论我们怎样小心，还是有不少遗物被挖碎了，只好留到室内整理时粘补挽救，这就是违反了科学规律付出的代价，这也正是北方的冬季不适合发掘的原因。后来，我们渐渐摸出了经验，干到近中午时，气温上升，发掘就会容易些了，有些不急于取的遗物，多留到这时再取。另外，每天傍晚收工时，将方内盖上一层虚土，就像盖了一层棉被，第二天上工时掀掉，下面的土就冻得不那么硬了。现在看来，这种方法其实也并不科学，假如盖的虚土里遗有晚期的遗物，不是很容易混到早期的单位里去吗？当然，这也只是当时无奈的办法。

从黑龙洞到磁山，我和刘勇先生共同参加了两个遗址的先后发掘工作，当时的情况是考古发掘一开工，常常要连续干几个月。刘勇先生家中上有老母，下有二子，他的夫人工作很忙，而他长期在外，家中无法照料，但他从不提个人困难，一干就是几个月。那时，我的女儿才3岁，为了参加野外发掘，只好把她长期送到祖母家，每次回去探望临走时，她都要求跟我走，我只好躲开她溜掉，让她大哭一场。为了发掘，我们不知舍弃了多少应尽的家庭责任。共事几个月，使我渐渐对刘勇先生有了了解，他对工作认真负责，从不计较个人得失，是一位勤奋踏实、勇于吃苦的实干家。尤其令人敬佩的是，他是从一个门外汉，自学而成为一名考古专业人员。他原本学历不高，更没有学过美术和考古，是从青年时代起就进了市文化馆里的一名行政人员（当时的市文物保管所与文化馆是一个单位）。但他是一个有心人，在文化馆艺术氛围的长期熏陶下，他潜心观察，向文化馆的画家们学习作画，他勤于动手动脑，刻苦学习钻研，开始时跟着动笔习作，后来渐渐地就能写得一手好字并画出许多像样的作品。这时，正好邯郸市峰峰矿区孙庄发现了一座宋代的壁画墓，需要美术专业人员协助临摹壁画，这项工作被派在刘勇先生身上。此时，他的美术功夫在考古工作中派上了用场，他以临摹壁画墓为起点，开始了他的考古生涯，从这以后，他便被留在文物保管所专职从事考古工作。他真是干什么钻研什么，凭着一股钻劲硬是与考古结了缘。来到文物保管所后，他首先从学习文物考古的基础知识和参加野外考古发掘的实践开始，先后参加了磁县下七垣先商遗址、武安赵窑商代墓葬的发掘，在实践中，他抓紧一切机会向有关专家学者学习，逐渐地掌握了田野考古的基础知识和技能，慢慢地，他已能独立从事考古发掘，并在后来的磁山发掘中成长为主力和骨干。在实践知识不断积累的基础上，他还刻苦地钻研理论知识，进行学术研究，写作了《磁山裴李岗两种遗存的比较和探索》等论文，就与发掘有关的学术课题提出了自己的观点。他所取得的成绩得到大家的一致称赞，从他身上我们看到了一种对科学不断求索，对工作极端热忱的敬业精神，真是有志者事竟成。

1977年秋季，邯郸市为了展示多年来的考古发掘成果，决定举办一次邯郸市出土文物展览，保管所的全体人员都参加了这一展览的筹办工作，从资料收集到陈列大纲编写，从陈列设计到展品布置，大家都团结努力，共同奋战。陈光唐先生任总指挥，编写了展览大纲，刘勇先生承担了展板制作，绘图、制表、写字样样都能胜任，我则被派到北京参观学习和抄录中国历史博物馆的陈列说明，回来后负责编写说明词及讲解词。那时，展览经费十分紧张，大家就自己动手制作赵王城的展示沙盘，由于大家的齐心协力，使展览在较短的时间内突击完成，在当年的国庆节前如期开幕。

说到文物展览筹办，我们都不会忘记在业务上给予我们多方面指导的邯郸地区文物干部马忠理先生，他是主持邯郸地区文物工作的专职干部，在业务上是我们的直接领导。每当一个考古发掘开工后，他都会多次亲临现场指导工作，许多次文物普查，他都亲自参加，和大家一道奔波在野外的各遗址与文物保护区内。他很少坐机关，长年深入辖区内各县，协助县里解决文物保护等各方面的问题。像邯郸市筹办文物展览这样的工作，他更是多次亲临现场，遇到问题时与大家反复讨论，共同研究解决方案，使展览筹办能够顺利进行。其他的工作，如上级布置的各种业务工作，他都及时传达给大家，并经常检查指导，及时总结汇报。借磁山遗址发掘之机，他组织主办了邯郸地区文物干部培训班，请有关专家分别授课，提高了各县文物干部的业务水平。邯郸地区正是有了像马忠理先生这样兢兢业业、忠于职守、勤奋努力的干部，才使全区的文物保护工作在全省名列前茅。

还有一件事使我永远不能忘怀，1979年，我考取了母校的研究生即将离开邯郸市文物保管所，陈光唐、刘勇、孙德海、马忠理等先生视野宽阔、尊重知识，从未仅从本单位本地区的利益出发阻拦我赴京深造，虽然当时所里的工作繁多，缺少人手，但他们仍旧无私地支持年轻同志继续学习，读研期间，我仍在保管所领取了三年薪金，这使我极为感动。临行前孙德海先生给我写了一封送别的信，鼓励我努力学习，还赠送给我一个日记本，如今孙先生早已过世，但这本日记本我却珍藏至今。

邯郸的文物考古界集中了这样一批极富事业心的干才，除了上述几位以外，还有不少老同志及一大批青年同志，都为邯郸的文物考古事业做出了不可磨灭的贡献，真是人才荟萃，事业蓬勃。我在那里的三年，不仅向志同道合的同事们学习了许多专业知识，更学习到他们对祖国的文物考古事业无比热爱和忠诚的精神，这使我终生受用，我会永远怀念邯郸考古的岁月，怀念我踏上考古之路启程的地方。

邯郸——作为两千余年前的赵国古都，出土文物展示着曾经的辉煌。历史给我们留下了无比珍贵的财富，文物考古工作者肩负着守护民族文化遗产、认识历史、释读历史的重任。如今，邯郸市文物研究所已经发展成拥有成批专业人员、独立进行考古发掘的机构，在考古发掘、调查、文物保护、学术研究诸方面取得了骄人的成绩。在纪念邯郸市文物研究所成立45周年之际，我衷心地祝愿邯郸的文物考古事业更加蓬勃向上，取得更加丰硕的成果。

邯郸文物考古事业的开拓者

——怀念孙德海先生

刘　勇[*]

邯郸市文物保护研究所成立，已经 45 个年头了。就在这新老文物考古工作者欢聚一堂，为她举杯庆贺 45 岁华诞时，我们并没有忘记已故缺席的前辈们。如果他们在天有灵的话，也会遥遥地向我们表示祝贺。孙德海先生就是其中一位。

我和孙德海先生相识，已有半个多世纪了。回想起 20 世纪 50 年代，我还在邯郸市文化馆工作期间，孙德海先生和河北省文物工作队其他队员，就住在文化馆院内二楼，我们是同院的近邻。常常见到他头上歪歪地戴着一顶窄沿草帽，鼻梁上架着一副茶色眼镜，胸前挎着一台方斗形照相机，从院内进进出出；有时身背个大筐或扛把铁锹，从楼梯上上下下。看上去他总是有股使不完的劲，给我留下了深刻的印象。有一次他们从工地运来一件文物，这可引起了我的好奇心，原来是一根长约 1.5、边长 0.25 米的方柱体粗砂石柱，看后真让我不可思议，莫非这也是文物？当时我的思想里只有奇珍异宝、翡翠玛瑙等，才有资格佩戴"文物"这顶桂冠。后来才知道是墓门的石柱。我和孙德海先生虽然同住一院，但是当时我们并没有深交，仅仅是见面时礼节性的互相打个招呼，道个好而已。

我对孙先生的了解，还是从"文化大革命"那场闹剧的帷幕还没降落时开始的。1972 年冬我被抽调到峰峰矿区临摹一座壁画墓的壁画，从此开始跻身于考古行业这座神圣的殿堂，逐渐接触了孙先生、了解了孙先生。在陪同他到文物出版社、考古研究所办事时，有些专家、高职人员喊他"老师"。原来，在大学实习期间，孙德海先生是他们田野发掘的指导老师，让我感觉到他是一位资深的学者，德高望重，桃李满园。

最让我佩服的是他那直率的思想、开朗的性格，有事向桌面上摆，有话藏不住，直来直去，就像一个炮筒子，其内只有炸药，没有铁砂子弹头，交火时光见火苗向外吐，就是没有杀伤力；动怒时，发的是雷霆之怒，干打雷不下雨，雷声过后，天气晴朗，阳光灿烂。很多人说他脾气暴躁，动不动就训斥人，搞得人家下不来台。实际上被训斥者，多数是他的深交好友，"雷雨"过后，感情依旧，仍是不分彼此的"铁哥们"。熟知他的人，将这些看作是与他共事的优点，在不了解他的人眼里是最大的缺

* 刘勇，男，1932 年生，河北武安人。邯郸市文物保护研究退休干部，原任业务部主任、文博馆员等职。曾长期从事文物保护、田野考古和学术研究工作，合作出版有《磁山文化》专著，先后发表各类论文、学术报告和文章 20 余篇。

点，不好共事，是影响人际关系的主要原因。

孙德海先生对考古事业非常认真、非常执著，对于古代文化的研究也颇有深邃的见解。自 20 世纪 50 年代，到"文化大革命"前，他大部分时间都奉献给了邯郸的考古事业。从邯郸到武安，再从武安到涉县、临漳、磁县、永年等地，都留下了他开展文物工作的足迹。尤其是在邯郸时间更长，工作做得也多。在涧沟、龟台发掘了龙山、商周时期的文化遗址，又在百家村、齐村一带发掘了一批战国时期的贵族墓群，并调查发现多处古代文化遗址，在三陵、工程公社的乡村调查了赵王陵的几座陵台。1965～1966 年"文革"前夕，在赵王城遗址进行了将近一年的大规模钻探调查，编写整理出赵王城遗址的全部文物档案资料，划出了重点文物保护区和一般文物保护区的保护范围，树立了钢质文物保护标志牌，组织健全了文物保护小组和文物保护员，完整、全面地完成了文物保护"四有"工作，用他的汗水描绘出了这座古城的历史文化蓝图。

在"四人帮"横行的年代，孙先生被派到省里的某家回收公司当会计去，1973 年邯郸市文物保管所将他请调到邯郸工作，他的脚跟还没站稳，就开始向河北省文物主管部门申请拨款试掘磁山遗址。当申请批复下来后，他和陈光唐先生不顾腊月的天寒地冻，到磁山遗址进行试掘，开 3 米×3 米的探方 2 个，清理面积 18 平方米，发现窖穴 2 座，出土了部分残石器和陶器残片。每当他瞅见这些陶片时，总是喜出望外，兴奋不已，难以抑制内心的喜悦。当时我患眼底病，住院接受治疗，烦闷时也到所里看看。孙先生马上领我参观磁山遗址出土的陶片，大讲特讲这些陶片如何新颖、如何重要。说从来没有见过类似的文化类型，又说：你瞧吧，很可能被命名为"磁山文化"。这是我第一次听到"磁山文化"的预言。此次试掘的资料还没有来得及整理发表，他又调回河北省文物管理处，做他的考古研究工作去了。磁山遗址的工作也随之搁浅。1974～1975 年，他又主持发掘了磁县下七垣、武安赵窑和峰峰黑龙洞等三处商周时期的遗址。直至 1976 年 11 月，才重返"磁山"，主持进行了三个年度的磁山遗址考古发掘。在此期间，还于 1978 年穿插发掘了赵王陵的一座陪葬墓。待这些发掘都停工和资料整理结束后，他又组织邯郸地、市文物保管所的人员，首次在武安南洺河流域展开了大规模的考古踏勘调查，寻找磁山文化遗址及其相关的遗址。其中发现的磁山文化遗址和新石器时代几处特殊的遗址，均做了小型试掘，发表了《试掘简报》。之后，又经过 1985、1986 年对磁山遗址的再次发掘，从而对磁山文化又有了更加深入的了解。为此，在他积极倡导和牵头组织下，河北省及邯郸地、市和武安县文博单位又联合举办了"磁山文化学术讨论会"，会议于 1986 年 12 月 6 日在邯郸召开。与会人员有国家一流的考古研究专家、大专院校的教授，邻近省、市的文物考古研究专家、学者等，大家济济一堂，各抒己见，发表了对磁山文化的见解和研究成果，对于命名"磁山文化"，专家们的意见趋于一致。会后，还正式编辑出版了《磁山文化论集》一书。

1974 年，在磁县下七垣遗址发掘初期，当清理发现第一座墓葬时，孙先生非常兴奋。因为他知道，下七垣曾经出土过精美的青铜器。他每日守候在墓室旁，目不转睛地盯着看，好不容易挖到底部时，清理出来的却是鼎豆壶一组陶器，让孙先生大失所望。待发掘第二座墓葬时，墓室填土夯筑非常坚硬，并无盗扰的迹象。接近棺室处，夯土塌了个洞，从洞口向内窥视，并无淤土，"呀，有两个铜罐，漂起粘贴在墓壁一角。"其后清出一看，原来是两个商代陶罐，又让他失望了一次。在磁县下七垣遗址发掘清理商代墓葬 30 多座，随葬品中就是没有一件青铜器，孙先生真是彻底失望了。与此同时，由于 T16 内的 H61 出土了两件三角形足的罐形鼎和敞口大平底磨光黑陶盆、高尖足鬲，而再次点燃起他在下七垣即将熄灭的希望火焰，重新迸发出发掘工作的激情。"下七垣发现了'二里头类型'文化了"、"邯郸第一次发现'二里头类型'文化了"。不论是领导来参观，还是专业人员来考察，都能听到他讲解的声音。

1975 年在赵窑遗址发掘时，墓葬中出土了大批青铜器、玉器等贵重文物，大家都非常兴奋，有时因为欣赏当天出土青铜器的造型、花纹等，爱不释手，到深夜都无睡意。这是在下七垣遗址 9 个多月的发掘中所盼望而未能得到的东西。而孙先生并不那么激动，因为早在 1960 年赵窑遗址第一次发掘时，就清理发现近 20 座商墓，并出土有较多青铜器，这次再次发现是预料之中的事，不是奇迹，所以引不起他的惊奇。让他感兴趣的是赵窑也发现了"二里头类型"的文化遗存。尤其是村西通往近古村的路东侧，发现了大面积的早期地层。他马上调兵遣将，到村西发掘，其中的 T17、T18 两个探方地层的第 4 层，与下七垣 T16 的第 4 层很类似，也是"二里头类型"阶段的文化遗存。所不同的是河南偃师二里头遗存是有鼎无鬲或少鬲，而邯郸两处遗址都是鼎鬲共存，孙先生认为是地方的差异。近年，邯郸的"二里头类型"，有人称它是"先商文化"或"下七垣文化"。

孙德海先生对陶片有着深厚的感情，工人在洗刷陶片时，他常在一边蹲着看，有时拿着陶片愣神，想从其中悟出什么似的，诸如它的制造方法、纹饰是怎样形成的，是刻划上去的还是印压上去的，制作编织纹、纺织纹的原料是什么，制作工艺又是什么。待他破译清楚后，也就找出饮酒时发表演讲的题材了。他对工人要求也非常严格，陶片要稳拿轻放，已经破碎的不能在我们手里再遭二次的破碎。有的工人在发掘的灰土中拣出陶片随手扔到探方边，他会马上提出批评，并说：陶片是我们说话的依据，陶片都碎了让我们说什么，记什么。还说："不知道爱惜陶片就不是一个真正的考古工作者。"

孙德海先生除了重视田野科学发掘外，还有项工作是必不可少的，那就是在发掘工地举办现场出土文物展览。室内有出土文物精品陈列，发掘工地又有插着说名牌"亮相"的各类遗迹，让大家自行参观。尽可能让来者都能看好这台历史"大戏"。假如说室内的文物精品陈列是正本"压轴戏"，那么，工地的各类遗迹就是精心打造的开场白"垫戏"了。

孙先生认为，在发掘工地搞现场出土文物展览，是一种行之有效的宣传手段。既宣传了群众，也宣传了领导。平时给他们汇报几次工作，不如请他们看一次展览。他们一眼就能看到当地几千年的灿烂文化和几千年的文明史，从而增强了他们的荣誉感和自豪感，对考古发掘工作就会更加支持。

赵窑是武安一个偏僻的小村庄，由于考古队的进住，不仅开发了几千年的历史文明，也打破了以往的寂静与安宁。地、县一级的领导常来常往，学校的大院也经常停泊着轿车和吉普车。国家文物局的黄景略、考古研究所安阳队的考古专家郑振香先生及他们的同事经常到此考察，指导工作。中央新闻电影制片厂的编导也来采选文物作摄录的对象，其中赵窑出土的人面石雕和人面玉璜均纳入了拍摄的脚本。县里领导对我们的工作更加支持。我们每到县城办事，都需到三里以外永年县娄里村候车，等在县城办完事后，又往往赶不上回来的车。经县批准给了一辆自行车的票证，提高了出门办事的工作效率。冬季来临需要做棉门帘的棉布，县领导又特批棉布的指标，给工地办公室和男女宿舍都挂上了棉门帘取暖。赵窑商墓出土了一批青铜器和玉器等珍贵文物，都盛放在纸箱内堆积保存，县领导得知这一情况后，又批给木材近 0.5 立方米，不仅制作了大大小小的文物箱框、文物囊匣，还自行设计制作了适合工地搬动的办公组合橱柜、办公桌等，从根本上解决了文物的安全和工地的办公条件。因为这些物资，在当时计划经济的年代都是有指标供应的紧俏物资，如果发掘工作未能引起当地政府的重视是不可能解决的。

1977 年秋，邯郸市文物保管所在邯郸展览馆北副馆举办"邯郸出土文物展览"时，向孙德海先生提出借文物参展，他给予了很大的支持，将磁山遗址正在展出文物连展橱带文物运到市里。又从标本室挑选了部分典型的文物，不少都是"磁山"出土的孤品。还将磁县下七垣遗址出土的商代各期代表性文物和赵窑商墓出土的青铜容器、兵器、玉器等珍贵文物借给市里展览。这些文物，都是还未来得及交省文物管理处入库上账的文物。

孙德海先生在发掘工地上，不论对干部还是对工人要求都非常严格。因为他长年在农村作田野工作，对农村人情世故比较了解，知道地方的矛盾错综复杂，为此，要求全体考古队员不要无故到社员家串门，参与他们的矛盾与纠葛，避免招惹不必要的麻烦。1975 年的中秋节，是个阴雨天气，村干部邀请我们到他家里喝酒，明知他们是真心实意的，但我们还是谢绝了。当时他们很不高兴，事后还是表示理解，因为我们有严格的纪律。

平时别看孙先生在工作中那么严肃、认真，还有点古板，而在生活中也有他欢乐、幽默、活泼和嬉笑的一面。孙先生年轻时的爱好也非常广泛，比如音乐、体育、书法、戏剧中的河北梆子和厨艺都很擅长。在厨艺方面的葱爆羊肉、猪肉炸酱面都是他拿手的饭菜。体育上以游泳、打球为优。20 世纪 70 年代他的身体开始衰退，血压高到160 ~ 170，低压也在 110 ~ 120 之间。1973 年在邯郸工作期间，曾经晕倒过。1974 年秋，在磁县下七垣遗址发掘时，晚上看见别人在做仰卧起坐运动，就他那样的体质，还和别人比着练，一次能做 30 多下，别人为他捏着一把汗，而他呢，英雄主义十足，好像又回到了青年时代，别人只有认输。1975 年在武安赵窑发掘时，院内搭棚子绑着一根横杆，闲暇时都把它当单杠练。孙先生也和大家比赛，光想争先。就是拿到第一名又能怎样，既不为你升旗，也不为你颁发金牌，但这就是孙先生的性格。

孙德海和罗平两位老先生，有着 50 多年的交情，工作中是伙伴、搭档，生活中是患难之交、逗笑对手。1960 年的自然灾害，食品在当时都是有指标供应的，孙德海先生在有限的食物中，节省一点支援罗平先生这大肚汉。在赵窑发掘期间，有天晚上闲聊时，别人都叼着烟卷抽，而罗先生偶尔也抽几口，就向孙先生讨要："来一支。"停了一会又见别人再抽第二轮烟时，又向孙先生要："唉，不过了，再来一支"。孙先生开玩笑地说："你不过，我还过呢！"直到最后抢到一支烟吸起来了事。考古工作非常辛苦，业余生活也非常单调，为了调节气氛，孙先生还导演了一出捉弄罗先生的小闹剧。就是以抓阄形式，谁抓到"大头"，谁负责买瓶白酒供大家来喝。事先，孙先生便如此这般的做了安排，将"大头"锁定在罗先生身上。抓阄时，罗先生打开纸团一看果然是"大头"两字，他只好拿出 1.8 元让人去买瓶馆陶大曲。而孙先生却掏出 5 元让买香烟、花生仁，回来再炒鸡蛋作下酒的菜肴。大家喝得非常开心。事后，罗先生才知道，原来所有纸团上都是"大头"两字，只是别人抓到后都不做声，单等罗先生上钩而已。但实际上就是为了开心，真正多掏钱的"大头"，还是孙先生自己。

20 世纪 70 年代，考古发掘工地比较枯燥，下象棋可以说是当时唯一的文化娱乐生活。孙德海和陈光唐两位老先生都是"棋迷"。有次他们俩从晚饭后，一直下到凌晨 4 点多钟。夜里我起来时，发现他们俩还在下，马灯罩子都快要熏成黑色，嫌灯不亮就知道拧灯碾子，灯头越大，熏得也越狠。他们俩的眼睛好像与灯罩一样被熏得遮住了光亮，他们的棋艺也随着精神的疲劳而进入睡眠状态，失去了开始时的敏感和睿智。最让人可笑的是，孙先生拿着对方的车、马去将对方的军，而对方竟然没有察觉，甘愿认输，交出棋子重摆再来。

别看平时孙德海先生脾气那么暴躁，说话也让人感觉很凶，实则他的心底还是非常善良的，生活上很会关心大家。他常说：我们国家干部不论多少都有固定的收入，在野外还有点生活补贴。而工人们就不同了，每天挣两块钱，除了自己消费外，还想照顾家里的生活，很不容易。为此，经常要求后勤人员要把生活搞好，把伙食搞好，但这并不等于多花钱，关键要学会调剂，改善制作方法。发掘工地进入中后期，参加发掘的干部，一个个回到本单位工作了。他和炊事人员交代，对留守在工地参加发掘的干部要多关照，中午给蒸碗大米饭（当时是很稀少的细粮），话虽说得简单，大米饭还没吃进肚子，已经感到热乎乎了。

1974 年 8 月，在磁县下七垣遗址发掘时，据说岳城水库要维修大坝，每天定时向民有渠放水。生活在库里的杂鱼也像囚禁在大监狱的囚犯似的，不如大海那样宽阔，趁着水流从泄洪洞"越狱"逃跑。就在逃入水渠不远，沿途都有人堵截、追捕。我们考古队在业余时间，也充当了围攻、堵截、捕捉的狙击手。这些游出来的逃犯，还没靠近大海，看见大海是什么样子，就被捕捉，成为人们餐桌上的美味佳肴。我们每天捕捉而来的"战利品"，足够全体队员每天午晚各饱餐一顿。这种大鱼大肉的生活，一直延续了半个多月。

大坝修毕，水库也停止了放水，渠水也随之断流。但是坑洼的地方，仍有积水，水浅鱼小，不好捕捉。孙先生就组织我们向坑外泼水，最后从泥水里去捉。俗话说：

"浑水摸鱼"就是好逮。每次能捉半水桶，足够美餐两顿。就这样，每隔几天去捉一次，直到天寒水凉不能下水时为止。每当见到孙先生，挽着裤腿，满身泥水，跑来跑去捉鱼的样子，完全失去了往日那师道尊严的形象，可能是泥水掩盖了他那本来的面目，也可能只为吃鱼，嘴馋而失态吧。

其后听说，河南卖猪肉不凭票，就派人到一河之隔的安阳去买，操着河南的腔调在那排队购买，一次也能买上几斤。在安阳还发现煮肉的撇汤油好买，就提着大塑料桶去采买，有油了，生活也就好调剂了，改善了。几个月后大家肚里的脂肪好像厚了一层，腰围也大了一圈。

1975年4月我们转战到武安赵窑时，该村不仅很小，还很偏僻，吃不到蔬菜，每日早晚是咸菜窝头，午饭称为"四条"，即面条、粉条、海带条和土豆条。其后听社员说，沙河县某公社是专为鸭鸽营飞机场种植、供应蔬菜的基地。我们便常常派人到哪里去采购新鲜蔬菜，改善了工地生活，提高了伙食质量。又从城里聘请曾经在大饭庄当过厨师的徐师傅，做饭掌灶，每日饭菜花样翻新，在赵窑就过餐的人，都有深刻的体会。

秋后，红薯收获季节到了，赵窑大量的红薯积压，非常便宜。有人会做粉条，我们就自己加工粉条。自制出来的粉条，不仅价格低、质量也比市场买得好。尽可能让大家吃饱、吃好，又省钱，是孙先生的一贯思想。

孙德海先生在邯郸考古调查、发掘期间，不仅发现了一批有价值的文物保护单位，还发掘出土了大量的珍贵文物，更重要的是为邯郸培养、锻炼了一批文物考古专业队伍。20世纪七八十年代，河北省及其一些市、县，都知道邯郸考古队伍最强，常常借调干部、职工协助他们的工作。当时，有的干部走上了邯郸地、市文物保管所的领导岗位，成为党政、业务一把手，被评为研究员、副研究员。就是在邯郸培养的临时工，在省里考试转正的也最多。现在有的仍在省直文博单位工作，已晋升为副研究馆员，也有的回到本县文物保管所，任所长、副所长等职务。

1974年7月，孙德海先生在磁县下七垣遗址发掘时，配合发掘的人员有邯郸市文物保管所陈光唐、刘勇先生，磁县文化馆张沅、朱全升先生。这些人基本上都是第一次参加田野发掘工作，尤其对古遗址的发掘，更是第一次。说是配合，不如说是免费学习，是一次考古培训大练兵。孙德海先生是我们的田野发掘辅导老师。但是，他除了让我们辨认土质地层，按照土质的叠压和打破、先后顺序去发掘外，并没有拿着书本上大课，而是让我们依据地层的顺序将陶片摆开，去分析、辨认陶片的相同点、不同点，思考差异又是什么？使我们逐步对各时期的文化特征有了基本的概念。

孙德海先生最大的嗜好是饮酒。别人一日三餐有酒就够了，而他呢，一日五次也不算多。每次最多也不超过一两酒，先不谈他的酒量，总之是喝得够勤了。每逢他饮酒之际，也是他对遗址发现的某种现象发表学术讲演之时，他的学术演说，都是伴着酒精的醇香味同时散发出来的。其演说的内容，都是他分析、研究后的结果。例如：磁山遗址初次发掘出土的陶支脚，谁也搞不清楚它的用途，根据形状好似一靴子，暂称"靴形器"。其后的靴形器有的根本站立不起来，孙先生马上意识到它应是倒置的，是陶支架。因为磁山没有出土过釜，众多的是大大小小的陶盂，他就想到应该是三个支架支撑着一个陶盂，并形成了当时的炊具见解。其后从出土的"组合物"中观察，尤其 T110 内清出 10 套"组合物"，大一点的陶盂底下压着三个支脚，有的将三个支脚放入陶盂之内，进一步证实了孙先生的观点。

1974 年在磁县下七垣遗址举办出土文物展览时，观众看完展室后，又到工地参观现场清理出来的遗迹：其中有一人骨架下肢的腕部被灰坑打破，有的讲解人员，光想把工地的遗迹讲得丰富些，讲成是受到"刖刑"而形成的。孙先生听后，非常生气，面对观众对其提出了严肃的批评，并说考古工作最忌讳的是弄虚作假。搞得讲解人员很尴尬，很被动。但从另一侧面却反映了他对待科学一丝不苟、毫不含糊的严谨态度。

孙德海先生离我们而去已经十几年了。我们这班子人，当时年轻者，现在已迈入了"花甲"，而大部分已到了耄耋之年。光阴就是那么无情，逝去的东西一去再也不能复返了。但每逢回想起那"战地黄花分外香"的日子，想起在工地发掘期间的往事，就会想到孙先生，就会怀念与孙先生那段苦累相伴、甘甜与共的生活，并非常留恋与孙先生那段喜怒哀乐、酸甜苦辣的时光。孙德海先生永远活在我们的心中！

矢志文物事业　一生求索不止

——追忆罗平先生

尹建兵[*]

　　罗平先生，生前任中国考古学会会员、河北省考古学会会员、邯郸市文物保护研究所文博副研究馆员。一生著有《河北承德专区汉代矿业遗址的调查》、《河北龙山文化初探》、《磁县下七垣遗址发掘报告》、《河北邯郸赵王陵》、《对赵王城内外建筑布局的探讨》、《关于殷代商品生产和货币》、《磁山文化遗址农业生产初探》、《氏石与有易氏地望及相关问题初探》、《磁山人住的房子》等二十余篇有较高学术价值的论文和报告，为我国的考古研究留下宝贵的财富。罗平先生数十年来为文博事业孜孜不倦地追求，默默地战斗在考古工作第一线，为促进文物事业的发展付出了自己的毕生精力，并给人们留下了难忘的记忆。

　　罗先生 1927 年生于河南洛阳的一个农民家庭，从小受祖辈和父母的影响和良好环境的熏陶，养成了为人耿直、吃苦耐劳、勇于拼搏、不为人后的优秀品质，给他的人生道路打下了良好的基础。由于家庭的贫寒，仅上完了高小的他，为了生计不得不离开为之留恋的学校，开始步入社会。后来，他辗转来到了东北解放区，1948 年参加了沈阳东北文教队，从事文化宣传工作。

　　新中国成立之初，国家正处在恢复发展阶段，百业待兴。1952 年，因全国文物考古事业发展的需要，罗先生被推荐参加了由北京大学为此举办的首期全国文博专业干部培训班。他十分珍惜此次学习机会，加倍努力，废寝忘食，刻苦学习，并很快熟悉掌握了所学的专业知识，毕业后分配到东北博物馆。从此，他走上了自己一生为之眷恋、为之奋斗的崇高事业——文物考古。

　　随后，他调到东北文化部社会文化事业局筹组东北文物工作队，先后在鞍山、海城、辽阳等地积极开展工作，组织、完成了一批两汉时期古墓葬的考古发掘任务。东北大区撤销后，他又调到热河省博物馆筹备组，参与筹建工作。期间多次组织和参加了包括赤峰辽驸马墓等在内的多处古遗址、古墓葬的发掘工作。

　　1956 年热河省撤销后，他分到河北省文物管理委员会文物工作队，开始在全省各地从事文物考古工作，先后参与完成了邢台曹演庄商代遗址、平山岗南水库淹没区及

---

[*] 尹建兵，男，1961 年生，河北邯郸人，大专学历。1979 年从事文物考古工作。现为邯郸市文物保护研究所馆员，负责全市考古发掘工作。撰有《平恩城小考》、《浅谈邯郸》、《邯郸市连城别苑古墓发掘简报》等文章。

商家湾仰韶遗址、临城水库建设区和南山歧早商遗址等多处工地实地调查和考古发掘。1957年底至1958年秋，他先对磁县高庄商代遗址进行试掘，确定了遗址的性质和时代。其后，又参加了邯郸市峰峰矿区观台镇（现归磁县）磁州窑遗址的发掘，这是新中国成立后对磁州窑进行的首次发掘，获取了大量的实物资料，了解了其丰富的文化内涵，由此将著名北方民窑——磁州窑黑与白的文化艺术揭开并展现于世人面前。1960年，他参加完永年台口龙山遗址发掘后，又转入由河北省文物工作队与河北省文化学院文博专业实习生组成的联合考古队，对永年娄里水库建设用地范围进行考古调查，并作为辅导员，与学院师生首次对武安赵窑仰韶、商代遗址及墓葬进行发掘。同时，还对其附近的韩二庄、杨屯、硝河等地展开调查，发现新石器时代仰韶文化后冈类型、龙山文化遗址多处。这期间，他发表了《河北承德专区汉代矿业遗址的调查》、《河北龙山文化初探》、《岳城水库英烈村西周遗址试掘》等数篇报道。

1961年后，为支援地方文物建设，加快文物保护，他被调派到原邯郸地区文化局做专职文物工作，担负辖区内的考古发掘及文物宣传工作。除了做好一名文物行政管理干部外，他大部分时间奔赴各县区实地调查、走访，查阅大量史料了解情况，全身心地扑在工作岗位上。先后对北响堂常乐寺地下石刻、磁县讲武城村西古墓葬展开调查和发掘，获取了大量第一手实物资料。1962年12月，磁县开挖民有渠时挖出一部分商代青铜器，他得知这一情况后，及时赶到事发地点了解情况，对取走文物或不主动上缴文物的民工，宣讲国家文物政策，耐心说服教育，最终将未交出的11件文物全部收回。接着他又到磁县下七垣一带进行调查，发现了多处龙山、商周等遗址。1964年他还对武安固镇进行田野考古调查，几乎跑遍了周围山区每一道沟坎，查明战国、两汉时期古城遗址、汉代冶铁遗址及元代冶铁遗址多处，对研究当地的历史沿革、社会经济及今后的文物保护提供了重要依据。1965年的"文革"前夕，他又对百家村一带地下文化遗存状况进行了复查，并对复查结果及时整理，撰写发表了《河北邯郸百家村新石器时代遗址》调查报告。

"文革"开始后，罗先生被隔离审查，一查就是十年。突然地被停止工作，不能从事自己热爱的文物考古事业，给他带来很大打击，心情非常急躁、苦闷、彷徨，但又无可奈何。为此，他就时常劝自己、鼓励自己，他们阻止我工作，但不能阻止我读书，趁此机会多读书，不断充实自己的知识，以备在今后的工作中发挥作用。在之后的一段时间里，他不断让家人借着来探望自己的机会给他送书，背着看管人员查阅专业书籍和文献资料，还作了大量读书笔记。1974年"文革"后期，磁县下七垣夏商遗址正处在发掘阶段，他得知这一情况后，凭着对文物事业的热爱，在未经允许的情况下，冒着再次受审查的危险来到了离开多年的发掘工地，主动担负一个探方的清理工作，带领大家仔细观察、认真清理各种遗迹现象。罗先生这种对事业的执著和对工作负责的精神，感动了参加发掘的所有人员，河北省驻邯文物工作队负责人，多次向原地区文化局要求，邀请罗先生正式出来参加下七垣遗址的考古发掘工作；几经周折，得到文化局的同意。罗先生得知这一消息后，非常兴奋，并下定决心，要加倍努力，把耽误的时间补回来。旋即，他便奔赴考古现场投入紧张的工作，在圆满完成田野发掘任务后，又随即转入紧张的后期整理工作，并在较短的时间里撰写了《河北磁县下七垣出土殷代青铜器》，还与他人合作完成了《磁县下七垣遗址发掘报告》等学术文章。

　　1975 年，在武安赵窑遗址的第二次发掘中，有两座大型墓葬出土了 80 多件青铜器、玉器等，其他墓葬的随葬品也很丰富。此时的罗先生正在住地忙于编写磁县下七垣遗址发掘报告，未能赶上亲自发掘，心里感到非常遗憾。待又发现规模较大的墓葬时，他便主动请缨参战，也想体会一次亲手发掘出众多精美文物的喜悦。经过清理，墓葬确实不小，有棺有椁，但随葬品除一件陶鼎和一件铜铃外，未见任何器物。罗先生感到很失望，总是不甘心，恐怕有遗漏。他不顾疲劳，下班后还在一点点的扒拉着填土仔细查找，就差没有过筛子了，一直清理到晚上 10 点左右。当清理工作接近尾声时，墓壁突然塌方，将他的眼镜、照明用的马灯都埋在了土里，幸好没有砸着人。第二天，他又全身心地投入到紧张的工作之中。

　　1976 年 3 月至 1977 年 9 月，全省开始了第二次文物普查。接到任务后，他背着行囊带着一个普查小组奔赴所负责的区县开展工作。由于参加普查的多是从外单位临时抽调的人员，因时间紧迫，只经过短时间的培训，仅掌握了一些初步的专业知识，对考古工作不熟悉，自然给文物普查工作带来一定困难。在普查过程中，罗先生不断鼓励和指导大家边学、边干、边提高；不厌其烦地耐心教大家识别器物的器型、质地、纹饰以及它们的功用。对新发现的遗址，如何依据采集的器物标本判定所属时代，如何写好调查记录、填写调查表格，以及如何确定遗址的面积和绘制平面图、器物图的内容要求等，他都在现场非常认真地教给大家。野外普查工作非常艰苦，食宿条件差，生活没有规律，组员们出现头痛、感冒、发烧等疾病和意外的创伤时，罗先生都热心地帮助大家包扎伤口、拿药、请医生，还给他们推拿按摩，以减轻伤痛和工作的疲劳。在罗先生的悉心指导下，经过调查人员的共同努力，提前完成了这次普查任务。之后，罗先生又及时整理普查资料，执笔编写了《邯郸地区文物普查资料汇编》一书。

　　1978 年，罗先生参加了赵王陵的专项调查，详细考察、记录了五座陵台的现状、布局、结构，同时对发现即将毁坏的周窑一号大墓展开抢救性发掘，抢救出一批珍贵文物，随后由他执笔撰写、发表了《河北邯郸赵王陵》报告。这一年，罗先生还参与了邯郸地区文物保管所的筹建及黄粱梦吕仙祠接管与维修工作。到了 1984 年，原在祠内居住的附近厂矿、机关的职工家属大部被劝离，祠内堆积如山的建筑、生活垃圾全部清除，临建小房大部分拆除，对祠内的主要建筑和附属建筑也进行了整修，基本恢复了祠内的原貌。这期间，他还参与了武安洺河流域考古调查，与调查队员不辞劳苦，冒着隆冬严寒一起奔波在田野之中，搜寻着可能蕴含着文化信息的每一个疑点，也为发现和查明一处处早期人类文化遗址而感到兴奋和喜悦。1986 年，他又参加了武安磁山文化遗址的考古发掘，揭露面积 665 平方米，清理出灰坑、窖穴百余座，出土文物800 余件；逐步揭开了磁山遗址神秘的面纱，为更加完整地展现磁山文化的面貌提供了重要资料。同年 12 月，在首届磁山文化学术讨论会上，他还作了题为《磁山遗址农业生产初探》的学术报告。之后两年里，他到邯郸地区地名普查办公室协助工作。为求证每个地名的历史渊源，他通宵达旦地翻阅历史文献，在最短的时间里了解和掌握历史信息；并结合考古方面的有关资料，深入各县、乡、村认真核查，对各县上报的普查资料，仔细审阅，字句斟酌，反复推敲，审慎确认；最后还参与了《邯郸地区地名普查汇编》的编撰工作。当年跟他一同参与这项工作的同事都说，地名普查工作融入了罗先生大量的心血和汗水，所取得的成绩离不开罗先生精益求精和对工作高度负责的精神。此后，罗先生利用所掌握的有关地名的渊源史料，结合考古工作中的新发现，开始深入研究邯郸周围古城在各时代的发展变化，明晰了多处古城的演变过程，确认了一些古城的位置。直到 1988 年，他离休后仍坚持进行这项研究。

罗平先生生活简朴，不追求享受，全部身心都扑在了文物考古事业之中。离休后的 18 年中，他也从未停止研究工作。凡是到过罗先生家里的人，都注意到他的"书斋"，桌案上摆满了各类史书和期刊杂志，书内夹满了写着内容提示的小纸条。桌上铺放着稿纸，每天不停地提笔耕耘，艰辛伏案"爬格子"，工整的钢笔字填满了一张张稿纸。由字组词，由词汇句，再构成凝聚着心血的学术论文，发表在《文物春秋》等学术刊物上。

20 世纪 90 年代初，他不幸患脑血管疾病，但他凭借着积极的治疗和不懈的锻炼，身体很快得到康复，然后又全心投入研究工作。在后来的十余年中，他曾多次遭到病魔的袭击，旧病反复发作，病情虽然在一定程度上得到控制，但身体状况远不如从前，最后落下脚腿不利索的毛病，语言功能也受到很大影响。就这样他仍是坚持晨练、坚持研究，坚持与病魔抗争。他说："我的腿残了，不能再让脑子残废"，所以他每天仍在不停地写。在年届古稀之后，罗先生还发表了《〈水经注〉中的白渠水即滏阳河》等学术论文。单位领导和同事们到家中看望他时，经常看到桌子上摆放着各种书籍、文献和正在撰写的学术报告。医生、家人都劝他减少脑力劳动，少看书，少动脑，否则不利于身体的康复，但他仍然一如既往地做他的研究工作。他时常鞭策自己，趁着手脚还能动、脑子还能用的机会，抓紧时间多搞点研究，多给后人留些东西，少给自己带来遗憾。他生命不息，奋斗不止，一直坚持到最后时刻。就在他的人生之路的最后几个月时间里，《文物春秋》还发表了他近期撰写的文章《磁山人住的房子》，但谁也没想到这竟是他的绝笔。他的一生饱含着对文物事业的钟爱、对考古工作的热忱以及对文博事业发展的探索和追求。他走了，带着很多遗憾和对未尽事业的留恋，离开了亲人、好友，悄然上路，给活着的人留下无尽的思念。

后 记

《追溯与探索》是一部追溯邯郸文物考古工作历程、展示邯郸文物考古研究新成果的文集。它是为纪念邯郸市文物保护研究所成立四十五周年学术研讨会的召开而专门编著的。

邯郸市文物保护研究所，是 1993 年底由原邯郸地区文物保管所和邯郸市文物管理处合并而成的，其前身为原邯郸市赵王城文物保管所，成立于 1962 年，至今已四十五年了。几十年来，不仅我所一代代文物考古工作者为邯郸文物保护与考古研究工作的开展，付出了自己艰辛的努力甚或毕生的心血；而且，上至中央及省级文物考古科研机构、大专院校，下至各县（市）、区文物保护管理部门，均为邯郸文博考古事业的发展做出了自己不同的贡献。因此，举办纪念活动及召开学术研讨会，既是为了对我所乃至曾经为邯郸考古文化辛勤耕耘、默默奉献的所有文物考古工作者所从事的工作及所取得的成果予以回顾与总结，也是为了进一步对邯郸历史及文物考古等相关问题予以深入探究和集中展示，以达到促进邯郸市学术繁荣与进步之目的。

《追溯与探索》共收录回顾性和探索性文章 40 篇，分为八个专题。其中包括文物考古工作回顾与综合研究 5 篇，磁山文化与商周考古研究 3 篇，邯郸古城与赵文化研究 7 篇，邺城与北朝文化研究 6 篇，佛教史迹与石刻研究 5 篇，磁州窑陶瓷研究与赏析 6 篇，古遗址与古建筑研究报道 4 篇，往事追忆与怀念文章 4 篇。全部为本所与邯郸各文博考古单位同仁，以及曾经工作在邯郸文物考古第一线、甚或至今仍奋战在考古工作现场的各级文物考古界同仁，根据自己的亲身经历、亲手接触或个人熟知的材料所撰写，具有较高的史料价值和学术研究价值。

在此需要说明，由于这次是我所成立以来首次举办所庆暨大型学术研讨活动，2007 年初才开始组织实施，时间仓促，经验不足。因此，很多曾经在邯郸文物考古第一线工作过的前辈专家，因缺乏相关信息而未能取得联系，还有部分先贤同仁因公务繁忙或身体原因未能提供他们的大作。对此，我们感到非常遗憾，同时也对他们为邯郸文物考古事业发展所做出的贡献而深表敬意。

在本书即将出版之际，我们谨向为本书提供稿件的各位文博考古界同仁表示衷心的感谢，并向慨然为本书题词的著名考古学家、中国考古学会理事长、中国社会科学院考古研究所研究员徐苹芳先生，著名考古学家、北京大学考古文博学院教授严文明先生以及国家、省、市文物（文化）局领导，向拨冗为本书作序的国家文物局考古专家组专家、中国社会科学院考古研究所研究员徐光冀先生和河北省文物局副局长、研究员谢飞先生，以及为本书编辑出版付出大量心血的科学出版社全体同仁，表示诚挚的谢意！

乔登云

2007 年 9 月 10 日